視

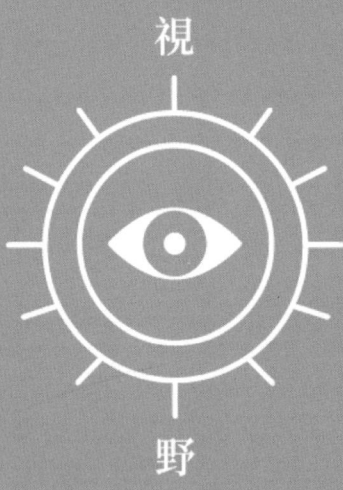

野

寶鼎出版

THE BILL GATES PROBLEM
Reckoning with the Myth of the Good Billionaire　誰給他的權力,揭穿慈善大富豪的神話
破解蓋茲迷思

TIM SCHWAB 蒂姆・施瓦布

許瑞宋————譯

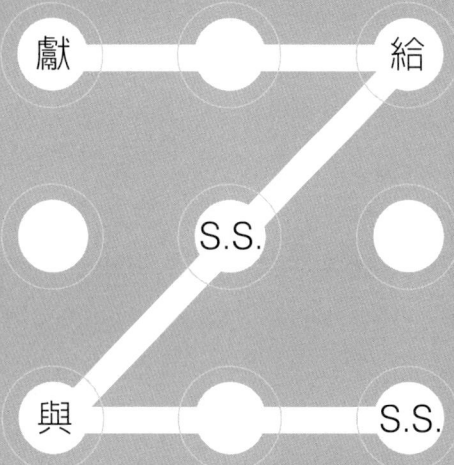

作者註

本書2023.11出版,2025.4繁體中文版問世,這段期間書中提到的幾則資訊已經有改變,在此更新:
1. 蓋茲基金會目前擁有760億美元資產。
2. 梅琳達・法蘭琪・蓋茲已從基金會辭職。
3. 原比爾和梅琳達・蓋茲基金會正式更名為蓋茲基金會。
4. 華倫・巴菲特已經宣布,不會將超過1,000億美元的遺產贈予蓋茲基金會,儘管他之前一直表明會這樣做。

CONTENTS
目次

序言　　　　　　　　　　　　　　　　011

引言　　　　　　　　　　　　　　　　013

從微軟的創立，到他的慈善帝國，蓋茲的行事風格始終充滿爭議。他的影響力是否源於真正的慈善精神，還是精心策劃的權力布局？透過大量調查與內幕揭露，本書深入探索他的個人特質、商業策略與全球衛生計畫，剖析他如何操控媒體、政府與學術機構，改變世界的運作方式。

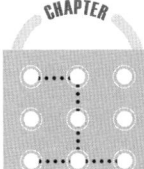

拯救生命　　　　　　　　　　　　　　036

蓋茲基金會究竟拯救了多少生命？這個問題長期以來主導了公共討論，甚至成為富豪慈善行動的護身符。然而，這個論述真的站得住腳嗎？本章揭露蓋茲基金會如何運用其龐大的資金和媒體影響力塑造自身形象，並質疑「拯救生命」數據的真實性。透過深入分析基金會的疫苗計畫、醫療捐助與公共政策遊說，探討慈善與權力的交織，挑戰你對億萬富翁行善的既有認知。

CHAPTER

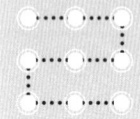

女性 079

在這個關於權力、金錢與道德的故事中,比爾・蓋茲與惡名昭彰的金融家艾普斯坦的關係是一道難解的謎題。本章細究這段關係的來龍去脈,揭露蓋茲如何在媒體壟斷敘事、慈善形象與個人決策之間遊走,試圖掩蓋與艾普斯坦的聯結。當慈善家與醜聞纏繞,誰應該為此負責?

CHAPTER

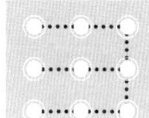

稅務 099

億萬富翁的慈善是否真心為善,還是另一種形式的避稅策略?比爾・蓋茲及其他超級富豪透過基金會與捐贈誓言獲得節稅優惠,而這些優惠由納稅人共同買單。本章深入解析蓋茲基金會的財務運作,揭露慈善機構如何成為權力與財富集中化的工具,以及政府如何默許這種行為。

CHAPTER

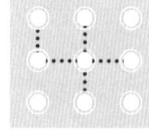

快速失敗 122

在科技與創投界,「快速失敗」代表一種高效創新模式,但當這個理念應用在全球慈善事業時,後果卻可能極為嚴重。蓋茲基金會以「全球使用協議」為名,掌控受資助企業的智慧財產權,甚至在企業破產後繼承其技術。本章揭露這場「慈善創業」的真相,探討如何在名義上的人道主義下,運作出一個無人能制衡的財富與權力體系。

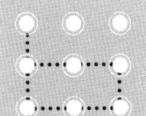

透明度 147

蓋茲基金會自詡為全球最透明的慈善機構，但真相卻可能截然不同。本章揭露基金會內部的封閉文化、嚴格的保密協議以及媒體操控手段，使得外界難以真正監督其行為。透過深入調查，解構基金會如何利用「透明度」作為公關策略，讓世人只看見它希望我們看到的畫面，而忽略其影響力的真正範圍。

遊說 166

比爾·蓋茲能夠隨意進出華盛頓，影響美國政策決策者，這不僅僅是因為他的財富，更因為他的策略。本章揭露蓋茲基金會如何透過政治捐款、媒體滲透與公私夥伴計畫，確保政府資金流向符合其利益的專案。當「慈善」與「遊說」界線模糊，全球公衛與教育政策是否仍然以公共利益為依歸？

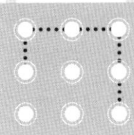

家庭計畫 190

蓋茲基金會投入數十億美元推動家庭計畫，表面上是為了婦女權益與人口控制，實際上卻帶有更多隱藏動機。本章回溯蓋茲對「人口過剩」問題的長期關注，探討優生學與現代人口政策的微妙關係。當慈善家決定哪些生命值得擁有未來，這種權力該由誰監督？

新聞工作　　213

當新聞媒體與慈善機構的界線逐漸模糊,新聞的獨立性該如何維持?比爾・蓋茲基金會投資數億美元資助各大媒體,使得其議題與聲量在公共論述中占據主導地位。本章揭露新聞業如何被金錢影響,使得關鍵問題無法被適當檢視,並探討這種模式對民主與知識生態的影響。當媒體報導的背後藏著龐大的財團資助,我們還能相信新聞的真實性嗎?

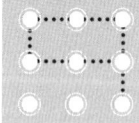

教育　　243

蓋茲基金會推動「共同核心」教育標準,試圖統一美國學制,但這項改革究竟是為了學生,還是為了企業與市場?本章揭露基金會如何繞過教師與教育專家,直接影響政策制定,並探討其背後的商業利益。當私營企業介入公共教育,標準化與自由選擇的平衡該如何拿捏?

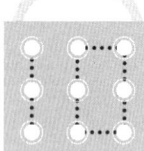

白人的責任　　280

慈善是否已成為富豪的「良心漂白」工具?蓋茲基金會投入數十億美元資助開發中國家,但其援助模式卻強化了全球南北不平等。本章批判「白人救世主」心態,揭露基金會如何在財務與政策上延續殖民主義的影響,並挑戰慈善是否真的能帶來公平發展。

臃腫 305

蓋茲基金會原本以精簡高效為核心,但隨著規模擴大,官僚化與資源浪費逐漸浮現與初衷背道而馳。本章探討基金會的行政費用、內部文化與決策問題,揭露當一個以靈活、高效自豪的機構變成龐然巨獸,效率與初衷如何在權力遊戲中失衡。

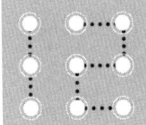

科學 324

蓋茲基金會已成為全球科學研究的重要金主,但這是否扭曲了學術獨立性?本章揭露基金會如何透過資金影響研究方向、規範學術結論,甚至塑造全球公共衛生政策。當科學成為權力的工具,真相該如何維護?

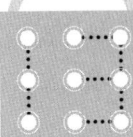

農業 349

蓋茲基金會推動農業改革,試圖在非洲創造一場「綠色革命」,但這場變革真正的受益者是當地小農,還是為跨國企業開拓市場?本章探討基因改造作物、農業技術與市場控制,揭露當糧食成為權力遊戲的一部分,全球農民如何被犧牲的慘況。

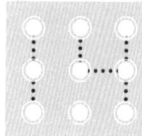

CHAPTER 14

印度 377

印度是蓋茲基金會最重要的慈善戰場之一,但其介入是否帶來正面影響?那些計畫是否真正改善了當地人民的生活?本章揭露基金會在HPV疫苗接種、愛滋病防治等專案中的爭議,並探討當私人慈善影響印度政府發展路線時,誰才是真正的受益者?

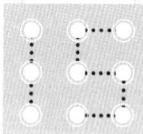

CHAPTER 15

Covid-19 401

在全球疫情危機中,蓋茲成為公共衛生領域的關鍵人物,但他的影響力是否真的合理?本章剖析基金會如何影響疫苗分配、推動專利政策,以及如何在疫情期間強化全球公共衛生領域的控制力。

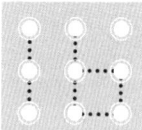

CHAPTER 16

結論 426

比爾·蓋茲究竟是科技時代的聖人,還是全球權力的幕後操盤手?本章回顧蓋茲基金會如何利用慈善塑造影響力,並挑戰「善意即正義」的觀點。當慈善成為全球治理的替代方案,民主與公共利益將何去何從?

謝誌 449
註釋 452

序言

　　這本書很難寫,因為它的主角是個棘手的人——他是世界上最富有的人之一,也是行事最隱祕的人之一。

　　比爾·蓋茲(Bill Gates)沒有回應我為本書提出的多次採訪請求,而在我以記者身分報導蓋茲基金會期間,該基金會從不曾有人同意接受我的訪問。甚至在我2020年初發表關於蓋茲的第一篇文章之前,或在我確立自己視蓋茲基金會為權力機構(而非無可指責的慈善機構)的報導立場之前,該基金會就完全拒絕接受我的訪問。我在《國家》雜誌、《英國醫學期刊》和《哥倫比亞新聞評論》上發表我的調查報導時,蓋茲基金會總是擺出拒絕參與的姿態。

　　但這種冷待不是針對我。蓋茲基金會通常會盡量避免落入可能被迫解釋工作中矛盾之處或被迫回答關鍵問題的境地。一如所有其他強大的組織,掌控540億美元的蓋茲基金會按照自己的方式與媒體打交道。

　　與此同時,由於現在有非常多人和機構依賴蓋茲的慈善資金,許多消息來源因為擔心職業上的後果而不願意公開身分。各位會發現本書用了許多匿名消息來源,而大家不應該質疑他

破解蓋茲迷思

們要求匿名的原因。蓋茲基金會疫苗工作前負責人馬克‧凱恩（Mark Kane）2008年曾表示：「對那些想獲得資助的人來說，站出來公開批評蓋茲基金會無異於自殺。這個基金會對公關非常敏感。[1]」

　　我還想事先說明為什麼在本書中，梅琳達‧法蘭琪‧蓋茲（Melinda French Gates）並非與比爾‧蓋茲平起平坐。這是因為在比爾與梅琳達蓋茲基金會，她的地位比不上比爾‧蓋茲。我知道這是事實，因為和我談過的基金會員工明確表示，在蓋茲基金會，比爾‧蓋茲才是神一樣的永恆存在。我知道是這樣，也是因為該基金會2021年自己宣布了這一點。蓋茲夫婦離婚後，蓋茲基金會宣布，如果他們兩人不能達成權力分享協議，在兩年的試驗期結束後，退出基金會的將是梅琳達而不是比爾[2]。蓋茲基金會的資金來自比爾‧蓋茲從微軟公司獲得的巨額財富，資金如何運用最終也是由比爾‧蓋茲說了算。這並不是說梅琳達在基金會中沒有強大的話語權或重大影響力，而我在書中也一再介紹了她的工作。

　　最後說明一下用語：嚴格來說，蓋茲基金會是根據稅法成立的私人基金會。我在本書中一再使用這個詞，但我也稱蓋茲基金會為慈善機構和公益組織。

引言

你可能不認識「保羅・艾倫」（Paul Allen）這個名字。

艾倫當年是個重要的火星塞，點燃了微軟的企業引擎，幫助它發展成世界上影響力最大的其中一家公司。有一段時間，艾倫既是某人的生意夥伴，也是他最好的朋友，而那個人是有史以來權勢最大的人之一。

「威廉・亨利・蓋茲三世」（William Henry Gates III）是你可能不會立即認得的另一個名字。這個堂皇的名字與它的主人相稱，他家境優渥，受惠於先輩帶給他的財富和特權而渾然不覺。比爾・蓋茲的母親出身於富裕的銀行家族，父親則是西雅圖的著名律師。在蓋茲的描述中，他的成長經歷充斥著這種活動：「好吧，州長要來吃晚飯；然後這裡有一場政治選舉，我們要參與其中。」家族的影響力網絡使蓋茲在成長過程中得到不同尋常的機會，例如在華盛頓州議會和美國國會當議員助理[1]。

相對之下，保羅・艾倫來自一般的中產家庭：他父親是圖書管理員，家裡必須有所犧牲，才可以送他就讀西雅圖最精英的私立學校湖濱中學（Lakeside），而他正是在這裡交了比爾・

破解蓋茲迷思

蓋茲這個朋友。「我被丟進一個48人的班級裡，同學幾乎全都來自城裡的精英家庭，是銀行家、商人、律師和華盛頓大學教授的孩子。除了少數例外，他們都是在私立文法學校或西雅圖網球俱樂部互相認識的富家子弟，」現已去世的艾倫在自傳中寫道[2]。

艾倫的犧牲與蓋茲的野心

因為學校有錢，湖濱中學的學生享有一些特權，例如可以使用電腦——這在1960年代末是非常難得的。正是在學校的電腦室裡，艾倫與小他兩歲的蓋茲結下原本不大可能發生的友誼。艾倫回憶道：「你很快就能看出比爾‧蓋茲的三個特質。他非常聰明。他非常好勝；他想向你**證明**他有多聰明。而且他非常、非常固執。」

兩個男孩對電腦的熱情很快轉化為創業精神，因為他們發現了利用他們快速發展的程式設計技術賺錢的方法，但這項工作涉及激烈的競爭。艾倫接了一件薪資程式設計工作，認為即使沒有蓋茲幫忙，他也能完成工作，蓋茲於是傳給他一個語帶威脅的訊息。蓋茲回憶道：「當時我說：『我想你低估了這件工作的難度。如果你請求我回來幫忙，我將完全接管這件事以及將來你要我做的任何事。』[3]」艾倫後來在這個專案上真的需要幫助，而蓋茲解釋：「由我掌管一切就是比較自然。」在父親幫助下，蓋茲為他們持續成長的電腦程式設計業務成立公司，自封為總裁，並要求獲得四倍於艾倫的公司利潤分成[4]。

這兩個孩子畢業後保持密切的關係，但選擇了不同的方向——艾倫去了顯然非精英的公立學校華盛頓州立大學，蓋茲則去了哈佛。艾倫不專注的學術生涯很快失敗了，他在自傳中說，蓋茲催促他搬到東部[5]，以便他們倆將他們對電腦的熱愛轉化為一些特別的東西。艾倫於是從大學退學，去了波士頓。

艾倫自稱是「創意人」（idea men）——他不斷地向蓋茲提出商業計畫，蓋茲則扮演老闆的角色，經常否定艾倫的主意。比爾‧蓋茲回憶道：「我們總是在討論這種問題：『我們是否可以將許多微處理器組合起來，創造出功能強大的東西？我們可以用微控制器做一個360模擬器嗎？我們可以做一個分時系統，讓許多人撥號進來取得消費資訊嗎？』我們考慮許多不同的構想。[6]」

經過幾個月的嘗試，艾倫終於想出蓋茲喜歡的一個點子：為Altair——世界上最早普及的家用電腦之一——寫一種程式語言。蓋茲主動出擊，在他的哈佛大學宿舍裡打電話到Altair生產商位於新墨西哥州的總部，以典型的蓋茲風格吹噓他正在為Altair開發新軟體，而且幾乎已經可以運作了[7]。該公司邀請他飛去新墨西哥州做產品演示。蓋茲和艾倫埋頭苦幹八個星期，寫出了他們的程式[8]。最後是保羅‧艾倫飛去見Altair的人，因為雖然他不是蓋茲那種可以面不改色吹牛的人，但至少看起來像個成年人。即使是成年後多年，蓋茲仍以外表孩子氣著稱，而微軟後來也利用這一點，把他宣傳成神童。

Altair那筆生意順利完成，創造的成績足以說服蓋茲從哈佛退學，專注發展他的新公司。艾倫很快就意識到，公司是蓋茲的。雖然艾倫在Altair那筆交易中扮演了關鍵的核心角色（而且他還創造了由微處理器和軟體合成的「微軟」一名），但蓋茲堅持要獲得多數股權，拿走了公司60%的股份。艾倫記得，

破解蓋茲迷思

他對生意夥伴以這種方式宣示權力感到震驚,但他選擇不爭論[9]。

蓋茲顯然意識到便宜占得太容易,於是厚顏地把艾倫拉回來重新談判,要求獲得更多股份。他說:「大部分工作是我做的……而且我從哈佛退學,犧牲了很多。我應該獲得超過60%的股份。」

「你想要多少?」

「我想應該是64%。」

艾倫寫道,他不忍心和蓋茲討價還價[10],但我看到的深層真相是,艾倫無法接受眼前的事實:他最好的朋友在壓榨他。「後來,在我們的關係發生變化之後,我想知道比爾那天如何得出他提出的數字。我試著代入他的處境,重構他的思路,而我的結論是,事情就是這麼簡單,他那天想的是:**我最多可以拿到多少?**……他可能辯稱股權分配比例反映我們的貢獻,但那些數字也暴露了圖書管理員兒子與律師兒子的差異。我一直被教導一言為定、守信重諾的道理。比爾則是比較靈活的人。[11]」

微軟持續成長,最終遷到西雅圖,艾倫在此過程中繼續扮演創意人的角色。他在自傳中講述了他想出一個重要的變通方法,利用一種名為SoftCard的硬體裝置,使微軟的軟體可以在蘋果電腦上運作[12]。該產品為微軟開拓了一個廣闊的新市場,1981年帶給公司數百萬美元的亟需收入。當時艾倫仍希望他與蓋茲是平等的夥伴,於是決定利用SoftCard的成就向蓋茲施壓,要求獲得微軟更多股份。既然蓋茲可以要求重新談判股權分配比例,為什麼他不可以呢?

結果蓋茲叫他閉嘴:「我永遠不想再談這件事。不要再提了。[13]」

「在那一刻,我深感幻滅,」艾倫省思此事。「我原本以為我們的合作是建立在公平的基礎上,但現在我看到,比爾的私利凌駕所有其他考量。我的夥伴一心只想多搶一些好處,然後牢牢抓住,這是我無法接受的。」

艾倫最後一次受辱,是他在接受非何杰金氏淋巴瘤(最終奪走了他的生命)治療後休養期間,無意中聽到蓋茲在討論一個稀釋艾倫股權的計畫。在強迫艾倫將他在微軟的股權從50%降至40%,然後再降至36%之後,蓋茲還想要更多[14]。

艾倫說:「在開車回家的路上,我一直回想他們的對話,令人髮指的感覺越來越強烈。公司是我和他一起創辦的,雖然我的投入因為生病而受限,我仍是管理層活躍的一員,但現在我的合夥人和同事卻在設法壓榨我。這無疑是唯利是圖的機會主義行為。」

這是艾倫自傳中一個辛辣的結尾。那本書表面上講述他如何出人意表地成為億萬富翁,但也可以視為他對自己與比爾.蓋茲關係失敗的沉痛省思——他愛蓋茲,但蓋茲無法與人建立真正的友誼,因為他認為自己是無與倫比的。正如艾倫所描述,蓋茲最真實的自我是一個不斷被驅使去證明自己優越的人,「他不僅想打敗你,而是還是壓垮你,如果他做得到的話。[15]」

目前關於蓋茲的著作有數十本,幾乎都是1990年代和2000年代初面世的,它們廣泛描述了他的霸氣和脾氣。這些書還

破解蓋茲迷思

描述了他粗魯、好戰、傲慢和恃強凌弱的行為——似乎對所有人都是這樣，無論是朋友還是敵人。蓋茲不僅是個充滿激情的人，還是個非常情緒化的人，常被描述為像小孩子那樣沒有能力或不願意控制自己的脾氣。他似乎很喜歡在微軟訓斥下屬。1990年代，《花花公子》雜誌形容他的作風是「藉由令人難堪來管理公司——經常質疑員工，甚至把一些人罵到落淚。[16]」

保羅・艾倫指出，蓋茲習慣性的「長篇激烈批評」、「斥責」、「言語人身攻擊」不僅是一種霸凌行為，還嚴重損害公司的生產力[17]。因為致力於負增強（negative reinforcement），蓋茲以這句著名的口頭禪聞名：「這他媽是我聽過最蠢的事」（That's the stupidest fucking thing I've ever heard）[18]。

可能會有人認為，蓋茲領導全球經濟中一個巨大的產業，這種自戀和激烈脾氣對他這種層級的領袖是必要的。無論以什麼理由為他辯解，蓋茲就是以鐵腕統治他的公司，並且將廣闊的電腦產業視為他的領地。受害者於是迅速增加。「比爾會去找其他電腦公司非常高層的人，對他們咆哮，告訴他們必須怎麼做，否則我們將保證你們的產品無法使用微軟的軟體。如果你是這種被比爾吼叫的人，你該怎麼辦呢？你完蛋了。你不能容許微軟不支援你的硬體，所以你最好是服從比爾的命令。」微軟早期員工史考特・麥葛瑞格（Scott McGregor）回憶道[19]。另一名軟體業高層在1990年代指出：「那是比爾策略的一部分。他收編業者，收編不了就打垮他們。[20]」

引言

微軟帝國的誕生

微軟商業上最大的突破發生在1980年代初，當時世界上最強大企業之一的IBM邀請這家總部設在西雅圖、相對微型的軟體業新貴為IBM的個人電腦編寫作業系統。多數新聞媒體將這宗看似不大可能發生的交易報導為裙帶關係的產物。蓋茲的母親和IBM的負責人都是全球最著名慈善機構之一的聯合勸募（The United Way）董事會成員，這種關係可能幫了蓋茲的事業一大把[21]。蓋茲的父親多年來也一直幫助兒子的軟體公司，微軟最終成為其律師事務所的最大客戶[22]。

那宗IBM交易的問題在於微軟沒有IBM需要的作業系統。微軟於是找到一家有這種作業系統的公司，收購了所需要的軟體[23]。IBM的市場力量使新推出的「MS-DOS」成為業界標準，為微軟統治電腦業、每年獲得以十億美元計的收入奠定了基礎[24]。數十年後的今天，世界上多數電腦仍在使用微軟的作業系統，也就是現在的視窗（Windows）。比爾·蓋茲將他的公司口號——「每張辦公桌上和每個家庭裡都有一台使用微軟軟體的電腦」——變成了現實[25]。

由此看來，蓋茲若有才能，並不是在創新、發明或技術方面。他的才能是在經商上，在於他能夠理解技術和創新的商業面向，能夠建立關係和與人談判，能夠為了掌控遊戲規則而不擇手段。

隨著時間的推移，比爾·蓋茲成為最令人畏懼的產業領袖之一。隨著微軟不斷成長，它開始擴展到電腦軟體這個狹窄領域之外。它曾考慮收購Ticketmaster這家壟斷音樂會和運動賽事門票銷售的公司[26]。蓋茲在一場報業會議上高調亮相則是震動業界，引人揣測微軟可能在媒體業展開收購。（微軟隨後創辦了 *Slate* 雜誌和MSNBC，但後來撤資退出[27]。）媒體大亨魯伯特‧梅鐸（Rupert Murdoch）當時說：「傳播業人人都極度警惕微軟，包括我。[28]」

到了某個時候，微軟開始變得更像一個帝國而不是一家壟斷企業，在企業界眼中就像許多政府眼中的美國軍隊。五角大廈只需要改變一艘航空母艦的前進方向，就可以悄悄發出一個有力的訊息：**你們的未來掌握在我們手中。**

後來成為Google執行長、當時任職軟體公司Novell高層的艾瑞克‧施密特（Eric Schmidt）1998年這麼說：「我與微軟競爭了很多年，但我從未意識到微軟已經變得如此巨大——不僅是作為一家公司，而是還作為一個品牌，作為國民意識的一部分。它的產品、微軟巨大的行銷機器、比爾‧蓋茲的財富、所有這些雜誌封面故事，這一切都很重要。[29]」

但是，微軟這家巨無霸並非無往不利。在蓋茲的領導下，微軟出現一連串的重大失誤，沒有意識到全球資訊網（World Wide Web）對微軟市占率可能構成的根本威脅。為了迎頭趕上，微軟笨拙地制定了一個計畫，想要擊垮撥號網路服務業者美國線上（America Online），而保羅‧艾倫個人持有該公司大量股份。蓋茲隨口對艾倫認識的一個人說：「保羅為什麼要跟我們競爭呢？我打算不惜代價，年年虧錢也要取得線上市場最大的占有率。這樣跟我們競爭有什麼意義呢？[30]」艾倫深感不妙，於是賣掉了他持有的美國線上股份。

引言

　　蓋茲和微軟也關注當時由網景公司（Netscape）主導的網路瀏覽器市場。微軟對電腦製造商施壓，要求他們在出廠的電腦上預先裝好微軟的瀏覽器 Internet Explorer，搭配微軟的視窗作業系統一起銷售。

　　蓋茲在微軟的日子因此開始進入倒數階段。1998年，美國司法部指控微軟運用壟斷勢力，一場備受矚目的反托拉斯訴訟隨之展開[31]。此時蓋茲作出一個令人費解的狂妄決定：他認為他親自出馬可以智取政府檢察官，因此同意進行錄影作證。結果他的表現令人非常尷尬，損害了他的公司。一連幾天，蓋茲都在扮演一個傲慢的萬事通角色，無聊地重新整理他被問的每一個問題（他甚至爭論「定義」一詞的定義），並不斷試圖貶低對方律師的智商。（蓋茲作證的影片可以在YouTube上找到。）這是比爾‧蓋茲迴避問題的能力和失控的上帝情結最佳展示。保羅‧艾倫──以及世上其他人──看著蓋茲公然胡言亂語，既著迷又感到恐怖。

　　艾倫指出：「反微軟情緒變得普遍且強烈，比爾因此傷透了心。他本來一直是財經媒體的寵兒、技藝型創業者和技術天才。現在媒體把他描繪成一個扭曲規則、很可能還違反了規則的惡霸。」

　　1999年，法院作出不利於微軟的裁決，宣稱它是一家扼殺創新的壟斷企業，但最嚴厲的許多處罰，包括解散公司的指令，在上訴中被推翻了[32]。儘管如此，微軟繼續面臨來自競爭對手和歐盟的高調法律挑戰，而這進一步鞏固了該公司的壞名聲[33]。

突然之間，人們開始往比爾・蓋茲身上丟雞蛋。《辛普森家庭》（The Simpsons）嘲笑他的壟斷宅（monopoly-nerd）過度補償情結（overcompensation complex）。比爾・蓋茲和微軟都需要改變，於是蓋茲基金會應運而生。

蓋茲的形象轉變

在整個1990年代，比爾・蓋茲一直有參與慈善，但隨著反托拉斯訴訟升級為全面的公關危機，他迅速將他的慈善捐贈規模擴大了幾個數量級。到了2000年底，他已經向新成立的蓋茲基金會投入超過200億美元[34]。突然之間，比爾・蓋茲成了地球上最慷慨的慈善家，而且同時是世界上最有錢的人，擁有600億美元的個人財富。矛盾的是，在接下來數十年裡，他經常同時享受著這種雙重殊榮：無論捐出多少錢，他似乎始終是世界上最有錢的人[35]。（不過，在我撰寫本文時，他在世界富豪榜上的排名已經跌至第六位，名下財富超過1,000億美元[36]。）

蓋茲面臨公關危機之際突然慷慨解囊，起初遇到一些有根有據的懷疑。以前一些強盜大亨和工業巨頭，例如約翰・洛克菲勒（John D. Rockefeller）和安德魯・卡內基（Andrew Carnegie），都在晚年利用慈善事業掩飾使他們變得極其富有的破壞性商業活動。此外，美國慈善事業一直有許多醜聞和爭議。近年我們知道的包括：遭定罪的性犯罪者傑佛瑞・艾普斯坦（Jeffrey Epstein）利用慈善捐款建立一個影響力網絡，使自己免受公共監督。薩克勒（Sackler）家族藉由販賣止痛藥奧施康定（OxyContin）牟取暴利，助長了鴉片類藥物在美國的氾濫，而該家族積極投入慈善事業，藉此轉移上流社會的注意力,免得其財富來源受到過度關注[37]。藍斯・阿姆斯壯(Lance Armstrong)在被指控利用運動禁藥建立輝煌的自行車運動生涯之際,仍藉由他在Livestrong抗癌基金會的慈善工作建立了慈善家的好名聲(那些指控後來證實屬實)[38]。希拉蕊・柯林頓被揭露以美國國務卿的身分多次會見柯林頓基金會的捐款人,包括梅琳達・法蘭琪・蓋茲,因此受到審視(柯林頓否認曾發揮不當影響力)[39]。在紐約州檢察總長指控川普基金會「不過是為川普先生的商業和政治利益服務的支票簿」之後,該基金會宣布將於2018年結束運作[40]。

蓋茲基金會成立之初,新聞媒體並沒有忽視全球精英利用慈善事業促進私利或重塑聲譽的能力。在2000年代初,許多記者不怕與蓋茲的批評者交談和公開質疑蓋茲的捐贈——例如蓋茲基金會捐出裝了微軟軟體的電腦給公共圖書館。一名批評者當時說:「這甚至不能說是慈善。這只是為公司占得市場播種,不過是為了使未來賣東西變得更容易。[41]」

與此同時,一種認為應該姑且相信蓋茲的說法也開始出現。如果蓋茲致力於解決疾病、飢餓和貧困問題,而不是摧毀他的商業競爭者,這個具有頑強攻擊犬精神的富豪會取得什麼成就呢?在這種敘事中,蓋茲成了偉大的顛覆者,他在西雅圖成立的新基金會將為彬彬有禮的慈善界帶來早就該有的問責精神。《時代》雜誌2000年的報導寫道:「這意味著要做務實認真的研究和分析,那正是蓋茲多年來開發軟體產品時在做的,現在只是轉為用來在開發中國家根除瘧疾或小兒麻痺症。[42]」

蓋茲開始在新聞媒體中找到軟著陸的機會,可能也是因為他的慈善努力使我們得以陶醉於對財富根深柢固的想像。這個

破解蓋茲迷思

人因為做生意而賺得可憎的暴富,而現在他似乎要把這些財富都捐出去。他是資本主義的擁護者,也是資本主義最終總是造福所有人的一個典範。對蓋茲有幫助的事,還有蓋茲基金會開始捐出以億美元計的錢給新聞機構(包括《衛報》、《明鏡週刊》、法國《世界報》、ProPublica,以及美國國家公共廣播電臺),以及梅琳達‧法蘭琪‧蓋茲出任《華盛頓郵報》董事數年[43]。

蓋茲的慈善活動也與當時盛行的新自由主義經濟理念契合;該理念認為,靈活高效的私營部門行動者可以——也應該——接手笨重和官僚政府的大部分工作。從「大農業」到「大教育」以至「大金融」,比爾‧蓋茲成為了商業利益的重要夥伴和不可多得的代言人,打著慈善的旗號將企業意識形態引入公共生活。蓋茲告訴我們,一如微軟藉由促成電腦革命迅速促進了社會進步,蓋茲基金會將與藥廠和農用化學品公司合作,以治好疾病和為飢餓者提供糧食。

在2007年的白宮峰會上,小布希總統對這種新的慈善模式大加讚賞,稱其為「社會創業的絕佳例子,示範了如何利用商業頭腦處理社會問題。[44]」蓋茲後來獲得歐巴馬頒授總統自由勳章,此外還獲得英女王伊莉莎白二世頒授榮譽爵位,以及印度政府授予傑出服務蓮花裝勳章(Padma Bhushan)[45]。他的榮譽似乎一個接一個。2005年,他以《時代》雜誌年度風雲人物的身分登上該雜誌的封面(身後是梅琳達和搖滾巨星波諾),隨後第109屆美國國會通過第638號眾議院決議,以「祝賀比爾‧蓋茲、梅琳達‧蓋茲和波諾獲得該榮譽。[46]」該決議案有71名共同提案人。

引言

「我認為,說比爾‧蓋茲是我們這個世代影響最大的人並不誇張。我是認真的,」記者安德魯‧羅斯‧索爾金(Andrew Ross Sorkin)2019年出席紐約時報的一項活動,坐在蓋茲的身邊這麼說。「在私營部門,他在微軟所做的事改變了文化的面貌和我們現在的生活方式。而他和他基金會現在所做的事正在改變世界。[47]」

隨著圍繞蓋茲善行的傳說(或崇拜)不斷增加,與其說世人原諒了蓋茲超乎尋常的貪婪和破壞性的壟斷勢力(他正是因此得以成為如此慷慨的慈善家),不如說人們只是忘了蓋茲故事的第一章。蓋茲基金會捐贈規模之大(截至2023年初承諾捐出約800億美元[48]),消除了世人對比爾‧蓋茲的意圖本來還有的懷疑。無論你怎麼看,他的巨額捐獻顯然有更大的作用,並非只是為了迅速修復他受損的聲譽。蓋茲看來真的決心創造一個持久的慈善機構,而蓋茲基金會喜歡宣稱其使命是拯救生命。

在2006年的一場活動中,富豪華倫‧巴菲特(Warren Buffett)宣布將把他的大部分個人財產捐給蓋茲基金會。這將大大提高該基金會的支出能力,而蓋茲當時宣稱,在他有生之年,針對人類的前二十大致命疾病,「我們將有疫苗和藥物可以消除它們造成的疾病負擔。[49]」多年之後的2020年,蓋茲強調其基金會決心「奮力一搏」,宣稱「我們的目標並非只是漸進式的進步,而是將全力以赴,投入大量資源,追求重大成果,一旦成功將能拯救大量生命和改善人類的生活。[50]」

諸如此類的承諾成了蓋茲基金會的標誌。蓋茲一有機會就把我們的目光引向他正在建設的「山上光輝之城」,那裡「所有生命都有同等價值」。在我們這個渴望英雄的世界裡,多數

破解蓋茲迷思

人想要相信他的烏托邦願景。致力於慈善事業的比爾‧蓋茲不但變得無可指摘,還是神聖不可侵犯的。

蓋茲的公眾形象蛻變堪稱非凡、徹底、迅速,這是再怎麼強調都不為過的。美國廣播公司（ABC）和CNBC的報導分別指出,他從一個貪婪、冷酷、專橫的壟斷者變成了一個「輕聲細語的慈善家」和一個「仁慈、富同情心、輕聲細語」的領袖[51]。當然,比爾‧蓋茲實際上沒有改變。他並沒有接受大腦移植或經歷神奇的人格轉變。在蓋茲基金會,蓋茲依然是那個在微軟時跋扈、唐突、肆意發脾氣的惡霸。一名前員工告訴我:「比爾70%的時候是個徹頭徹尾的混蛋,30%的時候是個無害、有趣、超級聰明的宅宅。」另一名前員工說:「在那裡工作時,你將體會到比爾的一個特質:無論好壞,他是不加掩飾的。聽比爾講話令人興奮,因為你會期待,想知道他今天說些什麼。」

相對之下,梅琳達‧蓋茲在私人會議和公開場合的表現完全一樣——消息人士表示,她的言語經過修飾,有時甚至予人唸稿的感覺。當然,這也意味著,兩人同時出現在會議上時,「所有人的目光都集中在比爾身上。他今天肢體語言如何?他會罵髒話嗎?他會扔東西嗎?因為梅琳達不會做那些事。」

比爾‧蓋茲很懂得使自己成為人們關注的焦點,而且他從不忌諱對人粗暴。世界不順從他的意思時,他覺得自己受到挑戰或對事情控制程度不符合他的期望時,他就可能失控暴走。是的,人是複雜的,但蓋茲從來不是「輕聲細語」（soft-spoken）的人。如果要說他投入慈善工作追求什麼,那就是使他可以更大聲說話。他已經非常有效地利用慈善事業,在一系列的廣泛議題上確立了他的領導地位,在他有意染指的領域插上旗幟以宣示主權,包括所謂的窮人疾病、撒哈拉以南的非洲農業,以至美國的教育標準問題。蓋茲以一種非常明確的意識形態(反映他對世界應該如何運轉的看法)支配相關事務,利用創新和科技為社會問題設計解決方案,提升私營部門的首要地位,宣傳智慧財產權的重要性,而最重要的還是重新組織世界以便比爾‧蓋茲在決策桌上占得一席——往往是居領導地位的一席。

比爾‧蓋茲做慈善的方式和我們一般人截然不同。蓋茲基金會並不是把錢交給窮人,讓他們隨意使用。蓋茲的人也不會孜孜不倦地做實地調查,訪問他想幫助的人,了解他們關注什麼,考慮他們的解決方案,然後資助他們的行動。蓋茲的做法是從他的私人財富中拿出一筆錢捐給他的私人基金會,然後在基金會價值5億美元的總部召集一小群顧問和專家,以決定哪些問題值得他投入時間、精力和金錢去解決,以及應該採取什麼解決方案。蓋茲基金會接著提供大量資金給大學、智庫、新聞機構和倡議團體——除了開出支票,還會交出一個待辦事項清單。蓋茲就這樣迅速建立一個倡議者回音室,將政治論述導向他的想法。結果令人震驚。

蓋茲基金會一手資助了近年美國教育領域最重要和最富爭議的其中一項改革,它就是各州共同核心標準(Common Core State Standards),實際上是美國教育的一個新運作系統。與此同時,在許多非洲國家,比爾‧蓋茲已成為農業政策制定中最響亮的聲音,致力推動數十項新的規則、規定、法律和公共政策,而它們總是反映他對全球經濟運行方式的願景——倚重私營部門，由企業主導，而且重視專利。Covid-19大流行期間，在我們的民選領袖笨手笨腳地制定應對計畫之際，蓋茲充分利用其基金會在疫苗方面數十年的經驗，在如何保護地球上數十億貧窮人口的生命方面扮演領導角色，實際上接手了世界衛生組織的應對工作。

億萬富翁如何改變世界

這些大膽的介入行動極其成功地提升了比爾‧蓋茲在世界舞臺上的地位，但無論是以蓋茲基金會自己明言的目標還是任何獨立的標準衡量，它們都是嚴重的失敗。事實證明，解決公共衛生和公立教育等方面的複雜問題，比蓋茲所想的困難得多。事實也證明，富豪的慈善事業不是解決方案。

當然，蓋茲基金會的慈善捐贈有時確實幫了一些人，但它恃強凌弱的行事方式也造成大量的連帶傷害，而我們卻在很大程度上忽視了這一點。引導大眾認識蓋茲基金會的主流敘事一直聚焦於其前瞻性目標、巨額捐贈，以及它聲稱正致力拯救的生命。在這種非常不平衡和片面的論述中，大眾幾乎沒有認真討論蓋茲基金會實際作為的餘地，對此也沒什麼認識。比爾‧蓋茲並非只是捐錢支持對抗疾病和改善教育與農業。他實際上是積極利用他的巨額財富去取得政治影響力，按照他狹隘的世界觀改造世界。

簡而言之，比爾‧蓋茲實際上是一個權力掮客，但我們被引導去視他為慈善家。蓋茲基金會實際上是一個政治組織，是比爾‧蓋茲用來染指公共政策的工具，但我們被引導去視它為慈善機構。2020年，當時的參議院多數黨領袖米奇‧麥康奈

（Mitch McConnell）這麼說：「因為他的名氣和聲譽，以及他用自己財富所做的事，他可以直接聯絡我們。在許多國家，他比政府有效得多，而這對世界各地的公共衛生無疑很有價值。[52]」

蓋茲利用這種管道，包括與歐巴馬、川普以至梅克爾等人會面，成功地對許多國家的政府施壓，使它們投入以十億美元計的公帑到他的慈善專案中。我們的稅款為蓋茲慈善帝國提供了豐厚補貼，但所有的榮耀都歸於比爾・蓋茲，而他能幾乎不受任何制衡地使用我們的錢。多年來，《富比世》雜誌（Forbes）都將比爾・蓋茲列入世界上最有權勢人物的前十名裡，但由於蓋茲透過慈善事業行使權力，我們沒有審視或質疑他的這種權力。

這種影響力最驚人的一面，可能是它造成的寒蟬效應。雖然不滿蓋茲基金會的人非常多，但最知情的人多數不願意公開批評，因為他們害怕失去基金會資助或惹怒比爾・蓋茲。這種自我審查廣為人知，學術界甚至為此創造了「比爾寒蟬」（Bill chill）這個術語。這是蓋茲基金會標誌性的眾多矛盾之一：世界上最受矚目的慈善機構，同時也是世界上最令人畏懼的組織之一。

這並不是說比爾・蓋茲沒有好的意圖，而我們也不應該懷疑他真的相信他在幫助世界。但我們應該明白，他是在以他懂得的唯一方式幫助世界，那就是取得相關事務的控制權。無論是在微軟還是蓋茲基金會，比爾・蓋茲在他整個職業生涯中的缺陷（也許是他的悲劇性缺陷），始終是他堅定不移的自信——他堅信自己所做的一切是正確和正義的，堅信他是房間裡最聰明的人，是天生的領導者。

破解蓋茲迷思

在某些方面,蓋茲的好意圖恰恰是問題所在。回顧歷史上最可憎的領袖,你會發現當中有許多真信徒和病態的自戀者——他們真的相信自己知道什麼是對別人最好的,而他們幾乎都是男性。在某種程度上,我們必須能一致認同這種權力模式是非常有害和不民主的。我們也必須同意,追求真正的進步,追求平等、正義、自由的人道主義,要求我們質疑無需問責的權力和不正當的領袖。

而這意味著比爾・蓋茲是個問題,而不是解決方案。他正在攫取他並未贏得也不配擁有的權力。沒有人選舉他或任命他在任何議題上領導世界。但是,他卻在這裡搖胸示威,霸占著講臺,對著擴音器大談他解決各種問題的方案,從氣候變遷到避孕藥/器的取得,以至如何應對Covid-19大流行。

蓋茲的慈善大實驗如今已經做了二十年,我們早就應該重新評估世界上最有權勢的這個人道主義者,尤其是因為新一代的科技富豪開始追隨他的腳步。傑夫・貝佐斯(Jeff Bezos)及其前妻麥肯琪・史考特(MacKenzie Scott)都已承諾將捐出他們的大部分財產,總計超過1,500億美元。馬克・祖克柏(Mark Zuckerberg)也作出了類似承諾,和響應蓋茲基金會為擴大富豪慈善事業而設立「捐贈誓言」(The Giving Pledge)的數百位其他超級富豪一樣。雖然聽起來有悖常理,但數千億或甚至數兆美元的慈善支出看來即將出現並不值得慶祝,反而令人擔憂。

一如全球精英階層利用競選捐款和遊說影響政治,慈善事業已成為富豪發揮影響力的另一種手段。超級富豪能夠非常順利地將個人財富轉化為政治權力,是民主衰落和寡頭政治崛起的一個明確訊號。它呼籲我們趕快捫心自問:這是我們想要生

引言

活在其中的世界嗎？在這種世界裡，最有錢的人說話最大聲，我們為可疑之商業大亨囤積財富的行為鼓掌喝彩，因為他們非常高調地投入資金到慈善專案裡，以不民主方式推進他們的政治世界觀。

比爾‧蓋茲是探討此一問題的理想案例，因為在許多方面，他是億萬富翁可以作出什麼善舉的最有力例子，是意圖良好的全球精英可以成就什麼大事的最好例子。多年來，新聞媒體花了大量筆墨質疑柯克（Koch）兄弟和魯伯特‧梅鐸的金權掠奪行為，但也花更多筆墨稱讚比爾‧蓋茲是我們的「好富豪」，向我們介紹他據稱為拯救世界免於自毀而積極投入的無私慈善活動。新聞媒體連同蓋茲巨大的公關機器，創造了一種過度簡化的敘事或甚至是童話，向我們灌輸這個訊息：針對蓋茲基金會的批評沒什麼值得討論的。他們說：你寧願比爾‧蓋茲把錢花在跑車和豪宅上嗎？如果我們對蓋茲課稅，由我們功能失調的政府去花他的巨額財富，世界真的會變得比較好嗎？

為了回答這些問題，為了真正明白比爾‧蓋茲如何利用慈善事業將財富轉化為政治權力，我們必須非常深入地研究一個極其隱祕的私人機構。結果我們發現，這個慈善基金會的活動完全不符合慈善的一般定義，也完全不符合該基金會口頭和書面上宣稱的使命。

我們將會發現，在蓋茲作為世界歷史上最慷慨的慈善家期間，他反而變得更有錢了。我們將看到，相對於蓋茲的巨額財富，他的捐贈是多麼的無意義或吝嗇──他是捐出他不需要也不可能花用的錢。我們將看到蓋茲家族從他們的慈善事業中得到了說不盡的私人利益，包括數十億美元的租稅利益、大量的

破解蓋茲迷思

公眾掌聲、巨大的政治權力,甚至是大大嘉惠和他們關係密切的組織——例如蓋茲基金會捐了1億美元給比爾·蓋茲和他的孩子們在西雅圖就讀的精英私立高中。

我們將看到,政府花費以百億美元計的稅款補貼蓋茲的慈善專案,但納稅人卻幾乎完全無法監督他如何使用我們的錢。我們將發現,在許多情況下,我們甚至無法追蹤資金流向,因為蓋茲基金會經手以十億美元計的流向不明資金(dark money)。

我們將發現,這個慈善基金會對賺錢的興趣似乎不亞於捐錢;它自由且廣泛地參與商業活動,將以十億美元計的資金交給私營公司,收取數十億美元的投資報酬,甚至創辦和主導私營企業。我們也將發現,私營部門的揭弊者指控蓋茲基金會一如在它之前的微軟,濫用其市場力量,以反競爭的方式行事。

我們將看到,蓋茲基金會建立了一個驚人的影響力網絡,資助大量的代理人和前線團體來執行其議程。我們將看到,這些由蓋茲基金會創立、資助和主導之組織以獨立機構的面目出現,製造出蓋茲基金會議程獲得有力支持的假象。我們將探究這種代理人權力如何在美國國內外轉化為政治權力,而且我們將看到,68歲的蓋茲打算在未來數十年擴大他的權力。

我們將看到,這個組織自己承認是「受蓋茲家族的利益和理想驅動」,而不是受其目標受益者的需求或渴望驅動。我們將看到,這個組織迷戀自己,迷戀它的專家、它的答案、它的策略和它的創始人,而且亟欲剷除任何妨礙它的人。我們將看到,這個基金會帶著反動的殖民眼光,高度仰賴日內瓦和華盛頓特區的高薪技術官僚去解決烏干達坎帕拉和印度北方邦窮人的問題。我們還將看到，有一個人患有嚴重的主角症候群（main character syndrome），在他沒有受過任何訓練、沒有任何地位或沒有獲得任何授權的問題上，不斷宣稱他是專家，而且應該享有領導權力。

我們將看到，這個組織大力標榜自己擁護科學、理性和事實，但卻公然基於意識形態行事。我們將看到，這個慈善機構花大錢去評估和測量其他組織的表現，同時不遺餘力地阻礙針對其表現的獨立測量和評估。我們將追蹤數十億美元從蓋茲基金會流向一些大學和新聞機構，而它們總是可靠地避免批評這個基金會。我們將看到一個由個人和團體組成的「成功卡特爾」（success cartel）[53]，其成員因為非常害怕失去比爾·蓋茲的資助而不敢批評他，同時亟欲把握機會指出他的善行。我們還將聽到一些故事，講述蓋茲基金會以深思熟慮和非常進取的方式壓制批評聲音和阻止爭論。但我們也將看到，這些控制和壟斷論述的作為有其局限，這彰顯在圍繞著蓋茲基金會的不尋常批評上，可惜這些批評意見從未得到應有的關注。

我們將會明白，比爾·蓋茲既是一隻披著羊皮的狼，也是一個沒穿衣服的皇帝。我們將看到這個人竭盡全力逃避問責，而其基金會活動似乎從未符合自身的崇高訴求——無論是以它聲稱要拯救的生命還是要推動的人類進步衡量。我們將看到，無論是在微軟還是蓋茲基金會，比爾·蓋茲數十年來面臨工作場所行為不當的指控，而且他還匪夷所思地使自己的慈善事業與遭定罪的性犯罪者傑佛瑞·艾普斯坦扯上關係。我們將發現，無論蓋茲的錯誤有多嚴重，無論我們所謂的取消文化（cancel culture）有多強大，比爾·蓋茲至今仍是很大程度上不受制衡，甚至不受美國國會和國稅局制衡。

破解蓋茲迷思

我們將看到一個極度缺乏歷史感和想像力的基金會，它選擇重啓數十年前失敗的慈善計畫，例如非洲農業的「綠色革命」和涉及人口控制的一系列家庭計畫活動。我們將看到這個機構多年來一直要求我們放眼未來，著眼於它將引進改變遊戲規則的技術，以及將由它管理的開創性介入措施。我們也將看到，個別而言和整體而言，蓋茲基金會都未能達成其既定目標——無論是根除小兒麻痺症、引進突破性的疫苗、徹底革新農業和美國教育，還是領導世界應對Covid-19大流行。我們將看到這個組織因坐擁巨額財富而不斷吸取失敗的經驗。

我們將看到，這個機構在支配全球的畸形經濟不平等中茁壯成長，它指望大眾因為太窮或太蠢而無法拒絕它的慷慨好意。我們將看到，比爾·蓋茲所控制超過1,500億美元的巨資（他個人加上私人基金會的財富），是不平等的一個圖騰和驅動因素，而不是解決方案。我們將看到，在蓋茲致力改造世界期間，我們的世界並沒有變得比較平等或公正。我們將認識到，蓋茲那種「爸爸最懂」、以殘羹剩飯救濟弱勢的高貴義務感正導致世界走向錯誤方向，造成的傷害往往超過它產生的好處。我們將認識到，蓋茲基金會的抱負與其說是改變世界，不如說是維持現狀——它積極奉行一種一切如常的做法，阻礙戰勝不平等所需要的真正社會變革。

我們將看到，這個組織的發展已經觸頂，目前在其官僚主義和傲慢的重壓下正逐漸衰落，已接近耗盡逝去的新自由主義幻想時代賦予它的能量，於是拚命抓住可予它存在價值的東西。我們也將看到，新聞媒體在2021年終於從啦啦隊員變成了批評者，發表許多非常不客氣的新聞標題，證明世人早就應該重新審視對蓋茲的崇拜:「早在離婚之前,比爾・蓋茲就因為行為可議而名聲不佳」;「比爾・蓋茲應停止告訴非洲人他們需要什麼樣的農業」;「比爾・蓋茲如何阻礙全球取得Covid-19疫苗」。

我們將認識到蓋茲基金會有多脆弱,以及為什麼我們所有人都有責任質疑它。我們將發現我們必須自我反省,質問自己為什麼在那麼久的時間裡,容許比爾・蓋茲從我們手中奪走那麼多權力。我們將為我們集體的斯德哥爾摩症候群感到困惑,它使我們認為我們應該為蓋茲的篡權行為喝彩,而不是挑戰它。我們終於將認識到,比爾・蓋茲和蓋茲基金會不僅是問題,還是**我們的**問題。

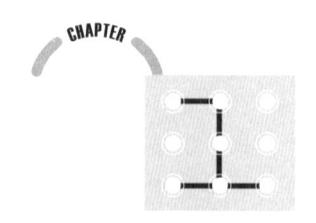

拯救生命

牛津辯論社（Oxford Union）是與牛津大學關係密切的著名社團，菁英分子不時在這裡進行正式辯論。該社2019年的一場辯論以「成為億萬富翁是否不道德」為題目。作家阿南德・葛德哈拉德斯（Anand Giridharadas）站在正方，他質問了超級富豪的罪惡和富豪慈善事業的虛假承諾。

「他們找到巧妙的新方法，儘可能壓低工資和減少就業保障。他們以非法或合法的手段避免納稅，將以兆美元計的資金藏在境外⋯⋯他們遊說制定不利於大眾的公共政策——事實上，這些政策損害公眾利益但嘉惠他們。他們形成壟斷勢力，扼殺了競爭。他們製造社會問題以便自己謀利，」葛德哈拉德斯猛烈抨擊富豪階層的一系列不當行為[1]。「他們利用慈善事業，利用他們以可疑手段獲得的部分財富，除了為自己洗白名聲，實際上還使他們可以繼續做他們正在做的事⋯⋯這些都是明知故犯的不道德行為。」雖然葛德哈拉德斯口才很好，而且採用大眾喜歡的論點，但他和他的正方隊友還是輸了這場辯論。因為他們擋不住對手利用比爾・蓋茲發起的攻擊。

Chapter 1　拯救生命

　　那實際上就是反方的反駁，他們以蓋茲基金會的善行為基礎，有力地說出了一種好富豪論述。「你們是在說比爾‧蓋茲和梅琳達‧蓋茲是不道德的，儘管他們成立蓋茲基金會，並且按照所有生命皆平等的理念運作，」普林斯頓大學哲學家彼得‧辛格（Peter Singer）指出。「蓋茲夫婦至今已經捐出500億美元給這個基金會，而且還會捐更多。你們是在說他們是不道德的，儘管他們無疑已拯救了數百萬人的生命，可能比目前還在世的任何其他人都要多。[2]」

　　長期以來，這個獲勝論點的各種變奏一直被用來反駁對富豪階層的任何批評。美國政壇受矚目的人物——從眾議員歐加修寇蒂茲（Alexandria Ocasio-Cortez）到參議員伊莉莎白‧華倫（Elizabeth Warren）和伯尼‧桑德斯（Bernie Sanders）——提出質疑，認為根本不應該有億萬富翁時，很容易遇到這種反擊：你們實際上是主張世上不應該有蓋茲基金會這種組織，而這會害死數以百萬計的兒童。

蓋茲基金會的救命神話

　　在關於蓋茲的主流論述中，他救了大量生命這個說法已經成為一種傳統觀念，多年來因為非常多人引述，如今已被多數人視為一如重力定律那麼客觀、一如死亡和納稅那麼確定的東西。關於蓋茲基金會，多數人知道的兩件事就是它在捐出巨額資金和拯救大量生命。美國媒體Vox的寫手凱爾西‧派柏（Kelsey Piper）引用蓋茲已經救了「數以百萬計」生命的說法，聲稱：「如果你想對比爾‧蓋茲有一種平衡的、健康的、深思熟慮的看法，你必須先認識其作為的規模，而不是忽視它。[3]」

破解蓋茲迷思

而如果有人不對比爾・蓋茲表示崇敬，還膽敢批評他，他們就會得到提醒。《國家》雜誌2020年初的一篇封面報導，是我發表關於蓋茲基金會的第一篇文章，而新聞網站「慈善內幕」（Inside Philanthropy）總編輯大衛・卡拉漢（David Callahan）批評該報導時表示：「你的文章甚至沒有提到蓋茲已經救了世界上最窮困數百萬人的生命。[4]」

雖然拯救生命的說法已成為關於蓋茲的公共論述的核心要素，但它的基礎顯然十分可疑。它看來並不是基於獨立的研究和評估，而是因為蓋茲基金會及其龐大的公關機器一再照本宣科而進入大眾的意識裡。比爾・蓋茲2014年出席美國企業研究所（AEI）的活動時表示：「要知道，如果沒有我們資助的疫苗施打計畫和新疫苗的供應，會有超過600萬人活不到今天。所以這是非常重要的。[5]」

但是，蓋茲一年前曾表示，他的慈善資助拯救了1,000萬人的生命[6]。因此，雖然拯救生命非常重要，它不是精確的科學（exact science）。蓋茲的數字幾乎每年都有變化，但有一點始終不變：「拯救生命」的數字似乎總是來自蓋茲基金會或它資助的團體。

蓋茲基金會資助智庫全球發展中心（Center for Global Development）出版了《Millions Saved》（書名暫定：救命以百萬計）這本書，而且似乎還指導該書的編輯工作：該智庫最大的資助者就是蓋茲基金會，金額超過9,000萬美元[7]。華盛頓大學的衛生指標與評估研究所在醫學期刊《刺胳針》（The Lancet）發表了一個「拯救生命計分卡」（Lives Saved Scorecard），審視蓋茲已經拯救多少人命；該研究所從蓋茲基金會獲得超

Chapter 1　拯救生命

過6億美元的資助[8]。約翰霍普金斯大學則推出「拯救生命工具」(Lives Saved Tool)，而疫苗作用模擬聯盟(Vaccine Impact Modelling Consortium)也推出了可用來估計蓋茲救命成就的類似工具[9]。這兩個組織都受蓋茲資助。

雖然蓋茲基金會的工作範圍非常廣，涉及的議題包括美國的教育、非洲的農業以至世界各地窮國的家庭計畫，該基金會的公關彈藥幾乎全都用來宣傳它在全球衛生和發展方面的工作，因為在這些領域，它可以最有力地指出它有多成功，指出它救了多少人命。

蓋茲的「救命競賽」2017年達到頂峰，當時世界上最著名的投資人、頂級富豪華倫·巴菲特要求比爾·蓋茲和梅琳達·蓋茲省思他們拿他捐給蓋茲基金會的300億美元做了些什麼[10]。巴菲特的信寫道：「許多人想知道你們過去做了什麼，未來想做什麼，以及原因何在。你們的基金會將一直備受矚目。因此，人們充分了解它是非常重要的。」

在他們的公開回應中，比爾和梅琳達感謝巴菲特做出「歷史上最大一筆捐贈」。

他們在致巴菲特的信中寫道：「我們沒有銷售額和利潤可以給你看。沒有股價可以報告。但我們密切關注一些數字，以引導我們的工作和衡量我們的進展……我們將利用那些驅動我們工作的數字來講我們的故事。我們就從這個最重要的數字講起：1.22億，這是自1990年以來我們拯救的兒童生命數量。」

比爾·蓋茲在那封信中這麼解釋：「2015年活下來的兒童多於2014年。2014年活下來的多於2013年，依此類推。如果把這些數字加起來，結果是過去25年裡，總共有1.22億名五歲以下的兒童獲救。如果死亡率保持在1990年的水準,這些兒童全都不會活下來。」

這是一個十分驚人的成功指標,蓋茲基金會後來將它納入它的公開簡報中,並付錢給商業雜誌Fast Company為它宣傳[11]。同樣受蓋茲資助的《衛報》也撰文盛讚蓋茲基金會幫助拯救了1.22億人的生命,《紐約時報》和無數其他媒體也都加入歌頌蓋茲的行列[12]。《達拉斯晨報》(Dallas Morning News)的社論委員會選出梅琳達·蓋茲為2020年「德州年度風雲人物」(梅琳達在西雅圖生活了數十年,這個榮譽因此顯得很奇怪),當時該報指出:「計算救了多少人是很困難的,甚至是不可能的。網路上一個常見的數字是1.22億人。確切數字是誰也說不準的,雖然蓋茲基金會非常努力地追蹤它在幫助世界各地更多人過上健康有益生活方面的成效。[13]」

該報以「網路」作為資料來源有其誠實之處,因為它公開承認沒有人真的知道蓋茲基金會救了多少人命。但是,這樣一家大型新聞媒體動用其社論委員會全力支持一項非常可疑的公關宣傳,則有令人深感不安之處,畢竟它肩負監督權勢和拆穿錯誤資訊的職責。

那麼,1.22億這個數字從何而來?蓋茲夫婦最初提到這個數字時,引用了《經濟學人》一個顯示兒童死亡人數幾十年來不斷下降的圖表[14]。(值得注意的是,蓋茲基金會似乎與《經濟學人》的姊妹機構經濟學人信息部有長期合作關係,但關係始於何時並不清楚[15]。) 如果你去追蹤《經濟學人》這段無標題的資料,會發現其圖表是根據布魯金斯學會的一項研究。而如果你追蹤布魯金斯學會那項研究,會發現其報告的標題實際

Chapter 1 拯救生命

上是「救了七百萬人命」[16]。《經濟學人》和布魯金斯學會都沒有提到1.22億這個數字。布魯金斯報告的作者約翰·麥克亞瑟（John McArthur）說他不知道蓋茲基金會如何得出那個數字，但他也說明了一些背景。他告訴我：「你得到什麼結果取決於你提出什麼問題。不同的情境設想會產生不同的答案——如果你問『世界整體而言取得了多大的進步』，答案會與問『相對於之前的趨勢，世界取得了多大的進步』不同，而且兩者都各自涉及許多測量上的問題。」

蓋茲基金會在這方面享有非同尋常的影響力和權力。藉由資助那些告訴世人它正在做什麼的研究和評估，這個基金會可以左右研究者提出什麼問題或使用什麼資料，進而左右研究的結果和結論。該基金會有時還資助向大眾傳播這些研究結果的新聞機構。蓋茲基金會的故事基本上是這樣：我們對其工作、方法和成就的認識，很大程度上來自基金會本身。

我們容許蓋茲基金會界定其成就指標（救了多少人命）並提供衡量標準，我們就賦予了它一種大得危險的知識權力（epistemic power），使它有能力塑造我們對世界上這個最強大私人基金會的認識和看法。結果是蓋茲基金會自我建構、自我吹噓的行銷活動，已經成為我們認識這個基金會的起點，而這些行銷其實可以同樣輕易地成為我們質疑這個機構的起點。

蓋茲基金會一概拒絕回應作者為撰寫本書提出的詢問，因此我不清楚它如何得出那個被廣為宣傳的數字。從比爾·蓋茲的簡短敘述來看，他的分析似乎是基於一種「什麼都不做」的情境設想：設想如果沒有蓋茲基金會，1990年代的死亡率趨勢將在2000年代和2010年代保持不變。但是，這不是一種很有意

041

義的分析——除非你相信,如果沒有比爾・蓋茲,世界真的會完全停滯。而且這種分析也沒有告訴我們,在那1.22億人中,有多少人是直接因為蓋茲而得救,又有多少人得救是有賴與蓋茲基金會完全無關的無數其他變數和介入措施。

疫苗政策與市場壟斷

這並不是說蓋茲基金會沒有幫助拯救生命。它確實在做這件事。它幫助推動疫苗接種,這真的可以拯救生命。但其他介入措施也有這種作用,例如培養醫師和護理師、建設診所並配備人員,以及投資交通基礎設施以幫助病人前往這些診所。我們把有限的公共衛生資源用在哪裡以及如何使用,某種程度上是一個政治問題。這也是為什麼蓋茲基金會被批評為一股不民主的力量。它利用它的財富和強大的宣傳機器,確保它的優先事項就是我們的優先事項。它與富裕國家合作,促使它們把對外援助支出用在蓋茲基金會的慈善專案上,導致可用在其他介入措施上的公帑減少,而那些措施有可能拯救更多生命或創造更重要的其他利益。

仔細審視就會發現,蓋茲聲稱的許多成就根本站不住腳。蓋茲基金會在輪狀病毒方面的工作就是一個很好的例子,這種病毒會導致腹瀉和嚴重脫水。2022年,比爾・蓋茲誇耀道:「我們支持開發了一種新的輪狀病毒疫苗,它使每年死於這種病毒的兒童人數減少75%,從2000年的52.8萬人減少至2016年的12.85萬人。[17]」

但是,這種進步頗大程度上與蓋茲基金會的疫苗工作完全無關。死於輪狀病毒的人數確實在減少,但這種**趨勢**早在蓋茲基金會開始致力於相關工作，或在公共衛生界廣泛建議在窮國使用相關疫苗（2009年）的多年之前就已經開始了[18]。衛生條件改善、洗手方面的進步、乾淨的飲用水、口服補液療法普及（以及較廣泛而言，醫療服務普及），都是死亡人數減少的原因。同樣值得注意的是：輪狀病毒疫苗的一個殘酷諷刺，是它們在最需要這種疫苗的窮國不如在富裕國家那麼有效[19]。這並不是說它們不是重要的工具。只是它們並非唯一的工具，也不是蓋茲基金會期望的靈丹妙藥。要真正改善公共衛生，我們必須處理與貧困有關的基本問題，例如確保大眾能夠獲得健康的飲食、乾淨的水、醫療服務、收入和住所。

聯合國大學研究員大衛‧麥考伊（David McCoy）告訴我：「沒錯，生物醫學技術，尤其是疫苗和抗生素，使我們有能力讓越來越多人活下去，但依賴這種技術是脆弱的，而且忽略了這個事實：世界各地民眾未活到預期壽命的情況，主要是貧困造成的。我們可以說，蓋茲基金會高度重視技術，以及蓋茲積極忽視決定健康的社會因素，意味著蓋茲基金會目前的作為對世界是弊大於利。」

目前已發表的針對那種氾濫救命說法的獨立分析屈指可數，麥考伊2013年發表的學術研究報告是其一，它審視蓋茲基金會在拯救生命方面最大合作夥伴之一的全球對抗愛滋病、肺結核和瘧疾基金會（Global Fund to fight AIDS, Tuberculosis and Malaria）[20]。麥考伊告訴我：「產生這些救命數字的模型十分可疑，而且存在令人難以置信的偏見。它涉及各種方法上的設算（methodological imputations），而這些設算並非真正合理。」

破解蓋茲迷思

即使以蓋茲極度重視醫藥的狹隘眼光檢視公共衛生狀況，我們也會發現很大的問題。例如，目前全球有將近一半的兒童沒有接種輪狀病毒疫苗[21]。既然對付輪狀病毒有多種疫苗可用，而且比爾・蓋茲似乎已經插上了他的旗幟，示意擔起對付這種病毒的責任，他不是應該為這種不理想的情況承擔一些責任嗎？既然他勇於為我們取得的進步邀功，不惜扭曲資料以誇大其基金會的成就，他不是應該為自身慈善工作之不足承擔責任嗎？

蓋茲救命敘事真正嚴重的偏差，在於它忽視有多少人在失去生命。每年大約有6,000萬人死亡[22]。這個可怕的數字突顯了一個令人不安的事實：每年死去的人，有很多是死於可預防或可治療的疾病。這說明了現代醫學的一個矛盾：治療費用太高昂，或當地醫療系統能力不足，導致大量人口死亡。這同樣是貧困和不平等的問題。有時，這也是市場被壟斷的問題，涉及與藥物、疫苗和診斷方法有關的政治經濟安排。

智慧財產權的爭議

在比爾・蓋茲看來，專利和智慧財產權保護是報答企業為了推出新藥而承擔巨大的研發成本。這些公司承受風險，投入大量資金。為了報答它們，我們以專利的形式賦予它們合法的壟斷權，幫助它們收回成本。專利壟斷導致醫藥價格高昂，但蓋茲認為，如果我們改變專利制度，企業就會失去研發新藥的誘因，而我們將因此損失人命。

不過，蓋茲並不是經由獨立的研究或客觀的調查得出此一看法。他的立場是基於他在微軟的職業生涯，而微軟的收入仰賴專利（和版權）保護，一如製藥業。若不是智慧財產權獲得可靠的保護，微軟不可能成功，比爾‧蓋茲不會成為世界上最有錢的人之一，也不會成為慈善家。一如蓋茲認為微軟的創新技術造就了電腦革命，他認為製藥公司和它們倚賴專利保護的商業模式救了大量人命。

「拜基金會的努力所賜，我們至今已經救了本來無法得救的1,000萬人的生命，而我們未來十年的目標是救5,000萬人。但是，如果不是與製藥公司合作，我們根本無法做到這些事，」蓋茲在2013年的一場簡報中這麼說。「感謝上帝，專利法使這些公司得以發明藥物並推出市場，然後僱用研究人員來開發更多專利藥。他們在了解藥品庫、檢定方法等方面非常出色。事實上，他們的專利在這些開發中國家全都不存在。我們從未遇到過智慧財產權問題。一次都沒有。因為在我們開展工作的窮國，最窮的90個國家……沒有人申請專利，沒有人執行專利權。基本上是在富裕國家購買藥品的人，使我們現在能夠以邊際成本完成這些工作。我們提供的所有疫苗，我們都了解邊際成本，而我們確保這恰恰是世界上最窮者要付的價格。[23]」

但事實上，已經有數以百萬計的人因為智慧財產權問題而死去，而且情況還在持續。即使如蓋茲所言，專利並不存在於窮國，這並不意味著輝瑞或默克掌握的專利權不影響藥品價格和取得。跨國藥廠無法藉由為世界上最窮國家的民眾治病賺錢，它們因此通常不在這些國家銷售藥品（至少不會以當地民眾負擔得起的價格賣藥）。而正如我們在Covid-19大流行中看到，製藥公司拒絕將配方和生產方法分享給學名藥廠商，以便後者以低廉的價格為窮國供應相關藥物和疫苗。

破解蓋茲迷思

　　許多公共衛生專家認為，大藥廠及其專利壟斷是進步的障礙，而不是創新的引擎。在其著作《藥廠黑幕：製藥公司如何掏空你的錢包和健康？》(*The Truth About the Drug Companies*) 中，《新英格蘭醫學期刊》前總編輯瑪西亞‧安卓（Marcia Angell）對專利使製藥業得以收回創新成本的說法大加撻伐。製藥業最大的支出是花在行銷而非研究上（而且是遙遙領先），因為業者竭盡所能利用他們的專利壟斷榨取利潤。「製藥公司收取的價格與藥品生產成本關係不大，可以大幅降價而不危及研發工作，」安卓指出。「這個產業現在主要是一部行銷機器，致力銷售效益可疑的藥品。它利用它的財富和權勢，收買可能阻礙它的每一個機構，包括美國國會、美國食品藥物管理局、學術醫學中心和醫學界本身⋯⋯近年來，只有少數真正重要的藥物推出市場，而且它們多數是基於納稅人資助的學術機構、小型生物技術公司或美國國家衛生院的研究。[24]」

　　許多醫學專家和公共衛生專業人士認為有必要改革製藥業，改變（或挑戰）我們的專利制度，但比爾‧蓋茲卻認為——而且希望我們也認為——大藥廠是人道事業方面的合作夥伴，而這個夥伴只是需要適當的誘因。他的解決方案是為製藥業提供誘因，「使市場為窮人服務」——或者說使享有壟斷地位的專利藥為窮人服務[25]。蓋茲基金會在「塑造市場」方面最有力的例子是它在疫苗方面的工作，這結合了比爾‧蓋茲的兩大愛好——商業和創新[26]。「一如我在微軟工作期間喜歡談軟體神奇之處，我現在喜歡談疫苗神奇之處，」蓋茲2011年解釋道[27]。「疫苗是有史以來人類發明的最有效和成本效益最高的醫療工具。我喜歡說疫苗是一種奇蹟。一個孩子只需要接種幾劑疫苗，就可以終身免受令人衰弱和可能致命的疾病侵害。」

疫苗帝國的建立

蓋茲在疫苗方面的標誌性作為是一個名為Gavi的組織，它是蓋茲基金會1999年拿出7.5億美元的種子資金成立的，早期的名字為全球疫苗免疫聯盟（Global Alliance for Vaccines and Immunization）。蓋茲基金會最終向這個總部設在日內瓦的組織投入了超過60億美元，使Gavi成為接受蓋茲基金會資助最多的組織（而且大幅領先第二多的組織）。它也是蓋茲關於拯救生命的公關宣傳資料的關鍵來源。

Gavi誇耀它已經藉由常規預防接種為近10億名兒童接種了疫苗，並聲稱其淨效果是救了1,500萬人的命[28]。比爾・蓋茲經常表示，Gavi是他在慈善事業中最引以為豪的作為之一[29]。梅琳達・法蘭琪・蓋茲也大力讚揚Gavi，表示Gavi「已經使中低收入國家五歲前死亡的兒童人數減少40%。[30]」（這些說法不是沒有說明資料來源，就是引用了蓋茲基金會資助的研究。）

Gavi本身並不開發新疫苗。它也不會與大藥廠合作以將後者的疫苗技術移轉給窮國的生產商。Gavi的工作是從捐款人──主要是各國納稅人──那裡集合大筆資金，然後向製藥業購買疫苗。大藥廠以前可能沒有誘因供應疫苗給窮國，Gavi改變了這種情況，因為它拿出數十億美元來推動市場發展。

多年來，Gavi最大宗的疫苗採購（至少40億美元）是購買肺炎鏈球菌疫苗，它可以預防一種常見的肺炎病因[31]。在某些時候，Gavi約一半的疫苗預算是用在肺炎預防接種上[32]。如此重視預防肺炎，是因為肺炎是世界上疫苗可預防之兒童死亡的主要原因[33]。每年約40萬名兒童死於肺炎感染，而如果我們能夠普及肺炎疫苗，這些感染是可以防止的[34]。

破解蓋茲迷思

但是，Gavi的疫苗分配方式看來並不是以普及疫苗為目標。Gavi只在世界上最窮的那些國家開展工作，而肺炎疫苗僅覆蓋當地約一半的兒童[35]。而且一旦這些國家變得稍為沒那麼窮（人均每天收入達到5美元），它們就會從Gavi的疫苗接種計畫中「畢業」[36]。一名業內人士譏諷這就像毒販以「第一次嗨我請客」來引誘新顧客，然後期望他們將來支付比較高的市價。

在過去二十年的大部分時間裡，肺炎疫苗市場一直處於由輝瑞和葛蘭素史克（GSK）兩家公司壟斷的雙占（duopoly）狀態。這兩家藥廠極為強大的市場影響力使它們得以收取高價，而它們也確實這麼做。世界各地數以億計的人沒有接種肺炎疫苗，因為他們負擔不起接種費用，也因為蓋茲和Gavi沒有幫助到他們。我們再次看到，專利壟斷對全球貧困人口有重大影響，雖然比爾‧蓋茲另有見解。

關注肺炎的聯盟「每次呼吸都重要」（Every Breath Counts）指出：「目前約有4.3億15歲以下兒童生活在PCV（結合型肺炎鏈球菌疫苗）覆蓋率為零的國家。這問題最終反映在肺炎致死的兒童人數上。[37]」值得注意的是，該聯盟的成員包括蓋茲基金會。蓋茲基金會自己資助的研究報告也指出，葛蘭素史克和輝瑞「雙頭壟斷限制了供應，也扼殺可以壓低價格的市場競爭力量」，而且「價格問題和供應障礙」導致數以百萬計的兒童無法獲得疫苗[38]。

甚至富裕國家也不容易取得肺炎鏈球菌疫苗。《紐約時報》2014年的一篇調查報導講述了輝瑞的市場力量如何導致美國兒科醫師和家庭難以取得疫苗。在美國，輝瑞的肺炎疫苗價格不可思議地隨著時間的推移上漲,而不是像人們預期的那樣,因為生產規模擴大、效率提高而價格下降。那篇調查報導還指出,在另一個富裕國家新加坡,政府開始強制要求所有兒童接種肺炎疫苗之後,疫苗價格莫名其妙地飆升50%。由此看來,一旦大藥廠鎖定了一個專屬市場(captive market),就可以壓榨消費者[39]。

比爾・蓋茲認為,專利藥任其發展,會受涓滴經濟學(trickle-down economics)法則支配:「你遇到這些疾病問題時,這聽起來令人很不舒服,但如果疾病同時影響富國和窮國,涓滴效應最終將使最窮的國家受到照顧,因為藥廠可以在富國收回高額的研發成本,然後專利過期之後,那些藥物就會以邊際成本賣給窮人,結果是人人都受益。[40]」

蓋茲的烏托邦想法在肺炎問題上遇到嚴峻的現實。在輝瑞推出利潤豐厚的Covid-19疫苗之前,肺炎疫苗是該公司的主要收入來源,年銷售額約為60億美元[41]。輝瑞很可能已經收回了肺炎疫苗的研發成本,而且還賺了很多倍,但比爾・蓋茲所描述的黃金時刻——疫苗突然「以邊際成本賣給窮人,人人都受益」——卻從未出現。

世界上第一款兒童肺炎疫苗上市二十年後,全球仍有許多國家無法取得這種疫苗。結果是雖然肺炎有多種十分有效的疫苗可用,數以百萬計的兒童卻已經死於這種疾病,而且情況還在持續。我們可以諷刺地說,輝瑞和葛蘭素史克利用致命的肺炎發了大財,而比爾・蓋茲坐視這一切發生,甚至助長了這件事。

破解蓋茲迷思

蓋茲基金會沒有著眼於輝瑞和葛蘭素史克壟斷市場這個根本問題，而是小心翼翼試圖利用補貼和激勵措施，哄誘這兩家公司變得比較仁慈——準確點說可能是變得稍為沒那麼貪婪。在備受矚目的一次行動中，蓋茲、Gavi和其他捐贈者設計了所謂的「預先市場承諾」，拿出15億美元，向製藥業發出「錢都準備好了」的訊息[42]。該計畫旨在「降低疫苗生產商的風險，鼓勵創造比較便宜的新PCV疫苗。[43]」

雖然該計畫矢言將促成與既有產品競爭的「新」疫苗上市，但Gavi最終將那15億美元當作獎金發給葛蘭素史克和輝瑞，實際上獎勵甚至鞏固了它們的壟斷力量。Gavi總是與藥廠談判以獲得低於富裕國家支付的價格，但加上新的獎金，輝瑞和葛蘭素史克每劑肺炎疫苗最多可以獲得7美元[44]。這遠低於富裕國家支付的價格，但據多方估計，這還是比生產成本高數倍[45]。輝瑞2010年談到與Gavi的合作時說：「當然，整個想法是創造一種可持續的模式，而不是要把它變成一種賠錢的活動。[46]」

在致投資人的報告中，輝瑞大肆宣揚與Gavi合作的好處：除了增加公司收入，還可以「贏得更多社會尊敬」[47]。比爾．蓋茲認為，全球貧困人口也受惠於這種「創造性資本主義」。他在2014年指出：「我們的基金會致力幫助最窮的人，而我們在這方面與製藥公司建立了非常好的關係。這真的很好：每次他們成功，開發出一種新藥，就能因此保持賺錢的狀態。這對我們來說是很好的，因為這意味著他們對如何幫助我們解決我們的問題多了一些認識，也多了一些資源可以使用，而他們完全是自願參與的。[48]」蓋茲說這番話的時候，他在全球衛生方面的標誌性組織Gavi每年拿出超過5億美元購買肺炎疫苗[49]。

Gavi補貼壟斷勢力的模式受到無國界醫生組織的高調批評，這個榮獲諾貝爾和平獎的人道組織每年花10億美元為貧困國家提供醫療援助。無國界醫生組織之所以有獨特的條件公開批評蓋茲和Gavi，是因為它是少數拒絕蓋茲資助的大型國際衛生組織之一，這是它為了保持獨立於蓋茲基金會而採取的原則性措施[50]。

無國界醫生組織和其他批評者指責Gavi為肺炎疫苗支付了過高的價格，認為其談判缺乏透明度，而且逃避問責[51]。事實上，Gavi如何決定什麼是合理的價格？如果輝瑞和葛蘭素史克可以藉由賣疫苗給Gavi賺錢，這真的是慈善嗎？（關於透明度的另一件事：Gavi多次拒絕採訪要求，也沒有回應我利用電子郵件發出的多數問題。）更重要的是，Gavi可用的資金絕大多數來自歐洲和美國的納稅人，他們已經承諾為這個計畫提供數百億美元[52]。在這種情況下，難道我們就只是相信Gavi與大藥廠談好的交易沒問題，是對納稅人資金良好、公正和高效的運用？

蓋茲基金會早期顧問唐納・賴特（Donald Light）聲稱，他和其他專家曾質疑Gavi的定價，但Gavi提交給富裕捐助國的報告刪除了他們的名字，使Gavi的定價方式似乎獲得一致支持，「因為他們根本不容許反對票或少數意見。[53]」賴特引用產業消息來源估計，Gavi打算支付的肺炎疫苗費用有三分之二將成為輝瑞和葛蘭素史克的利潤[54]。（輝瑞沒有回應採訪要求，也沒有答覆我利用電子郵件提出的輝瑞肺炎疫苗問題。葛蘭素史克也沒有答覆我利用電子郵件提出的具體問題，包括它與Gavi的合作是否賺錢，但籠統地表示：「我們將最低的疫苗價格保留給Gavi。」）

破解蓋茲迷思

　　無國界醫生組織呼籲降低疫苗價格時，比爾・蓋茲一度親自回應，採用了稻草人辯論法，歪曲對手的主張以便輕鬆駁倒對手。無國界醫生組織長期以來一直主張，輝瑞和葛蘭素史克應該以5美元的價格為窮國兒童提供肺炎預防接種需要的三劑疫苗。Gavi支付的價格則是介於9美元至21美元之間。比爾・蓋茲將無國界醫生組織說成是主張疫苗免費供應，然後詆毀該組織接近共產主義的烏托邦思想。「我認為有一個組織在其他各方面都很出色，但每一次我們籌集資金去拯救窮國兒童的生命時，他們就會發出一份新聞稿，說這些東西的價格應該是零。每隔五年，當我們為Gavi籌集數十億美元時，他們都會這麼做，雖然那是有史以來最有效的對外援助，救命以百萬計，」蓋茲說[55]。「這只會使一些製藥公司選擇永遠不為窮國生產藥物，因為他們知道這總是會招致批評。他們因此不會針對有助於窮國的任何產品做任何研發。這樣他們就不會受到任何批評，因為他們沒有任何東西是那些人認為應該免費提供的。」

　　蓋茲說：「關注『為什麼不是所有東西都免費』是一種誤導，這與他們實際上對成本一無所知有關。」

　　這些言論驚人地展現一種特權意識和不負責任的態度。蓋茲、Gavi及其製藥業夥伴將成本資料和定價談判小心翼翼地隱藏起來，不接受公共監督，然後期望世人相信他們抱著善意管理政府捐出的數十億美元。最驚人的是，蓋茲試圖使批評他的人感到羞愧，藉此讓他們閉嘴：他警告批評者，如果他們抱怨得太大聲，大藥廠可能會乾脆離開談判桌，而我們將因此損失人命。

Chapter 1　拯救生命

比爾‧蓋茲聲稱，利用肺炎疫苗拯救生命的成本約為每人1,000美元[56]，因此我們將蓋茲基金會有關拯救生命的分析應用在他的估計上，似乎是很合理的。如果一個孩子完成預防接種只需要5美元，而不是Gavi支付的9美元至21美元，我們可以多拯救多少人命？只要拿上述價差和蓋茲與Gavi已經花掉的數十億美元來算一下，我們會看到，因為Gavi定價方式而損失的人命非常多。

在一次高調的抵制行動中，無國界醫生組織拒絕接受輝瑞捐贈的100萬劑肺炎疫苗，理由是接受捐贈會賦予輝瑞的壟斷力量正當性。「藉由免費贈送肺炎疫苗，製藥公司可以此為理由，聲稱其他人——包括同樣負擔不起疫苗的其他人道組織和開發中國家——支付的疫苗價格居高不下是合理的，」無國界醫生組織的傑森‧科恩（Jason Cone）2016年表示[57]。

無國界醫生組織提出反建議：它希望向輝瑞**購買**疫苗，價格與輝瑞賣給Gavi的相同。輝瑞當時拒絕了。

在某些方面，圍繞著Gavi逃避問責的諸多批評說明了一個事實：Gavi作為一個私人機構，並非真的對它聲稱要服務的人負有義務。Gavi董事會主導組織的運作，其成員包括來自製藥業和金融服務業的資深人士和高層，例如葛蘭素史克、高盛、瑞銀、淡馬錫、RockCreek Group、摩根大通等公司的人[58]。這些代表企業利益的董事與蓋茲基金會一起坐在決策桌上，籌劃如何使用Gavi以十億美元計的預算。窮國沒有真正參與Gavi的創建，對它也沒有什麼決策權，在該機構由28人組成的董事會中僅占五個席位——即使Gavi正在改變這些國家的公共衛生狀況。《洛杉磯時報》2007年一篇調查報導就指出，非洲國

破解蓋茲迷思

家賴索托的貧困兒童被領到診所，接種蓋茲和Gavi提供的疫苗，但當他們尋求解決無疫苗可用的健康問題如營養不良時，不會得到任何資源。工作人員甚至告訴疫苗接種者不要詢問其他方面的醫療照護。劍橋大學皇后學院歷史學家威廉・穆拉斯金（William Muraskin）在Gavi成立不久之後這麼說：「Gavi是為窮國的利益設計的，但不是由這些國家設計的。必須注意的是，對這個倡議的需求並非來自指定的受益國。相反，這些國家作為一個群體，必須受到勸誘、『教育』和財政上的誘使，才願意接受Gavi的目標作為自己的目標⋯⋯藉由推動預防接種拯救生命，而不是任由各國自行決定優先事項，一直是Gavi的最高目標。[59]」

Gavi也不接受為它提供大部分資金的人——富裕國家的納稅人——對它問責。Gavi每個籌款週期為期五年，而一直以來，富裕國家的政府總是提供了Gavi 80%至90%的資金（總共約350億美元），但他們在Gavi董事會中也僅占五個席位，因此對他們提供的資金如何使用也僅有限的決定權[60]。這種被稱為公私夥伴關係（public-private partnership）的治理模式是蓋茲基金會慈善運作的核心模式，而我們將在本書餘下章節一再看到：蓋茲基金會創立新專案，聲稱可以提供創新和有效的解決方案，安排自己（通常還有它的盟友和代理人）進入董事會，然後非常積極地向納稅人籌款以支應專案所需要的大部分預算。Gavi這種組織將公共衛生工作的重心從公共機構——例如政府和跨政府（多邊）機構如世界衛生組織——轉移出去，安排私營部門承擔越來越多工作，但這些私營機構既不接受公眾問責，也不需要以透明的方式運作。

在新自由主義根深柢固的精神影響下,許多政府和公共機構已經開始接受這種新的治理模式,即使這顯然意味著它們自己將被邊緣化。削弱和侵蝕政府與公共機構的作用,與其說是蓋茲基金會的陰謀詭計,不如說是我們過去幾十年一直身處其中的大環境。持續的私有化,包括教育、醫療、軍事、太空探索、監獄、高速公路、市政供水之私有化,一直是廣受讚揚的新自由主義方案,據稱可以解決我們政府官僚體系無能和揮霍的問題。這種思想認為,民主制度根本沒有能力解決那些問題。正是這種精神使蓋茲基金會在過去二十年裡如此強大,並成為全球貧困人口在公共衛生方面最重要的代言人。

蓋茲在衛生和醫藥大顯身手

比爾‧蓋茲選擇以衛生和醫藥作為其慈善事業的核心重點,原因之一是這種工作使他得以充分利用他在微軟的經驗。他在2019年的一場訪問中談到,蓋茲基金會40%的年度預算用在醫藥研發上,希望可以促成新藥上市[61]。

> 當我說「好吧,我們要建立一個結核病藥物團隊,我們要建立一個結核病疫苗團隊,我們要建立一個殺死世界上所有蚊子的CRISPR基因研究團隊〔以對抗瘧疾〕」,我就要思考如何為它提供資金,如何組織工作的問題,包括:要在多少個地點展開工作?是否要等到他們取得這種成果再擴大運作規模?我可以使用我在微軟決定做Windows、決定做Excel時所用的、80%相同的思考方式。重點就是支持工程師的工作,就是了解團隊的情況。那個團隊需要添加些什麼?團隊裡各成員可以相輔相成,還是他們的作用會互相抵銷?……兩者非常非常相似。

破解蓋茲迷思

比爾・蓋茲談到要「組建團隊」來對付不同的疾病時，明確示意了他的基金會在醫藥研發中親力親為的角色。這包括直接與大藥廠和小型新創製藥公司合作，涵蓋藥物、疫苗和診斷方法方面的營利性、非營利性和學術性研發者。蓋茲基金會甚至向它自己的非營利醫藥事業蓋茲醫學研究所（Gates Medical Research Institute）投入了5億美元，支持它研發新藥和新疫苗。

我們正是在這些工作中看到，比爾・蓋茲投入慈善事業的最大願望是成為創新者。除了建立像Gavi那樣的複雜機制去採購藥品，蓋茲希望他的基金會能參與救命新藥的實際研發工作。蓋茲基金會的報告指出，它已經花費數十億美元在與肺炎有關的專案上，包括支持開發新疫苗[62]。蓋茲在這個領域為眾多疫苗開發者提供慈善資助，受助者包括葛蘭素史克、輝瑞、SK生物科學、PnuVax、Genocea、Matrixax、印度血清研究所，以及Inventprise[63]。

「實際上還有很多很多，」蓋茲基金會肺炎鏈球菌疫苗開發工作前全球負責人阿米特・思瑞法斯特發（Amit Srivastava）告訴我[64]。他舉例說，蓋茲基金會也與中國許多公司建立了合作關係，包括國藥和沃森生物。「除了小兒痲痺症，肺炎是比爾最重視的疾病。」（我們將在本書後面討論蓋茲根除小兒痲痺症的努力。）

2014年，蓋茲基金會幫助創立追求盈利的全新肺炎疫苗公司Affinivax，提供400萬美元的初始種子資金，取得六個董事會席位中的兩個[65]。2022年，葛蘭素史克以21億美元的價格收購了Affinivax[66]。作為Affinivax的初始投資人，蓋茲基金會很可能因為這宗收購而獲得了一筆厚利[67]。藉由諸如此類的方

Chapter 1 拯救生命

式,蓋茲的慈善工作成果似乎經常落入大藥廠手上,而我們可以從中看到,蓋茲基金會根深柢固地認為大型跨國公司應該占據市場的主導地位。

「你只是人家用來將一項資產移轉到另一個組織的工具,」一名曾與蓋茲合作的小型開發商告訴我,他要求匿名。「他們這種做法視大藥廠為〔基金會的〕合作夥伴,視小藥廠為最終必須落入大藥廠手上的資產開發者,這種運作方式對創新和小公司都造成了問題。」在被問到這種偏袒大藥廠的做法時,思瑞法斯特發說:「現實中還有其他做法嗎?並不是蓋茲基金會認為應該這麼做,而是現實中都是這麼做的,不是嗎?」

他講的是所謂正常的藥物開發模式:小藥廠和大學研究出創新技術,大藥廠收購了技術,並利用其全球市場影響力確保採用該技術的藥品有利可圖。這與微軟採用的模式如出一轍,蓋茲基金會在醫藥方面採用這種模式因此並不令人驚訝,甚至可能不會引起爭議。

令人驚訝和頗有爭議的是,蓋茲基金會是一家享有租稅優惠的非營利慈善機構,但它大量介入醫藥研發的商業市場。蓋茲基金會與企業廣泛合作,早就引起人們關注變得模糊的營利與非營利界線。行動者和學術界在「慈善資本主義」(philanthrocapitalism)的旗幟下,針對該議題寫了大量批判文章。慈善資本主義是《經濟學人》創造的一個詞,用來讚揚大型慈善事業越來越重視「三重盈餘」(triple bottom line)——財務、社會和環境方面的報酬[68]。批評者後來挪用該詞,並質疑其前提。資本主義是一種仰賴分出勝負的經濟體制,如何能夠實現公平?追求盈利的商業企業何時應該被視為促進社會進步的合作夥伴，何時成為社會進步的障礙？

蓋茲基金會之所以特別受批評者關注，是因為它直接向追求盈利的公司提供慈善捐贈。我自己之前的報導就指出，蓋茲基金會甚至捐錢——以億美元計——給默克、輝瑞和諾華等藥廠，而它的捐贈基金持有這些公司的股票或債券[69]。這意味著蓋茲基金會有時會從它的慈善合作關係中獲得財務利益。

「蓋茲基金會捐那麼多錢給企業，這種事是前所未有的，」艾塞克斯大學社會學教授琳賽・麥高伊（Linsey McGoey）告訴我。她寫過許多文章討論蓋茲與企業的關係。「他們創造了基金會捐贈史上最有問題的先例之一：在企業利潤達到史上最高水準之際，他們為企業敞開大門，使它們能夠認為自己值得慈善資助。[70]」

批評者經常說蓋茲基金會與商業利益集團的關係過於密切，但我在為撰寫本書所做的調查研究中發現，蓋茲基金會本身實際上是市場裡的競爭者。它發起和主導Affinivax和蓋茲醫學研究所等醫藥企業。與此同時，它也實際介入生產競爭產品的公司。知情人士告訴我，蓋茲基金會現在並非只是大藥廠的朋友：它本身就是大藥廠——而且它參與市場的方式與微軟驚人地相似。

《紐約時報》1998年對微軟的報導這麼說：

微軟的財力和市場影響力大到軟體業的創業者必須先審慎評估微軟的意圖，否則不敢創立新公司。如果你創造出一個前景廣闊的新利基市場，微軟可能快速跟進，動用它的程式設計師大軍和市場行銷力量壓垮你這個新業者。但微軟也可能輕鬆地成為你的恩人。事實上，許多新創企業的

Chapter 1 拯救生命

目標就是受到微軟位於華盛頓州雷德蒙市的總部注意，然後被微軟收購，藉此大賺一筆⋯⋯競爭對手可能會抱怨微軟，但無論喜歡與否，他們都必須與微軟合作，因為他們的程式必須在Windows上運作[71]。

比爾・蓋茲將這種精力和占有欲帶到了他的私人基金會。蓋茲基金會致力於某些疾病的結果，是在相關領域，小公司不與它合作就很難營運或成功。一名業內人士形容蓋茲基金會是一種「造王者」，可以決定哪些公司向前發展，哪些公司停滯不前。另一些人則認為，蓋茲基金會是醫藥市場裡最重要的角色，既直接參與競爭，又在某種程度上管理市場。藉由與致力研究某些疾病的許多或甚至多數公司建立財務關係，蓋茲基金會可以建立巨大的影響力，某種程度上影響整個醫藥開發領域的面貌。

例如，蓋茲基金會是世界上最大的瘧疾研究資助者之一，主要是資助瘧疾藥物研發。蓋茲資助的一項分析顯示，蓋茲基金會在瘧疾方面的支出超過整個製藥業的總和[72]——這說明瘧疾主要影響窮人，製藥業無法從中獲利。

結核病的情況也類似。蓋茲基金會已經花了超過30億美元在該疾病上，甚至經由蓋茲醫學研究所展開自己的藥物開發工作，從默克和斯克里普斯研究所（Scripps Research）那裡取得結核病候選藥物的獨家授權[73]。只有美國國家衛生院在結核病藥物開發方面的支出稍微多一些[74]，而值得注意的是，蓋茲基金會已經為國家衛生院在這方面的工作提供逾5,000萬美元的慈善資助。蓋茲基金會已經「控制了投入結核病藥物研發的所有資金」，一名業內人士告訴我。「他們有足夠的錢做臨床試驗。

破解蓋茲迷思

沒有人反對這件事。你無法拒絕蓋茲基金會。沒有人願意指出，這不僅是壟斷，還直接抑制了創新。」

即使是貧富皆受影響的疾病，例如Covid-19，蓋茲基金會也發揮了它強大的市場影響力。在新型冠狀病毒大流行期間，蓋茲基金會與相互競爭的許多疫苗開發商建立密切的財務關係，而且比爾・蓋茲公開吹噓他與製藥公司的密切合作。最臭名昭著的是，他在某次記者會上說漏了嘴，說他的基金會甚至推動（接受蓋茲基金會資助的）疫苗開發者牛津大學與大藥廠合作[75]。蓋茲基金會後來澄清說，它只是向牛津大學強調「與跨國公司結盟非常重要，因為這樣才可以確保他們的研究人員掌握將候選疫苗推向世界所需要的全部能力和資源。」在蓋茲提出建議之後，牛津大學選擇與製藥巨頭阿斯特捷利康（AstraZeneca）合作[76]。

要真正了解蓋茲基金會的市場影響力，就必須了解它如何介入私營部門的運作。蓋茲基金會決定為一家小型新創企業——或任何其他組織——提供慈善資助時，並非只是開出一張支票。它通常是以全面合作夥伴的姿態介入後者的運作。它會指派一名或多名員工（被稱為專案主任）來管理雙方的關係。蓋茲還可能請來一大群專業顧問（通常來自麥肯錫或波士頓諮詢公司）審視業務計畫和尋找可以提升效率之處。接受資助的一方會不斷接到電話、被要求開會，以及滿足各種報告要求。蓋茲基金會可能取得受助公司的股權（大股東地位），甚至是董事會席位——有時是「觀察員」席位，一如Affinivax的案例。與此同時，蓋茲基金會還可能與受助公司最密切的競爭對手建立財務關係。

藉由這種大量介入實際運作的方式,蓋茲基金會視受資助者為商業承包商,或甚至是僱員,給他們金錢和必須遵循的一系列指令,並要求他們把重要事務上報給基金會決定。如果事情順利,蓋茲基金會將提供更多資助。比爾‧蓋茲認為這是為了創造新產品而進行的無害「團隊建設」工作,它會利用蓋茲基金會內部豐富的專業能力,包括位居基金會領導層的許多前製藥公司高層。蓋茲2019年表示:「多數慈善機構可能只是『好吧,我來開一張金額可觀的支票給這個組織』,我們的做法則是非常親力親為地參與實際事務,因為我喜歡運用這些我已經上癮的技能。[77]」

建立團隊意味著要充分認識團隊成員,了解他們的長處和短處。蓋茲基金會因此會深入調查它資助的每一家公司,審視其技術、批次紀錄、化學製造控管,以及蒐集關於其商業抱負和能力的詳細資料。一家公司的價值完全繫於這些專屬資料(一名知情人士稱之為「皇冠上的寶石」),而蓋茲基金會堅持要取得這些資料。一名曾受資助的業者告訴我:「我們必須透露我們的逐步流程。我們必須提供一大堆資料。然後他們說:『除非你們提供這些資料,我們不會提供更多資金。』」另一名知情人士告訴我,在慈善資助的談判過程中,蓋茲基金會堅持取得關於他們公司如何開發藥物的大量機密資料,後來一直沒有提供資金。

蓋茲基金會的網站藏著一個調查工具,它要求基金會的疫苗開發夥伴提供詳細的業務資料[78]。該工具的說明文字寫道:「從製造商那裡得到,或因為與製造商對話而得到的所有資料,都將視為高度機密。未經明確同意,任何製造商提供的資料都

破解蓋茲迷思

不會分享給其他製造商或組織。」

受資助者接下來會被問到一系列的詳細問題，包括疫苗的劑量大小、批次設備規模、公司估計的最大產能、每一個市場的疫苗供應量和售價、所有開支的細節（包括研究、勞動力、設施、消耗品、間接成本），以及註冊成本和授權費用。該調查問卷還詢問受資助公司的其他融資安排細節，包括在哪些銀行有未償還貸款和貸款金額。「如有任何問題，請聯絡羅蘋·伊克巴爾（Robyn Iqbal），」該問卷提到。領英（LinkedIn）上的資料顯示，伊克巴爾後來離開蓋茲基金會，去了葛蘭素史克領導「全球疫苗市場競爭情報團隊」[79]。她沒有回覆我的媒體詢問。

作為一家非營利慈善機構，蓋茲基金會如此自由地處理大量的企業情報和專屬資料是否合適？有什麼規則可以防止蓋茲基金會將蒐集的大量寶貴機密資料洩露給和它密切合作的大藥廠，尤其是考慮到蓋茲的員工似乎自由地流轉於基金會和大藥廠之間？這方面的另一個例子是阿米特·思瑞法斯特發，他在蓋茲基金會的肺炎疫苗開發工作中發揮了重要作用，包括代表基金會出任 Affinivax 的董事，後來他離開蓋茲基金會，去為世界領先的肺炎疫苗廠商輝瑞工作。在蓋茲基金會工作期間，思瑞法斯特發可以接觸到輝瑞競爭對手的許多商業機密，他離職之後真的可以像沒看過這些資料那樣嗎？

思瑞法斯特發將這種擔憂斥為「智性懈怠」。他說，在他的職業生涯中，包括在蓋茲基金會、輝瑞和生物技術公司 Orbital Therapeutics 任職期間，簽署保密協議是「標準做法」，因此不必擔心公司機密被洩露出去。（他拒絕提供那些保密協

Chapter 1　拯救生命

議的副本。）他否認蓋茲基金會從合作夥伴那裡大量攫取商業機密。「根本沒有什麼祕方,也沒有什麼資料是你可以像一個檔案那樣,把它交給另一家公司,然後說:『你可以為我做這個嗎?』」

不過,思瑞法斯特發也承認,蓋茲基金會經常因為蒐集保密的業務資料而遇到合作夥伴的反彈,而他認為相關討論是投資人(此處是指蓋茲基金會)與公司之間的正常商業談判。他說,有時問題出在基金會工作人員擺出「自我崇敬」的姿態,認為「他們在做上帝的工作,可以對受資助者頤指氣使。我見過這種情況,而這可能引發受資助者的一些合理惱怒……詢問這些資料是需要技巧的。」

思瑞法斯特發在為蓋茲基金會主管肺炎疫苗研發工作時,採用一種百花齊放的策略。蓋茲基金會投資於兩類公司:一類是可能推出傳統疫苗的公司,另一類是在研究顛覆型新技術的公司。「歸根結柢,基金會不希望最終沒有產品可用……因此,我們經常會為了同一種東西投資於兩家公司,而這也會在受資助者中引發很多情緒和不舒服,」他補充道。「基金會希望確保我們所做的投資最終可以帶給貧窮人口某種好處,最好是可以帶給他們可用的產品。因此,蒐集這些資訊——關於組織的健康狀況、技術的性質——是基金會盡責查證的一部分,是為了確保基金會資助的工作可以達到慈善目的。」

雖然思瑞法斯特發一再表示蓋茲基金會的活動「並非不尋常」,而且完全沒有爭議,但事實上,該基金會在商業市場廣泛且深入的參與是不尋常的。蓋茲基金會是一家享有租稅優惠的非營利慈善機構,但它的運作方式就像私募股權投資人、

063

破解蓋茲迷思

創投基金或製藥公司。它要求彼此競爭的公司向它提供商業機密，甚至要求慈善合作夥伴簽署「全球使用協議」，使蓋茲基金會能夠獲得他們的技術授權（本書稍後將具體討論）。然後這個基金會當然是掌控在比爾‧蓋茲手上，而他是世界上最著名的壟斷者之一，因為反競爭行為而廣受指責。

從微軟到他的慈善事業，這種名聲一直緊隨著蓋茲。這方面最著名的公開指控，可能是世界衛生組織瘧疾專案總監古知新（Arata Kochi）2007年作出的。根據一份外洩的備忘錄，古知新抱怨蓋茲基金會利用其財富控制了瘧疾研究工作，使相關研究「被鎖在一個『卡特爾』裡」[80]。古知新警告，蓋茲基金會對研究議程的壟斷性控制使它能夠影響世界衛生組織的建議和優先事項，而這「可能對世界衛生決策過程產生危險的後果。」古知新指出，如果有人膽敢質疑蓋茲的議程，蓋茲基金會和它資助的代理人大軍就會發起「激烈和咄咄逼人的反擊」。蓋茲基金會後來成為世界衛生組織的第二大資助者，進一步擴大了它的財務影響力[81]。

多年來出現了一些相關報導，雖然對蓋茲基金會沒有產生明顯的影響，但它們強烈關注蓋茲基金會對醫藥研發和衛生政策的壟斷權力。我接觸到的私營企業知情人士表示，蓋茲基金會將相同的「卡特爾」思維帶進醫藥研發工作中。這些知情人士說，蓋茲基金會自以為的專業能力和權威、對金錢的強力運用，以及它在商業領域看似不受規管的運作能力，使它得以行使完全不恰當的市場影響力。一家公司這麼說：「他們顯然在給自己的馬排序——哪一匹比較快？」

Chapter 1　拯救生命

　　由於蓋茲基金會可以分散投資，取得所有參賽馬匹的部分或全部所有權（許多相互競爭的公司致力研究同一種疾病），它某種程度上可以影響比賽結果，左右誰贏誰輸。這種指控並不是說比爾・蓋茲出於某種病態的施虐狂心理而試圖傷害相關公司，而是說他出於病態的自戀，無意中傷害了他的慈善合作夥伴——蓋茲顯然因為在微軟的工作經驗，將那種「爸爸最懂」的精神帶到了他的基金會，而這驅使基金會以一種反競爭的方式行事。一家曾與蓋茲基金會合作的公司提到《蠍子與青蛙》的寓言故事：蠍子要過河，但不會游泳，於是請求青蛙背它過河。青蛙勉強答應了。河過了一半，蠍子螫了青蛙。牠們在水中掙扎並開始溺水，此時青蛙問蠍子為什麼要螫牠。

　　「因為這是我的天性，」蠍子答道。

　　在為了撰寫本書而進行調查研究期間，我聯絡數十家曾與蓋茲基金會合作的醫藥開發商和新創企業。他們多數不回應，而回應的人多數要求匿名。一名知情人士告訴我：「我不想在你的書中被突出為一個不滿蓋茲的人……他可以買下我們公司所有的股票，然後把我炒掉。你必須小心謹慎。」雖然醫藥開發商普遍同意，蓋茲基金會的資金對為窮人開發新藥和新疫苗非常重要，但四家各自研究不同疾病的小型開發商提出了關於蓋茲基金會濫用其財力的一致說法，其中兩家同意向我出示支持其說法的文件。

　　兩家開發商表示，蓋茲基金會介入人事問題，想要審查新招聘的高層人選。一名知情人士告訴我：「蓋茲試圖告訴我，在我自己的組織裡，我可以聘請誰，不可以聘請誰。」

破解蓋茲迷思

　　三家開發商表示，蓋茲基金會扮演了不恰當的媒人角色，促進或阻礙商業合作。一家開發商說，蓋茲基金會曾勸說一名合作夥伴不要和他們合作。另一家開發商說，蓋茲基金會曾促進違背他們意願的商業合作。該消息人士告訴我：「對我來說，那是非常明顯的。」蓋茲的計畫是：「我們如何取得這項技術，然後把它交給另一家公司？我們如何使你通過審查，以便另一家公司收購你？」此一指控看來和我們稍早提到的例子吻合，也就是蓋茲基金會曾向牛津大學施壓，促成它與大藥廠合作推廣 Covid-19 疫苗。這似乎也符合蓋茲基金會明確表達的信念：只有最大型的公司才有能力成功推廣新產品。

　　我訪問的另一家開發商表示，蓋茲基金會認為它們的一項主要候選產品交給另一家開發商去做會更好，為此試圖「不擇手段地收購資產」。兩家開發商告訴我，蓋茲基金會的強硬手段和干預實際上「扼殺」了他們的產品。這兩家公司都說，他們曾考慮控告蓋茲基金會以追討損失，但最終因考慮訴訟涉及的時間和費用而決定放棄。一名消息人士告訴我：「我也意識到蓋茲基金會有數十億美元可用，他們可以一直拖延下去。我們需要集體訴訟，這是我們需要的。」

　　這些指控使人擔心，蓋茲基金會正在阻礙更好、更便宜的產品進入市場，而救命藥物、診斷技術和疫苗的開發工作，可能因為蓋茲基金會的干預、微觀管理和有害影響而停滯不前。蓋茲基金會認為，其內部專業能力加上它能夠審視眾多相互競爭的技術，使它有獨特的能力去判斷哪些產品可行和哪些不可行。它還認為，它的慈善使命使它可以合理地以極端手段干預市場，因為這些努力將為全球窮人帶來新的救命藥物。

Chapter 1　拯救生命

「他們自大到相信無論什麼事，他們都比所有其他人更懂，」一名消息人士告訴我。「針對某些事情，比爾‧蓋茲所知道的可能比某些人多很多，但他不可能對所有事情都比所有人懂更多。但蓋茲基金會的人就是有這種程度的傲慢。」

「他們無疑認為他們有最頂尖的人才，是精英中的精英，」另一消息人士表示。

毋庸置疑的是，蓋茲基金會組織其慈善合作關係的方式，使它有很多手段可用來幫助或傷害它資助的醫藥開發者，可以軟硬兼施地逼迫一家公司按照基金會屬意的方式發展其技術。它可以資助你的公司，也可以停止資助你。它可以資助你的競爭對手。它可以使你的專案依賴它的資金，然後中途改變合作的條款和條件。

如果你站在蓋茲基金會的對立面，例如你的公司拒絕它屬意的合作方式，它可以使你的公司很難爭取到其他金主支持。有兩家開發商告訴我，蓋茲基金會對其他投資人唱衰他們的公司，嚴重損害他們獲得融資的能力。蓋茲基金會如果開口表示對某公司的技術失去信心，其他投資人通常會注意。

一家開發商告訴我，蓋茲基金會另一個可用來打擊不服從的合作夥伴手段，是對研發活動提出不合理的要求，實際上拖延或破壞商業進展。「他們決定試驗的終點，也就是決定技術上如何評估藥物、疫苗或診斷方法是否有效。如果你以某種方式選擇試驗終點，你可以扼殺整個產品，使廠商付出巨大的代價，」另一知情人士表示。「只要稍為強迫，它就可以使開發時間從十年變成十五年。實際怎麼做？基金會可以告訴你：『你應該再做一次研究。』」

破解蓋茲迷思

「這些人有很多意見，但不懂專業，然後突然間蓋茲就在決定這些產品應該如何開發。對一個慈善機構來說，這很奇怪。」

蓋茲基金會可以使用的「核武器」是控告或威脅控告相關公司。在這方面，我們可以根據大量的公開文件來講故事。加拿大小型疫苗公司PnuVax曾是蓋茲基金會最大的私營部門合作夥伴之一，甚至是蓋茲成功推出新肺炎疫苗的最大希望所在。從2014年開始，蓋茲基金會經由三筆不同的贈款，承諾向PnuVax提供近4,000萬美元[82]。雙方關係在某個時候出了問題，蓋茲基金會於是重拳出擊。隨著蓋茲控告PnuVax，起訴狀成為公開資訊，揭示很多問題。起訴狀由高蓋茨法律事務所（K&L Gates；名字中的Gates是指比爾‧蓋茲的已故父親）提交，內含蓋茲基金會與PnuVax簽定的贈款協議副本。（大眾通常無法看到這種協議。[83]）該協議內含一個數據表格，顯示PnuVax打算銷售的肺炎疫苗價格——每劑疫苗介於48美分至1美元之間（取決於數量）[84]。在輝瑞和葛蘭素史克經由Gavi以數倍的價格銷售肺炎疫苗之際，蓋茲基金會找到了一家公司並打算投資數千萬美元，因為它相信該公司能以低得多的價格供應肺炎疫苗。贈款協議顯示，蓋茲基金會堅持要成立一個科學諮詢委員會，「定期向PnuVax提供意見和建議」，而且基金會有意在該委員會中發揮作用[85]。協議指出，該委員會的成員甚至可以參加PnuVax與政府監理機關舉行的非常重要會議，這些機關將決定是否為新藥開綠燈。

從這些文件看來，種種跡象顯示PnuVax大有希望成功。該公司執行長在他的上一份工作中，是「Prevnar 7疫苗得以推出和通過審查的直接功臣」，而該疫苗開創了輝瑞的肺炎疫苗帝國。PnuVax也有自己的生產設施,並且已經開發出它的肺炎疫苗。簡而言之,PnuVax看來不是要求蓋茲基金會資助早期研究,而是正致力完成疫苗開發的最後階段工作。

那麼,蓋茲為什麼要破壞此事呢?根據2019年初的起訴狀,蓋茲基金會指控PnuVax「濫用贈款資金」和出現「未經許可的贈款前支出」。如果你看完這份85頁的起訴狀(以及所附的圖表),會發現PnuVax並不是拿了蓋茲基金會的錢去買法拉利跑車。蓋茲的指控包括PnuVax將一小部分贈款用來支付其疫苗生產設施的租金。加拿大《國家郵報》(*National Post*)在訴訟發生前的報導中指出,PnuVax拖欠了應該付給加拿大政府的租金,而這家小型新創企業決定將資金優先用在肺炎疫苗開發上[86]。蓋茲指該公司利用蓋茲基金會的錢支付租金,指控這是濫用其贈款。

問題是,蓋茲基金會為什麼要為這種看似微不足道的違規行為大動干戈?蓋茲藉由連續三筆贈款,承諾提供總額近四千萬美元的資助,顯然是認為PnuVaxs大有潛力;果真如此,為什麼要為了這種小事重拳出擊?說到底,PnuVax不正是拿蓋茲的錢支付與疫苗開發有關的費用嗎?

蓋茲基金會在起訴狀中提出了廣泛的要求,包括要求法院針對PnuVax違約之處作出金錢給付判決,並要求該公司支付基金會的律師費。蓋茲還要求法院作出判決,宣布PnuVax「未能遵從贈款協議的條款和條件」[87]。

十一個星期後,該案以自願撤訴告終。

破解蓋茲迷思

　　加拿大媒體環球新聞（Global News）報導：「比爾與梅琳達蓋茲基金會控告PnuVax的訴訟已在2019年5月自願撤訴，雙方均無需支付任何費用。[88]」加拿大新聞雜誌《麥克林》（*Maclean's*）寫道，蓋茲基金會「無傷大雅的指控從未得到證實。[89]」但此時傷害已經造成。之前的一輪新聞報導，以英國小報《每日郵報》（*Daily Mail*）一篇奇怪的「獨家報導」為首，已經使PnuVax的公司名聲蒙污[90]。

　　被世界上最有名的人道組織控告並貼上不可信的標籤，即使這種指控從未得到證實，也可能造成長期影響。業內人士告訴我，這可能使一家公司成為其他投資人避之唯恐不及的標的。多倫多《環球郵報》（*Globe and Mail*）的報導指出，在Covid-19大流行期間，PnuVax已經做好了「在2020年底前生產出數百萬劑Covid-19疫苗」的充分準備，但加拿大政府的資助計畫卻神祕地將該公司排除在外[91]。值得注意的是，PnuVax的肺炎疫苗也從未推出市場。

　　為了便於理解，有必要再講一下事情的大背景。在蓋茲基金會與PnuVax合作（然後控告它）的同時，該基金會還與PnuVax的許多競爭對手合作，例如Affinivax。蓋茲基金會也在Gavi董事會占有一席，而Gavi經手以十億美元計的資金，向輝瑞和葛蘭素史克購買肺炎疫苗。（蓋茲基金會本身也提供超過2億美元的慈善捐款，支持輝瑞和葛蘭素史克各方面的工作。）在市場的每一個層面，蓋茲基金會的影響力都非同凡響——這種影響力看起來和感覺上像微軟遠多於像德蕾莎修女。這清楚告訴我們，激發比爾・蓋茲在軟體業內領導力的那股根深柢固的控制欲，同樣驅動他在蓋茲基金會從事醫藥研發工作。而我

Chapter 1 拯救生命

們不應該對此感到驚訝。一名業內人士引用美國詩人瑪雅‧安吉羅（Maya Angelou）的話對我說：「如果有人向你展現了他的為人，第一次就要相信他是這樣的人。」

PnuVax確切發生了什麼事至今仍是個謎（該公司拒絕我為本書提出的訪問要求），但一名業界人士告訴我，該公司最大的優勢在於它生產結合型肺炎鏈球菌疫苗所需要之多醣的能力。這名人士說，其他公司也有自己的優勢。「我明白蓋茲為什麼要撒一張大網——這家公司有多醣技術，這一家掌握一種巧妙的點擊化學技術，那一家則有接合技術。沒有一家公司是什麼都有的。」

雖然只是猜測，但我們可以想像蓋茲基金會想做媒人，促成PnuVax與另一家公司合作，因為蓋茲不知為何認為這樣可以更善用PnuVax的多醣生產技術。然後PnuVax可能反對，合作關係於是破裂。這只是猜測，但與蓋茲基金會合作開發藥物的一些其他公司對我提出了對基金會的類似指控。而且這種猜測的合理程度，看來不低於蓋茲在那宗自願撤銷訴訟中的主張。

我們要問的一個大問題是：歸根結柢，蓋茲積極干涉商業市場的結果是什麼？所有的紛爭和傷害指控，是否可以用「要做一個歐姆蛋，總得打破幾個雞蛋」這句老話帶過？結果可以使手段變得合理嗎？

在它著力的多數疾病中，蓋茲基金會至今的創新表現相當弱。蓋茲在瘧疾研究方面建立了領導地位，與多家公司合作開發疫苗，最終全力押注於葛蘭素史克的一項產品[92]。

但葛蘭素史克的疫苗效果太差，連蓋茲基金會也要與它保持距離[93]。結核病方面也出現了類似情況：蓋茲基金會向非

破解蓋茲迷思

營利疫苗開發機構Aeras投入5億美元,但它在2018年結束運作[94]。蓋茲也投入大量資金在愛滋病疫苗和結核病新藥的研發上,並大肆宣傳。一次又一次,蓋茲承諾的改變遊戲規則之創新從未實現。沒錯,這些失敗說明了這些疾病的複雜性,但許多知情人士表示,它們也說明了蓋茲基金會的霸凌行為和微觀管理扼殺了創新。

我訪問過的數名知情人士提到蓋茲基金會成功資助了腦膜炎疫苗MenAfriVac的研發,但他們也很快指出,這代表蓋茲基金會在不介入研發工作的情況下所能取得的最佳成果。蓋茲基金會對MenAfriVac的資助始於2001年[95],當時比爾‧蓋茲還在微軟全職工作。(他到2008年時才把蓋茲基金會當成他的主要工作重心,但隨後仍積極參與微軟的事務[96]。)他的私人基金會當時只有不到100名員工(現在有接近2,000人),主要就是作為一家慈善機構,為有才能的人提供資助,並相信他們可以做出好成績。這與比爾‧蓋茲將親力親為的「團隊建設」模式帶到現代私人基金會之後的做法,截然不同。

MenAfriVac這個例子必須注意的另一點,是蓋茲基金會一如既往地誇大了它的成就,2021年時聲稱該疫苗「實際上使腦膜炎不再是〔非洲的〕公共衛生問題。[97]」但實際上,自從僅能預防A血清型腦膜炎的MenAfriVac疫苗問世以來,該疾病在所謂的非洲腦膜炎地帶持續爆發[98]。賽諾菲巴斯德和葛蘭素史克等大藥廠銷售的疫苗可以預防四種血清型的腦膜炎,但它們可以嘉惠的全球貧困人口不像MenAfriVac那麼多,估計是因為它們比較貴[99]。而在依賴慈善的醫療模式中,靠人施捨的窮人是沒有選擇餘地的。

Chapter 1　拯救生命

　　蓋茲基金會聲稱解決了腦膜炎問題這種誇大說詞,真正危險之處不在於它誤導人,而是它可能使我們自滿。如果我們相信蓋茲已經解決了某種疾病(但事實不然),持續存在且嚴重的公共衛生問題就得不到應有的關注。

　　我們看到,蓋茲在肺炎疫苗方面的工作也存在類似疑問。蓋茲基金會積極介入疫苗開發,結果如何?與它合作的兩家公司因為訴訟而工作受挫,一家是被蓋茲控告(PnuVax),另一家是被輝瑞控告(SK生物科學)[100]。另一家公司Affinivax則被葛蘭素史克收購了。蓋茲基金會主管肺炎疫苗研發的一名員工後來去輝瑞工作了一段時間。蓋茲基金會下了那麼多步棋之後,無法迴避的事實是:輝瑞和葛蘭素史克維持它們的雙頭壟斷地位,期間從蓋茲資助的Gavi那裡獲得以十億美元計的收入。

　　蓋茲基金會一概拒絕回應我為本書提出的媒體詢問,但我們可以想像它的反駁說詞,例如它的慈善抱負仍在逐漸實現中,它研究的疾病比它想像的更棘手,以及它投入的資金最終將帶來解決方案。它應該還會說,它與世界上最大的疫苗生產商印度血清研究所(Serum Institute of India)的合作非常成功。

　　印度血清研究所由億萬富翁賽魯斯・普納瓦拉(Cyrus Poonawalla)和他兒子阿達(Adar)經營,也許是蓋茲基金會最親近的營利型合作夥伴,曾接受蓋茲數億美元的資助以研發各種疫苗[101]。血清研究所與蓋茲合作開發肺炎疫苗逾十年,2020年底宣布將以每劑2美元的價格賣肺炎疫苗給Gavi,價格顯著低於Gavi向輝瑞和葛蘭素史克所支付的[102]。

破解蓋茲迷思

表面看來，血清研究所的肺炎疫苗可以反駁我的消息來源對蓋茲基金會之指控——他們指它以反競爭的方式行事，工作組織方式偏袒大型跨國公司，以及在創新方面乏善可陳。血清研究所的疫苗則告訴我們，蓋茲基金會與私營部門的廣泛合作最終可以取得成果：一種比較便宜的新疫苗得以推出市場，而且是由印度的廠商生產，而印度是人口逾十億的相對低收入國家，迫切需要擴大肺炎疫苗接種。蓋茲的合作夥伴稱讚這種新疫苗使「原本還負擔不起的兒童」能夠接種肺炎疫苗，是「一個可能對公共衛生有巨大貢獻的轉捩點」[103]。

但是，迄今為止，蓋茲與血清研究所合作開發的這款疫苗尚未明確兌現此一承諾。其銷售看來很有限，而這在某種程度上可歸咎於Covid-19大流行。但值得注意的是，Gavi的供應協議顯示，未來十年它打算採購的肺炎疫苗，絕大多數將來自輝瑞和葛蘭素史克，而不是血清研究所[104]。（另一個值得注意的問題是：雖然Gavi誇耀血清研究所供貨的價格為每劑2美元，但相關文件顯示，加上Gavi支付的獎金，血清研究所每劑最多可以拿到7美元；獎金安排與Gavi和輝瑞及葛蘭素史克的協議相同[105]。）

一些消息來源也表示，血清研究所的肺炎疫苗可能難以普及，因為其他疫苗可以預防更多肺炎鏈球菌菌株。輝瑞的Prevnar 13疫苗可以預防13種菌株，長期以來一直在全球市場居主導地位。血清研究所的10價PCV新疫苗只能預防10種菌株[106]。如果費用由Gavi買單，窮國不是應該選擇保護性較高的輝瑞疫苗嗎？「這是Gavi系統的一個問題，」無國界醫生組織疫苗政策高級顧問凱特・艾爾德（Kate Elder）指出。「情況就像有人問：『嘿，你們想要勞斯萊斯，還是福斯？』然後他們會說：『我們要勞斯萊斯。』」

然後市場仍在往不利於血清研究所的方向發展。輝瑞正在快速推廣其Prevnar 20兒童新疫苗，可以預防20種肺炎鏈球菌菌株[107]。默克已宣布推出新的15價疫苗，葛蘭素史克和Affinivax則在推廣一款24價疫苗[108]。一名業內人士告訴我，在這場疫苗價數競賽中，我們不應該視蓋茲與血清研究所合作開發的疫苗為大藥廠的競爭對手或大藥廠市場勢力的挑戰者。這再次告訴我們，蓋茲基金會組織其慈善工作的方式，向來是避免直接挑戰最大型的跨國製藥公司。（當然，我們也可以視血清研究所這家全球最大的疫苗生產商為大藥廠的重要一員。）

我們不清楚血清研究所的疫苗迄今有多成功——Gavi、適宜衛生技術組織（PATH）、血清研究所和聯合國兒童基金會都不願意提供任何使用數據。Gavi在2021年底發出一份新聞稿，誇耀它最終覆蓋印度90%兒童的計畫[109]。如果成功（這還有待觀察），這將對全球衛生有重大貢獻，因為印度是世界人口大國[110]。與此同時，肺炎影響世界各地的兒童，而非僅影響印度兒童。

針對血清研究所肺炎疫苗的局限，蓋茲基金會也發出了它的訊息。2021年，蓋茲基金會宣布一個大規模的新專案，與新創企業Inventprise合作推廣一種25價新疫苗，而值得注意的是，該公司是血清研究所一名前高層經營的[111]。不過，蓋茲基金會並未完全揭露它在該專案中的角色。

Inventprise設在蓋茲的後院華盛頓州雷德蒙市，幾乎就像是蓋茲基金會的子公司。蓋茲已承諾向該公司提供總計1.3億美元的慈善捐款,並提供9,000萬美元的「可轉債」融資（通常會轉換為股權）[112]。Inventprise在華盛頓州的公司章程顯示,其七名「理事」（指董事會成員）有五人與比爾‧蓋茲或蓋茲基金會有關係[113]。其中的尼蘭詹‧博斯（Niranjan Bose）是蓋茲創投（Gates Ventures）的員工,它是比爾‧蓋茲的一家私人公司,與蓋茲基金會是分開的[114]。除非蓋茲創投也是Inventprise的投資人,這種安排是很難理解的（Inventprise是比爾‧蓋茲的個人商業事務看來與蓋茲基金會享有租稅優惠的慈善活動,有所重疊的幾個地方之一）。Inventprise沒有回應我的訪問要求或利用電子郵件發出的問題。

同樣值得注意的是,美國專利商標局的紀錄顯示,蓋茲基金會占有Inventprise的25價肺炎疫苗的所有權[115]。由此看來,蓋茲基金會的商業活動去到了一個新層次,出現一種人道主義的垂直整合:蓋茲利用慈善贈款資助一家公司開發疫苗,占得相關技術的所有權,然後如果疫苗成功,蓋茲基金會將指示Gavi以納稅人的錢購買疫苗分發給貧困國家。如果蓋茲基金會取得Inventprise的股權（這看來是其可轉債融資安排的目的）,新疫苗的銷售將為蓋茲基金會帶來新的收入。

我們因此很難忽略這種觀感:蓋茲基金會眼下的運作方式,有如一家製藥公司。接受我訪問的一名疫苗研發人員認為,比爾‧蓋茲實際上是在嘗試創建世界上最大的製藥公司。

基金會的影響力與壟斷爭議

毋庸置疑的是,蓋茲基金會在市場上享有無與倫比的特權。它不必像私營公司那樣納稅或受規管,因為它所有的交易

Chapter 1　拯救生命

都是利用慈善協議進行的。它不會被公眾或記者當成大藥廠的一部分審視，因為它披著慈善事業的超級英雄斗篷。此外，憑藉其完美的人道機構品牌，它可以在財務上與多家相互競爭的醫藥開發商合作，合作方式很可能是大藥廠做不到的。

蓋茲與Inventprise的交易結果如何，多年之後才會見分曉，但我們可以從二十年的歷史中看出端倪。在蓋茲過去的表現中，我們不曾見過蓋茲基金會所承諾之顛覆性的、改變遊戲規則的、萬靈丹型的解決方案——它不曾開發出一種突然徹底改變公共衛生狀況的新藥或疫苗。

相反，歷史告訴我們，蓋茲基金會在全球公共衛生方面的工作基本上是支持維持現狀，包括專利疫苗只能緩慢且低效地提供給世界各地的窮人。歷史也告訴我們，無論結果如何，無論效果如何，蓋茲基金會總是宣傳其工作大獲成功。這個基金會及其代理人投入大量金錢和力氣宣傳它拯救了大量生命，以致我們幾乎不可能去追問世界損失了多少人命，有多少醫藥開發商受到嚴重傷害，以及有多少更好、更便宜的產品被埋沒了。

換句話說，如果我們選擇不同的做法，是否可能拯救更多人命？例如，大藥廠其實是疫苗接種率偏低的根本原因，我們不是應該拒絕與它們合作，致力挑戰其壟斷勢力嗎？我們何不要求這些公司分享其疫苗技術給窮國的生產商，以便這些國家可以生產自己需要的疫苗？我們何不以超越醫藥的視野審視公共衛生問題？僅僅因為比爾・蓋茲說疫苗和藥物是公共衛生問題的最佳解方，而買藥是公帑的最佳使用方式，並不意味著這是真的。

077

破解蓋茲迷思

我之所以在本書第1章聚焦於疫苗、肺炎和Gavi，是因為它們代表蓋茲基金會最有力的一些說詞：這個基金會聲稱它正在拯救大量人命，正在創造創新的藥品，而且這方面的工作是它最引以為豪的。雖然蓋茲的慈善創業模式確實取得一些重要成就（許多兒童經由Gavi接種了疫苗，蓋茲與印度血清研究所也合作開發出新的肺炎疫苗），這些成就都有很多值得注意的問題，包括造成連帶傷害。

這個故事真正令人不安的終章涉及蓋茲後來在Covid-19大流行中的工作，期間他的基金會仰賴它開發肺炎疫苗所用的相同策略和夥伴。我們將在本書稍後談到，蓋茲和Gavi成功推銷了他們的應對方案，聲稱它是應對這場瘟疫「唯一真正全球性的解決方案」[116]。結果以十億美元計的納稅人資金投入這個承諾保護全球貧困人口的專案。但隨著蓋茲的製藥合作夥伴將疫苗導向富裕國家，窮國未能及時取得足夠的疫苗，該計畫以可預見且令人震驚的方式失敗了。蓋茲傲慢和管理不善的問題造成多少人命損失，從未有人算過。

蓋茲基金會在Covid-19大流行中掌握大權，是它在公共衛生方面表現不濟的終極案例，也應該是我們要吸取的終極教訓，提醒我們賦予億萬富翁無需問責的權力是非常危險的。但是，如果我們早就留心觀察，我們多年之前就已經可以吸取這個教訓了。

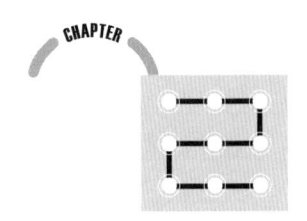

女性

現實中很少惡棍能與金融業者傑佛瑞·艾普斯坦（Jeffrey Epstein）相提並論。

艾普斯坦2019年被發現死於獄中，當時他正因為被控從事未成年人性販運而在等待審判[1]。他被指控性侵無數女孩，然後招募她們與他身邊有錢有勢的人發生性關係，對她們造成無法估量的傷害。艾普斯坦為此上庭受審，本來應該是他作惡受到懲罰的日子，也是對多年前司法失誤的糾正——他在2008年達成對他有利到離奇程度的認罪協議。

原本可能面臨終身監禁的艾普斯坦只在獄中服刑了13個月，期間大部分時間獲准白天外出工作[2]。監獄基本上成了他晚上睡覺的地方。儘管調查人員（包括記者、警方和聯邦調查局）找到數十名聲稱遭艾普斯坦性侵的女孩，而且有人指控他執行一種「性金字塔計畫」（sexual pyramid scheme），付錢給遭他性侵的女孩去招募其他受害者，但他的罪行卻在法庭上被神祕地簡化為引誘賣淫[3]。在這種敘事中，艾普斯坦不過是與自願合作的夥伴進行財務交易。他在2011年對媒體說：「我不是性掠食者，我是一名『違法者』。兩者的差別有如殺人犯與偷貝果的人。[4]」同年，他在比爾‧蓋茲組織的一次會面上對蓋茲基金會的員工重複了這句話[5]。

蓋茲與艾普斯坦的關係爭議

蓋茲是進入傑佛瑞‧艾普斯坦圈子的眾多有錢有勢者之一，那個圈子像某種精英男性俱樂部，其成員還包括比爾‧柯林頓、安德魯王子和唐納‧川普等公眾人物[6]。艾普斯坦2019年之死被裁定為自殺，這意味著我們可能永遠無法得知關於他與這些人關係的全部真相，而這些名人全都否認參與任何不正當的活動。結果我們只能看到無盡的猜測、陰謀論，以及許多記者嘗試了解艾普斯坦如何討好權貴，融入那麼多個權勢圈子。就比爾‧蓋茲而言，一種主要的解釋是蓋茲不幸淪為一個反社會騙子的受害者。

「我反覆聽到的一個問題是：像蓋茲這樣的人，在傑佛瑞‧艾普斯坦被判定為性犯罪者之後，怎麼還會接觸到他？」記者薇琪‧沃德（Vicky Ward）談到。她在《滾石》和《城鄉》（*Town and Country*）雜誌以及播客《追逐吉絲蓮》（*Chasing Ghislaine*）中報導了她的推測。「雖然這很難接受，但我和那些曾與這個金融業者共事的人或在工作上接觸過的人交談後了解到，艾普斯坦的天才包括操縱人事物（我討厭用天才這個詞，但它是恰當的）。尤其值得注意的是，他有一種獨特的能力，可以利用慈善事業作為工具，逐漸打進他本來可能不會獲邀的圈子[7]。」

沃德的分析符合蓋茲的正式解釋，蓋茲在他的解釋中把自己說成是受騙者。蓋茲的個人發言人對媒體表示，蓋茲與艾

Chapter 2 **女性**

普斯坦會面只有一個原因:討論一個慈善籌款構想,它有可能「為全球衛生相關工作籌得數千億美元」。蓋茲基金會確實曾與艾普斯坦會面,討論他在摩根大通提出的一項籌資安排,但他們一起構思的衛生基金從未付諸實行[8]。該發言人說:「隨著時間的推移,蓋茲和他的團隊意識到艾普斯坦的能力和想法並不正當,因此終止與艾普斯坦的所有接觸。」

但是,隨著時間的推移,蓋茲的說詞顯著改變了,因為一些記者非常積極地審視蓋茲這個世界上權勢最大的慈善家,發現一個又一個的矛盾。最明顯的是:蓋茲是世界上最有錢的人之一,為什麼他會需要傑佛瑞・艾普斯坦幫忙籌集資金?此外,蓋茲怎麼可能被騙去相信艾普斯坦是個慈善好夥伴?

比爾・蓋茲有一大群人致力保護他的名聲和人身安全。他在2010年代初與傑佛瑞・艾普斯坦會面時,艾普斯坦已經是知名的重罪犯和記錄在冊的性犯罪者,其惡行也已經被新聞媒體廣泛報導過[9]。如果說比爾・蓋茲不清楚自己確切在做什麼,也不知道艾普斯坦是什麼人,那是難以想像和不合理的。梅琳達・法蘭琪・蓋茲本人曾公開表示,她一眼就看清了艾普斯坦的為人,並向比爾表達她的感受。「我也見過傑佛瑞・艾普斯坦,只見過一次,」她在2022年某次受訪時表示。「那是因為我想看看這是個怎樣的人。但從踏進門口那一刻起,我就後悔了。他令人憎惡。他是邪惡的化身。後來我多次做噩夢。我為這些年輕女性感到心碎,因為那就是我的感受,而我是個年長的女性。天啊,我為那些年輕女性感到難過。太可怕了。[10]」一如梅琳達・法蘭琪・蓋茲,蓋茲基金會的員工也認為艾普斯坦對蓋茲基金會的名聲構成重大威脅[11]。同樣值得注意的是,

破解蓋茲迷思

比爾・蓋茲與梅琳達・法蘭琪・蓋茲有三個孩子，包括兩個女兒，其中一個女兒在蓋茲與艾普斯坦會面的那些年裡，與艾普斯坦的一些受害者同齡[12]。

在新聞媒體廣泛報導蓋茲與艾普斯坦的關係，顯示兩人的關係比蓋茲所承認的密切得多之後，蓋茲改變立場，從否認和淡化指控轉為發表道歉，在道歉中聲稱自己不知情：「我當然犯了一個巨大的錯誤，不但和他見面，還見面若干次。當時我的目標是為全球衛生事業籌集資金。我沒有意識到，和他見面幾乎淡化了他做過的令人難以置信的可怕事情。隨著時間的推移，我對此的認識增加了。[13]」

但是，蓋茲從未被迫真正回應圍繞著他與艾普斯坦關係的諸多矛盾。這意味著整個故事仍是一個謎，而未來若有更多知情者站出來，真相可能在幾年或幾十年內逐步揭開。

雖然討論蓋茲與艾普斯坦的關係很容易被貶為流言蜚語，或被認為不公平地分散了人們對蓋茲慈善事業重要內容的注意力，但兩人的關係值得仔細審視，原因很簡單：蓋茲邀請艾普斯坦成為其慈善帝國的一部分，而這個帝國一直精心塑造一種女性擁護者的形象。蓋茲不顧後果地選擇讓蓋茲基金會的員工和名聲與艾普斯坦扯上關係，而且維持這種做法多年之久：蓋茲基金會的員工直到2017年仍與艾普斯坦保持聯絡[14]。蓋茲與艾普斯坦的關係據稱也是導致他與梅琳達・法蘭琪・蓋茲離婚的原因之一，而這次離婚可能永遠改變蓋茲基金會的發展方向[15]。比爾與梅琳達將繼續共同領導蓋茲基金會到2023年中，屆時梅琳達・法蘭琪・蓋茲可能卸任（或被要求離職）[16]。

Chapter 2 女性

艾普斯坦的故事之所以重要,還因為它揭露了比爾‧蓋茲是多麼無法為自己的行為負責——以及他如何安排自己的生活,以致沒有任何機制可以使他承擔責任。在新聞媒體接二連三嚴厲檢視蓋茲與這個被定罪的性犯罪者的廣泛關係時,他的基金會令人難以置信地保持沉默。比爾‧蓋茲對各種指控的回應幾乎全都來自他的個人發言人,而不是蓋茲基金會。

即使我們接受蓋茲令人難以相信的解釋(也就是他與艾普斯坦的關係完全是圍繞著慈善事務發展的),我們還是必須面對一個令人深感不安的問題:如果蓋茲願意與艾普斯坦這種怪物合作,以便為全球衛生事業籌集資金,他還願意做什麼來推進他的議程?

這種為了達成目的不擇手段的病態情況經常出現在蓋茲基金會的工作中,這個機構似乎非常樂於——甚至可能認為自己有權利——利用自身的權勢和影響力改造世界,有時甚至不惜採用剝奪他人力量的做法。這就涉及道德風險的概念(一個人認為不會有人看到,或認為規則不適用於自己時,可能做出可怕的事),而這可視為將艾普斯坦和蓋茲這樣的人聯結在一起的紐帶。

一如比爾‧蓋茲,傑佛瑞‧艾普斯坦非常富有。這個金融業者去世時留下價值5.77億美元的遺產[17]。他還留下慈善捐贈的紀錄,曾捐錢支持科學研究和大學的工作,並在2000年代初(在他首次被捕之前)與比爾‧柯林頓一起參與慈善活動[18]。一如蓋茲,艾普斯坦也是一名權力掮客,在科學、金融和政治界建立豐富的高層人脈。蓋茲和艾普斯坦有一張現在很有名的合照,裡面還有美國前財政部長賴利‧桑默斯(Larry

083

Summers)，以及當時的摩根大通高層詹姆斯・史塔利（James Staley）[19]。許多人認為，艾普斯坦與權貴的廣泛聯結幫助他在2008年達成非常有利的認罪協議，當時他面臨的指控可能使他餘生在監獄度過。他總是表現得他彷彿凌駕法律，而在現實中某些方面，他確實是這樣。

數十年間，艾普斯坦對弱勢和易受傷害的年輕女孩下手，當中很多人來自貧困或有虐待紀錄的家庭。在他的性掠食過程中，他的財富常成為幫凶：他收買他的受害者，提議資助她們上學，或試圖花錢換取她們的沉默。艾普斯坦也利用他的個人財富建立名譽、打通門路、結交全球精英，並因此獲得免受法律制裁的可觀特權。而在這方面，比爾・蓋茲曾經是艾普斯坦最有力的盟友之一；兩人交際往來向上流社會釋出一個訊號：艾普斯坦應該被視為值得親近的潛在慈善夥伴，而不是應該受質問的暴力性掠食者。

慈善與權力：道德界限模糊

蓋茲與艾普斯坦的關係2019年夏天首度曝光，當時有報導指艾普斯坦2014年將比爾・蓋茲（而非蓋茲基金會）捐贈的200萬美元「導向」麻省理工學院的媒體實驗室。媒體實驗室的一封內部電子郵件提到：「記錄捐贈時，我們不會提到傑佛瑞是這筆捐贈的促成者。[20]」

蓋茲否認艾普斯坦涉入這筆捐贈，但媒體的指稱還是成了大新聞——因為艾普斯坦本身就是大新聞。那一年7月，他因為涉嫌性販運被捕，新聞記者於是忙著挖掘他的貴賓網絡[21]。在浮出水面的所有名字中，世界上最引人注目的人道主義者特別受關注。在第一批報導曝光後,蓋茲開始公開談論他與艾普斯坦的關係。他說:「我見過他。我和他沒有任何業務關係或友情。我沒有去過新墨西哥州、佛羅里達州、棕櫚灘之類的地方。他身邊有人說,嘿,如果你想為全球衛生事業籌集資金,擴大慈善事業規模,他認識很多有錢人。我每次和他會面,都是與男性見面。我從未參加過任何派對或類似活動。他從未捐錢給我所知道的任何事情。[22]」

但是,他的否認被記者的調查結果駁倒了。蓋茲聲稱他沒有去過「棕櫚灘之類的地方」,但新聞媒體已經報導的飛行紀錄顯示,蓋茲曾乘坐艾普斯坦的飛機飛往棕櫚灘[23]。新聞媒體接著報導,蓋茲多次在艾普斯坦的曼哈頓家裡與這個被定罪的性犯罪者會面,其中至少有一次社交活動有女性在場:艾普斯坦的舊情人瑞典小姐和她15歲的女兒。那次活動的第二天,蓋茲在寄給同事的一封電子郵件中寫道:「一名非常迷人的瑞典女士和她的女兒來訪,我在那裡待到很晚。」那麼,為什麼蓋茲一開始要對媒體說:「我每次和他會面,都是與男性見面,我從未參加過任何派對或類似活動」?

《紐約時報》撰稿人詹姆斯・史都華(James B. Stewart)指出,蓋茲拒絕說明他與艾普斯坦會面的確切次數——這又是一個警訊。史都華根據他的報導列出了兩人的幾次會面:「其中包括到訪艾普斯坦的豪宅、在西雅圖見面,以及乘坐艾普斯坦的飛機,而我們都知道比爾・蓋茲自己有一架價值4,000萬美元的飛機。那麼⋯⋯為什麼蓋茲無疑知道事實如何,還要跟大家說,『哦,我和他沒有關係』?[24]」史都華注意所有相關情況,與他之前報導艾普斯坦有關,包括一年前他到訪艾普斯坦在曼

破解蓋茲迷思

哈頓的豪宅。「他是記錄在冊的性犯罪者，我按下門鈴後，門開了，有個年輕漂亮的女人站在那裡，我覺得她不是16歲，可能有19歲或更大。我想，哇，一個性犯罪者讓一個年輕漂亮的女人來開門？所以，我還沒進門，就意識到那裡有非常奇怪的事情在發生。[25]」一如梅琳達・法蘭琪・蓋茲，史都華馬上就知道艾普斯坦是怎樣的人。

蓋茲並不坦率的說法使人明確意識到，此事還有更多內情。新聞記者繼續挖掘，報導了他們的發現：蓋茲與艾普斯坦實際上曾見面數十次，兩人的關係是私人性質的，而且他們甚至討論過蓋茲逐漸失敗的婚姻[26]。蓋茲對這些調查結果全都提出質疑。新聞媒體還報導，蓋茲曾利用艾普斯坦的門路，為自己爭取獲得諾貝爾和平獎的機會。

有一些令人信服的證據支持此一指稱。艾普斯坦認識一些諾貝爾獎得主，包括法蘭克・維爾澤克（Frank Wilczek）、傑拉德・艾德曼（Gerald Edelman）和默里・蓋爾曼（Murray Gell-Mann）[27]。他也與國際和平研究所（IPI）這家智庫有關係，該智庫曾接受與艾普斯坦有關係的慈善基金會捐款[28]。

2013年，艾普斯坦、蓋茲和IPI的代表與挪威前首相托比約恩・賈格蘭（Thorbjørn Jagland）見了面，賈格蘭當時是諾貝爾和平獎頒獎委員會的主席。賈格蘭後來告訴記者，在法國進行的這次會面與他作為歐洲理事會（一個人權組織）祕書長的職責有關。賈格蘭說，那次會面主要討論假藥問題。他淡化艾普斯坦在那次會面中的角色，聲稱：「比爾・蓋茲要求見面，並解釋原因。他還帶了其他人，包括IPI的人。我沒有評估和我見面者同伴的習慣。[29]」

這次會面引出一堆問題。蓋茲先前聲稱,他與艾普斯坦的關係僅限於一起構思一個籌資計畫,那麼兩人為什麼會一起到歐洲和一個人權組織開會呢?此外,比爾·蓋茲為什麼要找諾貝爾頒獎委員會的人見面呢?

「雖然諾貝爾獎無疑是巨大的榮譽,但說比爾·蓋茲『癡迷』於這項榮譽、把獲獎設為一個目標,或以任何方式爭取得獎都是錯誤的,」蓋茲的發言人對一家新聞媒體這麼說[30]。「如果艾普斯坦有計畫或動機代表蓋茲介入任何與獎項或榮譽有關的程序,蓋茲或與他共事的人全都不知道艾普斯坦有此意圖,而且會拒絕他提議的任何協助。」

比爾·蓋茲與賈格蘭和IPI會面後,蓋茲基金會開始捐款給IPI,金額以百萬美元計。這引出當中涉及交換的明顯問題:IPI促成蓋茲認識諾貝爾獎評審委員,蓋茲以慈善捐款報答該機構。

更值得注意的是,艾普斯坦顯然參與協調蓋茲基金會的捐贈。曝光的電子郵件顯示,艾普斯坦、IPI和比爾·蓋茲的高級副手伯里斯·尼科里奇(Boris Nikolic)就捐贈事宜互通訊息[31]。調查發現顯示,艾普斯坦是蓋茲基金會慈善捐贈的直接中間人,但蓋茲基金會否認這一點:「基金會從未與艾普斯坦有任何財務往來。我們與國際和平研究所合作,這家接受我們資助的機構支持我們改善巴基斯坦和阿富汗衛生狀況的工作。[32]」

1992年,梅蘭妮·沃克(Melanie Walker)在德州大學讀完學士後不久到訪紐約,有天正在廣場飯店(Plaza Hotel)喝茶[33]。傑佛瑞·艾普斯坦和唐納·川普剛好也在那裡,兩人特意向年齡只有他們一半的沃克介紹了自己。艾普斯坦和她討論了當模特兒的想法——有新聞報導說他勸阻她,但另一報導說

破解蓋茲迷思

他建議她去維多利亞的祕密試鏡[34]。因為艾普斯坦是那家內衣公司的老闆萊斯利‧韋克斯納（Leslie Wexner）的財務顧問，所以他可能覺得可以放心地提出這個建議[35]。

一段似乎持續了數十年的關係就此展開。《滾石》雜誌指艾普斯坦是沃克的「導師」，並指沃克在1990年代讀醫學院時，所留的住址是在艾普斯坦擁有的一棟紐約市公寓大樓裡。《紐約時報》指出，沃克從醫學院畢業後，艾普斯坦聘請她當他的科學顧問[36]。這也是她後來為比爾‧蓋茲擔任的角色。

根據她的個人網站資料，沃克2000年去西雅圖，在華盛頓大學接受臨床訓練，然後在2006年加入蓋茲基金會，擔任高級專案主任[37]。她在那裡認識伯里斯‧尼科里奇，後者似乎在蓋茲基金會、蓋茲的個人財務和生活中扮演多重角色[38]。據報導，尼科里奇和蓋茲經常一起旅行和參加社交活動。他們也是專業上的合作夥伴：尼科里奇的名字出現在至少兩項專利中，而蓋茲被列為這兩項專利的共同發明人[39]。蓋茲大舉投資與醫藥有關的軟體業者薛丁格（Schrödinger）時，新聞稿宣布尼科里奇將出任該公司的董事[40]。2011年，尼科里奇和蓋茲第一次與艾普斯坦見面[41]。艾普斯坦事後透過電子郵件與梅蘭妮‧沃克分享會面的消息[42]。

到了2019年，隨著一個震撼事件發生，這個背景故事成為頭條新聞。就在艾普斯坦被發現吊死在獄中的幾天前，他修改了遺囑，指定伯里斯‧尼科里奇為他的後備遺囑執行人之一，使尼科里奇有可能負責管理艾普斯坦5.77億美元的遺產。世人自然對尼科里奇的身分產生興趣，然後發現他是比爾‧蓋茲的長期夥伴，甚至是親近友人。尼科里奇告訴媒體，他對自己被指定為遺囑執行人感到「震驚」，並表示他不會擔任這個角色[43]。他還把自己說成是受害者：「過去幾年間，我們全都知道艾普斯坦是騙人高手。我現在明白，他的慈善提議是為了討好我和我的同事，企圖藉此推進他自己的社會和財務野心。他發現無法達成他的目標之後，就開始報復。[44]」

薇琪‧沃德在《滾石》雜誌的相關報導中指出，艾普斯坦指定尼科里奇為遺囑執行人，是他對比爾‧蓋茲最後的「去你媽的」（fuck you）；尼科里奇說此舉「絕對是報復行動」。根據這個故事版本，艾普斯坦把尼科里奇的名字寫進遺囑時，清楚知道新聞媒體將追蹤到蓋茲身上。但是，這種敘事從未清楚說明艾普斯坦要報復什麼。為什麼他對比爾‧蓋茲有那麼強烈的敵意？蓋茲一再將他與艾普斯坦的關係說得微不足道，他說兩人分道揚鑣，是因為在他們討論慈善合作機會的過程中，蓋茲基金會對艾普斯坦失去了信心，於是各走各路[45]。從未有人指出蓋茲與艾普斯坦發生過嚴重衝突。蓋茲聲稱，他幾乎不認識艾普斯坦，他們之間的薄弱關係完全是工作上的，兩人並無私交。但與此同時，有人希望我們相信這種故事：兩人未能在慈善事業上合作使艾普斯坦憤恨不已，以致他在自殺前兩天還惦記著這件事，於是修改遺囑，誓要藉此毀掉比爾‧蓋茲。這是個很難理解的敘事，假定這個故事別有內情看來才是合情合理的[46]。

蓋茲與艾普斯坦事件最重要的啟示之一，是蓋茲基金會顯然沒有能力處理其創始人的可疑行為。當一些大公司迅速採取行動處理與艾普斯坦有關的指稱時，蓋茲基金會毫無作為。

破解蓋茲迷思

在蓋茲基金會之外,艾普斯坦的一些朋友面臨某種程度的問責。在一些公司,包括銀行業者巴克萊(Barclays)、私募股權公司阿波羅全球管理(Apollo Global Management)和零售業者 L Brands,一些頂層人士辭去了受矚目的職位,因為他們與那個性犯罪者的關係使所屬公司承受強大的輿論壓力[47]。安德魯王子被剝奪了他的王室職責。川普總統的勞工部長亞歷克斯・阿科斯達(Alex Acosta)被迫下臺,因為他2008年擔任檢察官時批准對艾普斯坦極其有利的認罪協議,此時被翻舊帳[48]。由此看來,美國企業界、英國王室和川普政府全都比世界上最有名的人道慈善機構更有道德承擔。

性別爭議與蓋茲的雙面人生

蓋茲基金會保持沉默之所以特別令人不安,也是因為在艾普斯坦事件曝光後,微軟和蓋茲基金會的一些女性員工指控比爾・蓋茲個人行為不當。在整個2021年,這些指控接二連三出現,蓋茲則全都予以否認或淡化。

蓋茲確實承認與一名微軟員工有過男女關係,並聲稱這段關係已經「友好地」結束了。但是,蓋茲是在微軟公開表示收到那名員工提出「疑慮」的信件之後才承認此事——那名員工還特別要求微軟將她那封關於她與比爾・蓋茲關係的信轉給梅琳達・法蘭琪・蓋茲。微軟表示:「董事會的一個委員會審視了員工的疑慮,並在一家外部律師事務所的協助下進行徹底調查。在整個調查過程中,微軟為那名提出疑慮的員工提供了廣泛的支持。[49]」

微軟後來承認另一事件:比爾・蓋茲利用電子郵件向一名中層員工發出一封「不恰當」和「調情」的郵件,約她在辦公室外見面[50]。此事曝光後,蓋茲的個人發言人這麼說:「這些說法都是不實的,它們源自間接知情者的回收再利用謠言,而有些消息來源還涉及重大利益衝突。」

諸如此類的指控橫跨數十年,而隨著它們進入公眾視野,公眾開始認真審視微軟本身。在蓋茲領導微軟期間,該公司接到員工提出有關歧視和性騷擾的數百宗投訴(並非全都是針對比爾・蓋茲)[51],而隨著微軟調查針對他的不當行為指控,蓋茲在2020年辭去微軟董事職務[52]。(蓋茲否認因為任何調查而辭職。)

2021年,投資公司阿朱納資本(Arjuna Capital)執行合夥人娜塔莎・蘭姆(Natasha Lamb)帶頭發起一項成功的股東決議,迫使微軟調查針對蓋茲的不當行為指控並公布調查結果。「比爾・蓋茲的案例是濫用財力和權勢的典型例子。他顯然是在勾引員工。他就是這樣認識他妻子的。這種行為後來顯然繼續發生,」蘭姆表示。「董事會和領導層如何處理公司內部的性騷擾問題,是個懸而未決的問題。『MeToo』運動發生後,微軟內部處理這些問題的方式發生了一些變化。但很明顯,公司最高層釋出不良行為的訊號,這設定了公司的文化。[53]」蓋茲基金會因為沒有股東,不會受類似決議約束。

面對此類指控,比爾・蓋茲一直否認他曾虐待任何人或對女性有不當行為。但是,正如娜塔莎・蘭姆指出,他受到這種指控其實不是新聞。雖然蓋茲的公眾形象是個電腦宅或輕聲細語的慈善家,但他實際上一直是個咄咄逼人的雄性首領。在微

破解蓋茲迷思

軟,他經常以吼叫考驗下屬的膽量,因為肆無忌憚地開著他的保時捷飆車而收到超速罰單[54],而且(據稱)長期將工作場所視為他的性遊樂場。例如,我們多數人已經忘了梅琳達·法蘭琪·蓋茲曾是蓋茲在微軟的下屬這個事實。而與蓋茲有過男女關係的員工據說不止她一個。1990年代初,新聞媒體曾報導蓋茲「與微軟行銷部門一名產品經理斷斷續續地談戀愛」,並與「微軟資訊中心一名低階員工」多次約會[55]。

在蓋茲的領導下,微軟蒙上不當對待女性的惡名。《硬碟:比爾蓋茲與微軟帝國之建立》(*Hard Drive: Bill Gates and the Making of the Microsoft Empire*)這本書指出,在微軟最早期的日子裡,女性員工的薪資是按時薪計算的——男性員工則是領月薪或週薪。辦公室裡的女性被蓋茲逼迫加班,而她們要求公司支付拖欠的加班費時,蓋茲拒絕了。她們向州政府申訴,蓋茲為此大發雷霆;他劇烈吼叫,臉都變紫了[56]。此外,微軟據稱是到了必須這麼做時,才聘用公司第一個女性主管——當時是為了贏得一份政府合約,因為該合約有平權條款要求供應商必須有女性主管[57]。《硬碟》引用的一位匿名微軟人士這麼說:「他們會說:『好吧,我們就請兩個女人吧,因為我們付給她們的薪資是付給男性的一半,而且我們可以把所有這些垃圾工作丟給她們做,因為她們是女人。』這是直接從比爾嘴裡說出來的。」該知情人士補充道:「他對這問題沒有敏感一些,這是我認為令人驚訝的。」

2021年,電腦科學家瑪利亞·克拉維(Maria Klawe)公開她在2009至2015年間出任微軟公司董事的情況。她說比爾·蓋茲一直敵視任何促進多元化的建議,包括如何使微軟更歡迎

Chapter 2　女性

女性的想法。她記得當時蓋茲問她：「你是他媽的想毀了公司嗎？[58]」克拉維告訴我：「他們發出一份新聞稿，說我將如何幫助他們引進更多女性，幫助微軟促進多元化。然後有人真的建議在董事會做些事情時，比爾予人的感覺卻像是毫無商量餘地。」

克拉維認為蓋茲在蓋茲基金會的領導也存在同樣的矛盾，並說他「過著雙面人的生活」：「他一方面為自己宣傳一種幫助世界變得更美好的領袖形象，希望世人認為他是這樣的人。但在日常互動中，他並不尊重女性。[59]」克拉維曾說：「蓋茲基金會在支持非洲和世界許多地方的貧困婦女方面所做的工作，在我看來顯然不是他的優先事項，但他卻願意上鏡表示這是他的優先事項。[60]」

蓋茲在他的慈善工作中也面臨行為不當的指控。在《紐約時報》報導的一項指控中，蓋茲主動對他在蓋茲基金會的一名下屬示好，使對方感到很不舒服[61]。「微軟、蓋茲基金會以及為蓋茲管理財富的公司有六名現任或前任員工表示，這些事件以及最近發生的其他事件，有時會製造出一種令人不舒服的工作環境，」《紐約時報》報導說。「蓋茲先生在辦公室內外笨拙地接近女性是出了名的。他的行為引發員工廣泛議論他的個人生活。」蓋茲否認行為不當的指控。蓋茲基金會公開表示，從未收到任何針對比爾·蓋茲的投訴或指控，因此完全沒有理由調查他是否有不當行為[62]——即使新聞媒體已經廣泛報導了此一問題。

蓋茲基金會一名前員工告訴我，基金會一名高層曾要求一個有魅力的女員工不要參加比爾·蓋茲出席的會議，理由是她

破解蓋茲迷思

會使蓋茲分心。「我認為那裡有一種為他的行為開脫的文化，」這名知情人士說。

媒體報導也指出，蓋茲的投資經理人麥可‧拉森（Michael Larson）多年來一直被指在工作場所行為不端，包括對女性有不當行為。拉森負責管理蓋茲基金會的捐贈基金和蓋茲的大部分個人財富，他一直否認或淡化這些指控。在主要的爆料報導刊出後，拉森還是保住了為蓋茲基金會管理捐贈基金的工作[63]。

圍繞著比爾‧蓋茲、關於性別歧視和不當性行為的廣泛指控，使我們不得不重新審視他與傑佛瑞‧艾普斯坦的關係。關於他與艾普斯坦的關係，主要的解釋是兩人只是為了討論慈善合作機會，或是蓋茲出於自私的目的（想要贏得諾貝爾和平獎），利用艾普斯坦的人脈展開遊說，但我們也不得不考慮其他可能，例如兩人的關係與艾普斯坦人生中的兩種主要活動有關：性滿足和行使權力。

在這方面，從來沒有任何針對蓋茲的直接指控，而蓋茲在他最初的解釋中甚至特別強調，他每次與艾普斯坦會面，都是與男性而不是女性見面[64]。但媒體的報導顯示，在與蓋茲的那些聚會中，艾普斯坦身邊圍繞著年輕貌美的女性。那麼，女人是吸引蓋茲與艾普斯坦往來的一個因素嗎？

艾普斯坦的前受害者說，這個人的紐約豪宅裡到處藏著針孔攝影鏡頭，他奢華和逍遙法外的生活方式是建立在勒索之上：他邀請有權有勢者參與他的性金字塔計畫，並蒐集他們不可公諸於眾的影片[65]。（或許值得注意的是，2005年警方突擊搜查艾普斯坦在棕櫚灘的豪宅，在兩個地方發現隱藏的攝影鏡頭[66]。）

Chapter 2 女性

亞當・大衛森（Adam Davidson）是美國國家公共廣播電臺節目《金錢星球》（*Planet Money*）的共同創始人，也是《紐約客》（*New Yorker*）的特約撰稿人，他在製作播客《尋求正義》（*Broken: Seeking Justice*）時深入研究這些問題。大衛森在社群媒體上表示，他在報導工作中知道了關於艾普斯坦的許多事，但他不可以公開，因為這可能會傷害到艾普斯坦的某個受害者，或是引來某個有錢有勢者的訴訟。他在推特上發了一則被瘋傳的貼文，文中主張我們完全不應該對包括比爾・蓋茲在內的艾普斯坦同夥疑中留情[67]：

> 如果有人與傑佛瑞・艾普斯坦相處過一些時間，他們至少會看到他以挑逗的方式觸碰女孩子，並且沾沾自喜地炫耀他做這種事的能力。他們也很可能被提供性服務，無論他們的偏好是什麼（艾普斯坦確實曾僱用、性侵和販運並非未成年的女性）……他們都知道。是的，許多人當然參與了。但所有人都知道，我們不應該容許這些人被視為正派的社會精英。他們不應該在電視節目上被吹捧為Covid或國際關係或任何領域的專家。

在一次訪問中，大衛森告訴我，比爾・蓋茲特別值得檢視，因為不同於進入艾普斯坦核心圈子的許多其他人，蓋茲是在艾普斯坦2008年被定罪之後，在他成為眾所周知的重罪犯後，才與艾普斯坦結交的。大衛森也說，蓋茲對他與艾普斯坦關係的解釋特別令人難以置信。艾普斯坦是一個相當有名、很容易在Google上搜尋到資料的已定罪性犯罪者，對蓋茲來說會是負擔遠多於資產。比爾・蓋茲到底為什麼會和這個人走得那麼近，還維持親近關係那麼久？

破解蓋茲迷思

蓋茲與艾普斯坦的關係曝光,加上他被指控對女性下屬行為不當,某種程度上確實削弱了他在全球舞臺上的道德權威,但他在正派精英圈子裡至今還是非常受歡迎——而且只要他願意繼續開出支票,估計將會一直受歡迎。真正諷刺的是,蓋茲基金會已經成為世界上性別公平和女性培力方面的主要慈善資助者之一。這種捐贈可能被視為旨在掩蓋困擾蓋茲基金會的不當行為指控,而接受資助者則可能被視為幫助洗白比爾‧蓋茲的名聲。

慈善捐贈也是傑佛瑞‧艾普斯坦最重要的幫凶之一,是他能夠犯下那些罪行的最重要因素之一。大衛森說,艾普斯坦若不是有做慈善捐贈,是不可能在長達數十年的日子裡,誘惑和侵害那麼多女性的。「慈善事業所賣的一種產品是所謂的聲譽管理,」大衛森指出。「這是誘惑的一部分。你和那些受害者交談時,她們會提到艾普斯坦是所有這些權貴的朋友。你走進他的豪宅,會看到所有這些名人和權貴的照片。他〔因為慈善事業〕與哈佛大學有關係。他也與麻省理工有關係……這些女性說,她們沒有站出來爆他的料,部分原因是他似乎認識所有人。他看來是權貴精英圈子的一員。」

無可否認,這個結合財富、權勢和免受罰特權的模式,也是蓋茲崇拜(the cult of Gates)的重要組成部分。圍繞著蓋茲善行和巨額捐獻的無休止公關宣傳,幫助掩蓋了他面臨的指控,也可能說服我們對他疑中留情。與此同時,一種不可抗拒的魔鬼交易要求我們擱置道德判斷,其似是而非的理由是蓋茲慷慨的慈善捐獻可能帶給世界更大的好處,包括利用蓋茲基金會的錢來解決這個基金會本身可能在助長或使之常態化的問題。

Chapter 2　女性

　　2021年，在飽受一輪新聞報導打擊之後，比爾‧蓋茲和梅琳達‧法蘭琪‧蓋茲共同宣布，他們將捐150億美元給慈善機構（也就是他們自己的私人基金會）；這是他們在上一次重大公關危機（微軟的反托拉斯審訊）的高峰期作出大規模捐贈以來的最大一筆捐贈。《華盛頓郵報》和其他媒體隨即報導，比爾和梅琳達是2021年全球最慷慨的捐獻者[68]。以外，蓋茲基金會似乎加強了它在「婦女和女孩培力」方面的工作，宣稱在這方面作出10億美元的慈善捐贈，包括捐50萬美元給克隆尼正義基金會（Clooney Foundation for Justice）。該基金會由演員喬治‧克隆尼（George Clooney）及其妻子、人權律師艾瑪‧克隆尼（Amal Clooney）創立，而蓋茲所捐的那筆錢被用來支持發起名為「為婦女伸張正義」（Waging Justice for Women）的倡議。艾瑪‧克隆尼在該組織的網站上寫道：「我們可以藉由確保不公平的法律被推翻以及虐待婦女的人被追究責任，來消除婦女面臨的不義。[69]」

　　這場崇高的正義鬥爭會調查圍繞著其資助者的不當行為指控嗎？它會調查許多微軟女性員工聲稱受到性騷擾和歧視的問題嗎？它會調查蓋茲基金會的投資經理人麥可‧拉森的問題嗎？它會調查蓋茲基金會與傑佛瑞‧艾普斯坦長達多年、至今仍不清楚的關係嗎？它會幫助艾普斯坦的無數受害者？蓋茲基金會完全未能在內部處理這些問題，這問題本身會受到重視嗎？蓋茲基金會應該是伸張正義和追求問責的合作夥伴，還是應該成為被調查的對象？要到什麼時候，世界才會認為結果不可以使手段變得合理？克隆尼基金會沒有回應我多次提出的媒體詢問。

破解蓋茲迷思

慈善的代價：聲譽管理與控制

正如亞當・大衛森所言，對比爾・蓋茲這種人來說，聲譽管理無疑是慈善事業的關鍵功能之一。但這個故事還攸關聲譽以外的問題。我們支持蓋茲基金會的慈善捐贈並為它鼓掌時，我們所做的並非只是美化比爾・蓋茲的形象。我們還拱手讓出無需問責的權力。如果慈善也是一種產品，我們必須懂得在某個時候停止購買比爾・蓋茲所賣的東西。

CHAPTER 3

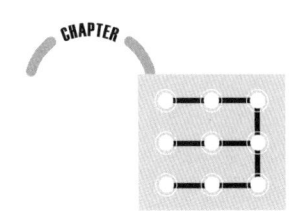

稅務

梅琳達・法蘭琪・蓋茲2019年出版的自傳《提升的時刻》（*The Moment of Lift*）一如預期地暢銷，但沒有獲得好評[1]。美國國家公共廣播電臺（NPR）在網路上發表了一篇評論（但沒有在廣播中播出），說這本書「像竊竊私語多於行動號召」，「暖心軼事有餘而論證不足」[2]。但一週後，NPR在它由蓋茲基金會資助的《山羊與蘇打》（*Goats and Soda*）節目中播出對梅琳達・蓋茲的訪問，對那本書滿是溢美之詞，而該節目遠比前述書評受矚目[3]。

類似的轉變也出現於醫學期刊《刺胳針》：它對《提升的時刻》的評論以嚴厲批評開頭，但以表示崇敬的和解姿態收尾[4]。在檢視梅琳達・法蘭琪・蓋茲支持性別公平的言論和蓋茲基金會缺乏女性領袖的矛盾現象之後，該期刊寫了一段邏輯不連貫的美言：「從蓋茲的文章看來，她是個不尋常的人。她本來可以把家族財富花在遊艇、豪華假期和名牌包包上，但她選擇致力於全球公共衛生事業。她給人的印象是一個有思想的人，一個盡責的母親，總而言之是個富同情心的人，受信仰、愛和聯結驅使。」

這些書評告訴我們,評論者批評蓋茲基金會時,很難不夾雜溢美之詞,而那些過度的讚美往往根植於危險的神話。例如,我們真的要相信梅琳達・法蘭琪・蓋茲不會去享受豪華假期或不會有名牌包包嗎?我們真的要相信她因為慈善捐贈而犧牲了任何個人享受嗎?

億萬富翁的奢華生活與矛盾

蓋茲家族花在自己身上的錢多得令人髮指,他們的生活與我們一般人截然不同。他們擁有多處豪宅,裡面擺滿了昂貴物件,例如達文西和溫斯洛・霍默(Winslow Homer)的真跡作品,以及昂貴的稀有跑車[5]。蓋茲一家乘坐私人飛機出行,即使這種行為造成嚴重的污染,與比爾・蓋茲自詡的氣候變遷問題領袖身分格格不入[6]。他們不買遊艇,寧願租用遊艇——費用通常為**一個星期數百萬美元**[7]。此外,據CNBC報導,蓋茲家族在貝里斯擁有一座私人島嶼,《紐約時報》則報導比爾・蓋茲按週租用塞席爾的弗雷格特島(Frégate Island)[8]。

從私人保全到私人日程安排人員,蓋茲家族還有一大群員工隨時候命。他們不惜重金將子女送進最精英的私立學校。蓋茲的兒子就讀芝加哥大學時,似乎沒有像多數美國學生那樣,第一年和一個完全陌生的人擠在狹窄宿舍裡[9]。當地媒體報導,比爾・蓋茲在校園附近買了一幢價值125萬美元的房子——「面積達3,000平方呎,有四間半臥室、寬敞的露臺、石英檯面的廚房,以及嵌入式維京(Viking)電器。」蓋茲的長女喜歡騎馬,蓋茲夫婦並非只是買了一匹馬給她,而是買下了加州聖地牙哥附近的一個世界級騎馬場,而根據馬房Evergate Stable

的網站資料,該騎馬場的馬術教練哈里‧斯莫爾德斯(Harrie Smolders)曾是世界排名第一的場地障礙賽馬術運動員,代表荷蘭參加奧運[10]。(據報導,蓋茲還曾買進佛羅里達州惠靈頓村的一個馬術場,後來賣出,價值2,600萬美元[11]。)

一如其他億萬富翁,蓋茲家族在金融投資方面似乎選擇一種對道德問題不置可否的做法,不怎麼關注投資標的是否損害人類(包括他們聲稱要幫助的窮人)的健康或福祉。雖然媒體報導很少批評蓋茲基金會,但記者曾數度報導蓋茲基金會540億美元的捐贈基金投資於私營監獄、武器製造商、菸草事業、化石燃料業者,甚至是與奴役兒童有關的巧克力和可可公司[12]。按照這種投資理念的邏輯,這種髒錢產生的投資收益可以經由慈善事業拯救生命。

蓋茲夫婦並非只是像其他億萬富翁家庭那樣生活,而是還活在億萬富翁圈子裡。他們熱衷參與僅限於全球精英階層的活動,例如在達沃斯世界經濟論壇或愛達荷州太陽谷會議(Sun Valley Conference)與其他超級富豪圍爐取暖,同時達成商業交易[13]。

所以,沒錯,梅琳達‧法蘭琪‧蓋茲是個「不尋常的人」——她是個**異常**富有的人[14]。只是因為蓋茲夫婦和他們的私人基金會不斷提醒我們他們如何慷慨,如何將捐出所有財富而不是把錢用來寵壞自己或他們的孩子,並不代表這是真的。蓋茲夫婦離婚之後,梅琳達‧法蘭琪‧蓋茲本人悄然開始承認這一點——離婚的法律安排使她自己成為億萬富翁,而且是特別有錢的億萬富翁。(我在2022年撰寫本章時,彭博的資料顯示她的淨資產約為110億美元,《富比世》則認為是接近70億美元。)

破解蓋茲迷思

梅琳達・法蘭琪・蓋茲在宣布參與「捐贈誓言」、將把她的大部分財富捐作慈善用途的文章中寫道：「必須承認，將你家裡永遠用不到的錢捐出去並不是特別高尚的行為。在我看來，慷慨的真正標準無疑是由那些不惜自身匱乏也要捐獻的人設定的。[15]」

這當中有誠實之處，但也有虛偽的謙遜。梅琳達・法蘭琪・蓋茲和她的前夫對自己戴上高尚的桂冠看來並無愧疚：他們非常積極地利用自己的財富發出遠大於其他人的聲音，同時因為他們的慈善活動，興致勃勃地接下備受矚目的獎項和媒體無盡的讚美。而且他們也從未真正誠實地面對慈善捐獻帶給他們的個人利益——並非只是政治影響力、公關利益和好名聲，還有以十億美元計的節稅利益。

慈善與節稅：超級富豪的策略

在美國，政府以租稅減免獎勵慈善捐獻，其理念是慈善事業減輕政府（和納稅人）某些方面的財政負擔，例如扶貧、保護環境，以及處理成癮問題等等[16]。雖然多數美國人每年都從事慈善捐獻，但慈善捐獻的租稅減免好處多數由富裕的捐獻者享有。正如美國前勞工部長羅伯・瑞奇（Robert Reich）指出，美國財政部每年因為這些租稅減免損失數百億美元的稅收，其中大部分好處由富有的慈善捐獻者獲得[17]。

波士頓學院法學教授雷・馬多夫（Ray Madoff）指出，超級富豪利用慈善捐獻得到的節稅好處，可以高達捐款的74%，因為他們可以省下本來必須繳納的所得稅、資本利得稅和遺產稅[18]。超級富豪每捐出1美元，因為節稅而得到的個人利益可以高達74美分。稅務學者普遍將這種情況稱為租稅補貼：我們納稅人正慷慨地補貼蓋茲基金會。馬多夫告訴我：「在我看來，人們常常分不清有錢人是拿自己的錢做事，還是拿我們的錢做事，而這正是相關辯論中的一大問題。人們常說：『那是有錢人的錢〔他們想怎麼花都可以〕。』但如果他們獲得大量租稅減免，那些也是我們的錢。這正是為什麼我們必須制定規則，規管他們如何使用我們的錢。」

問題是，我們的現行規則太少、太弱，而且執行不力。美國國會上一次實質處理私人基金會的管理規則是在1969年。而雖然近五十年來，慈善事業的運作方式已經顯著改變了，相關法律卻保持不變。雖然問題似乎很枯燥，但認識租稅規定對認識美國的慈善事業和蓋茲基金會非常重要。而且，如果你有在美國納稅，蓋茲基金會捐出去的錢很大程度上就是你的錢。雖然比爾・蓋茲正在用你的錢（按照他的想法改造世界），但你對他如何用這些錢沒有發言權。你也不會因為蓋茲基金會的工作而得到任何榮譽：所有的榮譽都歸比爾和梅琳達所有。

蓋茲家族很少提到他們獲得的租稅利益。蓋茲基金會網站上唯一提到這問題的內容藏在「常見問題」頁面裡：

> 比爾和梅琳達是否因為捐錢給基金會而得到租稅減免？
>
> 許多人因為慈善捐獻而獲得租稅利益。節稅金額取決於慈善捐獻的規模和當事人的年收入。比爾和梅琳達對基金會的捐獻格外慷慨，捐款金額遠遠超過他們的年收入。因此，他們從這些捐款得到的節稅利益僅為捐款額的很小百分比。從1994到2020年，比爾和梅琳達捐了超過368億美元給基金會，因此得到的節稅額約為捐款金額的11%[19]。

破解蓋茲迷思

他們聲稱的節稅利益為368億美元的11%；換句話說，蓋茲家族因為他們的捐獻得到約40億美元的個人利益。

華倫‧巴菲特也公開報告了他的節稅情況，2021年表示：「就我個人而言，我向五個基金會捐了價值410億美元的波克夏公司股票〔大部分捐給蓋茲基金會〕，每捐1,000美元只是省了約40美分的稅。[20]」也就是說，巴菲特聲稱他的個人節稅額僅為捐獻金額的0.04%──他捐357億美元給蓋茲基金會，因此節稅約1,400萬美元。

我們不清楚蓋茲和巴菲特如何算出這些節稅數字（分別為11%和0.04%），但我們知道他們維護自身利益的計算方式與現實脫節。他們捐出的每一元都自動省了40%的遺產稅（政府在他們去世時對他們留下來財產課徵的稅）和其他稅項，例如針對投資獲利課徵的資本利得稅（通常為20%）。

比較合理但偏向保守的估計是，巴菲特和蓋茲夫婦因為慈善捐獻而得到的個人節稅利益，約為捐獻額的50%。因此，蓋茲夫婦和巴菲特截至2022年中總共捐了750億美元給蓋茲基金會，導致美國財政部損失大約370億美元的稅收[21]。但這還只是蓋茲慈善帝國造成政府稅收損失的一部分。

截至2022年尾，蓋茲基金會540億美元的捐贈基金有巨額資金投資於微軟（91億美元）、波克夏‧海瑟威（79億美元）、加拿大國家鐵路（59億美元）、廢棄物管理公司（Waste Management；56億美元）、約翰迪爾（John Deere；13億美元）、卡特彼勒（12億美元）、藝康（Ecolab；7.03億美元）、沃爾瑪（3.92億美元）、Coca-Cola FEMSA（3.63億美元）和Waste Connections（2.9億美元）等公司[22]。（蓋茲基金會的投資經理人甚至還出任一些公司的董事,例如約翰迪爾和藝康[23]。)這些大公司分配利潤給股東或股東套現時,我們可以想像股東所得被課徵20%的資本利得稅。如果投資獲利是比爾‧蓋茲的個人所得,他確實會被課稅。但因為這些獲利是比爾‧蓋茲的非營利私人基金會所得,它們幾乎可以免稅積累,適用稅率僅為象徵性的1.39%。如此一來,慈善基金會實際上可以成為超級富豪的財富倉庫,方便他們繼續控制自己的錢財之餘,還能享受巨額節稅利益。

蓋茲基金會某些年份的投資收益實際上超過了它的慈善捐贈[24]。例如,它的財務報告顯示,其捐贈基金2013年的投資收益為57億美元,而慈善捐贈僅為33億美元。它公開的財務資料顯示,2003至2020年間,它支付了590億美元的慈善贈款,同期投資收益則為485億美元。既然蓋茲基金會那麼重視創造財富,為什麼我們不像對待投資銀行或營利企業那樣,對它課稅和加以規管呢?

喬治城大學法學教授布萊恩‧加勒(Brian Galle)提出了一種不同的思路。他對比私人基金會與政府承包商,指兩者都是拿納稅人的錢為政府做事的私人實體。加勒告訴我,政府可能拿出數十億美元的納稅人金錢給一家私人承包商(例如波音公司),也可能(以提供租稅利益的方式)拿出數十億美元的納稅人金錢給一家私人慈善機構,而兩者的差別是「政府承包商受到的監督和規管要比慈善機構多幾個數量級。」加勒說:「考慮到它們引起類似的擔憂,我們制定那麼多法律規管政府承包商,但〔除了1969年國會那一次重要修法〕一百年來卻不曾真正修改規管慈善機構的法律,這還真有趣。」

破解蓋茲迷思

　　《財富去殖》（*Decolonizing Wealth*）一書的作者艾德加‧維拉紐瓦（Edgar Villanueva）則拿「聯邦認證醫療中心」（FQHC）與慈善機構比較[25]。FQHC為醫療服務不足的社區提供醫療服務，為了符合資格獲得納稅人的支持，必須證明對所服務的社區有承擔，建立主要由病人管理的董事會。為什麼比爾‧蓋茲這種富豪經營的私人基金會不受類似要求約束呢？既然蓋茲聲稱其基金會致力幫助非洲的貧困農民和美國貧困學區的教師，為什麼沒有人代表這些人進入基金會的董事會？納稅人又如何？既然蓋茲在用我們的錢，我們不是應該參與決定這些錢怎麼用嗎[26]？難道我們什麼都別問，就只是相信比爾‧蓋茲會明智且負責任地利用納稅人的錢造福大眾？

　　匹茲堡大學法學教授菲力浦‧哈克尼（Philip Hackney）指出，在幾乎所有免稅的非營利機構中，私人基金會是唯一不必接受納稅大眾問責的機構。「大學通常要接受較廣的受眾問責。甚至是醫院，至少在某種意義上，通常也要接受較廣的受眾問責，」他指出。「但私人基金會……我們把它當成一種公益團體，但實際上這種機構往往只是一個有錢人決定了何謂公益。」

　　哈克尼認為我們應該停止為比爾‧蓋茲這種有錢人的慈善捐獻提供租稅利益。他對我說：「這些財富有巨大的能力影響我們所有人被管理的方式——這些有錢人實際上是藉由非民主的方式代表我們作出民主的選擇。這使我感到不安。」

　　其實我們所有人都應該為此感到不安。我們給予比爾‧蓋茲慷慨的租稅減免，因為他的慈善工作理論上減輕了美國政府的負擔。但我們為什麼會想把我們政府的工作交給比爾‧蓋茲

Chapter 3 稅務

這樣的人,讓他按照他狹隘的意識形態世界觀去改造公共衛生和公立教育呢?既然比爾‧蓋茲這種人顯然是利用慈善事業發揮政治影響力,影響著各種公共政策,我們為什麼不把蓋茲基金會當成政治團體來審視和規管,就像我們審視和規管政治遊說或競選捐款那樣?

甚至有兩位蓋茲基金會前高層員工也認為該基金會需要改革,他們在2021年的一篇評論文章中寫道:「鑑於基金會創始人因為他們的捐款獲得了巨大的租稅利益,基金會董事會負責監督的資產應視為屬於公眾,董事會應按照受託人的審慎標準承擔責任。[27]」

這種呼籲比較激進的版本,是從蓋茲基金會踢走比爾‧蓋茲和梅琳達‧法蘭琪‧蓋茲,任命獨立的董事會成員,以確保基金會負責任地使用公共資源,而不是把錢花在蓋茲個人偏好的事物上,或以慈善之名圖利私人。蓋茲基金會捐1億美元給蓋茲子女在西雅圖就讀的精英私立高中湖濱中學,蓋茲夫婦是否該從這筆捐贈獲得約5,000萬美元的租稅利益[28]?蓋茲基金會投入無數資金宣傳比爾‧蓋茲的慈善家形象,我們是否應該為此以大量的租稅利益獎勵蓋茲家族[29]?蓋茲基金會聲稱「根據基金會禁止圖利私人的規定,基金會的運作不得帶給比爾或梅琳達私人利益」,但真的有人調查基金會在這方面的可疑作為嗎?

這問題的根源在於對公共資源(稅款)如何使用的監督和問責——或者應該說是監督和問責不足的問題。各政治派別的作家、思想家和學者普遍認為,我們迫切需要檢討大慈善事業目前享有無限裁量權的問題[30]。川普總統前顧問、自由意志主

破解蓋茲迷思

義者史蒂芬・摩爾（Stephen Moore）提議，比爾・蓋茲這種富有的捐獻者應該為他們的捐獻繳納資本利得稅；摩爾還提議國會將每個家庭每年的慈善扣除額限制在25萬美元之內。「問題是稅法鼓勵王朝式家族基金會對美國是否有利，」摩爾在2017年發表於《華爾街日報》的文章中寫道。「如果國會不再容許億萬富翁以免稅的方式將財富注入基金會產業複合體，這將大大有助於降低稅率，以及使稅法變得對所有人公平一些。這也將有助促進經濟成長，而這是幫助貧困者的最好方式。」

左派方面，已故的謝爾登・卓布尼（Sheldon Drobny）在創立媒體業者美國廣播電臺（Air America）之前曾在美國國稅局工作，他在2006年寫道：

> 蓋茲基金會現在有約600億美元[31]，控制在美國最富有的人手上。他們不必出售他們在免稅保護傘下持有的任何股票。此外，他們可以像以前那樣利用所持股票行使表決權，也可以對其持有的大量公司股票做同樣的投資決策。作為企業高層和投資人，巴菲特和蓋茲都展現了最掠奪性的資本主義行為。微軟和波克夏・海瑟威並不是對社會負責任的資本主義的模範。長遠而言，這個基金會將比已經積累財富和權力超過1,500年的天主教會更富有。但結果將完全一樣。他們永遠不會動用他們足夠多的資產來真正幫助我們處理人類面臨的最棘手的問題：巨大的貧富差距造成的全球貧困。

卓布尼提議蓋茲除了留10億美元給自己，捐出他所有的錢[32]。「他仍將可以過非常好的生活，」卓布尼寫道。

如果你覺得卓布尼的觀點太極端,或許應該提醒你,慈善事業享有租稅優惠並不是一種不可改變的法律安排。超級富豪能夠利用免稅的慈善事業將個人財富轉化為政治權力,有賴國會為他們創造一條門路。國會當然也可以取消這種富豪福利。一百年前,美國的企業家和壟斷者試圖藉由創建私人基金會來將他們的慈善捐獻社團化和常態化時,起初遇到國會的反對。那個時代超級富有的強盜大亨安德魯・卡內基和約翰・洛克菲勒被詆毀為貪婪的寄生蟲,他們的慈善抱負則被視為企圖掠奪權力。老羅斯福(Theodore Roosevelt)當時說:「這些財富花再多在慈善用途上,也完全無法彌補以不當行為取得這些財富造成的傷害。[33]」

美國政壇主流過去曾對超級富豪及其慈善抱負懷有敵意,而現在我們沒有理由不能或不應該重啟相關辯論。美國歷史上許多可疑的慈善活動有助我們審視此一問題。1930年代,汽車大亨亨利・福特(Henry Ford)創立福特基金會,將他的大部分財富——他持有的福特汽車公司股份——轉移過去,有效地保護他的財富免受遺產稅損害[34]。1950年代,億萬富翁霍華德・休斯(Howard Hughes)為了避稅,將他持有的休斯飛機公司的股份轉移到非營利的霍華德休斯醫學研究所(Howard Hughes Medical Institute),實際上將一家追求盈利的國防承包商納入一個醫學研究慈善實體麾下[35]。國會最終決定審視這些活動。來自德州的眾議員賴特・帕特曼(Wright Patman)1962年告訴他的國會同僚:「我認為,現在是時候仔細審視免稅的基金會所從事的活動類型了。我們的調查已經發現一些明顯的濫權或違規行為,看來與國會免除某些機構納稅負擔的意圖有衝突。痛苦的檢討早就該做了。[36]」

破解蓋茲迷思

1969年,美國國會通過針對私人基金會的新規則,包括強制要求它們真的把錢捐出去——每年的捐贈至少要達到捐贈基金價值的5%[37]。這些新規定處理了一些最嚴重的「濫權和違規行為」。但近五十年來,慈善事業的運作和極端財富的性質都顯著改變了。我們有必要再做一次痛苦的檢討。超級富豪與大眾之間的鴻溝正不斷擴大,而富豪慈善事業對改善我們周遭的不平等現象沒什麼作用。

監督大慈善事業的一個障礙是美國國稅局。雖然美國國會要求國稅局扮演監察者的角色,但國稅局欠缺有效監督慈善活動所需要的資源,而且也沒有誘因去做這件事。曾主管國稅局免稅部門、如今私人執業的馬庫斯・歐文斯(Marcus Owens)解釋說,國稅局的基本任務是帶給美國財政部收入,而私人基金會基本上是在免稅的基礎上運作。因此,站在國稅局稅收至上的立場,免稅的機構不值得花工夫,因為幾乎不可能從它們身上收回拖欠的稅款或發現大量的欠稅。「如果你是國稅局長,而且國稅局可用的預算有限,而你的任務是確保財政部有錢,你是不會重視免稅機構的,」歐文斯告訴我。「一名國稅局人員去稽查華盛頓或紐約市的餐館,將能追到很多稅款……一名國稅局人員去稽查私人基金會,追到的錢可能夠付他們的薪水,但不會真的對稅收有貢獻。」

我們無法知道蓋茲基金會是否曾受美國國稅局稽核,因為這不是公開資訊。但我們知道,1969年美國國會立法規定慈善事業接受新的監督時,國稅局當時的設想是每兩年對所有大型基金會做一次稽核[38]。如今美國有10萬個基金會坐擁近1兆美元的資產[39],但國稅局每年只做約200次稽核[40]。蓋茲基金會一名前員工告訴我,他／她在那裡工作的幾年間,該基金會不曾受國稅局稽核。匹茲堡大學法學教授菲力浦‧哈克尼2006至2011年間在美國國稅局的法務長辦公室工作,他說在他任職期間,國稅局願意處理大型私人基金會的問題,但他也承認,國稅局過去十年流失大量員工,能力因此顯著受損[41]。「執法不力是顯而易見的,」哈克尼說。《免稅機構稅務》(*EO Tax Journal*)期刊總編輯、曾在國稅局工作的保羅‧斯特萊克福斯(Paul Streckfus)表示,無法想像國稅局有足夠的人手全面稽核蓋茲基金會;他還提出更可怕的批評:國稅局內部專業能力不足。由此看來,私人基金會處於一種自由放任的環境,政府信任它們能夠自我監理[42]。

大致而言,我們似乎可以合理地假定,國稅局要對付像蓋茲基金會這種規模龐大、可能激烈對抗的機構,必須想好策略。調查報導媒體ProPublica和《財星》(*Fortune*)雜誌的調查發現,美國國稅局在2010年代初大膽調查微軟時(當時蓋茲還是微軟董事長),該公司展開了反擊。微軟幫忙創立有效和高效稅務管理聯盟(Coalition for Effective and Efficient Tax Administration)這個看似獨立的前線組織,由該組織聘請說客,促成國會最終通過一項削弱國稅局執法能力的法案[43]。(微軟對記者說,它「遵守法律,總是付清所欠稅款。」)

ProPublica的報導還指出,美國國稅局已經內化了一種圍繞著「訴訟風險」的成本效益分析[44]。國稅局的調查人員熱衷與企業合作,致力達成妥協方案,以避免曠日持久的法律鬥爭。透過法律上訴程序,大公司幾乎總是能夠縮減或避免租稅處罰。我們可以合理地假定,國稅局面對基本上不納稅的私人基

破解蓋茲迷思

金會時,尤其是面對由微軟前掌門人管理的基金會時,會考慮這種成本效益計算。

值得注意的是,國稅局最初對微軟展開調查,是因為該公司長期以來一直積極避稅。2012年參議院針對美國企業避稅的調查以微軟作為這個普遍問題的案例研究,詳述微軟如何利用漏洞避稅數十億美元[45]。在後來的一次訪問中,比爾‧蓋茲被問到這些發現時,說它們是「胡扯」[46]。

華盛頓州金郡(郡府為西雅圖)評估員辦公室的資料顯示,截至2019年,微軟甚至已經針對其房產稅提出402次上訴[47]。這並不特別稀奇:大公司總是在尋求降低其稅負。

微軟降低稅負的能力總是可以提高公司對股東的價值,而這增加了比爾‧蓋茲的個人財富。然後蓋茲將他的財富捐給他的私人基金會,由該基金會以慈善贈款的形式,緩慢地將這些錢發放出去[48]。

根據一種「搶彼得的錢送給保羅」的狹隘邏輯,我們可以說,歸根結柢,蓋茲確實透過他的慈善捐獻送出以十億美元計的錢。但是,這種認為結果可以使手段變得合理的想法未能認清以下事實:容許大公司和超級富豪適用不同的規則是根本不公平的,而因為一個超級富豪捐出他不需要的錢而給予他讚美和權力是根本不合理的。在一個有效運轉的民主體制裡,人人都應該公平地納稅,並且享有某些基本和共同的權利與機會。如果我們生活在這樣的世界裡,就不會有比爾‧蓋茲這種有錢到離譜的人,而我們也根本不需要像蓋茲基金會這樣的慈善機構。

托瑪‧皮凱提（Thomas Piketty）2013年出版的《二十一世紀資本論》厚達近七百頁，內含經濟學公式和理論，看來不像是會成為國際暢銷書的那種著作，但它硬是全球暢銷。這本書詳細解釋了有錢人為何越來越有錢，以及極端的財富和不平等為何對社會有害，成功地引起許多人的共鳴。為了應對由超富有寡頭組成的權貴階層日益壯大所造成的風險，皮凱提倡導建立一種新稅制，對超級富豪的財富（資本）課稅。

財富稅爭議：公平課稅的討論

閱讀本書的多數人主要是靠工作賺取收入，靠勞動賺取薪水、工資、佣金和小費。另一方面，超級富豪的收入主要來自財富增值，來自股息、利息和其他投資報酬。在美國，投資收益適用的稅率通常低於勞動所得。這種制度使最富有的美國人適用近乎最低的稅率。這也是相對於一般人，有錢人越來越有錢的部分原因。

因應這問題，一種建議是針對超級富豪積累的財富課徵財富稅，例如每年從比爾‧蓋茲的全部個人財富（目前估計超過1,000億美元）拿走某個百分比[49]。如果從2000年起，我們每年對比爾‧蓋茲課徵3%的財富稅，政府可以獲得300億美元的稅收。但有趣的是，這將使蓋茲的財富減少約600億美元。藉由每年削減蓋茲的資產，造就財富暴增的複利效應將大為減弱[50]。

比爾‧蓋茲自然不是財富稅的支持者，但他確實自詡為知識分子，2014年在他的個人部落格「蓋茲筆記」（GatesNotes）上寫了一篇評論，興致勃勃地批判皮凱提那本書[51]。「是的，某種程度的不平等是資本主義固有的，」蓋茲擺出溫和派的姿

破解蓋茲迷思

態寫道。「正如皮凱提所言,那是資本體制固有的。問題是:什麼程度的不平等是可以接受的?不平等何時開始弊大於利?這是我們應該公開討論的問題,而皮凱提以如此嚴肅的方式促進了討論,是非常好的事。」

然後蓋茲開始全力反駁:「看看富比世美國四百大富豪榜,上面約一半的人是企業家,他們的公司發展得非常好(有賴辛勤工作和大量的運氣)。與皮凱提的食租者假說(rentier hypothesis)相反,我在富豪榜上看不到任何人是祖先在1780年買下了大片土地,自此之後一直靠收租積累家族財富。在美國,因為動盪、通貨膨脹、賦稅、慈善事業和花費,那些舊財富早就消失了。」

蓋茲認為,現代世界容不下貴族和寡頭,因為我們的全球經濟是一個充滿活力、自我淨化的生態系統。蓋茲認為我們不應該課徵財富稅,而是應該**課徵**奢侈稅。有錢人買遊艇時,應該要繳很高的稅。這將鼓勵超級富豪少花一些錢在自己身上,多做慈善。

蓋茲繼續寫道:

> 慈善事業也可以成為一整套解決方案的重要組成部分。遺憾的是皮凱提對此著墨甚少。一又四分之一個世紀前,安德魯·卡內基鼓勵其他富豪捐出他們的大部分財富時,沒有人響應他。現在越來越多非常富有的人承諾要這麼做。慈善事業做得好,不但可以直接造福社會,還能減少代代相傳的財富。梅琳達和我堅信,財富代代相傳對社會和繼承財富的孩子都是壞事。我們希望我們的孩子自己在世界上闖出一片天[52]。他們將會有各種優勢,但生活和事業還

是要靠他們自己創造。

蓋茲認為，藉由對購買奢侈品課重稅以及鼓勵超級富豪自願捐出財富，這種雙管齊下的方法可以有效處理財富不平等的問題。他還曾經安排一次通話，直接向皮凱提講述他的觀點。那是一次私人通話，但皮凱提後來提到，蓋茲的立場可以歸結為「我不想繳更多稅」[53]。

蓋茲不甘示弱，2019年再度撰文，試圖為自己平反[54]：

> 雖然我大部分時間都在談論我真正關注的問題，包括全球衛生、教育和氣候變遷，但我也經常被問到稅務問題。我明白這問題為何經常出現，因為我自然是相關辯論中的一個焦點。事實上，多年來我一直在推動建立比較公平的稅制。將近二十年前，我爸和我就開始呼籲提高聯邦遺產稅，並呼籲在我們的家鄉華盛頓州開徵遺產稅——這個州的稅制是全國最累退的。2010年，我爸和我還支持一項選民倡議，如果通過將會開徵一項州所得稅⋯⋯支持加稅並非總是受歡迎的，所以現在很多美國人在討論這問題是非常好的事。我希望儘可能清楚說明我的看法。

蓋茲這篇自吹自擂的文章可視為以冗長的文字迴避（或甚至是詆毀）他從未提及的財富稅。雖然蓋茲確實在言辭上籠統地支持對有錢人加稅的主張，但他聲稱自己是孜孜不倦和勇敢的稅改倡導者，這說法就顯得特別空洞，因為他和他的基金會似乎從未投入可觀的資源去推動租稅政策改革[55]。比爾・蓋茲毫無愧疚地利用自己的巨額財富去使世界屈從於他的意志，無論事情是關於疫苗政策還是氣候變遷的政治決策。如果他真的像他所說的那麼熱情支持累進稅制，他大可在這方面成為強而

破解蓋茲迷思

有力的發言人。但他沒有這麼做。他的慈善捐獻只要與他的個人財富或特權有關，就會傾向維護而非挑戰他的利益。

我們在華倫・巴菲特身上看到了類似的脫節現象[56]。一如蓋茲，巴菲特已經成為公開支持對有錢人加稅的著名人士，但他數百億美元的慈善捐款看來不會用於支持租稅改革。

此外，比爾・蓋茲和華倫・巴菲特在他們當慈善家期間，財富都驚人地增加。2000年，《富比世》估計蓋茲的財富約為600億美元。到了2022年，該數字一度增至1,290億美元。巴菲特的個人財富原為260億美元，後來一度增至1,180億美元。這種財富增長某種程度上是因為兩人的實際稅率極低。

2022年初，俄羅斯入侵烏克蘭，西方國家紛紛尋求政治對策，美國高調展示如何以經濟制裁對付控制俄羅斯財富並擁有巨大政治影響力的所謂寡頭。美國認為，藉由凍結俄羅斯寡頭的資產或沒收他們的遊艇，可以削弱俄羅斯。美國財政部長珍妮特・葉倫（Janet Yellen）在2022年的一份聲明中說：「財政部將繼續利用我們的各種工具，揭露和打擊那些試圖逃避我們的制裁和隱藏不義之財的人。即使俄羅斯精英躲在代理人和複雜的法律安排後面，財政部也將利用我們廣泛的執法權力，積極執行多邊協調的制裁，懲罰那些資助俄羅斯對烏克蘭的戰爭和從中得益的人。[57]」

在美國的政治話語中，新聞媒體採用這種敘事並加以傳播，聲稱俄羅斯總統普丁本人也可能受經濟制裁打擊。《紐約時報》根據未經證實的傳聞和「揣測性新聞報導」，講述普丁與黑海一座價值十億美元的宮殿，一艘價值一億美元、名為「優雅」（Graceful）的遊艇，以及摩納哥和法國的一些豪宅的關聯⁵⁸。該報導寫道:「美國及其盟友面臨的問題,是這些資產全都無法直接聯結到俄羅斯總統身上。雖然多年來有許多揣測和傳聞,普丁有多少財富至今仍隱密得令人抓狂,即使以十億美元計的資金已經流過其親近友人的帳戶,還有一些豪宅被發現和他的家人有關。」

在這種敘事中,俄羅斯的超級富豪隱藏了他們巨額的不義之財,並逃避納稅——同時還對俄羅斯政治施加不民主的影響力。這是一種正義的敘事,但多數美國媒體絕不會將「寡頭」這個難聽的稱號冠在美國的億萬富翁頭上,雖然比爾‧蓋茲之類的人看來完全配得上這個稱號⁵⁹。

蓋茲雖然從未競選政治職務,但毫無疑問是世界上最有權勢的人之一。他的權勢完全來自他的巨額個人財富,而這些財富來自一家被普遍認為對經濟具有破壞性的壟斷企業,來自一家以積極避稅聞名的公司。而一如俄羅斯寡頭,蓋茲的個人財富詳情是高度保密的資料(他的財富已經分散到微軟之外)。「很少人清楚了解蓋茲先生的資產或〔他的投資經理人〕拉森先生的策略,而這兩個人都希望保持這種狀態,」《華爾街日報》2014年的報導寫道。「從麻省劍橋市十分豪華的查爾斯飯店到威廉‧水牛比爾‧科迪(William F. 'Buffalo Bill' Cody)曾經擁有的懷俄明州490英畝的牧場,其房地產投資常以不顯眼的名字掩護,使人較難追蹤到蓋茲先生身上。⁶⁰」該報導還說,蓋茲的投資帝國是在「西雅圖近郊柯克蘭市一棟沒有標記的大樓裡」運作。「曾與拉森共事的人說,拉森先生非常保護他的老闆,因此一度有『蓋茲門神』(Gateskeeper)的綽號。知情人士說,離職的員工通常會簽保密協議,因此被禁止談論Cascade〔為蓋茲管理財富的投資公司〕的事」。

破解蓋茲迷思

蓋茲的巨額個人財富不為公眾所知，而且他還曾經將他的部分個人財產交給因銀行詐欺而入獄服刑的重罪犯安德魯・埃文斯（Andrew Evans）和安・盧埃林・埃文斯（Ann Llewellyn Evans）夫婦管理[61]。直到媒體在1990年代揭露此事，蓋茲才將那些資產轉移到一個新的投資集團[62]。

既然他的私人財富高度保密、巨額財富源自一家壟斷企業，而且有可疑的投資經理人參與管理他的財富，比爾・蓋茲真的與那些俄羅斯寡頭很不同嗎[63]？根據流行的新聞敘事，他確實與俄羅斯寡頭很不同；這些敘事似乎決心強調，蓋茲積極積累財富是出於一種慷慨助人的衝動。《華爾街日報》2014年的報導就表示，蓋茲不斷增加的個人財富實際上是一種公共財：「這意味著有更多錢可以投入到蓋茲基金會在開發中國家對抗疾病和改善教育的使命中。」

公平而言，我們確實知道蓋茲有繳**一些**稅。我們之所以知道，是因為美國一些頂級富豪的報稅資料被洩露了給ProPublica，而該媒體報導，蓋茲在2013至2018年間為他170億美元的收入所繳的聯邦稅率平均為18.4%[64]。相對之下，一名年收入4.5萬美元的單身勞工需要繳21%的所得和薪資稅。ProPublica還報導，華倫・巴菲特近年來的「真實稅率」是0.1%。巴菲特給了一個標準的回應，指那是他的慈善捐獻導致的：「我認為那些錢經由慈善事業分配出去，對社會來說，會比用來略微降低不斷增加的美國債務更有用。[65]」

在稅務問題上受到批評時，蓋茲和巴菲特可以搬出他們慷慨的慈善捐獻為自己開脫，但慈善捐獻不能代替納稅。我們納稅是無法直接控制稅金用途的，也不會因為納稅而得到讚揚或被認為有功勞——這與蓋茲和巴菲特做慈善捐獻截然不同。許多讀者很可能不樂見自己所繳的稅被用在他們不支持的政府工作上。我個人就很不希望我繳的稅被用來補貼蓋茲基金會。但是，與超級富豪不同的是，你我都不能藉由成為慈善家來為自己減稅多達74%。如果我們想改變聯邦政府的決策或預算決定，我們必須參與緩慢且混亂的民主變革過程。我們必須納稅，設法建立政治勢力，提出政治主張，促使國會以更負責任的方式使用我們的稅金。

納稅與慈善：真正的責任為何？

比爾·蓋茲已故的父親老蓋茲為做慈善還是納稅的討論提供了一個有趣的註腳。在本世紀初，老蓋茲成為支持保留遺產稅的主要政治倡導者——遺產稅是富豪去世時，政府對其資產課徵的稅。當時小布希總統正在領導一場旨在終止所謂的死亡稅的政治運動，他提出的減稅方案估計將為最富有的2%美國人節稅2,360億美元[66]。

老蓋茲當時接受的訪問顯示，他公開承認，他反對政府為有錢人減稅的行動可能無意中促使富豪避稅。也就是說，富豪如果知道遺產稅將在他們去世時拿走他們所留資產的一大部分，將會有誘因把錢捐出去。老蓋茲說：「有錢人絕對可以選擇繳遺產稅，或是將財富捐給他們支持的大學、教會或基金會。[67]」換句話說，超級富豪和我們一般人不同，可以決定繳該繳的所有稅，或成為慈善家。

「你越富有，在這兩者之間的選擇就越多，」查克·柯林斯（Chuck Collins）說。他是奧斯卡·梅爾（Oscar Mayer）家族財

破解蓋茲迷思

富的繼承人之一,二十幾歲時捐出了他繼承的大部分財富,並在1990年代末與老蓋茲密切合作推廣遺產稅。柯林斯在政策研究所（Institute for Policy Studies）繼續研究財富不平等問題,而根據他的說法,老蓋茲認為,遺產稅除了可以促使超級富豪投入慈善事業,還可以帶給政府重要的稅收,而且有助打破財富集中的局面。老蓋茲甚至希望限制億萬富翁可以享有的租稅利益。「他對我說,他兒子將向基金會捐錢,當時大概有800億美元,然後永遠不必再為這些財富納稅,他認為這是個問題,」柯林斯回憶說。「他的看法是,應該為一個人一生中可用的慈善捐贈扣除額設一個上限。」

老蓋茲的文章和媒體訪問顯示,他真的關心社會需要利用稅制進行財富再分配這件事──這不僅是因為他認為社會福利很重要,還因為他認為超級富豪欠了政府很多。

「如果你積累了數千萬、數億或數十億美元的財富,你**不是**自己一個人做到的,」老蓋茲在某次演講中指出:

你得到了幫助。當然,這完全不是要貶低那個人。在座的生意人都知道,累積那麼多財富需要付出什麼。這些人很可能既勤勞又有創造力,為事業犧牲了很多。他們的領導力或創業精神理應得到一定的報酬。但是,他們成功並非全靠自己。如果沒有我們共同建立的這個奇妙經濟體制,他們會怎樣?如果沒有對基礎設施的公共投資,沒有道路或通訊網絡,他們會怎樣?我們的財產權制度,以及執行財產權的法律制度,也至關緊要。如果沒有對新技術的公共投資,他們能有多少財富?無論我們是軟體設計師、餐館老闆還是社區裡的房屋仲介,這些進步都使我們所有人變得更富裕……我們多數人都受惠於社會的投資，而那些累積了1,000萬或100億美元的人是從中得到了不成比例的利益。我認為，在這種財富轉移給下一代時，社會藉由遺產稅拿走三分之一是公平的。這是對在我們社會裡積累財富之特權的合理徵稅……遺產稅是有錢人回饋社會的一種適當機制，繳遺產稅是對我們享有絕佳機會表示感謝的一種方式。感激——這是很少出現在我們的商業刊物裡的一個詞。我們生活在一個有豐富共同財富的非凡體制裡，但我們卻看不到這些財富就在我們周遭[68]。

老蓋茲呼籲超級富豪納稅，實際上是一種極其溫和的政治立場——它看來幾乎是將納稅視為一種為服務付費的行為：政府滿足私營商業和億萬富翁的許多需求，繳付稅款為這種服務付費。經濟學家迪恩·貝克（Dean Baker）指出，我們現在已經建立了一個龐大的保姆國家（nanny state），政府為超級富豪提供許多經濟保護和利益，包括為微軟和輝瑞之類的公司提供廣泛的智慧財產權保護[69]。藉由版權和專利，這些公司利用政府支持的壟斷權力，確保它們在市場上的主導地位，使消費者難以接觸到更好或更便宜的產品。因此，呼籲有錢人為享有這些特權報答政府是錯誤的。我們真正該做的是廢除這種保姆國家體制，並且要求超級富豪公平地納稅。不過，老蓋茲著眼於遺產稅，視之為對政府的友善政策表示感謝，這種倡導工作告知我們，在寡頭政治日益明顯的情況下，對抗寡頭勢力的改革空間相當有限——在當前這種情況下，最富有的產業領袖繳稅最少，但在我們的民主制度中卻說話最大聲。

快速失敗

蓋茲基金會的管理模式

「快速失敗」(fail fast)是企業管理方面近年的時髦術語,而這意味著它也已經成為蓋茲基金會的一種運作方式。這個基金會的員工來自大型製藥公司、大型科技公司、大型顧問公司和名校MBA畢業生中的頂尖精英。

「比爾和梅琳達的一大個人美德,也是我將職業生涯大部分時間奉獻給蓋茲基金會的關鍵原因之一,就是他們願意改變自己的想法,」蓋茲基金會執行長馬克・蘇茲曼(Mark Suzman)在該基金會2022年面向公眾的年度信函中寫道。「如果有令人信服的證據顯示,我們的工作可能有更有效的方式去拯救生命和改善人們的生活,他們尤其願意改變想法。我們冒險押注時,難免會有失敗的時候。但比爾和梅琳達不會因此變得比較保守,反而會選擇快速失敗、學習,以及改善做法。從性別平等到中小學教育,以至作為我們的農業發展計畫一部分的氣候適應投資,他們一次又一次地基於證據批准了新做法,不再以舊方法為優先。[1]」

Chapter 4 快速失敗

「快速失敗」文化在新創企業世界尤為盛行,而蓋茲基金會在該領域有廣泛的運作。蓋茲基金會已向私營公司提供超過20億美元的慈善贈款,同時還設立了一個25億美元的慈善投資基金,致力為商業企業注入資金[2]。其中一些資金流向葛蘭素史克和默克之類的製藥巨頭(兩家公司分別獲得6,500萬美元和4,700萬美元的慈善捐款),但大部分流向了你不認得名字的小型新創企業[3]。

蓋茲在私營部門的合作夥伴如果失敗(或快速失敗),蓋茲基金會未必會一無所得。這是因為蓋茲基金會要求合作夥伴簽署「全球使用協議」(global access agreements),授予基金會「受資助開發專案和背景智慧財產權的全球性、非排他性、永久的、不可撤銷的、已全額付款的、免權利金的使用許可。[4]」這是一種冗長的法律說法,其意思是如果受資助的公司不願意或不能夠將相關智慧財產權和技術(無論是疫苗、藥物或蓋茲基金會幫忙提供資金的其他產品)導向慈善用途,蓋茲基金會可以介入並取得那些智慧財產權和技術的使用許可。如果受資助的公司倒閉,或蓋茲基金會認為其運作超出了資助協議的範圍,蓋茲基金會就可以行使權利取得使用許可。

全球使用協議:控制還是慈善?

微軟創始人圍繞著從受資助者那裡取得技術來安排他的慈善捐贈,這可能使我們感到不安,但蓋茲基金會堅稱,其許可要求的真正目的是幫助全球貧困人口取得救命的創新技術,是為了推廣「公共財」,以及「為中低收入國家的弱勢社群提供安全、有效、可負擔和可獲得的產品。」這些全球使用協議還

破解蓋茲迷思

為納稅人和美國國稅局解釋了蓋茲為什麼會有捐錢給追求盈利的公司這種反直覺的慈善操作：蓋茲基金會聲稱，全球使用協議確保了那些慈善資金用於慈善目的。

問題是，有太多例子顯示，蓋茲並沒有以真正幫助到目標受益人的方式執行那些使用協議[5]。2015年，蓋茲基金會宣布提供5,500萬美元的股東投資，以協助「開發CureVac的平臺技術和建設符合優良藥品製造標準（GMP）的工業規模生產設施。」此後幾年，蓋茲向這家德國公司另外贈款500萬美元，用於mRNA候選疫苗的研究，包括「一種能夠對流感病毒產生廣泛保護作用的疫苗。」蓋茲基金會在這家公司的歷史上一度成為第二大股東，有能力提名一個人進入CureVac的董事會[6]。

在為CureVac的生產設施和疫苗研發投入數千萬美元之後，蓋茲基金會在Covid-19大流行期間，當CureVace致力推進其主要候選疫苗時，似乎有極好的條件執行其全球使用協議。也就是說，那些協議理應賦予蓋茲基金會力量去確保全球貧困人口可以獲得CureVac的疫苗。但是，我發現一份提交給美國證券交易委員會（SEC）的文件顯示，就在CureVac正與葛蘭素史克磋商一項交易以推進其疫苗之際，蓋茲基金會解除了CureVac在全球使用協議下的義務。那份SEC文件刪去許多資料（塗黑了大量內容），但葛蘭素史克告訴我，解除全球使用協議與Covid-19無關。這說法當然無法核實。更重要的問題是：無論遇到什麼情況，蓋茲基金會為什麼要解除受資助者的慈善義務[7]？

在我2021年發表關於CureVac的調查發現幾個月後，媒體ImpactAlpha針對蓋茲基金會與其他Covid-19疫苗生產商的財務關係提出了類似的質疑，包括莫德納（2016年獲得2,000萬美元的贈款）和BioNTech（2019年獲得5,500萬美元的股權投資）[8]。這些公司選擇將它們的Covid-19疫苗提供給利潤最高的市場，忽略了全球貧困人口的需求。

「在為全球提供救命的COVID疫苗方面，那些全球使用協議看來未能通過它們最大的現實考驗，」ImpactAlpha的報導寫道。

> 幾個月來，蓋茲基金會沒有能力或沒有意願利用全球使用協議來幫忙促成疫苗供應交易，使相關廠商願意以可負擔的價格供應疫苗，這損害了COVAX的有效性；COVAX是蓋茲支持的聯合國疫苗買家俱樂部，旨在為91個有資格獲得外國援助或官方發展援助的中低收入國家取得足夠的COVID疫苗……比爾‧蓋茲、蓋茲基金會和其他一些人曾以包括全球使用協議在內的自願協議，作為他們反對放棄保護疫苗生產商之全球智慧財產權的部分論據。

Covid-19的診斷用品也出現類似的失敗[9]。蓋茲基金會和其他捐助者多年來為Cepheid提供大量資金，該公司在非洲各地安裝了診斷機器。Covid-19大流行期間，這些機器幾乎毫無用處，因為Cepheid選擇將機器使用的檢測試劑提供給富裕國家。無國界醫生組織估算，Cepheid每套檢測試劑只需要賣5美元就能賺錢。Cepheid對此提出質疑，但在Covid-19大流行期間，該公司可以找到願意為每套試劑支付50美元的買家。多年來，納稅人、蓋茲基金會和其他組織為Cepheid提供超過7.3億美元的資金支持[10]。蓋茲承諾的全球窮人使用權利去哪裡了？

破解蓋茲迷思

　　最後一個例子涉及默克的輪狀病毒疫苗[11]。默克的 RotaTeq 疫苗商業化時，蓋茲基金會為此歡呼慶祝，聲稱「我們的投資支持了該疫苗的研發、許可和目前的推廣。」因此，蓋茲基金會的全球使用協議理應涵蓋默克這款疫苗。

　　事實可能正是這樣，但那只是短暫的情況。蓋茲資助的 Gavi 曾與默克達成為西非提供輪狀病毒疫苗的協議。但是，默克後來看到更有利可圖的選擇：以十倍於 Gavi 的價格將疫苗賣給中國。該公司於是捨棄蓋茲和 Gavi。獲得蓋茲資助的美國國家公共廣播電臺（NPR）節目《山羊與蘇打》詳細報導了此一事件[12]。Gavi 執行長塞斯・柏克利（Seth Berkley）對 NPR 說：「這是非常令人失望的消息，它意味著許多兒童短期內很可能無法獲得這款救命的疫苗，因此可能受這種可怕的疾病侵害。[13]」

　　NPR 的報導等同點名羞辱默克，同時迴避關鍵真相：蓋茲和 Gavi 似乎不了解醫藥市場的運作方式[14]。默克當然會跟著錢走——追求盈利的製藥公司就是會這麼做。

　　這幾個例子顯示，蓋茲基金會的全球使用協議並沒有像它聲稱的那樣發揮作用。這些協議沒有保證全球貧困人口取得救命的藥物，也沒有可靠地提供公共利益或公共財。這使人不禁質疑，蓋茲用於支持營利事業的數十億美元，真的是慈善捐贈嗎？我們納稅人有義務補貼這種操作嗎？

　　這也使人懷疑蓋茲基金會的全球使用協議是否另有目的。正如我們在本書第 1 章看到，蓋茲基金會對與它合作之小型製藥公司的影響力，遠大於它對默克之類的大公司。一些小公司形容與蓋茲基金會合作如同公司被收購，對這些公司來說，那些全球使用協議是蓋茲基金會可以用來行使控制權的又一工具。「基本上,蓋茲基金會只要花很少的錢,就可以說,『把你們所有的商業機密交給我們』,」一名曾受蓋茲資助的業者對我說。他認為,蓋茲基金會的全球使用權政策本質上「容易導致不良行為」,因為全球使用協議創造出「邪惡的動機」,使蓋茲基金會有誘因傷害它的企業合作夥伴,例如將它們推向破產——合作的公司如果倒閉,蓋茲基金會可以介入並取得其技術的使用許可,然後將許可交給它認為更有能力的另一家開發商。

這聽起來可能有些誇張,但這是知情人士告訴我的真實擔憂,而蓋茲基金會全球使用協議的實際用詞值得我們再看一次:「受資助開發專案和背景智慧財產權的全球性、非排他性、永久的、不可撤銷的、已全額付款的、免權利金的使用許可。[15]」

另一名曾受蓋茲資助的業者告訴我,看到贈款協議中的這段話時,「我簡直嚇壞了——嗯,其實不是嚇壞了,而是被逗樂了。我真的以為那是文字誤植,是筆誤。」這名知情人士認為,蓋茲基金會提出這種非同尋常的許可要求並非出於惡意,只是因為比爾·蓋茲在殘酷的商業環境中形成了固定的認知迴路:「你達到一定的業務規模之後,要麼收購你的潛在競爭對手,要麼埋葬他們。因為如果不這麼做,你的公司就會很脆弱。所以,蓋茲就是抱著這種心態,而他創立蓋茲基金會時,從微軟帶了很多人過來。結果是人人傾向抱著這種心態做事。」

這名受資助者表示,他曾與其他受資助者、天真的學者,以及不明白與蓋茲簽約要付出什麼代價的年輕企業家有過一些不愉快的對話。他說,他們的態度是:「我們會被幹掉,但無論如何,這是我們取得資金的最好機會。」

破解蓋茲迷思

隨著蓋茲基金會與數千家不同的受資助公司簽訂全球使用協議，它獲得了大量智慧財產權和技術的使用許可。在一場訪談中，全球衛生顧問、國際藥品採購機制（Unitaid）前董事會成員羅希特・馬爾帕尼（Rohit Malpani）解釋了蓋茲基金會擁有廣泛的使用許可在現實中的意義：「我們可以把智慧財產權想成是一捆木棍。沒有人擁有整捆木棍。如果這一捆有十根棍子，也許那家公司擁有七根，美國國家衛生院擁有兩根，蓋茲基金會擁有一根。而基金會那一根可能是介入權（march-in rights）〔例如將專利授權給第三方〕，也可能是在特定國家利用該技術的有限許可。因此，蓋茲基金會多年來所做的這些投資，使他們獲得了不同形式的大量智慧財產權。而這些智慧財產權不但使他們某種程度上掌握特定技術領域的面貌，還可以影響或控制相關智慧財產權的使用方式。」

新聞報導指比爾・蓋茲已經成為美國最大的私人農田主人，馬爾帕尼認為與此類似的是，蓋茲和他的私人基金會可能已經悄悄成為「當今世界上各種治療和診斷技術以及疫苗最重要的智慧財產權擁有者之一。」他補充道：「這使他們對這些技術的發展和演變有巨大的責任和影響力。這意味著豁免智慧財產權〔Covid-19大流行期間人們普遍支持豁免相關疫苗的智慧財產權〕會影響他們自己擁有的智慧財產權。這也會影響他們控制這些智慧財產權在世界各地如何發展和傳播的能力。

「在許多方面，這與微軟的策略如出一轍。那家公司完全是以積累智慧財產權為基礎，因此，在某種程度上，蓋茲採用同樣的做法並不奇怪——名義上是為了慈善，但說到底是為了掌握一定程度的控制權和影響力。蓋茲早於許多人認識到，智慧財產權將在全球衛生管理中發揮至關緊要的作用。」

Chapter 4　快速失敗

高智發明與專利壟斷爭議

2011年，廣受歡迎的播客和公共廣播節目《美國生活》（*This American Life*）播出了一個關於「專利蟑螂」（patent trolls）的非凡故事——這種人靠控告企業侵犯他們的專利權賺錢[16]。這些案件通常是基於過度寬泛專利權主張的無聊訴訟。但專利蟑螂知道，對被控告的公司來說，付錢和解比上法庭打官司便宜。

「現在，矽谷的許多投資人和創新者——也許是多數人——會告訴你，專利制度的實際作用與它理應發揮的功能剛好相反，」節目主持人艾拉・格拉斯（Ira Glass）指出。「它並不是在促進創新，而是在扼殺創新，因為專利訴訟越來越多，專利蟑螂非常積極。專利訴訟現在非常普遍，矽谷任何一家有些成就的新創企業，都幾乎一定受專利訴訟困擾。這拖慢了創新，提高了企業成功的難度，損害了我們的全球競爭力……而且我們購買相關公司的產品時，必須花更多錢。」

故事的主角是一家名為高智發明（Intellectual Ventures）的公司，由比爾・蓋茲最資深副手之一的納森・米佛德（Nathan Myhrvold）經營（但節目沒有提到蓋茲）。1999年離開微軟之後，米佛德創辦這家公司，聲稱該公司「投資於發明」。他還說：「我想你會發現，維護自身專利權的人幾乎全都曾被稱為專利蟑螂。」

幾年前，《紐約客》雜誌曾正面報導這個版本的故事，傳播一種積極追求發明的敘事。作家麥爾坎・葛拉威爾（Malcolm Gladwell）將高智發明描述為一個充滿活力的智庫，是一家頂尖人才互相刺激、不斷創出新高峰的公司[17]。葛拉威

破解蓋茲迷思

爾講述高智發明的八大創意人如何在一次非正式的晚宴上，產生了36個或許可以獲得專利的發明創想。

雖然葛拉威爾似乎沒有意識到這一點，但他所講的高智發明故事實際上描述一群自詡博學的男生不停地高談闊論，提出了許多大構想，但也僅此而已。在葛拉威爾的想像中，高智發明未來十年將成為驅動社會進步的一股顛覆性和革命性的創新力量，就像亞歷山大・葛拉漢・貝爾以他發明的電話改變世界那樣。

高智發明聲稱至今已經創立超過15家公司，但奇怪的是，其網站僅列出11家公司的名字——當中似乎沒有任何一家公司對人類或經濟有特別重要的意義[18]。這些公司看來多數得到比爾・蓋茲的資金支持，包括泰拉能源（TerraPower），一家至今尚未建造出一個反應爐或產出任何能源的核電公司[19]。比爾・蓋茲似乎還曾投資過高智發明。2006年SEC的一份文件顯示，比爾・蓋茲和微軟總共投資超過5,000萬美元在高智發明的發明科學基金（Invention Science Fund）上[20]。

蓋茲顯然不是被動的投資人。他經常出現在高智發明，可能是參與腦力激盪並主宰討論，也可能是藉此擺脫專業慈善事業的政治正確要求[21]。

湯姆・鮑爾森（Tom Paulson）是一名作家，曾在《西雅圖郵訊報》（*Seattle Post-Intelligencer*）報導蓋茲的消息，後來曾與納森・米佛德合作編寫了一本烹飪書。他說，他記得有時會在高智發明的辦公室見到蓋茲，而蓋茲通常消失在一場又一場會議中。「當時，蓋茲顯然已經厭倦了他因為經營蓋茲基金會而受到的束縛，包括公關方面的束縛，以及人們期望慈善家展現的典型行為。高智發明是一個出口,」鮑爾森告訴我。「蓋茲當時在創建這家獨立的企業,以便他不必詢問梅琳達或基金會的意見。」

2009至2020年間,蓋茲和米佛德被列為數十項專利和專利申請的共同發明人,包括高科技美式足球頭盔的一項專利,那種頭盔藉由保護球員免受腦震盪來提高安全性[22]。還有一些專利聽起來令人毛骨悚然,例如有一項發明的用途是「偵測並分類正在觀察某個人的人群」(detecting and classifying people observing a person)[23]。

藉由產生和取得專利,高智發明大力宣傳自己為發明引擎(engine of invention)。它還聲稱自己保護小型發明者免被強大的公司竊取創意。但《美國生活》要求該公司提供它照顧小型發明者的真實例子時,它卻無法提出可信的例子[24]。

媒體報導這種極具破壞性的新商業模式,描繪了一種令人非常不安的情況:專利訴訟蔚為風潮,日益壯大的專利蟑螂大軍挑戰所有人和所有事[25]。當一個團體聲稱擁有一項播客專利時,單口相聲藝人暨播客主播馬克・馬隆(Marc Maron)公開抨擊這是「敲詐勒索」。而高智發明成了代表專利蟑螂這個不斷壯大的入侵物種的公司。

「換句話說,高智發明到處接觸相關公司,對它們說,嘿,你們想保護自己免受訴訟困擾嗎?我們擁有大量專利,」記者亞歷克斯・布隆伯格(Alex Blumberg)在報導中說[26]。「和我們做一筆交易吧。我們的專利不但涵蓋你們業務中的所有東西,而且將來沒有人敢告你們。」

破解蓋茲迷思

一名矽谷投資人認為,這種商業模式有如「黑手黨的敲詐勒索,就像有人從你大樓的前門走進來,然後說,如果這地方被燒掉就太可惜了,好在我非常了解這個社區,可以確保這種情況不會發生。然後那個人說,『給我們錢吧。』」

在一個極受歡迎的播客發表這種受矚目的調查報導之後,理性的人應該會認真考慮與高智發明合作予人的觀感。但比爾‧蓋茲就不是這樣。他除了自己投資於這家公司,還希望他的基金會與高智發明合作。結果高智發明推出「全球公益基金」(Global Good Fund)這項新事業。事實上,蓋茲基金會在《美國生活》的調查報導播出前一年,也就是2010年,就啟動了「全球公益」專案,然後在隨後幾年裡大幅擴大運作規模。該專案的網頁寫道:「全球公益由比爾‧蓋茲出資,聚焦於與納森‧米佛德的共同願景,致力發明技術來解決人類最棘手的一些問題。[27]」蓋茲基金會報稅時將全球公益稱為「受控子公司」[28]。截至2020年,蓋茲基金會的報告指它移轉超過5億美元的資產給全球公益基金,有時是「現金和智慧財產權的資本投入」。

納森‧米佛德早年受訪時表示,全球公益是一項營利事業,雖然他並不指望它能賺到錢[29]。因此,理論上,蓋茲基金會似乎控制著世界上最臭名昭著之專利蟑螂的一項營利事業。

隨著全球公益在高智發明受到更多關注,它被視為是一種公關操作,目的是令這家公司顯得人性化,或使它從備受爭議的商業行為中得到救贖。正如一名批評者在2010年代初對媒體表示,無論誰來經營全球公益,都會「很難做足夠多的好事來抵銷其雇主造成的巨大傷害。當然,除非他們選擇結束公司並改革專利制度。[30]」

Chapter 4　快速失敗

　　米佛德以他的新人道使命回應這種批評，質問批評者做了多少「上帝的工作」：「他們的瘧疾研究工作有多大規模？他們在小兒麻痺症方面投入了多少？我很好奇！」米佛德說，當臉書之類的公司在創造「有錢人的工具或玩具」時，高智發明與蓋茲基金會合作的全球公益「正在為非洲的窮人解決問題」。

　　「我希望三至五年後，我們可以指出一大堆成功的專案，它們已經真的投入應用，而我們可以說，耶，我們發明了一項新技術，」米佛德說。「更多孩子接種了疫苗。瘧疾病例減少了。研究人員掌握了他們不曾掌握的一些知識。三至五年後，我們將指出一些實在的東西，說明我們如何真的使世界變得比較美好。對那些因此得益的人來說，那些問題真的攸關生死。」

　　在起源可疑和任務不確定的情況下，全球公益這個專案十年後結束運作，而且看不到有什麼重要成就[31]。因為獲得蓋茲基金會投入5億美元，它是有史以來資金最充裕的專案之一。錢都花到哪裡去了？

　　全球公益的網頁沒有誇耀什麼了不起的成就。其中一項成果是一種名為Jet-flame、燒木材的新型煮食爐，聲稱可以減少煙霧，從而減少煙霧引起的呼吸道問題[32]。但是，Jet-flame的網站只有兩頁，而且關於該產品的公開資料很少，也沒有證據顯示它已獲廣泛採用。全球公益還聲稱已經開發出新型可攜式冷卻器，一種用於運輸公牛精液，另一種用於運輸疫苗[33]。但是，同樣沒有什麼公開資料顯示這些產品產生了重大作用。此外也有報導指全球公益與Element這家公司合作投入一個嬰兒生物辨識專案，旨在追蹤兒童的健康資料[34]。

破解蓋茲迷思

如果說這些成就與蓋茲投入的巨額資金似乎不相稱，那可能是因為全球公益顯然還有另一個目的——儲存蓋茲基金會自己的專利和智慧財產權。我們之所以知道這一點，是因為蓋茲基金會委託史丹佛大學撰寫的2016年研究報告《使市場為窮人服務》（*Making Markets Work for the Poor*）順帶提到了這件事[35]。

該報告講述Zyomyx這家小型新創企業的故事。當年該公司正在開發一種可能改變遊戲規則、便宜的愛滋病毒診斷工具，可以在沒有電力或醫療專業人員的地方使用。只需要一滴血，該診斷工具就能判斷病人是否需要抗反轉錄病毒療法，這種療法是愛滋病的救命療法。但Zyomyx的技術因為不夠成熟，無法獲得創投業者的投資。因此，史丹佛大學的報告以Zyomyx作為蓋茲基金會在市場中發揮獨特功能的一個案例：蓋茲基金會投入資金支持一些可以幫助到全球貧困人口、高風險和高報酬的創新；若不是基金會伸出援手，這些專案很可能無法找到資金支持。

蓋茲基金會向Zyomyx遞出的第一支橄欖枝，是一筆1,000萬美元的貸款。但這筆錢是有條件的。蓋茲要求Zyomyx以它的專利作為抵押。史丹佛大學的報告寫道：「最簡單的做法似乎是提供一筆傳統的贈款支持相關研究。但由於該公司岌岌可危，蓋茲基金會的團隊認為，必須了解一旦公司破產，或將精力轉移到比較商業化的產品和市場上（後者更可能發生），那項技術將會怎樣。受資助者如果違反贈款協議，可以要求他們退還贈款。蓋茲基金會希望得到更多：一種使它能取得關鍵智慧財產權權利的安排。[36]」

Chapter 4　快速失敗

蓋茲利用一種複雜的金融工具提供貸款:「如果Zyomyx找到更多投資人、被收購或藉由首次公開發行上市,基金會的可轉債將轉換為公司股權。[37]」根據這種安排,如果Zyomyx將來非常賺錢,蓋茲基金會將可以分享其盈利。史丹佛大學的報告指出,與此同時,蓋茲這筆財務交易限制了Zyomyx在貧困國家銷售其產品的潛在利潤,「有可能降低公司對未來投資人的吸引力。[38]」

這種交易損害那些公司爭取其他投資人支持的能力,可能會有人質疑蓋茲基金會為什麼要做這種交易。蓋茲基金會公開的說法是,它會小心避免做這種事。其執行長馬克·蘇茲曼2022年指出:「慈善資金如何使用和用在哪裡最好,是我們必須一直思考的一個難題,因為我們不想取代或替代政府或私人資本。[39]」但諷刺的是,我們可以看到,如果蓋茲基金會藉由妨礙其他投資人參與,使一家新創企業依賴它的資金,它就有能力控制這家公司的發展方向。「事情是這樣的:他們提供一大筆贈款,然後基金會退出……那家公司就沒有可行的商業模式了,」私營部門一名從事技術開發的業者告訴我。「如果一個組織高度依賴一個慈善基金會,任由基金會的優先事項決定自己的研究工作安排,那麼他們的這種失敗經歷,某種程度上要怪自己。這不是一種好的商業模式。」

另一名知情人士告訴我,蓋茲基金會的交易設計使那些公司要引進其他投資人變得格外複雜——那些投資人必須做更多盡責查證,例如弄清楚蓋茲要求的使用許可會有什麼影響。「其他投資人會說:『不可能,我不會給你資金!』」所以,實際上,蓋茲,你的做法是在破壞你自己的目標。這些獲得你提供

破解蓋茲迷思

慈善贈款的公司將永遠無法籌集到資金。你也不會滿足他們的資金需求，你只是給了他們一筆贈款。你在扼殺你想要救的那些人。」我訪問的曾考慮與蓋茲合作的另一名人士則說，蓋茲基金會對這些複雜情況非常敏感，不希望妨礙其他投資人參與特定專案。

結果Zyomyx還是吸引到一名外部投資人。跨國公司邁蘭（Mylan）意識到，如果Zyomyx能夠幫忙診斷出更多愛滋病人，邁蘭將能賣出更多愛滋病藥物。即使Zyomyx賠錢也沒關係，因為它將使邁蘭其他產品的收入增加。

Zyomyx與邁蘭的交易觸發了蓋茲的可轉換投資，使蓋茲基金會借給該公司的貸款變成巨額股權。蓋茲基金會突然擁有了Zyomyx 48%的股份。如此一來，這個世界上最受矚目的非營利慈善機構變成了與大藥廠合作經營一家營利事業。蓋茲資助的史丹佛大學報告使用不同的措辭：「作為Zyomyx最大的股權持有者和董事會觀察員，蓋茲基金會掌握了保護其慈善目標的工具。[40]」

在蓋茲基金會掌舵下，Zyomyx那個專案快速失敗了。邁蘭最終退出，蓋茲基金會開始清算Zyomyx的資產，並向它提供35萬美元的最後一筆貸款，使它能夠維持最低限度的運作，以便蓋茲基金會取得它的技術。「蓋茲基金會找來高智發明的全球公益部門來維持Zyomyx的專利，並尋找能夠利用Zyomyx的智慧財產權將產品推出市場的商業合作夥伴，」史丹佛大學的報告解釋。「成功的機率相當低。[41]」

Chapter 4　快速失敗

根據史丹佛大學的研究，我找到一些專利紀錄，它們顯示蓋茲基金會似乎從Zyomyx那裡取得了數十項專利（和專利申請）[42]。紀錄顯示，蓋茲基金會後來在2016年將當中部分智慧財產權轉讓給一家名為幹細胞技術（Stemcell Technologies）的加拿大公司[43]，而法律文件提到，「獲得和維持某些技術或資料的智慧財產權保護，是全球使用權的適當組成部分，是推進基金會專案和慈善目標的一種方式。」

據我所知，蓋茲從未公開宣布或討論過這次智慧財產權轉讓。蓋茲基金會唯一提到與幹細胞技術公司的合作，是2019年提供一筆300萬美元的慈善贈款，但似乎是與另一個專案有關[44]。幹細胞技術公司拒絕了我為本書提出的採訪要求，因此目前仍不清楚該公司如何處理那些專利。

蓋茲基金會和幹細胞技術公司顯然認為這些專利是有價值的，否則就不會費心去取得它們。因此，蓋茲取得和轉讓這些智慧財產權，再次引人質疑蓋茲基金會非營利慈善活動與它商業利益之間的微妙界線。蓋茲基金會與私營公司的慈善合作，為什麼會設計成使基金會能夠獲得（或奪取）有價值的智慧財產權，然後再轉讓給其他公司呢？如果這些是公司之間的財產商業交易，很可能會涉及稅務問題。但蓋茲基金會因為是非營利慈善機構，就不會有這問題。

藉由搜尋美國專利商標局的公開紀錄，我發現蓋茲基金會經由13筆不同的交易，取得數十項專利和專利申請，大部分與藥物有關。（有些專利紀錄塗黑了部分資料，限制我們可以看到的內容，但它們似乎全都沒有提到高智發明或全球公益的名字。）

破解蓋茲迷思

　　一個值得注意的例子與安可藥品公司（Anacor Pharmaceuticals）有關。2013年，蓋茲基金會取得安可2%的股份，並給予該公司一份價值1,830萬美元的合約，工作內容為開發一個新藥發現平臺[45]。兩年半後，蓋茲出售了所持股份，獲利8,670萬美元，投資報酬高達17倍。2016年，輝瑞以50億美元收購安可，而專利紀錄顯示，輝瑞隨後轉移了幾批專利給蓋茲基金會[46]。「根據2013年安可與蓋茲基金會簽訂的協議，輝瑞將部分資產的專利權轉移給蓋茲基金會，」輝瑞經由電子郵件告訴我。「由於輝瑞不再開發這些資產，蓋茲基金會有機會獲得所有權，而他們選擇這麼做。」

　　蓋茲基金會獲得專利只是蓋茲取得智慧財產權的一種機制。必須記住的是，蓋茲基金會的全球使用協議通常是使基金會能夠獲得慈善合作夥伴的產品和技術使用許可，而不是獨占合作夥伴的智慧財產權和專利[47]。同樣必須注意的是，取得技術的使用許可通常不會像獲得技術的所有權那樣留下公開書面紀錄。雖然我們知道，蓋茲基金會數以千計的慈善贈款（和全球使用協議）使它能夠取得非常大量的智慧財產權，但我們很難看到蓋茲基金會何時何處行使權利取得產品和技術的使用許可。我們因此很難全面了解蓋茲基金會與智慧財產權的關係，也很難知道誰正得益或誰可能受害。

　　2020年，高智發明結束全球公益這項事業時，隱晦地宣布將由蓋茲基金會和蓋茲創投這兩個實體瓜分其成果[48]。蓋茲創投是比爾·蓋茲的「私人辦公室」——實際上是他在基金會以外許多活動的大本營，包括一些私人投資。為什麼由慈善機構資助的全球公益部門工作成果，會被移交給比爾·蓋茲的私人

Chapter **4** 快速失敗

辦公室？除了蓋茲基金會的股份，比爾‧蓋茲個人在全球公益中是否也有財務利益？在這裡，我們又一次可以質疑比爾‧蓋茲看來將他的私人商業利益與基金會的利益混在一起。

還有誰可能從中得益[49]？一名業內人士提出了對蓋茲醫學研究所的擔憂。該研究所是蓋茲基金會的一個附屬機構，實際上就是一家製藥公司。它正在研發結核病藥物和疫苗、桿菌性痢疾疫苗、瘧疾抗體和嬰兒益生菌。它取得葛蘭素史克和默克的一些技術使用許可[50]，由曾任職於輝瑞、默克、百特、武田和諾華等公司的大藥廠之友管理[51]。蓋茲基金會已經為這項事業投入逾5億美元。

這意味著，在蓋茲基金會設法取得其他醫藥開發商智慧財產權的同時，它實際上也在經營自己的醫藥開發企業，而該企業對智慧財產權極有興趣。Zyomyx和幹細胞技術的交易顯示，蓋茲基金會正積極地從與它合作的公司那裡取得技術，然後再作分配[52]。有什麼能阻止它將這些技術交給蓋茲醫學研究所或該研究所的合作夥伴呢？

蓋茲對智慧財產權的興趣顯然也惠及高智發明——以及該公司的投資人，至少一度包括微軟和比爾‧蓋茲（個人）。全球公益那項事業創造了極有價值的公關宣傳，導正高智發明作為世界上最臭名昭著的專利蟑螂形象。它使納森‧米佛德得以宣稱高智發明在做「上帝的工作」。這對高智發明是極好的事，但納稅人從中得到了什麼？「除了高智發明網站上的內容，我們沒有任何關於全球公益的資料可以分享，」高智發明的公關部門告訴我，並拒絕了我訪問米佛德的請求。

破解蓋茲迷思

全球公益那項事業的高層次啟示，包括比爾・蓋茲對智慧財產權之類的問題固執己見，以及蓋茲的慈善活動可說是弊大於利。正如《美國生活》報導，軟體業普遍認為，我們的專利制度正在扼殺創新。公共衛生專家也早已提出類似的批評，認為智慧財產權阻礙病人取得比較便宜和易得的藥物。

全球公益專案原本希望以重視專利的方式回應那些批評，但它明顯的失敗只是突顯了專利壟斷造成的問題。

智慧財產權的影響與控制

2022年3月初，經濟學家詹姆斯・洛夫（James Love）在他位於華盛頓特區的小辦公室裡，與參議院一名工作人員通電話。他在談安可坦（Xtandi），以及《拜杜法》（Bayh-Dole Act）的介入條款。

雖然提到許多專業術語和國會流行的簡略說法，洛夫偶爾也以我能理解之方式概括他的論點。

安可坦是一種前列腺癌藥物，美國消費者每人每年服用該藥的成本為近20萬美元，是其他國家的五倍有餘。正如洛夫在電話中解釋，安可坦是一家公立大學——加州大學洛杉磯分校——利用公共資源開發出來的，但該藥現在被一家日本製藥公司控制，而該公司正在壓榨美國罹患前列腺癌的民眾[53]。

洛夫認為，既然以拜登總統為首的民主黨人大談藥價問題和對付大藥廠，他們怎麼可以不針對安可坦採取行動呢？在期中選舉即將舉行之際，這件事不是輕而易舉嗎？

Chapter 4 快速失敗

我不清楚那名參議院工作人員有多認眞在聽（洛夫花很多時間解釋問題，期間她沒有問很多問題），但通話結束時，洛夫認爲他已經爭取到對方對一封參議院聯署信的興趣。掛掉電話後，他顯然心情輕快，在辦公室裡踱起步來以消耗一些能量。

洛夫對我說，安可坦的問題不在實質內容。問題在於政治。而洛夫了解圍繞著醫藥專利的政治，還曾親眼目睹大藥廠在相關爭論中如何固執和強勢。他還看到比爾・蓋茲如何披著好心慈善家的面紗，充當大藥廠最有力的盟友、侍女、啦啦隊員和擁護者。洛夫告訴我：「授予壟斷權的智慧財產權並不適合醫學發明，因爲它會導致嚴重的不平等，而且效率低下，道德上令人反感──即使以投入的資源量衡量，這種制度也並不眞正有效。令人意想不到的是，改革前進的最大反對者甚至不是製藥公司，而是世界上最有錢的人之一。他就是以窮人朋友自居的比爾・蓋茲。」

洛夫還說：「蓋茲在若干其他問題上很可能沒什麼問題，但在智慧財產權問題上，他的意見是偏頗和無益的。這是他的一個盲點。在這問題上，他幾乎就像失去了基本數學能力，連計數都不會。他一點也不客觀。他在這問題上是非常意識形態的。」

洛夫如今經營一家名爲知識生態國際（Knowledge Ecology International）的小型非政府組織，他耐心地說明自己是意識形態的敵人，堅稱他並非反對所有專利。他以節能技術爲例，說如果有公司利用其專利保護生產價格極高的節能電器，消費者可以相對容易地選擇購買其他產品。但在醫藥方面，民眾就並非總是享有選擇的奢侈。洛夫說：「我妻子是接受化療的病

破解蓋茲迷思

人。過去十年裡,如果她不服用她在服用的那些藥,她很可能會死掉。」

洛夫的妻子能夠獲得她所需要的治療,但因為所需藥物太昂貴而死於可治療或甚至可治癒疾病的人是數以百萬計。而這很大程度上是因為那些藥物受專利保護,製藥公司因為壟斷了市場而可以收取極高的價格。

洛夫的主張與比爾・蓋茲形成有趣的對立。兩人都是智慧財產權方面至為重要的行動者——詹姆斯・洛夫是現行制度的批判者,比爾・蓋茲是支持者。他們的年紀也接近(洛夫74歲,蓋茲68歲),而且都是來自西雅圖地區。洛夫長大的住家距離比爾・蓋茲在華盛頓湖畔為自己建造的6.6萬平方呎豪宅只有4英里左右[54]。

比爾・蓋茲高中畢業後去了哈佛,洛夫則去了阿拉斯加,在罐頭工廠和商業漁場工作,之後創辦了幾家致力於公益的非政府組織。後來他自己找到進入哈佛的路,雖然沒有學士學位,但在30歲時獲哈佛一個碩士課程招為學生。然後他為著名的消費者權益倡導者拉夫・納德(Ralph Nader)工作,幫忙領導了一場質疑當時最大壟斷企業的運動[55]。這包括1997年舉行的名為「評估微軟」(Appraising Microsoft)、為期兩天的會議,集結這家軟體巨頭的主要批評者。納德邀請了蓋茲,但蓋茲拒絕參加。

在洛夫和納德檢視微軟對電腦革命之壟斷力量的同時,洛夫的工作擴展到公共衛生領域,而專利已經成為當時愛滋病危機中的一個爆發點。愛滋病同時在富國和窮國蔓延,引發一場維護病人權益的全球運動。運動引起的關注為質疑愛滋病流行

Chapter 4 快速失敗

的一個主要原因——窮人負擔不起受專利保護的高價藥物——創造了機會。

這場政治較量也造就洛夫與蓋茲基金會的首次互動。在1999年的世界衛生大會上，世界衛生組織成員國討論如何應對愛滋病危機，洛夫記得當時他看到一名製藥業代表在派發製作精美的小冊子，內容辯稱專利並不妨礙病人得到治療。這些小冊子有威廉‧蓋茲基金會（現在蓋茲基金會的前身）的標記。

在蓋茲為大藥廠服務的同時，洛夫致力與印度一家名為Cipla的製藥商談判，開始生產一種低成本的複方學名藥，使數以百萬計的愛滋病人能夠取得廉價的救命藥物[56]。藉由挑戰大藥廠專利權的一系列法律和政治鬥爭，愛滋病學名藥開始流入窮國。突然之間，窮人每天只需要花不到一美元（約為製藥業原本收費的三十分之一），就能獲得救命的愛滋病藥物[57]。

這些努力沒有徹底解決愛滋病危機，但是，蓋茲基金會獲得800億美元的慈善捐贈承諾，努力超過二十年，對人類的生活卻似乎從未做出勉強可以相提並論的貢獻。雖然比爾‧蓋茲經常大談創新、顛覆和公平，但他的基金會卻無可救藥地在一種試圖維護現行權力結構（和權力失衡狀態）的範式中工作，而這種範式堅持認為大藥廠是解決方案的一部分，而不是問題的一部分。從愛滋病到Covid-19大流行，比爾‧蓋茲始終站在歷史錯誤的一方，將他對專利壟斷的意識形態堅持置於他聲稱要拯救的窮人健康之上。

多年來，蓋茲基金會已成為阻礙專利改革非常重要的一股力量，洛夫因此曾畫出一條時間線，以一萬三千個英文單詞的文字勾勒蓋茲的影響力[58]。洛夫的時間線也追蹤了微軟與蓋

破解蓋茲迷思

茲基金會重疊之處：作為一家依賴有力之智慧財產權法規的公司，微軟與大藥廠和蓋茲基金會有大量的共同商業利益。例如，洛夫的時間線提到默克公司執行長2001年加入微軟董事會，蓋茲基金會2008年聘請微軟高層傑夫‧萊克斯（Jeff Raikes）出任執行長，以及微軟和蓋茲基金會同時出現在世界衛生組織與智慧財產權有關的高級別政府間會議上[59]。

洛夫認為，如果要在醫藥業廢除專利壟斷，就必須以其他東西取代之——也就是說，業者投入巨額研發成本，必須可以得到獎勵，尤其是因為研發工作未必能產生成功的新產品。洛夫相信製藥公司在市場中有其關鍵作用，只是業界需要一種不同的激勵機制。

洛夫提出一些替代專利的方案，他說這些方案將能創造一個更有競爭和創業精神的市場，將能迫使製藥業致力開發新藥，而不是行銷其專利藥。方案之一是以獎金而不是專利權獎勵藥物開發者。如果一家公司能帶給市場一種真正創新的藥物，將可獲得豐厚的獎金——例如可能多達數十億美元。由於這些新藥不受壟斷性專利保護，學名藥生產商將競相推出這些藥物，並儘可能壓低價格。這意味著藥物成本將降低——國民健康照護系統的成本也可以降低。以美國為例，我們每年花超過5,000億美元在藥物上[60]。

洛夫支持的另一提議是締結國際條約，規定各國每年投入一定的資金在醫藥研發上。這項財政義務可以藉由國家購買專利藥品來履行，因為製藥業確實會將收入的一小部分用在研發上。但各國可以藉由其他機制獲得更大的效益，例如政府撥款支持醫藥研發——撥款將全額計入條約義務的履行中。

Chapter 4　快速失敗

　　一如洛夫支持的多數改革，研擬中的條約被視為對製藥業專利至上模式的重大挑戰和威脅。洛夫告訴我：「蓋茲盡其所能阻止相關討論。」大藥廠也是這樣。2010年，蓋茲資助的幾個團體與製藥巨頭諾華合作，提出針對上述條約的反建議，籌集資金支持非營利的醫藥研發合作計畫（大部分是蓋茲資助的）[61]。國際間迄今尚未締結醫藥研發條約，但公共衛生專家和行動者仍在繼續為此努力[62]。

　　坐在洛夫的國會山莊辦公室裡，我們一直談到傍晚。洛夫不時從他的座位站起來，用他的克里格（Keurig）咖啡機再沖一杯低咖啡因咖啡，然後繼續講比爾．蓋茲造成惡劣影響的故事——他從未見過蓋茲，但他的工作卻長期受這個人困擾。

　　冬日的天色漸漸暗了下來，洛夫給我看他自己那家小型非營利組織歷年來得到的資金支持如何波動。他告訴我，他的政治組織工作越有成效，他的資助者似乎就越害怕。俗話說，革命是不會得到資金支持的。

　　洛夫認為，這某種程度上又是受蓋茲影響。蓋茲基金會不僅在全球衛生等領域享有巨大的話語權，本身還是慈善事業的領導者，因此很難找到願意質疑其指令的人。洛夫在我訪問他的第二天發送一條訊息給我，說了更多話：「關於全球衛生領域的捐贈資金排擠問題，你可以視全球衛生為一個吸引億萬富翁的領域，而我們很不幸被比爾．蓋茲纏住了，他的微觀管理以及對有力的智慧財產權和大藥廠的迷戀，一直是個大問題。」

　　這種想法渴望出現一個比較好的億萬富翁，一個對智慧財產權沒那麼執迷或固執，以及與大藥廠沒那麼多共同利益的億萬富翁。這個人必須願意破壞現行體制，重組現代經濟的一個

破解蓋茲迷思

重要支柱:規管我們所用藥物的智慧財產權制度。

但洛夫在訪問中還說了另一些話,這些話重構他的批評,指出慈善事業在推動公共衛生方面的局限:「你看這些專案,窮人在當中沒有切身利益,並不承擔責任,並不參與決定工作安排,沒有發言權,也不參與對話——我真不知道長遠而言,這是否有幫助。如果它不是你的體制,是別人的東西,是某個外國人的東西,人們對它就會有不同的態度。」

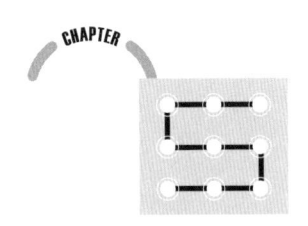

透明度

蓋茲基金會的透明形象

　　蓋茲基金會位於西雅圖的總部使用大量玻璃和鋼材,是一座閃閃發光、造價高昂、令人印象深刻的建築。它實際上由兩座回力鏢形狀的大樓構成,提供64萬平方呎的空間,並獲得LEED能源效率白金級認證。這兩座耗資5億美元的建築位於西雅圖市中心,與當地最著名的地標太空針塔隔街相望,其設計使用大量玻璃,據稱是為了反映或傳遞蓋茲基金會的價值觀[1]。

　　梅琳達・法蘭琪・蓋茲2011年在基金會總部開幕時說:「我們非常希望人們來到這裡時,會覺得蓋茲基金會是透明的。我們的想法是有個地方可以讓人們了解我們的工作。[2]」

　　這是蓋茲基金會向訪客傳達的訊息。一名受訪者告訴我,她第一次參觀蓋茲基金會的新總部時,工作人員在參觀過程中花了很大力氣提醒她注意到建築的開放性[3]。這名受訪者說:「當時我覺得這很能說明問題,尤其是因為你身處的地方絕對不是透明的。我覺得這種諷刺相當驚人。它幾乎就是一個行銷口號。」

破解蓋茲迷思

　　事實上，它並非只是一個口號。它是蓋茲基金會品牌的重要組成部分。梅琳達・法蘭琪・蓋茲在2018年的一封公開信中寫道：「我們擁有這麼多財富，而世界上有數十億人非常窮，這是不公平的。我們的財富為我們打開了對多數人緊閉的大門，這是不公平的。世界各地的領袖通常會接聽我們的電話，認真考慮我們要說的話。資金緊張的學區很可能會將資金和人才轉到他們認為我們會資助的構想上。但我們這個基金會的目標是完全沒有祕密的。我們決心公開我們資助的工作及其結果。[4]」

　　這是一種奇怪的辯詞，它似乎認為蓋茲基金會聲稱的公開透明可以使它極不公平的權力行使變得合理。而且它是基於蓋茲基金會公開透明這個完全錯誤的假設。一名拒絕受訪的蓋茲基金會前員工對我說：「你肯定知道：員工受聘和離職時都會簽協議。和你談話很可能會違反這些員工所簽的協議。」另一名前員工說：「你好，蒂姆，我受法律限制，不能公開談論基金會的事。」

　　另一名前員工告訴我：「很難知道他們會執行這些法律限制到什麼程度，但協議中的措辭顯然會使人有所顧忌，不大敢公開說一些可能會被視為批評基金會的話……如果你這麼做了，你知道基金會將全力對付你。」

　　覺得不能暢所欲言的並非只有員工和前員工。「如果沒有得到基金會的明確同意，我就無法自在地談論我與基金會的合作，」一個獲得贈款的人告訴我。「這是我們之間所有贈款協議的一部分。[5]」

保密協議與資訊封鎖

　　保密協議和禁止負面評論（nondisparagement）協議似乎是比爾和梅琳達·蓋茲個人生活和職業生涯中非常制度化的一部分[6]。在負責管理蓋茲基金會資產和比爾·蓋茲個人財富的Cascade Investment，離職員工領取資遣費時，被要求簽署保密協議是標準程序[7]。據《西雅圖時報》報導，比爾與梅琳達1994年結婚時，受僱的婚禮助手必須簽保密協議。該媒體還訪問了梅琳達的一個朋友，微軟的一名前副總裁，而這個人說梅琳達本人可能也受某種保密規定約束：「這是她與比爾協議的一部分。她必須保守某些祕密。[8]」

　　蓋茲基金會的離職員工並非人人都簽了保密協議。但即使沒簽，現職和已離職的員工也大有理由避免批評基金會。一名前員工向我解釋：「這家基金會什麼都插手。他們什麼都資助。他們給所有人贈款。他們給所有人合約。如果你是在公共部門工作的人，你接觸的幾乎所有東西都與基金會有關。而且，很多很多人離開基金會之後，去了與基金會有關的組織。因此，我認為他們會擔心自己未來的就業機會，擔心批評基金會將使他們在某些方面受影響。」

　　蓋茲基金會重視保密的機構文化，當然會導致任何人想要調查和了解它，除了它巨大的公關機器提供的資料，很難找到其他資料來源。亞當·費耶斯科夫（Adam Fejerskov）剛開始為他的學術著作《The Gates Foundation's Rise to Power》（書名暫譯：蓋茲基金會的權力崛起）做研究時，直接聯絡了蓋茲基金會，希望能安排訪問。費耶斯科夫想知道蓋茲基金會如何開始投入性別公平方面的工作，以及後來如何發展出那麼大的資

破解蓋茲迷思

助規模。他告訴我：「這個計畫開始時，我基本上就是做了最自然的事——我心想：『我可以經由公共或官方管道來做這件事嗎？』對我來說，作為一名學者，我希望我做的事得到相關機構的支持合作。」但蓋茲基金會拒絕他的請求，費耶斯科夫因此不得不設法繞過基金會的高牆。

查爾斯·皮勒（Charles Piller）也是這樣，他在2007年為《洛杉磯時報》寫了關於蓋茲基金會的系列調查報導。「他們基本上不願意和我往來。他們不願意回答問題，除了最基本的答覆，幾乎完全拒絕回應我報導的東西，」皮勒告訴我。「這是大公司和政府機構非常非常典型的做法：他們希望無論媒體報導提出了什麼有爭議的問題，都只會在有效的時間裡受關注，然後他們就可以一切照常運作。」

比爾和梅琳達·蓋茲接受訪問的次數非常多，但如果你仔細觀察，會發現他們幾乎總是去那些他們知道不會有人嚴厲質疑他們的論壇或媒體受訪。有時候，負責採訪的就是他們基金會資助的媒體。結果是比爾和梅琳達·蓋茲可以擺出開放和樂於與外界接觸的姿態（「你看他們經常接受訪問」），但事實恰恰相反。

2021年，蓋茲基金會兩名前高層發表了一篇評論文章，呼籲蓋茲基金會改革以提高透明度，指它（和其他基金會）「應被要求提交與上市公司年報類似的詳細年度報告。這些報告除了說明組織如何花錢，還應說明它為什麼選擇這樣花錢，結果如何（無論好壞），以及預見哪些風險。隨著時間的推移，這種透明和全面的報告或許有助為基金會效能建立一種類似市場的公共問責機制。[9]」

這個建議並不特別激進,但它確實顯示,一些前員工願意公開提出有關蓋茲基金會的問題。一直以來,蓋茲的權力不是絕對的,但它是非常非常巨大的。

蓋茲基金會的資金流向迷霧

長期以來,蓋茲基金會一直提供一個線上資料庫,公眾可以利用它的關鍵詞搜尋功能,搜尋基金會歷年來提供的數以萬計的慈善贈款。這無疑予人一種公開透明的印象,因為這個機構看來容許你追蹤它的資金流向。但是,任何人真的嘗試使用該資料庫,很快就會發現這種公開透明的印象是多麼虛幻。

如果想了解蓋茲對某個專案或組織的捐贈,你必須一頁接一頁地瀏覽搜尋結果,而這些結果以極其含糊的措辭描述贈款的用途,例如「為窮人開發以儲蓄為主金融服務的可持續模式」、「支持專案和評估工作」,以及「幫助我們了解疫苗覆蓋率和公平性的驅動因素和決定因素」[10]。這三筆資助分別給了CARE、Code.org和埃默里大學,而這些私人機構和蓋茲基金會都沒有義務揭露資金運用的細節。這些機構也不受索取公開資料或《資訊自由法》的相關規定約束。

我發現,蓋茲基金會的贈款資料庫也有嚴重的資料不全問題。我在做調查報導的過程中,有時剛好發現某個組織在其網站上聲稱曾接受蓋茲基金會的資助,然後我發現基金會的贈款資料庫裡沒有相關資料。也有相反的情況:蓋茲基金會的紀錄顯示它曾提供贈款給某個組織,例如新聞媒體《高等教育內幕》(*Inside Higher Ed*),然後你發現該媒體發表了一篇關於蓋茲的新聞報導,但沒有告訴讀者它接受蓋茲基金會的資助[11]。分析

破解蓋茲迷思

與行為變化中心（CABC）曾在其網站上揭露它與蓋茲基金會的關係，但隨後又刪去相關內容。基金會的資料庫中找不到這個團體獲得贈款的資料。當我詢問CABC與蓋茲有何關係時，它說：「有關蓋茲基金會資助的專案，最好由基金會來答覆媒體的詢問。」但蓋茲基金會拒絕我為本書發出的所有採訪請求和詢問。

CABC標榜自己從事一種熱心公益的詹姆士・龐德（James Bond）行動——悄悄介入政治話語，採取有力的「反制措施」來改變議論的方向[12]。「藉由分析每一段社群媒體對話，我們可以辨識對話雙方的人，找出反對者和支持者，」該中心解釋。「支持者是我們的盟友、我們的公民行動者——那些價值觀和我們一致，而且已經在對話中發言的人。我們的對話促進者發展、培養我們的公民行動者，並策劃他們的表現。他們提供內容、背景資料和人脈，協助他們在社群媒體上放大聲量和更有效地傳達訊息。與此密切相關的是開發與策略一致的內容，以放大我們的訊息。」但這些「公民行動者」到底是誰？他們在公共論述中暗中插入了哪些訊息？如果這不是旨在操縱輿論的一種祕密宣傳活動，為什麼要弄得如此神祕兮兮[13]？

我曾嘗試弄清楚蓋茲基金會財務紀錄中為何出現那麼多不一致之處，為此撞牆了幾個月之後，意識到贈款只是其慈善支出的一部分。根據聯邦法規，私人基金會必須公開揭露其慈善贈款的具體情況，而蓋茲基金會的紀錄顯示，其贈款總額約為800億美元。基金會的線上資料庫揭露的正是這些贈款，但每一筆只有一行字的含糊說明。而我發現，還有另外一大筆錢——60億美元的慈善合約和「專業酬金」，而蓋茲基金會極力防範公眾知道這些支出的具體情況。

根據蓋茲基金會在美國的年度報稅資料,它聲稱這些錢用於「受資助者技術援助」、「溝通」、「外包服務」和「策略執行」等方面[14]。但這並沒有告訴我們這些錢去了哪裡。2013年,蓋茲基金會在年度報稅資料中聲稱共發出674份合約,總價值393,412,140美元[15]。這約為基金會當年總支出的10%[16]。蓋茲基金會按照美國國稅局的要求,公開揭露了最大的五份合約的受委託者:麥肯錫、波士頓諮詢公司、Slalom Consulting、Avanade和麥肯錫奈及利亞——總價值約為6,500萬美元[17]。這意味著有一個3.25億美元的支出黑洞——我們不知道蓋茲基金會用這些錢請了什麼人來推動其工作。多年來,蓋茲基金會共發出超過9,000份合約,總值約60億美元,其中近50億美元給了未公開的受委託者。這些錢去了哪裡?

新聞媒體《高等教育紀事報》(*Chronicle of Higher Education*)在其網站上公開揭露它經由合約而非慈善贈款獲得蓋茲基金會的資金[18]。正如我在本書後面將談到,我還偶然發現一些其他新聞媒體聲稱獲得蓋茲的資金,但蓋茲基金會的贈款紀錄並無相關資料——照理說,這意味著那些媒體是經由合約拿到那些錢的。我們查不到也無法知道的是,有多少不同的新聞媒體以這種方式拿到了蓋茲的錢。蓋茲基金會是否有可能以我們無法看到的方式,花費數十億美元去收買它對新聞的影響力,藉此提升其政治議程和推動它偏好的公共政策?這是否正是那麼多新聞媒體的相關報導非常有利於蓋茲的原因?這個問題只有蓋茲基金會和美國國稅局能夠回答。我曾直截了當地要求蓋茲基金會提供一份清單,列出它授予新聞媒體的所有合約。它拒絕了。

破解蓋茲迷思

　　蓋茲未公開的數十億美元合約和「專業酬金」還能流向哪裡？哪裡都可以——可能流向政治倡議團體、私營公司、政府機構、私人顧問、紀錄片製作人和其他團體，以完全不透明的方式推進蓋茲基金會的政治議程。我們很難合理地解釋：我們為什麼容許一個非營利慈善機構向納稅大眾隱瞞其工作的基本細節，即使其工作獲得納稅人豐厚的補貼？既然這個基金會每花一元就有五毛錢是大眾出的，我們不是應該至少知道蓋茲怎麼花這些錢嗎？為什麼我們規管、審視和爭論其他形式的政治支出，卻坐視私人慈善機構利用不必揭露的支出影響政治？

　　蓋茲基金會積極保密的文化似乎已經滲透到與它合作的組織，包括它作為第二大金主的世界衛生組織。美國媒體 Vox 2019 年的一項調查就揭露了蓋茲基金會以不甚透明的手段，將來自麥肯錫的顧問推進世衛組織。相關報導寫道：「雖然世衛組織是一個公共機構，但這些顧問合約的細節以及蓋茲參與的情況，在世衛組織的預算或財務報表上是看不到的……世衛組織網站上揭露的資料並不完整。世衛組織有一個入口網站，提供該組織處理的合約資料，但不包括由蓋茲等捐助者直接付費的合約。該網站上的資料也不包括受聘的顧問具體負責什麼工作。[19]」

　　世衛組織是聯合國的一部分，而上述操作違反了世衛組織理應遵循的基本民主原則。但是，資料不公開卻對蓋茲基金會大有好處，因為這使我們較難追蹤蓋茲的資金流向或其影響力。如果我們不知道蓋茲基金會在做什麼，我們就無法追究它的責任。

追蹤資金流向的另一困難涉及「次級贈款」之運用。蓋茲基金會公開揭露其贈款的直接接受者，但這些接受者會將資金分配給其他團體。舉個例子，波因特學院（Poynter Institute）告訴我，它從蓋茲基金會獲得的幾乎所有資金（「用於提高世界各地媒體關於全球衛生和發展的報導準確性」），實際上都轉給了其他團體。此外，蓋茲也捐出數十億美元給其他基金會，例如休利特基金會（Hewlett Foundation）、聯合國基金會以及柯林頓基金會（Clinton Foundation），而這些組織會將資金分配給其他團體[20]。這意味著蓋茲贈款紀錄列出的贈款接受者並不涵蓋所有實際收到錢的人，而且那些接受者有時甚至不是主要的受資助者。蓋茲基金會已經作出超過三萬筆慈善贈款，因此與蓋茲有財務關係的個人和機構的數目，可能比我們從基金會紀錄中所看到的多一個數量級。

幾年前，我問到次級贈款的情況時，蓋茲基金會一名發言人說：「我們與許多組織合作，這些組織會資助其他組織。我們不會公布我們的次級贈款，但歡迎你直接聯絡受贈組織以了解更多情況。[21]」在我投入調查報導的早期，在蓋茲基金會停止回應我的所有詢問之前，這就是我從該組織得到的典型空洞內容回應。蓋茲基金會知道，任何調查人員都不可能親自打電話或發電子郵件詢問成千上萬的受資助者。而且這種努力也很可能不會有結果。例如，我在為撰寫本書做調查期間接觸的許多受蓋茲資助之團體都拒絕回應我的問題，而這並不令人意外。

蓋茲資金流向不明也意味著我們很難知道誰真正獨立，以及誰直接受蓋茲基金會控制或影響。或許會有本書讀者質疑，敝人在下是否也從蓋茲基金會那裡獲得了未公開的次級贈款、

破解蓋茲迷思

合約或「專業酬金」。我可以告訴大家，我沒有（真的沒有），但我無法證明這一點，而各位也無法證明。同樣令人不安的是，如果蓋茲基金會真的公開帳本，大家也只會看到另一個迷宮。蓋茲創造了無數的「受控實體」、獨立組織和金融工具，包括贈款、合約、貸款、捐贈投資、專案相關投資，以及購買保證之類。此外，比爾·蓋茲和梅琳達·法蘭琪·蓋茲還坐擁一個由各種組織組成的龐大帝國，它可說是一隻多頭蛇妖。以下只是當中一些組織的名字：比爾與梅琳達蓋茲基金會、比爾與梅琳達蓋茲基金會信託基金、比爾與梅琳達蓋茲醫學研究所、蓋茲農業一號（Gates Ag One）、bgC3、蓋茲創投、樞紐創投（Pivotal Ventures）、突破能源（Breakthrough Energy）、蓋茲政策倡議（Gates Policy Initiative）、全球衛生典範（Exemplars in Global Health）、捐贈誓言、全球大挑戰（Global Grand Challenges）、全球公益基金。蓋茲家族藉由他們的私人財富和基金會捐贈基金，有大量工具可用來推進他們的議程。蓋茲基金會和蓋茲帝國的規模和複雜性，是透明度不足的主要原因。

只要美國國會願意，它可以考慮要求私人基金會像政府機構那樣接受索取資料的要求，迫使它們向提出要求的任何人提供內部文件。又或者，為什麼不至少要求蓋茲基金會公開它發出的每一筆贈款和每一份合約？也就是說，與其容許該基金會公布含糊不清、往往沒有意義的慈善贈款一行字說明，我們為什麼不堅持要求基金會公開它與每一個受贈方和承包商簽訂的實際法律協議呢？對蓋茲基金會這種規模的機構來說，這並不是一項艱巨的任務。我們為什麼不要求它公開這些資料呢？它有正當的保密理由嗎？

Chapter 5　透明度

2018年,美聯社罕見地針對蓋茲基金會如何將金錢轉化為政治權力發表了批判性的調查報導[22]。「蓋茲精心策劃的影響力網絡往往是看不見的,但他的基金會可以利用它推動對話,以支持它關於如何重塑美國陷入困境的學校體系的願景,」Sally Ho的報導寫道。「這些贈款顯示,這個微軟創始人在推進他的教育改革議程時,可以極有策略眼光和沉浸力,悄無聲息地對學校的運作方式施加全國性影響力。」

美聯社的報導講述蓋茲基金會4,400萬美元的捐款如何「為符合蓋茲利益的研究買單,促成友好的媒體報導,幫助設計一個州的新教育系統框架,以影響圍繞著《每個學生都成功法》(Every Student Succeeds Act)的政治辯論。」調查發現,在這項工作中,接受蓋茲政治資金最多的是新事業基金(New Venture Fund),但美聯社沒有進一步探究這個組織做些什麼。

新事業基金自稱是「財政贊助者」,旨在「充當慈善專案的行政管理者,使那些專案不必費心費錢去建立自己的獨立非營利組織。[23]」我們實際上可將該基金視為富有捐贈者的中間人。蓋茲基金會可以選擇不直接捐錢給某個組織,而是將錢交給新事業基金,由後者去資助其他組織和管理相關工作——這種安排有時會導致我們無法追蹤資金流向。

非營利組織「公開祕密」(OpenSecrets)針對新事業基金和它的一個非營利姐妹組織提出了關於匿名政治獻金的質疑,指它們「至少資助80個自己的團體,以幾乎不留下任何書面線索的方式為這些實體提供資金。[24]」《紐約時報》將新事業基金描述為一個「不透明網絡」的一部分,而該網絡試圖以不透明的方式推進自由主義政治事業[25]。

破解蓋茲迷思

公開祕密和《紐約時報》都沒有提到蓋茲基金會，雖然它是新事業基金的主要金主。蓋茲基金會捐了4.9億美元給新事業基金，使後者成為它最大的受贈者之一。但是，這些錢如何使用往往並不清楚，有時甚至似乎不可能知道。例如，蓋茲捐5,000萬美元給新事業基金，「藉由提供針對性的資助支持全球開發政策、傳播和倡導工作，以推動全球開發社群的工作。」這些錢真的可以用在數百或甚至數千個不同的地方，包括新聞媒體、智庫、世衛組織，或私營公司。結果蓋茲這筆捐款實際上是進了一個黑洞，而這可能正是蓋茲想要的。

新事業基金沒有回應我多次提出的媒體詢問。

蓋茲基金會提供給新事業基金的一些贈款因為描述得夠具體，我們可以大概知道其用途。例如，美聯社查到一些贈款清楚說明是用於「《每個學生都成功法》之實施」，但即使是這種贈款，我們還是不知道新事業基金把錢給了誰，或資金具體怎麼運用。簡而言之，我們知道蓋茲出於政治目的提供贈款給新事業基金（在上例中是為了推動特定的教育政策），但我們無法知道那些錢實際上怎麼用。

蓋茲給予新事業基金的另一筆5,000萬美元的贈款確實揭露了它的去向——一個名為Co-Impact的組織，而該組織提供慈善贈款給其他團體。蓋茲基金會的現任和前任執行長在2022年中皆是Co-Impact的董事會成員，當時占五席董事的兩席[26]。該組織由奧莉維亞・利蘭（Olivia Leland）管理（和創立），她曾在蓋茲基金會工作[27]。該組織的工作似乎與蓋茲基金會沒有差別：例如，Co-Impact截至2022年的最大一筆慈善贈款，是給了與蓋茲密切合作的麻省理工學院貧困行動實驗室（J-PAL），金額為2,400萬美元，旨在「調整非洲的國家教育系統」[28]。這些專案使Co-Impact看起來像蓋茲基金會的一個分支，雖然它誇耀自己還有其他慈善金主，例如麥肯琪‧史考特（MacKenzie Scott）。Co-Impact沒有回應我提出的媒體詢問[29]。

代理人與影響力網絡

某種程度上，我們很難知道蓋茲基金會與它的一些受資助者或代理機構之間的界線——甚至兩者之間是否真有分隔也有疑問。層出不窮的掩人耳目設計製造出一種無休止的「俄羅斯娃娃效應」，使蓋茲基金會似乎可以經由新事業基金之類的不透明「結算所」，資助、創立和指揮看似獨立的新組織，同時儘可能使公眾難以察覺它的操作[30]。蓋茲基金會因此可以建立一個盟友網絡，製造其議程獲得各方有力支持的表象，創造一個由蓋茲資助的組織構成的回音室，從而建立政治權力。

在美國，規管大型基金會的聯邦法規很少，其一是基金會每年必須至少捐出其資產的5%。如果蓋茲基金會捐錢給它掌握決策權的組織，我們可以視之為基金會捐錢給自己。而事實上，這種情況似乎頗常見——蓋茲捐錢給一些組織，同時在這些組織的管理委員會占有席位，因此可以左右那些贈款的使用方式。這些組織包括全球對抗愛滋病、肺結核和瘧疾基金會（收了蓋茲30億美元的捐款）、Gavi（60億美元）、瘧疾藥物事業（Medicines for Malaria Venture；7.27億美元）、非洲綠色革命聯盟（6.79億美元），以及流行病預防創新聯盟（CEPI：2.71億美元）[31]。

破解蓋茲迷思

　　蓋茲基金會內部的「董事會服務政策」還列舉了蓋茲「創建」或「大量」資助特定組織，然後支持員工加入這些組織的董事會，參與其管理的其他例子，包括非洲綠色革命聯盟、全球營養改善聯盟（GAIN）、創新診斷基金會（FIND）、Thrive by Five、3ie、紐華克特許學校基金（Newark Charter School Fund）、Aeras、全球對抗愛滋病、肺結核和瘧疾基金會、Gavi、iOWH，以及蓋茲劍橋信託（Gates Cambridge Trust）[32]。隨著由蓋茲基金會創立、資助和管理的組織將其研究和論點推進公共、科學和政治論述中，蓋茲基金會以不透明的方式擴大了它的影響力。

　　讀寫能力設計合作（Literacy Design Collaborative; LDC）起初是蓋茲基金會的一個內部專案，是它在美國的學校推行新「共同核心」教育標準之工作的一部分（本書後面將具體審視蓋茲基金會這項備受爭議的工作）。蓋茲隨後將這項工作分割出來，成立了獨立的非營利組織LDC，經由直接捐款以及支持學區和非營利組織與LDC合作，為該組織投入超過3,000萬美元[33]。雖然蓋茲在LDC發揮了非常重要的作用，但該組織的網站僅在創始人查德・維格諾拉（Chad Vignola）的簡歷中順帶提到它源自蓋茲基金會。在一次簡短的訪問中，維格諾拉淡化了蓋茲對LDC的影響，聲稱蓋茲基金會只是LDC的眾多金主之一。但他也提到了一個「軟性原因」，或許可以解釋LDC為什麼最初可能決定盡量淡化它與蓋茲基金會的密切關係。他說：「至少在當時，教育界並非人人都喜歡蓋茲基金會。」維格諾拉堅稱LDC完全獨立於蓋茲基金會。

Chapter 5　透明度

　　蓋茲基金會控制代理人的權力引起擔憂並不是新鮮事。早在2009年，醫學期刊《刺胳針》就強調了蓋茲與適宜衛生技術組織（PATH）的密切財務關係。這家總部設在西雅圖的非政府組織因為獲得蓋茲基金會30億美元的慈善贈款，在很短的時間裡大有成長。《刺胳針》的報導提出以下質疑：「某些組織是否應該被視為蓋茲基金會的代理人，而不是獨立的受資助者？」PATH沒有回應我提出的媒體詢問[34]。

　　蓋茲利用代理人，真正驚人之處是在這些組織中工作的人可能自己都沒有意識到他們身處其中的上層建築。2022年，全球衛生顧問卡特里・伯特倫（Katri Bertram）發表了一篇第一人稱的文章，描述這種現象：「在某個時候，我意識到一件事，起初我覺得是巧合，後來覺得很有趣，然後覺得有點不舒服，再後來變成了不安。無論我在哪裡工作，無論是非政府組織、顧問公司還是國際組織，**我的報酬都是一個全球衛生捐助者支付的**⋯⋯二十年後的今天，**我已經厭倦了偽裝獨立自主**。我已經厭倦了自稱獨立顧問，或聲稱自己為一個獨立的非政府組織或機構工作，因為我現在知道那都不是真的，而且越來越不認為那是全球衛生該走的方向。[35]」（強調部分為原文所有）

　　伯特倫告訴我，她發表那篇文章之後，一些讀者回饋指她在「傳播陰謀論」。

Covid-19期間的權力擴張

　　2020年底，美國媒體Politico推出名為《全球脈搏》（*Global Pulse*）的新時事通訊，第一期針對Covid-19大流行應對中被嚴重低估的事刊出難能可貴的清晰報導：蓋茲基金會似乎主導了

破解蓋茲迷思

疫情應對方式。Politico的報導寫道:「美國或許不再領導全球衛生事業,但正在做這件事的是一個美國人。比爾・蓋茲是眼下處於疫情應對最前線之全球衛生基礎設施的設計者。[36]」

根據此一揭露,我們應該不難基於公民常識提出一些顯而易見的問題。為什麼當時世界第三富有的人、一個沒有受過醫學訓練的軟體大亨,會成為許多個世代以來最迫切的公共衛生危機應對方式的「設計者」?

但Politico的報導另闢蹊徑寫道:「在這場大流行病中,蓋茲基金會無處不在,這助長了反疫苗者放大的陰謀論,包括蓋茲製造出這場大流行病以便推廣疫苗接種,藉此變得更富有,以及他希望全世界人人都被植入微晶片。[37]」

然後Politico找蓋茲基金會自己來解釋這種瘋狂的傳聞如何產生。蓋茲基金會執行長馬克・蘇茲曼解釋道:「陰謀論盛行是因為人們認為有不為人知的事正在發生。因此,我們所做的關鍵事情之一,就是告訴大家我們沒有祕密,有問題可以問我們,然後我們就會解釋我們正在做什麼和我們是怎麼做的。」

Covid-19大流行期間,這種受害者敘事的多個版本被講了數百或甚至數千次,因為新聞記者不惜筆墨講述蓋茲基金會如何雖有極大的善意和良好的行為,仍不幸受不理性的批評誹謗和錯誤資訊攻擊[38]。蓋茲基金會非常重視這些報導,並以此為契機宣揚它對保持公開透明的決心。比爾・蓋茲不停受訪回答記者關於陰謀論的問題,有一次譴責那些陰謀論「邪惡」和「瘋狂」。蓋茲基金會還動用數百萬美元的慈善贈款打擊「錯誤資訊」和「虛假資訊」[39]。結果是鞏固了蓋茲致力擁護真理、理性和公開透明的聲譽。

最賣力為蓋茲基金會辯護的包括現今新聞媒體中常見的「事實查核」部門。PolitiFact和《美國今日報》（分別由波因特學院和甘尼特公司經營，兩者都曾接受蓋茲基金會的資助）都動員他們的事實查核人員，為蓋茲駁斥各種「虛假陰謀論」和「錯誤資訊」，尤其是關於蓋茲基金會在開發Covid-19疫苗和療法的公司中有金融投資的指稱。但事實上，蓋茲基金會的年度報稅資料清楚顯示，它投資了數億美元在這些公司。也就是說，蓋茲基金會在針對如何應對這場大流行病行使重大決策權的同時，藉由它的股票和債券投資，包括對輝瑞和吉立亞（Gilead）等製藥公司的投資，勢將從這場大流行病中獲得經濟利益[40]。

我們可以討論這種行為是否合適，也應該這麼做——但要展開討論，我們必須對基本事實有共識。當記者和事實查核者使這一點變得不可能時，當他們的「事實」將我們引向虛構時，這就意味著這些自詡為真理探索者的人已經成為他們聲稱要質疑之錯誤資訊病態的一部分。這也突顯了比爾・蓋茲在大流行病期間教主般的領袖地位——他的追隨者熱情地保護他，使他得以免受審視。在Covid-19危機期間，團體盲思和從眾心態盛行，以致任何對蓋茲基金會的批評都容易在新聞媒體和社群媒體被貼上「陰謀論」的標籤。

我與作家帕里斯・馬克思（Paris Marx）在他的播客節目《科技救不了我們》（Tech Won't Save Us）中討論這個現象後，他貼出這場對談的連結，結果推特以散播「Covid錯誤資訊」為理由暫停了他的帳號[41]。隨著事實查核人員和社群媒體把關者幾乎全都致力維護和支持比爾・蓋茲，蓋茲基金會成了錯誤資訊的受益者，而不是受害者。

破解蓋茲迷思

誠然，Covid-19大流行期間，一些離譜的陰謀論將矛頭指向蓋茲基金會，例如說比爾‧蓋茲製造出那種冠狀病毒，但這種說法之所以吸引很多人，原因之一是蓋茲基金會非常不透明和非常不民主——此外也因為新聞媒體和社群媒體的把關者沒有開放一個平臺來質疑蓋茲的不義權力，反而選擇了為他鼓掌和辯護。

這不正常，而人們也知道這不正常。新聞媒體失職導致公眾懷疑許多東西，並且創造出一個市場，使騙子和煽動者得以提出各種荒謬的說法和另類「事實」。然後主流新聞媒體對這些愚蠢的說法大加撻伐。這種事重複多次之後，就出現了兩群截然不同的被誤導者：一群人在談論關於比爾‧蓋茲的各種荒誕故事，例如他在推動為世人植入微晶片的計畫；另一群人則在談論同樣牽強、同樣危險的蓋茲神話，例如他在這場大流行病中如何高尚、無私地發揮了領導作用。

圍繞著比爾‧蓋茲的陰謀論也告訴我們，他是一個造成嚴重分化的人。因此，他在廣泛的議題上自詡為代言人或專家，是非常令人擔心的。我們必須注意的一個簡單事實是：針對他關注的多數議題，比爾‧蓋茲沒有接受過相關訓練或教育，並不具備專業知識。而且，他或他的基金會幾乎總是在他支持的公共政策中有經濟利益。蓋茲提供的建議若付諸實行，他或他的私人基金會往往可以獲得經濟利益。僅此一點就使他幾乎不適合針對任何議題傳播訊息。

如果你是關注疫苗猶豫問題的本書讀者，難道你不擔心比爾‧蓋茲無休止地扮演專家實際上可能助長這種猶豫？在遇到大流行病這種公共危機時，是否應該由一個經由他的基金會與疫苗公司有廣泛財務關係的軟體極客（software geek）在電視黃金時段提出公共衛生建議？

我們不能將疫苗猶豫問題全部歸咎於比爾·蓋茲，但他對此情況沒有幫助。當蓋茲基金會積極利用它的巨額財富，往往以不透明的方式收買對新聞媒體、科學話語和政治辯論的影響力時，它就是在叫大眾去揣測它的真正野心和這個巨型基金會做事如此隱祕的原因，以及反省我們為什麼會容許這樣一種有害的私人權力模式在一個民主國家扎根。

究其本質，蓋茲基金會無法公開透明是因為這會暴露它掌握的巨大權力和正在操縱的大量槓桿。但是，這個比爾·蓋茲問題的真正解決方法，並不是蓋茲基金會提高透明度，而是這個基金會降低聲量，並拆除它所建立之無需問責的權力結構。簡而言之，如果比爾·蓋茲想結束圍繞著他的工作的陰謀論，他應該停止說話。

遊說

蓋茲的華府遊說日程

我在為本書做調查期間,一名消息人士寄給我一份文件,是他多年前在離開華盛頓特區的一列美國國鐵列車上發現的。根據文件上的標注,這是比爾·蓋茲2015年3月26日的個人行程表。我聯絡到行程表提到的一些人,他們全都不願證實或否認該行程表的真實性,但行程表列出的會議與關於蓋茲當天華府活動的新聞報導相符。這份行程表使我們得以了解蓋茲一天的生活:他的行程安排得一絲不苟,列出精確的汽車接送時間,並且詳細說明了誰將在會議間隙陪他乘車。

3月26日的第一件事,是克里斯·科爾(Chris Cole)早上8點打電話叫醒蓋茲——這個名字與負責管理蓋茲工作安排的公司Watermark Estate Management Services領英資料上的一個人名相符[1]。上午8點45分,蓋茲的「保全先遣人員」將他從四季飯店(蓋茲擁有該豪華連鎖飯店集團部分股權)送到國會山,在那裡與參議員林賽·葛拉漢(Lindsey Graham)會面,隨後在參議院的國務院、外交行動與相關項目撥款小組委員會的聽證會上作證[2]。

蓋茲在其證詞中談到，動用納稅人的錢支持他根除小兒麻痺症的努力和他領導的Gavi等計畫非常重要[3]。他還表示，美國可以因為擴大對外援助支出而得利。「未來十五年，窮國人民的生活改善幅度將超過所有其他國家，而這種改善將對美國人民產生非常有利的影響，」蓋茲對國會委員會說。「曾經是主要受援國的幾個國家已經成為美國的盟友和夥伴，以及美國農民和製造商的出口市場：奈及利亞是美國的第三大小麥市場；安哥拉是美國的第四大雞肉市場；迦納是美國的十大大米市場之一。」蓋茲經常聲稱他的基金會致力幫助非洲國家實現糧食自足，他的上述說法因此顯得奇怪。在國會山這裡，蓋茲明白國會議員的想法，提出了非洲作為美國經濟帝國專屬市場的願景：國會投資於蓋茲在公共衛生方面的慈善事業，有助促進美國經濟成長。

演員班・艾佛列克（Ben Affleck）也出席聽證會並提出證詞，他的開場白引起了一陣笑聲：「謝謝你們安排我在世界歷史上最偉大、最重要的慈善家之後作證。」艾佛列克在證詞中附和蓋茲的觀點：「這不是傳統意義上的慈善或援助。這是一門好生意。配合適當的培訓和策略投資，農業將成為剛果經濟的一股推動力。」艾佛列克出席聽證會並非只是為了帶給它明星效應，也是為了宣傳他的事業——他創辦了一家名為「東剛果倡議」（Eastern Congo Initiative）的「社會企業」，該企業與Nespresso和星巴克等公司合作[4]。

聽證會結束後，蓋茲這一天的重要活動才剛開始。他的行程表顯示，他與葛拉漢參議員和一些「新任參議員」私人會晤，然後與多位參議員一對一會面，包括大衛・帕度（David Perdue）、派蒂‧莫瑞（Patty Murray）、派特‧雷希（Patrick Leahy）、羅伊‧布朗特（Roy Blunt）和蘭德‧保羅（Rand Paul）[5]。

在國會山忙了一天之後，蓋茲來到蓋茲基金會的華盛頓特區辦公室，在15分鐘的「休息時間和媒體簡報」之後，接受Vox記者伊斯拉‧克萊恩（Ezra Klein）45分鐘的訪問，而克萊恩後來發表了一篇奉承蓋茲的長篇報導[6]。

蓋茲隨後在四季飯店與羅恩‧克蘭（Ron Klain）共進晚餐──他用「貝爾」（Bell）這個假姓訂位[7]。克蘭曾是兩位副總統（高爾和拜登）的幕僚長，後來成為拜登總統的幕僚長。

當晚9點，蓋茲前往機場，離開華府。這是這個非常重要的人相當忙碌的一天。

比爾‧蓋茲的政治影響力

對蓋茲來說，這趟華府之行並不特別。多年來，他似乎可以不受限制地接觸華府幾乎每一名精英權力掮客。「我在12月和川普見了一次，而影響我們的許多職位，例如國務卿、國防部長、白宮管理與預算局局長，在人選獲確認之前，我們不會與獲任命者會面，但在接下來一兩個月裡，會面機會將開始出現，」蓋茲2017年某次受訪時隨口提到[8]。「所以我們將與所有這些關鍵人物往來，我個人也會。我們對每一屆政府都是這麼做的。」

2022年，蓋茲則是對媒體談到他為了推動聯邦氣候立法而開展的歷時多年的廣泛活動[9]。他說：「能源委員會幾乎每一個人都來了，他們和我一起吃幾個小時的晚餐。」蓋茲對氣候立法的興趣,可以從拯救地球以外的角度來看——他已經投資了20億美元的個人財富在氣候和能源技術上,而這些投資可以受惠於聯邦政府的相關支出計畫[10]。

有關蓋茲在華府之政治影響力的主流報導通常傾向描述而非質疑他的權力,並假定他可以在國會山通行無阻是因為他的慈善家身分。但蓋茲的政治影響力實際上來自一種老式手段:花錢收買。

比爾・蓋茲和梅琳達・法蘭琪・蓋茲已經將顯著超過1,000萬美元的個人財富投入到競選捐款和政治角逐中,包括支持範圍廣泛的許多參選人,例如邁克・彭斯(Mike Pence)、歐巴馬、凱蒂・波特(Katie Porter)、馬可・盧比歐(Marco Rubio)、科里・布克(Cory Booker)、林賽・葛拉漢、安德魯・科莫(Andrew Cuomo)、米奇・麥康奈(Mitch McConnell)、羅布・波特曼(Rob Portman),以及南希・裴洛西(Nancy Pelosi)[11]。

蓋茲的財務影響力還體現在它對政治相關組織的慈善捐贈上,包括蓋茲基金會對總部設在華府的組織已捐出的近100億美元——總共約3,000筆慈善贈款,包括捐給源源不斷的倡導者,他們幫忙將蓋茲的議程交給國會和其他政治潮流引領者。如果我們將地域範圍稍稍擴大至構成華盛頓都會區的環城公路郊區,則蓋茲的捐贈額達到120億美元。這個金額是蓋茲基金會對整個非洲捐贈額的兩倍有餘,我們因此清楚看到這個基金會真正的工作重心所在。

破解蓋茲迷思

遊說與公私合夥計畫

華府之所以如此受蓋茲基金會重視，是因為這個基金會的慈善帝國非常依賴由國會控制的稅款作為資金來源。蓋茲最大的慈善專案採用公私夥伴關係的形式：在這種合作中，私人慈善機構、私營公司和政府集合資金（理論上還有領導力），共同致力於疫苗分發和農業發展之類的問題。例如，蓋茲捐了30億美元給全球對抗愛滋病、肺結核和瘧疾基金會，這是蓋茲基金會投入最多資金的計畫之一[12]。但是，各國政府已為該計畫投入超過600億美元。另一例子是Gavi：蓋茲基金會捐了約60億美元，而政府捐助者已承諾投入350億美元[13]。

對民選領袖施壓以確保資金源源流入，是蓋茲基金會工作的關鍵一部分，其本質是依靠納稅人補貼蓋茲掌握巨大影響力的組織。蓋茲基金會的年度報告曾在帳目中列出一項「政府捐助者關係」（donor government relations），一年可能多達4,000萬美元，但在2021年停止報告這項支出[14]。

「富裕國家的對外援助預算每年約為1,300億美元。因此，幫助最貧困人口的大部分資金，是政府的對外援助，」比爾·蓋茲在2013年的一場演講中指出。「我們基金會每年40億美元的資金，雖然在上游——瘧疾疫苗、愛滋病疫苗、痢疾疫苗——可說是非常多，但在下游交付方面，我們必須與這些國家的政府合作。而因為他們的預算十分緊張，我們必須積極遊說富裕國家，提出理由說明為什麼他們應該提供這些資金。[15]」

在那場演講中，蓋茲誇耀他已經幫忙為小兒麻痺症籌集55億美元，其中一半以上來自各國政府，而他聲稱這筆資金將在2018年之前根除小兒麻痺症。但他未能達成這個目標，而正如我們將在本書後面指出,許多專家認為蓋茲領導的根除小兒麻痺症計畫是任性和錯誤的,甚至是一個出於虛榮的計畫;那些專家認為,那筆錢如果用在其他公共衛生專案上,得到幫助的人會更多。

這涉及民主的一個核心問題。民選政府的一項基本職能,是決定如何使用納稅人的錢,經由民主決策確定預算的優先事項。這是有錢的利益集團可以上下其手之處:他們可以利用遊說、競選捐款和慈善活動等手段,使政府優先照顧他們的利益。這種利用金錢收買政治影響力的操作使最富有的私人行為者獲得最大的聲量,顯然是不民主的,甚至是反民主的。而這正是比爾·蓋茲特別擅長的遊戲。

「蓋茲週一搭飛機到華盛頓特區,週二上午與前總統比爾·柯林頓一起出現在一個公開論壇上,然後閉門在參議院共和黨人的午餐會上發言,」美國政治新聞媒體Politico 2013年報導[16]。

> 這一天中,蓋茲多次與參議院和眾議院撥款委員會的資深成員面對面交流,這對蓋茲的衛生和農業議程非常重要。週三搭飛機離開華府之前,蓋茲還安排了與代表佛羅里達州的參議員馬可·盧比歐會面,這個共和黨年輕新星的支持可能發揮關鍵作用。
>
> 參議員羅布·波特曼(共和黨人;俄亥俄州)這麼評論蓋茲:「他是個人物。他不是那種會進來對你拍桌子的典型企業執行長。」

破解蓋茲迷思

對陷入自身功能失調困境的國會議員來說，蓋茲這個務實、非傳統的哈佛輟學生最吸引人的正是這一面。

「我希望我們這裡有更多像他這樣的人。他是非常結果導向的，」參議員丹・柯茨（共和黨人；印第安納州）說。

「他正試圖使那些停滯不前的計畫順利完成，」參議員林賽・葛拉漢（共和黨人；南卡州）說。「他是個真的注重細節的人。他既有遠見，又掌握細節，這是個非常好的組合。而且聽他講話很有趣，因為他能使複雜的問題變得容易理解。」

當Politico要求蓋茲針對國會正在辯論的一個糧食援助計畫發表看法時，蓋茲迴避了問題。「我們不是遊說組織，」他說，然後笑了。「但如果你聽了我們的技術建議，你會對此類活動產生非常正面的感覺。」

蓋茲之所以迴避問題，是因為慈善機構一般不得從事政治遊說。不過，正如他所暗示，這並不意味著蓋茲基金會不能將它的意見傳達給有力人士。Politico沒有報導的一件事，是蓋茲基金會捐了2.48億美元給一運動（ONE Campaign），而一運動的姐妹組織Data Action（後來更名為One Action）花了數千萬美元在遊說上，包括針對Politico詢問蓋茲的《糧食援助改革法》[17]。蓋茲基金會的一名員工甚至曾擔任Data Action/One Action的董事會成員[18]。即使蓋茲基金會不能總是直接遊說國會，但它可以靠它的代理人大軍使國會議員知道該怎麼投票。

蓋茲基金會在這種政治競爭中的另一名盟友是拉吉夫・沙赫（Rajiv Shah），他曾是蓋茲基金會的高階主管，後來成為美國國際開發署署長，也是蓋茲力推的政府糧食援助計畫的代言人[19]。蓋茲基金會與國會山之間有個一直在轉的旋轉門，不時有基金會高層變成華府官員或說客（尤其是在民主黨執政期間），而沙赫正是其一[20]。

說到蓋茲的財務影響力，地球上只有日內瓦這個地方堪與華府相比，它是蓋茲基金會龐大帝國的另一個權力中心。蓋茲在全球衛生方面最重要的一些公私合夥事業是以瑞士為根據地，包括Gavi；全球對抗愛滋病、肺結核和瘧疾基金會；瘧疾藥物事業（MMV）；全球營養改善聯盟（GAIN）；創新診斷基金會（FIND）；以及被忽視疾病藥物研發計畫（DNDi）——而世界衛生組織的總部也設在日內瓦。這些組織已經從蓋茲基金會獲得近130億美元，日內瓦因此成為接收蓋茲慈善捐贈最多的地方，略多於華盛頓特區。

上述瑞士組織也有一些在華府設有辦事處[21]。總部設在日內瓦的Gavi在華府的辦事處設在賓夕法尼亞大道，它花費數百萬美元遊說美國國會，包括針對那些直接影響Gavi預算的立法。例如，Gavi曾針對《2022年綜合撥款法》進行遊說，該法內容包括提供一筆39億美元的資金，用於公共衛生方面的對外援助專案。該法特別提到Gavi符合獲得這些資金的資格。

蓋茲在慈善方面合作最密切的許多夥伴，包括MMV、非洲綠色革命聯盟、國際愛滋病疫苗行動組織（IAVI）、GAIN、結核病聯盟（TB Alliance）和Aeras，也都遊說美國國會，為此花費數百萬美元，希望聯邦政府動用數十億美元的稅款支持他們的工作[22]。結果是蓋茲的旗艦慈善專案獲得政府大量補貼。

蓋茲的政治活動並非僅限於美國。2022年，Politico和德國媒體《世界報》（*Die Welt*）檢視了蓋茲基金會以及它在應對

破解蓋茲迷思

Covid-19大流行方面最密切合作的夥伴Gavi和流行病預防創新聯盟（CEPI）如何向美國和歐洲政府施壓，要求它們投入數十億美元支持他們的疫情應對工作。施壓行動包括比爾·蓋茲和梅琳達·法蘭琪·蓋茲2021年與德國總理梅克爾的一次私人通話。Politico的報導指出：「在德國，蓋茲基金會2021年花了570萬歐元（約合573萬美元）遊說各機構和官員，目的包括說服德國增加對全球疫苗工作的支持。在這方面，蓋茲基金會仰賴28名已註冊、可在德國議會從事遊說工作的員工，以及從顧問公司博然思維集團（Brunswick Group）聘請的專家。[23]」不過，Politico並未嘗試解釋蓋茲基金會從事政治遊說的證據與該基金會官方立場之間的矛盾：「該基金會發言人表示，美國法律禁止私人基金會從事政治遊說。」

這是聯邦法規似乎陷入灰色地帶之處。蓋茲基金會的內部指引聲稱它有權在美國「影響法規、行政行為或非立法政策」以及「司法判決」，而且有權「與立法者和政府官員討論與共同資助專案有關的立法提案或立法行動。[24]」由於蓋茲基金會的大部分工作是經由與政府共同出資的專案（也就是公私合夥事業）進行的，根據這種內部指引，蓋茲基金會似乎可以針對它的大部分工作，自由地從事遊說活動，而且顯然在美國國內和國外都可以。

我們無法核實的是，蓋茲基金會花了多少錢向政府施壓。我們也無法統計這種非常積極的籌款努力結果，無法知道世界各國的納稅人總共花了多少錢補貼蓋茲的慈善專案。這些問題很難全面回答，因為在美國，我們並不像規管遊說或競選捐款那樣，將慈善事業當作政治活動來規管。這意味著我們並不要求慈善機構公開揭露其政治支出[25]。而且我們通常假裝蓋茲基金會與政府官員沒完沒了的會面並不是意圖收買掌握權勢者，使他們支持基金會的專案。

根據蓋茲基金會公布的簡短贈款說明，它的許多慈善贈款指明用於「教育」、「告知」和「吸引」（engage）政策制定者。例如，蓋茲捐了超過500萬美元給凱爾豪斯集團（Kyle House Group），包括一筆旨在「針對美國對外援助專案對全球衛生和發展的作用教育政策制定者」的贈款。凱爾豪斯集團是一家註冊的遊說公司，但如果它用蓋茲的錢來「教育」和「吸引」政策制定者，而不是推動具體的法案，那就不算是遊說。當然，蓋茲的捐款沒有明確指定用於遊說[26]。

許多組織也從事同一類型的政治倡議──不是針對研擬中的具體法案進行遊說，而是敦促民選領袖支持特定綱領。蓋茲基金會之所以與眾不同，是因為我們通常沒有意識到它是一個政治行為者，也不明白它的影響力有多大──它促成以十億美元計的援助支出，然後使自己成為管理這些資金使用方式的組織。納稅人的巨額資金流入蓋茲龐大的代理人網絡，但誰來評估和調查這些公帑的使用方式是否明智、負責任和有效？

對蓋茲工作非常重要的這種巨額對外援助，有個著名的批評者是丹碧莎‧莫尤（Dambisa Moyo）。她是出生於尚比亞、在哈佛受教育的經濟學家，2009年出版《Dead Aid》（書名暫譯：致命援助）這本書。她認為，那種自我感覺良好、由名人呼籲增加援助和慈善投入的做法傷害了非洲，因為它導致非洲依賴外國捐助者。「根本而言，我不認為非洲需要更多援助。我認為非洲需要外界減少援助它。」莫尤2009年某次受訪時談到：

非洲各國需要政府對國內公民負責,而不是對捐助者負責。非洲人在炎炎烈日下排隊選出他們的領袖,這些領袖肩負提供社會服務和對人民負責的責任。這裡顯然出現一種真空,使名人文化得以滲透進來,但在我看來,沒有一個社會希望自己的重要政策和孩子們的未來依賴那些實際上並不生活在當地環境中的名人[27]。

我認為,整個援助模式源自對非洲的憐憫,源自一種認為非洲做不到、非洲無法實現成長的意識。

莫尤至少在某些方面認同比爾・蓋茲親資本主義、親企業的世界觀(她曾擔任巴克萊、3M、雪佛龍和康泰納仕等公司的董事),但她一度成為比爾・蓋茲的眼中釘[28]。雖然她那本書沒有特別質疑蓋茲基金會,甚至沒有提到它,但蓋茲對她的論點極其反感。在2013年的一次公開活動中,蓋茲在回答觀眾關於莫尤著作的問題時難以保持沉著,而他的回應顯然不是事先準備好的。

「那本書實際上損害了富裕國家的慷慨。你知道嗎,人們因為這本書而原諒許多削減援助的決定,」蓋茲顯然激動地說。「避免孩子死掉並不是製造依賴,避免孩子病到不能上學,營養不足到大腦發育不良,這不是依賴。坐視不理是邪惡的,而這樣的書,它們是在宣揚邪惡![29]」

國會差旅與利益交換

2016年,一群美國國會工作人員參加了一個為期一週的塞內加爾行程,每人6,000美元的費用由蓋茲基金會全數買單[30]。他們抵達當地後,蓋茲基金會的一名工作人員是他們的第一批聯絡人之一，當天晚上設宴款待他們——在此之前，他們遊覽了名列聯合國教科文組織世界遺產的戈雷島。行程說明提醒這些國會工作人員，遊覽戈雷島是特別有意義的安排：「歐巴馬總統2013年來過這裡；在他之前，教宗若望保祿二世和曼德拉等知名人士也來過。[31]」

在接下來的幾天裡，這些國會工作人員遊覽塞內加爾的鄉村，參觀了一家碾米廠和一個沼氣能源設施，此外也與美國和塞內加爾的政府官員會面。行程安排顯示，他們在飯店用餐，並與和平工作團（Peace Corps）志工交際至深夜。

該行程由戰略與國際研究中心這個智庫組織，目的是幫助國會了解美國政府名為「保障未來糧食供給」（Feed the Future）的援助計畫如何重要——了解「該計畫的原則如何應用，其專案與美國的其他開發投資有何關係，以及合作夥伴和受益人怎麼看這些專案的作用。」這些國會工作人員被明確告知，這個援助計畫正發揮作用：「塞內加爾的情況為保障未來糧食供給計畫在世界各地希望取得的成果，提供了一個縮影。」

這些國會工作人員可能沒有意識到的是，他們這個行程的出資者因為財務利益考量，非常希望保障未來糧食供給計畫持續下去，該計畫當時正與蓋茲在農業方面最重要的組織——非洲綠色革命聯盟——開展一項價值4,700萬美元的合作[32]。美國聯邦政府的撥款與合約資料庫顯示，在蓋茲資助的那個行程結束一年後，聯邦政府又向非洲綠色革命聯盟提供了6,000萬美元[33]。

這筆錢並非直接源自蓋茲資助的那次旅行，但藉由為國會工作人員提供一次免費旅行，吸引他們的注意力一整個星期，蓋茲基金會還是能夠精心傳達一種有助推進其政治目標的敘

破解蓋茲迷思

事。雖然蓋茲介入非洲農業的做法被學術研究人員廣泛批評為無效，也被非洲農民廣泛批評為新殖民主義（我們將在本書後面詳細討論），但這些批評觀點在美國國會無法像蓋茲的敘事那樣獲得同樣的注意和支持。這是因為沒有超級富豪資助國會議員或工作人員旅行來傳達批評者的敘事。蓋茲基金會資助國會議員出訪的能力是多數組織無法相比的，它甚至可能是國會議員訪問行程最大的私人資助者之一。搜尋公開揭露的資料可以看到，蓋茲基金會贊助了以下活動：

- 2016年，亞利桑那州眾議員克莉絲汀·席納瑪（Kyrsten Sinema；現為參議員）前往盧安達和剛果民主共和國，以了解「孕產婦、新生兒和兒童健康問題」，費用1.4萬美元；席納瑪與同行者下榻盧安達首都吉佳利的塞雷娜飯店（Serena Hotel），該飯店自詡提供「五星級舒適」體驗[34]；

- 2016年，明尼蘇達州眾議員艾瑞克·鮑森（Erik Paulsen）和他女兒前往肯亞，每人費用1.4萬美元，目的是「直接了解美國的投資如何改善全球衛生狀況」；馬里蘭州眾議員安迪·哈里斯（Andy Harris）和他女兒也參加了這個行程，但報稱每人費用僅為7,500美元[35]；

- 2014年，伊利諾州眾議員邁克·奎格利（Mike Quigley）和他妻子前往柬埔寨，以了解兒童和孕產婦健康問題，費用2.5萬美元[36]；

- 2010年，伊利諾州眾議員亞倫·肖克（Aaron Schock）和他父親坐商務艙前往衣索比亞，以了解母嬰健康問題，費用1.8萬美元[37]；

- 2015年，加州眾議員約翰・加勒曼帝（John Garamendi）和他妻子坐商務艙前往坦尚尼亞，以「討論安全、恐怖主義和國際關係問題」，費用1.7萬美元。行程表顯示，期間梅琳達・法蘭琪・蓋茲主持了一個關於「將婦女和女童置於發展中心」的圓桌會議[38]；

- 2019年，共和黨眾議員安・華格納（Ann Wagner）、蘇珊・布魯克斯（Susan Brooks）、卡蘿・米勒（Carol Miller）及其配偶前往瓜地馬拉，每人費用9,000美元，行程包括租用直升機「以儘可能縮短各地點之間的交通時間，儘可能增加在當地的工作時間」[39]；

- 2012年，加州眾議員芭芭拉・李（Barbara Lee）和她媳婦前往烏干達，每人費用1.4萬美元，「以了解美國在改善烏干達家庭健康狀況、拯救婦女和女童生命方面的投資的積極影響和範圍。[40]」

這種例子不勝枚舉，而且全都是合法的[41]。

這可能使你感到驚訝（我無疑感到驚訝），但我們的法律容許有錢的利益集團贊助國會議員及其工作人員的教育旅行。這顯然是金錢介入政治的一種情況，而令人不安的是，金錢流向有時很難追蹤。

2008年，華盛頓特區智庫戰略與國際研究中心（CSIS）宣布，它從蓋茲基金會那裡獲得該智庫「歷來最大的一筆基金會贈款」，用於啟動一個名為「全球衛生政策中心」（Center for Global Health Policy）的新專案[42]。數年後，這個新專案招待四名國會工作人員乘坐商務艙，前往南非進行為期一週的愛滋病學習旅程[43]。行程資料顯示，蓋茲基金會的高級專案主任湯

破解蓋茲迷思

姆·華許（Tom Walsh）也參與該行程。蓋茲基金會另一員工大衛·艾倫（David Allen）醫師則在南非加入行程。

雖然CSIS的全球衛生政策中心安排上述行程時，蓋茲正在資助該中心，雖然此次旅行的主題和目標符合蓋茲基金會的議程，雖然蓋茲的代表也明確參與了活動，但眾議院倫理委員會公開的員工出差揭露表中，並沒有揭露蓋茲基金會是活動的出資者或贊助者。在整個2013和2014年，CSIS的全球衛生政策中心贊助國會工作人員前往尚比亞、衣索比亞和緬甸，而這些行程看來符合蓋茲基金會的議程並有基金會工作人員參加。但是，CSIS提交的國會資訊揭露表卻沒有將蓋茲列為贊助人[44]。

在三個月的時間裡，我多次詢問CSIS為什麼沒有在申報資料中提到蓋茲基金會，最後得到一個沒有實質內容的答覆。CSIS的傳播長安德魯·史瓦茲（Andrew Schwartz）說：「CSIS是公開透明的機構。我們的網站以及我們開展的每一項專案和資助工作都列出了資助者的名字。逐項活動揭露我們的經費來源是違反我們的政策的。」

非政府組織公共公民（Public Citizen）的政府事務說客克雷格·霍爾曼（Craig Holman）質疑這種做法可能鑽了漏洞。他指出，根據目前的國會倫理委員會資訊揭露要求，只有在蓋茲基金會清楚指明慈善贈款用於國會人員旅行並參與規劃行程的情況下，才需要將蓋茲列為贊助者。「國會的規則假定，一個非營利基金會如果沒有參與規劃行程，它就不是出於收買影響力的目的資助旅行，因此無需揭露，」霍爾曼指出。「但在很多情況下，這個假設顯然可能是錯誤的，而這就成了旅行規則中的一個漏洞。任何實體指定資金用於贊助國會人員旅行，無論是否參與規劃行程,都應該受資訊揭露規則約束,以便公眾判斷是否存在不正當的影響力交易。」

這種不可靠的資訊揭露指向美國政治的另一個核心問題:匿名政治獻金。有錢的利益集團不但聲量最大,其財務影響力還往往不為公眾所知。如果蓋茲基金會動用資金為國會議員及其家人和工作人員支付昂貴的旅行費用,藉此推進該基金會的議程,我們不是應該清楚掌握所有細節,包括蓋茲基金會在這方面總共花了多少錢、哪些人用蓋茲的錢去旅行、行程內容,以及這些行程如何推進蓋茲基金會的政治議程嗎?

有些讀者可能會問:蓋茲基金會致力使國會關注愛滋病這種議題,會有什麼不好呢?這種質疑沒有正確掌握這當中的財務和政治利害關係。蓋茲基金會對公共衛生的優先事項有一些非常具體、非常狹隘,而且往往非常錯誤的想法。公共衛生事業涉及許多重要的判斷和取捨,例如:我們應該偏重預防還是治療?我們應該將有限的資源用來建設診所,還是嘗試研發新疫苗?我們應該追求使大藥廠賺大錢的援助計畫,還是使大藥廠受到挑戰的援助計畫?我們如何決定?藉由資助國會人員的旅行和其他活動,蓋茲基金會可以左右數十億美元的援助支出,而這些支出影響大型製藥公司的盈利和數百萬乃至數十億窮人的生活。但是,納稅的大眾很難了解蓋茲控制的政治機器。

根據 LegiStorm 這個國會差旅資料庫,截至 2022 年中,蓋茲基金會是國會差旅的第 40 大資助者,共出資 467,269.54 美元,資助了 97 次旅行(大部分為共和黨人的行程)。但蓋茲對國會差旅的實際資助金額幾乎肯定是這個數字的很多倍。例如,蓋茲基金會聲稱捐出 1,100 萬美元給世界援助和救援合作

破解蓋茲迷思

組織（CARE）的「學習之旅」（Learning Tours）計畫，而該計畫自稱其工作是「為政策制定者、政府領導人和變革者安排短期、密集的行程，讓他們與那些生活因為美國投資而改變的人見面。[45]」CARE聲稱已經為超過150名國會議員及其工作人員，以及數十名記者和政府行政人員安排了行程[46]。CARE的網站指出：「CARE知道，領袖們近距離親眼目睹美國對外投資的最佳效果時，他們會受到鼓舞、激勵和挑戰，回到美國後將致力實現變革。」

另一個利用蓋茲基金會的資金組織旅行（和執行許多其他專案）的機構是亞斯本研究院（Aspen Institute）。它是設在華盛頓特區的一個智庫，接受蓋茲超過1億美元的資助，包括2007年一筆66.4萬美元的慈善贈款，用於「為一群委員會資深工作人員提供有關教育政策問題的資訊，並提供機會在中立的場合思考和討論問題，以及建立合作的工作關係。」在這筆贈款的使用過程中，亞斯本為眾議院和參議院的工作人員安排了一次旅行，其描述與蓋茲的贈款說明非常相似：「提供一個中立的場合，幫助教育政策制定者致力改善學生成績。[47]」

那次旅行的行程似乎主要是快速討論各種教育政策，包括蓋茲基金會非常重視的教師評估和基於績效的薪資設計。會議的第一個環節由蓋茲資助之組織教育資源策略（Education Resource Strategies）的工作人員主持。雖然亞斯本之行的措辭、時間和目標看來與蓋茲的資助和雄心相符，但資訊揭露表又一次沒有將蓋茲基金會列為贊助者[48]。它們只列出了亞斯本。亞斯本沒有回應資訊揭露表為什麼沒有將蓋茲基金會列為贊助者的詢問。參議院和眾議院的倫理委員會也沒有回應關於資訊揭露表內容不一致的詢問。眾議院倫理委員會工作主任湯姆‧拉斯特（Tom Rust）說：「無可奉告。」

加強監督和收緊揭露規則，想必有助提高透明度，使我們可以比較清楚看到蓋茲基金會如何以財力介入政治。這將有助我們了解蓋茲基金會花了多少錢（以百萬美元計，甚至可能是以千萬美元計）資助國會人員旅行。但提高透明度本身並不能解決問題。我們應該思考的是：容許蓋茲──或國會差旅的另一主要資助者微軟──這種私人行為者資助國會差旅，對民主制度的運作有何影響？我們不應該只是討論如何提高透明度，而是還應該討論這問題：無論在什麼情況下，國會為什麼要接受私人行為者為議員或工作人員的差旅買單？

我們還必須明白，蓋茲收買影響力遠非只是為了那些行程明言的目的。蓋茲基金會並非只是為其慈善議程花錢買名聲或爭取納稅人的支持，而是還為基金會本身或甚至蓋茲家族花錢買政治掩護。如果國會議員帶同親友，用蓋茲基金會的錢前往外國，行程看似度假，我們真的還能指望他們引進新法規去監督蓋茲基金會嗎？我們還能指望他們對蓋茲家族課徵新的財富稅嗎？

富豪慈善的政治影響

雖然美國國會已經嘗試限制慈善機構的政治活動，但蓋茲基金會有許多辦法規避這些禁令，其中最有力的就是利用蓋茲家族的私人財富。也就是說，蓋茲基金會遇到無法自由地花錢介入政治的情況時，例如在競選捐款或支持公民表決提案等方面受到限制時，比爾‧蓋茲和梅琳達‧法蘭琪‧蓋茲可以藉由

破解蓋茲迷思

個人政治捐款支持相關工作。由於他們在資訊揭露表中使用不同的名字（「Bill Gates」，以及「William H. Gates III」）和列出不同的關聯（「蓋茲基金會」、「蓋茲創投」、「微軟」、「主婦」之類），要算出此類政治支出的確切總額是很困難的，但我們還是可以搜尋到數百筆捐款，總金額超過1,000萬美元[49]。

比爾‧蓋茲歷來最大的一筆政治捐款，是2012年捐200萬美元給「支持1240華盛頓州公立特許學校聯盟」的公民表決提案[50]。推動特許學校是蓋茲基金會的一項重要議程，但慈善機構不能直接資助公民表決提案[51]。比爾‧蓋茲因此以普通公民的身分捐款支持，利用他的巨額財富對抗大眾的意願。華盛頓州選民先前曾在1996年、2000年和2004年的公民表決提案對特許學校說不[52]。2012年，在蓋茲的政治捐款幫助下，支持特許學校的公民表決提案以50.69%的些微優勢通過[53]。但鬥爭並未因此結束。2015年，華盛頓州的法院作出了反對特許學校的裁決[54]。美聯社的報導指出，蓋茲基金會資助的華盛頓州特許學校協會隨後「籌集近500萬美元，以維持六間特許學校的運作，並敦促立法者通過一項新法律。」

蓋茲和其他教育改革者，例如擁有數十億美元的沃爾頓家族基金會（由沃爾瑪背後的家族出資），對特許學校非常熱心，因為它們代表一種新自由主義創新——私人管理的公款補助學校。正如比爾‧蓋茲在《歐普拉秀》（*The Oprah Winfrey Show*）中解釋：「它們可以不按正常規則運作，無論是工會規則還是學區規則。[55]」雖然特許學校吸引了有心人投入大量精力和資金，但數十年來的研究顯示，它們的表現並沒有優於傳統公立學校[56]。特許學校在城市貧困地區大量出現，也導致它們被抨擊助長隔離[57]。

蓋茲夫婦能夠以私人身分利用自己的個人財富介入政治，藉此促進其私人基金會的利益，這突顯了富豪慈善事業的政治力量實際上很難規管。即使我們可以說服國會嚴格限制蓋茲基金會的政治開支，有什麼可以阻止比爾·蓋茲和梅琳達·蓋茲以私人身分利用個人財富介入相關政治活動呢？答案是沒有辦法。同樣地，如果蓋茲基金會不能合法地針對某個議題進行遊說，有什麼可以阻止比爾·蓋茲捐款給可以進行遊說的非營利組織去做這件事呢？答案是沒有辦法。

2011年，蓋茲基金會提供了一筆慈善捐款給企業界支持的右翼組織美國議會交流理事會（American Legislative Exchange Council; ALEC），該組織因為致力將它的立法草案帶入議會而臭名昭著[58]。蓋茲基金會捐款給ALEC的目的，是「教育其成員並吸引他們支持高效的州預算方法以提升學生的成績，同時教育他們如何以有益的方式，根據成績和成就來招聘、留住、評估和獎勵有效的教師。」在這筆捐款引起公眾批評後，蓋茲基金會宣布不再捐錢給ALEC[59]。但這並不意味著比爾·蓋茲不能利用他的私人財富繼續支持ALEC，而這是我們無法輕易查證的[60]。

在蓋茲的慈善活動中，最令人驚訝的財力介入政治舉措，可能是蓋茲基金會向政府機構作出超過13億美元的慈善捐款。在美國，蓋茲基金會在這方面的捐贈對象包括疾病控制和預防中心（CDC）、國家衛生院（NIH）、美國農業部、美國國際開發署、食品藥物管理局（FDA），以及州、郡政府和學區。數以百計的贈款無法一一詳述，在此僅舉一例：蓋茲捐了300萬美元給美國國際開發署，「以提供一個競爭性贈款基金，用於

破解蓋茲迷思

推廣一系列已證實有效的資訊和通訊技術,以支持小農採用已證實有效和適當的農業技術」——這看來像是推廣基因改造生物的暗語,那是蓋茲基金會非常重視的一件事。

蓋茲也捐錢給外國政府機構,例如捐了450萬美元給塞內加爾首都達卡,「以成功進入資本市場,為直接嘉惠城市貧民的長期投資提供資金」;150萬美元給中國疾病預防控制中心,「以評估小兒麻痺症口服疫苗的安全性」;320萬美元給英格蘭公共衛生署(PHE),「以利用經改良的生物測定和分析方法來改善發病率測量」;此外還捐了數千萬美元給中國、布吉納法索、賴比瑞亞、馬利、拉脫維亞、衣索比亞、哥倫比亞、盧安達、尚比亞、幾內亞、喀麥隆、尼日、烏干達、塞內加爾、立陶宛、保加利亞、肯亞、越南、尼泊爾、查德、獅子山和斯里蘭卡的政府部門。根據我們看到的資料,蓋茲這些政府捐款最大的一部分(7億美元),是給了與美國政府機構密切相關的兩個私人基金會—— CDC基金會和NIH基金會。它們籌集私營部門的資金來支持CDC和NIH,並促進公私夥伴關係。經由這種私人基金會輸送資金給政府,使得捐贈的某些方面可以不受索取公開資料的規則約束,而NIH和CDC在回應我為本書根據《資訊自由法》提出的要求時並不特別合作。

雖然比爾‧蓋茲和梅琳達‧法蘭琪‧蓋茲是強大的政治行為者,但我們並不經常意識到這個事實,而這可能是因為他們不遺餘力地掩飾他們的政治影響力——《紐約時報》的大衛‧馬切斯(David Marchese)2019年對梅琳達‧法蘭琪‧蓋茲的一次訪問就彰顯了這一點:

大衛‧馬切斯：講回慈善事業，有人認為蓋茲基金會在公立教育等問題上的作為，本質上是反民主的，你怎麼看？你們在這個領域投入資金的方式，似乎產生了某種排擠效應，使人們在這方面的實際需求未能獲得滿足。你對這種批評有什麼回應？

梅琳達‧蓋茲：慈善事業的作用是什麼？比爾和我總是回到這問題上。它應該發揮催化劑的作用。我們應該試著提出新想法並加以測試，看是否可行。如果有可行的新想法而你能說服政府大規模推行，你就成功了。慈善資金僅占美國教育預算很小的一部分。即使我們在加州投入10億美元，也起不了多大作用。我們因此不斷試驗新想法。

大衛，如果我們成功了，你會看到特許學校比現在多很多。我很樂意看到每個州都有20%的特許學校。但我們沒有成功。我很想說我們有巨大的影響力。但我們沒有。

大衛‧馬切斯：你的影響力肯定比一群家長大。

梅琳達‧蓋茲：不一定。我去曼菲斯和一群家長會面，他們大概有三十人[61]。我們認為我們有一個好主意可以貢獻給他們。但他們完全不接受。所以我們沒有繼續推進。一群家長，一群教師，他們可以產生非常大的影響。

比爾‧蓋茲和梅琳達‧法蘭琪‧蓋茲在公共衛生和公立教育等問題上積極為自己取得政治領導權和決策權，但一旦這種權力成為他們的負擔，他們就急切地撇清關係，這種雙言巧語（doublespeak）體現了蓋茲基金會的「變色龍」本質[62]。那是丹麥國際問題研究所（DIIS）研究員亞當‧費耶斯科夫選用的一個詞。「就像變色龍會因應不同的場合和情況改變顏色那

破解蓋茲迷思

樣,蓋茲基金會也能夠隨時展現不同的組織身分,有時以非政府組織的姿態出現,有時以跨國公司的姿態出現,有時甚至以國家行為者的姿態出現,」費耶斯科夫寫道。「蓋茲基金會策略性地行使一種混合權力,因此得以視需要擴張或壓縮自己的組織身分,有時採用多種組織形態,有時(尤其是在它的權力正當性受到質疑時)又縮回到它最初的私人基金會形態,僅承擔有限的問責義務。」

這種變色龍行事方式與自由開放之民主制度應有的運作方式截然相反。我們設計了各種各樣的法規來規管資金投入政治,目的正是幫助我們看穿特殊利益集團為了掩蓋其資金投入或儘可能隱藏其政治影響力而創造的專業級偽裝。蓋茲家族能夠規避這些規則,說明了極端財富能以各種方式破壞民主。

這個問題並非只是關乎蓋茲家族,因為現在的富豪階層很容易完美地結合慈善事業和政治脅迫,藉此推進其理念、利益和意識形態。2022年,Politico報導Google富豪艾瑞克・施密特(Eric Schmidt)如何利用他的私人慈善機構施密特未來(Schmidt Futures),為白宮科技政策辦公室提供資金和人員——這些慈善捐贈使他能夠影響政府對國家科技支出的安排,而Google可能因此得益[63]。

2020年,《紐約時報》報導了有望成為總統候選人的富豪麥可・彭博(Michael Bloomberg)如何利用他巨額的個人財富建立「一種全國性基礎設施以發揮影響力、塑造形象和不必開口就產生勸說作用⋯⋯結合政治和慈善捐贈以支持盟友和拉攏對手。[64]」柯克(Koch)兄弟在這方面也有著名事蹟:他們利用他們的個人財富,策劃了一場歷時數十年的行動,致力使美國的政治論述向他們的右翼議程靠近,包括提供政治捐款,以及捐錢給大學以影響經濟理論的教學方式[65]。

在某種程度上,我們很容易對美國民主或全球民主變得悲觀絕望,認為民主制度已經變得非常脆弱,認為民選領袖和政府官員變得非常容易被金錢和既得利益集團收買。但如果我們抱持失敗主義的態度,我們就會交出更多權力給比爾‧蓋茲、查爾斯‧柯克(Charles Koch)和麥可‧彭博之類的人。無論何時,我們都必須認識到,富豪慈善家不是中立的慈善工作者,也不是無可指摘的人道主義者,而是事實上的強大政治行為者,試圖利用自身財富來促進自己的利益和名聲,而他們的做法往往會傷害社會和民主。我們還必須認識到,我們的民主制度有多強健,視乎我們容許它強健到什麼程度,而它有多負責,則視乎我們迫使它負責到什麼程度。

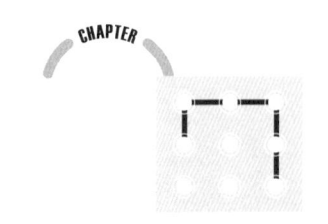

家庭計畫

　　《60分鐘》不僅是美國收視率最高的新聞節目之一，還是所有類型的電視節目中收視率最高的節目之一，每個週日晚上都吸引數以百萬計的觀眾收看它的調查報導和人情趣味故事[1]。

　　該節目也已經證明它是比爾和梅琳達・法蘭琪・蓋茲的忠實粉絲。在《60分鐘》的報導中，我們可以看到蓋茲基金會的故事中所有令人不安的套路：以消費貧窮的方式描繪需要拯救的無助棕色人種；驚愕的記者提出關於蓋茲基金會的偉大想法和大膽目標的各種問題；以及那個「打算拯救世界各地數百萬人生命」的「世上最慷慨慈善家」無可爭議之美德[2]。

　　在過去十年的大部分時間裡，這種報導方式在新聞媒體間相當常見，而它的另一特點是將鏡頭對準比爾・蓋茲──這個出色的媒體策略家似乎對每一個問題都有答案，對人類的每一個難題都有信心十足的解決方案。不過，在2010年《60分鐘》對蓋茲基金會的首次報導中，該節目改變了劇本，將鏡頭對準梅琳達・法蘭琪・蓋茲，指出她雖然很少出現在聚光燈下，但一直在幕後辛勤工作。「她經常旅行，探究事實，分析需求，測量苦難，」節目主持人史考特・佩利（Scott Pelley）解釋道，此時節目的畫面是印度北方邦一個貧窮、塵土飛揚的無名村莊[3]。

梅琳達的慈善公眾角色

對梅琳達來說，這是一個重要的亮相時刻，也是對她在蓋茲基金會之工作早就該有的表彰。在梅琳達‧法蘭琪‧蓋茲的自傳《提升的時刻》中，她寫道，在蓋茲基金會成立後的頭八年裡，她實際上比當時還在微軟全職工作的比爾做了更多工作，雖然所有的榮譽都歸比爾所有[4]。

不過，梅琳達‧法蘭琪‧蓋茲多年來也一直主動避開聚光燈，而她列舉了她這麼做的原因：希望保護她的個人隱私，花更多時間陪伴她的三個孩子——以及大概是一種不安全感，這是她配偶似乎沒有的一種非常人性的特質。如梅琳達所言，她是一個「完美主義者」：「我一直覺得我需要對每一個問題都有一個答案，而當年我覺得我的知識還不足以支持我代表基金會公開發言，所以我明確表示我不會發表演講或接受訪問。那是比爾的工作，至少在一開始是這樣。」

不過，隨著時間的推移，梅琳達在蓋茲基金會扮演越來越重要的公眾角色——雖然曝光率還遠遠比不上比爾，但她2010年接受《60分鐘》訪問是向進入公眾視野邁出了一大步。她向佩利解釋道：「我必須來到這裡看看它，感受它，以及了解這些人的動機。我必須了解他們為了生計在做什麼。除非我可以看到它，感受它，觸摸它，否則我會覺得我對不起基金會，對不起我們正在努力實現的目標。[5]」

破解蓋茲迷思

而那一集《60分鐘》清楚告訴觀眾，印度那些貧困村民非常迫切需要梅琳達・蓋茲[6]。那集節目說，在蓋茲基金會介入之前，那裡的人不知道新生兒需要保暖，也不知道如何為醫療設備消毒。佩利告訴觀眾，和梅琳達一起前往印度農村，就像回到了「中世紀」[7]。佩利穿著多口袋的卡其工裝褲（這似乎是新聞記者進入叢林的必備服裝）問梅琳達，她雄心勃勃的扶貧努力是否可能為世界製造出意想不到的問題。

佩利問道：「我們昨天參加了一個會議，我記得有個女士告訴你，她生過八個孩子，其中四個在分娩時或出生後不久死掉。但如果所有孩子都活下來，她就會有八個孩子，而開發中國家不需要更多孩子。[8]」

梅琳達・蓋茲使勁點了點頭，興奮地說：「我想這是比爾和我最大的意外發現。我們投入這項工作時，問了自己你剛問的那些很實際的問題，就是如果你投入這項工作，開始拯救這些孩子，這裡的婦女會不會繼續使世界人口過剩？謝天謝地，實際情況絕對是反過來。她們不會這麼做。因為女性會對自己說，她們希望有兩個孩子可以活到成年。如果她們知道自己有兩個孩子可以活到成年，她們自然會減少生育。因此，只要她們開始看到，孩子可以接種疫苗，或孩子通常不會在生產過程中死掉，她們就不會生那麼多孩子了。[9]」

這個「啊哈時刻」和梅琳達・法蘭琪・蓋茲描述的良性循環（改善公共衛生不但可以減少開發中國家的死亡人數，還能減少其出生人數）已經成為蓋茲基金會最常用的論點之一，也常被用來反駁關於拯救生命的工作導致世界需要養活更多人口的批評。蓋茲基金會對人口過剩的擔憂根深柢固，而改善公共衛生不是它用來降低家庭人數的唯一手段。2012年，梅琳達‧法蘭琪‧蓋茲成為一個雄心勃勃的25億美元專案代言人，該專案旨在擴大貧困婦女對避孕藥／器的使用[10]。

人口控制與家庭計畫

但是，一如蓋茲基金會的多數事情，家庭計畫方面的工作似乎源自比爾‧蓋茲的想法。1993年，在被問到是否打算捐出他的巨額財富時，比爾‧蓋茲談到他對「人口控制」的興趣[11]。兩年後，他在他的著作《擁抱未來》(The Road Ahead) 中闡述了他的想法：「現在的許多重大社會問題之所以出現，都是因為人口擠在城市地區。一個城市的人口哪怕只是減少10%，房產價值、交通和其他城市系統的損耗就會大有不同。[12]」

幾年後，記者比爾‧莫耶斯（Bill Moyers）問蓋茲為什麼對人口過剩和避孕問題那麼入迷：「你是否將生殖問題視為智性和哲學上的探索？還是曾經發生什麼事？你是否曾經得到什麼啟示？[13]」

蓋茲答道：「在我成長的過程中，我爸媽一直參與各種志願工作。我爸是家庭計畫組織（Planned Parenthood）的負責人。當時參與該組織是非常有爭議的，所以這些事很吸引我。在餐桌上，我爸媽非常善於分享他們正在做的事。他們談論這些事時，幾乎是把我們當成成年人。」

蓋茲的父親是富有的公司律師和退伍軍人，去當家庭計畫組織的領袖可能顯得奇怪，但在幾十年前，我們現在所知道的「家庭計畫」（family planning）工作，主要是希望控制世界人口成長的一種由上而下的努力，而不是圍繞著婦女權利或生育正

破解蓋茲迷思

義而組織的[14]。老蓋茲後來幫忙管理他兒子早期的慈善工作，而比爾‧蓋茲說，那些慈善工作是圍繞著「窮國的人口成長是他們面臨的最大問題」這個理念組織的[15]。

事實上，人口過剩是許多富有的慈善家長期以來關注的問題。例如，泰德‧特納（Ted Turner）、華倫‧巴菲特和大衛‧派克（David Packard）等億萬富翁就都非常關注這問題。2009年，巴菲特、特納、喬治‧索羅斯、比爾‧蓋茲、歐普拉‧溫弗瑞、麥可‧彭博和其他億萬富翁上了新聞版面，因為媒體發現他們在曼哈頓一處私人住宅祕密聚會，討論慈善方面的合作可能，而據稱蓋茲敦促與會者考慮致力於人口過剩問題[16]。

回顧歷史，蓋茲基金會一直將這方面的工作與它認為人口過剩導致的社會問題聯結起來。早年它曾慷慨解囊，資助人口資源中心（Population Resource Center）為「國會工作人員、州和地方的政策制定者和關鍵選區」拓展工作，宣傳人口成長對公共衛生和環境的負面影響[17]。「從現在到2050年，多數窮國的人口將增加一倍以上，而這些國家在養活和教育人民方面遭遇最大的困難，」比爾‧蓋茲2012年指出[18]。「不過，梅琳達和我相信，如果我們採取正確的措施，不僅幫助婦女計畫家庭，還投資於降低兒童死亡率和改善營養，則奈及利亞等國家的人口成長率將顯著低於預期。蓋茲基金會幾乎所有的全球計畫，都致力於對此有幫助的目標。」

我們要問的是：為什麼比爾‧蓋茲會以減少奈及利亞等國家的人口為目標[19]？為什麼那麼多億萬富翁執迷於全球窮人的生育習慣？為什麼由此產生的家庭計畫工作似乎往往圍繞著解決與人口擁擠有關的問題（氣候變遷、貧困、飢餓），而不是

Chapter 7　家庭計畫

賦予婦女力量去決定自己要生多少孩子？

從比爾・蓋茲對人口成長問題的執迷中，我們可以窺見家庭計畫運動多災多難的起源。在其歷史很長的一段時間裡，避孕藥／器不是婦女解放的工具，而是富裕國家的政府和慈善家限制窮人和有色人種生育能力的工具。蓋茲基金會很清楚這段歷史，因為在2012年，邀請了一群學者來與基金會人員分享優生學在人口控制工作中的歷史——也因為它現在的許多合作夥伴都因為優生學遺留的問題而傷痕累累。

例如，蓋茲數十年來捐了超過5,000萬美元給EngenderHealth，而這家非營利組織曾被稱為「人類進步絕育聯盟」(Sterilization League for Human Betterment)[20]。收了蓋茲基金會近一億美元的家庭計畫組織正致力重塑自身品牌，相關行動包括公開審視其創始人瑪格麗特・桑格（Margaret Sanger）對優生學的同情。家庭計畫組織執行長亞歷克西斯・麥吉爾・詹森（Alexis McGill Johnson）在2021年發表的悔過書中寫道：「到目前為止，家庭計畫組織都未能為我們創始人的行為造成的影響承擔責任。我們一直為桑格辯護，視她為身體自主和自決的保護者，同時以不幸的『時代產物』為理由，為她與白人至上主義組織和優生學的聯結開脫。直到最近，我們還拿『她的信仰在她那個階級和時代是標準信仰』這說法來掩護自己，而且總是不忘將她的工作與杜波依斯（W.E.B. Dubois）和其他黑人自由戰士的工作相提並論。但事實是複雜的。[21]」

詹森講述了桑格如何與三K黨合作，如何支持最高法院容許數萬人被強制絕育的判決，以及如何支持對波多黎各婦女所做的非常不道德實驗。約翰遜指出：「我們必須審視過去一個

破解蓋茲迷思

世紀,作為一個組織、一個機構,以及作為個人,我們如何延續她造成的傷害。」他承認,家庭計畫組織的工作仍受偏見困擾。「我們必須減少占用空間,並且提供更多援助。」

優生學和人口控制的這段歷史也與美國慈善事業密不可分,因為前者的工作非常仰賴後者資助。2021年,福特基金會針對它過去在人口控制方面的工作,非常低調地發表了一份遲來的、極其溫和的道歉聲明。福特基金會總裁戴倫・沃克(Darren Walker)說:「傳統慈善事業的所有知名人士都捲入了這場運動。[22]」同年,洛克菲勒基金會宣布將致力為其過失贖罪,其總裁拉吉夫・沙赫說:「這要求我們揭露事實和面對令人不安的真相,相關調查正進行中。[23]」

必須注意的是,人口控制運動帶來的脅迫、虐待和暴力源自希望減少貧困和痛苦的人道主義意圖。蓋茲基金會的工作似乎正是出於同樣的良好意圖,而這正是為什麼過去那些不當行為應該成為蓋茲基金會的警世故事。蓋茲基金會必須認識到,貧困婦女仍然容易受同樣的脅迫權力侵害,因為家庭計畫運動啟動了施者與受者、富有的捐贈者與貧困的受助者之間同樣的權力動態。雖然蓋茲基金會顯然了解這段歷史,但它在擴大家庭計畫工作的同時,急於將那段歷史視為已經過去。

「優生學在道德上是令人作嘔的,在科學上也已經名譽掃地。但這段歷史正被用來混淆現在關於避孕藥／器的討論,」梅琳達・法蘭琪・蓋茲在她的自傳中簡短地提到優生學,那本自傳花了很多篇幅講述蓋茲基金會在家庭計畫方面的工作[24]。「反對避孕的人試圖藉由提起優生學的歷史來抹黑現代避孕藥／器,其論點是由於避孕藥／器曾被用於某些不道德的目的,所

Chapter 7　家庭計畫

以它們不應該被用於任何目的,甚至不應該容許婦女利用避孕藥／器,等一段時間才生下一個孩子。」

梅琳達沒說錯的是,確實有一些反對避孕的人,包括越來越多的極右翼政治行為者,試圖以家庭計畫的優生學歷史作為武器,有時還傳播錯誤資訊。

但是,梅琳達・法蘭琪・蓋茲亟欲為「現代避孕藥／器」與優生學歷史劃清界線,並將衝突界定為支持使用避孕藥／器的人與反對者之間的衝突,是迴避了當前更深層次的衝突——蓋茲基金會聲稱希望賦予婦女力量,使她們能夠按照自己的意願計畫自己的家庭,但其工作的實際效果卻是一面倒地幫助婦女減少生育。這種工作包括梅琳達・法蘭琪・蓋茲針對性地為1.2億名貧困婦女提供避孕藥／器,以及相關的慈善贈款,例如提供60萬美元給人口通訊國際(Populations Communications International),「利用廣播和電視娛樂節目,宣傳小家庭規範和家庭計畫之應用。」

即使如此,梅琳達・法蘭琪・蓋茲仍堅稱,蓋茲基金會在家庭計畫方面的工作沒有這種目的。「我沒有興趣告訴女性家裡最好有多少人,」她寫道[25]。「我們的家庭計畫工作將主動權交給我們服務的婦女。這是我相信自願的家庭計畫原因。」

這種脫節並非蓋茲獨有的問題。批評者和學者指出,現代的家庭計畫工作者普遍試圖疏遠人口控制工作者,雖然前者的工作是以後者的工作為基礎。威斯康辛大學性別與婦女研究教授雷・森德羅維奇(Leigh Senderowicz)表示,雖然現代家庭計畫工作估計涉及脅迫,但很少人研究它。「雖然幾乎所有的家庭計畫專案都宣稱堅持自願原則和維護生育權利,但他們用

破解蓋茲迷思

來追蹤進展的測量方式卻非常重視避孕藥／器使用率和生育率降幅，」森德羅維奇在2019年的一份學術研究報告中寫道[26]。

研究人口控制運動的哥倫比亞大學歷史學教授馬修・康納利（Matthew Connelly）某次受訪時提出一個相關論點：「在我看來，這是一種決定性考驗：如果你真的想說到做到，為什麼不投入一些錢在不孕症治療上呢？世界上最窮的那些國家，它們的不育率極高，而許多不育的情況是容易預防或治療的原因造成的。但是，你能找到一個提供不孕症治療的家庭計畫專案嗎？這就是你需要做的。如果你說你非常在乎生育權利和生育健康，這就是你需要做的。[27]」

生育正義集體力量（Collective Power for Reproductive Justice）的政策分析師安妮・亨德里克森（Anne Hendrixson）也提出了類似的批評。她告訴我，家庭計畫應該為婦女提供全面的服務──並非只是可以選擇是否使用避孕藥／器，而是還可以選擇使用哪一種避孕藥／器，以及可以獲得墮胎、生育治療和各種生育健康服務，例如子宮頸抹片檢查、乳房檢查，以及性傳染病治療。

雖然蓋茲基金會清楚了解這些觀點，甚至在宣傳上鸚鵡學舌，但在實踐上，其慈善工作重視得更多的似乎是達成量化目標和維持良好的企業合作關係，而不是支持貧困婦女的身體自主權利。

Chapter 7　家庭計畫

家庭計畫與全球影響

正如梅琳達‧法蘭琪‧蓋茲所說，家庭計畫2020（FP2020）不是她的主意。

梅琳達記得她在西雅圖參加一個瘧疾會議時，時任英國國際開發大臣安德魯‧米契爾（Andrew Mitchell）向她推銷召開一個家庭計畫峰會的想法。但「峰會」一詞根本無法描述後來發生的事——梅琳達在她的自傳中寫道，事情演變成一場籌款活動，結果「為支持普及避孕藥／器爭取到歷來最多的認捐資金。[28]」而「家庭計畫已經不再是全球衛生事業的優先事項，」她指出。「我知道，我們必須強調制定目標、改善數據，而且更有策略。但我也知道，如果我們想制定並實現雄心壯志的目標，就必須迎接更艱鉅的挑戰。我們必須改變圍繞著家庭計畫的話題……家庭計畫的倡導者必須明確指出，我們不是在講人口控制。[29]」

而蓋茲基金會在改變話題方面非常有效，迅速集結了盟友和媒體的支持。例如，它資助約翰霍普金斯大學的一項研究，而《紐約時報》非常熱情地予以報導，聲稱「滿足開發中國家婦女未滿足的避孕需求，可以使全球產婦死亡率降低近三分之一。」《紐約時報》還詳細報導蓋茲基金會即將在倫敦舉行的大型峰會，其目的正是促成此事[30]。

這次峰會為擴大避孕藥／器的供應爭取到超過25億美元的新認捐，而這個計畫被命名為「家庭計畫2020」（FP2020）[31]。具體而言，FP2020的目標是籌集足夠的資金，以便在2020年之前新增1.2億名婦女接受避孕藥／器，工作重心為世界上69個最窮的國家，大部分位於撒哈拉以南非洲地區和南亞[32]。蓋茲

破解蓋茲迷思

　　基金會和英國納稅人是該計畫的最大支持者，共同認捐了最初籌集資金的一半[33]。

　　因為該計畫理應以貧困婦女的想法和需求為導向，梅琳達‧法蘭琪‧蓋茲知道她需要做一些實地考察。於是她在倫敦峰會召開前去了非洲國家尼日，而她形容該國是「一個父權社會，貧困率居世界前列，避孕藥／器使用率極低，平均每個婦女有超過七個孩子，婚姻法容許男性娶數名妻子，繼承法規定女兒的繼承權僅為兒子的一半，而沒有孩子的寡婦什麼也得不到。[34]」雖然存在這些問題，梅琳達在旅途中遇到的每一名婦女似乎都取得了避孕藥／器。她講述一個名叫阿迪薩（Adissa）的42歲婦女，在生了10個孩子之後，選擇裝上子宮內避孕器，以便她控制自己的生育。阿迪薩對梅琳達說：「當你無法照顧你的孩子時，你只是在訓練他們去偷竊。[35]」

　　梅琳達強調，FP2020最需要的正是這種聲音和觀點，「由那些被冷落的女性來主導新的對話——她們希望生育問題可以由自己決定，不受政策制定者、規劃者或神學家干擾；這些人的干擾會迫使女性違反自身意願，多生或少生孩子。[36]」

　　當然，啟動FP2020的峰會不是在尼日舉行，而是在倫敦舉行，是為富有捐贈者舉辦的一場華麗活動。事實上，我們不清楚蓋茲基金會以外的人在這場活動中發揮了多大的作用。聯合國負責家庭計畫工作的主要機構——聯合國人口基金——聲稱它被排除在最初的計畫之外，但在火車開動之後別無選擇，只能跳上火車。人口基金政策和策略主任亞瑟‧埃爾肯（Arthur Erken）對新聞媒體說：「我們當然不想變成配角，但我們也不能不參與。這就是我們所處的世界。[37]」而措手不及的並非只有這個聯合國機構。「孟加拉和印度等國家的反應像是：『FP2020到底是什麼？』」埃爾肯後來對媒體說。

FP2020的一個規劃團隊（由蓋茲基金會領導）後來明確表示，他們「在2012年初制定了FP2020的目標，幾乎完全沒有外部人士參與，當時是迫於及時為2012年7月的倫敦峰會制定目標的壓力。[38]」梅琳達．法蘭琪．蓋茲則提到，「我們與英國政府一起衝刺，趕在2012年7月於倫敦舉行峰會，此時距離月底倫敦奧運會開幕、吸引全世界的注意力只有兩個星期。[39]」

有些人認為，從FP2020的規模、範圍和極度由上而下的組織方式看來，它更像是為了奪取權力，而不是為婦女賦權。還有人對該計畫的量化目標——在2020年前使1.2億名婦女使用避孕藥／器——表示擔憂，因為這有點像過去的人口控制工作。一旦開始制定量化目標，它們很快就會變成某種配額，然後為了達到這些配額，總是會出現不正當的誘因設計。國際特赦組織、人權觀察組織、生育權利中心和數百個其他組織聯署了一份請願書，對FP2020可能涉及脅迫表示擔憂。請願書中寫道：「家庭計畫峰會必須確保婦女人權不會倒退：在任何情況下，都必須保護婦女在不受歧視、脅迫或暴力威脅的情況下，自由決定性健康和生育健康相關事宜的自主權和能動性。[40]」

在倫敦峰會召開前，梅琳達發表了一場TED演講，在演講中簡要地承認量化目標在優生學歷史中的作用，但完全沒有嘗試為FP2020非常重視的量化目標辯解。她說：「一些家庭計畫專案採用令人遺憾的誘因設計和強制政策。例如，在1960年代，印度制定了非常具體的量化目標，付錢給婦女，使她們接受在體內置入子宮內避孕器。[41]」

破解蓋茲迷思

　　她的演講還有一個問題：梅琳達聲稱，「現在有數億家庭未能獲得避孕藥／器」，而「如果他們能夠獲得避孕藥／器，他們的生活將因此改變。」蓋茲基金會如何知道這一點？因為他們研究了貧困婦女的「未滿足需求」。這聽起來像是在說有多少女性想獲得避孕藥／器，但該數字實際上是反映有多少能夠生育的女性近期不打算生育，但目前並沒有在使用避孕藥／器。

　　「這是科學上最無用的指標，卻是政治上最有用的指標，」威斯康辛大學的雷‧森德羅維奇說。「它與避孕需求或這些需求是否得到滿足毫無關係。其測量方式與使用避孕藥／器的意欲或是否能夠獲得避孕藥／器毫無關係……一名婦女住在家庭計畫組織旁邊，即使決定不用避孕藥／器，仍有可能被這種測量方式視為有『未滿足需求』。其基本假設是，每一名女性一生中每時每刻都需要避孕，除非她正積極、明確地尋求懷孕。」

　　對一個家庭計畫專案來說，這是一個很有問題的前提。既然過去提供避孕藥／器的慈善工作涉及脅迫和優生學問題，蓋茲基金會為什麼要圍繞著這樣一個誤導人的指標來組織其工作呢（畢竟該指標看來重視推廣避孕藥／器甚於婦女決定是否使用避孕藥／器的權利）？誇大或至少是過度強調希望使用避孕藥／器的貧困婦女人數，不但會錯誤診斷問題，還會乞求捐助者來解決問題。

　　本章稍後將檢視兩份獨立報告，它們記錄了隨著FP2020為避孕藥／器招攬數以百萬計的女性新使用者，家庭計畫工作涉及的脅迫行為。但我們有必要先講一下可能是驅動蓋茲基金會家庭計畫工作的最重要不當誘因，它導致這個基金會重點推廣一種特別的避孕藥／器：一種植入婦女手臂的荷爾蒙植入劑，可提供三至五年的避孕效果。蓋茲基金會喜歡這種植入式避孕藥／器，因為它們被視為一種高成本效益的避孕藥／器，只需要植入一次，就能為婦女省去使用其他避孕藥／器所需要的多次門診[42]。根據蓋茲基金會的說法，它自行提出一個財政方案，以誘使大藥廠增加供應荷爾蒙植入劑給窮國[43]。根據協議，拜耳和默克這兩家藥廠同意提高植入劑的產量，並以較低的價格提供給窮國。如果這些避孕藥／器賣不出去，蓋茲和其他捐助者將必須買下它們。

荷爾蒙植入劑的推廣爭議

蓋茲基金會實際上是利用其人道平臺，為拜耳和默克開闢了新市場，似乎使全球貧困人口成為這兩家公司新的利潤來源[44]。基金會得到的回報，是可以大肆宣傳它為那些產品的使用者爭取到大幅降價——例如，拜耳將它名為「久岱爾」（Jadelle）的荷爾蒙植入劑價格降低了53%。蓋茲委託撰寫的一份報告指出：「即使價格降低了，銷量增加還是可以帶來更大的利潤——這對消費者和生產商來說是典型的雙贏。」

植入劑受避孕藥／器使用者歡迎，但也存在爭議。不同於避孕藥或保險套，植入劑必須由專業醫護人員植入和取出——對蓋茲的FP2020計畫所針對的許多農村貧困婦女來說，這不是容易的事。除了絕育手術，植入劑是最持久的避孕藥／器之一，而正如桃樂絲·羅伯茲（Dorothy Roberts）在其著作《Killing the Black Body》（書名暫譯：殺死黑人的身體）中談到，人口控制工作曾以植入劑作為工具[45]。

破解蓋茲迷思

賓州大學法律和社會學教授羅伯茲在她那本書中檢視了名為諾普蘭（Norplant）的荷爾蒙植入劑，它就是蓋茲基金會現在資助的植入劑的前身。羅伯茲指出，這些植入劑起初是人口理事會（Population Council）專門設計來用於窮國的，但後來在1990年代的美國被當成一種人口控制工具，立法者普遍考慮採取強制和激勵措施，以擴大這種植入劑在黑人社區的使用。各州最終利用針對性廣告促進對諾普蘭的需求，有些州還免費提供這種避孕藥／器給貧困婦女。在各州積極引導婦女植入荷爾蒙植入劑的同時，診所設置障礙，阻礙婦女移除這些植入劑，甚至在婦女遇到損害健康的副作用時也是這樣。羅伯茲寫道：「諾普蘭帶給婦女便利的特別之處，也使它可以被當作強制工具使用。諾普蘭不同於子宮內避孕器以外的所有其他生育控制方法，婦女不能想停用就停用。[46]」

在美國，困擾諾普蘭的優生學幽靈理應使那些想藉由FP2020引入新一代荷爾蒙植入劑的人心生警戒。非政府組織「烏干達HEPS」致力於避孕藥／器的取得，其專案主任瓊‧基蘭德（Joan Kilande）受訪時告訴我，在烏干達，讓婦女使用長效避孕藥／器有實務上的原因。在一些診所，可能只有一名助產士照顧數十名孕婦，同時還要服務那些尋求避孕藥／器的婦女。這個助產士根本沒有時間向婦女解釋所有的選擇，而診所也未必備有許多不同的避孕藥／器。

當然，基蘭德清楚知道，世界不應該是這樣的。婦女不應該被置於無法作出知情選擇的境地。那麼問題是：蓋茲基金會不是應該利用其力量，確保在FP2020中，所有避孕選擇都與荷爾蒙植入劑享有平等機會嗎？為什麼不投入資金，確保診所擁

Chapter 7 家庭計畫

有必要的資源,使婦女真的有能力控制自己身體呢?蓋茲基金會不是擁有540億美元的捐贈基金嗎?自主和自由選擇不正是現代家庭計畫工作和梅琳達‧法蘭琪‧蓋茲的抱負嗎?

「我們可以堅持讓所有人都有機會了解各種避孕藥／器,並且有機會使用各種避孕方法,」梅琳達2012年表示。「我認為這裡的目標非常明確,就是普及婦女想要的生育控制方法。而為了實現這個目標,無論是富國還是窮國,政府都必須將避孕當成頭等大事。[47]」

但是,蓋茲基金會在FP2020中的實際做法遠非如此。在許多地方,它最重視的是為婦女提供荷爾蒙植入劑,而不是提供「各種避孕方法」。蓋茲基金會因為與拜耳和默克簽訂銷量保證協議,一度承擔4億美元的風險——如果FP2020不能成功推銷出那些植入劑,蓋茲基金會就必須付這筆錢。蓋茲資助的一項研究2016年指出:「蓋茲基金會保證的銷量幾乎是降價前全球需求量的三倍。」該研究還引述蓋茲基金會負責該專案的娜塔莉‧雷維爾(Natalie Revelle)的話:「我們非常焦慮……我擔心會有很多箱植入劑剩下來,必須四處奔走將它們分發出去。[48]」

蓋茲基金會大筆押注於植入劑,有助確保它喜歡的這種避孕藥／器廣泛供應到世界各地。而且,因為它保證了三倍於降價前全球需求量的銷量,它顯然有動機去提高植入劑的使用量[49]。正如安妮‧亨德里克森指出:「該專案並非只是滿足婦女的需求,而是還推動了需求。[50]」

蓋茲基金會一名工作人員告訴我,創造需求應該被視為家庭計畫工作的忌諱。他表示,至少有一些基金會工作人員已經了解避孕藥／器供給中的人口控制歷史。換句話說,家庭計

破解蓋茲迷思

畫工作應該著眼於避孕藥／器使用者的需求、意欲、關切和權利,而不是捐助者的需求、意欲、關切和權利。但是,FP2020和蓋茲基金會在很多方面都是藉由為自己偏好的解決方案創造需求來組織工作的。

例如,馬拉威政府在FP2020下的2015年策略文件,就有一整節與「創造需求」有關,包括「改善傳播以促進避孕藥／器的廣泛使用。[51]」蓋茲基金會多年來也提供了許多贈款支持這方面的工作,例如捐款給一個名為DKT的組織,用於「開發和展示一種可持續的私營部門模式,以增加和維持關鍵地區對Sayana Press〔輝瑞一種可注射的避孕藥〕的需求。[52]」

蓋茲基金會為了FP2020而大量投資於荷爾蒙植入劑,可說是將創造需求帶入電影《夢幻成真》(Field of Dreams)那種情境——但不是「你把它建好,他們就會來」,而是「如果你以這種產品淹沒市場,他們就會別無選擇」。雖然很少人研究家庭計畫中的脅迫現象,但隨著FP2020積極尋求達成新增1.2億名婦女使用避孕藥／器的目標,兩份獨立報告記錄了這過程中出現的脅迫問題。

2019年,雷・森德羅維奇發表了一份研究報告,指出診所和服務提供者以完成配額為目標安排工作量,過分強調某些避孕藥／器相對於其他藥具的優點,甚至利用嚇人伎倆誘使婦女使用避孕藥／器[53]。一些婦女表示,她們覺得自己是被迫使用避孕藥／器,還有一些婦女則是為了避開診所的高壓和硬性推銷,完全不做懷孕後的檢查。森德羅維奇的研究還發現,診所敦促婦女使用荷爾蒙避孕藥／器,包括荷爾蒙植入劑,有些診所甚至會拒絕在荷爾蒙植入劑用滿五年之前為使用者移除。這

Chapter 7 家庭計畫

些發現與桃樂絲・羅伯茲二十五年前在美國記錄的情況如出一轍,當年貧窮的黑人婦女被強迫植入諾普蘭荷爾蒙植入劑,然後很難移除它們。

森德羅維奇的研究報告發表幾個月後,為荷蘭新聞媒體《通訊員》(De Correspondent)工作的一群記者報導了類似發現。這些記者花了幾天時間追蹤烏干達一間流動診所,即時記錄了創造需求的行為[54]。在短短幾個小時內,記者發現三名婦女前來診所尋求注射有效期三個月的避孕針,結果在診所工作人員的哄誘下,植入了能使她們三年不懷孕的植入劑。在另一事件中,有一名婦女遇到嚴重的健康問題,她認為是植入劑引起的副作用,因此希望移除植入劑。她四次要求診所移除植入劑,但四次都被拒絕。診所給了她消炎止痛藥布洛芬,要求她耐心等待副作用消退。最後,她不得不花一筆對她來說不少的錢,去一家私人診所移除植入劑。她的疼痛和出血問題立即解決了[55]。《通訊員》的報導某種程度上獲得總體數據支持。根據FP2020的報告,烏干達2015年只有16%的避孕藥/器使用者使用荷爾蒙植入劑,但到了2020年,該比例已經增加了一倍[56]。令人不安的是,《通訊員》的報導還指出,烏干達的診所和護理師有財務上的誘因去推銷植入式避孕藥/器[57]。在世界銀行「基於結果的融資」機制下,診所使越多婦女不孕越多年,可以獲得越多獎金:為一名婦女做絕育手術可以獲得12.5歐元;為一名婦女植入多年有效的避孕植入劑或子宮內避孕器可以獲得5歐元;短期有效的荷爾蒙注射可獲得0.60歐元。

烏干達生育衛生(Reproductive Health Uganda)是避孕藥/器主要提供者之一,其負責人最終承認了這種誘因設計的問

破解蓋茲迷思

題。「捐助方主要關注的是指數年〔他們帶給當地人口的不孕年數〕，這就是衡量行動作用的方法，」該組織負責人傑克遜・切克韋科（Jackson Chekweko）指出。「問題在於我們就是這樣影響婦女的選擇。這是錯誤的。而這種錯誤始於捐助者。但這是雙向的。我們作為相關組織，也希望有好表現，因此向捐助方承諾可以達到那些指數年目標。因此，你看到，有62個計畫主要強調永久和長期避孕。這不是自由選擇，它不能保障婦女的權利。」

梅琳達・法蘭琪・蓋茲聲稱將致力於女性培力和維護婦女的自主權，但FP2020看來未能完全實現這種崇高的抱負。值得注意的是，它也未能達成其量化目標。到2020年時，該計畫僅觸及6,000萬名婦女，僅為原定目標1.2億的一半[58]。

但是，FP2020看來沒有認真檢討其不足之處。它轉移了目標，厚顏宣傳自身成就：「僅在2019年，這些努力結合起來防止超過1.21億例意外懷孕、2,100萬例不安全的墮胎，以及12.5萬例產婦死亡。[59]」

蓋茲基金會對此成就似乎相當滿意，梅琳達・法蘭琪・蓋茲還親自主持延續FP2020的FP2030計畫的啟動儀式[60]。（FP2030拒絕了我的訪問請求，也沒有回答我關於FP2020的問題。）蓋茲基金會在其公告中誇耀14億美元的新投資承諾，其目的是「開發更好的新避孕技術，支持反映當地社群偏好的家庭計畫專案，使婦女和女孩能夠掌控自己的避孕護理──包括在哪裡、何時以及如何進行。[61]」（蓋茲基金會的資料顯示，自基金會開始運作以來，總共投入超過40億美元在家庭計畫專案上。）

Chapter 7　家庭計畫

就在FP2030啟動後不久,在蓋茲基金會的母國,婦女在家庭計畫方面遇到了新的障礙。2022年,美國最高法院推翻羅訴韋德案(Roe v. Wade)的判決,容許各州禁止墮胎,而比爾和梅琳達・法蘭琪・蓋茲皆迅速在推特上公開批評最高法院的這個決定——值得注意的是,蓋茲基金會在其慈善工作中從未支持墮胎[62]。

以潛在脅迫取代自主

在2014年的一篇部落格文章中,梅琳達・法蘭琪・蓋茲解釋了這當中的原因。她認為墮胎服務之取得與避孕藥/器之取得應視為不同的議題,並指出:「目前看來,關於墮胎的情緒化和個人化爭論可能妨礙我們就基本的家庭計畫達成拯救生命的共識。我明白這當中為什麼會有那麼多情緒,但將這些問題混為一談,將會導致數千萬婦女被拖後腿。這就是為什麼當我被問到對墮胎的看法時,我會說,一如所有人,這個問題使我很掙扎,但我決定不公開談論這問題,而蓋茲基金會也決定不資助墮胎方面的工作。[63]」

許多人將這個立場歸因於梅琳達・法蘭琪・蓋茲的天主教背景。如果這是真的,蓋茲基金會是否真的如它所宣稱的以科學和理性,而不是宗教和意識形態為行事準則,就大有疑問。

蓋茲基金會決定迴避墮胎問題,更重要的原因可能是政治上的權宜和務實考量。美國共和黨反對墮胎,長期以來一直試圖禁止使用稅款資助墮胎服務,包括利用美國政府大規模的對外援助做這件事[64]。例如,根據川普總統任內有所擴大的所謂全球禁令(global gag rule),接受美國對外援助的家庭計畫組

209

破解蓋茲迷思

織一律不得從事墮胎方面的工作,即使這些組織是利用美國援助以外的資金從事那些工作[65]。(拜登總統廢除了這項全球禁令[66]。)

蓋茲基金會藉由迴避墮胎問題,避開美國國會的一個重大敏感議題,而國會為蓋茲基金會的各種慈善專案提供以十億美元計的資金;美國國際開發署甚至是FP2020的「核心合作夥伴」[67]。但蓋茲的政治立場選擇並不是特別有原則或高尚。這使比爾和梅琳達・法蘭琪・蓋茲對羅訴韋德案的評論顯得有點空洞。他們幾十年來一直小心翼翼地避免涉入墮胎方面的工作,怎麼還能假裝自己是家庭計畫的擁護者和領導者呢?既然他們在家庭計畫方面的工作聲稱支持婦女身體自主的權利,蓋茲基金會怎麼可以把墮胎當成一個「不同的」問題切割出去呢?

我們可以圍繞著蓋茲基金會之家庭計畫工作涉及脅迫的證據(例如出現創造需求的作為,以及明確地引導婦女減少生育之類)提出同樣的問題。如果蓋茲基金會想成為家庭計畫工作的領導者,而且展現它維護婦女自主權和選擇權的決心,它不是應該至少承認現代家庭計畫工作仍涉及脅迫,然後努力解決這問題嗎?這麼做將導致蓋茲基金會受到批評,而且會增強避孕和墮胎反對者的力量,也有可能破壞蓋茲基金會與美國政府的資助合作關係。但如果不這麼做,是否要假裝問題不存在呢?一個令人難以放下的問題是:如果不正視脅迫的存在,家庭計畫工作者甚至可以被視為在掩蓋問題。

「我認為很多人不願意談這個問題,只是因為他們不想給予反墮胎社群任何把柄,我對此非常同情,」雷・森德羅維奇告

Chapter 7　家庭計畫

訴我。「但我也會說：我們指責反墮胎社群反科學，只挑出他們想看到的資料，不關心女性福祉。既然如此，我們就必須以更高的標準要求自己。」

森德羅維奇告訴我，她實際上曾與蓋茲基金會會面，討論她的研究和她開發的一個名為「避孕自主」（contraceptive autonomy）、衡量避孕選擇和脅迫各面向的指標。雖然森德羅維奇使蓋茲基金會注意到避孕自主指標，但她表示，基金會至今尚未贊同該指標[68]。

蓋茲基金會在家庭計畫方面的工作，有助我們認識它對各領域之資助普遍涉及的潛在脅迫。像蓋茲基金會如此強大的資助者，不必訴諸強制手段就可以迫使許多人做某些事。它如果希望某個領域往某個方向發展，只需要據此投入大量資金，就能控制該領域。蓋茲基金會聲稱測量了某方面的「未滿足需求」，然後就致力為它狹隘的解決方案「創造需求」。這種權力運作模式使蓋茲基金會能夠確立它的領導地位，並使與它合作的跨國公司得以打開新市場。但它是在賦予它聲稱要幫助的人力量嗎？它是在建設一個「所有生命都有同等價值」的世界嗎？

這並不是說婦女沒有從蓋茲基金會的捐贈中得益。拜蓋茲所賜，FP2020計畫中的荷爾蒙植入劑得到補貼，許多婦女因此得益。但我們可以說，六十年前慈善家以優生學為指導原則的人口控制工作也是這樣。我們不能只是因為有許多人得益，就認為不需要質疑這當中涉及的脅迫和傷害。

現代家庭計畫的原則要付諸實行，我們就必須建立一個強大的公共衛生系統，它既能植入也能移除避孕藥／器，既能提

破解蓋茲迷思

供各種避孕選擇,也能提供一整套其他服務。要實現梅琳達‧法蘭琪‧蓋茲圍繞著自願和自主決策的家庭計畫運動高論,我們還必須使哪怕是貧困婦女也負擔得起這些服務。這項工作的範圍顯然遠遠超出了蓋茲基金會的抱負。更重要的是,它超出了蓋茲基金會的職責範圍。

我們不能也不應該仰賴億萬富翁的一時興致和偏好來提供避孕藥／器——不僅因為這種模式無從問責,還因為它是不可持續的。如果蓋茲基金會有天認為其家庭計畫工作在政治上太敏感,那將會發生什麼事呢?比爾‧蓋茲去世後會發生什麼事?梅琳達‧法蘭琪‧蓋茲如果決定退出蓋茲基金會,會發生什麼事?我們是否求助於另一名億萬富翁,希望他稍微開明一些?此時此地,數以百萬計的婦女可能依靠蓋茲基金會取得避孕藥／器,一夜之間終止相關工作因此是不對的。但是,認為蓋茲基金會在這方面工作是符合正義值得我們讚揚的社會公益事業,那也是不對的。如果我們想創造一場以自決和自主為核心的家庭計畫運動,我們就必須投入艱鉅而繁雜的工作,建立政治力量,致力建立一個視生育衛生(以及較廣泛而言的公共衛生)為一項人權,而不是一項由超級富豪管理之特權的世界。

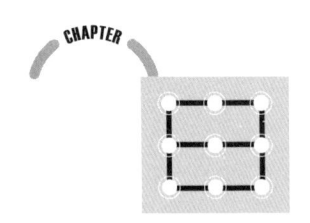

新聞工作

媒體影響力與公關操控

1990年代曾有短短的幾年時間,比爾‧蓋茲在他家族位於西雅圖郊外胡德峽灣(Hood Canal)的大宅裡招待精英財經記者參加過夜活動[1]。關於這些後來被稱為「睡衣派對」的活動,有一篇報導這麼說:一車記者在前往蓋茲大宅的路上「興奮地嘰嘰喳喳,就像童子軍要去夏令營那樣」,他們的節目包括乘坐「超級海狸」水上飛機[2]。用過豐盛的晚餐之後,蓋茲主持了與這些記者的高談闊論,「成為焦點所在將近兩小時。[3]」

現在我們看這篇報導,很難不認為那個時代的記者與他們的報導對象走得太近。如果伊隆‧馬斯克現在每年辦一次「睡衣派對」,在他的家族大宅裡招待頂級財經記者,飽嚐魚子醬、羊腿和大量美酒,這種活動可能會被視為醜聞,出席的記者可能被譏諷為背叛專業,或至少是有所妥協。

但當年的比爾‧蓋茲就是可以做這種事而且神奇地免受批評,畢竟他是大眾眼中的神童富豪,是世界上最令人興奮的產業裡最有權勢的企業家。當然,蓋茲還有一支頂尖的公關團隊為他服務,其首領是媒體高手潘蜜拉‧艾斯瓊(Pamela

破解蓋茲迷思

Edstrom），據稱正是她想出睡衣派對的主意。艾斯瓊的女兒後來撰寫著作談到她母親設計的精細媒體策略，包括提供吹捧 Windows 95 的「獨家故事」給所有重要報紙和刊物：「公關公司提供了一個內置行銷內容的故事給《紐約時報》，提供給《華爾街日報》的故事則有比較多技術內容，《人物》雜誌得到的獨家消息則是 NBC 情境喜劇《六人行》（*Friends*）的明星藝人珍妮佛・安妮斯頓和馬修・派瑞將拍攝一段 25 分鐘的影片，向人們介紹 Windows 95 的神奇之處。[4]」

曾是《西雅圖郵訊報》記者的詹姆斯・華理士（James Wallace）表示，他也見過微軟與記者做交易，以提供獨家消息作為談判手段，阻止媒體刊出關於比爾・蓋茲私生活的負面報導。華理士也說，蓋茲以喜歡勾搭女記者著稱[5]。

作家威廉・札克曼（William Zachmann）對微軟的「胡蘿蔔加大棒」策略有切身體會，他說微軟利用這種策略破壞了他作為《個人電腦雜誌》（*PC Magazine*）專欄作家的影響力。1990 年，《個人電腦雜誌》總編輯約翰・迪金森（John Dickinson）被揭露兼任微軟的產品開發顧問，涉及嚴重的利益衝突，該雜誌因此受到媒體批評[6]。微軟的顧問怎麼能監督有關微軟的獨立新聞內容呢？札克曼 2021 年告訴我，這種親密的企業關係導致他被迫離開電腦新聞業的高層──他坐在一張桌子前，面對一面巨大的美國國旗，從古代巴比倫人一直談到威廉・巴勒斯（William Burroughs）。

札克曼說，當年他其實是微軟的粉絲，很愛看到這家後起之秀挑戰古板守舊的 IBM，但他認為 IBM 可以靠 OS/2 作業系統在商業上再成功一次。微軟自然不樂見札克曼看好與微軟競爭

Chapter 8　新聞工作

的作業系統，於是對他施以胡蘿蔔和大棒，希望能誘使他這頭頑固的騾子走上正確的道路。「他們提出要幫助我，說他們可以告訴我應該寫什麼。他們基本上暗示，只要我合作，他們會給我好處，使我在財富和名氣上大有得益，」札克曼告訴我。「這是胡蘿蔔。大棒則是他們對我的編輯施加壓力，使他們對我施壓，希望我會因此寫出對微軟更有利的文章。」札克曼說，微軟的壓力迫使他離開《個人電腦雜誌》，而他選擇公開此事[7]。他在1994年談到《個人電腦雜誌》時說：「他們處處配合微軟。[8]」（該雜誌和微軟皆否認曾施加任何不當影響。）

幾十年後，我訪問札克曼時問他，如果他聽到蓋茲基金會也像微軟那樣使用相同的胡蘿蔔加大棒策略，他是否會感到驚訝。

「如果你告訴我他們沒有這麼做，我會驚訝得目瞪口呆，」他說。「幾千年來，真的是幾千年來，這一類人一直使用這種策略。」然後他滔滔不絕地說了許多故事，關於在過去的時代，精英權力結構如何利用公關操作、詭計和欺騙手段的某種組合來製造「另類事實」和推進他們的議程。「利用新聞操縱輿論並不是一種現代現象。」

媒體公信力的衝突

在領英上，蓋茲基金會的高級傳播主任安德魯・艾斯特拉達（Andrew Estrada；曾是我的新聞聯絡人）將他的工作界定為「與全球三十多家頂級媒體的記者保持關係和定期聯絡，以推進蓋茲基金會的核心倡導目標，並藉由正面的媒體報導強化基金會的聲譽。[9]」

破解蓋茲迷思

這並不特別令人驚訝或有爭議。許多不同類型的機構和公司都設有公關部門，其人員會為組織本身及其產品爭取正面曝光。蓋茲基金會獨特之處，在於它可以動用武器級核材料來贏得影響力。蓋茲可以提供慈善捐款給新聞機構，直接支持他們的報導。如果微軟採用同一手段，它將會被抨擊為賄賂媒體。

蓋茲基金會不但與新聞機構建立財務關係，還告訴他們如何使用它給的錢，包括指定專題報導題目，甚至可能指定報導角度。而世界上最強大、最有聲望的新聞機構幾乎全都歡迎蓋茲的慷慨捐贈。蓋茲基金會的捐贈紀錄顯示，截至2023年初，它捐出超過3.25億美元給新聞業，捐助對象多得驚人，包括《衛報》、半島電視臺、美國國家公共廣播電臺、《明鏡週刊》、法國《世界報》、CNN、《大西洋》（The Atlantic）、西班牙《國家報》、《金融時報》、《旁觀者》（The Spectator）、BBC以及許多其他新聞機構。由於蓋茲的資助有時以匿名方式提供，蓋茲基金會提供給新聞業的總金額肯定更高，而且很可能遠高於我們看到的數字。接受蓋茲資助的組織「媒體影響力資助者」（Media Impact Funders）之數據顯示，自2009年以來，蓋茲基金會在所有媒體（不僅是新聞媒體）上的總支出超過25億美元[10]。

富豪傑夫・貝佐斯以2.5億美元收購《華盛頓郵報》時，引起公眾關注，並引發關於這可能導致該報偏袒貝佐斯或亞馬遜的爭論。相對之下，比爾・蓋茲的私人基金會較少引起爭論，即使它向新聞業投入了更多資金。

雖然蓋茲基金會的完整捐贈範圍無從得知，但我們可以看到，它的資金遍布媒體領域，除資助研究、會議和培訓，還資助印刷、數位和紀錄片內容。例如，它捐了190萬美元給約翰霍普斯大學，「藉由提供研究資助和報導機會，訓練美國記者報導全球衛生和發展問題」，此外捐了16.5萬美元給亞斯本研究院，「以確定新聞工作培訓可以如何提高媒體對開發中國家衛生問題報導的數量和品質。」如果以較寬鬆的標準分析蓋茲在這方面的支出，那就應該納入蓋茲基金會捐給科學聯盟（Alliance for Science）的逾2,000萬美元（該組織提供新聞工作資助，並培訓非洲記者報導農業政策），以及捐給新美國基金會（New America Foundation）的逾3,500萬美元（它是美國為非虛構書籍作者提供研究資助的極少數組織之一）[11]。

蓋茲基金會還資助一些僱用《華盛頓郵報》和《紐約時報》專欄作家的組織。例如，《華盛頓郵報》專欄作家麥可‧葛森（Michael Gerson）過去十年裡多次在其專欄中讚揚蓋茲基金會和比爾‧蓋茲，但沒有向讀者揭露他也曾為一運動（ONE Campaign）工作，而蓋茲基金會是該組織的最大資助者，並在其董事會占有一個席位[12]。直到我為此事聯絡了《華盛頓郵報》，葛森才開始向讀者揭露這個利益衝突。蓋茲甚至還捐錢給波因特媒體研究學院（Poynter Institute for Media Studies）這個頂尖的新聞倫理機構，使該機構因為公開淡化蓋茲資助對媒體的潛在扭曲而陷入尷尬之境[13]。

多年來，蓋茲基金會也出人意表地多次捐款支持調查報導，包括資助密西西比調查報導中心、高級時報調查報導中心（PTCIJ）、調查報導局（Bureau of Investigative Journalism）、渥雷索因卡調查報導中心（Wole Soyinka Centre for Investigative Journalism），以及ProPublica。你可能聽過由調查報導中心

破解蓋茲迷思

（Center for Investigative Reporting）製作的公共廣播節目和播客《揭露》（*Reveal*），該節目自詡的艱鉅使命是「使人們和機構為他們造成的問題或從中得益的問題負責」[14]。《揭露》沒有回應關於它受蓋茲基金會資助的詢問，而且看來從未嘗試追究比爾‧蓋茲或蓋茲基金會在許多事情上的責任。它怎麼可能這麼做呢？一般來說，你的調查報導對象不可能也是你的資助者。

但是，在現今媒體普遍面臨財務困境的情況下（新聞機構仍在努力適應網路新聞傳播），新聞機構很難拒絕蓋茲的資助。很少新聞機構不受蓋茲基金會的資助影響，而事實上，在2021年該基金會受一連串的不當行為醜聞衝擊之前，極少新聞機構願意認真審視這個世界上最強大的慈善機構，不把它當成一個無可指責、抱持善意的慈善機構來報導。

2010年，蓋茲基金會因為出資150萬美元，與美國廣播公司新聞台（ABC News）合作開展一個名為《成就變革：拯救生命》（*Be the Change: Save a Life*）的報導專案而上了新聞版面[15]。美國廣播公司時任總裁大衛‧魏斯丁（David Westin）當時承認，該公司曾與蓋茲的全球衛生工作負責人會面，針對報導構想「向他取經」[16]。後來，蓋茲基金會被問到它影響新聞編輯的這個明顯例子（它資助一家新聞機構，然後向該機構提供報導構想），它的傳播主管凱特‧詹姆斯（Kate James）對此聳聳肩說：「我們經常與新聞機構和編輯人員會面。[17]」如果新聞機構的編輯人員「經常」與蓋茲基金會的人會面，他們是否也與蓋茲的批評者會面呢？當然沒有。一般來說，蓋茲的批評者沒有公關火力去闖過精英媒體機構的關卡——哪怕只是第一道關卡。

Chapter 8　新聞工作

不過，有時確實會有記者以批判眼光審視蓋茲基金會的工作，而且有些報導非常精彩，甚至有報導著眼於蓋茲基金會如何導致新聞變得偏頗。美聯社2018年的一項調查發現，蓋茲資助的新聞網站 The 74 發表了一篇「獨家」報導，介紹蓋茲基金會兩名受資助人關於教育政策的一項新研究[18]。該網站起初沒有向讀者揭露它受蓋茲資助。藉由以新聞消費者往往難以得知的方式資助新聞機構和這些機構引述的專家，蓋茲基金會擁有塑造公共論述的非凡能力，能夠改變我們對許多事物的認知基礎，進而影響我們對蓋茲基金會的認識，以及我們對它所著力議題的想法。

媒體上每出現一篇關於蓋茲基金會的批判報導，可能就有五千篇對它有利或非批判性的報導——這種嚴重失衡的論述呈現一種片面的敘事，即使不算是在製造神話，也是近乎提供錯誤資訊。過去二十年裡，我們很難找到一個比蓋茲基金會更強大、更不受檢視的政治行為者——過去十年裡無疑是這樣。

可能會有人覺得以上所言像是高高在上的道德說教，但新聞機構理應在強健的民主制度中發揮關鍵作用。新聞媒體甚至被稱為「第四權」，是國會、總統和法院以外著眼公共利益的第四層制衡機制[19]。新聞業的作用是賦權一小群調查人員去追蹤金錢流向，根除浪費、詐欺和濫權行為，並使掌權者接受問責。有句老話將新聞業的使命界定為「煩擾安逸者和撫慰受苦者」（afflict the comforted and comfort the afflicted）。

但是，新聞工作者基本上不願意或沒能力去認清這個事實：蓋茲基金會是一個掌握巨大權力的政治組織，它巨額的慈善捐贈恰恰造成新聞工作者理應質問的利益衝突和金錢干政問題。換句話說,蓋茲基金會應該是地球上受調查最多的機構之一。但事實並非如此,它反而是最受仰慕的機構之一。

除了蓋茲對新聞機構的財務影響力,造成這種情況的原因還有很多。媒體仰賴英雄故事,而比爾・蓋茲圍繞著他的慈善捐贈創造了強大的光環效應。他呈現的「好富豪」故事(賺大錢,然後把錢捐出去)是一種特別難以抗拒的敘事,因為它使我們得以陶醉於我們對財富根深柢固的想像和對金錢的熱愛。此外,對新聞工作者(實際上是所有人)來說,懷疑捐錢的人是違反直覺的:世上有那麼多不對的事,我們真的還要去質疑一個要捐出幾乎所有財富的有錢人嗎?雖然有上述這些原因,我們似乎也可以合理地說,蓋茲基金會對新聞業的資助是扭曲新聞工作者的判斷,使他們對比爾・蓋茲對民主和平等造成威脅卻視而不見的關鍵因素之一。

必須明確指出的是,比爾・蓋茲投入數億美元到新聞業,並不是因為他支持新聞自由這種民主理想,也不是因為他個人很喜歡監督權勢的報導。他的私人基金會提供資金給新聞媒體的目的恰恰相反,是為了使理應監督他的新聞工作者服從他和變得對他無害,以及推動他的議程和美化他的品牌,製造宣傳以建立他的政治權力,以及控制引導公眾理解他工作的關鍵敘事。

新聞業的獨立性挑戰

2017年,自由撰稿記者羅伯・福特納(Robert Fortner)和亞歷克斯・派克(Alex Park)為《赫芬頓郵報》(*Huffington Post*)發表了一篇題為〈比爾・蓋茲不會在下一次伊波拉爆發中拯救

Chapter 8　新聞工作

你〉的長篇調查報導，精闢地預示蓋茲後來在應對Covid-19大流行方面的失敗[20]。

藉由索取公開資料，這兩名記者發現美國疾病控制和預防中心（CDC）在電子郵件中，實際上懇求蓋茲基金會停止袖手旁觀，挺身而出，幫忙控制伊波拉疫情。若不是相關對話涉及伊波拉這種非常致命的病毒，那些電子郵件往來會使人覺得好笑。蓋茲基金會可以說是全球衛生領域最強大的行動者，但當年它袖手旁觀，眼睜睜看著致命疫情在賴比瑞亞蔓延。

蓋茲的全球發展部門負責人克里斯‧埃利亞斯（Chris Elias）對當時的CDC主任費和平（Tom Frieden）說：「我們沒有針對新發傳染病的具體策略或預算。但現在是非常時期，若有需要，我願意在內部提出討論。」

費和平回應道：「情勢非常迫切……下週我應該向你、比爾和其他人簡報情況。整個非洲都受到威脅。現在援手的價值將是幾個星期後才幫忙的許多倍。眼下真的是每一天都非常重要。」

蓋茲基金會最終還是決定投入資金應對伊波拉病毒，認捐了5,000萬美元，並告訴費和平，它希望將它的資源集中用於一種實驗性療法——高免疫球蛋白的生產（結果證實不可行）。費和平懇求蓋茲基金會務實一些，不要投資於高科技產品或效果不確定的介入措施，而是投資於不吸引人卻能有效阻止傳播的工作。他寫道：「實際上，我們對基金會的首要要求，是幫忙使那些可能受波及的國家變得比較『耐火』。」

福特納和派克針對這些電子郵件詢問蓋茲基金會，但對方顯然不是一個公開透明樂意與外界討論其工作的慈善機構[21]。

破解蓋茲迷思

這兩位記者得到極度粗暴的對待。蓋茲基金會的高階關係副主任布萊恩・卡拉漢（Bryan Callahan）越過福特納和派克這個層級，以電子郵件聯絡了《赫芬頓郵報》一名編輯。卡拉漢指責這兩名記者「騷擾」，並說他們「對蓋茲基金會一貫有偏見，容易作出沒有事實根據的斷言，而且依賴刻意挑選的引述和不實陳述，即使做一些案頭研究便可輕鬆推翻那些資料。」

編輯凱特・謝帕德（Kate Sheppard；如今在北卡羅來納大學教授新聞學）對蓋茲基金會的反應大感震驚，但她受訪時告訴我，當時她嘗試為衝突降溫。她親自提出充當蓋茲基金會的中間人，接手相關通訊。如果蓋茲基金會不信任她的記者，他們無疑可以信任她。但蓋茲基金會顯然不滿意，於是越過謝帕德，去找這個機構裡更高層的另一名編輯。

蓋茲基金會可能覺得它有權採取這種極端手段，因為蓋茲曾捐一筆錢給《赫芬頓郵報》，支持一項名為「零計畫」（Project Zero）的工作——它是「為期一年的一系列活動，旨在提高人們對被忽視的熱帶疾病和認識那些致力消除這些疾病的人。[22]」

我問謝帕德是否認為蓋茲基金會試圖扼殺那篇報導，她毫不畏懼地答道：「他們的反應非常激烈。這種反應無疑超出我遇過的反應，無論是私人、慈善還是政府機構。我從來沒有遇過這種事：報導甚至還沒出來，他們甚至還沒有藉由電子郵件回答基本問題，就直接找編輯處理這件事。」

但是，蓋茲基金會的不懈努力未能扼殺這篇報導。謝帕德、福特納和派克戰勝困難，發表了他們的出色報導——報導詳實、證據充分、不偏不倚。但這並不意味著蓋茲的反擊失敗了[23]。如果蓋茲基金會願意以這種方式挑戰批判性報導，甚至不惜詆毀個別記者的人格，這種行為會釋出一個有力的訊息：如果你針對我們，你將面臨不尋常的巨大壓力，而且你將導致所屬組織失去獲得這家富豪基金會資助的機會。

正如亞歷克斯・派克對我所說，蓋茲基金會試圖「使我們與這個刊物產生嫌隙……如果不能直接施加影響，也要使他們能有一個管道可以在將來施加影響……他們迴避了我們的問題，並試圖破壞我們的報導。」

蓋茲基金會顯然知道如何揮舞大棒，但它也知道如何利用胡蘿蔔。新聞機構心照不宣地知道，如果他們能討好蓋茲，就大有機會獲得（或繼續獲得）他的慈善捐贈。派克和福特納合作為荷蘭新聞媒體《通訊員》報導蓋茲基金會在小兒麻痺症方面的工作時，就得到這樣的訊息[24]。令人難以置信的是，蓋茲基金會又一次越過他們去找他們的上司。

蓋茲的小兒麻痺症傳播主任瑞秋・朗斯代爾（Rachel Lonsdale）聯絡了《通訊員》總編輯，表示：「我們通常希望與聘用自由工作者的刊物編輯通電話，既是為了充分了解我們可以如何針對特定專案提供協助，也是為了建立一種超越自由工作者任務的長期關係。[25]」

這聽起來非常像一種主動表示，像是蓋茲基金會提議建立財務關係。某些人可能會覺得這是有意賄賂。對我們所有人來說，這應該像是施加影響力的手段。在新聞業，這種溝通方式既不正常，也不恰當。一個組織若成為調查報導的目標，根本不應該與媒體編輯私下討論報導問題，也不應該公開向編輯提出建議。

破解蓋茲迷思

《通訊員》告訴我,它拒絕了蓋茲基金會的提議,因為如果接受,可能會損害其新聞工作的獨立性和完整性。派克和福特納又一次得以發表他們的報導。2020年,我在《哥倫比亞新聞評論》報導這件事,當時蓋茲基金會表示那是「正常的媒體關係」[26]。「一如許多組織,蓋茲基金會有一個內部的媒體關係團隊,負責培養與記者和編輯的關係,以作為資訊蒐集的資源,並幫助媒體全面和準確地報導我們關心的議題。[27]」

針對福特納和派克那兩個事例,我們可以說沒有實質證據顯示新聞工作受到傷害。記者兩次都能夠發表他們的報導。蓋茲基金會未能扼殺針對它的調查報導。但是,我們不能假定蓋茲基金會每次與新聞工作者發生激烈爭執,結果都是這樣。每出現一名堅守原則或固執己見的編輯或記者,大概會有一百名同業選擇隨波逐流和妥協了事(至少我當記者的經驗是這樣)。

另一面的故事來自那些接受蓋茲資助的新聞工作者,他們揭露了金主影響新聞工作的其他面向。

2018年,總部設在南非、主要由蓋茲基金會資助的媒體Bhekisisa發表了一篇關於與慈善捐助者合作的文章,裡面提到蓋茲基金會和德國政府:「Bhekisisa為來自捐助者的資源,以及隨之產生的影響付出了巨大代價。接受捐助從根本改變了Bhekisisa人員的工作內容,使他們從單純的記者或編輯變成必須花大量時間(往往是記者必須花30%的時間,編輯必須花40%的時間)做資料蒐集、籌款、組織活動、撰寫提案、主持會議、創建資訊管理系統,以及撰寫報告給捐助者之類的工作。[28]」

Chapter 8　新聞工作

　　亞當‧大衛森是美國國家公共廣播電臺（NPR）節目《金錢星球》的共同創始人，他說他曾拒絕蓋茲的資助，因為無法接受蓋茲對所資助的新聞工作要求。「當我還在《金錢星球》時，我拒絕了蓋茲基金會的一筆贈款，因為我覺得接受他們對報導的要求實際上違反新聞工作倫理。他們希望我們根據他們的標準決定做哪些報導，而且要取得他們的許可，」已經離開NPR的大衛森告訴我。具體而言，他說蓋茲基金會不支持報導海地的經濟發展，因為它在海地沒有從事這方面的工作。

　　有個要求匿名消息人士曾參與蓋茲資助的新聞工作專案，他提供了一個類似的故事。「蓋茲資助經常出現的情況，就是受資助者必須做一些自己本來不會做也未必想做，但根據資助協議必須做的事。有兩次情況像是這樣：『我們必須完成這個專案，因為我們已經拿了他們的錢，也把錢花掉了，因此必須交出一點東西。』對我來說，這完全顛倒了新聞工作流程。在那兩個例子中，新聞機構都做了它不想做的事，」這名消息人士說。「對我來說，我們真正從事新聞工作的時間太少了，經費也太少了。我們必須為滿足蓋茲的要求而奔波，這使我很苦惱。這是蓋茲基金會資助之新聞工作普遍面對的問題。我一直在想這個問題：蓋茲指定的報導工作，如果不是因為他提供資助，你會做嗎？如果答案是不會，那你就是在做公關。」

　　這位消息人士向我解釋蓋茲行使權力的具體做法，包括蓋茲基金會定期致電編輯部。消息人士說，如果只看這些通話的文字紀錄，要證明他們試圖控制新聞編輯是很困難的。但如果可以旁聽，你就會發現自己其實見證了一流的戲劇表演。蓋茲基金會使用各種暗話和非言語訊號來明確傳達它的編輯意圖。它可能看似不經意地提出一個聽起來很單純的問題，例如：「你

破解蓋茲迷思

們是否將會有關於Ｘ國的報導？」然後新聞機構很快就學會翻譯這種蓋茲語：「我們希望你們增加關於Ｘ國的報導。」

如果蓋茲基金會不同意某個報導構想，它就會變成石頭，以沉默表達它的不同意。如果它喜歡你的報導構想，你可能會得到熱情的「嗯嗯」。消息人士補充道：「他們在沒有明確指揮報導工作的情況下表明了自己的意願，這種干預一直以來就是這麼做的。老實說，我覺得這有點令人難受。他們沒有把話說白，但意思很清楚。」

這位消息人士在2020年表示，新聞工作受蓋茲基金會影響是必要之惡，因為蓋茲提供的資金非常重要，受資助媒體因此得以做一些沒有資助就不會有的報導──基本上就是一些關於窮人的報導。我們在2021年再次交談時，這位消息人士已經變得沒那麼確定了。他說蓋茲實際上是在製造特定議題的「媒體貧民窟」；在這種媒體格局下，想要報導全球衛生和發展之類的議題，只能仰賴蓋茲資助的報導專案去做。這種模式除了不可持續，也不是獨立的，而且是否正產生作用也不清楚。沒錯，蓋茲資助的《衛報》全球發展專欄會發表關於全球貧困人口的報導，但《衛報》並不是在它的主要新聞版面上開闢這個專欄，也沒有將這些報導放在它最大的讀者群眼前[29]。

這位消息人士說：「我是否認為比爾‧蓋茲資助媒體是壞事？也許不是，但目前的運作方式是非常不透明和隱祕的，既無從問責，也不交代利益衝突，所以它是無可救藥的。我不知道蓋茲涉入媒體是否有更好的方式。目前是一種無可救藥的矛盾局面，但似乎沒有人有意改變它。」他補充道：「我的感覺是，多數人就只是非常感激蓋茲的資助，不會真的質疑它。」

Chapter 8　新聞工作

透過蓋茲的玫瑰色鏡片看世界

比爾‧蓋茲被廣泛譽為世界上最慷慨的人，但在他享有世界頭號慈善家光環期間，他的個人財富幾乎增加了一倍。如果說新聞界未能揭示此一矛盾，那可能是因為比爾‧蓋茲多年來非常有效地宣傳經濟成果如何雨露均霑，如何使所有人都變得更富有。

「1990年，全球超過三分之一的人口過著赤貧的生活，現在只有約十分之一是這樣，」蓋茲擔任《時代》雜誌客座編輯時在該雜誌寫道[30]。（比爾‧蓋茲還曾擔任《連線》雜誌、科技新聞網站 The Verge、《麻省理工技術評論》、日本《朝日新聞》、《印度時報》和《財星》雜誌的客座編輯[31]。）「一個世紀前，同性戀在約20個國家是合法的，如今在超過100個國家是合法的。婦女取得越來越大的政治權力，如今占各國議會逾五分之一的席次——而女性挺身控訴性侵犯時，世人終於開始傾聽她們的聲音。全球兒童上小學的比例超過90%。在美國，你因為工作或車禍死亡的機率遠低於你祖父母那一代。」

透過比爾‧蓋茲的玫瑰色鏡片，我們看到一個不斷變得更美好的世界。創造性資本主義、新自由主義和全球主義正在改善所有人的生活。許多億萬富翁正藉由慈善事業回饋社會，拯救數以百萬計的人命。當然，世界還有改進的空間。世界確實並不完美，但我們不要因為強求完美而使好事難成。我們必須堅持現行道路。現在這種一切如常的運作模式，或多或少是有效的。

蓋茲基金會非常重視其創始人的積極精神，甚至將「急切的樂觀者」（impatient optimist）一詞註冊為商標[32]。而當比

破解蓋茲迷思

爾‧蓋茲有力地論證對未來樂觀的理由，或邀請我們為人類文明取得的社會進步歡呼時，他都會特別說明這是「有數據支持的」[33]。

比爾‧蓋茲很喜歡發表一些他認為呈現了人類境況有根本改善的圖表。例如，他曾吹噓數據顯示貧困人口大幅減少，而他的貧困定義是每天生活費少於1.9美元[34]。「這條貧困線的問題在於它沒有實證基礎，竟然漠視人類的實際需求，」巴塞隆納大學和倫敦政經學院的經濟人類學家傑森‧希克爾（Jason Hickel）告訴我。「事實上，我們現在有非常有力的證據顯示，生活在這個水準，或甚至是兩倍於這個水準的人，往往連足夠的食物都無法獲得，更不要說滿足居住、醫療、乾淨的煮食燃料等其他基本需求。」

希克爾引用聯合國的資料指出，糧食不足的人口幾乎是所謂貧困人口的三倍[35]。「糧食安全不是奢侈品，它應該是嚴肅的貧困定義必須考慮的核心要素，」希克爾說。「雖然底層民眾的收入和消費一直在增加，但增幅很小，增速很慢，不足以使多數人擺脫實際貧困。過去四十年裡，世界上最窮一半人口的日均收入每年僅增加幾美分，儘管期間全球經濟空前快速成長。」

希克爾告訴我，如果我們以比較合理和誠實的方式統計貧困的真實情況，我們會發現，現在生活貧困的人比過去任何時候都要多。他的分析，使比爾‧蓋茲的世界觀面臨嚴重質疑，甚至可能使蓋茲的樂觀論述徹底破產。它迫使我們追問：在眼下這種經濟體制中，像蓋茲這樣的人可以獲得1,000億美元的財富，但超過十億人卻必須為溫飽掙扎，這種經濟體制對世界是否有利[36]？它要求我們思考這問題：比爾‧蓋茲那個掌握540億美元資產的私人基金會是有助促進平等，還是應該被視為當今世界不平等的首要例證？

比爾‧蓋茲對此有不同看法。他堅稱經濟和社會進步是真實的，但因為已經滲入新聞業的犬儒精神而被忽視了。「為什麼許多人覺得世界在衰落？」他問道。「我認為部分原因在於新聞報導的本質。壞消息以戲劇性的方式出現，好消息卻是漸進的，往往被視為沒有新聞價值。[37]」針對他看到的這種偏見，蓋茲的解決方案是提供大量資金給媒體去報導進步和希望的故事。

2009年，蓋茲基金會啟動「活證據專案」（Living Proof Project），希望藉由講故事展示「對抗赤貧之實地工作取得的進展」，以及對抗愛滋病的措施所拯救的生命[38]。蓋茲基金會說：「我們希望藉由向提供資助者——美國的納稅人及其代表——報告成功故事，重構當前的全球衛生對話。[39]」它後來為該專案的使命加上一些補充說明：「這並不是要宣傳一切都很好，當然也不是說所有援助都有效。我們要做的是講述那些常被忽視的故事。」

蓋茲基金會在某個時候意識到，它不需要藉由行銷活動來講述那些故事。它只需要資助新聞工作者就行了。這包括壯大一種名為「解方型新聞」（solutions journalism）的新興報導。這種報導要求記者摒棄對浪費、詐欺和濫權問題的悲觀關注，轉為集中報導世界上哪些方面運作良好、哪些方面正在進步，以及我們可以如何促成更多改變。這場慈善新聞（philanthro-journalism）新運動的組織中心是一個名為「解方型新聞網絡」

破解蓋茲迷思

（Solutions Journalism Network）的非營利組織，由大衛・柏恩斯坦（David Bornstein）和蒂娜・羅森堡（Tina Rosenberg）經營。2020年，我與柏恩斯坦和羅森堡交談時，該組織歷來最大的資助者是蓋茲基金會，至少提供了700萬美元[40]。蓋茲基金會還聲稱，為支持解方型新聞工作，提供了數百萬美元給其他機構，包括環保雜誌《Grist》和歐洲新聞學中心（European Journalism Centre）。

柏恩斯坦這麼解釋他們的想法：「新聞損害民主，主要是藉由提供一種基本上著眼於不足之處的世界觀。我們充分了解世界哪裡出了問題、什麼是醜陋的、什麼是腐敗的。但因為我們沒有數量相若的資訊去了解世界哪裡正在進步、眼下正出現哪些新機會，我們的世界觀因此有點片面，是很有問題的。[41]」

解方型新聞網絡宣稱其使命是「賦予解方型新聞正當性和普及這種報導」，並聲稱它已經與超過五百家新聞機構合作，以及培訓超過兩萬名記者[42]。該組織宣揚它著眼於進步的世界觀時，無疑是在改變新聞業的視角。它為一種新型報導創造了機會，而這種報導有時會讚揚而非質疑權力結構。例如，蓋茲資助的「解方型記者」不時會介紹蓋茲基金會的善舉和創新解決方案。在一次訪問中，我問柏恩斯坦能否舉例說明解方型新聞網絡曾幫助促成關於蓋茲基金會的批判性報導，而他對這個問題不以為然。「我們資助的多數報導著眼於解決問題的努力，因此它們通常不像傳統新聞報導那麼批判性，」他說。

該組織在其網站上承認，接受慈善機構的資助來製作解方型新聞，「本身涉及潛在的利益衝突」。柏恩斯坦受訪時進一步解釋道：「如果你報導全球衛生或教育問題，而且要報導有趣的變革模式,那麼你報導的組織大有可能是蓋茲基金會資助的,因為他們的資金基本上覆蓋全世界,他們是這兩個領域的主要金主。」但是,如果你有意接受蓋茲資助你的新聞模式,然後幫助蓋茲資助的團體傳播其觀點和提升其聲量,我們要如何區分這種新聞與公關宣傳呢?

柏恩斯坦和羅森堡不僅是世界領先的解方型新聞鼓吹者,還是它的主要實踐者。他們曾在《紐約時報》撰寫名為「修復」(Fixes)的專欄許多年,期間多次正面報導蓋茲在教育、農業和全球衛生領域資助的專案。2019年,羅森堡的專欄兩次盛讚世界蚊子計畫(World Mosquito Program),而該計畫的贊助者網頁曾出現比爾‧蓋茲的照片。我粗略瀏覽2010至2020年間《紐約時報》發表的600篇「修復」專欄文章,發現有15篇寫到蓋茲夫婦、他們的基金會或蓋茲基金會資助的工作。我不是第一個注意到這種偏頗的人,也不是第一個提醒《紐約時報》注意這問題的人。

2013和2016年,蒂娜‧羅森堡在她的《紐約時報》專欄中大篇幅報導橋梁國際學校(Bridge International Academies),給予很多好評[43]。橋梁國際學校是若干非洲國家的一個私立學校體系,比爾‧蓋茲不經他的基金會、自己投入了資源支持它。這些學校引起很大爭議,不僅因為它們試圖將教育私營化,還因為這些追求盈利機構採用的教學模式大有問題[44]。它們的教師訓練不足,上課時只是刻板地讀出講稿,而且時間安排得相當緊湊,未必有時間讓學生提問[45]。

萊奧妮‧海姆森(Leonie Haimson)是《紐約時報》的讀者,也是倡議團體「班級大小有關係」(Class Size Matters)的

破解蓋茲迷思

負責人，她對羅森堡沒有揭露自身的利益衝突十分驚訝：羅森堡報導比爾・蓋茲資助的私立學校體系，理應告訴讀者她在蓋茲基金會資助的機構工作。海姆森說，這種財務關係導致文章有所偏頗，例如羅森堡決定引用橋梁國際學校自己公布的績效數據，以此證明該組織的教育模式「很可能」有效[46]。羅森堡還淡化了這些學校普遍受到的批評，以便提出和解型評論。她在2016年寫道：「該專案應該早一些設想出來，其過程應該公平一些。但如果說有個地方適合試驗新做法，那就是在那裡。我們很難在審視賴比瑞亞的教育體系之後說：那裡完全不需要新做法。[47]」

海姆森意識到，羅森堡寫過看似附和蓋茲基金會教育議程的其他專欄文章，於是她聯絡《紐約時報》，提出了她擔心的問題，並引用該報強調獨立性的道德準則。她和我分享她寫給《紐約時報》的一封信，信中寫道：「《紐約時報》有個專欄作家受蓋茲資助，然後經常宣傳大有爭議的蓋茲資助專案，而且完全沒有揭露當中的利益衝突，這就像由艾克森美孚資助的某個組織的負責人撰寫環境問題專欄。[48]」她一直沒有得到回應。

我在2020年首次報導柏恩斯坦和羅森堡時，這兩位作者為他們的文章獨立性辯護，但也向我承認，他們在專欄中談到蓋茲基金會資助的專案時，理應向讀者公開揭露他們與蓋茲基金會的關係。他們要求他們的編輯為他們的幾篇專欄文章補上這種揭露。我就此問題多次聯絡《紐約時報》，而他們在超過一年之後才終於為幾篇專欄文章發出更正[49]。

解方型新聞在媒體界的其他角落也出現類似的道德問題。蓋茲基金會聯同解方型新聞網絡與《西雅圖時報》合作開展一個名為「教育實驗室」（EDLab）的報導專案時，華盛頓大學教授歐韋恩（Wayne Au）批評了由此產生的報導如何支持蓋茲的議程。在2014年的一個線上論壇上，歐韋恩引用《西雅圖時報》發表的關於教師聯合會（Teachers United）的兩篇「吹捧文章」，而教師聯合會是「蓋茲資助的一個假草根地方組織，完全是企業教育機器的一部分。[50]」他說：「令我震驚的是，《西雅圖時報》教育實驗室的政治觀點相當狹隘。我看到的主要是一些『安全的』報導，涉及幾乎沒人會質疑的主流內容，然後我又看到像教師聯合會兩篇公關文章那樣的報導。這很大程度上關乎你和《西雅圖時報》認為什麼是『有效方法』或『解決方案』。」

歐韋恩問道：為什麼《西雅圖時報》不報導反對蓋茲教育議程的家長行動呢？為什麼不向讀者介紹像壞蛋教師協會（Badass Teachers Association）、社會平等教育者（Social Equality Educators）和社會正義西北教學聯盟（Northwest Teaching for Social Justice Conference）這些提出解決方案挑戰蓋茲基金會的團體呢？歐指出：「對我來說，所有這些團體或計畫都是解決方案／有效方法的例子。它們全都反擊了蓋茲對解決方案／有效方法的定義的假設性規範，而這些東西通常不會出現在《西雅圖時報》支持的任何內容裡。」

歐韋恩的批評直指問題核心。解方型新聞這種新型報導的資助者、推動者和實踐者看來不是很大的一個群體。他們提出一套狹隘的解決方案，往往附和資助他們的慈善機構之世界觀或甚至是這些機構的實際工作。我們確實很難想像在這樣的世界裡，解方型新聞會把蓋茲基金會視為一個問題，或是探索解決方案，例如拒絕蓋茲基金會的資助。

破解蓋茲迷思

因為慈善機構投入大量資金去賦予解方型新聞正當性，這種自我感覺良好、著眼於進步、急切樂觀的報導方式似乎只是為了服務它的大金主而存在。解方型新聞網絡2020和2021年的最近兩份報稅表顯示，該組織年收入約為2,000萬美元。頂層員工如柏恩斯坦和羅森堡年薪約為20萬美元。這些數字會使許多新聞機構羨慕不已[51]。

但有些記者可能會覺得十分可怕。富豪捐助者正在從根本改變新聞業的運作方式。透過慈善捐贈，超級富豪可以放大一種全新的報導方式，利用它宣傳他們的世界觀、訊息和品牌。一名曾參與多個慈善資助新聞專案的記者告訴我：「過去十年裡，我工作過的新聞機構沒有一個不是在大力推動解方型新聞。他們這麼做是因為想要資助，而不是因為這是一件好事。解方型新聞的定義太含糊了。如果你申請慈善機構的資助，往往必須在解方型新聞這個框架下進行……蓋茲很愛這個……自由工作者憎惡它。編輯就只是接受它；他們看到它的好處。它是非常欠缺檢視的。」

慈善新聞與利益衝突

美國國家公共廣播電臺（NPR）獲得蓋茲資助約2,150萬美元，是接受蓋茲新聞資助最多的機構之一。對蓋茲基金會來說，這只是一筆小錢，但對一家非營利新聞機構來說，這是一筆非常可觀的資金，畢竟NPR似乎一直大力勸說聽眾每月捐10美元給它。蓋茲的慷慨捐助促成了關於蓋茲基金會工作的大量報導──截至2019年，NPR的報導提到蓋茲基金會近600次。

Chapter 8　新聞工作

　　蓋茲對NPR的捐助全都指定用於報導特定題目，蓋茲基金會致力處理的教育和全球衛生等問題因此受到重視。新聞機構通常由編輯決定報導哪些題目或「路線」（beats），而這不是個容易的決定。新聞機構不可能報導所有題目，總是必須為資源配置排好優先順序。決定報導哪些題目和投入多少記者到特定題目，是編輯流程的一個關鍵環節。蓋茲基金會可以為它青睞的題目提供報導經費，以及誘導新聞機構跟隨其步伐，藉此影響這個關鍵編輯環節。

　　但NPR說事實並非如此。「來自企業贊助商和慈善捐助者的資助，與NPR編輯部的編輯決策過程是分開的，」一名發言人在一封電子郵件中告訴我。「我們的編輯自行決定報導哪些新聞以及如何報導。NPR的新聞工作者完全不參與選擇資助者或贊助商。我們的新聞工作者接受過新聞職業道德和實踐方面的訓練，這可以防止外部團體影響他們的客觀性、題材選擇和報導。」

　　2019年，NPR報導西雅圖一個試驗性房屋計畫，它由蓋茲基金會提供部分經費（沒錯，蓋茲基金會也資助房屋專案），安排訓練有素的「導航者」幫助貧困家庭在學校和設施比較好的較富裕社區找房子[52]。NPR的報導說，該計畫為那些家庭提供一個「打破貧困循環」的機會，並引述研究人員指出，參與該計畫的兒童一生估計能多賺18.3萬美元。對一個仍處於試驗階段的房屋計畫來說，這是一個非常具體和樂觀的預測。

　　如果你看這篇報導時特別留心，你會發現它引述的每一名專家都與蓋茲基金會有關係。但我估計多數讀者或聽眾都無法真的將這些點連起來：蓋茲資助的一家新聞機構引述蓋茲資助的專家，來宣傳蓋茲資助的一個專案。

破解蓋茲迷思

撰寫該報導的記者潘・費斯勒（Pam Fessler）表示，NPR從蓋茲那裡得到的資助「並不是影響我們選擇做該報導或如何報導的一個因素」。她還補充說，她為這篇報導接觸的人並非僅限於文章中引述的人。但是，這種情況經常出現在蓋茲資助的新聞報導中。在受蓋茲資助的新聞機構工作者在報導蓋茲資助的題目時，甚至可能根本沒意識到自己遇到了這種情況——他們在自己負責採訪路線中可以找到的所有「專家」消息來源都與蓋茲有關係。又或者即使他們意識到這種情況，他們還是可能沒有意識到，受蓋茲資助的專家承受傳達「正確」訊息的巨大壓力。

如前所述，蓋茲基金會一名前工作人員認為該組織對批評「非常敏感」，而「對那些想獲得資助的人來說，站出來公開批評蓋茲基金會無異於自殺。」一如受它資助的多數新聞機構，蓋茲基金會的官方立場是它對新聞工作沒有影響力。我在2020年首次提出質疑時，蓋茲基金會的回應是：「基金會新聞贈款的受助者一直是世界上最受敬重的一些新聞機構，而且目前仍是這樣……這篇報導的質問方式暗示這些機構接受基金會資助報導全球衛生、發展和教育問題時，它們的誠信和獨立性有所受損。我們強烈質疑這個觀點。」

多年來，一些記者曾針對資助新聞報導的問題詢問蓋茲基金會，而它認為這當中沒有灰色地帶。它在2010年指出：「這是因為我們認識到媒體環境發生了變化。我們注意到關於全球衛生與發展問題的報導大幅減少。甚至在此之前，許多此類問題就已經存在欠缺高品質深度報導的問題。因此我們不認為這是受我們的內部議程驅動。我們是在回應一種需求。[53]」

但事實上，蓋茲基金會不是在回應一種需求。它是試圖創造需求。它利用慈善捐助誘使新聞機構報導蓋茲喜歡的題目，而且往往以蓋茲資助的專家作為消息來源，有時會利用蓋茲喜歡的解方型新聞。而蓋茲提供給新聞業的數億美元侵蝕了新聞機構的獨立性，使它們很難以批判角度嚴格審視蓋茲基金會的工作——雖然這種情況有時還是會發生。

2019年9月，NPR報導了蓋茲基金會一個越來越受矚目的醜聞：它決定頒發人道主義獎給印度總理莫迪，雖然莫迪過去在人權和言論自由方面的表現令人沮喪[54]。新聞媒體廣泛報導這件事，使蓋茲面臨罕見的一波負面新聞。我們可以說，此事證明NPR確實保持了足夠的獨立性，能以批判的眼光審視蓋茲。但是，就在同一天，蓋茲基金會出現在NPR的另一新聞標題中：「蓋茲基金會指世界看來無法達成在2030年前消除貧困的目標。」這篇報導只引用了兩個消息來源：蓋茲基金會和全球發展中心這家智庫的一名代表，而全球發展中心最大的資助者就是蓋茲基金會[55]。

我們很難不注意到這篇報導缺乏獨立觀點。比爾·蓋茲是世界上最有錢的人之一，我們有理由視他為經濟不平等的一個圖騰，但NPR卻把他塑造成貧困問題的道德權威[56]。在2018年2月一篇題為「比爾·蓋茲回答關於貧困和權力的『尖銳問題』」的報導中，NPR批判視角的局限性受到關注。NPR在這篇答問中提出的「尖銳問題」來自比爾·蓋茲自己策劃的一份清單，而他此前曾在一封公開信中回答過這些問題。NPR記者阿里·夏皮羅（Ari Shapiro）問蓋茲怎麼看蓋茲基金會因為提供資助而得到影響力，以及這如何使潛在批評者難以暢所欲言。

破解蓋茲迷思

「我們很想知道人們建議了哪些其他優先事項，因為我們希望確保我們在選擇優先事項這件事上是非常明智和公正的，」蓋茲答道。「如果人們有建設性的批評意見，哇，那就聽聽他們認為我們應該如何改變做法，世界就是這樣前進的。」

在新聞工作中，這就是提醒記者追問的閃光和警笛。**蓋茲先生，除了你私人基金會選擇的優先事項，你真的不知道還有其他優先事項嗎？蓋茲先生，如果你是如此真誠希望徵求建設性批評意見，為什麼會有那麼多關於你的基金會欺負和壓制批評者的報導？為什麼你的基金會行事那麼隱祕？**

但NPR沒有這麼追問——因為它做不到。多年來接受蓋茲基金會的資助，使NPR對蓋茲基金會產生某種程度的崇敬或依賴，結果是在某種實際意義上，蓋茲基金會對NPR來說變成是神聖不可侵犯的——它太重要了，因此不可以批評。或者說，也許可以批評，但必須非常小心。NPR未能提出真正「尖銳」問題的真正風險，在於這可能使該媒體的報導淪為徹頭徹尾的錯誤資訊。它給予比爾·蓋茲最後發言權，容許他創造一種另類敘事，甚至一種另類事實（alternate reality）。

或許會有人認為，NPR應該乾脆停止報導蓋茲以保持其獨立性。但這麼做等於放過蓋茲基金會。我們不能忘了新聞業理應挑戰權力結構。以批判眼光審視富人和權貴是NPR的職責。如果像比爾·蓋茲這樣的人只要砸錢就能把棋子打下棋盤，他將自動贏得這場遊戲——因為他比任何人都有錢（只要他有意願，他真的可以直接買下任何一家報社或圖書出版公司）。

NPR必須有勇氣和獨立性去質疑蓋茲，而這意味著它必須停止收蓋茲的錢。新聞機構必須認識到，新聞業最重要的不是金錢，而是公眾的信任。新聞業者也必須明白，大眾不是傻瓜。如果我們希望人們支持新聞並相信民主，我們就不能容許新聞業成為超級富豪施加影響力的又一工具。

當慈善基金流向新聞媒體

比爾・蓋茲是《經濟學人》的讀者和粉絲，原因不難想像[57]。該雜誌重視商業的世界觀和他十分契合，也有助他為引導蓋茲基金會幾乎所有工作的市場原則辯解。

因此，蓋茲基金會提供資金給該雜誌——準確而言是《經濟學人》的研究和諮詢分支經濟學人信息部（EIU）——也就不足為奇。EIU據稱編輯了2011年蓋茲資助的報告《健康的合作夥伴關係》（*Healthy Partnerships*），該報告探討「政府可以如何與私營部門合作以改善非洲的衛生狀況。[58]」EIU在宣傳它的公共政策諮詢服務時，也強調它曾與蓋茲「在幾項重要計畫上」合作：「我們為一個專案提供了經濟分析和模型，該專案希望推進蓋茲基金會的三個關鍵目標：幫助非洲數以百萬計的自足農民脫貧；為一歲以下的兒童提供疫苗；以及改善部分開發中國家的清潔用水和衛生條件。我們還與蓋茲基金會和克林頓基金會合作一個專案，檢視全球婦女和女孩之境況變化和突顯重要的不足之處。[59]」

蓋茲基金會與EIU的密切關係似乎可以追溯到多年前，但奇怪的是，蓋茲基金會在2022年之前沒有向《經濟學人》集團提供慈善捐款的紀錄。另一方面，《經濟學人》雜誌經常報導

破解蓋茲迷思

蓋茲基金會，通常是不加批判或正面地報導，而且不會揭露同一集團的EIU與蓋茲有合作。(《經濟學人》沒有回應關於它與蓋茲基金會財務關係的媒體詢問。)

新聞機構沒有可靠地揭露來自蓋茲的資金，蓋茲基金會也可能沒有揭露其捐款，這種資訊不透明的情況使我們很難看清蓋茲基金會的影響力全貌。

我在報導工作中遇到非常多這種情況：新聞機構（或其媒體業母公司）聲稱獲得蓋茲資助，但蓋茲基金會的贈款紀錄並無相關資料，例子包括《高等教育紀事報》、Vox、《科學人》雜誌、商業雜誌Fast Company，以及《赫芬頓郵報》[60]。這些機構拿到的蓋茲資助，應該就是來自本書之前提到的蓋茲基金會數十億美元的匿名資金池。

2014年，美國公共媒體（APM）在被問到它沒有明確揭露與蓋茲的財務關係時，暗示這是遵從蓋茲基金會的指示，「因為他們希望人們集中關注節目本身。[61]」與此同時，新聞業目前通行的、近乎一致公認的道德準則要求新聞機構向受眾揭露財務上的利益衝突。簡而言之，如果你在報導蓋茲基金會，而你的工作得到蓋茲基金會資助，受眾必須知道這件事。在這方面未能提供透明資訊容易導致公眾不信任媒體。只要蓋茲基金會願意，它可以要求所有接受其資助的新聞機構在發表每一篇與基金會有關的報導時，明確揭露相關資助。但蓋茲基金會看來並不重視這件事。

即使蓋茲基金會在其資助紀錄中揭露了對新聞業的資助，其資金流向也可能很難追蹤。2021年，蓋茲基金會聲稱捐了72萬美元給線上雜誌集團Slate，用於「傳播證據和政策建議，以促進COVID-19後重視性別平等的經濟復甦。[62]」這筆錢似乎被用來在Slate旗下媒體《外交政策》（*Foreign Policy*）推出一個播客，名為《傑出女性的隱藏經濟學》（*The Hidden Economics of Remarkable Women*），內容包括訪問梅琳達‧法蘭琪‧蓋茲[63]。蓋茲基金會為什麼不在其贈款紀錄中清楚說明資金的用途和去向呢？為什麼要使我們如此辛苦地從A追到B再追到C呢？

蓋茲基金會聲稱，公開透明是它與新聞機構合作的一項核心價值。「我們遵循非常明確的若干原則。首先是公開透明：我們總是公開揭露我們達成了合作協議，以及合作涉及多少資金，」蓋茲基金會一名傳播主管2016年表示。「另一個核心原則，是我們所有的受資助者都保持編輯和創作控制權。我們非常重視新聞的獨立性。我們非常清楚，無論是正面還是負面的內容，都必須真實和準確。一旦確定了合作協議，我們就會放手。[64]」

我們必須看穿這種空洞的言辭，認清蓋茲基金會在這種作業中如何根本地不尊重新聞機構。它有賴新聞工作者因為太窮或太沒有原則，無法拒絕它的資金或指令。而新聞工作者收了蓋茲的錢之後，就會陷入尷尬的境地，不得不面向受眾為自己與蓋茲的財務關係辯解——而他們通常是鸚鵡學舌，重複蓋茲基金會關於新聞獨立性那些已破產的言辭。

作為一名記者，我個人認為蓋茲的資助與新聞業根本不相容。蓋茲基金會這個組織太強大，在新聞業濫用權力的歷史太長久，對新聞自由的基本價值（獨立、誠信、透明）太不尊重，因此在新聞業根本沒有它的角色。

破解蓋茲迷思

我並非完全反對新聞業採用某種慈善模式，而我也知道殘酷的經濟環境正繼續戕害現代新聞業——近數十年來，已經有成千上萬家新聞機構結束運作。在維持新聞業運作的資金流中，慈善資金所占比例似乎越來越大，而在許多地方，這些資金正促成一些重要的報導。本書一些讀者可能有捐錢支持媒體的運作，眼下就有越來越多播客和通訊（newsletters）是以個人小額捐款為主要財源。事實上，我對蓋茲基金會的報導就是始於艾麗西亞帕特森基金會（Alicia Patterson Foundation）的研究資助。

並非所有的慈善資助都是一樣的。有些金主資助新聞業，是因為他們認為獨立的新聞作業值得支持。另一些金主，例如蓋茲基金會，則是為了推進他們的議程、品牌和訊息而資助新聞業。而在這方面，蓋茲基金會的影響特別壞，因為它控制著驚人的巨額財富。它對新聞業的資助使相關報導變得偏頗，扭曲民主辯論，包括扭曲了公眾對蓋茲基金會本身的認識。這也是比爾・蓋茲在世界事務中成為一個如此強大和無需問責之人物的一個關鍵原因。

我們無法輕易禁止蓋茲基金會資助新聞媒體，但新聞機構和新聞工作者可以開始拒收比爾・蓋茲的錢。讀者和聽眾可以開始要求新聞機構保持透明，並大聲指出蓋茲資助之新聞報導普遍出現的偏頗，此外也可以取消訂閱。

教育

蓋茲的教育標準化夢想

在1990年代末和2000年代初,許多作家曾嘗試揭露比爾・蓋茲對壟斷力量(monopoly power)的執迷,其中之一是肯恩・歐來塔(Ken Auletta)。「蓋茲對政府質疑他的動機十分憤怒。他認為他是在做好事。他認為他是在創造一個近乎通用的作業系統。人人都用同一個系統,這不是很好嗎?情況就像一個國家不必為尺寸不同的兩種火車鋪設兩套鐵軌,」歐來塔為了他的著作《World War 3.0》(書名暫譯:世界大戰3.0)接受有線衛星公共事務網(C-SPAN)訪問時這麼說。「蓋茲未能明白的是恐懼:人們會害怕壟斷,會害怕權力集中。[1]」

數十年後,在反托拉斯法律鬥爭和廣泛的公眾批評證明比爾・蓋茲嚴重失算之後,他還是沒有吸取這個教訓。蓋茲堅持認為微軟沒有做錯任何事——到了2019年,他還公開反對美國司法部關於微軟阻止更好、更便宜產品進入市場的說法。「我仍然可以向你解釋為什麼政府完全錯了,但現在這已經是舊事了。對我個人來說,這確實加快我進入下一個階段的步伐,使我提早二至五年,將我的工作重心轉移到我的基金會。[2]」

破解蓋茲迷思

蓋茲認為標準化的電腦作業系統有如標準化的火車鐵軌，是市場有效運作的必要條件，於是他在致力於蓋茲基金會的工作之後，應用同樣的壟斷邏輯，希望為美國教育創造一種新的標準運作模式。「在這個領域，如果能建立共同標準，就像電源插頭那樣，就會有更多的自由市場競爭，」他在2014年解釋道[3]。

「如果有50種不同的插頭類型，電器將會非常難用，價格也會非常昂貴，」他在另一場演講中說[4]。

蓋茲所說的「共同標準」是指一組被稱為「共同核心」（Common Core）的教育標準，基本上是他的基金會在2010年代初促成的。「考試與共同標準接軌之後，課程也將接軌，而這將釋放強大的市場力量，提供更好的教學服務，」蓋茲解釋道。而且他明確指出，他所講的市場不是觀念市場[5]。他是在講商業市場：「這將是第一次有一大批顧客渴望購買可以幫助每一個孩子學得更好和每一名老師教得更好的產品。試想一下，那些創造出令人興奮的電子遊戲的人，將他們的智慧應用在線上工具上，吸引孩子們努力學習，並且使代數變得有趣。」

蓋茲基金會承諾，藉由統一各州的教育標準，並且持續檢驗和改進這些標準，整個美國的學生無論住在哪裡，終於都可以獲得相同的優質教育。密西西比州貧窮的三年級學生學到的閱讀和數學能力，將與華盛頓州富裕的三年級學生相同。

這種以公平為核心訊息的宣傳，使蓋茲基金會得以與各種利害關係人建立合作關係。例如在2010年代初，比爾·蓋茲就出現在「黑人企業」（Black Enterprise）和《Ebony》雜誌等媒體上，將他的教育議程說成是一個民權問題：「為什麼教育體系的不平等沒有引起人們的憤怒、絕對的憤怒？為什麼不是每天都有抗議？我不明白。[6]」

媒體與教育改革的結合

蓋茲基金會也非常倚重媒體來幫忙推動它的教育改革議程。蓋茲動用四百萬美元贊助全國廣播公司（NBC）一個名為《教育國度》(Education Nation)的類似新聞的節目，由著名主播塔姆倫·霍爾（Tamron Hall）和布萊恩·威廉斯（Brian Williams）主持[7]。蓋茲也用了200萬美元宣傳備受矚目的紀錄片《等待超人》(Waiting for "Superman")，該片像鸚鵡學舌那樣講述蓋茲的教育改革議程。另一方面，《大西洋》在蓋茲資助下舉辦審視「教育現狀」的峰會，並刊出蓋茲資助的關於「重建美國夢」的報導式廣告（advertorials）[8]。

在推動各州共同核心標準的過程中，蓋茲基金會最有力的盟友和同謀很可能是歐巴馬政府。歐巴馬第一次競選總統時，蓋茲基金會與布羅德基金會（Eli and Edythe Broad Foundation）合作，花了6,000萬美元支持名為「美國強校」（Strong American Schools）的政治宣傳活動，希望使教育標準成為總統大選的一個首要議題[9]。分析師當時表示，這種針對單一議題的政治支出是史無前例的。

2009年歐巴馬上任後，他的教育部門在人員和想法方面立即借助於蓋茲基金會。教育部長阿恩·鄧肯（Arne Duncan）曾任職於芝加哥公立學校（Chicago Public Schools），而這個學區曾獲得蓋茲基金會捐助數千萬美元。鄧肯後來安排了一些曾與蓋茲合作的人進入教育部。因為蓋茲基金會無所不在，有人開

破解蓋茲迷思

始說比爾・蓋茲是「真正的教育部長」[10]。但是，我們或許可以說這不是蓋茲接管了聯邦政府的教育政策制定，而是一種圍繞著新自由主義改革的思想融合，是數十年來企業界構想的美國學校大改革的一部分（我們將在本章稍後詳細討論）。這個改革聯盟的成員包括富豪的基金會、聯邦政府和企業支持者，但幾乎沒有教師、家長和學生參與的空間。

美國教師聯盟（AFT）主席蘭迪・溫加頓（Randi Weingarten）2014年表示：「蓋茲的團隊沒有真的與教師合作，也沒有傾聽教師的意見，了解他們認為改善公立教育需要什麼。他們選擇繞過教師，而這造成了極大的不信任。[11]」這也是AFT選擇停止接受蓋茲基金會資助的原因之一。

福特漢姆大學（Fordham University）政治學教授尼古拉斯・坦皮奧（Nicholas Tampio）形容蓋茲基金會使用「麥肯錫的手段，快速推動變革，使人們因為反應不及而無法阻止。」他告訴我：「事實上，要向人們解釋這當中涉及什麼問題是非常非常困難的。比爾・蓋茲從來不想參與有關共同核心的辯論。阿恩・鄧肯和小約翰・金恩（John B. King Jr.），歐巴馬的兩位教育部長，他們不會參與關於共同核心的辯論。大衛・科爾曼（David Coleman），共同核心的設計師，也從不參與關於共同核心的辯論。」

除了麥肯錫的手段，蓋茲基金會也參考了大菸草公司的做法，資助許多不同的倡議團體，使比爾・蓋茲的新教育標準看似獲得各方廣泛支持，而這種資助採用的做法有時使人很難看到蓋茲的角色[12]。例如，蓋茲基金會的贈款紀錄顯示，它提供超過1,100萬美元支持高中公平運動（Campaign for High School

Chapter 9 **教育**

Equity）相關工作，資金流向全國城市聯盟（National Urban League）、全國有色人種促進會（NAACP）的培力計畫，以及美國墨裔法律辯護及教育基金（Mexican American Legal Defense and Educational Fund）之類[13]。但是，這些組織以「有色人種社群」和洛克菲勒慈善顧問專案的名義進行政治宣傳，經常不揭露蓋茲基金會的資助。蓋茲基金會也以各種方法向美國國會宣傳其訊息，例如資助亞斯本研究院和高等教育政策研究所（Postsecondary National Policy Institute）為國會工作人員安排靜修活動，幫助他們了解教育政策[14]。

蓋茲多管齊下的政治運作奏效了——或者說似乎奏效了[15]。即使當局沒有做過試驗計畫或評估以確保共同核心標準有效，即使最終草案還沒公布，各州就已經開始採用這些標準。《華盛頓郵報》稱之為「美國歷史上教育政策最迅速、最值得注意的轉變」之一。

《華盛頓郵報》除了發表調查報導，還相當不尋常地公布了比爾・蓋茲受訪的影片。在訪問中，記者琳賽・林頓（Lyndsey Layton）敦促蓋茲解釋許多矛盾之處，以及回應針對蓋茲基金會工作的許多批評——不僅向他提出尖銳的問題，還在他沒有回答時再問一次[16]。比爾・蓋茲處於被追究責任的位置是極不尋常的事，而《郵報》這場訪問清楚揭露了原因：他不具備參與嚴肅辯論或接受質疑的個人條件。簡而言之，他在那場訪問中崩潰了。

在訪問過程中，蓋茲不時長時間保持沉默，滿臉蔑視地不知看著哪裡，藉此表達他的憤怒，林頓的問題因此沒有得到回答。蓋茲還會批評林頓的問題沒有「實質內容」。以下是訪問

破解蓋茲迷思

逐字稿的一部分,包括林頓問到微軟在共同核心標準中的財務利益,特別是在創造新的教育軟體方面[17]。

蓋茲:你認為那種說法〔認為蓋茲力推共同核心標準是基於商業利益考量〕說得通嗎?你認為它說得通嗎?

林頓:我,我不知道。我不是,我,這是我們第一次見面……我不確定。

蓋茲:好吧,你來說,你來說說這裡面的邏輯。

林頓:這當中的邏輯是……

蓋茲:是什麼?你是說這一切都是出於自身利益?這是……

林頓:不,那是,那是你們推動共同核心標準背後的驅動力之一。

蓋茲:什麼意思?

林頓:意思是微軟與培生(Pearson)剛簽了一個協議,將共同核心課程放到 Surface〔微軟的一種平板電腦產品〕上。所以,你們已經有了一個產品,微軟已經有了一個正在銷售的產品……

蓋茲:是的,我們有培生的老產品。我,它,它,與共同核心和微軟的任何東西完全沒有關係。

林頓:好的。好吧,我只是,我想了解這一點,但那是,比爾,讓我告訴你……

蓋茲:那是脫離事實的問題,好嗎?

Chapter 9 教育

林頓：但人們知道，人們知道你在推共同核心標準時，就會提出這問題……

蓋茲：你真的認為我支持共同核心標準是出於某種自利考量嗎？你剛才說的就是這個意思。

林頓：不，我不知道我認為是這樣，而你似乎也不……

蓋茲：你不知道。你不知道？

林頓：我不認為我相信是那樣。

這時候，鏡頭外有聲音說，他們應該換一個問題。在訪問的另一部分，林頓問到蓋茲的政治影響力以及他被稱為「美國非民選教育局長」這件事：

林頓：好吧，我來告訴你，我與教育政策領域的人交談時，我聽到了什麼。他們常開的一個玩笑是，遲早人人都將為蓋茲工作，因為看一下你們資助的廣度，以及共同核心標準的宣傳工作，就會發現你們既資助左派，也資助右派，包括智庫、學區、工會、商業團體。種類繁多。嗯，要說出沒有接受過蓋茲資助的教育團體的名字，比說出所有接受過蓋茲資助的團體的名字還要難。所以就出現這種說法：由於蓋茲的資助無處不在，你設定了議程，不同的觀點較難出現，也不容易有真正的、誠實的辯論，因為你資助了這個領域如此廣泛的參與者。

蓋茲：哇，我，我，我想我們不會在這裡討論到任何實質問題，呃，抱歉。〔長時間停頓〕我們的宣傳支出只是一個零頭，好嗎？〔聯邦政府在〕中小學教育每年要花6,000億美元，你可以試算一下我們嘗試新事物的研發支出所占

249

破解蓋茲迷思

的百分比⋯⋯共同核心標準，人們會決定，不，我們不，我們不資助，如果你知道我們資助的一些右派團體，如果你知道，一些左派團體。我不知道。我，我不知道你在說什麼⋯⋯我們，我們不⋯⋯

林頓：美國企業研究所⋯⋯

蓋茲：我們不資助政治團體。我們不是⋯⋯

林頓：⋯⋯智庫⋯⋯

蓋茲：⋯⋯我們不資助傳統基金會、凱托研究所之類的組織。呃⋯⋯

林頓：美國企業研究所⋯⋯

蓋茲：他們有一些教育政策方面的專家，這是真的。

林頓：福特漢姆，福特漢姆研究所（Fordham Institute），讓他們寫⋯⋯

蓋茲：這些，這些不是政治問題。事情是有一些人應用專業知識來問答這問題：「這是一種使教育變得更好的做法嗎？」我的意思是，說到底，我不認為希望教育變得更好是左派或右派的事。所以，我們要確保有盡可能多的專家——是的，其中一些會有政治傾向——來做評估。所以，我們資助專家來研究這些東西。我們不會對接受資助的人說：「好吧，如果你說你喜歡共同核心標準，我們就給你這個錢。」我們從來沒有做過這種事。我們是對這些東西做評估。而我認為，我們對如何幫助教師做得更好所做的分析並不夠。沒錯，我們有些工作像是徒勞：我們資助專家去評估一些東西好不好，但這些東西可能不會被採用，又或者專家認爲它們不好。無論你政治立場如何，這一點是一致的。如果你對問題的實質有興趣，你應該關注的是：參加全國性考試的學生，是否應該學習考試範圍內的東西？呃，學生不接觸相關內容公平嗎？麻省的高標準是否使麻省的學生表現更好，相對於課程內容比較不進取的地方來說？呃，所以，這些是事實問題。他們不是，你知道，呃……教育可以變得更好。呃，有些人可能不相信教育可以改變，不相信我們可以做得更好。在如何幫助我們的學生變得更好方面，我們並不是註定會比所有這些其他國家差。沒錯，我們是找了很多人幫忙。但相關支出只是一個零頭。你知道，教育是非常大的東西，它值得所有政治派別的人來研究如何改善它。

當然，蓋茲基金會的整個運作方式恰恰是蓋茲所否認的：它精挑細選，僅資助那些會可靠地支持其議程的團體；它輸送大量金錢給每一個可能有影響力的參與者，鼓勵他們支持它的工作，或至少避免公開批評它。

分別來自密西根州立大學和密西根大學的學者莎拉·雷克豪（Sarah Reckhow）和梅根·湯普金斯斯坦奇（Megan Tompkins-Stange）甚至訪問了蓋茲基金會一些員工，他們（匿名）承認蓋茲會設法製造支持他的意見[18]。「那些研究報告是在一個相當窄的圈子裡製造出來的，」一名基金會主管對研究人員說。「你請人寫一份報告，會有委託協議書，會有大量研究，會有大量檢查，諸如此類，但這個過程還沒開始，你基本上已經知道報告會說些什麼。」另一名蓋茲基金會員工指出：「任何人只要願意關注一下，很快就會發現，所有這些突然看著

破解蓋茲迷思

同一本讚美詩集唱頌歌的組織,都是從同一個組織拿到錢⋯⋯我們資助幾乎所有做倡議的人。」

《華盛頓郵報》的調查提供了一個非常具體的例子來說明這種情況如何發生。蓋茲基金會向當時隸屬於北卡羅來納大學的亨特研究所（Hunt Institute）提供數百萬美元,用於協調一個政治倡議者網絡,其成員包括教師工會、拉美裔倡議組織 La Raza,以及福特漢姆研究所。雖然這個聯盟名義上由亨特研究所管理,但蓋茲基金會的政策與倡議總監史蒂芬妮·桑福德（Stefanie Sanford）每週都會親自主持與所有團體的電話會議,以決定「哪些州需要支援,誰是回應問題或批評的最佳人選,誰需要前往哪個州的首府出席聽證會⋯⋯在這個過程的後期,蓋茲和其他基金會出錢為現役教師辦模擬立法聽證會,訓練教育工作者回答立法者的問題。[19]」

很明顯,蓋茲基金會選擇利用政治操作和政治壓力來制定教育政策,而不是像它聲稱的那樣,只是仰賴慈善工作、研究和評估。這也正是為什麼比爾·蓋茲接受《華盛頓郵報》訪問時變得那麼激動:因為他正面臨關乎其慈善事業本質的根本問題。你是否正利用你的巨額財富損害民主?

共同核心標準的爭議與反彈

雖然各州共同核心標準（CCSS）起初獲美國絕大多數州採納,看起來像是一場出乎意料的政治勝利,但該計畫隨後招致右派和左派同聲批評。到了2014年,有幾個州已經選擇走回頭路或完全棄用CCSS[20]。還有一些州雖然保留了這些標準,但重新包裝它們以化解政治上的反彈[21]。

黛安‧拉維奇（Diane Ravitch）是紐約大學已退休的歷史學家，曾在老布希總統任內擔任負責研究的助理教育部長，她是CCSS的眾多批評者之一。她在一篇部落格文章中講述了蓋茲基金會如何「出錢為CCSS的編寫、CCSS的評估、CCSS的實施以及CCSS的推廣和倡議買單。[22]」除此之外，它還資助成立EdReports.org這個新組織，以確保教科書遵循CCSS[23]。「美國最有錢的人可以花錢買到一套未經檢驗的新學術標準，並藉由與美國教育部密切合作，將這套標準強加於全國的公立學校，這是整個國家的一個醜聞，」拉維奇2014年說[24]。「教育政策是一個非民選者制定的，他資助了數十個團體，並與教育部長結盟，而教育部長的幕僚裡面也有蓋茲的盟友，這已經是國會為此召開聽證會的充分理由。」

除了蓋茲的政治操作引起爭議，一項獨立評估也顯示，共同核心標準實際上沒有像蓋茲所說的那樣改善教育，而就連蓋茲資助的一些新聞機構如Chalkbeat也報導了此一發現[25]。

蓋茲基金會在教育方面的工作並非僅限於推廣教育標準，而我們從中看到，它在母國的運作方式與它在海外窮國的運作方式如出一轍，都是藉由幕後操作，策劃有爭議、不民主、由上而下的政策變革。而一如蓋茲基金會的其他工作，它在美國教育領域的社會改造努力基本上沒有幫到它聲稱要幫助的人。蓋茲基金會自己也承認，它在教育方面的工作基本上失敗了。例如，蓋茲花費6.5億美元做了一項建設小型學校的實驗，然後因為效果不佳而放棄[26]。蓋茲基金會還為新的教師評估方式和特許學校投入數億美元，但這些有爭議的作為至今未能明顯改善教育。

破解蓋茲迷思

就連比爾和梅琳達・法蘭琪・蓋茲也公開承認，他們在教育方面的工作成效甚微。在2019年的一場訪問中，比爾・蓋茲對照了其基金會在教育領域的不足與他認為他在全球衛生領域取得的巨大成就。「我們原本以為，因為美國教育就在我們這裡，人人都很理性，都想把教育做好，所以我們會在美國教育領域取得巨大勝利，例如將輟學率降低一半。美國的高中和大學輟學率都是最高的，高於世界上任何一個國家，」他指出。「以總體層面的指標衡量，例如看高中輟學率、數學考試成績、口語考試成績，我們的成就非常小。我們投入了很多。沒錯，我可以指向我們參與的特許學校——如果你去參觀，你會非常振奮。這很好。每年有將近100萬個孩子得益。但美國中小學有5,200萬個孩子，所以如果你只是幫助了100萬人，你不會在總體指標上看到效果。那只是一個零頭。[27]」

如果仔細聽他的話，你會發現他實際上是在為他的失敗找代罪羔羊，聲稱他的基金會沒有足夠的財力來推動改革：「這件事困難得多，部分原因是你的錢很少。此外，人們基本上滿足於現狀……這是我們低估了困難的一個領域。我們正在對我們的策略做第三次修訂。我們還是很有決心要做出成績。而且，說實話，我們很可能幫助了5,000萬名學生中的400多萬人。因此，我們的努力已經開始有一點點反映在數據上。[28]」

當然，比爾・蓋茲關於「幫助」學生的說法模糊不清、欲言又止，比他的基金會在衛生方面的工作難宣傳得多，畢竟後者可以宣稱「拯救了生命」。這也是蓋茲基金會為什麼似乎只用很少的公關預算宣傳它在美國教育方面的工作，雖然它在這方面已經花了超過100億美元，約占其歷來支出13%[29]。

Chapter 9　教育

　　蓋茲在教育方面的失敗，不能僅視為浪費了錢財，因為它在現實中會造成各種後果：對教師而言，他們被說成不知道如何做好自己的工作；對學生而言，他們被當成蓋茲社會實驗中的小白鼠，或因為在蓋茲推動的標準化考試中成績不理想而被批評，因此認為自己不聰明；對家長而言，因為蓋茲不斷聲稱美國教育處於危機狀態，他們必須設法克服因此產生的困惑；對納稅人而言，他們被迫支持蓋茲基金會的教育改革議程，因此付出了難以估量的金錢。

　　雖然蓋茲基金會某種程度上承認自己在教育方面的失敗，但它沒有真的認錯和負責。面對一連串的錯誤，它沒有表達任何謙遜之意，也沒有為它造成的損害承擔責任。相反，它堅持認為，它的財富和特權使它有權繼續擲飛鏢，無論這會造成什麼連帶傷害。「取得進展比我們所希望的困難，這絕不是放棄的理由，」梅琳達・法蘭琪・蓋茲2020年表示[30]。「恰恰相反，我們認為，如果不盡我們所能幫助學生充分發揮潛能，風險大得多。我們當然明白為什麼很多人對富豪慈善家設計教學創新或制定教育政策持懷疑態度。坦白說，我們也是。比爾和我一直都很清楚，我們的角色不是自己產生想法，而是支持那些長期從事教育工作的人，包括教師、管理人員、研究人員和社區領袖，所推動的創新。」

　　在大眾眼中，比爾・蓋茲首先是個商人，然後是個慈善家。但在蓋茲自己看來，他成功的基礎是他出眾的智力。而他之所以認為自己是世界上最聰明的人之一，原因之一是他的性向測驗成績。在1990年代，西雅圖的記者找到了蓋茲在大學時短暫交往過的一名女士，她說她第一次見到蓋茲時，蓋茲馬

破解蓋茲迷思

上想知道她的大學入學考試成績——而他希望她知道他考了滿分。這名女士說:「當時我不覺得這是很好的搭訕方式。現在回想起來覺得有點好笑,但當時我真的不覺得有趣。我以為我可能聽錯了。說得好聽點,我覺得那是很奇怪的。[31]」

但是,多數媒體人接受了蓋茲是天才的說法。2019年,Netflix推出了三集的紀錄片《蓋茲之道》(*Inside Bill's Brain*),它要求觀眾透過蓋茲電腦般的認知來認識他[32]。該片的導演是先前推出蓋茲支持之紀錄片《等待超人》的戴維斯・古根漢(Davis Guggenheim),它對蓋茲的神化描述模糊了虛構與非虛構之間的界線。例如,該片提到蓋茲中學時的一次數學考試成績使他成為全州最優秀的學生之一,然後就講述蓋茲將他基於數字的複雜解題方法帶到了他的慈善工作中。《蓋茲之道》還帶觀眾領略蓋茲著名的「思考週」:多年來,新聞媒體曾多次報導這個思考週,將蓋茲描述成僧侶般的知識分子,前往鄉間,在一間空置的小木屋裡度過一個星期,以便在一大堆厚厚的書籍陪伴下獨自思考[33]。伯尼・諾伊(Bernie Noe)在片中說:「每小時看150頁書,這是一種天賦。我認為他記得90%的內容。這有點非同凡響。」該片告訴觀眾,諾伊是蓋茲的朋友。它沒提到的事實是,當時諾伊是蓋茲子女就讀的私立高中校長,而蓋茲基金會已經捐了超過1億美元給該學校[34]。

梅琳達・法蘭琪・蓋茲在片中被問到比爾的大腦袋時,幾乎必須中斷訪問,因為她笑得無法自制:「太混亂了!……我可不想待在那個大腦裡。裡面有太多事情一直在發生……真是難以置信![35]」

Chapter 9 教育

　　事實上，這些證詞才是真的難以置信，因為它們全都來自比爾·蓋茲影響力範圍內的人。這種片面的描述誤導了大眾，未能解釋蓋茲的大腦為何似乎總是短路回到一個錯誤的前提：「我是對的，我知道我是對的。」它忽略無數批評者的看法，他們曾近距離觀察蓋茲的智力，認為要理解蓋茲的智力，必須著眼於它的局限性而不是它的廣闊性。

　　「比爾·蓋茲的一個特點，是他真的認為他是宇宙間最聰明的人之一，」曾與蓋茲一起擔任微軟公司董事的電腦科學家瑪利亞·克拉維說[36]。「他是個非常聰明和成功的人，但絕對不是我見過最聰明的人之一。部分原因是他不知道自己不懂什麼。我的意思是，他真的以為他去跟某個人聊幾個小時，就能明白一些深奧的東西。我覺得我和比爾非常有趣的一次爭論，是他告訴我，過去二十年裡沒有真正的數學研究，沒有真正重要的發現。首先，我是從事研究工作的數學家，同時也是柏克萊數學科學研究所的董事會成員，而該研究所是世界上召集全球數學家研究最熱門課題的頂級機構。我告訴他過去二十年裡比較近期的一些數學研究發現，以及這些發現有多重要，但他的反應像是：『不！不！我知道。我和真正了解這個領域的人談過，他們告訴我近年沒有發現。』而我說：『你現在正是在跟真正了解這個領域的人交談，而她告訴你近年有重要發現。』這真的有點瘋狂。」

　　蓋茲將這種「我最懂」的態度帶到他的私人基金會，按照這種想法組織他的慈善事業：他和他的專家小團隊──由博士員工和麥肯錫顧問組成的智囊團──坐在西雅圖的指揮室裡，就能針對任何問題設計出解決方案。

破解蓋茲迷思

但是,蓋茲基金會處理美國教育問題時,並不怎麼考慮導致許多學生成績不佳的貧困和不平等問題。美國的富裕家庭通常住在富裕的社區,當地公立學校往往優秀,因為雄厚的稅基使這些學校享有充裕的資源。另一方面,富裕家庭也可以像蓋茲家族那樣,自掏腰包送孩子去上優秀的私立學校。貧困家庭的情況恰恰相反。貧困地區的學校資源較少,學生的成績也比較差。

正如作家、前中學教師、蓋茲基金會的重要批評者安東尼・科迪(Anthony Cody)指出,學業表現主要受與財富和社會階級有關的**校外**因素影響。這意味著蓋茲介入教學方式,無論是改變教育標準、支持特許學校、評估教師,還是引進新的教育軟體,都無法像蓋茲基金會宣稱的那樣真正改變教育結果。科迪寫道:「如果我們忽視低收入兒童在家庭、社區和學校面臨的資源不足和分配不公平問題,我們就無法解決教育不公平的問題。[37]」

這種不公平包括美國教育體系中普遍存在的制度性種族主義。例如,數十年來,在標準化的大學入學考試中取得高分,是進入熱門大學的必要條件。比爾・蓋茲自己就認為,這種考試的成績是他智力超群之證明。但是,近年來,許多人開始認為這種考試成績反映的是特權而非智力。例如,服務30萬名學生的加州大學系統就不再要求入學者參加這種考試。許多其他學校也正在檢討這種考試,因為它們已被證明在種族和文化上有所偏頗。2023年秋,將有超過1,800間學校不再要求申請入學者提供這種考試的成績。與此同時,蓋茲捐了約3,500萬美元給提供大學入學考試的美國大學理事會(College Board)和ACT,而這兩家機構的年收入加起來超過10億美元。

Chapter 9 教育

　　出於同樣的原因，智商測驗很大程度上也被放棄了，但比爾·蓋茲是否已經明白這一點則不清楚。2005年，《富比世》的報導指出，在美國最高法院作出反對在招聘過程中使用性向測驗的裁決（格力格訴杜克電力公司案）之後，「微軟採用了繞過該裁決的一種著名做法，要求求職者接受口頭上的腦筋急轉彎測試。[38]」該報導的作者里奇·卡爾加德（Rich Karlgaard）寫道：「我花了五天時間與蓋茲一起周遊全國，期間他肯定談到智商超過100次。招攬最聰明的人到微軟工作一直是他執迷的事。」

　　蓋茲在種族偏見方面的盲點尤其值得注意，因為他的慈善介入特別著眼於有色人種貧困學生，而且明確表示其目的是「大幅增加獲得文憑、進入高等教育機構學習，並且有望在第一年獲得具有勞動市場價值之證書的黑人和拉美裔學生以及貧困學生的人數。[39]」

　　值得思考的是，比爾·蓋茲本人所受的教育就不是為了獲得「具有勞動市場價值的證書」。在他富有的父母送他進哈佛之前，蓋茲就讀於西雅圖的精英私立學校湖濱中學。他某次受訪談到中學時期時這麼說：「學校容許我免上一些課，尤其是數學，因為我靠自修進度超前。因此，我有不少自由時間……高中最後一年，我不上某些課，做了我的第一份工作……我去華盛頓州議會當議員助理。然後，我去了華盛頓特區當了一段時間的議員助理。[40]」

　　訪問者問蓋茲，他是否認為這種自主學習模式應該在教育中廣泛採用。蓋茲似乎認為是，他說：「自我探索非常好，因為你會發展出一種自信心和認同感，認為『嘿，我很懂這個。

破解蓋茲迷思

比老師更懂。我來試試能否更進一個層次。也許我對這個很在行。』」

蓋茲為他自己的孩子提供了和他一樣豐富的教育經歷，但對位居其慈善事業核心的貧困有色人種兒童就遠遠沒那麼慈愛[41]。在他看來，對大眾和普通人來說，教育的意義不在於啟蒙、批判思考、創造力、尊嚴、自我發現，甚至不在於學習。教育是為了獲得必要的訓練，以便成為對全球經濟有用的貢獻者。

「蓋茲基金會聲稱知道如何減輕城市教育中的問題，但其解決方案並不包括對權力的批判分析。蓋茲這個富有白人聲稱有辦法解決一個不成比例地影響有色人種的問題，這本身就反映了一種殖民關係。」這段話出自哥倫布藝術與設計學院種族與民族研究教授愛麗絲．拉格蘭（Alice Ragland）的博士論文[42]。在該論文中，拉格蘭將蓋茲基金會描述為「黑人學校和社群中一股殖民、抵銷和監督的力量。」她的論文是我發現膽敢明確地從種族角度審視蓋茲基金會的少數公開文獻之一。因為蓋茲基金會的所有工作涉及非常明顯的種族因素，這問題乏人關注是令人驚訝的。拉格蘭寫道：「一如在二十世紀影響黑人教育的白人慈善家，新一代的企業慈善家正在支持一些倡議，以確保黑人學生每天都經由學校教育學到溫順服從。」

> 這種監督仰賴標準化的考試和審計文化達成，它決定了城市貧困學校裡的學生學些什麼，哪些教師可以留下，哪些教師被迫離開，有時甚至決定了學校生活精確到每一分鐘的安排。根據學生的考試成績，這些學校被視為處於學術緊急狀態，在州成績單上被評為F級，而這成為它們必須

Chapter 9 教育

繼續受審查和監督的理由。這告訴大眾,這些學校無法自主運作,必須受到密切監督。導致教育不平等和教育種族歧視問題長期存在的制度沒有被追究責任,學校卻被要求為它們無法控制的許多問題負責。

事實上,為黑人和拉美裔學生解決學校的問題、測量學業表現為什麼會變成是比爾·蓋茲的工作?蓋茲憑什麼成為這方面的專家或領袖?一如蓋茲在其他領域的作為,他是利用了金錢這種鈍器的蠻力。

拉格蘭某次受訪時指出,蓋茲基金會和來自企業界的其他改革者狹隘地關注「門路」,關注如何引導黑人學生進入白人的權力走廊。她表示,她並不否認為弱勢群體提供更多機會十分重要,但幫助弱勢不能僅此而已。「我致力講解壓迫的體系,以便人們明白他們來自哪裡、在壓迫體系中處於什麼位置,以便他們看到不平等的權力動態時,能夠比較容易認出問題、指出問題,以及有所作為,」她告訴我。「如果不批判整個壓迫體系,我們會陷入一種困局,只能設法幫助那些被排斥在充斥著白人至上主義之空間以外的人,使他們比較容易進入那些空間。」

蓋茲設想的教育或許可以幫助學生為有朝一日去微軟之類的地方工作做好準備,但我們教育體系真的是為了幫助學生「獲得具有勞動市場價值的證書」嗎?在這種模式下,學生會培養出必要的批判思考能力去質疑「為什麼有個西雅圖富豪對他們的人生有那麼大的控制權」嗎?

「主人的工具拆不了主人的房子,」拉格蘭引用作家奧菊·羅德(Audre Lorde)的話對我說。

261

破解蓋茲迷思

教師評價計畫的失敗

歐普拉・溫弗瑞曾邀請比爾・蓋茲上她的節目討論他所看到的美國教育危機，以及「比爾・蓋茲將用多大力氣去解決這問題」，期間她問到：如果我們神奇地「淘汰了最差的教師」，將會發生什麼事？

「如果做得到，我們〔美國的教育〕基本上將從位居富裕國家的底層回到頂層，」蓋茲說[43]。

淘汰不良教師一度成為蓋茲基金會教育改革議程的一個關鍵環節。一如它的許多專案，蓋茲基金會仰賴納稅人為這項耗資5.75億美元的工作提供大量資金[44]。「學生成績最重要的決定性因素是教師，」蓋茲在2009年的全美州議會聯合會會議上說[45]。「你們是美國學校改革的授權者和〔財政〕撥款者。總統和國會可以提出建議，而他們已經通過了一個經濟刺激方案，其中有數十億美元可供你們用於推進學校改革，但最終還是由你們決定怎麼做。我希望你們決定加快改革，因為美國正在改變。」

蓋茲除了推動各州政府根據他的議程制定預算，並考慮藉由改進教學來改善教育，還推動一項旨在淘汰表現不佳的教師和獎勵優秀教師的新慈善工作。這項工作的核心是佛羅里達州的一個試驗計畫，而它一如蓋茲的幾乎所有慈善專案，採用了公私夥伴關係的形式。蓋茲承諾出資1億美元，但同時要求受資助的希爾斯波羅郡（坦帕灣）拿出等額資金[46]。多年間，蓋茲基金會積極宣傳該試驗計畫，把它說成是大大改善了教育的一項關鍵措施。「人們為新系統投入的巨大精力，以及課堂上已經取得的成果，使我們大為震撼，」蓋茲在2012年《紐約時

Chapter 9 教育

報》的一篇社論版文章中寫道。「教師們告訴我們,他們很高興能從理解他們工作困難的同儕,以及對整間學校成功有願景的校長那裡獲得回饋。校長們說,新系統鼓勵他們花更多時間在課堂上,而這使坦帕灣的學校文化變得更具協作性。我們接觸的學生也表示,他們也看到了效果,而且喜歡同儕觀察員在評估過程中詢問他們的意見。[47]」

蓋茲基金會在新聞媒體上吹噓希爾斯波羅試驗計畫的成就之際,該計畫開始走向崩潰。隨著表現較佳的教師獲得財務獎勵,教師薪資成本大增6,500萬美元。除此之外,光是顧問費就花了5,000萬美元[48]。

蓋茲基金會的教師評價計畫,不但嚴重損害了所在學區的財務狀況,而且幾乎沒有證據顯示它真的改善了教育。「與佛州最大的那些學區相比,希爾斯波羅學區的排名從第八位跌至第十位,」《坦帕灣時報》的報導指出。「在提交給蓋茲的提案中,該學區希望解決影響貧困學生和黑人學生的成績差距問題,並使90%的三年級和八年級學生在閱讀和數學考試中達到該年級應有的水準。但是,在2014年的佛羅里達州綜合評估考試中,該學區學生的學習達成率介於53%至59%之間,黑人學生更是低至33%。」

但在它失敗之前,蓋茲大力宣傳的這個計畫已經在整個美國掀起一股追究教師責任的熱潮,並形成了一種將學生表現不佳歸咎於教師的文化。例如,一些新聞媒體開始公布表現不佳的教師名單,而所謂表現不佳是以學生的考試成績為標準。這種點名羞辱的做法打擊教師士氣,也羞辱了他們,但教師得到的評價與他們的實際能力或工作表現幾乎沒有關係[49]。不過,

破解蓋茲迷思

這種報導顯然是非常吸引人的新聞。洛杉磯一名教師在被《洛杉磯時報》公開點名批評表現不佳後自殺，引發數百名學生、教師和家長在該報辦公室外抗議[50]。（多年來，教師和家長也曾遊行前往蓋茲基金會位於西雅圖的總部抗議，有一次高喊：「蓋茲基金會，你將失敗！教育是非賣品！[51]」）

隨著對所謂不良教師的敵意一發不可收拾，比爾‧蓋茲試圖約束他幫忙創造出來的這頭怪獸。而《紐約時報》給了他篇幅去把自己塑造成教師的支持者，以及開明且富同情心的教育改革夥伴。「不幸的是，紐約、洛杉磯等城市的一些教育改革倡導者聲稱，根據教師的『增值評級』（衡量教師對學生考試成績影響的一種指標）定出教師的排名，並在網路上和媒體上公布教師的姓名和排名，並以此為基礎建立一個好的人事制度，」蓋茲寫道。「但羞辱表現不佳的教師並不能解決問題，因為這沒有給予他們具體的回饋。[52]」蓋茲隨後主張採用比較細緻的做法，聲稱我們需要以多種不同方式衡量教師的表現，不能只看學生的考試成績。而為了說明他的觀點，他提到蓋茲基金會在希爾斯波羅郡開展的試驗計畫。

三年後，大眾才看清希爾斯波羅試驗計畫根本沒有意義，但中學教師安東尼‧科迪一早就看穿了蓋茲的論點。科迪當時發表於《教育週刊》（Education Week；值得注意的是，該媒體得到蓋茲的資助）的部落格文章吸引很多讀者，這些文章猛烈抨擊了蓋茲可笑的「好警察」姿態（點名羞辱所謂不良教師的媒體是壞警察，蓋茲則扮演主張多元評估方式的好警察）[53]。科迪指出，雖然比爾‧蓋茲口口聲聲說要以多種方式評估教師的表現，但蓋茲基金會還是圍繞著學生的考試成績精心制定其教師評價指標。

Chapter 9　教育

　　科迪的文章引起蓋茲基金會時任執行長傑夫·萊克斯的注意，他邀請科迪直接與基金會討論他的批評意見。科迪對此感到驚訝，但同意搭飛機前往蓋茲基金會位於西雅圖的總部。不過，據科迪所述，蓋茲的邀請並不是萊克斯所聲稱的希望展開真誠對話。這次會面變成了一場單向的宣傳。

　　「他們非常努力地試圖使我相信他們很懂教育，以及真的知道自己在做什麼。我則希望我有更多機會使他們相信他們搞錯了。最後，我們什麼都沒做到。這次會面真的不是為了真誠對話而安排的，」科迪告訴我。「也許萊克斯認為，如果他能說服一個直言不諱的批評者，那將是巨大的勝利。」

　　科迪向萊克斯建議，蓋茲基金會建立一個回饋機制，以便教師和學生向基金會直接提出想法和批評。萊克斯不喜歡這個主意，但他同意進行線上對話，由科迪和蓋茲基金會各寫五篇文章交流意見。雖然科迪的文章表面上是在與蓋茲對話，但他說蓋茲基金會實際上不是他的主要受眾。「我想幫助教師們了解他們這一行正在發生什麼事，他們的專業組織正在發生什麼事，他們的工作環境，以及他們的評價系統正在發生什麼事，幫助他們了解所有這些影響他們教學能力的東西。」

　　科迪寫了一些深思熟慮的長文探討教育方面真正的結構問題，質疑蓋茲基金會的一些斷言，包括教師不知道如何做好自己的工作，以及不良教師是不利於貧困學生的最大問題。蓋茲基金會的回應則往往訴諸空談和美好的未來設想，包括宣傳希爾斯波羅試驗計畫的初步成功跡象。它甚至一度訴諸低劣的攻擊手段，實際上指責科迪有「低期望軟性偏見」（soft bigotry of low expectations）問題，指他對蓋茲的教育改革持否定態度，

破解蓋茲迷思

證明他不相信貧困的有色人種學生能夠成功。科迪說，這些回應「相當老套，類似『我們相信每一個學生都能好好學習』之類的陳詞濫調，沒有真的實質回應學生如何受到他們所處環境影響的問題，也沒有談到我們作為教育工作者需要怎麼做，而非只是向學生揮舞教科書，希望他們能夠擺脫他們所處的艱難環境。」

結果這些交流使蓋茲基金會相當尷尬。「傑夫・萊克斯和我通過電話，他對事情的發展很不滿意，」科迪告訴我。「我想，他們不知為何以為找到了一個能與他們達成某種共識的人。我不知道他們為什麼會有這種想法。我非常不同意他們所做的事。當時我希望他們能以某種方式回應我對他們的實質批評，而不是採取防衛態度。」（萊克斯沒有回應我用電子郵件發出的提問。）

我在2022年訪問科迪時，他對蓋茲基金會具備那麼多有利條件但幾乎沒做成任何事表示驚訝。在希爾斯波羅，蓋茲掌握了所有政治棋子，包括資金、政治行為者，甚至是教師工會。蓋茲基金會在倡議方面的支出也超過所有其他行為者，包括新聞媒體。但是，在具備一切有利條件的情況下，它還是失敗了，一如它的許多其他工作。

「有關人類──無論是學生、教師還是管理人員──如何與他們所處的系統互動，他們的想法是完全錯誤的，」科迪說。「他們沒有以尊重的方式與這些群體往來。他們站在提供專業技能和資源的立場參與教育事務。這是根本不對的。他們的專家誤導了他們，而我盡了最大努力糾正他們，但他們不感興趣。」

Chapter 9 　教育

　　2018年，蓋茲基金會資助蘭德公司（RAND）研究它的教師評估計畫。研究結果，為一個早已廣為人知的故事畫上了一個句號（或感嘆號）：蓋茲在教師評估方面的努力失敗了。就連蓋茲資助的媒體如EdSurge也報導了這個消息[54]。

　　蓋茲基金會沒有在教師評估方面繼續蠻幹，也沒有強迫蘭德公司提出對它比較有利的研究結果，我們可以對此給予肯定。但是，如果蓋茲基金會真的如它宣稱的那樣致力與教師和各群體合作，它就會為自己的失敗公開道歉，並針對它造成的所有傷害——包括製造出羞辱教師的文化，以及在希爾斯波羅郡失敗的試驗計畫中浪費了納稅人數千萬美元——作出補償和賠償。

創造個性化教育的新時代

　　一如它在所有其他領域的工作，蓋茲基金會在教育方面的工作涉及非常重要的科技因素。比爾·蓋茲在共同核心標準的預備階段就提到，較為普及的教育標準將創造出更大的教育軟體市場。而這個新興軟體市場非常重要的一部分，就是蒐集數以百萬計學生的精細數據，而蓋茲認為這將開創個性化教育的新時代。

　　為了宣傳它在這個領域的第一個大型專案，蓋茲基金會製作了一段精美的影片，我們可以從中看到它設想的未來：耐心的教師在教室裡冷靜地使用平板電腦，順暢地即時評估每一名學生的理解程度，並作出適當的細微調整。臉帶微笑、安靜聽話的學生獨立完成指定作業，作業內容因應學生的個人程度，難度剛好足以使他們對學習內容保持興趣[55]。

破解蓋茲迷思

當然,真實的課堂不是這樣的——電腦可能會沒電,教育軟體可能會故障,學生可能不明白自己要做什麼,也可能覺得很無聊,而學習是一種社群活動。上述影片是為了宣傳蓋茲耗資1億美元、名為inBloom的專案,它聲稱是提供傳輸學生數據的管道基礎設施[56]。其設想是inBloom將成為各方信賴、獨立的數據經紀商,掌握豐富的學生數據流,而學區和各州將與私營公司和教育科技創業者共用這些數據,以便創造先進的軟體來改善教育。

在蓋茲改革議程的這一部分,聯邦政府扮演特別重要的角色。雖然聯邦政府本身不能強迫各州採用inBloom或共同核心標準,但歐巴馬政府提供了43.5億美元的資金,以鼓勵各州採用新的教育標準[57]。而各州取得這些聯邦資金的途徑之一,就是為建立管理學生數據的基礎設施制定一個計畫。

這當中的微妙情況值得解釋一下:在美國,教育主要是由州和地方這兩個層級出資和組織。正因如此,蓋茲基金會成為教育改革運動非常重要的推動者,可以說是歐巴馬政府在這方面的代理人。作為一家私人基金會,它可以自由地與各州合作,非常具體地介入相關事務而不會引發關於「聯邦政府越權」的批評。實際上,蓋茲基金會一邊幫助各州申請聯邦資助,從前述的43.5億美元經費中分一杯羹,一邊推進共同核心教育標準——同時也在開發inBloom,以處理即將出現的所有學生數據[58]。

但是,在inBloom真正投入運作之前,資料隱私問題激起了公憤。以下是路透社的報導:

該資料庫啓動僅三個月,就已經儲存了數百萬名兒童的檔案,可用當事人的姓名或住址識別,有一些可用社會保險號碼識別。當事人的學習障礙、考試成績和出席率都被記錄下來。資料庫還追蹤某些學生的嗜好、職業目標、對學校的態度,甚至是家庭作業的完成情況。

地方教育官員保留對學生資料的法律控制權。但聯邦法律容許他們將他們控制的資料檔案分享給銷售教育產品和服務的私營公司……雖然inBloom承諾將嚴格保護資料,但它自己的隱私政策表示,它「無法保證儲存的資料是安全的……也不能保證資料在傳輸過程中不會被截取。[59]」

人們對公立學校「老大哥」的擔憂因為inBloom一個致命錯誤而加劇:就在魯伯特・梅鐸旗下媒體爆發涉及資料隱私的重大醜聞之際,inBloom選擇與梅鐸媒體帝國的一家子公司合作[60]。梅鐸旗下報紙《世界新聞報》因為被揭發侵入公眾人物的語音信箱——以及一名被謀殺的女學生電話——而被迫停刊[61]。行動者抓住這個醜聞提出質疑:我們怎麼能夠相信像梅鐸和蓋茲這樣的億萬富翁可以妥善保管數千萬名學童的資料?

這引發各州退出inBloom的骨牌效應,迅速終結了蓋茲的資料監控計畫[62]。「這是一個重要的故事,因為它是學生家長在沒有任何機構支持的情況下抗爭並取得勝利的少數例子之一。在這個例子中,家長們挫敗了蓋茲基金會蒐集所有學生個人資料並將它系統化的巨大努力,」倡議團體「班級大小有關係」的執行主任萊奧妮・海姆森告訴我。她是inBloom在紐約的主要反對者。

破解蓋茲迷思

　　海姆森說，在 inBloom 的籌備過程中，她和同道者以許多方式多次嘗試接觸蓋茲基金會和它在紐約的合作夥伴與代理人，但遇到的總是沉默或傲慢的反應──這就是蓋茲基金會定下的基調。「他們總是擺出這種姿態：『我們想做什麼就做什麼，沒有人可以對我們說什麼；我們沒有興趣聽在地受影響者的意見，我們甚至不會假裝關心這些人對我們在他們學校所做的事情有什麼想法或感受』，」海姆森告訴我。「雖然他們僱用了很多很多不同的公關公司，但他們看來甚至完全沒有意願作出關心受影響者的樣子。他們的傲慢令人震驚。」

　　學生家長及其支持者挺身對抗蓋茲對權力的僭越，並且打贏了這一仗，但這場鬥爭並未就此結束。2017年，**數據與社會**（Data and Society）這家智庫發表剖析 inBloom 的長篇報告，而該報告雖然引用了批評意見，並擺出獨立評估的姿態，但可視為旨在幫助科技業提高未來資料監控工作成功的可能[63]。該報告表示：「美國未來的教育科技專案全都必須應對 inBloom 遺留的問題，這項研究因此開始分析 inBloom 確切留下了什麼問題。[64]」

　　數據與社會獲得蓋茲基金會、微軟、微軟研究院和梅琳達‧法蘭琪‧蓋茲的創投公司樞紐創投（Pivotal Ventures）的資助，而其報告的總體要點似乎是：學生家長及其支持者是不理性的，但他們聰明地利用了 inBloom 的公關錯誤。「inBloom 追求公開透明的雄心壯志實際上使它容易受公眾攻擊，」該報告總結道。「許多私營公司的研發過程基本上是黑箱作業，inBloom 的過程則是公開的，人們因此可以審視它……公眾對不確定性和風險的容忍度很低，如果我們無法針對這問題提出有效的反向敘事，大規模、雄心勃勃的公開計畫將繼續被拖慢，或遭遇與inBloom類似的命運。」

該報告不僅暗示蓋茲基金會及其代理人可以改寫歷史，還為這個令人不寒而慄的建議打開了大門：在學校展開的下一個資料監控專案應該降低公開透明的程度，主事者應該花更少力氣在民主參與上。

InBloom只是蓋茲基金會在資料蒐集和監控方面的部分工作，而這種工作看來是它一直重視的[65]。它在這方面的作為包括捐錢給私營公司ConnectEDU，該公司蒐集數百萬名學生的個人資料，隨後破產，而它在破產程序中出售那些資料的計畫引發了一場重大訴訟[66]。蓋茲基金會還資助了變革首領（Chiefs for Change）和數據品質運動（Data Quality Campaign），這兩個組織也從事學生資料方面的工作。

倫敦政經學院研究員維利斯拉娃・希爾曼（Velislava Hillman）追蹤了這種迅速發展的資料監控工作之野心，而相關組織多數與蓋茲有財務上的關係。她注意到，這種工作「蒐集學童的精細數據，以便他們剖析學童，識別從社會到情感方面的各種問題，了解學童在學校的表現，他們的行為，他們是否來自移民家庭，以及他們的學業表現之類。」希爾曼某次受訪時表示，所有這些資料都會由預測演算法處理，「據說可以告訴教師哪些學生很可能作弊，哪些學生很可能在某些時候抑鬱。」她補充道：「我的意思是，情況就像科幻電影《關鍵報告》（*Minority Report*）所呈現的。」

破解蓋茲迷思

　　希爾曼告訴我，在這種「科技決定的未來」中，孩子們從小就被持續監控，可能因此被導向特定職業，甚至是特定企業。她在研究中發現一些學校欣然配合一些勞動力發展計畫，而這些計畫明確地與亞馬遜和思科等公司合作[67]。它們的學生不是學習藝術和音樂，而是學習這些公司需要的技術能力。站在企業的角度，這是很合理的，因為企業認為學校的功能就是培養能幹的勞工。「工程師會立即想到，我們來找出相關數據，看看差距在哪裡，看看我們可以如何使供應與需求更加契合，」希爾曼告訴我。「你想想，作為一個商人，你的組織中成本最高的是什麼？就是留住員工和再培訓他們。」

　　1990年代中，美國一些州的州長和多名企業高層——包括IBM當時的執行長郭士納（Louis Gerstner Jr.）——開了一系列會議，討論制定州層級的新教育標準——這些標準就是後來共同核心標準的核心。這些討論催生了名為「成就」（Achieve）的機構，它聲稱是一家致力推動學校改革的非營利教育組織，但其董事會成員中沒有教師或女性[68]。但它得到一些產業界領袖、州長和蓋茲基金會的支持。蓋茲著眼於公立學校最早的一些贈款，就有一筆100萬美元是捐給成就，用於「支持各州學術標準和評估方式的全面基準設定和審視。[69]」

　　在隨後數十年裡，美國的頂級實業家成為新教育標準最熱情的支持者。「如果我要找人才，我為什麼不去那些採用各州共同核心標準的州呢？因為我知道這些州的教育體系表現如何，」當時擔任艾克森執行長的雷克斯・提勒森（Rex Tillerson）2013年說。「我不但知道它相對於其他州的表現，還知道相對於國際水準，它培養出來的人才素質如何。[70]」

Chapter 9 教育

2010年,當時的時代華納執行長格倫‧布里特（Glenn Britt）提出了他的看法,並特別提到他與蓋茲的合作關係:「技術創新需要訓練有素的專業人才,而美國在培養這種人才方面落後了。美國學生在科學、技術、工程和數學（STEM）方面的表現正在衰落:80%的12年級學生在科學方面達不到應有水準,而在經濟合作暨發展組織排出名次的31個國家中,美國學生的數學成績排第19位,科學成績排第14位。[71]」

對商業利益集團來說,支持教育顯然也是很好的公關手段,可以使面目模糊的公司藉由旨在幫助兒童的專門活動使自己顯得人性化。此外,我們或許也可以看到商界推動解除管制的長期策略。隨著私營部門在公共機構（如公立教育）中發揮越來越大的作用,國家的主導地位會被削弱。這可以說是比爾‧蓋茲對美國教育產生的最大影響:他為私營部門發揮更大的影響力開展了空間,並挑戰對學校的民主控制。例如,在推動共同核心教育標準時,蓋茲將另一種情境——各州民主地制定自己的標準——妖魔化為「個別州份的監理俘虜」（各州的監理機關受它理應規管的產業挾持）[72]。

企業將納稅人貢獻的教育經費轉為用於職業訓練,形同為其未來員工提供免費的培訓,這也可以視為出於自利考量。事實上,比爾‧蓋茲早期在教育方面的慈善投入,就被批評為一種（為自己服務的）長期商業策略,是為了增強對微軟非常重要的電腦程式設計人力供給[73]。

微軟也可能有意以教育作為替罪羊,為它有問題的招聘方式辯解。2012年,該公司發表了一份研究報告,聲稱美國的教育體系沒有培養出足夠的合格人才來滿足它對電腦程式設計人力的需求。微軟認為解決方法是國會加強長期投資以改善美國的教育,短期而言則應該容許企業更自由地僱用薪資往往比較低的外國勞工[74]。

威斯康辛大學河瀑分校政治學教授尼爾・克勞斯(Neil Kraus)認為,這種說法正是當今企業主導的教育改革運動之核心論點。「隨著他們關閉製造設施、針對工會、創造出越來越不穩定的工作安排,以及竭力反對提高最低工資,商業利益集團展開一場運動,將貧困和經濟機會減少完全歸咎於學校,」克勞斯在2021年的一篇社論版文章中寫道。「他們憑空捏造出所謂的技能落差(skills gap)。現代教育改革運動由此而生。[75]」

技能落差論與教育市場化

商界大力宣傳的技能落差論認為美國受過適當教育的合格勞工不足,而克勞斯發現這種敘事可以追溯到1980年代,但他認為蓋茲基金會是過去十年間這種說法的主要鼓吹者之一[76]。蓋茲提供資金給大學、智庫和新聞媒體,建立了一個研究和資料的回音室,致力使技能落差論更深入公共論述。

例如,《紐約時報》2008年就有一篇文章講述蓋茲基金會致力「幫助低收入學生接受穩定高薪工作所需要的教育」,文中引用蓋茲資助的美國公共政策與高等教育中心的一項研究[77]。2010年,《紐約時報》報導了蓋茲資助的喬治城大學教育與勞動力中心的一份報告,該報告聲稱,「到了2018年,至少需要兩年制副學士學位的工作數量將超過符合資格的人數至少300萬。[78]」該中心的報告還預測,「到2018年時,約三分之二的所有工作將需要一定的大學教育或更高學歷。[79]」這種量化預測——以及較廣泛的技能落差敘事——成了教育政策圈的主要說法。正如《高等教育紀事報》（該報也曾獲得蓋茲資助）2020年的報導指出，「過去十年間，任何人參加過高等教育會議或看過此一主題的著作，無疑都聽過這種預測的某個版本——有些人都聽到麻木了。[80]」

正如尼爾·克勞斯告訴我的那樣：「他們在宣傳技能落差論方面非常成功，以至於多數人——包括許多善意的自由主義者——都看不清問題。他們說：『說我們要送所有窮人上大學有什麼不對？』」克勞斯說，問題在於根本不存在技能落差。蓋茲基金會及其合作夥伴正在製造錯誤的期望，使孩子們為並不存在的工作做準備。克勞斯引用美國勞工統計局的研究指出，美國經濟中的多數工作，例如星巴克的咖啡師和亞馬遜的包裝工，通常不需要高學歷。聯邦勞動數據顯示，美國經濟中60%工作需要的基本教育程度通常是高中或更低[81]。

但如前所述，蓋茲資助的喬治城大學研究人員預測，到2018年時，情況將恰恰相反：66%的工作將需要「一定的大學教育或更高學歷」。（喬治城大學堅稱其研究結論是對勞動市場比較準確和誠實的描述。）同樣值得注意的是，聯邦數據顯示，三分之一的大學畢業生實際上就業不足[82]。「如果你檢視勞工部和教育部以及普查局和聯準會的數據，並且審視並非由私營企業或私人基金會資助的學術研究結果，你就會發現真實的情況，那就是有史以來教育程度最高的勞動力身處低薪、低教育要求的經濟體，導致大量勞工就業不足，」克勞斯告訴我。「教育通常無法控制勞動市場。我們無法控制市場上有什麼工作或雇主支付怎樣的薪資，但有些人卻將這兩方面的問題都歸咎於我們。」

破解蓋茲迷思

雖然蓋茲基金會喜歡宣傳它致力幫助貧困學生完成大學學業，並將教育描述為「促進平等的巨大力量」(the great equalizer)，但我們可以看到這當中殘酷之處：它在這方面的工作實際上是將許多孩子推向失敗，因為這些孩子被誘導去讀非常昂貴的大學學位，但往往不會得到它宣傳的那種豐厚報酬[83]。冷酷的現實將使數以百萬計失業或就業不足的大學畢業生覺得自己是失敗者，因為他們只能在塔吉特（Target）超市之類的地方工作，未能找到蓋茲基金會及其代理人堅稱只要在教育上作出明智的選擇，大學畢業生就能找到的各種各樣美好工作。

蓋茲基金會在推廣高等教育方面的作為也告訴我們，它不認為教育主要是關乎學習，而是已經將教育簡化為經濟和勞動問題。例如，教育改革者已經開始從「搖籃到職業」的角度來構思教育；蓋茲基金會從它的「早期學習」計畫開始，然後著眼於從幼稚園到12年級的中小學教育，然後著眼於完成大學學業，再經由蓋茲的「美國經濟流動性與機會」計畫延伸到人力發展工作[84]。同樣值得注意的是，共同核心教育標準實際上是根據企業界認為高中畢業生應該掌握的知識和技能，逆向設計出來的[85]。

「新聞界忽略了蓋茲基金會的系統野心，」福特漢姆大學的尼古拉斯・坦皮奧告訴我。「比爾・蓋茲的夢想是創造一個系統，使人們從小就為將來進入職場做準備。系統性學校改革著眼於K-12，也就是從幼稚園到12年級。好吧，大學的最初幾年也要算進去，那就是K-16了。那麼學前（preschool）教育呢？好吧，現在變成了P-16。那麼大學畢業後的頭四年呢？現在是

P-20。那麼，如果實際上要談產前......有些人說，應該著眼於從產前一直到職業生涯的各個階段。」

蓋茲基金會的這些努力在華盛頓特區找到了熱心的合作夥伴。2014年，Politico的報導指出，蓋茲基金會贊助了16篇關於「重新設計大學財政援助」的論文，而這些論文的作者已經「成為國會重新授權《高等教育法》聽證會的常客。[86]」該報導引述福特漢姆研究所的話，指蓋茲是「對美國教育政策影響力最大的勢力之一，和教育部在同一等級，絕對是這樣。」

蓋茲也得到了兩黨的支持。例如在2017年，民主黨參議員伊莉莎白·華倫和共和黨參議員歐林·海契（Orrin Hatch）就聯手提出《大學透明法案》。華倫辦公室的一份新聞稿指出：「遺憾的是，關於特定大學或主修科目能否帶給學生好結果的重要資訊目前並不完整。例如，雖然絕大多數學生聲稱找到好工作是他們上大學的主要原因，但目前還沒有一種簡便的方法來評估各種課程或主修科目在勞動市場有多成功。[87]」

蓋茲資助之喬治城大學教育與勞動力中心的妮可·史密斯（Nicole Smith）某次受訪時也表達了同樣的觀點：「很多學生拿到這些學位，畢業後茫茫然，不知道自己的職業道路是什麼，需要很長時間才找到自己，弄清楚自己要去哪裡工作，到底要做什麼，以及如何在大學所學基礎上建立自己的職業生涯。」

蓋茲基金會支持的《大學透明法案》提出要蒐集學生的資料，這引發了大有根據的隱私擔憂，但它也應該促使人們基於公平和正義提出質疑[88]。我們不禁要問：該法衍生的新資料是否會像國會（和蓋茲基金會）想像的那樣產生作用？有多少17歲的孩子在考慮申請大學時，會在仔細審視關於特定大學課程

破解蓋茲迷思

在「勞動市場的相對成功程度」的新資料之後，針對選擇什麼課程和哪一間大學作出純粹經濟性質的決定？而我們為什麼會要求學生，尤其是貧困學生，從這種角度考慮問題？

在蓋茲基金會的教育工作中，我們經常看到這種強調自立自強的心態，它期望孩子們為自己的經濟前途承擔個人責任，而不是致力幫助孩子們清除他們前進道路上的真正障礙，例如高等教育費用高昂、大學畢業後往往被迫背負沉重的債務、勞動市場粗暴和不對稱（企業投資人從中獲得豐厚報酬）、商界長期以來致力削弱工會、企業逃稅現象普遍，以及制度性的種族主義和性別歧視等等問題。

「是的，當然，但那是不可能發生的，朋友，」喬治城大學教育與勞動力中心主任安東尼·卡內瓦（Anthony Carnevale）說。「我們沒有足夠的選票支持我們去處理那些問題，而且在可見的未來都不會有。」長期接受蓋茲基金會資助的卡內瓦堪稱完美的華盛頓內部人士，他承認我們可以考慮更重要的政策改革，但他認為這些改革「在政治上沒有意義」，因為國會永遠不會在這些問題上採取行動。「除了教育改革，我們找不到美國人會投票支持並提供機會的手段。」

但是，在某種程度上，這種政治務實主義實際上等同於宿命論，是一種對真正社會變革根深柢固的恐懼。這種世界觀無法想像不同於現狀的任何政治或經濟現實，而在當前現狀下，比爾·蓋茲之類的超級富豪有能力染指美國教育政策的許多槓桿。

必須明確指出的是，本章並非主張大學不值得上或不應該上。只要當事人有意願，就絕對應該有機會去上大學。但是，人們參與高等教育的方式不應該根據他們的身分地位來安排，他們的選擇也不應該取決於富豪慈善家的突發奇想和偏好。他們不應該被誤導去相信「教育是促進平等的巨大力量」，或大學學位必將賦予他們中產階級地位——甚至不應該假定大學教育必定可以使他們擺脫貧困。我們不應該使大學畢業生找不到工作時感到羞恥，也不應該要他們背負助長不平等的結構問題造成之負擔，而這些結構問題包括極少數人能夠累積可憎的驚人財富，能夠逃避公平納稅，並將他們的個人財富轉化為左右我們生活的政治影響力。

CHAPTER 10

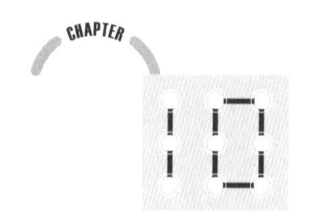

白人的責任

顧名思義，位於華盛頓特區、隸屬於著名史密森尼學會的國家肖像館（National Portrait Gallery）收藏美國名人肖像畫作和攝影作品，包括一幅比爾與梅琳達・蓋茲的肖像畫[1]。該畫作栩栩如生，逼真得像攝影作品，而如果你看得夠久，你很可能會被他們身上衣服的褶皺深深吸引。不過，畫作中的權力動態也不難辨識。

Chapter 10 白人的責任

蓋茲基金會與白人救世主情結

該畫作的真正焦點當然是比爾・蓋茲：他坐在梅琳達所坐椅子的扶手上，處於前景位置，因此高居梅琳達身前。這對夫婦身處西雅圖華盛頓湖前的一間玻璃屋裡。他們正後方有一個電腦螢幕，上面是一張張帶著微笑、充滿希望的黑人和棕色人種面孔，隱約可以看到蓋茲基金會的座右銘：「所有生命都有同等價值。」

這幅畫的創作獲得美國納稅人資助，它是2008年委託畫家創作的，而蓋茲基金會執行長帕蒂・史東塞弗（Patty Stonesifer）在這一年成為史密森尼學會最高治理機構——董事會（Board of Regents）——的主席[2]。委託畫家創作蓋茲夫婦肖像畫看來是史密森尼學會的一個明智決定：雖然蓋茲基金會一般不資助藝術或博物館，但在隨後多年裡，它捐了近6,000萬美元給史密森尼學會。

畫家喬恩・弗里德曼（Jon Friedman）拒絕受訪，我們因此不清楚他是否刻意將這對權貴夫婦畫得像帝皇那樣。但是，我們很難忽略該畫作隱含的「白人救世主」意味——比爾和梅琳達・蓋茲穿著華麗的衣服，坐在純淨的玻璃屋裡，背對著一群臉帶微笑的黑人兒童，看起來高貴得有如皇室成員。

蓋茲基金會網站充斥著有色人種婦女和兒童的圖片，而媒體報導也常有相關描述。有時是比爾彎腰餵給一個棕色人種幼兒小兒麻痺症口服疫苗，有時是梅琳達抱著一個黑人嬰兒，看起來近乎得意洋洋。這些照片使蓋茲夫婦顯得非常仁慈，但那些無名無姓、滿身灰塵、衣衫不整的孩子或許可說是被非人化了，因為他們在照片中看起來幾乎是道具。但是，據比爾與梅

破解蓋茲迷思

琳達‧蓋茲所言,這種互動並非只是拍照的機會:它們是極有意義的接觸,是蓋茲基金會工作的靈感來源。

梅琳達‧法蘭琪‧蓋茲2016年解釋道:「我們在訂婚期間第一次去了非洲。在此之前,我們兩人都不曾去過非洲大陸。我們去看動物和莽原。我們去看野生動物。我們帶了其他夫婦一起去。那裡太美了。我們愛上了我們看到的一切。[3]」蓋茲夫婦那次旅行顯然很有格調,甚至可說是奢華——他們乘坐荒原路華(Land Rover)休旅車,有一名私人醫師隨行,甚至還帶了他們自己的葡萄酒專家[4]。

「說我們真的愛上了那裡的人,是一點也不老套。這使我們開始思考一系列問題,問自己:『這裡到底怎麼了?為什麼我們可以乘坐荒原路華或吉普車,但這裡卻沒幾條好路?為什麼我們會看到這麼多人走路去露天市場——男人穿著人字拖,女人往往赤腳,除了肚子裡有個孩子,還背著一個,而且頭上頂著東西?為什麼這裡很多方面還沒開始發展?』[5]」

許多人回答這問題時,會指向我們的全球經濟的本質:它仰賴各方在競爭中分出輸贏;它利用這種權力不平衡有目的地暴力殖民和奴役窮國;它至今仍繼續榨取窮國的財富或重組窮國的經濟,以服務富國的利益。

但梅琳達‧法蘭琪‧蓋茲對此有不同看法。她認為那個使她家族極其富有的經濟體制可以促進平等。她後來在接受CNBC訪問時說:「我去馬拉威、坦尚尼亞、塞內加爾等地時,當地人說他們都想生活在美國。我們很幸運能生活在這裡。他們希望在這種資本主義社會生活。[6]」

Chapter 10　白人的責任

慈善與殖民心態的矛盾

梅琳達・法蘭琪・蓋茲經常講述全球窮人的需求和願望,但她做這件事時,會肆無忌憚地利用一些悲慘敘事,它們經常描繪一群需要拯救的可憐人。「就個人而言,你去印度一些地方時,常會看到一名母親背著一個嬰兒,她可能正在燒開水煮東西,因為她要賣她煮的東西。這對嬰兒來說真的很不安全,很容易發生意外。」她在2022年的一次演講中說,當時她宣布與世界銀行和美國國際開發署合作的一個新兒童照顧計畫[7]。「你會看到很多青少年,那些小女孩白天抱著一個嬰兒在不安全的地方和交通要道上跑來跑去,嬰兒的頭可能晃來晃去。想想這對嬰兒、少女和母親意味著什麼。可如果你為他們提供安全和可負擔的托兒服務,嬰兒就能茁壯成長,少女就能茁壯成長和上學,媽媽就能放心去做好她白天想做的工作。」

在社群媒體上,世界各地的女性抨擊了蓋茲的殖民凝視(colonial gaze)。「你想知道白人世界怎麼看婦女和孩子嗎?」全球發展研究員芬里斯・可汗(Themrise Khan)在推特上寫道。「看哪!@melindagates,以前我媽媽煮食或做其他事時,常把我抱在腰間。結果我很好。也許你也應該試試看,然後就不會發表這種離譜的觀點。」普莉蒂・巴奈克(Priti Patnaik)經營的新聞媒體日內瓦健康檔案(Geneva Health Files)補充道:「這最清楚地說明了『未走之路』。全球衛生領域的精英非常脫離現實,對各地的實際情況相當陌生,他們有那麼大的權力來決定優先事項因此是令人尷尬的。[8]」

蓋茲基金會的賦權宣傳與霸權實踐之間的矛盾,最清楚展現在它的財務上[9]。雖然它的使命是幫助窮人,但它的援助模式

破解蓋茲迷思

實際上是致力幫助有錢人去幫助窮人。截至2023年初,蓋茲基金會約90%的慈善資金(在它承諾的近800億美元慈善贈款中的710億美元)給了富裕國家(主要是白人國家)。事實上,蓋茲的所有捐贈有超過80%給了三個國家:美國、瑞士,以及英國。光是美國就占了超過60%。

蓋茲基金會在美國教育方面的工作與美國的團體合作是合情合理的,但這些工作僅占其支出一小部分。即使只看它在貧困國家開展的工作,例如在家庭計畫、農業發展和腹瀉疾病方面的工作,我們還是會看到它的資金主要流向了富裕國家。

從這種資助模式看來,蓋茲基金會不相信窮人能夠好好運用它的資助。而這也清楚顯示,蓋茲基金會無意幫助窮國建立專業知識和能力。在它對世界的長遠展望中,窮人將永遠是窮人,總是必須依賴全球精英的善意。

除了這種殖民心態涉及的道德偏差,蓋茲基金會的捐贈模式也應該引起人們財務上的質疑。蓋茲資助富裕國家的富裕組織,意味著其慈善捐贈有很大一部分被行政費用吃掉了——那些組織設在成本高昂的城市如華盛頓特區或日內瓦,僱用在豪華辦公樓裡工作的高薪白領。研究人員將這種慈善支出黑洞稱為「幻影援助」(phantom aid)[10]。更有問題的是,蓋茲基金會的巨額資助可能反而阻礙慈善事業成功:蓋茲的慈善合作夥伴知道,如果他們解決了問題,或有效地將解決方案交給窮人,他們就會失去蓋茲基金會的大合約。

即使在蓋茲基金會捐助窮國之處,也往往有更多內情。它在非洲最大的一筆投資是支持非洲綠色革命聯盟,捐了超過6.75億美元給該組織,相當於它所報告的非洲大陸捐贈總額近

15%。但是,正如本書後面所述,非洲綠色革命聯盟並不是純粹的非洲組織,而是由蓋茲和其他西方捐助者構思、資助和幫忙管理。

另個例子是衣索雞(EthioChicken),它已經成為衣索比亞最大的家禽公司之一,某種程度上有賴蓋茲基金會數百萬美元的慈善捐贈。該公司是一名美國商人和一名麥肯錫顧問創辦的[11]。

蓋茲基金會的贈款紀錄顯示,它向總部設在非洲大陸以外、名稱中有「非洲」一詞的組織捐了數億美元——這些組織包括非洲領袖瘧疾聯盟(African Leaders Malaria Alliance;總部設在紐約)、東非婦女與兒童培力中心(East African Center for the Empowerment of Women and Children;維吉尼亞州)、非洲肥料與農企業合作組織(African Fertilizer and Agribusiness Partnership;紐澤西州),以及非洲製造倡議(Made in Africa Initiative;香港)。

慈善殖民主義的現象

慈善家彼得・巴菲特(股神巴菲特的兒子)將這種慈善模式稱為「慈善殖民主義」。他2013年寫道:「有些人(包括我)對某個地方知之甚少,但認為自己能夠解決當地某些問題。[12]」

> 無論是耕作方法、教育方式、職業培訓或企業發展,我一再聽到人們討論將某種環境下有效的做法直接移植到另一種環境,幾乎完全不考慮文化、地理或社會規範問題。在任何一個重要的慈善會議,你都會看到國家元首與投資經理人和企業領袖會面。他們全都以右手尋找有效方案,希

破解蓋茲迷思

望能解決房間裡某些人以他們左手製造出來的問題。大量統計數據告訴我們，不平等正不斷加劇。

巴菲特稱之為「良心漂白」（conscience cleansing），認為嵌入慈善事業的殖民視角具有破壞性和操縱性：「有錢人晚上可以睡得好一些，其他人的所得則僅足以使社會免於暴動。」

巴菲特自己的殖民視角也大有可批評之處——批評者表示，他的慈善機構諾瓦基金會（NoVo Foundation）實際上已經殖民了紐約州北部一個小鎮，使當地人普遍依賴他的慈善贈款——當地人稱之為「巴菲特錢」（Buffett Bucks）[13]。（彼得・巴菲特沒有回應我的訪問請求。）但巴菲特至少有一定的能力公開應對批評，這是蓋茲基金會做不到的。雖然我們不應該懷疑比爾・蓋茲真的相信他在幫助窮人，但我們也不能原諒或忽視他帶進其慈善事業的明顯殖民心態。

「你去到一個窮國，你會想解決衛生問題，你會想解決農業問題，你會想解決教育問題，你會想解決治理問題，」蓋茲2013年在微軟的一場主題演講中解釋道。「這些事情結合起來會有神奇效果，它們相輔相成。[14]」

「世界上約三分之一的人生活在這些事情沒有結合起來的國家，」蓋茲繼續說道[15]。「很明顯，創新，尤其是技術創新，包括新疫苗、新種子、採用監督技術以確保政府工作人員做他們該做的事，包括在教育方面，使我們現在可以比以往任何時候都更快地取得進展，使這些人脫離貧窮陷阱。」

在這裡，比爾・蓋茲似乎將自己定位為一種法外霸主，一個從事國家建設（或甚至是世界建設）的超級總督，負責制定政策、規則和法規，指導窮人如何種植糧食、治療疾病和教育

Chapter 10　白人的責任

孩子，並仔細「監督」那些笨蛋官僚，確保他們完成蓋茲交給他們的任務。

「我們一直希望能有一種機器人，可以到農村地區幫忙做一些醫療方面的事，例如去農村幫忙做絕對需要做的剖腹產手術，」蓋茲說[16]。「因此，我不認為這是未來十年的事，但也許是未來二十年或三十年的事。我們可以非常、非常廣泛地提供這種實體技術。」

這是對未來的一種悲觀看法，反映了蓋茲的願景和他主張「科技將拯救我們」教條的重大局限。蓋茲無法想像窮國可以有自己的醫療專業人員去做剖腹產手術。在他的展望中，數十年後，窮國人民仍將無法照顧好自己，但拜他從矽谷引進的專利機器人外科醫生所賜，他們的生活將大有改善。

「他們真的體現了一種使他們聲稱要幫助之人失去力量的慈善形式，」聯合國大學在馬來西亞的醫師暨研究員大衛・麥考伊對我說。麥考伊早在2009年就發現蓋茲基金會偏向資助富裕國家，而他表示，據他所見，蓋茲基金會在隨後十年裡鞏固了它的特權地位，並且擴大了主宰全球衛生領域的權力不對稱[17]。他接著說：「一切回到權力問題上。說到底，一個非常好的指標……就是：在蓋茲基金會出現以來的二十年裡，權力是否經歷顯著的重新分配？我認為從證據看來，答案是否定的。如果說情況有什麼不同，那就是權力不平等實際上變得更嚴重了。權力和財富比以前更集中在少數人手上，即使有些人在這段期間獲救了。藉由繼續漠視比較根本的結構性不平等問題，以及這當中的不公平，他們得以保持這種慈善和仁慈的立場，然後將它轉化為社會權力。」

破解蓋茲迷思

基金會議程先於有色人種權益維護

　　要審視驅動蓋茲基金會工作的殖民心態,很難不檢視當中的種族動態。在蓋茲基金會工作的幾乎所有地方,無論是在美國還是其他國家,它關注的都是那些與比爾和梅琳達‧蓋茲毫無相似之處、過著完全不同生活的窮人。雖然蓋茲基金會的制度性種族主義至今基本上未受研究人員和記者審視,但近年來,它還是面臨越來越多的公開指控。

　　丹尼爾‧卡曼加(Daniel Kamanga)是非洲收穫生物技術國際基金會(Africa Harvest Biotech Foundation International)的共同創始人,該基金會是蓋茲基金會最早和資助最多的農業專案之一。卡曼加在領英上發表了一篇關於明尼阿波利斯警官德里克‧蕭文(Derek Chauvin)以膝蓋壓住黑人喬治‧佛洛伊德(George Floyd)的脖子,導致對方死亡的文章。卡曼加表示,此一暴行使他想起他與西方捐助者合作時經歷的種族主義[18]。「我在與捐助組織往來的過程中充分感受到種族主義膝蓋的重量。與蓋茲基金會的多次接觸曾使我覺得幾乎無法呼吸。從仰賴歐美等地捐助的許多非洲非政府組織那裡,我聽到了膝蓋壓頸的故事。一些非洲非政府組織掌握了遊戲規則,學會忽視這種痛苦。有些則變成『敵人』的走狗。許多反抗捐助者的非政府組織死了,被那些假裝支持它們的人壓死了。」

　　2021年,蓋茲基金會被揭露其投資經理人面臨種族主義行為指控,以及欺凌和性不當行為指控,引起爭議[19]。該投資經理人否認或淡化了那些指控,蓋茲基金會容許他繼續為它管理投資。一年前,蓋茲資助的終止結核病夥伴組織(Stop TB Partnership)負責人盧西卡‧第提尤(Lucica Ditiu)面臨備受矚目的種族主義指控[20]。事件曝光後，蓋茲基金會提供250萬美元新贈款支持該組織的工作，而第提尤繼續領導該組織[21]。蓋茲基金會繼續擔任該組織的董事會成員，由基金會員工艾麗卡‧阿爾通（Erika Arthun）代表[22]。

「蓋茲有代表擔任終止結核病夥伴組織的董事，但什麼也沒做，」終止結核病夥伴組織前員工科琳‧丹尼爾斯（Colleen Daniels）告訴我。她表示，她曾針對該組織的內部問題直接發電子郵件給蓋茲基金會。「蓋茲基金會真的使我看到，他們願意犧牲有色人種來維護自己的議程。」

「對我來說，最大的問題是蓋茲真的接管了全球公共衛生。他們決定這方面的優先事項，而且做這件事至少十五年了。我曾在世界衛生組織和不同的聯合國機構工作，而這些地方所有的議程都源自蓋茲希望他們關注之重點，因為錢是從蓋茲那裡來的，」丹尼爾斯指出。「蓋茲的影響太深遠了。這不過是另一種形式的殖民主義。」

朱麗亞‧費里茲（Julia Feliz）講述她如何因為參與科學聯盟（Alliance for Science）一個研究計畫，體驗到令人窒息的種族主義。該計畫是蓋茲發起和資助的一個專案，旨在推動蓋茲基金會在基因改造生物方面的議程。費里茲是波多黎各人，她指該研究計畫是「新殖民主義的一課」[23]。

費里茲質疑這類種族主義之後，該計畫強迫她退出，這在當時執行該計畫的康乃爾大學引發了政治活動。該大學的學生治理機構通過一項決議，譴責科學聯盟的行為[24]。「那不是『科學傳播』，而是一種分享我們最深刻、最個人創傷的訓練，與基因改造生物無關，幾乎就像以消費貧窮的方式（拍成影

破解蓋茲迷思

片!)傳播出去,試圖說服那些看起來像『我們』的人接受基因改造生物,同時也告訴白人,『看,我們是黑人,我們想要這個』,」費里茲透過電子郵件告訴我。

「這是一種利用我們最私密掙扎去推進新殖民主義的訓練,不顧歷史、殖民主義和對全球南方的權力。該計畫絕對不是關於基因改造生物和相關議題的誠實和真實對話⋯⋯總之,我前往康乃爾參與學術對話,但離開時認識到,對他們來說,我的膚色和痛苦的個人掙扎比我的個性、能力、成就或經驗更有價值,而這個計畫是為了促進那個僅對已掌權者有利的剝削體制。」

蓋茲基金會似乎廣泛利用這種模式,資助黑人和棕色人種「擁護者」和「講故事者」,而其明確目的是推進它的議程,為它的工作製造出獲得各方有力支持的表象。蓋茲資助的非洲世代之聲(Generation Africa Voices)計畫便與媒體巨頭湯森路透合作,訓練非洲的講故事者「成為全球發展的擁護者」[25]。受邀的每一名合作夥伴都有自己的網頁和「媒體包」,內含一張照片和一份個人資料,看起來是方便新聞工作者了解真實非洲苦難的現成內容,無論故事是關於當事人曾是聖主抵抗軍(LRA)的童兵,曾被繼母放火燒傷,或是曾使用過量化學品進行不安全的墮胎[26]。

本書的許多美國讀者很可能經由所在地的國家公共廣播電臺(NPR)聽過《飛蛾廣播時間》(*Moth Radio Hour*)節目,但很可能不知道該節目從蓋茲那裡獲得760萬美元的資助,「以幫助來自經濟開發中國家的倡導者精心製作第一人稱故事,分享給決策者和廣大聽眾。」蓋茲基金會一名高層是飛蛾的董事會成員,而蓋茲基金會表示,它與飛蛾在根除小兒麻痺症方面合作[27]。「為了改變人心和思想,我們需要好故事,」蓋茲基金會表示。飛蛾與蓋茲資助的亞斯本研究院的新聲音計畫(New Voices Fellowship)合作,該計畫致力在新聞中推廣相關意見[28],聲稱其189名研究員公開發表近2,000篇社論版文章[29]。

蓋茲基金會資助的另一組織「非洲疾呼」(Speak Up Africa)聲稱,其宗旨一如其名,是增強非洲的民主參與。蓋茲基金會捐了至少4,500萬美元給該組織,並在其董事會占有一席[30]。不過,蓋茲給該組織的第一筆慈善捐款並不是去了非洲,而是去了紐約市,去了曼哈頓川普大樓24樓——非洲疾呼的年度報稅資料顯示,它的辦事處設在那裡[31]。(後來的捐款據稱流向塞內加爾。)非洲疾呼實際上看來是為其資助者的議程疾呼,而不是致力提高非洲當地觀點的聲量。例如,《經濟學人》曾報導該組織在塞內加爾首都達卡的工作,事情與蓋茲基金會在當地引進一個顯然有爭議的高科技污水處理廠有關。「那台機器出現後不久,有傳言指處理過的污水被加入當地的飲用水中,引起了軒然大波,」《經濟學人》的報導寫道。「蓋茲資助的政策和倡議團體非洲疾呼被要求發起一場公開宣傳活動⋯⋯該團隊表示,他們每個月與蓋茲在西雅圖的員工舉行虛擬會議,因此有機會討論新想法和接觸國際專家。[32]」(我利用電子郵件向非洲疾呼的紐約和塞內加爾辦事處詢問一些問題,但沒有得到答覆。)

破解蓋茲迷思

　　蓋茲基金會資助那些「倡導者」、「講故事者」和「研究員」去傳播支持蓋茲議程和世界觀的訊息，或資助那些不會提出質疑的人去傳播他們的觀點，可以藉此使它的工作看似具有充分的多樣性、公平性和包容性。但是，我們很難避免認為蓋茲基金會的這些作為只是為了做做樣子，而且非常不尊重它聲稱要幫助的人。簡單的事實就是，蓋茲基金會在捕捉全球窮人的形象、利用他們的故事、利用他們的苦難方面所耗費的資源，遠多於它真的傾聽他們心聲或與他們合作所耗費的資源。

　　蓋茲基金會並不是多樣性特別足夠的一個工作場所。例如，它2021年的報告指出，其美國員工只有約10%是黑人或西班牙語裔，而美國人口的這個比例約為33%[33]。

　　不過，我們或許應該從更廣的角度去看蓋茲基金會的多樣性，而不是僅著眼於員工的種族和族群背景。蓋茲基金會的員工，有多少人有過貧困的生活經驗，或是在窮國長大的（這個基金會的許多工作是在窮國做的）？又有多少員工成長於富裕國家的富裕家庭，而且是畢業自常春藤名校？有多少員工當過學校教師或農民（蓋茲基金會藉由其慈善捐贈，對教師和農民的生活和生計產生了重大影響）？

　　蓋茲基金會沒有提供這方面的資料，但我們可以從它的領導層看到至少某種程度的多樣性。例子包括安妮塔・薩伊迪（Anita Zaidi），她看來是蓋茲基金會中來自窮國有色人種的最高層員工。來自巴基斯坦的薩伊迪是一名曾獲得許多榮譽的醫師，擔任過蓋茲基金會的疫苗開發和監測主任、腸道和腹瀉疾病主任，以及性別平等工作總監[34]。Project Syndicate稱她為「婦女和女童相關議題的全球主要權威人士之一。」

Chapter 10　白人的責任

但這是來源可疑的一個可疑說法——Project Syndicate那篇文章沒有揭露這個新聞機構接受蓋茲基金會的資助[35]。不過,薩伊迪在世界上權勢最大的其中一個政治組織做過幾個非常受矚目的職位,這說法某種程度上是真的。

雖然薩伊迪在蓋茲基金會的西雅圖總部工作,而且是哈佛訓練出來的科學家,但她與巴基斯坦的關係使她對蓋茲基金會如何在窮國工作有自己的看法,而且她受訪時不會迴避這個話題。有一次,薩伊迪被問到有人批評蓋茲基金會對窮國的「能力發展」工作資助不足,她這麼回應:「在蓋茲基金會,我們非常仔細審視我們提供的贈款有多少去了中低收入國家,有多少去了美國／西方的合作機構。[36]」然後她舉了幾個不具體的例子,例如「印度一個臨床試驗能力發展計畫」,但沒有一個例子來自她的祖國巴基斯坦。事實證明,蓋茲基金會提供給巴基斯坦的資金(總計5億美元)大部分似乎流向了薩伊迪本人經營的組織或與她有密切機構關係的組織。

在加入蓋茲基金會之前,薩伊迪是阿迦汗大學兒科系主任[37]。阿迦汗大學現在是蓋茲在巴基斯坦的第二大資助接收方,收了超過1億美元,大部分用於兒童和孕產婦健康工作。薩伊迪至今仍在該校擔任兼職教師,並繼續以阿迦汗大學教師之名義發表她的一些科研結果[38]。她還以個人名義高調捐款給阿迦汗大學——她在蓋茲基金會年薪近75萬美元,負擔得起這種捐款[39]。知情人士表示,因為她為阿迦汗最重要的其中一名外部捐助者工作,她至今在該校內部仍有強大的影響力。

破解蓋茲迷思

在巴基斯坦，收取蓋茲基金會資助最多的另一組織是巴基斯坦生命信託（Vital Pakistan Trust），它是薩伊迪創立且她擔任董事會主席至2022年中[40]。該組織收了蓋茲基金會超過3,300萬美元，用於與兒童和孕產婦健康有關的工作。這似乎是巴基斯坦生命信託的全部收入，當中有些經費似乎用於與阿迦汗大學合作的專案[41]。該組織歷來許多董事也來自阿迦汗大學。

這些關係引起明顯的財務利益衝突問題。薩伊迪在蓋茲基金會工作，而蓋茲基金會捐了數千萬美元給她管理的組織巴基斯坦生命信託。與此同時，蓋茲基金會捐了超過1億美元給阿迦汗大學，而薩伊迪在該大學扮演重要機構角色。蓋茲基金會怎麼能捐錢給它的員工負責管理或有重大影響力的組織呢？在什麼情況下我們認為這是慈善，在什麼情況下我們認為這是蓋茲基金會實際上捐錢給自己？

「我本來就對蓋茲基金會的運作方式有疑慮，而這些特殊關係顯然太有問題了，」一名與阿迦汗大學關係密切的知情人士告訴我。「這麼多資助流向一個機構或一組機構，就是從有限的特定角度支持研究工作⋯⋯目前全球衛生和發展正朝著去殖民化和更重視公平的方向發展，我們需要投資於更多樣化的科學家群體，以及建設更多元化的機構能力。如果你是最大、出錢最多的慈善組織或資助者，我認為這是你必須扮演的一個重要角色，但目前沒有人在做這件事。」

另一名知情人士表示，薩伊迪在提供醫療照護方面創造了「一個平行的價值體系」，以追求蓋茲的資助為先：「金錢就是權力。有錢你就可以僱用員工、提拔員工，將他們提升到領導位置。」

Chapter 10　白人的責任

　　這兩名知情人士將薩伊迪描述為巴基斯坦的一種權力掮客，建立了強大的聯盟來制定公共衛生領域的研究議程。「她很有政治頭腦，政治上很敏銳，很有策略眼光。非常、非常雄心勃勃，」一名知情人士說。「我認為她確實關心巴基斯坦的變化，但有時我很難看到這一點，因為我看到的是，她所做的幾乎都是為了成為這一切的領導者。我認為她可以講一個很好的故事。」

　　知情人士還表示，薩伊迪有名的另一點，是藉由指導年輕研究人員擴大她在全球衛生領域的影響力。一名知情人士告訴我：「那些年輕研究人員的職業生涯一直有賴她支持。他們沒有條件拒絕她的要求。」

　　「她從來不是那種會讓你完全自由的導師，」另一知情人士說。「她總是維持某種程度的控制權。你知道，只要你配合安妮塔・薩伊迪，你的事業就不會有問題。」這名知情人士補充道，但這製造出一種文化，使阿迦汗大學的研究人員成為「其他人想法的出色執行者，只能按照她的願景行事。」

　　在許多方面，這正是許多學者和研究人員想要打倒的殖民模式。他們希望藉由打倒這種殖民模式，建立強調自決和主權的全球衛生新體系——診斷問題、決定優先事項和解決問題都在本地進行，而不是以西雅圖一個富豪基金會的視角看世界。

　　薩伊迪、阿迦汗大學和巴基斯坦生命信託都沒有回應媒體詢問，我們因此不知道他們如何處理薩伊迪的財務利益衝突（或是否有處理）。接受我訪問的知情人士對此表示不驚訝，他們說阿迦汗大學會竭盡全力保護薩伊迪，因為她是該校「下金蛋的鵝」，是該校獲得比爾・蓋茲資助的關鍵人物。不過，值

破解蓋茲迷思

得注意的是,在我多次提出媒體詢問之後,薩伊迪看來已經從巴基斯坦生命信託退了一大步。在2023年初,該組織的董事會成員名單已經不再有她的名字。以前該組織網站上到處都能看到她的名字,稱她為「著名教授和慈善家」,現在看來已幾乎徹底刪去她的名字[42]。

如果說薩伊迪是阿迦汗大學獲得蓋茲資助的管道,那麼她也可能是蓋茲資助巴基斯坦的管道,而蓋茲基金會在這個國家有重要的地緣政治利益。蓋茲基金會已經投入超過80億美元在全球根除小兒麻痺症,而近年來,巴基斯坦成為相關工作的焦點所在,因為這裡是地球上「野生型」小兒麻痺症仍流行的少數幾個地方之一。我們無法從蓋茲基金會的贈款紀錄看到它對抗小兒麻痺症的資金有多少流入了巴基斯坦,但贈款紀錄顯示,蓋茲在巴基斯坦的最大資助接收方是世界衛生組織在當地的分支,從蓋茲那裡拿到了3億美元,全部用於小兒麻痺症相關工作。

一些公共衛生專家批評蓋茲致力根除小兒麻痺症是出於他個人的偏執,而這分散了世界對更重要的公共衛生問題關注。例如,小兒麻痺症並不是巴基斯坦一種重要的致命疾病,也不構成該國沉重的公共衛生負擔。自1990年以來,巴基斯坦每一年的麻痺性小兒麻痺症病例幾乎都少於1,000例[43]。相對之下,蓋茲資助的「數據看世界」(Our World in Data)資料庫顯示,近年來,巴基斯坦有2,500萬人因為被忽視的熱帶疾病而需要救治,另有2,800萬人營養不良[44]。聯合國兒童基金會的資料則顯示,巴基斯坦38%的兒童發育遲緩[45]。在巴基斯坦,比小兒麻痺症更迫切需要應對的疾病和衛生狀況數以十計,而且數十年

Chapter 10　白人的責任

來一直如此。問題是這些衛生問題沒有一個富豪慈善家去使它們成為優先事項——又或者像蓋茲基金會那樣，付錢給總部設在倫敦的謀奇廣告公司（M&C Saatchi）去「接觸巴基斯坦海外僑民，使他們成為根除小兒麻痺症的擁護者。」

2022年春，蓋茲在巴基斯坦小兒麻痺症問題上投入了極大的努力。在Covid-19大流行使全球不再那麼關心蓋茲念茲在茲的根除小兒麻痺症計畫之際，比爾・蓋茲歷來首次親自訪問巴基斯坦，希望使該國政治領袖重新專注於小兒麻痺症問題[46]。此舉似乎奏效了。根據蓋茲基金會的一份新聞稿，巴基斯坦時任總理伊姆蘭汗（Imran Khan）表示：「根除小兒麻痺症是我國政府的一項首要任務。我們正在所有層面致力確保每一個孩子都受小兒麻痺症疫苗保護，我們感謝比爾與梅琳達蓋茲基金會和其他合作夥伴持續配合和支持相關工作。[47]」

蓋茲訪問巴基斯坦後不久，他根除小兒麻痺症的計畫再次獲得聲援：學術研究人員發表一篇題為〈巴基斯坦何時才能雙腿站立？一個小兒麻痺症故事〉的文章[48]。該文作者之一是阿迦汗大學醫師菲耶札・傑漢（Fyezah Jehan），她是蓋茲基金會的資助對象，受安妮塔・薩伊迪指導，在比爾・蓋茲訪問巴基斯坦期間曾與他共進晚餐。該文寫道：「全球衛生部門在疫苗採購和交付必須繼續努力。我們已經熬過史無前例的Covid-19大流行。我們絕不能忘記小兒麻痺症病毒之恐怖。[49]」

但是，對抗小兒麻痺症的無休止鬥爭恰可視為一個標誌，象徵巴基斯坦為何至今沒有靠自己的雙腿站起來，而是依靠外國援助的拐杖，跟從遠方某個富豪決定的公共衛生優先事項。

破解蓋茲迷思

慈善與全球衛生的控制權

2022年，蓋茲基金會資助並幫忙設計了一項研究，希望利用嬰兒配方奶粉提高烏干達和幾內亞比索新生兒的體重。雖然這個專案看似沒有爭議，甚至堪稱大好事，但它引發了一場小醜聞，因為公共衛生專家建議純母乳餵養而非配方奶粉[50]。

一群國際研究人員譴責這項研究，指它對參與研究的家庭「沒有任何好處，而且很可能造成傷害」，並說「該試驗違反了基本的倫理和人權原則。[51]」他們認為這項研究「與國際公共衛生的母乳餵養建議直接衝突」，並補充道：「這項研究的好處完全歸科學家所有，而配方奶粉製造商雅培藥廠也可能得益。」

這種批評觸及一個難堪的事實：西方富裕的研究人員長期以來一直將窮國當作培養皿，將窮人當作小白鼠。一如大公司剝削窮國以取得原材料，富裕的研究機構長期以來也從事同樣的榨取型經濟活動，利用窮國取得數據、勞動力和榮譽。

蓋茲基金會的研究議程在許多地方都招致這種批評。例如，它不去設想窮人獲得多樣化健康飲食的可能，而是投資於一些萬靈丹解決方案，例如利用基因工程培育維他命特別豐富的糧食作物，或與亨氏、卡夫、羅氏或巴斯夫等公司合作，對加工食品進行生物營養強化[52]。蓋茲基金會還資助研究，為窮國的健康兒童提供抗生素，因為它認為這麼做可以減少疾病，是一種迅速見效的介入措施，可以省卻提供基本醫療照護這種更重要的工作[53]。在疫苗方面，蓋茲基金會支持研究「劑量節約」（dose sparing）這種節省成本的措施，也就是研究全球窮人使用少於有錢人的劑量是否可行[54]。

Chapter 10　白人的責任

在蓋茲基金會的各種慈善工作中，我們一再看到這種認為「乞丐不能挑三揀四」的心態。這些盲點和制度性種族主義反映了「全球衛生」（global health）的歷史基礎，而全球衛生這個奇怪術語基本上是指窮人的公共衛生工作——由富裕國家的研究人員和政策制定者組織安排。這個領域曾被稱為「熱帶醫學」（tropical medicine），其發展並不是出於保護窮人的人道主義衝動，而是為了使殖民者在掠奪熱帶地區時保持健康[55]。現在，窮國的公共衛生很大程度上仍控制在全球北方的強大利益集團手上，其中最強大的莫過於蓋茲基金會。這個基金會在決定哪些疾病、哪些方法和哪些研究人員獲得資金方面大權在握。

這種權力動態近年觸發了一場行動者運動，它呼籲在科學和衛生領域開創一個社會正義的新時代，以DGH——代表「全球衛生去殖民化」（Decolonize Global Health）——為主題標籤。正如我們談論石油巨頭時無法不談氣候變遷，現在談論全球衛生很難不去質疑決定該領域面貌的權力不平衡問題。#DGH運動震撼了無國界醫生之類的大型人道主義組織，該組織被指存在廣泛的制度性種族主義問題。相對之下，蓋茲基金會似乎沒有受到同等程度的公開批評，而這很可能是因為許多人不想咬那隻餵養他們的手。

不過，蓋茲基金會顯然清楚意識到這種論述，甚至已經開始資助這個領域，例如向新聞機構新人道主義者（The New Humanitarian）捐了30萬美元，「以鼓勵媒體和人道主義領域的利害關係人，針對創新的工作方式和援助去殖民化展開行動導向的反思和對話。」這筆資助反映受去殖民化運動威脅的強大組織試圖收編這場運動。

破解蓋茲迷思

「『去殖民化』已經成為一個時髦術語，人人都想說出口，往往是為了證明自己很覺醒，」亞杜希尼・拉文德蘭（Yadurshini Raveendran）告訴我。拉文德蘭是杜克大學「杜克全球衛生去殖民化工作組」（Duke Decolonizing Global Health Working Group）的創始人，它是致力於該議題越來越多的校園行動者團體之一。「他們想參與這些對話，因為這是熱門話題。參與其中是受歡迎的事，尤其是在『黑人的命也是命』運動之後，」拉文德蘭說。「他們利用這個平臺或這些對話來證明，『嘿，我們關心多樣性或代表性』，但並不真正了解這場運動的真正主張或目的。」

拉文德蘭受訪時詳細講述自己的經歷——她在英國前殖民地斯里蘭卡長大，但在美國著名私立學校杜克大學取得研究所學位（梅琳達・法蘭琪・蓋茲是該校校友）。她在杜克大學就讀，有賴蓋茲基金會給予獎學金。拉文德蘭說：「我很感激那筆獎學金，因為如果沒有它，我就無法來到這裡做我的研究。」但她迅速補充道：「為什麼我必須離開我的祖國，來到這裡，來到世界的另一邊接受公共衛生教育，以便幫助我的同胞？這真是諷刺。我不得不接受一個白人組織的施捨，即使我的祖國曾被另一個白人組織——大英帝國——殖民。」

我在2021年訪問她時，拉文德蘭剛接種了Covid-19疫苗，而她認為這是全球衛生領域另一件不合理的事。她是一個健康的年輕人，為什麼只是因為人在美國就能輕鬆接種疫苗，而她在斯里蘭卡的父母雖然脆弱得多，卻因為蓋茲基金會參與組織的疫苗分發工作混亂失敗，不得不辛苦排隊等待接種？（本書稍後將討論Covid-19疫苗問題。）「這使我很難過，一個因為微

Chapter 10 白人的責任

軟或科技業而發大財的人,竟然對像我和我家人這種人的健康照護有那麼大的決定權,而我和我的家人與這個人關係如此疏遠,永遠不會看到他擁有的那種財富。但不知如何,就因為他非常有錢,他對我或我家人的健康有決定權。」

在全球衛生領域掌握權力的組織,例如蓋茲基金會,傾向以漸進式努力應對去殖民化運動,例如提供機會給來自窮國的研究人員,使他們能夠參加費用高昂的會議或取得昂貴的期刊。但在拉文德蘭看來,去殖民化運動的前提要求我們超越小步向前的方式,大步邁向「瓦解持續掌權的壓迫性制度,包括白人至上主義、資本主義、種族主義,以及性別歧視。」這意味著瓦解蓋茲基金會。

「他們是去殖民化運動的對立面,因為他們就是那個體系。他們使造成傷害的制度持續運作。如果我們要去殖民化,我們就必須瓦解現行援助體系;在這種體系下,我們全球南方的人健康,就必須有富裕國家或其他組織投入資金,」她說。「我不能責怪比爾・蓋茲是唯一的作惡者,因為這是多個世紀的傷害,但他肯定是這場對話的重要話題,因為他掌握著極大的權力。」

蓋茲基金會的殖民權力受到之批評,反映了殖民歷史的複雜後果和該組織現今所處的大環境。正如作家凱撒・阿圖伊雷(Caesar A. Atuire)和奧莉維亞・魯塔齊布瓦(Olivia U. Rutazibwa)2021年指出:「新殖民主義並非只是產生對被殖民者展現出家長式態度的殖民者,而是還產生始終缺乏自信的被殖民者;兩者都依靠兩者間的依賴關係,並延續了這種關係。[56]」

破解蓋茲迷思

世界銀行衛生與營養部前主任奧盧索吉・阿德伊（Olusoji Adeyi）將他的批判眼光投向他所謂的「自戀型慈善」（narcissistic charity）[57]。「令人不安的事實是，與流行的說法相反，核心問題是新依賴關係，而不是新殖民主義，」他在2021年寫道。「那麼多國家如此依賴一些陌生人的一時興致和善意，策略上如此虧欠他們，是極其有害的。」

呼籲終止對外國捐助者的財政依賴，可能使人想到自力更生的意識形態──它主張終結福利國家體制，主張窮人掌握自己的命運。但這誤解了正義問題。殖民者多個世紀以來造成的經濟傷害必須得到糾正。但這不可能靠富豪慈善事業去完成，因為在那種慈善事業中，比爾・蓋茲捐錢以推進他自己的議程，資助像巴基斯坦生命信託這種由他親信管理的組織。

就在我寫這一章時，巴基斯坦正奮力應對已導致數百萬人流離失所的嚴重洪災。洪災日益嚴重可歸咎於氣候變遷，而氣候變遷主要是富裕國家的溫室氣體排放造成的。富裕國家難道不應該為解決它們造成的問題承擔財政責任嗎？針對這問題，我們可以直接將矛頭指向比爾・蓋茲，因為他經常乘坐私人飛機旅行，是世界上碳排放最多的個人之一。

西科維斯・諾比斯（Sikowis Nobiss）是喬治戈登平原克里／索特第一民族（George Gordon Plains Cree/Saulteaux First Nation）的註冊成員，也是原住民領導大平原行動協會（Indigenous-led Great Plains Action Society）的創始人。我訪問她時，她提到最近有報導指比爾・蓋茲已成為美國最大的農田地主，擁有24.2萬英畝農地，比巴林、新加坡或巴貝多的國土面積還要大。諾比斯告訴我，這反映了在圍繞著氣候變遷和去

Chapter 10　白人的責任

殖民化的政治鬥爭中,我們必須挑戰的那種「天命」(Manifest Destiny)心態[58]。「比爾‧蓋茲很聰明,他能算出沒有一個人需要那麼多土地,」諾比斯說。「他基本上是在參與永無休止的殖民循環。」

那麼,諾比斯認為應該怎麼做?她認為蓋茲應該交出他的土地作為賠償。在去殖民化運動中,可能損失最多的是殖民者,情況失控時面臨最大威脅的也是殖者,這是穆內拉‧拉希德(Muneera Rasheed)在《刺胳針全球衛生》發表的一篇評論文章中討論的問題[59]。「在歷史上,去殖民化一直是一種暴力的過程,而全球衛生可能將經歷同樣的過程。破壞和揭露新殖民主義做法需要有勇氣承擔由此造成的代價,」她寫道。「我想對在所有地方擔任領導職務的人,以及那些可以利用自身職位授予特權的人說:我們必須選邊站。」

這種圍繞著去殖民化的討論並非全球衛生領域所獨有,就連慈善領域也正在努力處理有關權力和正義的問題。「這過程始於思考這問題:『錢來自哪裡?』」《Decolonizing Wealth》(書名暫譯:財富去殖)一書的作者艾德加‧維拉紐瓦受訪時告訴我。「如果你從真相與和解的角度思考這問題,那麼首先要回顧過去,想想曾造成什麼傷害。我想對很多基金會來說⋯⋯它們的工作基本上是向前看的,著眼於『我們未來做什麼』,不考慮過去發生過什麼事。」

比爾‧蓋茲的財富當然是來自微軟,而他認為微軟觸發了一場電腦革命,是社會進步的引擎。維拉紐瓦告訴我,這種觀點在科技業富豪中相當普遍,「他們認為『我們沒有傷害任何人』。無論如何,你必須想到,你看那些能夠在這個國家成功

破解蓋茲迷思

的人,尤其是如果你是白人,如果你生來就享有優越條件,你身處之結構為你們這些人創造的機會,是這個國家裡其他人享受不到的。所以,你必須承認這一點。」

在某些方面,這種觀點——以及這種慈善概念——回到了 philanthropy(慈善)一詞的根源;該詞源自希臘文,意為「愛你的人類同胞」。慈善捐贈應該是一種愛的行為,而不是權力的行使。贈送金錢不應該放大支配社會的權力不對稱,而是應該幫助消除這種不對稱。這正是為什麼在許多方面,我們或許應該說比爾・蓋茲是個厭惡人類的人——他若不是憎惡他的人類同胞,就一定是認為他高人一等。蓋茲堅信他自己和他的力量,全然不顧他聲稱要服務之窮人的願望、需求或權利,由此可見他根本是以一種殖民視角看他的慈善捐贈。這突顯他潛在成就的根本局限,也解釋了蓋茲基金會為何至今無甚成就。

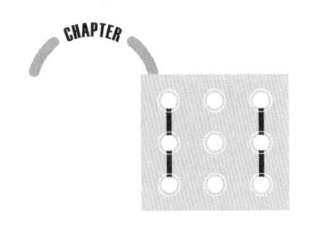

臃腫

蓋茲基金會的技術挑戰

2014年,蓋茲基金會在追蹤和管理其慈善贈款方面遇到了技術問題——對這個由世界上最著名技術專家之一管理的機構來說,這無疑是可悲的諷刺。更糟糕的是,蓋茲基金會啟動一個耗資7,000萬美元、名為「清晰」(Clarity)的重要專案來處理那些問題之後,似乎引起更大的混亂[1]。

「清晰專案本應徹底改造投資管理(例如贈款管理和追蹤)之類的跨專案系統,而資訊技術(IT)資源在當中有重要角色。該專案徹底失敗了,」2017年針對蓋茲基金會的一項訴訟判決指出。提起訴訟的是陶德・皮爾斯(Todd Pierce),蓋茲基金會聘請他擔任「數位長」(chief digital officer)來幫忙解決技術問題。或者說,至少蓋茲基金會一些高級職員認為皮爾斯是被請來做這個的。包括比爾・蓋茲在內的其他人則使皮爾斯覺得他將扮演「數位遠見者」(digital visionary)的角色,而非只是一名IT管理員。

皮爾斯提起訴訟,聲稱他在職務說明方面被誤導了。他要求蓋茲基金會賠償他,金額是他如果繼續做之前的工作——也

破解蓋茲迷思

就是在企業軟體公司Salesforce當高層——所能獲得的收入。2018年，法院判皮爾斯勝訴，可獲得近500萬美元的賠償。

比爾·蓋茲不會那麼容易接受敗訴，畢竟他是企業律師的兒子，也是非常善於利用司法手段的人。蓋茲基金會以皮爾斯未能證明過失不實陳述（negligent misrepresentation）為由，聲稱它其實勝利了。「我們繼續對其他訴訟請求的裁決、事實描述和法律結論提出異議，它們沒有紀錄支持，而且違反華盛頓州已確立的判例法，」蓋茲基金會聲稱。「判決尚未作出，判決金額也仍不確定。蓋茲基金會打算提起上訴。」

而它也真的這麼做了。2020年，上訴法院裁定，需要由新的初審法院來審視皮爾斯應該獲得多少賠償[2]。在蓋茲基金會內部，員工表示，基金會這種喜歡訴訟的表現發出了一個令人寒心的訊息。「我想我們就是在那時候意識到，這個基金會將可能嚴懲我們，」一名前員工告訴我，並解釋他為什麼不願具名受訪。既然蓋茲基金會願意如此重手對付陶德·皮爾斯，如果有員工違反保密或禁止負面評論的協議，它會怎麼做呢？

皮爾斯故事反映的並非只是支配蓋茲基金會的恐懼文化，而是還反映了臃腫的組織已經嚴重損害這個基金會的活力、效率和效能。這個機構怎麼可能因為出現棘手的一大堆IT問題，就在那個清晰專案上耗掉7,000萬美元？世界上最大的這個慈善機構還耗費了多少錢在嚴重膨脹的行政費用上？這對納稅人意味著什麼？（如前所述，蓋茲基金會每花費或浪費1美元，就有約50美分是由納稅人買單。）

我們又該如何調和這個臃腫問題與蓋茲基金會極力宣傳的自身形象呢？在它的宣傳中，蓋茲基金會是一個永遠高效、超級靈活的私營實體,能夠做笨重政府機構做不到的一些事。這種聲譽對比爾·蓋茲非常重要,因為他一直設想自己具有一種有原則的工匠心態,將節儉和勤勞之個人價值觀帶到他所有的工作中。「因為我的父母、我的工作和我的信仰,我非常理智。例如,有人問我為什麼我沒有私人飛機。為什麼?因為你可能會習慣了那種東西,而我認為那是不好的,」他在1994年接受《花花公子》雜誌訪問時說。「它會使你遠離正常的經歷,很可能會使你變得虛弱。所以我有意識地控制這種東西。這是一種紀律。如果我的紀律崩潰了,我會感到困惑。所以我儘可能避免這種情況發生。[3]」

蓋茲基金會早年真的踐行比爾·蓋茲宣揚之美德,非常專注於捐錢這件事。它2000年的支出為16.5億美元,其中15.4億是慈善捐贈[4]。《時代》雜誌那一年的報導寫道:「在結構和作風上,這家基金會一如一家網路新創企業那麼簡樸。它只有25名員工,而歷史悠久的福特基金會有525名員工。[5]」

2007年,蓋茲基金會營運長謝麗爾·史考特(Cheryl Scott)解釋道:「一家基金會最重要的事,就是選擇數量有限的一組議題,然後建立相關的專業能力。比爾和梅琳達已經確定了一些領域,例如愛滋病和瘧疾的流行、極端貧困,以及美國高中的糟糕狀況。他們認為在這些方面,我們的資助能夠幫助解決根深柢固、正影響數十億人的複雜問題。[6]」

基金會的行政成本與擴張

到了2021年底,蓋茲基金會的業務組合已經膨脹到41個專案類別,由至少1,843名員工管理[7]。轉眼間,它每年的行政和

破解蓋茲迷思

「專業」費用超過10億美元，占其年度支出20%左右。基金會數億美元——也可能是數十億美元——的資金流入了專業顧問的口袋，他們是麥肯錫和波士頓諮詢公司等機構面目模糊、自稱專家的人[8]。此外，比爾‧蓋茲開始乘坐自己的私人飛機旅行——他曾說這種放縱會使他變得虛弱和困惑。

隨著組織成長，蓋茲基金會的文化也改變了。在我的調查報導工作中，我從受資助者那裡最常聽到的批評，也許就是蓋茲基金會嚴重的官僚和微觀管理問題，導致與它合作變得非常困難。蓋茲基金會以檢查表、電話和文書要求淹沒受資助者。基金會員工的高流動率加重了問題，迫使受資助者花更多時間去幫助基金會的新主管掌握情況——以及使他們覺得自己很重要、很聰明。一些機構表示，他們實際上必須設立新的全職職位，以應付蓋茲基金會無休止的資料要求。一名早年的受資助者告訴我，他與蓋茲基金會首次合作花了一個月確定。十年後，他的最後一筆資助花了一年時間才確定。

「每一筆資助似乎都有許多員工參與其中，他們提出各種各樣的問題，必須反覆處理，」這名知情人士說。他講述了資助申請在蓋茲基金會如何無休止地層層上報，結果是鼓勵每一個愛管閒事的人提出問題，而大部分問題根本不相關或甚至堪稱愚蠢。「寫下這些問題的人根本不知道這個領域是怎麼回事，不知道誰做過什麼，以及過去已做過什麼。」在這名知情人士看來，問題始於比爾‧蓋茲開始減少他在微軟的工作時間和增加在基金會的工作時間。「我們日復一日地看到他在蓋茲基金會如何管理不善⋯⋯如果你是在捐錢，你很難察覺到你的慈善工作管理得不好。受資助者不想抱怨。至於工作人員，我想他們受保密協議約束。」

Chapter 11　臃腫

貝勒大學（Baylor University）教授彼得・霍泰茲（Peter Hotez）是蓋茲早期在疫苗研發方面的資助對象之一，他的評價較為溫和，告訴我蓋茲基金會「仍是一個有淨貢獻的機構，但我確實認為他們已經變得太龐大，而且涉足太多不同業務，以至於已經出現生產力報酬遞減的情況。我認為他們已經過了生產力最大化的點……我認為，解決辦法是稍微收縮業務，使它變得更像真正的基金會，而不是像一家公司或研究所。」

比爾・蓋茲的看法恰恰相反，他認為蓋茲基金會現在的長處源自它的演變，從一個只負責開出支票的慈善團體發展成一個能夠組織整個研究領域的強大專家機構。「蓋茲基金會在全球疾病等領域是一個強大的機構，」他在2013年說。「它僱用科學家、研究人員，以及決定如何提供資助。我們花了十年時間，才使這個機構達到這種水準，就像微軟1995年達到的那種卓越程度——你真的覺得裡面的人非常善於分析，對事情瞭若指掌。這是艱苦的工作，也是有趣的工作。[9]」

我訪問過的一些知情人士表示，蓋茲基金會2011年從諾華藥廠請來特雷弗・曼德爾（Trevor Mundel）擔任全球衛生總監，組織隨後加速臃腫化[10]。在他的領導下，蓋茲基金會在醫藥開發方面變得遠比以前親力親為。其他知情人士則懷疑，基金會過度官僚的表現可能是因為一些無賴的專案主任和高層沉迷於他們掌握的權力。我訪問過的一名科學家表示，蓋茲基金會管理他那筆資助的主管會公開講這種話：「我愛這份工作，因為我可以控制每一個人的資助……我在學術界工作時，我是我自己資助專案的首席調查員。現在，我是每一個人資助專案的首席調查員。」

破解蓋茲迷思

華倫‧巴菲特很可能是助長蓋茲基金會臃腫的最大因素之一——諷刺的是，巴菲特是出了名節儉和強烈反對組織臃腫的人。（新聞媒體經常提到，巴菲特自1960年代以來一直住在內布拉斯加州奧馬哈市同一間相對普通的房子裡[11]。）2006年，巴菲特開始大筆捐贈給蓋茲基金會，每年至少捐10億美元，基金會資產不斷膨脹使它面臨某種程度的現金流問題。根據美國國稅局的規定，基金會每年必須捐出其資產的至少5%，多了錢進來因此意味著必須捐出更多錢。而巴菲特還要求蓋茲基金會遵守額外的規定：在每年至少5%的捐贈之外，他每年捐給基金會的錢必須在同一年捐出[12]。

蓋茲基金會突然間面臨巨大的支出壓力，而它又沒有那麼多信任的合作夥伴來吸收它必須作出的巨額捐贈。你可以稱之為「財神有難效應」。在1985年的電影《財神有難》（*Brewster's Millions*）中，李察‧普萊爾（Richard Pryor）飾演的蒙提‧布萊斯特（Monty Brewster）面臨一個選擇：當場接受100萬美元的饋贈，或是接受一項挑戰，成功的話可以拿到3億美元。那項挑戰是在30天內花掉3,000萬美元。布萊斯特很快就發現，快速花掉巨額資金其實相當困難。在富豪慈善事業的現實世界裡，蓋茲基金會的多財窘境也使它面臨同樣的挑戰。

蓋茲基金會的解決辦法在它內部被稱為「提前資助」（forward funding），基本上是創建新機構來收取資助，並迅速擴大對最大資助對象的資助。藉由這種做法，它可以將巨額資金送出去，雖然有時似乎只是把錢存放在它的代理機構那裡。「我們每次給他們10億美元左右，明知他們十年八載都花不完，」一位前雇員告訴我。「這是沒關係的，因為對我們來說，那10

Chapter 11　臃腫

億美元可以幫助我們滿足支出要求,而我們基本上是把錢放在他們那裡。只要組織能夠負責任地發展,那是完全沒問題的。」

結果是蓋茲基金會約40%的慈善捐贈——超過310億美元——給了20家巨型組織,其中有一些充當了它的代理機構。收取贈款最多的組包括Gavi;世界衛生組織;適宜衛生技術組織（PATH）;全球對抗愛滋病、肺結核和瘧疾基金會;聯合國兒童基金會;華盛頓大學;世界銀行;扶輪基金會;黑人學院聯合基金（United Negro College Fund）;約翰霍普金斯大學;瘧疾藥物事業;非洲綠色革命聯盟;柯林頓健康倡議組織（以及與柯林頓基金會有關的其他專案）;美國國家衛生院;Aeras;新事業基金;蓋茲醫學研究所;結核病聯盟;世界援助和救援合作組織（CARE）;以及國際愛滋病疫苗行動組織[13]。

蓋茲基金會也捐了數十億美元給相對保守的組織,包括捐贈超過10億美元給洛克菲勒基金會建立的一組農業研究站,以及超過5億美元給僱用4,000名員工的K街（華府政治遊說組織的聚集地）非營利發展集團FHI 360[14]。蓋茲基金會許多最密切的合作夥伴和最大的資助對象都是在成本高昂的地方運作,例如日內瓦、曼哈頓和華盛頓特區;這意味著這些機構的員工住在這些成本高昂的城市,他們的薪資吃掉了大量的慈善贈款。蓋茲基金會建造自己的辦公室時,同樣不惜重金,投入5億美元在西雅圖市中心黃金地段蓋了豪華眩目的總部大樓[15]。

我們總是可以訴諸蓋茲基金會膚淺的救命邏輯,計算一下這種鋪張揮霍導致多少人命損失。奢華的大樓、昂貴的房產、額外福利、獎金和各種顧問花掉的每一塊錢,都可以用來為窮人提供疫苗和治病。比爾‧蓋茲本人就曾針對公共衛生經費的

破解蓋茲迷思

浪費問題寫道:「納稅人完全有權利生氣,我就非常憤怒,因為我們的目的是拯救生命,任何亂花錢的行為都會導致人命損失。[16]」

蓋茲希望我們從金錢的角度考慮人命——他說,救一個孩子的命只需要不到1,000美元[17]。果真如此,我們不是應該謹記,蓋茲基金會因為組織臃腫而浪費每10億美元,就意味著犧牲了至少100萬人的性命嗎?當然,這種算法非常可笑,但這正是蓋茲基金會的邏輯。如果新聞界要利用這種救命邏輯來宣傳蓋茲基金會的善行,他們不是也應該想想這種算術另一面的涵義嗎?

華倫・巴菲特顯然對蓋茲基金會在2010年代中的臃腫問題非常不滿,而在他的指示下,基金會員工人數在2015年從1,460降至1,449人。但第二年,員工人數又恢復上升,顯著增至1,579人[18]。一名前員工告訴我,在蓋茲基金會內部,人力資源部訴諸會計伎倆來安撫巴菲特。例如,為了壓低膨脹的員工人數,基金會增加僱用顧問,同時聘請越來越多「有限期限員工」——實際上就是與正式員工一起工作、福利較少的短期約聘員工。因此,解決臃腫問題的辦法反而增加更多臃腫——它出現了待遇不平等的兩種級別員工。

但是,面對大眾時,蓋茲基金會總是大肆宣揚它追求效率的堅定決心。馬克・蘇茲曼2020年獲任命為基金會新執行長後,寫了一封內部電子郵件,講述他去奧馬哈拜訪巴菲特的經歷。

他告訴我,我最重要的工作是防範所有大型組織都面臨的ABC衰敗風險:傲慢(arrogance)、官僚(bureaucracy),

Chapter 11　臃腫

以及自滿（complacency）。他一再指出，作為美國最大的慈善機構，我們面臨的ABC風險特別大。他敦促我們勇敢進取，承擔別人無法承擔的風險——他總是提醒我，我們永遠不應該取代私人或公共資本，而是應該補充它們。由於我們不受市場力量的自然制約，他提醒我們警惕導致我們偏離核心能力的使命擴張（mission creep）問題——因為這個警告，我特別重視對我們的預算和策略程序施以有力的內部和外部檢驗，以確保我們始終專注於我們具有最大比較優勢的領域。此外，最重要的是，他敦促我們堅持誠信和透明的最高標準[19]。

但是，蘇茲曼和巴菲特推崇的「誠信和透明標準」是什麼呢？根據這些標準衡量蓋茲基金會斥資5億美元建造豪華總部大樓的決定，會得出什麼結論呢？

我們有理由相信，那些ABC風險將繼續削弱蓋茲基金會行善的力量。2006年，巴菲特首次宣布與蓋茲合作時，他似乎表示，他的大部分財富將在他死後捐給蓋茲基金會[20]。蓋茲基金會為此一直與麥肯錫的顧問合作，研究如何處理可能來自巴菲特的500億或甚至1,000億美元遺產[21]。這意味著蓋茲基金會可能被迫花越來越多錢，而它的使命擴張和組織臃腫問題也必將加劇。

但巴菲特也很可能會改變主意。他在2021年突然退出蓋茲基金會董事會，當時發生了幾件備受矚目的醜聞，包括比爾·蓋茲與傑佛瑞·艾普斯坦關係密切、蓋茲被指控對女性員工有不當行為，以及蓋茲基金會在應對Covid-19方面表現拙劣[22]。巴菲特真的還想把他的遺產託付給這樣一個身陷泥沼的人嗎？

破解蓋茲迷思

2022年,《華爾街日報》報導巴菲特可能打算將他的大部分財富捐給以他已故妻子命名的蘇珊湯普森巴菲特基金會(Susan Thompson Buffett Foundation),而不是蓋茲基金會。果真如此,這將有力地說明巴菲特已經對蓋茲基金會的效能失去信心。

無論生於1930年的華倫‧巴菲特決定怎麼做,蓋茲基金會還是必須處理比爾‧蓋茲的個人財富——截至2023年初有超過1,000億美元。蓋茲出生於1955年,很可能將活到2040年或更晚(他父親94歲去世),而在此期間,他的財富很可能將繼續增加。蓋茲已經承諾將他幾乎所有財富捐給他的基金會,而這個基金會預計將在比爾和梅琳達去世20年後結束[23]。

這是蓋茲基金會另一諷刺或矛盾之處。過去二十年的大部分時間裡,這個基金會的捐贈基金規模是在擴大而非縮小——照理說,一個從事慈善捐贈的機構,其捐贈基金的規模應該是逐漸縮小才對。這個基金會每年除了有數十億美元的投資收益,還可以得到巴菲特和蓋茲的捐贈,其資產因此將繼續膨脹。未來幾十年裡,蓋茲基金會可能會有數千億美元的收入,其結局因此很難想像。

蓋茲基金會據稱已在內部集思廣益,蒐集解決支出問題的各種想法,並且思考一旦突然獲得大量現金怎麼做(例如因為它的某個捐助人去世,留下大筆遺產給它)。其中一個主意顯然是動用巨資為貧困兒童建立儲蓄帳戶[24]。但是,把錢交給窮人,任由他們隨意使用,當然是完全不符合蓋茲的作風,而蓋茲基金會看來也無意這麼做。據媒體報導,蓋茲基金會的構想是為兒童建立一個儲蓄帳戶,而受益人必須通過重重關卡才能拿到錢,而且用錢方式必須符合蓋茲的嚴格規定。此外,蓋茲估計將創立一個龐大的新代理機構來管理這些資金,而該機構董事會將有一席永遠留給蓋茲家族的代表。

　　蓋茲基金會的計畫、比爾與梅琳達的巨額財富最終如何處理,以及兩人的孩子們將如何參與其中,這一切都非常不確定,而這不但說明蓋茲基金會透明度不足,還反映了它的特權意識。無數的政府、非政府組織和窮人已經開始依賴比爾・蓋茲的財富,但他們不知道這種支持會持續多久,也不知道接下來會發生什麼事。而且他們也不能問。根據蓋茲的慈善模式合理地推測,我們可以想像在未來數十年裡,蓋茲基金會的規模、財富和權力將不斷成長,而且其他億萬富翁在世界事務中也將扮演越來越重要的角色。在這種未來情境裡,一小撮超級富有的全球精英,例如伊隆・馬斯克、傑夫・貝佐斯、馬克・祖克柏、麥可・彭博、查爾斯・柯克、卡洛斯・史林(Carlos Slim)、麥肯琪・史考特、穆克什・安巴尼(Mukesh Ambani)、馬雲等人,將在全球治理中扮演越來越重要的角色,決定數兆美元的使用方式,基於自身的狹隘利益改造世界,並稱之為慈善事業。

比爾・蓋茲的妄為管理

　　在金融海嘯導致經濟大衰退的那些年裡,圍繞著世界經濟困境的政治辯論不斷提到「勒緊腰帶」和「削髮」(指負債打折償還)。當時一種簡單和近乎不可抗拒的邏輯,是在經濟陷入危機時,我們需要縮減支出。但是,許多經濟學家認為,政府需要維持或甚至增加支出以刺激經濟,以及幫助窮人維持生計。

破解蓋茲迷思

在這場辯論中，比爾‧蓋茲認為自己可以趁機發起攻擊，成為影響力強大的赤字鷹派。他發起了一場重組美國教育勞動力的運動，大聲疾呼應該大規模改革教師的薪酬[25]。他表示，為教師提供「慷慨的退休金」和異常優渥的醫療保險，形同未盡受託義務，意味著「我們將必須解僱超過十萬名教師。[26]」在蓋茲看來，教師不合理的優厚福利待遇占用原本可用於學生和學校的關鍵資金。「這些預算非常離譜……他們用了各種會計伎倆和很多極端手段，」他在2011年說。「放任自流，任由醫療成本擠壓教育資源，前景將十分黯淡。[27]」蓋茲還將矛頭對準教師的薪酬：他認為，教師不應該因為取得碩士學位或累積年資而自動獲得加薪。他主張薪酬制度論功行賞，獎勵真正高效能和創新的教師，或那些承擔更多工作、教較大的班級、或教學環境比較困難的教師。

但是，蓋茲這場運動沒有成功，他那些可怕的預測也沒有成真。美國的學校並沒有像蓋茲預測的那樣面臨大量裁減教師的壓力，反而必須設法應對一波教師辭職潮。教師辭職潮之所以發生，某種程度上是因為教育經費遭削減，導致教師工作過量、資源不足、工資偏低，而蓋茲的恫嚇恐怕只是令情況雪上加霜[28]。

比爾‧蓋茲抨擊教師福利異常優渥，不但反映他的政策立場錯得離譜和非常武斷，也顯示他極其虛偽。在蓋茲針對教師福利問題大做文章的同時，他的私人基金會卻在納稅人大量補貼下，為它的高薪員工提供被一名前員工稱為「鈀金式」的福利待遇。我訪問過的一些現職和已離職員工有些尷尬地談到蓋茲基金會提供的商務艙機票、無限的（有薪）假期，以及新手父母長達52週的假期[29]。（育嬰假後來縮減為6個月。[30]）「非常慷慨，但完全沒必要，」一位前員工說。「那裡的人常說，『為了使命進來，為了福利留下。』」

蓋茲基金會位於西雅圖的豪華總部設有一間私人診所，以及一間提供免費私人教練的健身房。員工享有頂級保險和備用托兒服務，而一份文件顯示，基金會還為「員工管理其工作和個人生活」提供最多1,500美元的資助[31]。員工的薪酬也很高。一名員工告訴我，只有製藥業的薪酬和福利能與蓋茲基金會媲美。基金會最新的報稅資料顯示，它共有1,843名員工，年度薪酬和福利支出接近5億美元，平均每名員工約為25萬美元。高層員工的年薪超過100萬美元，執行長馬克・蘇茲曼年薪接近150萬美元[32]。

取悅蓋茲甚於把事做對、做好

過去十年間，蓋茲基金會為其創始人塑造了一種教主般的形象，其核心是他的樂善好施，以及他據稱自學得來的廣博才智——一個大量動用自身財富從事人道事業，公餘孜孜不倦吸收新知的人。《滾石》雜誌2014年對比爾・蓋茲的簡介就是一個好例子，將他描述為熱衷於求知和不在乎物質財富：

> 個人而言，蓋茲沒有什麼「宇宙主人」的氣派，即使財富極多，他的財產並不多，主要就是三間房子、一架飛機，沒有遊艇。他穿樂福鞋、卡其褲和V領針織衫。他經常需要理髮。他的眼鏡四十年來沒怎麼變過。他的娛樂是參加橋牌比賽。

破解蓋茲迷思

> 但如果說他沒什麼社交抱負，他智性上關注的範疇卻廣得驚人，包括氣候、能源、農業、傳染病，以及教育改革。他曾僱用前核子物理學家幫忙製作營養餅乾，為開發中國家的民眾補充營養。他已經為根除小兒麻痺症的工作花了15億美元（並承諾在2018年前再投入18億美元）。他正在設計更好的廁所，並資助利用奈米碳管製造保險套的研究[33]。

這篇介紹遺漏了很多東西，包括一些基本認識，例如投入數十億美元在各種高尚事業上未必會有什麼成果，而喜歡看書不代表比爾·蓋茲是知識分子或某方面的專家。蓋茲對許多事物堪稱一知半解，是個有許多膚淺興趣的業餘愛好者。例如，《滾石》雜誌提到他投入的工作，至今沒有一件真正成功。他自己也承認，他在教育改革方面的工作失敗了。他承諾促成的農業革命從未發生。他不斷宣傳的新型廁所至今沒有解決窮國的衛生問題。他尚未根除小兒麻痺症，而且很可能永遠做不到。也許奈米碳管保險套改變了比爾·蓋茲自己的生活，但它至今對性傳染病沒有什麼實際影響。

2021年，蓋茲的專業能力自我宣傳達到了新高度：他強勢宣稱自己是應對氣候變遷問題的領袖，聲稱他自己的創新——例如他創辦的核電公司泰拉能源（TerraPower）——將幫助我們避免氣候災難。他甚至從納稅人那裡為泰拉能源爭取到近20億美元的支持，而該公司至今尚未蓋好第一個反應爐，而且已經宣布會有重大延誤[34]。

Chapter 11　臃腫

　　總之,比爾‧蓋茲或許有豐富的想法和遠大的抱負,但他雜亂的欲望和遊移的注意力顯然存在嚴重的紀律問題。我們也可以從他領導微軟的表現得出類似的教訓:微軟一直試圖在新技術領域保持領先地位,例子包括互動式電視、電子書閱讀器、可攜式媒體播放器、智慧型手機、個人數位助理,但從未真正成功[35]。微軟一直以來非常賺錢並不是因為它在蓋茲領導下有突破性創新,而是因為它的壟斷力量。「他們的手段一直是看誰正領先,然後致力於模仿、超越和擊垮競爭對手,」微軟前員工馬林‧埃勒(Marlin Eller)和珍妮佛‧艾斯瓊(Jennifer Edstrom)在《蓋茲的野蠻兵團》(*Barbarians Led by Bill Gates: Microsoft from the Inside*)一書中寫道[36]。

　　艾斯瓊和埃勒在書中講述了比爾‧蓋茲無休止的管理失誤、失敗的策略領導、組織重組和其他意外問題如何導致浪費、重複和效率低下。他們在書中提出的一個論點是:微軟成功是克服了許多不利條件,包括董事長專橫跋扈、任性妄為;組織官僚臃腫,有如迷宮;以及市場上往往有更好的產品。他們寫道:「有些人喜歡發揮自己的才能和創造力,創造出令人讚嘆的東西。還有一些人則只想掌權。可悲的是,隨著組織成長,後一種人充斥其中,而微軟也不例外。這家公司變得有太多指揮鏈需要處理,有太多的『領地』需要安撫。[37]」

　　一些內部人士表示,蓋茲基金會也出現同樣的混亂。這個基金會在投入了數十億美元建立新的「產品開發合作」模式(基本上就是資助非營利製藥公司)之後,縮減或取消了對許多合作夥伴的支持,因為它們的發展速度不夠快。多位曾接受資助的業者告訴我,蓋茲基金會面對進度緩慢的問題,並不是接

破解蓋茲迷思

受創造新藥和疫苗非常困難的事實，而是衝動地改變策略，轉向內部開發[38]。一名知情人士說：「他們不會說『事情就是這樣』，而是必須責怪別人。」

員工也普遍批評蓋茲基金會突然「重組」或「革新」的文化，也就是經常看似不合理地突然從一種策略轉向另一種策略。一名知情人士告訴我：「大家總是擔心，『我的職位會不會因為策略方向改變而被取消？』這種改變非常武斷，非常混亂。」

這名前員工解釋，蓋茲基金會的企業式革新意味著不斷引進附和蓋茲新策略的新專家，同時趕走之前的專家。「我認為這反映蓋茲基金會『急切樂觀』的宗旨。這就是急切的人力資本策略。它沒有時間培訓員工，只有時間僱用專家，」這名知情人士表示。蓋茲基金會往往衝動地決定：「看不到成功的跡象。看不到影響力。看不到效果。我們就放棄這個策略和這些人，轉向新方向吧。我們要取得可以很快測量到的成就。」

在用戶匿名講述職場見聞的網站Glassdoor上，蓋茲基金會一名員工描述了扼殺機構知識和導致組織停滯的「表演式裁員」（performative layoffs）：「新血不一定比較好，幫助新人跟上進度的成本相當高，包括浪費很多時間（尤其是因為五年後他們很可能就會被裁掉）。[39]」另一個評論者指出：「高層人員似乎對這種員工流動的代價視而不見。[40]」

這些批評與微軟員工對公司的批評如出一轍。記者庫特·艾肯華德（Kurt Eichenwald）在2012年發表於《浮華世界》（*Vanity Fair*）的一篇長篇報導中，描述微軟不時任意大裁員的文化，指它嚴重損害員工的士氣和生產力，並在整個2000年代削弱了公司的活力[41]。雖然艾肯華德將這種文化歸咎於微軟時

Chapter 11　臃腫

任執行長史蒂夫‧鮑默（Steve Ballmer），但他大可將矛頭指向微軟當時的董事長比爾‧蓋茲。

蓋茲基金會的浮躁也表現在放棄有希望的專案和加倍投入於失敗的策略上。一名前員工告訴我，比爾‧蓋茲非常執著於輝瑞Sayana Press避孕藥的優點：這種避孕藥可以自行注射，使農村婦女不必長途跋涉往返遙遠的診所。但雖然有這種優點，蓋茲基金會的工作人員發現，即使藉由慈善機構提供大量補貼，Sayana Press還是不受使用者歡迎。儘管如此，比爾‧蓋茲仍繼續投入資源支持該專案，因為他個人認為這是一個好主意。我的消息來源告訴我，這充分體現了比爾‧蓋茲的控制力有多強，以及這個組織是多麼由上而下。

2018年，明尼蘇達大學社會學家瑞秋‧舒曼（Rachel Schurman）發表一篇題為「非洲『綠色革命』的微（軟）管理」（Micro(soft) Managing a 'Green Revolution' for Africa）的學術論文，檢視了比爾‧蓋茲如何將商業原則引入其基金會的農業工作，以及他霸道的領導作風[42]。藉由與前員工交談、檢視他們的履歷以及閱讀Glassdoor網站上公開的員工評論，舒曼發現蓋茲基金會內部一種「向上管理」的文化：員工的做事方式都是為了一個終極目標——取悅比爾‧蓋茲。

「蓋茲基金會的專業人員學會了著眼於他們認為世界上最聰明的那個人，並尋求他的肯定。這個組織文化上的特點顛倒了合理的做法：蓋茲基金會希望改善某些人的生活，它理應最重視獲得這些人的肯定和對他們負責，」舒曼寫道。「結果是這個基金會慷慨捐贈的目標受益人被視為被動的開發對象，而不是複雜和有知識的社會行為者。」

破解蓋茲迷思

　　崇拜蓋茲的現象也發生在微軟。例如，該公司以男性為主的員工甚至會模仿蓋茲的標誌性行為——開會時搖自己的椅子[43]。梅琳達·法蘭琪·蓋茲在她的自傳中憶述了微軟常見的另一種行為：自我驅動的（ego-driven）的暴力言語衝突——「這並非只是一種激烈的交流，而是一種無禮的、不斷升級的對峙，幾乎是一種鬥毆，當時我想，『哇，要在這裡表現出色就必須這麼做嗎？』[44]」她沒有承認的是，正是她丈夫推動了這種文化，而且她丈夫很可能是微軟辦公室裡最大的惡霸和最凶狠的鬥爭者。

　　至少在蓋茲基金會的某些地方，這種盛氣凌人的文化看來仍盛行。蓋茲基金會一名前員工告訴舒曼：「你還是需要證明你是最聰明的……那麼你怎麼證明呢？你就是表現得非常討人厭，被動攻擊（passive aggressive），總是以最知識性的理由批評別人的專案，總是爭取接管更大型的專案或比爾和梅琳達更喜歡的專案，總是被你的受資助者和全世界的人說你有多聰明和多優秀，因為他們想要你的錢。」

　　我訪問過的一名前員工告訴我，他離開蓋茲基金會後經歷了一段艱難的過渡期，當時意識到在基金會工作的那些年使他變得非常咄咄逼人和目中無人。他說：「離開蓋茲基金會後，我有很多壞行為需要糾正。很多A型人格，認為聲音越大，越容易受人注意。很多有毒的男性性格不是很好，但你好像必須這麼做才能得到領導層和共同主席的注意。經常在耍手段。」

　　接受我訪問的另一些前員工則表示，他們就只是忍受蓋茲崇拜的煎熬，因為他們相信，雖然蓋茲基金會有很多缺點，雖然必須忍受比爾·蓋茲，但這個基金會還是有能力做好事。但

Chapter 11　臃腫

是，無論員工性情如何，他們都不大可能在一個聲稱致力追求效率、效能和公平，但因為自身體質問題而不可能做到的機構裡長久工作。

我在本書中提到的蓋茲基金會的許多問題都與它的規模有關，例如與它壟斷某些研究領域或公共政策領域的能力有關。本章說明的是，其規模也對基金會本身不利。使命擴張問題已經削弱了基金會的活力；它的微觀管理已經嚴重損害許多慈善專案；它無休止的策略革新已經造成內部混亂和打擊員工士氣；它在它的豪華總部和高層百萬美元年薪上的揮霍，使基金會與它的目標受益人——那些每天生活費只有數美元的人——變得更疏遠。

問題是根本沒有切實可行的辦法可以糾正錯誤。比爾‧蓋茲身邊盡是一些說好話和拍馬屁的人，而他已經創造出一種拒絕接受批評的機構文化。未來數十年裡，將有數百億美元，甚至是數千億美元流入蓋茲基金會，加重它已出現的問題。除非比爾‧蓋茲被逐出基金會，這些錢將被用來創造一個越來越龐大、越來越混亂的官僚組織，而這個組織不但將越來越沒有效率，對它造成的損害也將越來越麻木。

CHAPTER 12

科學

雷蒂卡‧凱拉（Reetika Khera）還記得她收到那封電子郵件的那一刻。郵件的主題行寫道：「傑出學者小組，印度共識，10,000美元。」印度理工學院經濟學教授凱拉說，她起初以為那是詐騙郵件。而她仔細閱讀郵件之後，還是無法確定。

這封郵件來自哥本哈根共識中心，它是丹麥一家智庫，在邀請函的第一句就誇耀它獲得蓋茲基金會的資助。該智庫希望凱拉參加一個研究會議，屆時她和其他傑出學者將「為印度一些最迫切的發展難題找出最明智的解決方案，為邦層級的政策決策提供經濟證據。」邀請函明確指出，這並非純粹的學術活動：學者小組將直接與政界領袖和媒體接觸，以「引發全邦乃至全國討論政策優先事項。」

凱拉說，對方開出的巨額報酬（1萬美元的酬金，外加旅費和其他援助）以及此次邀請公然的交易性質使她感到震驚。「令人反感的是，他們提供的報酬金額就寫在郵件的主題行，這幾乎是一個誘餌，是為了確保你點開閱讀，」她接受電話訪問後透過電子郵件告訴我。「我想他們可能是想利用像我這種學者的信譽和名聲，增強他們自己的信譽和名聲。」郵件由哥本哈根共識中心總裁比約恩・隆柏格（Bjorn Lomborg）寄出，對說服學者接受邀請沒有幫助——隆柏格以誇張地淡化氣候變遷的威脅而為人所知[1]。（哥本哈根共識中心沒有回應我利用電子郵件發出的詢問。）

多年來，蓋茲基金會一直倚重哥本哈根共識中心，後者幫忙招募專家，整理出看似支持比爾・蓋茲世界觀的資料和數據。2019年，蓋茲根據該智庫的研究為《華爾街日報》寫了一篇社論版長文，當時他說哥本哈根是「一個智庫，使用精細的演算法和現有的最佳資料來比較不同的扶貧策略。」蓋茲表示，哥本哈根共識中心已經確定，蓋茲基金會在疫苗、蚊帳和藥物方面100億美元的支出已經產生2,000億美元的社會和經濟效益[2]。蓋茲寫道：「如果我們將100億美元投資在開發中國家的能源專案上，結果會怎樣？會產生1,500億美元的報酬。如果投資於基礎設施呢？會產生1,700億美元的報酬。藉由投資於全球衛生事業，我們得到的報酬超過了所有其他投資選擇。」他沒有提到他的私人基金會資助哥本哈根共識中心，也沒有明確指出他的基金會直接與該智庫合作產生那些估計[3]。

全球衛生與研究資助

蓋茲基金會往往正是以這種方式參與科學事業，而在這方面，它已經成為世界上最重要的私營部門資助者之一。蓋茲基金會已向各大學捐了超過120億美元，並資助超過三萬篇科學期刊論文[4]。這種慈善捐贈使它能夠決定某些研究領域的整體面貌，並獲得驚人的知識權力（epistemic power），能夠影響我們對這個基金會的認識和想法。「沒有一個從事全球衛生工作

破解蓋茲迷思

的組織與蓋茲基金會完全沒有關係，它們之間的關係很可能是財務上的，」丹麥國際問題研究所的亞當・費耶斯科夫說。「當然，這是一個非常大的問題，因為這使我們不禁要問：誰在決定學者研究什麼和不研究什麼？」

例如，根據學術資料庫「科學網」（Web of Science）的資料，蓋茲基金會是發表於科學期刊《疫苗》（*Vaccine*）研究論文的第二大私營部門資助者，僅次於葛蘭素史克藥廠。蓋茲基金會員工也在該期刊上大量發表自己的研究成果，與人合寫了超過百篇論文。此外，蓋茲基金會的肺炎工作負責人凱斯・克魯格曼（Keith Klugman）是該期刊的編輯委員會成員[5]。（他也是《全球微生物抗藥性期刊》〔*Journal of Global Antimicrobial Resistance*〕的編輯委員會成員。）

我們在整個學術出版界看到蓋茲基金會身兼資助者、作者、期刊編輯和顧問等角色的許多類似情況[6]。蓋茲基金會還經由與頂尖學術研究人員和期刊編輯的財務關係，建立了廣泛的影響力網絡[7]。例如，它資助各種委員會和受矚目的領導力計畫，譬如高等教育價值委員會（Postsecondary Value Commission）和WomenLift Health，而它們會邀請著名的研究人員參與工作。

《新英格蘭醫學期刊》總編輯艾瑞克・魯賓（Eric Rubin）有19篇與人合寫的科學論文揭露了蓋茲基金會的資助[8]。與此同時，在他擔任總編輯期間，該期刊發表了數十篇由蓋茲基金會資助或撰寫的研究報告。魯賓利用電子郵件告訴我：「沒有基金會或非營利組織對我發表的文章有任何影響，也沒有資助者對《新英格蘭醫學期刊》發表的文章有任何影響。」

但是，明理的人可能會質疑這說法。Covid-19大流行剛爆發時，魯賓的期刊發表比爾・蓋茲關於各國政府應如何應對的長篇評論[9]。既然比爾・蓋茲沒有受過醫學訓練，為什麼世界上最受敬重的其中一份醫學期刊會給他大量篇幅，在數十年來最嚴重的公共衛生危機爆發之際去扮演疫情應對專家呢？我們應該對蓋茲那篇評論有許多盲點感到驚訝嗎？例如，他沒有提到Covid-19檢測和保持社交距離——這兩項早期措施對阻止傳播、預防感染和死亡至關重要[10]。

值得注意的是，蓋茲也沒有按照期刊對作者的要求，為讀者列舉或詳細說明他的財務利益衝突。雖然蓋茲基金會投資了數億美元在製藥公司上，而且比爾・蓋茲個人可能也有投資於製藥業，但他沒有提供投資標的名稱或這些財務關係的細節，而這些資料本來可以提醒讀者：蓋茲或他的基金會可能因為他在期刊文章中的建議而獲得財務利益。蓋茲只是含糊地表示，他的財務利益衝突「非常多」[11]。

「鑑於蓋茲先生的金融投資廣為人知，我們認為說他的財務利益衝突『非常多』是合適的，」魯賓在一封電子郵件中對我說。「讀者可以合理地假設，任何潛在的衝突對他來說都是可能發生的。」這種觀點似乎可以歸結為一句司空見慣的話：比爾・蓋茲不必像所有人那樣遵守同樣的規則。

疫苗政策與專利爭議

隨著疫情揮之不去，蓋茲基金會終於成為廣泛批評的目標，因為它積極開展活動支持專利保護，而專利被普遍視為限制了疫苗的生產和分發。2021年春，隨著針對蓋茲的這種批評

破解蓋茲迷思

流入新聞媒體,哈佛大學博士生梅麗莎·巴伯(Melissa Barber)在推特上講述她自己與蓋茲基金會合作的經驗,當時她參與了一個與智慧財產權有關的研究專案。

> 因為西雅圖對研究方法進行微觀管理,我們只能進行負面評估,雖然研究報告發表時,將聲稱是獨立或基於證據的[12]。

> 起初,我以為蓋茲的人只是不懂研究方法。我的同事們都很優秀,我們提出反對,試圖採用一種嚴謹/合理的方法。

> 資助者無權決定獨立評估的方法,但我們被告知必須按照他們的方式去做。

> 如果你懷疑可能只是我對事情有誤解,我要告訴大家:有一天我非常沮喪,就直截了當地問他們,這項評估是否只是為了證明結束那個計畫是合理的,而我猜他們因為非常驚訝,就誠實地回答說是的。

> 不久之後,我就離開了那份工作,但一直不敢公開講這個故事,因為在衛生體系,要找一份與蓋茲完全沒關係的工作真的很難。

> 但我想說的是,即使在蓋茲罕見地資助那些反對智慧財產權現狀的組織時,也要提高警惕。

巴伯的故事不但告訴我們,蓋茲基金會不惜扭曲研究工作以推進其議程,還講述了它做這件事可以採用的複雜方法。在科學領域,你得到什麼答案取決於你提出什麼問題、做了什麼假設,以及用了什麼資料和方法。而這正是研究人員或資助者的偏好可以改變結果之處。正如巴伯所解釋,蓋茲基金會「微

Chapter **12** 科學

觀管理」並「規定」了研究方法,這迫使研究走指定的一條路,最終得出蓋茲想要的結果和結論。

正如本書前面提到,世衛組織的瘧疾工作負責人2007年表示,蓋茲基金會對瘧疾研究的廣泛資助正在傷害科學,因為它將研究界推向「一個卡特爾」,使獨立、批判的觀點無法提出。這也是蓋茲資助影響力的一個重要面向。蓋茲基金會利用其資金放大認同其議程的科學家聲量,可以藉此將其他觀點邊緣化。

蓋茲基金會對科學研究的影響眾所周知,但許多觀察者不願意公開批評它。正如梅麗莎‧巴伯提到,她有一段時間不敢公開講述她的故事,因為全球衛生領域的許多工作都依賴蓋茲的資助。簡而言之,許多科學家不願意去咬那隻餵養他們的手(或有一天可能餵養他們的手)[13]──學術研究人員將這現象稱為「比爾寒蟬」[14]。

接受我訪問並要求匿名的多位學者各自提出了一致的說法:蓋茲基金會干預科學研究,使其配合它的議程。一名為蓋茲資助的機構工作的研究人員表示,將研究報告草稿交給蓋茲基金會是正常做法;這是為了使基金會有機會決定研究結論,而他們也確實會這麼做。另一名知情人士告訴我,他應徵蓋茲基金會一份工作時,面試官特意講述了基金會對它資助的研究有多大的影響力──無論是在研究的設計上,還是在結果的呈現上[15]。

這種行為反映了一個事實:富有的利益集團試圖以各種方式暗中影響科學研究,就像它們試圖影響政治那樣。取得有利的研究結果有助於增加盈利,獲得監理機關的批准,促使立

破解蓋茲迷思

法者採用有利於產業的「基於科學的」政策,以及激發媒體的友善報導。強大的資助者涉入科學研究時,研究發現和結果往往有利於資助者的議程。這種證據充分的傾向被稱為「資助效應」,出現在廣泛的研究領域[16]。

人們很容易以為蓋茲基金會作為一家人道慈善機構,並不追求「盈利」,因此對科學研究結果不會有偏好。這正是其影響特別有害的原因。我們以為蓋茲基金會在科學界的角色是一家獨立、中立、提供資助的慈善機構,為了促進知識的發展而支持科研工作。但實際上,一如大藥廠和大菸草公司,蓋茲基金會資助的研究攸關其重大利益,而它也會要求這些研究提供對它有利的結果——無論研究是關於統計它拯救的大量人命,研究其介入措施的好處,還是發表支持它在智慧財產權等問題上意識形態立場的評估報告。

這並不意味著蓋茲資助的研究人員全都是惟命是從或出賣原則的人。我撰寫本書依賴的許多消息來源就是接受蓋茲基金會資助的人,他們對此深感矛盾,但有時覺得別無選擇。同樣地,在蓋茲基金會資助的數萬篇科學論文中,應該可以找到重要和有價值的研究。本章並不是要說蓋茲基金會涉入的一切必然總是腐敗的,而是要說明它的資金可以如何扭曲科學。蓋茲基金會構成的威脅是總體上的,在於它作為主要資助者所掌握的力量——它想要操縱科研工作時,有能力這麼做。

當然,蓋茲的影響力也是有限度的。雷蒂卡·凱拉等學者就拒絕了比爾·蓋茲的資助。梅麗莎·巴伯則勇敢地爆了料。而在社會科學領域(人類學、地理學、社會學之類;蓋茲基金會通常不資助這方面的研究),令人印象深刻的一群研究人員發表許多批評這個基金會的學術論文。蓋茲基金會成立開始，就有成就卓著的知名科學家和研究人員針對它的目標和正當性提出質疑[17]。因此，問題不是沒有針對它的批判性研究，而是在科學論述中，這些研究的能見度或影響力都不如蓋茲資助的研究。在很大程度上，我們對蓋茲基金會的認識來自這個基金會本身。

科學研究的資助效應

克里斯・莫瑞（Chris Murray）是全球衛生領域的傑出人士，在學術界享有的聲望和財富是絕大多數學者望塵莫及的。例如，他是華盛頓州最高薪的州雇員之一：作為華盛頓大學衛生指標與評估研究所（IHME）所長，他的收入與該大學的校長相若，2021年約為80萬美元[18]。他還是在世時就有人為他寫傳記的極少數科學家之一。

在2015年出版的著作《全球生死大數據：一個醫生追尋70億人傷病與死亡的真相》（*Epic Measures: One Doctor. Seven Billion Patients*）中，作者傑瑞米・史密斯（Jeremy N. Smith）將莫瑞在衛生估算方面的開創性工作描述為其醫學訓練的延伸[19]。他不是醫治個別病人，而是診斷全球人類，利用大數據處理一個大問題：地球上正常的一年裡，約有6,000萬人死亡，但他們多數不會經歷驗屍程序，也沒有醫療紀錄記載死因。

了解人們死亡的原因和地點對改善全球衛生狀況至關重要，而這正是為什麼莫瑞的「衛生指標」工作如此受重視和有影響力。他的科學研究論文是整個科學界被引用最多次的已發表研究之一。但是，莫瑞的遠大抱負也衍生巨大的自負，這使

破解蓋茲迷思

他成為科學界一個造成嚴重分化的人。全球衛生領域充斥著研究人員與莫瑞發生衝突的戰爭故事，其中許多故事都是始於研究人員要求莫瑞提供與他工作有關的資料。

私人顧問科林・馬瑟斯（Colin Mathers）告訴我，他之前在世界衛生組織負責衛生統計工作時，曾擔任IHME的科學顧問，而他離開的原因是莫瑞不願意分享有關他如何得出估算的基本資料。「我們認為，如果無法獲得資料，我們就無法為結果背書，」馬瑟斯某次受訪時說。

俄亥俄州立大學的山姆・克拉克（Sam Clark）表示，他曾要求IHME提供其公布估算使用工具的原始碼，而該機構多年間「製造混淆和公然不合作」，後來還發表了一篇科學論文攻擊他的研究。

另一名學術研究人員願意接受我訪問但要求匿名，表示他希望避免激怒莫瑞，因為莫瑞會「把專業上的分歧變成個人指控」。

「克里斯・莫瑞一直都是那種桀驁不馴的人，」加州大學爾灣分校的人口統計學家安德魯・諾伊默（Andrew Noymer）告訴我。「他做他想做的事，在他想做的時候做，不對任何人負責。」

史密斯的《全球生死大數據》與其說是一本傳記，不如說是一本頌歌[20]。書中提到莫瑞認為「科學進步有賴挑起爭鬥」，並記述了這件事：莫瑞指控一名學術研究人員誇大兒童死亡率估計，比他自己的估計高出10%。「他知道多死一些人可以帶給兒童健康計畫更多資金。死亡就是金錢，」書中引用了莫瑞的話。「誰是對的？這是唯一重要的問題。最重要的是正確。[21]」

Chapter 12　科學

　　莫瑞說得不對，但他也沒有錯。來自衛生部門、外國援助辦事處和慈善家的數十億美元支出取決於衛生指標方面的研究。誇大或壓低各種疾病的發病率或盛行率都可能影響撥款決定。同樣地，如果衛生指標顯示某種介入措施有效，例如感染率或死亡率因此下降，公共政策可能隨之改變。正確的衛生指標非常重要，這也是透明度、問責和獨立性如此重要的原因。而正是出於這原因，學者們普遍質疑為什麼是克里斯‧莫瑞──以及比爾‧蓋茲──在負責如此重要的工作。

　　蓋茲是莫瑞的工作的長期粉絲，莫瑞的工作促成了IHME的創立，而IHME正是蓋茲基金會最受矚目的研究計畫。在蓋茲提供種子資金（最終投入了超過6億美元[22]）的多年前，他看過莫瑞與人合寫的世界銀行關於「全球疾病負擔」的研究報告，而這啟發他決定將他的大部分慈善捐贈用於對抗疾病。「我看到……每年有1,200萬名兒童死去，」蓋茲2014年對《科學人》雜誌說。「哇！這些可預防的疾病，像是肺炎、腹瀉、瘧疾和嬰兒感染的一些其他疾病，影響如此巨大，這使我大為震驚。那是我第一次意識到，造成大部分問題的原來不是**數百種不同的疾病**，而是數目相當有限的特定疾病。[23]」莫瑞的研究不但使蓋茲明白應該優先支持哪些方面的工作，還使他認識到衛生指標的普遍重要性[24]。如果他要投入以十億美元計的資金在衛生事業上，他就需要測量和評估其支出的效果。

　　蓋茲基金會剛投入運作時，世界衛生組織有一個健全的衛生指標計畫。克里斯‧莫瑞其實曾幫忙管理該計畫。但在2000年代初，世衛組織的領導層變更──以及莫瑞傲慢的管理作風──導致雙方關係破裂[25]，莫瑞隨後成為世衛組織的敢言批評

破解蓋茲迷思

者,指它「有可能操縱數據」[26]。世衛組織受到來自成員國的政治壓力時,還真的能夠公正地評估全球疾病流行情況嗎?莫瑞指出,世衛組織根本「不適合負責監測和評估全球衛生狀況……我們認為,唯一可行的解決方案是建立一個新的、獨立的衛生監測組織。」

莫瑞沒有清楚揭露的是,他本人打算經營這個新組織。他起初爭取到科技業富豪、曾是比爾・蓋茲對手的賴利・艾利森(Larry Ellison)承諾提供1.15億美元,支持他在哈佛創立他的新研究所。因為一些不完全清楚的原因,艾利森在計畫啟動前放棄參與[27]。哈佛學生報《深紅》(Crimson)引用匿名消息人士報導,「艾利森在遊艇上的私人會面中表達了對莫瑞的失望。」

莫瑞的雄心沒有因此受挫,他從美國貴族的遊艇階層中尋找另一名資助人[28]。結果他去了西雅圖,在比爾・蓋茲的資助下,於2007年創立IHME。

蓋茲無疑欣賞莫瑞以大數據技術處理全球衛生問題,但他也可能從莫瑞身上看到了和他一樣的特質:一個非常進取、具有創業和好鬥精神的人,一個罕有地結合技術能力和商業頭腦的人,以及一個渴望主宰一切的人。「克里斯超級優秀,但他喜歡爭議,而且不會退縮,」蓋茲2014年受訪時說。「就管理規範性資料庫的工作而言,他並不是絕對完美的人選。[29]」

蓋茲使用「規範性資料庫」一詞,其他人則是用「壟斷」。「在相對較短的時間裡,IHME已經在全球衛生指標的產生方面形成某種霸權或主導地位,」新學院大學(The New School)國際事務教授曼賈里・馬哈詹(Manjari Mahajan)受訪時說。「這是一種對知識生產的壟斷,壟斷人們了解全球衛生趨勢的方式。這產生了一種知識權力的集中,所有人都應該對此感到不安。[30]」

全球衛生數據的壟斷問題

這種霸權意味著超越世衛組織,成為衛生指標的主要提供者。世衛組織也接受蓋茲大量資助,它的一名前主管告訴我:「我們被告知必須與IHME合作,IHME不喜歡的人被排除在外……我們被指示以IHME的統計資料取代我們的統計資料。現在,世衛組織公布的文件,裡面會有未經成員國審核的IHME統計資料。[31]」克里斯‧莫瑞和比爾‧蓋茲藉由控制界定全球疾病負擔的資料或估計值,也有能力控制整個全球衛生領域的敘事。

「這些數字被賦予權威時,問題就來了。當這些數字實際上改變各機構對某些國家衛生問題的看法時,就會出現這種問題:這個國家能否取得對抗愛滋病的經費,是否將取決於盛行率的估計值是多少?」英國杜倫大學人類學家瑪麗‧蒂奇諾(Marlee Tichenor)受訪時說。「在許多方面,這些估計值決定了什麼能做,什麼不能做。」蒂奇諾認為,蓋茲基金會是「全球衛生計畫的主要資助者」,同時又控制著「我們判斷這些計畫成功與否的指標」,這當中存在根本的利益衝突。例如,蓋茲基金會的公關宣傳非常強調它救了多少人命,但這種宣傳主要就是基於蓋茲資助IHME所提供的數字。

事實上,如果莫瑞對世衛組織的批評——或譴責——是它容易屈服於來自成員國的壓力,我們是否也必須承認,IHME

破解蓋茲迷思

本身也極易屈服於來自蓋茲基金會的外部壓力呢,畢竟它提供的數字攸關蓋茲基金會的利益?為什麼衛生指標的制定和統計工作控制在比爾‧蓋茲的私人權力範圍內,會好過控制在理論上按照民主原則運作的機構如世衛組織手上?又或者站在更廣的角度,為什麼要由某個機構壟斷這方面的工作?為什麼不由許多相互競爭的機構提供估計值,創造一種充滿活力的科學話語環境?

比爾‧蓋茲認為,IHME將來自各國衛生部門、私營保險公司和科學文獻的281,586個數據來源集合到一個面向公眾的學術機構,「使資訊民主化」[32]。IHME對這些巨量數據進行複雜的分析,呈現出全球幾乎每一個角落的詳細衛生狀況,以及越來越多的其他指標。例如,該研究所的網站提供互動式地圖,用戶可以深入到撒哈拉以南非洲的幾乎任何一個村莊,了解當地人接受了多少年的教育;瘧疾、愛滋病和下呼吸道感染的發病率隨時間的變化;哪些人有自來水可用;甚至是有多少男性接受了割包皮手術。

注意,這些地圖上的數字並不是確鑿的數據,而是基於既有資料的估計值,實際上就是有一定根據的猜測。蓋茲基金會沒有集中其資金和精力,幫助窮國建立衛生檔案和基礎設施以蒐集關於死亡和疾病的實際數據(這是富裕國家的做法),而是在西雅圖建立一個高科技機構來產生「夠好的」估計值,將全球南方國家的情況扁平化為最佳猜測。這引起了一些批評,批評者指IHME的工作形同一種「數據帝國主義」。

「它製造出一種知識幻覺。它告訴許多窮國的人,他們其實不了解自己的情況。你以為你知道自己的這些事情,但你其實不知道，」雪梨大學高級講師塞耶・阿賓博拉（Seye Abimbola）說。「這就是殖民經驗。」

更根本的一個問題或許是IHME的工作品質。學術界普遍形容IHME是一個「黑箱」，是像《綠野仙蹤》裡奧茲巫師（Wizard of Oz）的產物，經過精心組織，不讓任何人看到幕後的情況。「由於他們的工作方法完全不透明，根本不可能對它提出批評，事實上也無法評論，」癌症治療與研究國際網絡（INCTR）的馬克斯・帕金（Max Parkin）告訴我。

瑞典優密歐大學全球衛生學已故教授彼得・比亞斯（Peter Byass）也提出類似的批評。他對我說：「站在科學的角度，這問題使任何人都不可能複製或驗證那些估計值。」

福瑞德哈金森癌症研究中心（Fred Hutchinson Cancer Research Center）的公共衛生科學教授露絲・艾茲諾（Ruth Etzioni）呼應了這些批評。「他們嘗試做的那些事，是不可能嚴謹做到的⋯⋯我們根本沒有數據去真正量化其中一些疾病的影響，」她告訴我。「IHME不會說，『你知道嗎？那是不可能的』，而是會說，『這裡有一些數字。』這會導致你自然陷入一種過度承諾的境地。」

IHME反駁說：「不對問題作出估計，往往被視為估計沒有問題。」在一封電子郵件中，它為它的估計值辯護，聲稱它們是透明的，公布時透露了統計信賴區間，以便用戶了解其局限。艾茲諾則認為，IHME經常高調地公布其研究結果，同時淡化「關鍵注意事項和不確定性」。她指出，即使IHME對Covid-19疫情初期的預測錯得厲害（因為它用了一個很差的預測模型），也從未明確認錯。

破解蓋茲迷思

而正是因為Covid-19大流行事關重大，IHME面臨前所未有的嚴格審視和激烈競爭。一些研究人員開始公布他們對疫情的估計，並開始即時看到，他們長期以來的懷疑是對的：IHME據稱以複雜方法產生的估計值並非總是特別好或準確。它們有時甚至可能傷害大眾的健康。

2020年春，時任美國總統川普開了一次記者會，其顧問在會上以IHME的估計值為證據指出，疫情將在接下來數週內迅速達到頂峰，然後逐漸減弱[33]。「整個4月份，數以百萬計的美國人被誤導，以為疫情將一如IHME所預測，在6月份結束，」數據科學家顧悠揚告訴我。「我認為很多州正是根據他們的預測模型，從封鎖狀態重新開放。」

在Covid-19大流行期間，顧悠揚是許多建立自己的預測模型的人之一。他在與IHME的疫情預測競爭中勝出，獨立做出看來較比爾·蓋茲投資5億美元衛生指標事業準確的預測。疫情期間，學者們一次又一次地指出IHME研究中的重大錯誤，並在社群媒體上公開嘲諷該機構[34]。但是，無論IHME的估計多麼頻繁地被證明是錯誤的，無論研究圈內人士如何大聲疾呼「皇帝沒有穿衣服！」，這個訊息似乎始終沒有傳達到應該負責的人那裡。

克里斯·莫瑞在《洛杉磯時報》的一篇社論版文章中寫道：「許多人不明白建立模型做預測是怎麼回事。」他漠視批評者，提出了更多非常可疑但很有新聞價值的預測[35]。例如，IHME開始預測未來許多個月的疫情發展，而其他預測者則比較保守地僅預測未來幾個星期的情況。IHME很有爭議的預測因此可以搶先引導政策制定，並吸引更多媒體關注。

Chapter 12　科學

「這看來正是川普玩的那一套，」人口統計學家山姆·克拉克2020年對我說。「負面的東西絕對不會一直纏著你，曝光是越多越好。這真的令人震驚，我想不到科學界有任何人或組織能像IHME做到這樣。」

2019年，我第一次聯絡IHME並詢問它在學術界有爭議的名聲時，其發言人反駁道：「是誰做出這種批評？這些批評在哪裡公開發表或陳述過？」但是，IHME內部很清楚外界的這種批評。在多年前與蓋茲基金會的通訊中（因為有人索取公開資料而曝光），IHME提到它被批評為「黑箱」，並承認這是它未來發展的一個潛在「風險」[36]。IHME也公開反駁關於它權力過大的指控，對我說「我們公布的幾乎所有結果，都有其他機構提出估計。[37]」但是，在其他地方，它又自稱是「人口衛生指標的黃金標準」，而且「可說是全球衛生核算實際上的資料來源。」

多名知情人士表示，蓋茲基金會許多工作人員明白IHME存在嚴重的問題，甚至變成了基金會的麻煩。但是，由於比爾·蓋茲個人喜歡這個機構，莫瑞的這項事業已經變得大到不能倒——這是比爾·蓋茲由上而下領導風格的又一個例子。

彼得·比亞斯受訪時指出，如果IHME是政府資助的，它的運作方式將必須遠比現在開放和負責任。他說：「如果你錢夠多，例如有好幾十億美元，你可以成立一個基金會，完全按照你的意思制定規則。」蓋茲基金會「在如何審查受資助者方面，既是規則制定者，也是規則維護者。這是他們的特權，因為他們在市場中有這樣的地位。」

破解蓋茲迷思

但是，嚴格而言，IHME是一家公立機構。它是華盛頓大學的一部分，理論上受其監督。但實際上，許多學者視它爲蓋茲基金會的私人部門。「IHME被設計成存在於這種灰色地帶，」安德魯‧諾伊默指出。「它是華盛頓大學的一部分，但它有自己的制度，並不完全對華盛頓大學負責。公立符合潮流時，它是公立機構，但如果私營符合他們的需要，它就是私營機構。[38]」

在它存在的大部分時間裡，IHME的總部並不是設在華盛頓大學校園裡，而是設在蓋茲基金會西雅圖辦公室幾個街區之外。IHME最初的臨時辦公室實際上就設在蓋茲基金會的前總部[39]。一名IHME前員工告訴我，蓋茲基金會經常要求IHME爲比爾‧蓋茲提供簡報用的客製化圖表，導致IHME整個研究團隊必須暫停手頭工作，爲他們的金主服務。「這真的使我們覺得自己是蓋茲基金會的顧問，而我們使用的科學方法往往是爲了得到我們想要的結果，或是莫瑞認爲蓋茲基金會想要的故事，」該知情人士告訴我。「每年經由蓋茲基金會傳達的比爾‧蓋茲要求，導致我們累計耗費數千小時的人力。」

經由索取公開資料取得一份文件似乎證實了這一點。IHME曾向蓋茲基金會申請150萬美元的額外經費，以處理「蓋茲基金會領導層提出的高時效性要求；這些要求往往導致IHME必須臨時從其他工作中抽調人員來完成分析工作。每一項要求都必須在正常職責之外完成，在各專案工作中產生漣漪效應。[40]」

公開資料還顯示，IHME成立了一個專門爲蓋茲基金會服務的團隊。根據提交給蓋茲基金會的一份贈款提案，IHME

Chapter 12 科學

的基金會回應與參與團隊由塔馬‧法拉格（Tamer Farag）領導，而他在領英上的簡歷顯示，他在加入IHME之前於蓋茲基金會工作，受僱於IHME期間繼續擔任蓋茲的「諮詢顧問」（consultant advisor）[41]。（值得注意的是，法拉格還聲稱他是非洲國家馬利衛生部的顧問。）

最能說明問題的是，蓋茲基金會2007年與IHME的最初贈款協議（藉由索取公開資料取得）賦予基金會對IHME的廣泛權力，包括對IHME行政領導層新員工聘用的審批權、對該機構董事人選的審批權，以及對由誰為IHME做外部評估和採用什麼評估標準的審批權。（華盛頓大學的章程要求做這種外部評估。）蓋茲基金會還要求「有機會審視和批准」與它資助的IHME工作有關之新聞稿和報告。華盛頓大學簽了該贈款協議。

我在2020年首次報導此事時，有消息人士向我表示，華盛頓大學賦予私人捐助者如此巨大的影響力令人擔憂。美國大學教授協會建議學校採取措施，「藉由保持對核心學術職能的全部學術控制權」，包括對研究評估和招聘的控制權，來保護「學術自主權」不受資助者影響[42]。有些學校因為做了華盛頓大學對蓋茲基金會的那種讓步而惹上麻煩。例如在維吉尼亞州公立學校喬治梅森大學，學生行動者發現查爾斯柯克基金會藉由慈善捐款獲得對學校招聘的影響力，就引發一場國際醜聞。從《紐約時報》到《衛報》，許多媒體都出現了譴責億萬富翁實業家查爾斯‧柯克侵犯學術自由的報導[43]。

「我們是『不要讓這種事發生在你學校』的經典例子，」喬治梅森大學教育與人類發展學院前副教授、現任職於馬里蘭大學的貝芬妮‧萊蒂克（Bethany Letiecq）告訴我。「許多其他大

破解蓋茲迷思

學詢問我們：『出了什麼問題？我們未來如何防止這種情況發生？』」

我告訴萊蒂克我調查蓋茲基金會的發現，包括它享有對IHME的招聘、董事任命、外部評估和新聞稿的審批權。「我們在喬治梅森大學發現的情況，與你調查蓋茲基金會的發現相似，也是他們因為提供資助而獲得各種好處、參與權或監督權。我們認為，這在學術自由方面很有問題，」萊蒂克說。「這種關係一旦建立，我真的認為情況很令人擔憂，因為它們可以改變大學的整個使命，變成只為大學的私人捐贈者的利益服務。公立高等教育機構有點像是民主的後盾。它們對批判、要求公開透明、追求真理和知識的民主功能非常重要。我認為，這些捐大錢的金主雖然對大學很重要，但我們也為此付出沉重的代價，我認為大學是非常脆弱的。」萊蒂克說，柯克對喬治梅森大學的捐贈採用一種暗中操作的策略：不向學校捐款（因為這會受索取公開資料的規則約束），而是捐給與大學關係密切的一個私人基金會[44]。蓋茲基金會捐給華盛頓大學的15億美元有超過80%採用類似的方式，捐給了與大學關係密切的一個基金會。

我針對這種暗中操作的問題詢問華盛頓大學基金會，但它沒有回應，而是由大學代為回應。華盛頓大學說：「無論是捐給華盛頓大學基金會還是直接捐給華盛頓大學，都受同樣的州倫理法律規管。」華盛頓大學還告訴我，華盛頓大學基金會目前受索取公開資料的規則約束，但我追問是否一直如此，它就沒有回應。

Chapter 12 　科學

　　值得強調的是，蓋茲基金會不是華盛頓大學的普通捐助者。蓋茲家族的名字在這間大學的校園裡隨處可見，例子包括威廉蓋茲公共服務法律獎學金計畫、瑪麗蓋茲研究獎學金、比爾與梅琳達蓋茲電腦科學講座，以及瑪麗蓋茲大樓[45]。數十年來，蓋茲家族成員——比爾的母親、父親、姐姐和妹妹——擔任過華盛頓大學的各種高級職位，包括華盛頓大學最高治理委員會（董事會）和華盛頓大學基金會董事會的成員[46]。

　　華盛頓大學否認蓋茲對學校有任何不當影響，也不承認蓋茲基金會享有特權（例如在它與IHME的關係上）。「不以開放科學為基礎的關係既不符合大學的最佳利益，也不符合蓋茲基金會的最佳利益。開放科學原則保護我們作為頂尖研究型大學的聲譽。坦白說，我認為蓋茲基金會也不想因此受批評，」負責研究工作管理和誠信的高級副教務長喬·吉菲爾斯（Joe Giffels）說。「大學希望它的所有活動，包括IHME所做的研究，都不會受到不當影響，尤其是不受任何方面的偏見影響。」

　　吉菲爾斯彷彿不知道IHME的名聲有爭議，他告訴我：「我沒聽說過任何倫理問題。如果有的話，我是會知道的。」他說得像是蓋茲基金會基本上只負責開支票似的：「我們不會視IHME為蓋茲基金會創立的機構。蓋茲基金會為IHME提供了大量財政支持，那是應IHME的請求。IHME提出個別專案、他們想解答的研究問題之類，然後向蓋茲基金會提出，然後蓋茲基金會為IHME設計的研究專案提供資助。它就是答應或拒絕資助而已。」

　　我向吉菲爾斯詢問蓋茲基金會對IHME新員工聘用的審批權。他說：「我們是否容許資助者審批員工的聘用或解僱之類

破解蓋茲迷思

的事？不，我們不容許，因為大學才是雇主，是記錄在案的雇主，對僱傭關係負責，對聘用或解僱作出最終決定。」

訪問結束後，我將我找到的贈款協議寄給吉菲爾斯；在該協議中，華盛頓大學明確同意賦予蓋茲基金會對IHME行政領導層新員工聘用的審批權。該校隨後似乎改變了說法，其發言人維克多・巴爾塔（Victor Balta）在寄給我的電子郵件中表示，賦予捐贈者這種影響力是華盛頓大學的標準例行安排：「2007年贈款協議列出的資助者參與程度，跟我們與政府資助機構、研究所和其他非營利組織簽訂之研究贈款協議包含的審視和批准權類型是一致的。」在被問到具體例子時，他指出，當大學研究人員放棄政府資助的研究專案時，資助方會參與審批接手研究專案的人選。但是，這似乎與華盛頓大學賦予蓋茲基金會的廣泛影響力截然不同——蓋茲基金會不但決定誰負責管理它提供的資助（克里斯・莫瑞），還享有對IHME行政領導層新員工聘用的審批權以及其他權利和特權。

在互通多次電子郵件之後，校方開始重複同一說法：「華大不會簽與我們的使命和價值觀不一致的贈款協議。」這種照本宣科的回應，加上未能有效解釋明顯的矛盾，使我看到華大決心保護它與重要金主的關係。這是其他機構的學者非常熟悉的一種說法。萊蒂克說：「這一切都是因為金主施加不當影響，以及大學願意將學術自由賣給出價最高的人。無論是蓋茲基金會還是查爾斯柯克基金會，對學術自由的威脅是一樣的。」

如果說蓋茲基金會的慷慨捐贈使它能夠在華盛頓大學適用一套不同的規則，那麼科學事業中應該還有其他制衡機制可以約束IHME。科學事業中最重要的可說是研究人員在科學期刊

Chapter 12　科學

上發表的研究報告。他們在這些論文中描述、辯論和駁斥科研發現。而且，在發表之前，研究報告先要經由期刊編輯和同儕評審的審視，他們會嚴格評估研究工作的價值。

在學術出版界，IHME堪稱重量級冠軍，發表了全球科學界被引用次數最多的一些研究報告，多數發表在世界頂尖醫學期刊《刺胳針》上。多數學者在數十年的職業生涯中能在《刺胳針》上發表一篇研究論文就已經很幸運了，而克里斯・莫瑞已經發表了超過一百篇[47]。他在《刺胳針》發表IHME最重要的多數研究報告，它們界定了「全球疾病負擔」，成為其他研究人員尋找衛生指標之處。科學家發表自己對某種疾病的研究發現時，通常會引用IHME關於死亡率和感染率的數據。研究人員每次引用發表於《刺胳針》的IHME研究報告，都會提高該期刊的「影響因子」——反映期刊在科學文獻中相對重要性的一個指標。這可以轉化為《刺胳針》的聲望和影響力，甚至可能為該期刊追求盈利的母公司愛思唯爾（Elsevier）提高訂閱率和廣告收入。

一些學者認為這種關係受不正當的誘因驅動，指《刺胳針》從發表IHME研究報告中獲得的利益使它的編輯監督出現偏差。例如，接受我訪問的多名知情人士批評《刺胳針》的同儕評審程序，指它為極其複雜的IHME研究設定出短得不合理的評審期限，導致評審流於表面。「說到底，這個同儕評審程序假裝驗證了它其實沒有驗證的東西，」聯合國人口統計學家派翠克・格蘭德（Patrick Gerland）告訴我。

彼得・比亞斯說：「你不可能為《刺胳針》看完5,000頁的圖表，然後說『我注意到第3,556頁第25行有個錯誤。』那是

破解蓋茲迷思

不可能的。」但是,《刺胳針》還是會刊出這5,000頁的附錄,並標明已通過同儕評審。學界也質疑《刺胳針》的編輯為何容許IHME發表有數百名不同作者的研究論文。科林‧馬瑟斯解釋:「你可以登記成為IHME的合作者,他們會把論文草稿寄給你。你可以看,也可以不看,可以評論,也可以不評論,但最終你會被列為作者之一,然後IHME就可以宣稱世界各地有1,200人檢視過所有結果。我不知道《刺胳針》怎麼解釋這種做法符合標準的科學論文署名要求。」

美國國家衛生院的生物倫理學家大衛‧雷斯尼克(David Resnik)為我解釋論文署名的倫理規則為何重要:「如果有這麼多作者,而他們的角色又不明確,你就會無法問責和究責。你無法知道誰做了什麼或誰做得比較多。」

許多人認為,IHME搬出那麼多作者是在玩一種政治手段。藉由為各國研究人員提供在《刺胳針》上發表研究論文的機會(這對所有研究人員來說都是一項榮譽),IHME可以為它的研究呈現出超過實際水準的可靠性及合作性。該研究所還可以指望那些共同作者當它的盟友、辯護士和捍衛者,為它反駁有關「數據帝國主義」的批評,或有關它是西雅圖一家受嚴格控制的壟斷機構之指控。

IHME向我堅稱,它遵守論文署名準則,但就在提出此一辯解的幾天前,也就是我提出質疑後不久,它發出一份內部備忘錄,宣布了論文署名的新準則和嚴格的新審核程序[48]。

在《刺胳針》與IHME的關係中,最引人注目的爭議行為或許是2019年IHME向該期刊總編輯李察‧霍頓(Richard Horton)發了10萬美元的獎金[49]。即使在IHME內部,也有人對此感到不安。一名IHME員工在內部電子郵件中說：「我想了解授予霍頓此獎的長期思考過程是怎樣的，以及如果有人批評我們買通《刺胳針》，而不是基於我們的研究價值發表論文，我們作為員工應該如何為這個頒獎決定辯護。」

2019年接受電話訪問時，霍頓否認了所有不當行為的指控，理由很奇怪：因為這個「魯克斯獎」是IHME董事會頒的，所以應該視為獨立於IHME。霍頓說：「我個人認為它是完全獨立的。」他指出，該獎是IHME董事會成員戴夫·魯克斯（Dave Roux）出錢的，而魯克斯是私募股權公司銀湖（Silver Lake）的共同創始人。

IHME提出了它自己的說法：「IHME並不頒發魯克斯獎，它只是該獎的託管人。此外，鑑於李察·霍頓博士已被診斷出晚期癌症，IHME董事會在2019年將該獎授予霍頓博士，不大可能期望未來因此獲得利益——對整個董事會或個別董事都是這樣。」

但是，多年之後，霍頓還是在當《刺胳針》總編輯，並繼續利用他的期刊全力抬高IHME的研究。霍頓承認他的期刊與IHME有「非常特殊的關係」，但他認為這有利於科學發展。他表示，《刺胳針》也刊出其他研究機構的估算資料，這有助創造全球衛生領域歷來（包括在世衛組織作為估算資料主要提供者的時期）缺乏的熱烈辯論。他某次受訪時說：「在我們的期刊上發表這些論文之所以非常重要，是因為這可以使IHME負起責任。如果你在《刺胳針》上發表論文，科學界可以閱讀它，然後思考這些問題：『我認為這是高品質的科研結果嗎？我同意他們所說的嗎？我同意他們的解釋嗎？』他們可以寫信

破解蓋茲迷思

給我們,告訴我們,『我們其實非常不同意X、Y和Z』,而我們會刊出這些來信,迫使克里斯・莫瑞和IHME為他們的工作負責。科學研究就是這樣做的。它是自我糾正的⋯⋯你發表你拿得出來的最好東西,然後隨著時間的推移,我們會看到哪些東西被淘汰。」

但是,在許多學者看來,霍頓設想的這種充滿辯論和競爭、運轉良好、循序漸進的知識創造體系,現實中並不存在。對多數科學家來說,IHME代表一種破敗的科學體系,它將財富和權力置於獨立和誠信之上。「這有點像許多已開發國家過去二、三十年所做的事,它們將各種職能私有化,而我曾認為這些職能應該留在公有領域,受到適當的制衡之類,」科林・馬瑟斯對我說。「就因為他長期以來對我們使用Windows系統收取過高的費用,蓋茲現在有能力決定如何改變全球衛生格局和相關數據,而其他人沒什麼能力反抗。」

CHAPTER 13

農業

在過去三十年間最有名的惡棍企業中,孟山都(Monsanto)可能比微軟更臭名昭著。可以肯定的是,如果比爾‧蓋茲當年決定投入農業而非電腦業,他建立的公司將會非常像孟山都這家來自聖路易的種子和農用化學品巨頭[1]。(拜耳2018年收購了孟山都。)

GMO技術的推廣與爭議

孟山都「得來不易」的爭議名聲某種程度上源自它對我們食物系統的壟斷力,它試圖控制生命本身的遺傳密碼。過去二十年裡,美國種植的大部分玉米和大豆都含有孟山都擁有的基因特徵,其中最著名的是「耐除草劑」(Roundup Ready)——指作物不怕Roundup這種除草劑[2]。這意味著農民可以在田地裡任意噴灑除草劑以消滅雜草,而他們的作物因為經基因改造而可以存活。這可以幫助農民節省大量勞動力,因為他們可以免去手工拔草或對準雜草噴灑除草劑的辛勞。但是,農用化學品的擴大使用引起人們對環境和人類健康的擔憂,而這也是多數國家(包括歐洲大部分國家)不種植基因改造作物(GMO)的原因之一[3]。

破解蓋茲迷思

GMO模式的成本也很高,而為了使它在財務上可行,它通常應用於最大規模的農場。這種農場大面積種植單一作物玉米或大豆,施用化學肥料,使用噴霧器在田地裡噴灑Roundup,而隨著GMO的出現,Roundup的使用量激增[4]。這一切對孟山都的生意非常有利,因為它除了賣耐除草劑的GMO種子,也賣與之配套的Roundup除草劑。

孟山都的市場影響力也以其他方式延伸到農場。農民購買GMO種子時,會簽署限制他們如何使用這些種子的技術協議[5]。而孟山都毫不怯於查核農民是否遵守這些協議的條款和條件。《浮華世界》雜誌2008年的報導寫道:

> 訪談和大量法庭文件顯示,孟山都在美國心臟地帶仰賴一支由私人調查員和密探組成的隱祕軍隊,在農村製造恐懼。他們深入田地和農場城鎮,針對農民、店主及合作社祕密錄影和拍照,滲透到社區會議裡中,並從線人那裡蒐集有關農業活動的資訊。農民們說,有些孟山都密探冒充測量員,還有一些則是在農民的土地上與他們對峙,試圖迫使農民簽署文件,容許孟山都查閱他們的私人紀錄。農民稱他們為「種子警察」,並以「蓋世太保」和「黑手黨」等詞形容他們的手段。在被問到這些做法時,孟山都拒絕具體評論,僅表示它只是在保護它的專利……有人將孟山都的強硬手段與微軟保護其軟體免遭盜版的積極努力相提並論。但至少買了微軟軟體的人可以反復使用它,而買了孟山都種子的農民卻甚至不能這麼做[6]。

孟山都對科學事業的影響也引發爭議。加州大學舊金山分校有一個線上文件庫詳細記錄了孟山都的一些影響,而與之相鄰的是審視大菸草公司產業策略的文件庫[7]。現舉眾多例子中的其中一個：2013年，孟山都聯絡了一些學術科學家，建議他們根據該公司提供的一些論點撰寫政策論文，而有些教授真的這麼做了，而且沒有揭露孟山都在這件事中的角色。哈佛大學經濟學家卡萊斯圖斯・朱瑪（Calestous Juma）就是捲入這場醜聞的學者之一，而他也曾與蓋茲基金會在農業方面合作[8]。

蓋茲資助朱瑪的一些學術研究，甚至在他去世後設立了一個研究獎來紀念他[9]。而朱瑪參與政治倡議活動時，例如2015年致函美國食品藥物管理局（FDA）表示支持GMO時，誇耀了他與蓋茲基金會的關係，但自然完全不提他曾與孟山都密切合作[10]。而一如蓋茲在許多其他方面的工作，蓋茲基金會已成掩護產業野心的重要組織，以它的慈善形象掩護企業議程。

蓋茲基金會和孟山都之所以皆與朱瑪密切合作，是因為朱瑪對他們很有價值：他是一名非裔學者（來自肯亞），任職於西方一間著名大學，可以幫助推動蓋茲和孟山都將GMO引入非洲的共同目標。「目前世界上未充分利用的最大面積耕地在非洲，」孟山都高層馬克・埃奇（Mark Edge）在2016年一篇著眼於該公司與蓋茲基金會慈善合作的新聞報導中這麼說[11]。「這裡有一個真實的商業理由……眼前的選擇是，你是否要現在進入，雖然你知道目前無法在那裡賺很多錢，但你是否可以為10年或15年後的發展奠定基礎？」

比爾・蓋茲則基於人道理由提出不同的說法：「那些來自糧食充足、擁有高產農場的富裕國家的人，拒絕採用GMO是沒問題的。但我們不應該容許他們將自己的偏好強加於非洲。[12]」

破解蓋茲迷思

但與此同時，蓋茲對於將他自己的偏好強加於非洲似乎沒有不安。自詡為技術專家的蓋茲是GMO的忠實支持者，即使許多專家質疑這種技術是否真的能造福蓋茲基金會聲稱要幫助的撒哈拉以南非洲小農。2015年，比爾‧蓋茲接受新聞網站The Verge訪問，在被問到窮國是否具備必要的監理能力去確保GMO得到安全的檢測和培育，以及蓋茲基金會是否可能介入以提供「準監理監督」（quasi-regulatory oversight）時，他毫不猶豫答道：

> 我們可以資助培訓工作，以便他們能有科學家去為他們的安全委員會工作。我們可以確保有人去完成必要的科學研究，而且研究的品質很好。我們可以為那些正在為富裕國家生產優質種子的公司提供誘因，我們可以與它們合作，確保窮國至少可以取得這些種子——實際上窮國可以付較低的價格，因為窮國獲得較優惠價格的分級定價制度在藥品市價運作良好，我們可以確保種子市場也是這樣。但歸根結柢，他們將決定採用哪些疫苗、哪些藥物和哪些種子，因為那是他們的國家。但他們的專業能力正在發展，所以我覺得他們會作出明智的選擇[13]。

蓋茲如此坦率真的了不起，因為他實際上解釋了他的基金會如何試圖控制整個GMO審批過程——除了最後的橡皮圖章。他正在培訓將負責GMO監理工作的非洲科學家。他正在創造他們將仰賴的科學研究。他甚至介入私營市場，以確保窮國可以取得GMO種子。而且他沒有誇大其詞。

比爾‧蓋茲已成為對非洲農業影響力最大的人物之一：在這個資金嚴重不足的領域，蓋茲基金會的捐贈已經轉化為對公共政策的深遠影響。蓋茲基金會在農業專案上的總支出已達到65億美元，其中包括成為著力於非洲大陸的一些著名農業組織的主要金主——這些組織予人非洲的觀感，名稱中往往有「非洲」一詞[14]。蓋茲基金會的這些代理組織包括非洲綠色革命聯盟和非洲農業技術基金會，它們的運作方式似乎與孟山都的前線組織如出一轍：它們致力推進金主的議程，但聲稱自己是獨立的，或是以科學為基礎的，或是以農民為中心的，或是由非洲人領導的[15]。

蓋茲與非洲農業革命

蓋茲基金會推廣GMO的雄心，只是它推動非洲農業產業化抱負的一項議程——它希望藉由擴大使用所謂的「投入要素」（化學品、肥料、新種子、灌溉）來提高農場的生產力和產量。在這方面，蓋茲基金會與銷售這些投入要素的跨國公司密切合作，這些公司長期以來視非洲為一個未開發的市場[16]。蓋茲基金會的目標不是利潤，而是產量：「必須找到解決方案，使農民——尤其是最窮國家的農民——擁有更好的工具和知識，以便能種出足夠的糧食養活家人。[17]」

但是，蓋茲基金會的介入未能造就它所承諾的「革命」。雖然既得利益集團在政治遊說方面努力了數十年，非洲只有南非一個國家種植了數量可觀的GMO糧食作物[18]。同樣地，蓋茲農業議程所承諾的飢餓人口大幅減少、作物產量和農民收入大幅增加，至今皆沒有實現。

但是，這些失敗不代表蓋茲基金會沒有產生影響。「在很多方面，他們非常成功，因為他們宣傳了一種敘事，」非洲糧

破解蓋茲迷思

食主權聯盟（Alliance for Food Sovereignty in Africa）負責人米里安·畢雷（Million Belay）某次受訪時告訴我。「這種敘事就是非洲的種子不好，非洲人的土地不肥沃，非洲人掌握的知識過時了。為生產更多糧食，非洲需要雜交品種的種子。因為土壤已經非常貧瘠，非洲必須使用大量化學品。此外，這也是以市場為基礎的農業，是新自由主義意識形態的一部分。」

蓋茲基金會的工作是基於這個基本假設：非洲國家不具備管理本國糧食系統所需要的專業知識、能力或工具，需要來自全球北方的專業人士和專家來幫助他們。為此，在它開展工作的非洲國家，蓋茲基金會與當地政界人士和政策制定者合作，改變這些國家規管農業的法律，實際上充當說客，將它的技術專家安插到政府機構裡，甚至幫忙創建全新的機構，為其提供資金和人員，例如在畢雷的祖國衣索比亞就創立了農業轉型機構（ATA）[19]。

這個新機構獲得蓋茲基金會提供至少2,700萬美元，據稱是「支持農業部加快農業發展和加強農業部工作的一個獨立單位。[20]」2010年，衣索比亞國會為這個新機構立法，而一年後，蓋茲基金會高級專案主任哈立德·彭巴（Khalid Bomba）離開基金會，成為ATA的負責人[21]。再一年後，蓋茲基金會宣布「任命它在衣索比亞的第一位正式代表，將負責基金會與衣索比亞聯邦政府和非洲聯盟的聯絡工作。[22]」在接下來幾年裡，許多工作人員流轉於蓋茲基金會和ATA這個衣索比亞機構之間[23]。一群研究人員指出，ATA在促進私營部門參與衣索比亞農業方面發揮了重要作用，包括為種子和農用化學品巨頭杜邦打開新市場[24]。

Chapter 13　農業

　　另一個例子是，蓋茲資助的非洲綠色革命聯盟（AGRA）聲稱在最近四年裡，在布吉納法索、衣索比亞、迦納、奈及利亞、坦尚尼亞、盧安達和東非共同體（一個政府間組織）致力於68項不同的政策改革計畫，涉及貿易政策、種子法律、殺蟲劑以至肥料市場法規等各方面[25]。該組織在其網站上聲稱：「AGRA結合政策和倡議工作，縮短農業政策改革完成行政和立法過程所需要的正常時間。這一切都是為了加強種子、肥料和市場系統的效能和功能。[26]」

　　劍橋大學人類學家喬瓦・洛克（Joeva Rock）表示，蓋茲重手干預也影響相關國家的研究議程和培訓計畫。洛克告訴我：「如果蓋茲忽然完全撤手，所有類型的機構都將受到巨大影響，從公共育種計畫到公立教育機構都無法倖免。問題並非只是這些計畫終止，而是科學家和學生的培訓也將終止。」

　　這種依賴程度以及比爾・蓋茲由上而下的政治操作，在蓋茲聲稱要幫助的農民間引起了爭議，而在2021和2022年，農民的反抗備受矚目，尤其是發表於《科學人》雜誌的社論版文章〈比爾・蓋茲應停止告訴非洲人他們需要什麼樣的農業〉。這篇文章是非洲糧食主權聯盟的米里安・畢雷和布麗姬特・穆加貝（Bridget Mugambe）寫的，該機構是全非洲最大的民間團體，代表非洲多達2億名農民、漁民、牧民和原住民。

> 我們歡迎對非洲農業的投資，但我們尋求的投資對位居農業核心的民眾是民主的，而且會回應他們的需求。我們不希望這種投資是一種由上而下的力量，最終將權力和利潤集中到少數跨國公司手上。在描述GMO種子和其他技術將如何解決非洲國家的飢餓問題時，比爾・蓋茲聲稱，

破解蓋茲迷思

「這是一個主權決定，沒有人為他們做這個決定。」但是，他擔任共同主席的蓋茲基金會因為掌握巨大的資源，對非洲科學家和政策制定者產生了巨大的影響，結果是非洲大陸的糧食系統正變得越來越市場導向和控制在企業手上[27]。

畢雷受訪時對我說，蓋茲基金會在農業方面的慈善工作帶有殖民勢力的所有特徵：它尋求非洲國家的現代化和文明化，同時促進商業利益，例如推動農民向總部設在非洲大陸以外的跨國公司購買GMO種子、肥料、化學品和其他技術。畢雷說：「我們的農業被視為是落後的，而唯一的辦法據稱是採用先進技術，此時就有了一個文明議程。但這個文明議程並不是要使我們進步開化，而是要使我們受這種變幻莫測的技術束縛。」

蓋茲基金會聲稱要幫助的對象已經非常廣泛和非常明確地要求比爾・蓋茲停止幫助他們。2021年，一封超過200人聯署的公開信呼籲停止提供資金給蓋茲在非洲的旗艦專案AGRA。「自2006年AGRA的計畫啟動以來，〔AGRA著力的〕這13個國家的營養不良人口增加30%，」該信指出。「AGRA提高農業生產力和農民收入以及減少糧食不安全情況的使命顯然失敗了，而且實際上還損害了支持非洲農民的更廣泛努力。[28]」

聯合國祕書長宣布任命AGRA主席為2021年聯合國糧食系統峰會特使，則引發了另一場抗議。超過150個組織呼籲聯合國撤銷這個任命，理由是AGRA的參與「將導致峰會變成促進農企業的利益和犧牲農民和地球環境的又一個論壇……在8.2億人處於飢餓狀態和氣候危機不斷升級的情況下，我們迫切需要大規模的全球行動。[29]」

Chapter 13 農業

數百個宗教團體和信仰領袖也發了一封公開信給比爾・蓋茲，要求他傾聽非洲農民的聲音，而不是將他的願景強加於非洲農民。「我們感謝比爾與梅琳達蓋茲基金會決心克服糧食不安全問題，感謝它向非洲各國政府提供人道和基礎建設援助，但我們還是寫了這封信，因為我們非常擔心蓋茲基金會對擴張集約式工業規模農業的支持正在加劇人道危機。[30]」

這些組織特別要求與蓋茲基金會對話，但他們等了許多個月才得到初步回應，最後才有一次會面機會。不久之後，蓋茲基金會似乎在新聞媒體上宣布，它打算額外提供2億美元給AGRA[31]。

「這確實證明，再多的投入也無法阻止他們支持一個致力追求短期利益的系統，」南非洲信仰社群環境研究所（SAFCEI）的賈柏瑞・曼尼安格茲（Gabriel Manyangadze）告訴我。「因此，他們的參與是一種公關操作，因為我們的要求在他們的敘事中無影無蹤。」

如果蓋茲基金會沒有真誠對待它聲稱要幫助的人，那可能是因為它沒有試圖贏得人心。這個基金會的目標，它那壓倒一切的雄心，從來不是建立民主正當性，而是組織由上而下的政策變更，而且往往訴諸反民主的手段。蓋茲基金會認為，它知道什麼對非洲農民最有利，而為了使蓋茲能夠幫助他們，他們必須閃一邊去。

「他們資助研究人員，他們資助研究計畫，他們資助起草法案，他們資助各種專案，他們資助農用物品經銷商，他們使事情得以開始⋯⋯隨著時間的推移，那是一大筆錢，」非洲生物安全中心（African Centre for Biosafety）的瑪麗安・梅耶

357

破解蓋茲迷思

（Mariam Mayet）告訴我[32]。「這只是更多的新殖民主義，以關於培力和振奮人心之類的花俏言語包裝起來。但這只是老式的殖民發展，對非洲人沒有好處，對非洲大陸沒有好處。」

梅耶將蓋茲影響力日增歸咎於許多非洲國家的政府效能不彰和未對本國人民負責，並指蓋茲基金會利用了薄弱的民主制度。「另一種未來不可能誕生，因為蓋茲的議程和它資助的工作阻礙了原本可能發生的有益轉型和變革；這些變革本來有望減少社會排斥、不平等和貧困，以及減輕本已脆弱的社群邊緣化程度，」梅耶說。然後她提出不祥的預測：沿著這條路走下去將帶來「一顆不定時炸彈」。

政策影響與監管干預

蓋茲基金會創建新的非政府組織時，喜歡以「聯盟」一詞命名，例如科學聯盟、全球營養改善聯盟、非洲綠色革命聯盟。顧名思義，這些專案仰賴各方盟友為共同目標努力。但是，蓋茲慈善事業聲稱要幫助的人——全球窮人或小農——極少有機會參與相關決策。以非洲綠色革命聯盟（AGRA）為例，其盟友包括一群企業合作夥伴，例如先正達（Syngenta）、拜耳（孟山都）、科迪華農業科技（Corteva Agriscience）、約翰迪爾、雀巢，以至微軟——微軟正在「探索大數據和人工智慧在AGRA數位轉型中的應用」[33]。

AGRA聲稱它還與民間團體和農民組織合作，但值得注意的是，它沒有公開這些合作對象的名字[34]。值得稱讚的是，該組織目前是由一個來自非洲的人領導，她是盧安達前農業部長艾格尼絲・卡利巴塔（Agnes Kalibata）。不過，AGRA的首

Chapter 13 農業

任主席是洛克菲勒基金會的糧食安全總監蓋瑞‧湯尼森（Gary Toenniessen）[35]。而且，如果沒有主要來自美國的白人金主支持，這個組織根本不會出現。

AGRA是洛克菲勒基金會和蓋茲基金會構想和發起的，大部分經費來自蓋茲基金會——在AGRA報告的11億美元收入中，至少有6.75億美元來自蓋茲基金會[36]。在AGRA運作的最初幾年裡，其董事會成員似乎多數不是非洲人（或不是駐非洲），其中包括蓋茲和洛克菲勒基金會的多名代表[37]。即使在今天，AGRA的許多高層和董事會成員也不是駐非洲的，例如蓋茲基金會的羅傑‧沃希斯（Rodger Voorhies）[38]。蓋茲基金會的內部政策文件將AGRA描述為基金會「創立一個新實體並提供大量資金」，同時在該組織的治理中扮演重要角色的一個例子[39]。

在AGRA成立十年後的2016年，蓋茲資助的一項評估指出，「利害關係人注意到AGRA身分不明確，包括它作為一家非洲機構的形象。」評估報告認為AGRA有需要「重新塑造它的機構身分」，成為「一個由非洲人領導、政治中立、有別於蓋茲基金會的實體」[40]。到了2020年，蓋茲基金會的一項新評估聲稱身分改造已經成功：「作為一個獨特的非洲組織，AGRA被視為比其他發展夥伴更有正當性去接觸政府，因此有機會開展有效的倡議工作⋯⋯它能夠使政府對它洗耳恭聽，也就是掌握很受重視的政治管道，而這是其捐助者無法擁有的。[41]」

AGRA脫胎自二十世紀中期的原始「綠色革命」，那是洛克菲勒和福特基金會帶頭、美國政府支持的一個農業發展專案[42]。一如現在的綠色革命，原始綠色革命試圖藉由使用新種子、農用化學品和灌溉技術，將世界各地的農業產業化。其構

破解蓋茲迷思

想是藉由提高產量,幫助窮人生產更多糧食,結束飢餓,實現農業上的自給自足。在各基金會和政府大舉投資下,綠色革命起初似乎在印度等國家取得重大成就,大幅提高了農業產量。常被稱為「綠色革命之父」的諾曼・博洛格(Norman Borlaug)甚至因為這方面的工作榮獲諾貝爾和平獎。

但是,隨著時間的推移,最初的許多成效似乎減弱或甚至消失了。事實證明,大量使用合成化學品會破壞土壤。此外,各種新投入要素耗資甚巨,許多農民因此負債累累,引發一波歷時數十年的農民自殺潮[43]。另一個問題是:採用投入密集型農業並因此得益的往往是最大型、最富有的農場,而幫助大農場擴大規模往往意味著大量小農被逐離農地。

現在幾乎所有學者都承認綠色革命存在各種問題,許多(甚至可能是多數)學者認為綠色革命弊大於利,整體而言堪稱失敗。但是,在比爾・蓋茲看來,綠色革命無疑是成功的。「1960年代有一場名為綠色革命的運動,它利用新種子和其他改進措施提高了亞洲和拉丁美洲的農業生產力,」蓋茲2014年某次受訪時說。「它救了數以百萬計的人命,使許多人得以脫貧。但它基本上忽略了撒哈拉以南非洲地區。今天,那裡的農民生產力平均僅為美國農民的三分之一左右。如果我們能提高這個數字,將會大有幫助,而我認為我們做得到。[44]」

在他2001年出版的著作《美國基金會調查史》(*American Foundations: An Investigative History*)中,馬克・杜維(Mark Dowie)指原始綠色革命是一個警世故事:「想了解大規模捐贈陷阱的新慈善家,最好研究一下這場運動五十年的歷史。[45]」杜維指出原始綠色革命的一些不足之處,其一是它狹隘地致力

Chapter **13** 農業

以科學方法提高農業產量,希望使糧食變得更普遍可得。主事者忽略了這個事實:無論產量提高多少,世上最窮的人仍將沒有足夠的錢去購買糧食。這問題至今未解。現在全球的糧食產出足以養活所有人,但全球仍有十億人受糧食不安全問題困擾。飢餓的問題不在於我們的糧食供應——或者說問題並非只在於供應。問題還在於獲取。問題在於窮人沒錢。

但是,在慈善事業和國際開發工作的狹隘抱負中,目標往往是處理主事者認為可以解決和迅速取得成績的問題,而不是致力於根本解決問題。對致力於原始綠色革命的人來說,這意味著藉由研發努力提高糧食產量。杜維寫道:「洛克菲勒基金會的董事對支持科研工作非常放心。另一方面,經濟正義則意味著社會主義。[46]」而擔心社會主義是驅動原始綠色革命的一個關鍵因素——這場運動正是希望阻止可能發生的紅色革命。當年的綠色革命者擔心,民眾飢餓會導致社會動盪,使共產主義宣傳有機會深入人心。杜維寫道:「因此,在綠色革命的頭四十年裡,不斷增加的剩餘糧食幾乎完全沒有流向最需要它的地方。這並不是因為政府和非政府國際機構沒有設法改善窮人的經濟狀況,而是因為他們根本無法足夠快速地照顧弱勢,而弱勢者正是從事自足農業的大量農民及其家人,因為農業產業化而被逐離農地和陷入貧困。這是一項政治挑戰,超出了推動綠色革命之基金會的業務範圍、興趣或能力。」

蓋茲可能是沒注意到這段歷史或根本不在意,2006年幫助創立AGRA時,採用的假設、方法和策略皆與原始綠色革命相同[47]。當時的計畫是在2020年前使農業產量和農民收入增加一倍,並使糧食不安全(飢餓)人口減少50%[48]。而這場新「革命」既受矚目,又獲得大量資金支持。

破解蓋茲迷思

　　雖然蓋茲基金會是迄今最大的金主，負擔了AGRA歷年來逾10億美元總經費約三分之二，但各國納稅人也提供大量資金。美國政府承諾提供最多9,000萬美元，而英國、瑞典、荷蘭、德國、挪威、加拿大、丹麥和盧森堡的納稅人也總共認捐了數千萬美元的資金[49]。（洛克菲勒基金會拒絕受訪，但經由電子郵件告訴我，它捐了1.66億美元給AGRA。）

　　許多非洲國家的政府也與AGRA合作，或利用自身的農業預算支持AGRA的綠色革命議程。一項研究發現，非洲國家每年投入10億美元補貼化學肥料和雜交種子等投入要素，而這些正是AGRA重視的介入措施[50]。只要非洲各國政府與蓋茲基金會的議程保持一致，只要AGRA確實由真正的非洲人領導，蓋茲基金會就可以理直氣壯地宣稱它是在與公共部門和各國政府合作，而不是與它們作對。新的綠色革命確實是一項公私合夥事業。

　　但這並不意味著它是非洲國家經由民主程序產生的一項本土政策。蓋茲基金會、捐助國政府和國際上重要的農業研究機構朝同一方向努力，並投入超過10億美元，也就製造出一股很難與之抗衡的強大潮流。此外，AGRA還與各國政府建立機構間的關係，向它們提供贈款，以借調方式在政府機構內部安插人員，並提供技術援助[51]。其訊息響亮、清晰且堅定：「我們有資金和專家。讓我們來幫助你們。」

　　最大的問題是：蓋茲和AGRA取得了什麼成就？AGRA是否達成了在2020年前使農業產量和農民收入增加一倍、飢餓人口減少一半的崇高目標？它是否真的成就了一場革命？

塔夫斯大學全球發展與環境研究所的高級研究員蒂姆・懷斯（Tim Wise）嘗試回答這些問題，但他向AGRA索取資料時被拒絕了。懷斯於是轉為利用聯合國糧食及農業組織報告的國家層級農業數據。如果AGRA真的在它自2006年以來著力的13個國家（布吉納法索、衣索比亞、迦納、肯亞、馬拉威、馬利、莫三比克、尼日、奈及利亞、盧安達、坦尚尼亞、烏干達、尚比亞）產生影響，這種影響不是應該呈現在這些國家的農業數據上嗎？如果AGRA成就了一場革命，不是應該很容易從數據上看出來嗎？

懷斯發現，AGRA支持的各種作物的產量略有增加，但增幅遠遠沒有達到AGRA承諾的100%。與此同時，飢餓人口實際上增加了30%，而不是AGRA承諾的減少50%。由於缺乏關於農民收入的資料，懷斯無法評估AGRA提高農民收入一倍的目標，但他指出，在AGRA開展工作的時期裡，那些國家的赤貧人口並沒有加速減少[52]。

差不多就在懷斯發表其分析結果的同時，來自非洲各地和德國的一個國際組織聯盟發了關於AGRA影響的國家層級案例研究報告，討論坦尚尼亞一個可能導致農民負債累累的可疑貸款計畫，以及AGRA在尚比亞與非洲以外之非政府組織CARE國際（CARE International）的重要合作[53]。這些批判性評估報告出現之後，AGRA的第一反應不是討論或爭論評估結果，而是抨擊它們，包括致函塔夫斯大學研究事務副教務長辦公室，質疑蒂姆・懷斯的AGRA評估的誠信和道德。

「AGRA是〔聯合國前祕書長〕安南為了革新非洲農業而設立的一個非洲機構，聲稱它是由蓋茲／洛克菲勒基金會設

破解蓋茲迷思

立是錯誤的，」英國受教育的AGRA辦公室主任安德魯‧考克斯（Andrew Cox）在那封信中寫道[54]。考克斯抱怨懷斯沒有尋求AGRA評論他的研究結果，並指懷斯的研究沒有經過同儕評審。信中承認懷斯曾向AGRA索取資料，但指他「要求不夠明確以致我們無法幫助他，而且沒有解釋他索取資料所為何事。」

「由此看來，這項研究似乎沒有採用最基本及合理的專業與學術標準，」那封信還說。

塔夫斯大學向我證實，該校評估AGRA的投訴，認為它沒有道理。AGRA的投訴尤其引人注目的是，它公開承認懷斯曾主動聯絡它，要求提供相關資料。這意味著該組織有機會及早參與那項研究，但它拒絕了。然後在學者自行研究並發表結果之後，它就強烈抗議。

AGRA拒絕參與懷斯的獨立評估反映了那種不負責任和拒絕公開透明的典型蓋茲式文化。例如，半島電視台播客The Take 2021年報導AGRA面臨的越來越多批評時，AGRA和蓋茲基金會都沒有回應記者的詢問[55]。我自己曾多次聯絡AGRA，但也都沒有結果。在調查報導過程中，我曾要求AGRA提供最近的美國報稅資料，但沒有得到答覆——雖然美國國稅局要求非營利組織提供這些資料。我也曾要求AGRA提供詳細的經費來源，但同樣沒有得到答覆[56]。我也曾要求該組織接受訪問，但它同樣完全不回應。

2021年，隨著AGRA面臨越來越多批評，該組織開始以自己的方式、按照自己的步伐為自己公開辯護，而這常使人覺得它活在平行世界裡。AGRA董事會主席、衣索比亞前總理哈勒瑪利恩‧戴沙略（Hailemariam Dessalegn）在一篇社論版文章

Chapter **13** 農業

中斷言:「一直以來都有人詆毀我們的做法和成就,但這些聲音最近越來越大,批評者決定利用媒體呼籲各方反對我們的工作,雖然我們提供機會給他們直接參與我們的工作。[57]」這篇文章接著聲稱,AGRA的運作規模太小,相關國家飢餓人口增加不應該歸咎於它,針對這問題批評AGRA是「錯誤和極其誤導的」。

但是,如果AGRA和蓋茲基金會不認為他們有能力改善飢餓問題,為什麼他們要宣傳減少飢餓人口50%這個目標呢?如果AGRA是公眾參與的倡導者,為什麼會有那麼多人指它以不負責任的方式運作呢?

AGRA實際上不回應批評使它的批評者有更多空間批評它,他們更積極呼籲各方停止資助AGRA,包括向AGRA最大的政府資助者美國國際開發署請願。此外,美國三名國會議員——伊爾汗・歐瑪(Ilhan Omar)、莎拉・雅各布斯(Sara Jacobs)、湯姆・馬林諾夫斯基(Tom Malinowski)——試圖迫使美國國際開發署證明它花費數以百萬美元計的資金支持AGRA是正當的,理由是擔心該組織「可能對它所在國家的糧食安全、環境和反貧困目標造成重大負面影響。[58]」與此同時,德國的行動者向本國政府施壓,促使德國聯邦經濟合作與發展部於2022年對新聞媒體表示,它正在檢討是否繼續參與AGRA的工作[59]。

隨著批評聲音越來越大,蓋茲基金會自己出錢評估AGRA,結果承認了獨立評估的一些結果:「AGRA沒有達成它為900萬名小農增加收入和增強糧食安全的首要目標。」但這項評估也強調AGRA成功之處,例如「加快政策改革」和幫

破解蓋茲迷思

助「激勵私營部門參與」。不過，批評者還是抓住這項評估的一些基本發現提出質疑，包括AGRA的介入措施似乎帶給比較富裕的男性農民最大的好處[60]。此外，評估也顯示AGRA未能成就一貫的產量增長，也沒有充分認識到它推動的投入密集型農業模式對環境的影響。這些批評與原始綠色革命受到的批評如出一轍。歷史似乎正在重演，而這是批評者早就預言的[61]。

隨著一些媒體關注反對AGRA的高漲聲浪，蓋茲基金會作出回應，將AGRA的失敗歸咎於氣候變遷。氣候變遷影響農業無庸置疑，但這是我們幾十年前就知道的事。如果蓋茲基金會研擬和執行其農業策略時沒有考慮氣候變遷問題，它自詡的專業和領導能力難免再度引人懷疑。

此時可能會有讀者想問：難道我們不能為非洲農民做一些不會有殖民主義嫌疑的事？事實上，非洲許多地區不是存在嚴重的飢餓問題嗎？許多農民不是可以受惠於糧食產量增加嗎？

當然，非洲大陸許多地方的農業可以改善，也應該改善。但是，這件事要怎麼做不應該由比爾·蓋茲來決定。而且，關於何謂改善農業，我們也必須擴大視野。氣候變遷（氣溫升高、乾旱、天氣多變）使我們的糧食系統面臨新挑戰，我們確實需要一場農業革命，但需要革新的主要是美國農業模式，而蓋茲正推動非洲農民採用這種模式。

現在的美國農業是由大規模產業化生產模式主導。大量小農遭淘汰，他們的土地被整合成越來越大的農場。值得注意或甚至令人驚訝的是，比爾·蓋茲已成為美國最大的私人農田地主，而這是一個有力的象徵，告訴我們美國農業如今日益掌握在不務農的投資人手上，而不是辛勤勞作的農民家庭手上[62]。

Chapter **13** 農業

農業未來：技術還是自主權？

在現今的美國農業中，例如在蓋茲位於內布拉斯加州的大面積玉米和大豆田地，農民通常花大錢在昂貴的投入要素上（例如GMO種子、農用化學品、肥料），生產出巨量的單一品種穀物，大部分用於工業用途，例如製造乙醇或玉米糖漿，或作為工廠式農場的動物飼料[63]。這是一種高產系統，但納稅人為此付出巨大代價，因為他們為農業提供大量補貼。農業也是碳排放的一個主要來源，由化石燃料製成的化學肥料占了大部分排放[64]。（擴大使用化學肥料是AGRA的一項關鍵工作，也是比爾‧蓋茲非常熱衷的一項介入措施，對他來說很可能比推廣GMO更重要。）

事實證明，這種模式相當脆弱，恰恰欠缺糧食系統該有的韌性。例如，Covid-19大流行和2022年俄羅斯入侵烏克蘭都嚴重擾亂了原物料市場。追隨蓋茲和AGRA擴大使用化學肥料的非洲農民突然面臨化肥價格暴漲問題，化肥生產商則面臨牟取暴利的指控[65]。氣候變遷將使農業面臨更多不可預料的事。

許多非洲農民團體支持一種不同的農業模式，其名稱是有學術味的「生態農業」（agroecology）。它是一種複雜的、以系統為基礎的農業模式，仰賴低環境影響的在地解決方案，例如以糞肥作為肥料，而不是向外國製造商購買化學肥料。農民也可以藉由輪作和作物多樣化改善土壤營養。此外，農民不必在每個生產季開始前購買雜交種子或GMO種子，而是可以保存種子，年復一年重新種植，一如人類數千年來的做法。

四十年來，賓州的羅德爾研究所（Rodale Institute）一直針對生態農業模式和傳統的投入密集型農業模式進行並列比較，

破解蓋茲迷思

發現兩種模式的產量相近，但生態農業模式運作良好的農場在環境和財務方面享有重大優勢[66]。威斯康辛大學和北卡羅來納州立大學等學校如今都開設生態農業學位課程，向學生傳授「可持續農業背後的科學」[67]。2009年，世界銀行和聯合國農糧署聯合發表了一份由400名專家參與的重要的國際評估報告，廣泛強調生態農業的重要性，並對綠色革命那種投入密集型模式，包括GMO在窮國的作用提出懷疑[68]。十年後，聯合國世界糧食安全委員會委託專家做了一項關於生態農業的研究，強調綠色革命方法的局限，指出這些方法的環境或社會代價可能足以抵銷它們據稱可以產生的經濟效益[69]。

但是，生態農業模式當然會危及企業利益——相關企業希望農民年復一年購買它們供應的種子和農用化學品。而這正是為什麼蒂姆·懷斯稱AGRA為「完美的新自由主義計畫」。他對我說：「說它完美並不是因為它依賴所有這些公共資金和慈善資金——因為它依賴這些資金，它根本就不是奉行自由市場原則。但這一切都是為了打開市場，創造多邊投資以及跨國投資與銷售的市場……換句話說，孟山都必須以某種方式打開非洲市場，以便賣出更多種子。化肥公司需要新市場來銷售更多化肥。比爾在這些方面產生了巨大作用。如果沒有比爾，這一切怎麼可能發生呢？我認為沒有蓋茲，就不會有AGRA。」

2013年，馬克·林納斯（Mark Lynas）以他英俊帥氣的外表和悔改信基因改造的故事，在美食界聲名鵲起。他在牛津農業會議（Oxford Farming Conference）上發表主題演講時宣布：「首先，我為我曾有數年時間抨擊GMO作物，在此向大家鄭重道歉。在1990年代中期，我曾幫助發起反GMO運動，因此幫助妖魔化可用來造福環境的一項重要技術選擇，對此我也十分抱歉。作為一名環保主義者，作為一個相信世上人人都有權選擇健康營養飲食的人，我做的那些事堪稱適得其反。我現在徹底後悔自己做過那些事。[70]」

林納斯的自責和鱷魚淚極受世界各地的記者關注，包括《紐約客》和 Slate 在內的96家媒體報導了他的良心危機[71]。孟山都等公司花再多錢也買不到更好的公關宣傳，而這也是為什麼有些人對林納斯的故事相當不以為然。

在我看來，林納斯的故事很像是有心人製造出來的。事情發生時，我在糧水觀察（Food & Water Watch）這家非政府組織當研究員，負責研究GMO辯論中層出不窮的企業宣傳手段。林納斯在GMO領域默默無聞，以作家而言也不是很有名氣，在似乎是企業贊助的一個農業會議上做了一場四平八穩的演講，卻引起這麼多的關注，這一切看來大有蹊蹺[72]。

後來《衛報》取得一些外洩的文件，它們顯示產業界有一個計畫創造新的GMO推廣「大使」，而林納斯正是其中一員[73]。那些文件指林納斯「可能」參與了這項工作。他否認自己是大使，甚至否認被邀請參與計畫[74]。後來出現更多問題：以前與林納斯一起參與相關運動的行動者站出來表示，林納斯並沒有像他聲稱的那樣幫助「發起」反GMO運動。前綠色和平組織者吉姆‧湯瑪斯（Jim Thomas）說：「林納斯是參與者，但不是非常重要的參與者，而且參與的時間很短。也許他認為自己很重要，但在我看來，沒有人認為是這樣。整件事令我很難過。他把那些曾是他朋友的人說成是沒有思想的人，以此為基礎建立了非常成功的事業。[75]」

破解蓋茲迷思

林納斯的公眾形象不僅被用來推廣GMO的使用，還被用來攻擊批評這種技術的人，說他們「反科學」——這與孟山都等公司提出的論點如出一轍[76]。這意味著他也是與比爾・蓋茲唱同一首讚美詩。蓋茲2013年接受Politico訪問時點名稱讚林納斯[77]。一年後，蓋茲基金會在康乃爾大學發起一個推廣GMO的新專案，名為「康乃爾科學聯盟」，為林納斯提供了一個平台來擴大他在GMO方面的宣傳活動。

該聯盟最終獲得蓋茲基金會超過2,000萬美元的資助，而它承諾「為科學增添一把更有力的聲音，為圍繞著農業生物技術和GMO激烈辯論解決兩極分化的問題。」但科學聯盟實際上最終成了造成最嚴重分化的聲音之一，甚至因為扭曲圍繞著GMO的科學辯論而招致批評。

例如，林納斯和科學聯盟非常積極地宣傳關於GMO的「科學共識」，促使一群有博士學位的研究人員在科學期刊《歐洲環境科學》（*Environmental Sciences Europe*）上作出回應：「由超過300名獨立研究人員草擬和聯署、並且在此刊出的聯合聲明並未斷言GMO不安全或安全。該聲明的結論是，迄今為止公布的科學證據不多，而且互有矛盾，因此無法確定GMO安全或不安全。對參考文獻的客觀分析並不支持科學界對GMO的安全性已有共識的說法。[78]」（林納斯沒有回應我的媒體詢問，科學聯盟也沒有回答具體問題。）

但是，科學聯盟似乎非常有效地做了蓋茲要求它做的事：在貧窮國家推廣GMO。該組織聲稱已經培養「796名科學擁護者」，他們是能夠傳播GMO福音的新聞工作者、行動者和有影響力的人[79]。喬瓦・洛克主要在迦納從事學術研究，她說她看

Chapter **13** 農業

到有關迦納GMO發展的新聞,往往是曾接受科學聯盟培訓的記者報導的[80]。米里安‧畢雷和布麗姬特‧穆加貝在他們發表於《科學人》雜誌的文章中也提到類似的發現:

> 例如,在烏干達,CAS〔康乃爾科學聯盟〕招募了從事農業、科學和技術工作的記者和政府要員,致力推廣GMO種子。聯盟的研究員撰文詆毀生態農業,稱之為「死胡同」,聲稱應該採用基於生物技術的解決方案。在奈及利亞,聯盟的研究員與OFAB〔農業生物技術公開論壇〕奈及利亞分部、國家生物技術發展局、奈及利亞公共關係協會和奈及利亞管理協會密切合作以倡導生物技術,經常把它說成是唯一的科學選擇[81]。

這些作者表示,科學聯盟和蓋茲基金會影響力網絡產生的淨作用,是「縮窄了非洲國家討論糧食系統的民主空間;他們往往堅稱,反對GMO的觀點是不理性、不科學和有害的。」

換句話說,蓋茲基金會及其代理人並不是想在關於GMO的辯論中勝出,而是希望扼殺辯論,而比爾‧蓋茲個人在這方面扮演了重要角色。2022年末,他前往肯亞宣傳他在農業方面的工作(並宣布為非洲各地的專案提供70億美元的新資金),當時就堅稱多數先進經濟體已經接受GMO:「西方國家99.9%的農作物是GMO。我吃過的每一塊麵包都是GMO小麥做的。我吃過的每一個玉米也都是GMO玉米。[82]」

但是,這說法顯然是錯誤的。世界上沒有任何地方有商業化生產的GMO小麥[83]。地球上多數國家,包括歐洲多數國家,並不種植GMO作物。也許蓋茲想說的是,我們種植的大部分糧食作物,其基因由於某種培植方式而有所改變──但全世界

破解蓋茲迷思

幾乎所有作物都是這樣,而非僅限於「西方」。除了仰賴野生食物的狩獵採集社會,多數糧食作物的基因都因為人類的介入而有所改變——例如數千年來,農民年復一年地保存最高產或最美味作物的種子,然後重新種植,逐漸改善了這些作物的基因庫。但這種培植方式與蓋茲和孟山都致力推廣的GMO技術截然不同,後者可能涉及在實驗室裡在不相關的物種之間移轉基因構築體。

本書的讀者如果是GMO的支持者,又或者認為窮國可以受惠於這種技術,那麼就應該認識到,蓋茲基金會在許多地方實際上是在助長分化和播下不信任的種子。他們應該認識到,如果GMO技術要在窮國成功應用,就應該由當地科學家根據當地農民的需求,經由健全的公共程序聽取最終消費者的意見,然後開發出新種子,而外國慈善家和跨國種子公司不應該在這過程中不當施壓。他們還應該明白,一個國家是否選擇種植GMO作物——或是否採用任何一種技術——並不是一個純粹的科學決定。

在某些方面,蓋茲基金會經由科學聯盟等計畫,投入巨額資金推廣GMO,可視為致力掩飾GMO的技術失敗。多年來,蓋茲基金會和其他推廣者一直承諾,GMO將解決世界上許多糧食問題,包括消除飢餓、糾正營養不足,以及提高糧食產量。而多年來,蓋茲基金會花了很多錢開發它認為非洲人需要的GMO作物,結果是一次又一次的誤判。

蓋茲基金會最早的押注之一是2000年代初開始的一個耗資2,100萬美元的專案,資助孟山都前員工弗洛倫斯・萬布古(Florence Wambugu)管理的非洲收穫生物技術國際基金

Chapter 13 農業

會（Africa Harvest Biotech Foundation International）[84]。根據蓋茲基金會的贈款紀錄，這個以華盛頓特區為基地的組織致力培植一種營養成分較高的新高粱品種。（高粱這種穀物是奈及利亞、衣索比亞、蘇丹和尼日等國家的一種主要糧食作物。）蓋茲2017年似乎已經停止資助該專案，而關於這項研究取得什麼成果則沒有什麼公開資料。萬布古之前在孟山都嘗試開發一種GMO番薯，似乎也是失敗告終。媒體報導指出，烏干達科學家在沒有使用GMO技術的情況下，開發出一種好得多的番薯。

蓋茲也投入資金支持開發一種強化營養的GMO香蕉，希望可以解決可能導致失明和死亡的維他命A不足問題。截至2023年初，經歷了多年的資助和推廣之後，這種香蕉仍未上市[85]。一名研究人員將進展緩慢歸咎於烏干達人民「無知和資訊錯誤」，並批評政府未能制定必要的法律來推進該計畫[86]。

蓋茲基金會也趕時髦資助「黃金大米」，這是據稱可以提供大量維他命A和拯救生命的另一種GMO糧食作物[87]。雖然自2000年以來，GMO種子公司、各國政府和蓋茲基金會投入了大量資金，新聞媒體也無休止地炒作，但黃金大米至今未能創造出推廣者承諾的好處。目前只有菲律賓一個國家開始商業化種植黃金大米，而2022年開始的此一發展能否像推廣者宣稱的那樣帶給人類健康重大好處，仍有待觀察[88]。

道格・古里安謝爾曼（Doug Gurian-Sherman）曾在美國環境保護局負責GMO監理工作，他對這種技術能否兌現其徹底革新農業的承諾持懷疑態度。他告訴我：「事實是生態系統是高度網絡化和非常複雜的，而基因組也是。」在一種作物中植入新的遺傳特徵，例如藉此提高其產量，會對這種植物產生一

破解蓋茲迷思

系列的其他影響。「這有點像你在電視上看到的藥品廣告。最後，他們會列出一長串副作用。有些可能是罕見或輕微的，但有些是比較常見和嚴重的。」

擁有植物病理學博士學位的古里安謝爾曼後來曾在憂思科學家聯盟（Union of Concerned Scientists）工作，他在2009年發表了一系列研究報告，指GMO宣稱的好處——例如增加產量和提高耐旱性——被普遍誇大了[89]。他指出，CRISPR之類的新基因工程技術或許「有望創造更多小變化，累積起來可以促成重要變革，但整體而言，尤其相對於生態農業之類的替代方案，我認為其重要性很容易被誇大，現在無法斷定它會有多重要。另一個大問題是，這種技術將如何使用和發展？它將由誰控制？這當中的權力格局至今沒有改變。」

比爾‧蓋茲的看法就遠遠沒有那麼細緻。在《華爾街日報》刊出的題為「比爾‧蓋茲：GMO將終結非洲飢餓問題」的訪問中，他說：「這是相當神奇的，因為它可以降低殺蟲劑的用量，提高生產力，並藉由強化維他命幫助解決營養不良問題。因此，對非洲來說，我認為這將產生巨大貢獻，尤其是因為他們面臨氣候變遷問題。[90]」

蓋茲承諾帶給非洲農民的「巨大」好處從未兌現，但他仍堅定地致力於他的高科技計畫。而且他對批評者和反對者沒什麼耐心。他在2022年某次受訪時表示：「如果有不涉及創新但真能解決問題的方案，例如唱Kumbaya，我會投入資金。但是，如果沒有這些種子，客觀分析顯示根本無法解決問題……如果有人說我們忽略了某種解決方案，我認為他們根本沒有了解我們在做什麼。[91]」

Chapter **13** 農業

　　如果蓋茲真的挽起袖子，努力工作來兌現他的宏大承諾，我們要認真看待他會容易得多，而且可能不會覺得他講話帶著強烈的優越感。蓋茲基金會致力於GMO技術已經將近二十年了，但除了那些訪問、行銷、承諾和公關操作，它拿得出什麼成果來呢？

　　每年秋天，蓋茲基金會都會發表《目標守護者》（*Goalkeepers*），聲稱是廣泛檢視人類各方面發展的一份重要報告，而在2022年，蓋茲的焦點是農業，這清楚顯示他打算在未來幾年提升農業在蓋茲基金會各項工作中的重要性。蓋茲宣傳他的基金會正在研究的「神奇種子」，也強調了其他創新的必要性，例如利用人工智慧和預測模型來創造「基於數據的未來農場願景」[92]。

　　在越來越多人呼籲停止資助其農業專案的情況下，比爾·蓋茲決定加倍致力於農業，由此可見他對這問題已有個人情結。自2021年出版《如何避免氣候災難》（*How to Avoid a Climate Disaster*）一書以來，蓋茲一直積極嘗試建立他在氣候變遷問題上的權威地位，但因為他的基金會過去二十年基本上迴避該議題，這件事很難成功。藉由擴大他已經涉足的農業工作，蓋茲可以建立他在氣候變遷問題上的領導地位，致力為我們的糧食系統提供技術解決方案。

　　蓋茲說：「我還想說，如果現在氣溫停止上升，你可以說，『嘿，只要把我們現在擁有的最好種子拿去非洲種就可以了。』但目前氣溫並沒有停止上升。我們確實需要能自己製造肥料的豆科作物。我們確實需要光合方面的進步。這些東西〔GMO作物〕還需要10到15年的時間，但我們需要它們，因為

破解蓋茲迷思

氣溫沒有停止上升。[93]」就這樣,蓋茲又為自己爭取到15年的時間。

我們完全沒有理由相信他的創新計畫將能成功。但我們也不應該懷疑比爾‧蓋茲決心捍衛他作為非洲農民支持者的形象(無論他們是否想要他的幫助),畢竟他這麼說:「因此,就非洲而言,因為許多原因,提高他們的農業生產力應該是一項首要任務——不僅是為了解決許多人營養不良的問題,也是為了幫助他們發展經濟以應對氣候變遷。[94]」

CHAPTER 14

印度

　　比爾・蓋茲認真投入慈善事業並決定致力於公共衛生工作時，愛滋病顯然是值得他關注的問題。這種備受矚目的疾病有名人呼籲世人關注，甚至有名人是受害者，包括魔術強森（Magic Johnson）、佛萊迪・墨裘瑞（Freddie Mercury）和費拉・庫蒂（Fela Kuti）。但愛滋病真正的「代表」是非洲大陸，那裡有大量窮人因為負擔不起治療費用而死亡。世人關注非洲的苦難時，比爾・蓋茲也不例外。但他也指示他的基金會關注地球另一個角落——印度，因為越來越多人擔心那裡將出現愛滋病感染海嘯。

　　雖然印度的人口比整個非洲大陸還要多，但它得到的外國援助比非洲少得多。比爾・蓋茲看到這種情況並決定大舉介入，2002年宣布了一個耗資1億美元的計畫，致力於印度政府力有不及之處[1]。他說：「我們達成的共識，也是我認為印度政府開始意識到的，就是需要做得更多。[2]」

破解蓋茲迷思

善與商業的交錯

蓋茲親自前往印度宣布這個消息。這次訪問最終引起爭議,因為在作出慈善捐款的同時,他還宣布微軟將在印度投資4億美元。新聞工作者注意到蓋茲的慈善捐贈可能惠及他的公司——在蓋茲基金會投入運作的初期,新聞界有勇氣質疑蓋茲。

《紐約時報》的報導說蓋茲「完全迴避回應慈善工作對生意有幫助的說法」[3]。《刺胳針》則發表了一篇尖銳的評論,質疑比爾‧蓋茲是「慈善家還是商業投機者」[4]。

蓋茲在印度的商業和慈善行動發生在微軟與印度政府的衝突不斷升級之際,衝突的焦點是印度龐大的公共機構是將採用微軟的軟體,還是選擇免費和開放的軟體如Linux[5]。藉由宣布微軟和蓋茲基金會的雙重投資,比爾‧蓋茲向印度政府發出明確的訊號,表明他的意圖。利用慈善事業促進公司的利益正是微軟的一種長期做法。

「我們需要與世界各地的政府建立良好的關係,」比爾‧蓋茲2008年談到微軟時這麼說:

> 因為我們的產品是軟體,它的邊際生產成本非常低,而且因為資訊賦權是我們的直接目標,所以我們到一百多個國家去做這些事,捐贈大量軟體,完全不能說是牽強的事。我們甚至贈送現金,培訓教師。而我們確保有人知道我們做這些事,我們聘請員工時也確保他們知道這些事。我們競逐政府合約時,會提醒人們我們是該國的好公民。我無法以超級理性的方式為你計算這當中的成本效益。我想這種事有可能做過頭,但相對於不做這些事,微軟絕對是得到了很多好處[6]。

Chapter 14 印度

在那場訪問中，蓋茲接著談到微軟在印度建立的一個旨在幫助貧窮農民和教師的新實驗室。他指出，該專案可能會併入蓋茲基金會。他說：「如果你能想出辦法，藉由幫助該國的窮人使政府愛上你，你就既能得到政府愛上你的好處，又能說你幫助了這個國家的窮人。」

印度或許可說是微軟軟體帝國皇冠上的明珠。除了為微軟的產品提供巨大的市場，印度還提供一支訓練有素的程式設計師和工程師隊伍，為微軟的盈利作出了重要貢獻——他們的工資僅為微軟美國員工的一半[7]。

阿瓦漢計畫的成就與爭議

印度後來成為蓋茲基金會的重點關注對象看來並非偶然。印度如今是蓋茲基金會在歐美以外的最大捐助對象，共獲得超過600筆慈善贈款，總額接近15億美元。蓋茲基金會的第一個海外辦事處就設在印度，其名為「阿瓦漢」（Avahan，意思為「採取行動」）的愛滋病預防計畫發展，成為一個耗資3億美元的龐大專案，是蓋茲基金會當時最大的同類行動之一[8]。在隨後幾年裡，蓋茲基金會大幅擴展了它在印度的慈善工作，涉足孕產婦健康、疫苗、金融系統和其他領域。

但這是一個緩慢的學習過程。蓋茲基金會認識如何在印度開展工作，以及與政府合作之必要，始於它從早期的愛滋病預防工作中吸取的一些慘痛教訓。曼賈里·馬哈詹在2000年代初阿瓦漢專案啟動時還是一名研究生，而她發現蓋茲基金會當時在印度的工作人員很願意討論他們的工作——這種透明度和參與度在今天似乎是不可思議的。馬哈詹現在是新學院大學的國

破解蓋茲迷思

際事務副教授,她在學術期刊上發表有關於阿瓦漢可疑遺產的研究結果[9]。《富比世》印度版則刊出了與此一致的報導[10]。

根據這兩份資料,阿瓦漢的一個顯著特徵是它進取冒險的精神。它的招聘面試在印度最豪華的一些飯店舉行,而它提供的極高薪水吸引來自麥肯錫等顧問公司的企業人才。阿瓦漢的總監艾索克·亞歷山大(Ashok Alexander)曾是麥肯錫的高級合夥人,2007年成為蓋茲基金會最高薪的員工,總薪酬接近50萬美元[11]。

在被問到五星級飯店、商務艙機票和員工的高薪時,蓋茲基金會當時表示:「我們需要最優秀的人才以戰時狀態處理緊急問題。如果我們需要從企業界網羅這些人才,我們的僱用條件就必須對他們有吸引力。[12]」這意味著以三、四倍於政府機構的薪水聘請技術專家,結果是公共部門可能因此失去一些人才[13]。蓋茲基金會的巨額支出也促使許多非政府組織參與其工作。馬哈詹的研究提到一個原本致力於青少年健康的組織,為了爭取蓋茲的資助,改變原本的工作重心。截至2009年,已經有超過百家非政府組織在蓋茲基金會不斷擴大的愛滋病專案下工作。

在阿瓦漢之外,印度政府原本就有一個有力的愛滋病工作計畫可讓捐助者參與,因此,就某些方面而言,蓋茲基金會是在執行一種平行、獨立的策略。而蓋茲基金會熱衷於比較它的做法與印度政府的做法,大肆宣揚它精明務實的策略將如何發揮作用。「如果某個非政府組織成為向社會提供服務的障礙,我們就會找另一個非政府組織。我們將繞過權力結構中的障礙,以便為民眾提供服務。我們注重速度、規模和可持續性,」

Chapter 14 印度

阿瓦漢的負責人說。「我們的基準是私營部門的基準。第一年,我們就在550個城鎮建立據點,有醫師、同伴工作者和護理師投入服務。如果我們是一家商業機構,我們一定會為如此快速的發展感到非常自豪。我們奉行一種將問題細分的商業模式。在社會部門,你可以在哪裡找到如此專注於執行的組織?你可以在哪裡找到這種監測和評估機制?[14]」

但是,隨著專案規模擴大,蓋茲基金會開始意識到,在一個人口超過十億的國家,它的資源是多麼微不足道。此外它還意識到,它那種設計簡潔技術手段的萬靈丹方法,要奏效並不像它的顧問和MBA團隊在紙上畫出漂亮的流程圖那麼容易。

「他們投入工作,以為分發保險套和提供資訊就能改變高危人群的行為,尤其是性工作者的行為,」馬哈詹某次受訪時告訴我。「他們發現這行不通。於是,他們嘗試其他做法,結果也行不通。他們與許多非政府組織合作,因此他們開始更仔細聆聽這些非政府組織的話,而那些組織說:『如果一名性工作者試圖使用保險套會遭到顧客毆打,那麼她有保險套可用又有什麼意義呢?』他們因此意識到必須了解比較廣泛的社會和文化動態。」

馬哈詹說,蓋茲基金會展現出學習和轉向的能力,這一點值得稱讚。但教訓也僅止於此。蓋茲基金會領導層在認識到它針對性的介入措施過度狹隘的同時,也認識到自己不想承擔艱困和雜亂的公共衛生工作,也就是不想去幫助這個國家建設全面應對疾病所需要的基礎設施和能力。蓋茲基金會承認:「這種廣泛的結構面工作不是我們打算要做的。」

破解蓋茲迷思

蓋茲基金會開始制定退出計畫，設想將阿瓦漢移交給印度政府。作為退出計畫的一部分，它發出一些新聞稿並作出一些捐贈，根本改變了阿瓦漢專案，使它從一個在政府之外運作的專案，變成一個與政府密切合作的專案。馬哈詹指出，當她問到此一策略轉變時，蓋茲基金會堅稱它一直打算最終將專案移交給政府。

比爾‧蓋茲對這件事有自己的說法。「我們在印度最早的專案之一是阿瓦漢，它是一個愛滋病預防計畫，現在正為最有可能感染和傳播愛滋病毒的數百萬人服務。在許多國際夥伴的幫助下，我們啟動了這個專案，持續改善做法並測量其影響。過了第一個十年之後，印度政府決定接管該專案，」蓋茲2012年說。「這是一個很好的例子，說明了資助者與政府合作可以取得怎樣的成果。阿瓦漢正在拯救生命，而如果我們沒有提供資金和技術援助來檢驗一個有望成功的新構想，就不會有這個專案。不過，現在是印度政府在擴大這項工作的規模並長期維持其運作。過去數十年間，這種模式在印度各地不斷重複，而援助在該國國民經濟中所占的比重越來越小。[15]」

但事實與比爾‧蓋茲所講的成功故事完全不同。印度政府認為，相對於它創造的好處，阿瓦漢成本非常高昂，是完全不可持續的[16]。「我們告訴他們，你們不能創造許多資產，然後就離開，指望政府接管一切，」印度政府愛滋病防治工作負責人對新聞媒體表示。「我們永遠無法提供一種可複製的模式。而如果我們無法維持這個計畫，他們所有的努力都將付諸東流。[17]」

Chapter 14　印度

　　另一名印度官員說：「阿瓦漢的做法太過耗費資源。這種模式不是國家可以複製或擴大規模的。[18]」

　　我訪問過一名當年參與相關工作的人，他也有同感，向我轉述了他接觸過的政府中層員工的話，大致內容是：「蓋茲基金會怎麼會認為他們可以就這樣將一個這麼大的計畫交給我們，並認為我們會想接手並維持其運作？我們哪裡有能力管理它？我們哪來的人力？」

　　《富比世》印度版對阿瓦漢專案的最終分析毫不客氣，報導標題為「比爾‧蓋茲如何在印度愛滋病工作上浪費了2.58億美元」。雖然蓋茲基金會大肆宣揚阿瓦漢專案具有私營部門的活力和採用精明務實的做法，但從成本效益的角度來看，這個專案最突出的特徵似乎是浪費資源和成效不彰。阿瓦漢專案根本沒有達成它最初設定的目標。

　　一如蓋茲基金會的所有介入行動，當它突然改變主意並放棄一個專案時，難免造成連帶傷害。蓋茲基金會在阿瓦漢專案上的揮霍吸引了許多組織參與其工作和仰賴其資助，而在蓋茲決定退出之後，這些組織不得不爭相調整自己的使命和優先事項，以便爭取新的資助。《富比世》印度版的報導提到一名前性工作者，她在阿瓦漢專案中找到了一份「同伴教育者」的不錯工作。隨著蓋茲基金會退出該專案，這名婦人擔心自己可能被迫重新投入性工作——她已經45歲了。

　　《富比世》雜誌提出的另一個問題是：「在一個有品牌的保險套每個只賣10美分的國家，阿瓦漢專案的錢花到哪裡去了？這很難說，因為阿瓦漢的財務狀況基本上是不透明的。[19]」

383

破解蓋茲迷思

　　我訪問過的一名公共衛生專業人士在其職業生涯的大部分時間裡為蓋茲基金會資助的專案工作，他堅稱阿瓦漢非常成功，並對我說，如果不是蓋茲基金會做了這些早期工作，印度確實會爆發嚴重的愛滋病危機。但我問是否有獨立的研究或學者支持這種說法，他就表示不清楚[20]。蓋茲基金會宣稱其工作預防了60萬例愛滋病感染，但這說法是基於蓋茲基金會自己資助的學術研究，並不是一項獨立的評估。當年一些人預測的印度愛滋病感染「海嘯」確實從未發生，但人們普遍認為這是因為當年的預測有問題，而不是因為蓋茲基金會的介入真的有用[21]。

　　蓋茲基金會從阿瓦漢專案中學到的一個明確教訓，是一開始就與政府密切合作非常重要，不應該逕自創立專案並期望政府將來會接手。這個教訓如今貫穿蓋茲基金會的所有工作，是它整個慈善事業賴以存在的一個原則，而且對它管理輿論有幫助。藉由將政府夥伴和納稅人的資金引入公私合夥事業，蓋茲基金會可以獲得政治上的支持、面向公眾的正當性，以及若非如此無法取得的巨額資金。這也使蓋茲基金會得以聲稱它並不是隱身幕後操縱一切，而只是眾多合作夥伴中的一員。

　　蓋茲基金會在被追問其影響力時，經常指出這個事實：無論是在美國教育或海外公共衛生方面，相對於政府的支出，蓋茲基金會每年的慈善捐贈堪稱微不足道。在對它有利的時候，蓋茲基金會也喜歡聲稱它是在扮演一種「催化劑」角色——提出新的介入措施，如果證實有效可由政府接手並擴大運作規模。這種模式就是蓋茲基金會提出大構想，開展試驗計畫，投入資金做測量和評估，然後呼籲政府去做繁瑣且艱巨的「推廣」工作，努力將蓋茲的大構想轉化為真實的變革。

Chapter 14 印度

　　蓋茲基金會在印度的第二階段工作延續了這種模式，主要著眼於北方邦和比哈爾邦，在那裡資助由「技術支援小組」構成的一支小隊伍，從事範圍廣泛的一系列公共衛生工作[22]。蓋茲基金會印度辦事處前負責人納奇克特・莫爾（Nachiket Mor）2016年受訪時這麼說：

> 重點是孕產婦和兒童健康⋯⋯重大的挑戰之一是婦女在並不完全安全的情況中在家分娩。我們花很多時間思考前線工作者可以如何協調得更好⋯⋯我們開始考慮更大的挑戰，例如融資問題如何解決。我們需要外科醫師——北方邦的剖腹產率為1%，喀拉拉邦的35%是太高了，但1%也太低了。我們需要外科醫師，我們正開始參與這方面的討論，嘗試了解問題。我們是否有足夠的外科醫師，只是需要安排他們到適當的地點，抑或我們沒有足夠的外科醫師？醫師可以經由訓練掌握新技能嗎？我們正開始涉足醫藥供應鏈、電子病歷等領域[23]。

　　從這段話可以看到，蓋茲基金會工作上的雄心非常廣泛，包括協調醫護人員、組織醫療融資、大幅提高某些地方的剖腹產率，甚至是組織醫師做相關手術。

　　在我報導蓋茲基金會的初期，印度一些知情人士接觸我，告訴我蓋茲基金會不當干預印度公共衛生事務的故事。有些人向我指出，蓋茲基金會選擇了加拿大曼尼托巴大學和總部設在亞特蘭大的世界援助和救援合作組織（CARE）來領導它在印度的專案——這是蓋茲基金會倚重富裕的西方國家機構來執行它在窮國工作的又一例證。蓋茲基金會捐贈約8億美元給這兩家機構，但由於贈款說明含糊不清，我們很難確定有多少錢是用

破解蓋茲迷思

在這兩家機構在印度的工作上[24]。(我在蓋茲基金會的贈款資料庫中搜尋與比哈爾邦和北方邦有關的捐贈,發現約有7.5億美元用於那裡的專案,其中只有10%是給了以印度為基地的組織。)

一名曾在比哈爾邦政府衛生部門工作的知情人士表示,蓋茲基金會在該邦的官僚機構安插人員,然後這些人聲稱擁有卓越的技術專長,堅持要求參與審查所有決策。「他們成為許多醫療照護計畫的瓶頸。他們不讓其他組織者工作。他們具有壟斷性的影響力,」這名知情人士告訴我。「這個人參與比哈爾邦衛生部門的每一個衛生政策會議,甚至在實地監督考察時與最高級別的官員同行。他不是政府的人,為什麼會參與每一個會議?」

一段關於蓋茲基金會在比哈爾邦的工作的宣傳影片,聲稱該專案是在強化而不是削弱當地政府。該影片說,在蓋茲基金會及其夥伴CARE介入之前,比哈爾邦以貧困農村人口為主的民眾很少使用政府經營的醫院系統。「我們面臨的挑戰是增強民眾對公共衛生系統的信任,」旁白配合沉重的音樂和一段破敗設施的蒙太奇解釋道[25]。該影片告訴我們,在比哈爾邦政府與蓋茲基金會和CARE合作之後,一切都改變了。公共衛生診所使用率和疫苗接種率均大幅提高。而當然,該專案正在挽救生命,產婦和嬰兒死亡率降低了超過30%。

但這些數字從何而來?這當中實際上有多少是蓋茲基金會的功勞?為什麼蓋茲基金會和CARE衡量自身成就要以2005年的情況為基準(蓋茲基金會是在2005年過去多年之後才投入比哈爾邦的工作)?(CARE沒有回應有關它與蓋茲基金會在印度合作的問題。)

Chapter **14** 印度

「我誠實的看法是,沒錯,公共衛生指標確實進步了。但真正的驅動因素是生活水準的整體提升,」曾在印度參與蓋茲基金會資助專案的一名知情人士告訴我。「公共衛生的社會決定因素對公共衛生指標的影響遠遠超過所有其他因素。公共衛生指標有所進步,很可能不是因為這些介入措施,而是即使這些措施產生不利影響也會進步。」

公平而言,我們不能指責蓋茲基金會劫持了印度的公共衛生事業,因為正如蓋茲基金會所說,它是應邀從事這項工作的。蓋茲基金會與印度的邦政府和聯邦政府簽了正式協議——而且它似乎相信,有一天它將把它的專案移交給政府機構,就像它在阿瓦漢專案中試圖做的那樣[26]。曾與蓋茲基金會在印度密切合作的知情人士告訴我,這種轉變幾乎不可能成功。

一名知情人士形容蓋茲基金會的專案是「不可持續、頭重腳輕的」,可與它之前致力於預防愛滋病的阿瓦漢專案相提並論。「比哈爾邦政府已經在問:『我們如何負擔得起?我們可以如何接手你們投入了數億美元的這個專案?』」這名知情人士說[27]。「如果你看阿瓦漢,它最初是成立技術支援小組。利用技術支援小組是他們在印度的整個運作模式。他們最終所做的主要是資助北美組織⋯⋯最後就是瘋狂地試圖找到辦法將工作移交給政府,使它能夠永續運作,結果是一次又一次地失敗。」

這名知情人士說,真正的問題是蓋茲基金會在做政府應該做的一些事,創造出一種損害公共部門的「平行系統」——另一名知情人士也用了這個詞。政府看到蓋茲基金會承擔了一系列的工作,資源緊張的公共機構就不會花費時間、精力或金錢去了解如何接管蓋茲基金會龐大和成本高昂的計畫。知情人士

破解蓋茲迷思

說,政府相關人員的看法是:「既然那些人在做這件事,那我為什麼要做呢?」與此同時,目前在印度(和其他地方)為蓋茲基金會執行工作的組織也不希望他們的工作由政府接手,因為這將導致這些組織無法再從蓋茲基金會的贈款及合約中獲得好處。這種不當誘因反映了人道援助工作中的一個基本矛盾:這個每年花掉數十億美元的產業要生存下去,貧困問題就必須一直存在。

蓋茲基金會的所有工作都存在這問題:基金會打著幫助公共部門的旗號,實際上可能取代了政府的角色。當比爾・蓋茲改變他對一些專案的想法時(阿瓦漢是一個例子),又或者當他去世時(他肯定有去世的一天),他發起的工作會由政府順利接手嗎?蓋茲的資助突然停止時,圍繞蓋茲議程開展工作的眾多組織、工作人員和診所將會怎樣?

曼賈里・馬哈詹認為,我們不應該誇大蓋茲基金會在印度的影響力。「談論蓋茲在印度產生的作用,必須考慮印度衛生工作的大局。蓋茲的資金只是這項龐大事業中的一小滴水,」馬哈詹告訴我。「比哈爾邦和北方邦都是人口大邦——比哈爾邦的人口超過德國,北方邦的人口更多。因此,要在這兩個邦產生顯著作用並不容易。蓋茲資助之專案在這兩個邦的作用相當參差,影響有時很有限。因此,我們必須小心避免誇大他們在改變衛生體系方面的功勞。蓋茲基金會故事在媒體上的作用很大,但實際情況比較複雜。」

馬哈詹的意思並不是蓋茲基金會在印度並非一個強大的角色,只是說它在印度的影響力比不上它在一個比較小和比較窮國家享有的影響力,甚至比不上它在世界銀行或世界衛生組織這種強大的機構中享有的影響力。在馬哈詹看來，蓋茲的力量「與其說是體現在國家的徹底私有化或邊緣化上，不如說是體現在試圖將國家納入企業管理主義和數據驅動計畫（data-driven programming）的新邏輯中。」

牛津大學人口統計學家阿希什・古普塔（Aashish Gupta）同樣提到，蓋茲基金會在印度的工作規模相對於政府非常小，但他認為，要理解蓋茲基金會在印度的影響力，必須考慮到它與掌權者的密切關係，以及它傾向利用印度社會的階級分化現象。例如，蓋茲基金會曾聘請印度央行一名董事來指導它在印度的工作，並與代表印度精英官僚的印度行政服務局（IAS）建立密切關係，而這些有力人士對蓋茲基金會推進工作極有幫助。蓋茲基金會借助印度的精英階層，並從美國和加拿大引進技術專家，可以發揮遠遠超出其表面條件的影響力。

「從印度民主的角度來看，這種故事非常有用，因為印度的不平等很大程度上是上層社會的這些網絡製造出來的，關係到誰被聘請到哪裡做些什麼事⋯⋯全球型組織沒有一個在認真思考開發中國家的平等問題，」古普塔告訴我。「在我看來，認識蓋茲基金會這種組織如何與這些國家的精英和富裕階層密切合作是很有幫助的。」

古普塔認為蓋茲基金會「在公共衛生領域複製了這種等級結構」，而印度政府的工作則受制於某些平權措施，例如鼓勵某種程度社會經濟多樣性（譬如與種姓有關的多樣性）的僱用規則，或許可以削弱精英特權。

破解蓋茲迷思

HPV疫苗計畫與倫理爭議

在比爾‧蓋茲看來，在公共衛生介入措施中，推廣疫苗的救命作用幾乎是最大的。因此，在2000年代中，一種針對可導致子宮頸癌的人類乳突病毒（HPV）新疫苗獲准使用時，蓋茲基金會立即大力支持推廣該疫苗，雖然它通常不從事癌症方面的工作[28]。在蓋茲看來，HPV疫苗是一個完美的案例，說明蓋茲基金會存在的意義——糾正市場失靈。

蓋茲基金會在公共衛生方面的工作主要著眼於影響窮人的疾病——大藥廠通常因為營利潛力不足而漠視這些疾病。製藥業（默克和葛蘭素史克）之所以開發HPV疫苗，是因為該產品可以在富裕國家為藥廠賺大錢。但在比爾‧蓋茲看來，這些疫苗的真正價值是用在窮國。富裕國家的婦女享有良好醫療照護，可以定期接受篩查，及時發現癌症風險並獲得必要的治療。窮國的婦女則沒有機會接受這種篩查。她們需要一勞永逸的疫苗。「在富裕國家，你通常可以發現病毒並接受治療。但在開發中國家，如果你感染了HPV病毒，你獲得適當治療的機率幾乎是零。因此會有很多婦女罹患子宮頸癌，並因此而死亡，」比爾‧蓋茲說[29]。「因此，真正需要HPV疫苗的是開發中國家。所以，現在我們正努力壓低價格和提高供應量。」

當然，開發中國家是否採用HPV疫苗不是比爾‧蓋茲可以決定的。決定這件事的是當地政策制定者和立法者，以及他們要對其負責的選民。不過，蓋茲可以利用財務手段影響這個決策過程，包括捐錢幫助非洲和亞洲許多國家設立和擴大疫苗接種技術諮詢委員會[30]。這些團體通常向政府提出科學和技術建議，作為國家制定疫苗政策的參考。在印度，蓋茲基金會是該

Chapter **14** 印度

國疫苗接種技術支援小組的資助者,而該小組提供「技術管理」（techno-managerial）支援[31]。印度政府將該小組的職責界定為「循證規劃、專案營運、監測和評估、策略溝通、冷鏈和疫苗物流管理,以及支援接種後不良事件的處理。[32]」

一名曾與上述小組直接共事的知情人士告訴我,蓋茲基金會選擇在這當中扮演審視報告草案和提供回饋意見的角色,曾要求修改一份報告,使它看起來更有利,顯然是為了促使政府採用一種疫苗。該人士說,蓋茲基金會要求的修改可能不會改變政府最終決定,但這是該基金會發揮影響力的一個例子。

印度公共衛生基金會（PHFI）是蓋茲資助的組織,負責管理疫苗接種技術支援小組,其前負責人斯里納特・雷迪（Srinath Reddy）表示,他沒聽過蓋茲基金會發揮上述影響力的事。他並強調,那個技術支援小組不是決策機構,僅提供技術資訊和科學建議[33]。不過,他也承認,質疑蓋茲基金會資助這項工作是有根據的。「如果你問我,回頭看這一切,是否應該採用不同的做法？我想是的。但PHFI是否在這過程中代表提供資助的蓋茲基金會去影響相關決策？我認為答案是否定的,」他說。「這麼說吧,如果政府自己出資設立疫苗接種技術支援小組,那會是最好的做法。」雷迪受訪時多次提到,蓋茲基金會不斷擴大它在印度的工作,是因為印度政府對公共衛生的支援相當薄弱。他說,他自己的組織就是因為這問題而誕生,而該組織有部分資金來自蓋茲基金會[34]。「當時沒有提供公共衛生多學科培訓的機構。我們需要非常有效的機構。泰國有。孟加拉也有。但印度自獨立以來,數十年來一直忽視公共衛生教育。」

破解蓋茲迷思

雷迪不願直接批評蓋茲基金會，但他多次籠統地談到外國實體不應該在印度社會中發揮太大的影響力。他說：「我認為，印度衛生系統的優先事項、印度科學的優先事項，應該由印度的技術專家和印度衛生系統的管理者來決定。」他表示，必須在這些優先事項「完全根據印度國情確定」之後，才容許外國捐助者和專家參與相關事務。

雷迪還特地強調，PHFI與蓋茲基金會早期在印度開展的HPV疫苗工作沒什麼關係。他指他的組織非常關注道德問題，而相關問題曾引起廣泛爭議[35]。那個醜聞始於蓋茲基金會捐了2,800萬美元向總部設在西雅圖的PATH，用於「增強開發中國家降低子宮頸癌發病率和死亡率的能力。」此一描述掩蓋了這筆錢的實際用途：在祕魯、烏干達、印度和越南做一場HPV疫苗國際試驗或一個「示範專案」[36]。

就在蓋茲試圖證明HPV疫苗的好處時，印度的醫學倫理學家和女權組織提出他們的擔憂[37]。婦女健康組織Sama發表了一封超過50人聯署的信，反對蓋茲和PATH的示範專案，信中提到HPV疫苗效力存疑、成本高昂、可能有各種副作用，以及默克非常積極的行銷。該信特別質疑HPV疫苗是否會被視為子宮頸癌篩查的替代品，導致基本的預防照護遭忽視[38]。比爾．蓋茲本人就曾明確表示，HPV疫苗是子宮頸癌常規篩查的替代品。蓋茲基金會看來不想投入複雜的公共衛生能力建設工作，而是想在窮國全面普及HPV疫苗。

世界各地出現圍繞著HPV疫苗的科學問題和倫理辯論，其中包括孟加拉，當地研究人員針對蓋茲資助的Gavi參與的一個HPV示範專案提出了一些倫理問題。例如，參與研究的11歲女

Chapter 14 印度

孩被告知HPV疫苗的重要性，但沒有被告知子宮頸癌篩查的重要性。提出質疑的研究人員寫道：「在孟加拉，疫苗接種計畫仍得到公眾信任，並被視為這個國家最成功的公共衛生計畫。因此，為了維護道德標準，在現行計畫中增加任何新疫苗都必須徹底研究其相容性、必要性和適用性。[39]」

關於疫苗的當代論述往往試圖以「反疫苗」這個標籤扼殺針對疫苗的任何批評，但比較清醒和理性的討論會承認，政府關於是否採用新疫苗的決策過程相當複雜。事實上，蓋茲基金會以印度決定採用一種肺炎疫苗的故事為例子，說明這個問題[40]。該基金會在其網站的一篇文章中寫道：「對任何國家來說，這種決定都是不簡單的。首先，它涉及釐清這種疫苗是否將應對一個實際問題：有多少兒童因為肺炎鏈球菌而患病？相對於導致兒童死亡或患病的其他原因，情況如何？採用這種疫苗涉及怎樣的成本？如果我們添加這種疫苗，會有什麼工作因此得不到資助？對印度來說，蒐集這些資訊需要時間。」

蓋茲基金會將這個事實調查任務描述為由「印度政府的一個專家委員會」組織的一項公開程序。蓋茲基金會沒有揭露的是，它長期以來一直資助為該專家委員會提供技術管理支援的機構[41]。除此之外，蓋茲基金會還資助那種肺炎疫苗的研發，非常希望政府採用該疫苗。既然如此，蓋茲資助的機構是否不應該涉入這種疫苗的審核程序？

最起碼，蓋茲基金會不是應該主動誠實揭露它扮演的多重角色嗎[42]？無法做到這一點會使公眾認為有人刻意隱瞞一些事情，而這當然容易導致疫苗猶豫問題。

破解蓋茲迷思

　　蓋茲基金會對此應該深有體會。在蓋茲資助的印度HPV示範專案進行期間，七名學齡女童死亡，促使政府下令終止試驗。政府的調查發現，這項研究沒有獲得未成年女學生家長的適當同意。研究人員也沒有建立適當的報告機制處理疫苗可能導致的有害副作用。政府表示，那些女童死亡與疫苗無關，但媒體報導指當局沒有驗屍，引發更多質疑[43]。

　　蓋茲資助的這項研究被指存在道德失誤，這引發了公眾的強烈反彈，公共衛生專業人士指責蓋茲的合作夥伴PATH把印度人當成「小白鼠」。國會的一項調查譴責這項研究，指「PATH公然違反所有監理和道德規範。」調查還提到，事情似乎涉及財務利益衝突。「如果PATH成功地使HPV疫苗納入相關國家的普及接種計畫，該疫苗的製造商將年復一年地賺大錢，因為它們不必再花任何錢在推廣或行銷上，每年自動可以賣出大量疫苗。眾所周知，疫苗一旦被納入國家的普及接種計畫，政治上就不可能停止使用。[44]」

　　國會的報告提到HPV疫苗的「壟斷性質」（由默克和葛蘭素史克控制，這兩家公司捐了價值600萬美元的疫苗給蓋茲資助的PATH研究專案），形容那項研究是一個「精心策劃的計畫」，利用「詭計」（subterfuge）謀取商業利益。

　　批評的矛頭又指向了蓋茲基金會，而它因為與大藥廠合作無間，根本無法藉由聲稱是獨立的慈善機構來為自己辯護。這是一個罕見的真相大白時刻：印度的立法者、政策制定者和新聞工作者開始非常不客氣地公開質疑蓋茲基金會的慈善事業存在驚人的財務利益衝突（蓋茲基金會在美國就從未面臨這種情況）。

Chapter **14** 印度

蓋茲基金會提供慈善捐款,並參與許多其他融資機制,藉此幫助大藥廠發展業務。與此同時,由於基金會540億美元的捐贈基金投資了製藥公司的股票和債券,基金會可以從它的一些企業合作中獲得經濟利益[45]。比爾‧蓋茲1,000億美元的私人財產也可能有投資在製藥公司上,但公眾無法得知相關細節。

PATH表示,針對它的倫理不當行為指控「有許多細節不準確」,而且錯誤地暗示它「違反了獲准的做法」。與此同時,蓋茲基金會聲稱針對它的不當行為指控是「錯誤資訊」[46]。PATH是接受蓋茲基金會資助最多的機構之一(贈款紀錄顯示總資助額超過30億美元,而且實際數字可能高得多),而它的運作方式有時形同蓋茲基金會的子公司[47]。該組織沒有回應我關於它與蓋茲基金會關係的採訪請求。

這場醜聞可能導致公眾不信任印度的醫療監理機關[48]。公共衛生專家當時指出,HPV疫苗試驗引起的軒然大波將使在印度進行臨床試驗變得更困難,而這將導致新的救命藥物更難推出市場。那種HPV疫苗迄今未被納入印度的國家接種計畫,但蓋茲基金會和印度血清研究所已經開發出一種新的HPV疫苗,可能將在未來幾年裡改變這種情況[49]。

即使我們寬容地認為蓋茲和PATH在印度的HPV疫苗試驗中沒有做錯任何事,我們至少必須承認,蓋茲基金會在印度的疫苗政策中扮演那麼多個角色不是好事。你能想像這種事嗎:印度首富在你的母國主持和資助一個關鍵的技術諮詢單位,幫助制定你母國的疫苗政策,同時還資助新疫苗的開發和試驗,促成與大型製藥公司的交易,並幫助指揮世界最重要的其中一個疫苗分配機制Gavi?

破解蓋茲迷思

生活在富裕國家的讀者很可能無法想像這種程度的外國影響。如果這樣的事發生在我的母國美國，國會一定會展開調查。立法者將通過新的法律來遏制外國的影響。新聞媒體將大肆渲染外國寡頭插手本國事務、帶有模糊排外意識的訊息。大眾對疫苗的不信任可能會迅速擴散。

人們大有理由不滿比爾・蓋茲的帝國主義行為，而印度有些人可能將蓋茲的行為與英國殖民統治印度的歷史聯結起來，HPV醜聞則為人們的這種不滿提供了早就該有的一個出口。印度一名曾參與蓋茲資助疫苗專案的知情人士告訴我：「一個人決定什麼對全世界有利是很有問題的。世界各地的獨裁者全都利用這個意念，至今仍是這樣。但一個人怎麼知道什麼對每一個人有利呢？」

印度政府對蓋茲基金會的審查

HPV醜聞發生後，印度政府實施一系列的改革，改變了蓋茲基金會在當地的運作。內政部官員對蓋茲基金會在印度公民生活中的巨大影響力提出尖銳質疑，並且審視了蓋茲基金會是否利用法律上的漏洞，使它得以在印度開展工作，但又不必面臨政府一般對國際組織實施的監督。具體而言，印度要求外國組織按照《國外捐款（管理）法》（FCRA）註冊，而蓋茲基金會沒有這麼做[50]。

「由於沒有根據《國外捐款（管理）法》註冊，非政府組織的資金來源不在政府的監督範圍內。我們不清楚他們資助了什麼地方的什麼東西。這是一個漏洞，可能會被其他非政府組織利用來逃避監督，」一位不具名的政府官員告訴新聞媒體。「政

Chapter 14 印度

府無從檢查，因此也就沒有人納稅。蓋茲基金會充當了美國疫苗的行銷部門。」

印度媒體的報導指出，蓋茲基金會沒有根據《國外捐款（管理）法》註冊，而是另闢蹊徑，註冊成為受印度央行管轄的一個「聯絡處」。據我所知，當時的報導沒有提到一個重要事實：蓋茲基金會的印度辦事處主任納奇克特‧莫爾2013至2018年間擔任印度央行董事會成員，而此一時期與他2015至2019年在蓋茲基金會工作的時間重疊。此一利益衝突後來曝光，引發一些人遊說當局免去他的央行董事職務。莫爾最終在他的央行董事任期結束前辭職[51]。他拒絕了我為本書提出的訪問請求。

目前不清楚蓋茲基金會在印度註冊時是否做錯了什麼，而其他的國際基金會，例如福特基金會，似乎也是註冊成為受印度央行管轄的機構[52]。但印度政府官員的高調批評還是顯示，反蓋茲的情緒在印度已經深入人心。

2017年，蓋茲基金會的親密盟友（或甚至是代理人）印度公共衛生基金會（PHFI）也受到政府的審視，它至少已獲得蓋茲基金會捐贈8,200萬美元。印度衛生部官員對記者表示，他們關注蓋茲對PHFI的財務影響力，政府後來對它接受外國資助的能力施加了新的限制[53]。（這些限制於2022年取消[54]。）

印度政府還宣布了一個計畫，似乎旨在降低蓋茲對印度疫苗接種技術支援小組的影響力，將該組織從蓋茲資助的PHFI移轉到一個政府部門[55]。PHFI的斯里納特‧雷迪指出，蓋茲實際上繼續資助該組織，只是不再經由PHFI，而是透過私營諮詢公司JSI。2021年底，蓋茲基金會向JSI提供一筆為期兩年、175萬美元的贈款，以支持疫苗接種技術支援小組移轉到政府部

破解蓋茲迷思

門。這意味著印度政府最快要到2023年底才能接管該組織，而此時距離蓋茲的角色受公眾批評已經很多年了。簡而言之，無論印度政府為約束蓋茲基金會採取了什麼措施，也只是做到這種程度。

原因之一可能是蓋茲基金會在政治上狡猾地回應了它受到的負面關注。在公眾對蓋茲基金會的不滿情緒愈演愈烈之際，它並沒有坐以待斃。2019年，蓋茲基金會向印度總理莫迪頒發一個備受矚目的人道主義獎，震驚了全世界，當時莫迪正面臨一場國際公關危機，而這場危機與印度唯一一個穆斯林占多數的喀什米爾地區人權侵犯事件有關[56]。大量新聞媒體報導了這個爭議，就連蓋茲資助的美國國家公共廣播電臺（NPR）也不得不報導，指出三名諾貝爾和平獎得主譴責頒獎給莫迪[57]。蓋茲基金會印度辦事處一名公關人員辭職以示抗議，並在《紐約時報》發表長文解釋她的決定，導致事件進一步升溫[58]。

「我加入蓋茲基金會是因為我真心認同它的使命──所有生命價值平等，人人都值得過健康的生活。我辭職是出於完全相同的原因。蓋茲基金會頒這個獎給莫迪先生，違背了它自己的核心信念，」莎巴‧哈米德（Sabah Hamid）寫道。「蓋茲基金會跨越了與一個政權合作和支持一個政權之間的巨大鴻溝。這不是一個組織與當前政府合作的那種務實存疑精神，而是選擇站在權力那一邊。我選擇走一條不同的路。」

蓋茲基金會擁有許多公關人員，不大可能沒有預見這次頒獎引起的強烈反彈。我們可以假定它頒獎給莫迪是經過深思熟慮的，是因為它認為此舉帶來的政治利益超過它的代價。眼見公眾非常關注它在印度的政治影響力，蓋茲基金會可能覺得它

Chapter **14** 印度

在印度的前途岌岌可危。但是,它在印度投入的資源太多了,而它在全球公共衛生方面的成就也非常倚賴它在印度的專案。它最重要的一些合作夥伴,包括全球最大的疫苗生產商、追求盈利的血清研究所,皆是以印度為基地的組織。此外,印度是蓋茲基金會在美國和歐洲以外提供最多資助的地方。如果蓋茲基金會在印度遭排斥,它的整個全球衛生工作組合將顯著受損——而且這甚至可能造成一種骨牌效應,導致其他國家也質疑蓋茲基金會的巨大影響力。

我們也許還可以問:蓋茲基金會在印度的影響力減弱對微軟意味著什麼?一如比爾・蓋茲的慈善事業似乎帶給微軟耀眼的光環,我們也可以說,如果蓋茲基金會在印度的影響力顯著減弱,微軟的影響力可能因此受損。曼賈里・馬哈詹的研究指出,印度政府頒給比爾・蓋茲傑出服務蓮花裝勳章時,雖然表面上是因為他的慈善工作,但許多政府人士認為這是肯定蓋茲在微軟的工作。當蓋茲投桃報李,頒給莫迪總理人道主義獎時,我們似乎可以合理地假定,在莫迪面臨公關危機時頒給他這樣一個獎,也可以帶給微軟重要好處。

無論我們怎麼看這個獎,很難否認的是,我們可以從中看到,對比爾・蓋茲來說,目的可以使手段變得合理。得到莫迪的祝福意味著為蓋茲基金會掃清障礙,為它尋找發揮影響力的新管道鋪好路。

2022年,獵頭公司Flexing It宣布,它正在為一家未具名的「美國私人基金會」招聘兩名「策略顧問」,以協助印度政府履行它主持二十國集團(G20)會議的職責,屆時20個強國的政治領袖將聚頭討論全球經濟[59]。職務說明顯示,這家未具名的

破解蓋茲迷思

　　基金會將與印度政府直接合作：

- 專家將加入專門的 G20 工作組，為即將擔任 G20 主席國的印度研擬概念說明／議題說明／背景文件、主題，以及相關領域的關鍵優先事項。
- 將需要為 G20 會議起草結果文件，並提供談判過程和談判策略方面的協助，包括在談判期間現場起草文件。
- 了解 G20 工作組所討論問題的現狀，努力提出能在 G20 達成共識的建議。
- 負責與印度政府各職能部門、智庫、國際組織、G20 成員國和受邀國等方面開會並履行聯絡職責。

　　一名直接知情的消息人士證實，這個未具名的「美國私人基金會」就是蓋茲基金會。

CHAPTER 15

Covid-19

在Covid一詞深入公眾意識若干年前，牛津大學詹納研究所的研究人員已經在開發一種製造疫苗新方法，甚至已經開始研究冠狀病毒的一種早期毒株[1]。

在Covid-19大流行的早期，新聞報導一再介紹牛津大學這種看來大有希望成功的疫苗，並且談到這種可能：將我們從眼前的全球危機中解救出來的將是學術研究人員而非大藥廠。在這些早期的媒體報導中，牛津實驗室承認了自己的一個弱點：它沒有得到市場的充分信任。詹納研究所所長阿德里安・希爾（Adrian Hill）說：「我們一直面對的一個困難，是出資者認為我們做不到這一點。[2]」

但是，隨著疫情擴大，許多原本唱反調的人似乎開始看到牛津大學疫苗的巨大潛力[3]。《紐約時報》的一篇長篇特寫提到詹納研究所為了與外國製造商達成疫苗生產協議所做的早期廣泛努力——這是假定該疫苗將獲得監理部門批准。《紐約時報》這篇報導唯一引用的專家消息來源是蓋茲基金會。「這是一個非常非常快的臨床計畫，」蓋茲基金會當時負責疫苗事務的高層埃米利奧・埃米尼（Emilio Emini）說。《紐約時報》順帶提到，蓋茲基金會當時「正資助許多與此競爭的工作」。

破解蓋茲迷思

多個月之後，蓋茲基金會在牛津大學的完整角色才為公眾所知，但蓋茲基金會在這篇文章中出現是一個明確的訊號，顯示它將展現它在疫苗方面努力了數十年所累積的力量，在廣泛的疫情應對工作中發揮越來越大的影響力。蓋茲基金會當時正在擴大它與彼此競爭的疫苗公司關係，並將自己定位為將在世界衛生組織一項組織鬆散、旨在為全球窮人提供疫苗的工作中扮演核心角色。

蓋茲基金會的領導角色使它能夠影響納稅人為了應對Covid-19大流行而投入的數十億美元流向。例如，流行病預防創新聯盟（CEPI）截至2022年12月的總經費為32億美元，當中近90%來自納稅人，而這些經費大部分用於補貼製藥業的研發工作[4]。2022年，CEPI透過電子郵件證實，其四個內部委員會全都有蓋茲基金會的代表，而這些委員會負責控制CEPI的經費使用方式[5]。

無論是在幕後還是在大眾眼前，比爾·蓋茲都成為了Covid-19大流行中影響力最大的行動者之一，媒體非常歡迎他出現，視他為美國總統川普的有力對立者，川普曾試圖淡化Covid-19的嚴重性。蓋茲2020年表示：「我們知道如何與政府合作，我們知道如何與藥廠合作，我們已經考慮過這種情況。我們必須在這裡發揮非常、非常關鍵的作用，至少在專業知識和關係方面是這樣。[6]」

蓋茲說，無論是世界衛生組織還是富裕國家，都沒有為Covid-19做好準備，而完全仰賴政府解決問題是不切實際的。他認為必須建立公私夥伴關係來應對疫情，而且蓋茲基金會必須扮演主導者的角色。他說：「我們一直在與世衛組織討論，但終止此一流行病的許多工作與診斷、治療和疫苗方面的創新有關，而這些其實不在世衛組織的職權範圍內。」

但是，世衛組織之所以不具備應對Covid-19大流行的專業知識或能力，原因之一可說是它的職權因為蓋茲基金會崛起而遭侵蝕。蓋茲基金會遠比世衛組織有錢，已經接管了世衛組織的一些主要職能。這個基金會也已經成為世衛組織的第二大金主，這使它能夠決定世衛組織做些什麼和不做什麼。《紐約時報》的報導指出：「Covid-19大流行期間，世衛組織曾希望在疫苗交易中發揮更大的領導作用，但蓋茲基金會和一些全球非營利組織表示，他們擔心藥廠不會合作。他們努力將世衛組織的角色限制在產品監理，以及針對產品的分配向各國提供建議等職責上。[7]」

比爾・蓋茲並不特別尊重世衛組織——他在疫情期間某次公開露面談到世衛組織的員工時隨口說道：「如果你不是很優秀，你會在那裡工作很久。[8]」他似乎將世衛組織視為必要之惡。藉由為世衛組織提供資金，蓋茲基金會可以買到它的祝福（或默許）、獲得正當性的憑證，以及在頗大程度上控制世衛組織的工作。

這一切意味著，Covid-19大流行爆發時，全球窮人的命運以及他們獲得疫苗的能力，並不是掌握在各國政府或世衛組織這種政府間多邊機構手上，而是掌握在比爾・蓋茲手上。「他有足夠的資金，在這個領域享有足夠久的影響力，因此能夠成為先行者和最有影響力的行動者。人們因此就依賴他的人和他的機構，」非政府組織知識生態國際的負責人詹姆斯・洛夫告訴我。「大流行病爆發時，如果出現領導層真空狀態，行動迅速、似乎知道自己在做什麼的人就會獲得很大的權力。在這次疫情中,比爾・蓋茲正是這樣。」

當然,洛夫所講的不是有人發揮了領導力,而是有人奪權。而一如往常,蓋茲基金會築起高牆,阻止其他人有意義地參與疫情應對工作,甚至是阻止他們了解正在發生的事,藉此緊握它的權力。「你擁有影響全球每一個人的巨大權力,理應接受某種程度的問責,做事也應該有一定的透明度。這並非不合理的要求,」洛夫2020年對我說。「例如你能解釋一下你在做什麼嗎?你能給我們看一下那些合約是怎樣的嗎?尤其是考慮到蓋茲基金會在用他們的錢影響涉及納稅人資金的政策,這些要求十分合理。」

無國界醫生組織疫苗政策顧問凱特・艾爾德2020年某次受訪時也呼應了這些疑慮:「我發現蓋茲基金會提供的資訊越來越少。他們不回答我們的多數問題。我們試圖了解他們的Covid-19技術策略以及他們如何安排某些優先事項時,他們不容許他們的技術人員和我們討論,多次阻止我們與技術專家討論,選擇安排公關人員應付我們。」

公私合作與疫苗分配

雖然公共衛生專家對蓋茲基金會接管Covid-19大流行病應對工作,以及它重視專利權、對大藥廠友好的策略表示擔憂,新聞媒體卻堅持一種英雄敘事,將比爾・蓋茲描繪成一名有遠見的領袖和慷慨的慈善家。媒體記者普遍引述他在2015年發表有關於大流行病的TED演講,誇張地報導比爾・蓋茲「預測了」新型冠狀病毒的爆發[9]。隨著冠狀病毒大流行成為事實,極少媒體能保持冷靜,提出一個非常顯而易見的問題:面對這場重大的全球公共衛生危機,我們是否應該賦予並非民選官員的一名億萬富翁如此巨大的影響力?

隨著疫情初期從幾個星期變成幾個月,比爾・蓋茲達到了他慈善事業的絕對頂峰,成為這場全球最急迫危機中最受歡迎的評論者之一。自從他在微軟以金童形象受世人景仰(在他的反托拉斯審訊之前)以來,蓋茲不曾像現在這樣成為如此重要的公眾人物。媒體的巨大關注加上非常普遍的英雄崇拜,可能導致蓋茲陶醉於他新獲得的影響力,結果是經常失言。

蓋茲上特雷弗・諾亞(Trevor Noah)的《每日秀》(*The Daily Show*)節目受訪時表示,蓋茲基金會正提供資金(聽起來像是數十億美元),為七種不同的候選疫苗建造生產設施,以便這些疫苗獲得批准後可以立即開始生產。《華爾街日報》等媒體迅速報導了蓋茲的這項宣布,當時源源不絕的報導將這名億萬富翁描繪成正捲起袖子為世人完成必要的緊急工作。在生產設施的報導廣為流傳之後,蓋茲基金會澄清它並沒有在建造工廠[10]。

蓋茲與全球疫苗壟斷

蓋茲也異乎尋常地公開談論他對商業市場的影響力,在某次記者會上無意中透露,他的基金會在牛津大學的Covid-19疫苗迅速取得進展之際,促使牛津大學改變其商業模式。蓋茲說:「我們去牛津大學對他們說,你們做得非常好⋯⋯但你們真的需要找人合作。然後我們給了他們一份名單,讓他們去找人談。[11]」

破解蓋茲迷思

蓋茲的全球衛生計畫總監特雷弗・曼德爾後來澄清說：「我們與牛津大學討論了與跨國公司合作的重要性，這種合作可以確保他們的研究人員掌握將候選疫苗推向世界所需要的全部能力和資源。[12]」

牛津大學最終決定與阿斯特捷利康合作，而比爾・蓋茲在這件事上口無遮攔受到了批評。牛津此前曾公開表示，有意藉由開放授權使它的疫苗可以普遍提供給全球窮人，而不是將疫苗獨家授權給大藥廠[13]。開放授權將容許世界上任何有能力的製造商獲得相關疫苗技術，並在適當的資助和其他協助下開始擴大生產規模。許多人認為這種商業模式可以盡快建立產能，對應對Covid-19大流行至為重要。

牛津大學的阿德里安・希爾在Covid-19大流行開始時對媒體表示：「我個人認為，在大流行病時期不應該採用獨家授權模式。[14]」希爾的這個簡短聲明觸及攸關疫情如何發展、懸而未決的關鍵問題。Covid-19大流行導致地球上幾乎人人都將需要接種多劑新疫苗，這場大流行病要麼將造就有史以來最有利可圖的其中一個壟斷市場，要麼將促成現代醫學中改變遊戲規則的一個關鍵時刻——我們推翻大藥廠一切如常的做法，轉為支持開放和公平的分配方式。這將是自愛滋病危機以來製藥業政治力量面臨最大考驗的一次；在愛滋病危機中，窮國和世界各地的行動者成功挑戰了專利壟斷，使罹患愛滋病的窮人不再因為救命藥物太昂貴而無法獲得治療。

疫情期間，許多公共衛生專家和行動者聯合起來呼籲創造一種「人民的疫苗」，一種不受大藥廠的智慧財產權、專利主張或獨家授權束縛的疫苗。人民疫苗的支持者提出了一個無可辯駁的經濟論點：Covid-19疫苗源自政府機構資助的研究工作，納稅人也正投入資金幫助企業加快疫苗研發[15]。既然這些疫苗的研發有賴公共部門的研究和公共資金支持，大眾不是應該可以參與決定疫苗的分配方式嗎？隨著Covid-19大流行造成以兆美元計的經濟損失，我們要讓大藥廠的獨家授權和專利權劫持全世界嗎[16]？疫情真的正導致數以百萬計的人死亡。我們為什麼不撇開專利和授權問題，通力合作使所有合格的生產設施全速運轉起來呢？

牛津大學與蓋茲會面後將它的疫苗獨家授權給阿斯特捷利康，粉碎了人們對「人民疫苗」的一個主要希望。凱特・艾爾德對我說：「基本上這意味著權力和決策權繼續完全集中在企業手上，製藥公司可以決定生產規模、產量、價格以及優先賣給誰。[17]」

蓋茲基金會則一如既往，堅稱大藥廠是值得信賴的合作夥伴。梅琳達・法蘭琪・蓋茲2020年底說：「我認為製藥公司會兌現他們的承諾，我真的認為是這樣，因為全世界都在看。因此，一旦這種疫苗上市，它將直接經由這個系統發揮作用。[18]」

蓋茲基金會之所以有這種信心，是因為它掌握「這個系統」的槓桿。例如，它之所以能夠影響牛津大學，是因為它藉由慈善贈款捐了數億美元給牛津大學，包括之前直接資助開發出Covid-19疫苗的詹納研究所[19]。

牛津大學還得到蓋茲創立和資助的CEPI的資助。2020年3月，CEPI宣布以一筆相對小規模的捐款支持牛津大學疫苗[20]。在蓋茲敦促牛津與跨國公司合作以及牛津4月宣布與阿斯特捷利康合作之後，CEPI幾乎立即承諾提供多達3.84億美元[21]。到

破解蓋茲迷思

了6月，CEPI和Gavi宣布與阿斯特捷利康達成一項7.5億美元的協議，「支持3億劑疫苗的生產、採購和分配。[22]」此外，如比爾‧蓋茲所言，他和他的基金會一直深入參與牛津疫苗的開發工作。蓋茲在某次記者會上說：「我們每個星期都與阿斯特捷利康討論印度的情況如何，中國的情況如何，而假設第二階段（臨床）數據和最終第三階段數據都很有希望，我們已經準備好投入接下來的工作。[23]」

> 我們的基金會掌握疫苗方面的大量專業知識，並與製造商建立了深厚的關係，因此，我們帶領我們的員工，正在研究每一種潛在疫苗的結構和資料，並確保那些最有希望成功的疫苗，將來在亞洲、美洲、歐洲都會有多間工廠投入生產……我們知道哪些疫苗我們可以擴大生產規模，我覺得多數都可以，因為製藥公司對合作提議的反應非常好，它們同意提供工廠生產其他公司的疫苗，這真的是前所未有的。

在整場大流行病期間，比爾‧蓋茲因為宣傳他在「第二來源協議」（second-source agreements）方面的牽線工作而獲得大量好處，這種工作是將「富裕國家的疫苗公司與開發中國家的疫苗公司配對起來，後者專門非常大量地生產安全、優質和平價的疫苗。[24]」比爾‧蓋茲解釋道：「這些第二來源協議的不尋常程度，是怎麼強調都不為過的。情況就像福特提供它的一間工廠給本田生產雅哥汽車。但考慮到問題的嚴重性和解決問題的急迫性，許多製藥公司都看到了以這種新方式合作的好處。」

在蓋茲看來，普及疫苗的方法不是摒棄專利壟斷權或獨家授權模式，也不是追求「人民的疫苗」。解決方法是扭曲壟斷市場,使它們為窮人服務。而蓋茲大膽且自負地認為,他的基金會擁有足夠的專業知識、能力、人脈和談判技巧,能夠統籌市場運作和疫情應對方式,以確保窮國得到保護。

蓋茲基金會的第二來源採購工作主要集中在印度的血清研究所,它是一家私營公司,也是世界上最大的疫苗製造商[25]。根據與蓋茲達成的協議,血清研究所成為阿斯特捷利康和諾瓦瓦克斯(Novavax)疫苗的第二來源生產商——因為蓋茲基金會提供3億美元的補貼。比爾·蓋茲說:「我們的基金會承擔了部分財務風險,因此如果阿斯特捷利康的疫苗沒有獲得監理機關批准,血清研究所將不必承擔全部損失。[26]」

蓋茲基金會承諾投入的總金額似乎與血清研究所本身投入該專案的金額相同,因此從某些方面來說,蓋茲基金會與血清研究所是平等的合作夥伴,甚至是充滿活力的二人組[27]:世界上最強大的全球衛生行動者與世界上最大的疫苗製造商攜手合作[28]。沒錯,蓋茲基金會必須自己拿出大筆資金,才能誘使大藥廠配合它的計畫,但這一直是它兼顧慈善與獲利的一種雙贏模式。

蓋茲的計畫幾乎一開始就受挫。2021年1月,血清研究所受到批評,因為它針對牛津與阿斯特捷利康的疫苗向南非政府收取之費用比歐洲政府所支付的高250%[29]。蓋茲基金會對私營市場的複雜干預是以「全球普及」為明確目標,是希望窮國的人民也能獲得亟需的疫苗。這項規模龐大的慈善活動結果促成了窮國必須比富國支付更高費用的一種商業模式,這是怎麼回事?媒體引述南非政府的話:「對於為什麼高收入國家支付較低的價格,我們得到的解釋是,那些國家投資在研發上,因此

破解蓋茲迷思

價格有折扣。」

與此同時,血清研究所一直難以兌現其交貨承諾。其設施遭遇的一場大火導致五人喪生,公司起初聲稱疫苗生產不受影響,但後來表示疫苗生產因此嚴重延誤。隨後血清研究所投資了數億美元在一家金融服務公司,同時又聲稱疫苗生產需要政府提供更多財政援助,公司因此受到強烈批評[30]。

隨著印度出現一波Covid-19大規模感染潮,印度政府實際上實施了出口禁令,將血清研究所生產的疫苗導向國內使用[31]。蓋茲幫助非洲窮人接種疫苗的雄圖大計因此一度陷於停滯。非洲聯盟特使斯特拉夫・馬希依瓦(Strive Masiyiwa)對媒體表示,他曾警告蓋茲的疫苗計畫「不要把所有雞蛋放在一個籃子裡」[32]。(值得注意的是,馬希依瓦後來加入了蓋茲基金會董事會。[33])

牛津和阿斯特捷利康的疫苗則在市場上面臨其他障礙。該疫苗起初看似非常適合窮國,因為它不需要儲存在零度以下的低溫環境(有些窮國的供電不穩定,無法確保冰箱長時間正常運作),但它較低的效力損害了它的吸引力[34]。新聞報導也指出,窮國開始回避阿斯特捷利康疫苗,因為它的有效期限比較短,許多疫苗可能來不及使用就過期了[35]。血清研究所一度停止生產該疫苗,因為它積存了一些可能將會過期報廢的疫苗[36]。同樣值得注意的是,一如媒體廣泛報導,阿斯特捷利康疫苗的開發過程「出現許多過失」,以至於FDA從未批准它在美國使用,雖然美國納稅人為該專案投入了超過10億美元[37]。儘管如此,牛津大學仍聲稱,它與阿斯特捷利康合作創造的疫苗在投入使用的第一年裡,比其他疫苗救了更多人命[38]。但是,如果有「人民的疫苗」,可以多救多少人命呢?占世界人口五分之一的非洲最窮國家在2021年獲分配的(所有廠商生產的)Covid-19疫苗,占全球出貨量不到3%。

蓋茲寄予厚望的另一疫苗廠商是諾瓦瓦克斯,但該公司面臨更嚴重的問題:它遲遲未能完成疫苗上市涉及的所有工作[39]。業界專家從疫情一開始就懷疑該公司的能力,因為它不曾成功推出一款疫苗。美國政府為諾瓦瓦克斯的疫苗提供16億美元資助,蓋茲資助的CEPI另外提供了4億美元[40]。雖然獲得這些資助,諾瓦瓦克斯的疫苗要到2021年底才在印尼首度獲得監理機關批准,直到2022年7月才獲得美國FDA放行[41]。

雖然蓋茲基金會藉由直接提供慈善贈款或間接透過CEPI提供大筆捐款,與眾多Covid-19疫苗公司建立財務關係,但它將最大的注碼押在了阿斯特捷利康、諾瓦瓦克斯和血清研究所身上。這些努力成效有限帶給我們的一個重要啟示,是蓋茲基金會自稱的醫藥開發權威相當可疑,而它對私營市場的廣泛影響力是否源自它據稱獨特的專業能力,也很有疑問。

COVAX計畫的挑戰與批評

疫情期間,蓋茲基金會除了與疫苗開發商和製造商廣泛合作,還在世界衛生組織發起並控制了一個名為COVAX、組織鬆散的計畫,希望有助全球窮人買到疫苗。當時的設想是,富裕國家將資金集中起來,與窮國合作,建立一個龐大的基金,用於與大藥廠談判疫苗交易[42]。

蓋茲基金會十多名員工參與COVAX的各個委員會和工作組,而蓋茲對旨在提供診斷和治療服務的其他慈善專案也有類似的影響力[43]。一篇新聞報導形容COVAX是一項「徹頭徹尾的蓋茲行動,其設計、管理和人員配備主要由蓋茲組織的員工負責。[44]」

雖然蓋茲基金會掌握這些計畫的控制權,但它安排其代理機構CEPI和Gavi出面負責,使蓋茲必要時可以否認對它們有任何影響力(或責任)。無國界醫生組織的凱特・艾爾德對我說:「蓋茲基金會的公關人員經常說,『哦,你知道,蓋茲基金會不在那個機構裡,我真的建議你直接問Gavi或CEPI。』有時候,這種做法可笑得令人沮喪⋯⋯我認為這不是很誠實。」艾爾德也針對蓋茲基金會、Gavi和CEPI管理世衛組織的應對工作提出質疑,因為這些都是私營組織,不是政府機構或政府主導的多邊機構。她在2020年對我說:「我們確實聽過一些國家的政府提出它們的疑慮:它們不了解Gavi,以前不曾與Gavi往來,想到要交一大筆錢給Gavi,授權Gavi代表它們去談判未來的Covid-19疫苗採購事宜,就覺得很憂心。」

作為一個私營組織,COVAX沒有獲得民意授權,在全球舞臺上沒有什麼正當性,圍繞著透明度和問責問題的批評一直困擾著該計畫[45]。厄瓜多時任衛生部長胡安・卡洛斯・澤瓦洛斯(Juan Carlos Zevallos)對媒體說:「為了要我們拿出錢來,他們逼迫我們,使我們走投無路。我們不能選擇使用哪一種疫苗。他們要我們用哪一種,我們就必須接受⋯⋯他們說,『你們不能選擇,並且你們要給錢。』[46]」

不利於COVAX的最大因素是全球市場的運作。富裕國家開始與製藥公司達成一次性協議,確保本國公民可以獲得需要的疫苗。這種人人為己的做法雖然自私,卻並不令人意外。富裕國家的民選領袖當然會積極採取行動以保護他們的選民。令人驚訝（或震驚）的是，蓋茲基金會及其合作夥伴沒有為此做好準備。

隨著富裕國家訂購數倍於全民接種需求的疫苗劑量，新聞媒體開始關注疫苗囤積問題——以及越來越多人認識到的一個事實：疫情應對彰顯了富人與窮人、贏家與輸家之間的鴻溝[47]。此一現實被稱為「疫苗種族隔離」（vaccine apartheid）。

當然，這種情況對大藥廠的生意非常有利，它們將疫苗優先賣給最富有的國家，因為這些國家能夠支付最高的價格。疫情期間，一些製藥公司作出以非營利方式銷售疫苗、無法驗證的一些承諾，但這種承諾沒有改變市場邏輯[48]。面對願意支付高價的富裕國家購買力，蓋茲那個資金不足的疫苗買家俱樂部無法鎖定足夠的疫苗供應。

首批疫苗在富裕國家上市一年後，世界上最窮的那些國家幾乎完全無法獲得疫苗[49]。更令人心酸的是，2021年6月，COVAX提供給英國之疫苗數量是它提供給整個非洲大陸的兩倍[50]。美聯社的報導寫道：「結果是比較貧窮的國家恰恰陷入了COVAX希望阻止的困境：仰賴富裕國家的捐贈，一如它們過去常面臨的那樣，而這種捐贈取決於富裕國家的一時興致和政治運作。[51]」一如關於COVAX的多數批判性報導，美聯社這篇報導沒有提到COVAX是蓋茲基金會的一個專案。

在全球貧困人口遲遲未能接種疫苗的情況下，100多個國家的政府聯名請求世界貿易組織擱置Covid-19疫苗的專利權；這是容許更多廠商投入生產、擴大供應疫苗給窮國的第一步[52]。擱置專利權本身並不能解決問題——我們仍需要大藥廠分享其技術訣竅並幫助新廠商擴大生產規模,但這是至關重要的第一步。

專利權與疫苗公平性爭議

比爾・蓋茲對此表示,要求擱置專利權的窮國——也就是他的基金會聲稱要服務的窮國——並不了解世界的運作方式。他寫道:「供應受限並不是因為智慧財產權規則,而是因為沒有足夠工廠能處理較複雜的疫苗生產過程。[53]」

在整個2021年,比爾・蓋茲成為大藥廠專利權最受矚目的公開辯護人,一再接受媒體訪問並聲稱疫苗供應問題不在於專利權。「在這個例子中,阻礙事情發展的不是智慧財產權。目前並不是有一些疫苗工廠已經獲得監理機關批准,可以生產出非常安全的疫苗,但受限於專利權而沒有投入生產,」他對天空新聞表示。「世界上的疫苗工廠數量是有限的,人們非常重視疫苗安全問題。因此,推動一些前所未有的事,例如將疫苗從嬌生(Johnson & Johnson)的工廠移轉到印度的工廠生產,只有在我們的資助和專業知識協助下,才有可能發生。[54]」蓋茲甚至斷言他的疫情應對工作是成功的(由此可見他是多麼脫離現實):「它沒有得到滿分,但確實得到了很高的分數⋯⋯我們將達到公平的程度。[55]」

在蓋茲的想像中,他基金會領導的疫情應對工作運作良好,所有合格的疫苗工廠都已產能全開。但就在他宣傳他這種想像的同時,一些廠商開始幾乎像揭弊者那樣公開表示,他們其實被排除在疫苗生產工作之外。「我們有設施、設備和生物反應器,我們有無菌灌封(fill and finish)的能力。視乎我們在技術移轉方面得到多少幫助，我們或許可以在幾個月內做好準備，」加拿大公司Biolyse對媒體說。「我不明白製藥公司對此的立場。當然，大家都需要賺錢。但眼前情況非常嚴重，沒有理由如此苛刻。[56]」

美聯社、《紐約時報》、The Intercept等媒體開始報導世界各地一些看來有能力生產疫苗的生產設施，其中一些廠商明確表示，他們已經做好準備，有意願也有能力生產疫苗[57]。人權觀察組織和無國界醫生組織等團體又列出了全球100處有可能投入生產的設施[58]。諾貝爾經濟學獎得主約瑟夫・史迪格里茲（Joseph Stiglitz）引用閒置產能的證據寫道：「無論是就公共衛生還是經濟而言，任何拖延疫苗和藥物供應最大化的作為都是道德上錯誤且愚蠢的。擱置專利權是關鍵的第一步。[59]」

就連雀兒喜・柯林頓（Chelsea Clinton）也加入了這場爭論。柯林頓與AccessIBSA的阿查爾・普拉巴拉（Achal Prabhala）合寫了一篇文章，主張為促進疫苗生產，拜登總統應該迫使美國企業與那些有生產能力的公司分享疫苗技術[60]。該文提到俄羅斯如何與印度合作，快速且低成本地改造了一家以前從未生產過疫苗的工廠。

隨著越來越多證據顯示專利實際上是疫苗生產的一大瓶頸，比爾・蓋茲加倍努力獨排眾議，不惜為此耗盡他在疫情第一年累積的政治資本。蓋茲一次又一次出現在新聞記者面前，呼籲維護專利權，有時甚至情緒激動。某次受訪時，他用了他在微軟時期最著名的惡語來抨擊要求擱置專利權的意見：「這是我聽過最蠢的主意。[61]」

破解蓋茲迷思

　　蓋茲的立場似乎可以歸結為一種近乎種族主義的觀點：窮國的技術水準不足以生產出合格的疫苗，因此如果我們過度開放疫苗生產，可能會導致安全問題，導致民眾受傷害和疫苗猶豫問題加劇。蓋茲基金會一名前雇員對我說，即使我們接受蓋茲基金會關於疫苗產能已全開的說法，蓋茲基金會自稱是大流行病方面富遠見的權威專家，為什麼沒有預見疫苗產能不足的問題並及時處理呢？蓋茲基金會已經致力於疫苗研究二十年之久，而且坐擁540億美元的捐贈基金。而我們一再被告知，比爾・蓋茲「預測了」Covid-19大流行。蓋茲基金會是否從來沒想過幫助窮國建立先進、複雜的疫苗生產設施[62]？

　　2021年5月，美國迫於應對日益嚴重的疫苗種族隔離現象壓力，公開宣布將加入與日俱增的要求擱置專利權國家行列。這改變了蓋茲基金會面對的政治形勢，它在一天後怯懦地宣布，它現在支持「狹義的」專利權擱置——對一個之前積極主張專利權不妨礙疫苗供應的組織來說，這是驚人的立場逆轉[63]。

　　隨著蓋茲基金會的失敗和虛偽（或無能）變得如此明顯，從某個時候起，連新聞媒體都開始指出顯而易見的事實：皇帝沒有穿衣服。在2020年，媒體界認為蓋茲基金會重要到不可以批評（我自己就很難說服編輯採用我的報導），但到了2021年，情況改變了。《新共和》雜誌發表一篇長達6,000字的報導，配上一幅比爾・蓋茲頭戴惡魔角的漫畫肖像，檢視蓋茲歷來在公共衛生方面圍繞著智慧財產權的倡導活動如何破壞和阻礙有益的工作[64]。The Intercept、《觀察家報》和《西雅圖時報》等媒體也刊出批判報導。逾十年來，新聞工作者第一次建立了一個真正審視蓋茲基金會作為的新聞週期。長期處於新聞媒體邊緣的批評聲音開始在比較主流的媒體找到自己位置。一些關於蓋茲如何助長疫苗種族隔離的貼文在推特上瘋傳。普遍流傳的訊息十分清晰：比爾・蓋茲站在歷史錯誤的一邊。

「我們所看到的蓋茲基金會在這場大流行病中扮演的角色，是它二十年來精心擴展到全球衛生各個方面累積的結果，包括所有的機構、所有通常擁有這些早期技術的不同公司、所有關注這些問題的倡導團體，以及所有研究機構，」全球衛生顧問羅希特・馬爾帕尼說（他接受我訪問時是國際藥品採購機制〔Unitaid〕的董事會成員）。「因此，這也反映出蓋茲基金會的失敗。他們發揮了那麼大的影響力，甚至控制了疫情應對許多方面的工作，而我們看到如此嚴重的不公平現象，這告訴我們他們制定的策略沒有奏效。他們必須承認失敗並為此負責。」

但是，蓋茲基金會從未需要承認失敗並為此負責。就在針對它疫情應對工作之批判報導出現的同時，一件轟動得多的事情發生：蓋茲夫婦宣布離婚。新聞媒體短暫的注意力很快就從比爾・蓋茲失敗的慈善事業領導力，轉移到他所謂的獵豔習慣和性不當行為指控上。

新聞記者繼續廣泛撰文剖析無面孔的COVAX，但幾乎從未嚴厲批評蓋茲基金會[65]。例如，2023年初，《紐約時報》的報導指出，COVAX向製藥公司支付了14億美元訂購疫苗，但這些訂單從未交貨。這是蓋茲領導的工作功能失調和揮霍浪費的證據，但該報導只是順帶提到蓋茲基金會一次。

篇幅最長和最受矚目的其中一篇報導來自調查報導局。該報導與西班牙的《國家報》、美國的STAT和祕魯的Ojo Público聯合發表，有可能觸及數以百萬計的讀者，塑造公眾對COVAX

破解蓋茲迷思

失敗的認識,並指出政策解決方案[66]。但是,參與報導的編輯和記者做了一個編輯決定,將蓋茲基金會在COVAX中的領導角色完全埋藏在報導中的第83段。

因為淡化蓋茲的角色,這些新聞工作者誤導了公眾,也未能促使蓋茲基金會承擔責任。(充分揭露:我曾被邀請參與這篇報導,但我拒絕了,因為我知道蓋茲的資助使我幾乎不可能獨立報導蓋茲基金會在COVAX中的角色。)一如幾乎所有媒體,調查報導局聲稱它發表的報導在編輯上完全不受資助者影響。

沒過多久,蓋茲基金會就開始資助科學研究,吹噓COVAX拯救數以百萬計的人命;Gavi則幫忙放大這種聚焦於拯救生命的公關宣傳,它在2020年指COVAX是「應對這場大流行病唯一真正全球型的解決方案」[67]。比爾・蓋茲出版了他的著作《如何避免下一場大流行病》(*How to Prevent the Next Pandemic*),形同宣布他將繼續扮演大流行病方面的頂尖權威。當然,從來沒有人去研究這種問題:如果我們創造出一種人民的疫苗,可以挽救多少人命?在比爾・蓋茲設計的極不公平的疫苗分配方式下,我們損失了多少人命?

如果我們願意過度寬待蓋茲基金會,我們可以說,蓋茲基金會在Covid-19大流行爆發前花了多年時間支持疫苗產業的發展,可視為使世界面對新型冠狀病毒時有個好開始,因此值得稱讚。梅琳達・法蘭琪・蓋茲在疫情開始時正是暗示了這一點:「謝天謝地,我們現在並不是像二十年前那樣,必須重建搖搖欲墜的疫苗系統。[68]」

疫苗政策的未來與教訓

值得思考的是：如果沒有蓋茲基金會，世界面對Covid-19大流行將會如何？如果蓋茲沒有干預牛津大學的疫苗工作，牛津的詹納研究所是否可能採用開放授權模式？這麼做行得通嗎？如果沒有蓋茲基金會，大藥廠還會有足夠的公關火力使全球經濟屈服於它的壟斷專利嗎？如果蓋茲基金會沒有如此強勢地介入疫情應對工作，我們是否能夠設計出生產和分發疫苗的另一種方式？在下一次大流行病來臨前，我們不是應該自己來思考這些反事實假想嗎？我們不是應該承認比爾・蓋茲的大計畫用在應對Covid-19上行不通嗎？我們不是應該假定蓋茲的計畫在下一次大流行病中也將行不通嗎？

雖然蓋茲基金會與相互競爭的許多Covid-19疫苗開發商建立了財務關係，但我們還是可以找到沒有蓋茲幫助仍成功的一些疫苗例子。例如，疫情期間，國際媒體注意到古巴成功之處，該國的幼兒比美國的幼兒更早接種了疫苗[69]。蓋茲基金會從未資助過古巴的工作：其贈款協議明確指出，美國對古巴的經濟封鎖令禁止它這麼做[70]。數十年來，正是因為美國的經濟封鎖，古巴被排除在全球貿易大部分活動之外，該國因此必須發展自己的公共生物技術部門，包括本土研發能力。在生產出自己的Covid-19疫苗後，古巴出口疫苗至越南、委內瑞拉、敘利亞和尼加拉瓜。既然古巴沒有比爾・蓋茲的幫助也能做到這些事，其他窮國是否也能夠建立自己的能力，除了生產疫苗，還從事研發以創造新疫苗？

德州休斯頓貝勒醫學院國家熱帶醫學院院長彼得・霍泰茲說，建立這種能力是他所屬實驗室的一個重要工作目標，而開

破解蓋茲迷思

發Covid-19疫苗Corbevax正是這些工作的一部分。Corbevax疫苗是與印度公司Biological E Limited合作生產的,雖然姍姍來遲,但截至2022年秋季,已經出貨逾7,500萬劑。Corbevax每劑價格為1.90美元,似乎比其他疫苗(包括蓋茲-牛津-阿斯特捷利康-血清研究所疫苗)便宜[71]。此外,霍泰茲的工作重點是將這種疫苗提供給窮國的製造商。例如,印尼公司Bio Farma就宣布將以IndoVac的名稱生產這種疫苗[72]。

霍泰茲的團隊被所屬領域的多數資助計畫拒之門外,但還是完成了這些工作。霍泰茲告訴我,Corbevax僅從CEPI那裡獲得500萬美元,此外從美國國家衛生院獲得40萬美元。相對之下,蓋茲、CEPI和納稅人承諾提供20億美元給比爾·蓋茲首選的疫苗製造商諾瓦瓦克斯[73]。雖然獲得這種巨額資助,諾瓦瓦克斯告訴我,截至2022年8月初,該公司的疫苗僅出貨約7,300萬劑,與Corbevax的出貨量相若。

「如果蓋茲和CEPI能夠提供更多援助,我們應該可以走得更遠和更快,」霍泰茲對我說。「蓋茲給人的印象是,他們認為只有跨國疫苗公司才有能力完成這項工作,所以那是他們的工作重心⋯⋯對此我要說的是,妖魔化跨國製藥公司同樣是錯誤的。它們做了很多好事,也為Gavi提供了很多管道。我認為,他們的錯誤在於沒有意識到中低收入國家的疫苗生產商可以發揮的作用。」

霍泰茲說,他在疫苗方面的所有工作都是圍繞著與窮國合作安排的。例如,Corbevax就採用了一種相對簡單的技術,可以迅速擴大生產規模[74]。這是希望可以超越簡單的慈善模式,不再只是捐贈疫苗給窮國,而是使這些國家有能力生產自己的疫苗。霍泰茲說：「我們提供了一種不同的模式，而現在Corbevax證明這種想法是可行的。整個工作組合需要平衡一下。並非只有蓋茲基金會，而是還有神速行動〔美國聯邦政府資助Covid-19疫苗的計畫〕⋯⋯錯誤在於僅重視速度和創新，僅重視激勵製藥公司。錯誤在於上游科學政策不濟，沒有認識到中低收入國家製造商可以發揮重要的作用。」

霍泰茲指出，幫助窮國生產自己的Covid-19疫苗，可以使它們走上為其他疾病開發疫苗的路。有些疾病僅影響少數窮國，製藥公司永遠不會有強烈的誘因去研究這些疾病。如果疫苗是應對這些疾病不可或缺的工具，窮國不是應該有能力因應本地需求、經由本地決策程序去開發相關疫苗嗎？抑或我們應該要求窮國坐等外國慈善家和製藥公司大發慈悲，指望他們慢慢採取行動？

「關鍵在於平衡疫苗生態系統。這包括跨國製藥公司，它們也有重要的角色，但也包括其他類型的組織，」霍泰茲說。「我們所做的是蓋茲等組織沒有興趣的事，也就是培訓和能力建設，我認為這很可能與實體產品同樣重要。[75]」

彼得・霍泰茲有一點特別值得注意：多年前，他是蓋茲基金會大力支持的明日之星，獲得蓋茲基金會數千萬美元的資助[76]。在整個2000年代初，霍泰茲與比爾・蓋茲看來惺惺相惜、相互欽佩。蓋茲2008年在喬治華盛頓大學演講時提到：「事實上，我要感謝彼得・霍泰茲教授，他在喬治華盛頓大學這裡從事的熱帶疾病研究工作令人鼓舞，他是我們基金會的重要夥伴。[77]」兩年之前，霍泰茲曾對新聞媒體說：「蓋茲夫婦偉大之處，在於他們資助其他人不會資助的一些疾病研究工作。[78]」

破解蓋茲迷思

因為並不明確的原因,蓋茲基金會十年前停止資助霍泰茲的工作。霍泰茲堅稱雙方沒有鬧翻,蓋茲基金會只是決定走不同的路。霍泰茲說,在Corbevax取得重大成果之前,他的實驗室在工作上遇到困難,員工曾經士氣低落。但他仍認為蓋茲基金會對他的成就有很大功勞,而他接受我訪問時,批評蓋茲基金會時總是小心翼翼,不忘夾雜一些讚揚。「如果沒有蓋茲基金會,彼得‧霍泰茲就不會是現在的彼得‧霍泰茲。他們為我們所做的不僅是支持鉤蟲疫苗研發,而是還支持我們首先建立製造疫苗所需要的基礎設施,包括品質控管、品質保證,以及爭取監理機關批准疫苗的方法。這些基礎設施都是蓋茲為鉤蟲疫苗提供的援助,但我們能夠將它用在我們所有的其他疫苗上。如果你問我,『如果你現在見到比爾‧蓋茲,你首先會做什麼?』我會說,『我會感謝他使這一切變得可能』〔笑〕。然後,我會告訴他有些問題需要解決。」

在社群媒體上,霍泰茲有數十萬名追蹤者,批評者有時攻擊他是比爾‧蓋茲養的人,理由是他曾獲得蓋茲基金會的資助,而且熱衷於公開讚揚蓋茲的工作。但他們之間的實際關係看來遠非如此。雖然霍泰茲和蓋茲的興趣和工作似乎確實一致(他們也許是世界上最重要的其中兩名疫苗公開倡導者,而且都專注於影響窮國的疾病),但在我看來,比爾‧蓋茲和蓋茲基金會幾乎是在與霍泰茲競爭。

例如,霍泰茲出版了他的著作《預防下一場大流行病》(*Preventing the Next Pandemic*)一年後,比爾‧蓋茲出版了書名幾乎完全相同的著作《如何避免下一場大流行病》[79]。此外,蓋茲基金會正資助德州理工大學開發血吸蟲病疫苗,該校與霍泰茲的實驗室同在一個州,而霍泰茲實驗室也有一種領先的血吸蟲病候選疫苗。我針對這問題問了霍泰茲。

「我想我感到沮喪的是,他們錯失了與同行者合作的機會,表現得像是要與大家競爭,」霍泰茲說。「血吸蟲病疫苗是個很好的例子。他們不難將我們的候選疫苗納入他們的研究工作中。現在變成我們必須自己去尋求資金支持。而老實說,蓋茲一旦介入,就不會有人提供像他們那種規模的資助。蓋茲基金會提供的資助是以千萬美元計的[80]。沒了他們的資助,你就必須自己去爭取十萬美元或百萬美元級別的資助,你必須得到很多這種資助才能補足差額。這並不容易。如果他們將我們的抗原納入他們正在資助的試驗中,單獨或結合其他東西加以測試,事情會簡單得多,」他解釋說,他曾特地要求蓋茲基金會支持他的疫苗。「我們對與他們競爭完全沒興趣。那太荒謬了。我們很樂意與他們合作。以前我們得到蓋茲基金會資助時,我非常感激,因為他們可以做很多好事。」

蓋茲不願資助霍泰茲,可能與他們對公共衛生和疫苗的作用有不同看法有關。製藥巨頭葛蘭素史克2021年推出的新型瘧疾疫苗就是一個好例子[81]。該疫苗因為效力偏低以及研發過程耗費大量時間和金錢而廣受批評。就連資助該疫苗的蓋茲基金會也公開與它保持距離,對新聞媒體表示它在瘧疾疫苗開發方面選擇了不同的方向[82]。

霍泰茲對此有不同的看法:「對於這些比較複雜的目標,像是瘧疾、血吸蟲〔導致血吸蟲病的寄生蟲〕、鉤蟲之類,你不大可能開發出像麻疹疫苗或小兒麻痺症疫苗那麼有效的疫苗。它們只能提供部分保護作用。我對蓋茲基金會、世衛組織

破解蓋茲迷思

和其他機構說的是，我們對這些類型的疫苗必須有一種新想法：它們不會成為替代其他解決方案的技術，而是會成為配合其他解決方案使用的技術。即使有了瘧疾疫苗，我們仍將需要蚊帳和抗瘧疾藥物。但這種疫苗將是一個重要的盟友。世界至今仍未真正明白如何以這種方式思考疫苗的作用。」

這是一名醫師和疫苗開發者基於事實對疫苗的一種評估。從大學輟學、沒有接受過醫學訓練的比爾‧蓋茲則有截然不同的看法。他稱疫苗為「魔法」，並將疫苗當成「奇蹟」來推銷[83]。基於這種心態，蓋茲不會想要「提供部分保護作用的配套型技術」，因為這不能幫他達成消滅瘧疾的目標[84]。

蓋茲2003年某次受訪時對他的基金會能夠開發出高效的瘧疾疫苗極有信心：「絕對可以。毫無疑問……我敢說，未來二十年內，理想情況下是未來十年內，我們就能研製出一種很好的瘧疾疫苗……因為現在的電腦技術，醫學進步將以驚人的速度發展。未來二三十年將是醫學發展的黃金時期。許多主要問題，我敢說是多數主要問題，我們將能取得巨大進展。[85]」2009年，蓋茲又談到這種樂觀預期：「我們即將取得一些重大進展，在瘧疾、腹瀉、愛滋病預防方面。在接下來兩三年裡，這些問題都將取得重大進展：我們將推出新疫苗，發現一些新方法。[86]」

2010年，蓋茲基金會時任執行長傑夫‧萊克斯對此有所說明：「我們其實不是參與利用蚊帳預防瘧疾的組織。我們主要是致力於疫苗研發。[87]」

但事實證明，提供蚊帳看來是防治瘧疾最重要的一項措施，而事實上，蓋茲基金會已經捐了數十億美元給負責分發蚊帳的全球基金[88]。而另一事實是：在蓋茲基金會的領導下，對抗瘧疾的進展在Covid-19大流行之前就已經趨緩[89]。雖然我們有許多工具可用來治療和預防瘧疾，但每年仍有數以億計的病例和數十萬人死亡，大部分是兒童[90]。新聞媒體不加批判地不停宣傳蓋茲聲稱的「重大進展」、「重要解決方案」和創新議程，但它們至今仍只是空中樓閣。

霍泰茲告訴我，他的實驗室正繼續推進幾種候選疫苗的研發，包括鉤蟲疫苗、血吸蟲病疫苗和南美錐蟲病疫苗，而他遇到的困難不僅在於尋找資助，還在於想像疫情成功之後的工作。沒有蓋茲基金會的支持，他將如何為他的疫苗開拓基本上由蓋茲基金會控制的市場？蓋茲基金會及其代理人在很多方面掌控著將決定霍泰茲疫苗成敗的基礎設施，而當然，非常大量的證據顯示，比爾‧蓋茲不喜歡競爭。

「我相信會有證據證明我們的疫苗是有效的，但它們能否進入市場取決於一些未知的力量，」霍泰茲對我說。「我們正在做的事令人振奮之處是，因為沒有蓋茲基金會，這些疫苗沒有路線圖。這是令人振奮的，但也是令人恐懼的，我因此難以安枕。」

結論

　　一如《白鯨記》中亞哈船長（Captain Ahab）因為執迷於追捕兇猛的白鯨莫比迪克而出現越來越不理性和自毀的行為，小兒麻痺症對比爾・蓋茲來說已變成像莫比迪克那樣的東西，而這種癡迷已經蒙蔽了他的常識和理智。「在某種意義上，我已經押上蓋茲基金會的聲譽，所以我們必須變得聰明起來，不惜一切代價根除小兒麻痺症，」比爾・蓋茲在Netflix的紀錄片《蓋茲之道》中說。「如果我們根除小兒麻痺症的努力失敗了，那是非常糟糕的，因為我們將玷污整個全球衛生事業的名聲和信譽。[1]」

根除小兒麻痺症的爭議

　　但事實並非如此。未能根除小兒麻痺症只會損害比爾・蓋茲的名聲，而不是「整個全球衛生事業」的名聲。一些全球公共衛生權威早就質疑蓋茲根除小兒麻痺症的努力。人類歷史上唯一一次成功根除一種疾病，是由唐納德・韓德森（Donald A. Henderson）領導世衛組織根除天花，他在2011年表示：「與小兒麻痺症的鬥爭總是帶著情感因素，你會想起戴著腿部支架的孩子、一角募捐（March of Dimes）的海報⋯⋯但小兒麻痺症的致死人數不及麻疹，它不在前20位中。[2]」現已去世的韓德森另一次受訪時說：「當你致力於小兒麻痺症防治工作時，你會犧牲其他一些工作。直到2011年，在一些國家，包括奈及利亞、印度和巴基斯坦，他們提供小兒麻痺症疫苗，但沒有提供白喉、百日咳、破傷風三合一疫苗或麻疹疫苗。[3]」

未來十年裡，醫學專家將繼續質疑根除小兒麻痺症耗費大量資金和人力是否損害公共衛生方面的其他工作，例如，貧窮國家醫療診所裡的冰箱裝滿了小兒麻痺症疫苗，導致沒有地方儲存麻疹疫苗。「我們是否有其他方法可以用這筆錢，使更多兒童免受真正可怕的疾病傷害？」德國比勒費爾德大學流行病學家奧利弗・拉扎姆（Oliver Razum）2021年問道[4]。

這種批評是基於機會成本的概念：我們選擇跟隨蓋茲設定的優先事項，因此錯過了哪些原本可以成就的事？納稅人的錢被用在蓋茲的公私合夥事業上，導致哪些工作未能得到資助？如果我們選擇不同的做法，是否會有更多人得益，或甚至更多人得救？就小兒麻痺症而言，沒什麼人會說我們不應該為兒童接種小兒麻痺症疫苗，但許多公共衛生專家主張採用以控制小兒麻痺症為目標的策略，而不是蓋茲基金會那種從地球上根除這種疾病的策略，因為後者需要的資源比前者至少多一個數量級。與其資助一大群人挨家挨戶為兒童接種小兒麻痺症疫苗，為什麼不拿這些錢資助診所，在提供小兒麻痺症疫苗之餘，還提供其他醫療服務呢？

蓋茲基金會已經為小兒麻痺症投入超過80億美元，而在2010年代初，比爾・蓋茲對媒體表示，根除小兒麻痺症「是我

破解蓋茲迷思

投入最多精力的一件事」[5]。不過,在蓋茲基金會的敦促(或事實上的遊說)下,富國和窮國的納稅人為小兒麻痺症投入了更多資金——以十億美元計的納稅人資金流入根除小兒麻痺症的計畫[6]。蓋茲基金會也促使世衛組織持續將根除小兒麻痺症列為它的首要任務之一,這削弱世衛組織處理重要得多的公共衛生問題的能力,包括為大流行病做好準備,以及結核病、瘧疾和愛滋病的防治工作[7]。

全球根除小兒麻痺症的運動始於比爾·蓋茲投入之前,但如果沒有蓋茲基金會的支持,很可能已經告一段落。這場運動已經將野生型小兒麻痺症病例數降至兩位數——全球只有不到100人帶有這種會導致癱瘓的病毒。這種進展為蓋茲提供了他需要的動力,使他能夠為他偏愛的這項工作持續吸引到捐款。他在2013年表示:「小兒麻痺症正處於一個非常微妙的階段,我們的病例已經非常少,如果我們真的加強努力,我們將徹底根除這種疾病,而這將是人類歷來第二次做到這種事。這意味著未來所有的疫苗接種成本都可以省下來,而且再也不會有人面臨因為這種疾病癱瘓的風險。我們正在協調大量的捐贈者和新科學工作,希望在未來三至五年內完成這件事。[8]」

結果蓋茲未能達成他的目標,而且近年來,他努力的結果是小兒麻痺症病例反而增加了,並在富裕國家突然重新出現。這是因為根除小兒麻痺症的努力仰賴口服疫苗(媒體有時會刊出比爾·蓋茲將疫苗滴入兒童口中的圖片),當中含有弱化的小兒麻痺症病毒株,其原理是使接種者的免疫系統接觸到小兒麻痺症病毒,建立起抵抗這種疾病的能力。問題是口服疫苗中的弱化病毒株可能會突變並傳染其他人,導致未接種疫苗的人

Chapter 16　結論

生病。在少數情況下，小兒麻痺症口服疫苗確實會導致癱瘓，並引起更多病例。（美國等富裕國家使用不含活病毒的另一種小兒麻痺症疫苗，不會導致疫苗引起的癱瘓。）羅伯‧福特納在《英國醫學雜誌》的報導指出，2020年，整個非洲有超過1,000人因為疫苗衍生的小兒麻痺症而癱瘓[9]。

福特納某次受訪時對我說：「根除行動的組織者在某個時候意識到，隨著他們向根除這種疾病的目標邁進，疫苗衍生的病例很可能將超過野生病毒導致的病例。」他說，問題在於蓋茲及其合作夥伴的行動不夠迅速，而他們至今似乎仍未找到解決方案。2022年7月，我訪問福特納時，一天前新聞媒體剛報導了紐約一名男子因為小兒麻痺症疫苗衍生病例而癱瘓的消息[10]。

從某些方面來說，根除小兒麻痺症運動或許是從一開始就註定要失敗，因為它以由上而下的方式運作，出發點是意識形態或虛榮心，而不是科學和民主。皇后學院歷史學家威廉‧穆拉斯金引述蓋茲基金會員工的話，他們公開解釋了他們如何以「責備和羞辱」的手段對地方領袖施壓，迫使他們配合蓋茲根除小兒麻痺症的計畫，同時還採用利誘手段——高傲地將所提供的誘因稱為「甜頭」（goodies）[11]。穆拉斯金指出，即使在蓋茲基金會成為小兒麻痺症工作的領導者之前，根除小兒麻痺症的計畫就已經「以追求公共利益的名義阻礙研究、歪曲出版品、壓制和驅逐批評者。」穆拉斯金寫道：

> 無論全球公共衛生人士抱持多大的善意，他們認為自己有權去判斷哪些地方、地區和國家的領導人「不正當」，然後努力去繞過、收買、「教育」、操縱或以其他方式避開那

破解蓋茲迷思

些阻礙他們達成崇高目標的人。是誰使他們成為開發中國家領袖的審判者？誰任命他們？誰選出他們？他們對誰負責？他們似乎看不到，他們現在聲稱的有益介入與西方殖民勢力過去的類似主張有多相似。兩者的基本態度是一樣的：我們知道什麼是對這些人最好的，他們的統治者是暴虐、無能和腐敗的。過去，西方的「智者」乾脆接管了他們眼中的落後國家。現在，他們只是努力「引導」它們走向正確的方向。過去是基督教和文明賦予他們這種權利，現在則是普世價值、人道主義和全球公益[12]。

在比爾．蓋茲根除小兒麻痺症的決心中，我們看到他的善意與他的巨大自我之間的界線變得非常模糊。每一個大人物都希望可以告訴世人他們做了什麼大事。美國總統川普曾試圖在美墨邊境建一道連續的牆（但失敗了）。實業家和慈善家安德魯．卡內基蓋了數千座圖書館，其中很多運作至今，使後人記得他的遺澤。羅伯．摩斯（Robert Moses）建造的橋樑、景觀大道和公園不可磨滅地改變了紐約，其中一些建設至今仍以他命名。

那麼，比爾．蓋茲的偉大成就是什麼？微軟視窗？拯救了大量人命（一系列的誇大說法是基於他資助的研究）？「捐贈誓言」（他以霸道的手段逼迫他的億萬富翁同儕投入慈善事業）？還是Gavi（一個複雜的採購機制，實際上就是向各國政府募集資金來向輝瑞購買疫苗）？

蓋茲需要根除小兒麻痺症來證明他在慈善事業上的豪言壯語並非只是空談，證明他不斷宣傳的為人類治病之承諾是可以兌現的。為了達成這個目標，他顯然將竭盡全力，不管這涉及什麼機會成本,不管專家的批評有多尖銳,不管他將造成多大的損害。

我為本書做採訪時,常問受訪者他們認為比爾‧蓋茲最大的成就是什麼。幾乎所有人都難以舉出具體的例子,通常只是籠統地說他捐出了以十億美元計的巨款。一個曾受蓋茲資助的人告訴我:「蓋茲基金會誕生時,我也在場。你能想像我們這些書呆子科學家看著這一大筆錢,認為這可以使我們的生活變得更有意義嗎?並非只是比較輕鬆,而是更有意義——利用我們的實驗室和人才,開發出重要的產品。這可以促成變革。你不能忽視有人為最窮群體發聲的重要性,因為他們根本沒人關心。」這名受訪者補充道:「我們需要倡導者和擁護者……有一個有缺點的倡導者,好過完全沒有倡導者。」

這種說法指向蓋茲的良好意圖,並圍繞著他所創造的奇觀指出其工作的價值。它認為蓋茲令世人關注一些事情,雖然他有缺點,但他投入慈善工作是出於好心。可這種評價忽略了一個事實:與其說比爾‧蓋茲關心窮人,不如說他更在乎他自己。他希望我們關注的不是全球窮人的困境,而是他為了拯救窮人所從事的慈善工作。無論是在世界衛生組織或世界經濟論壇的講臺上,還是在某個不知名的地方與貧困兒童合影,又或者是接受《60分鐘》或CNN的訪問,蓋茲基金會的關注焦點都不是全球貧困問題,而是比爾‧蓋茲這個人。無論是媒體關注、租稅利益、各種獎項、政治權力還是公關宣傳,因為蓋茲基金會而得益最多的是比爾‧蓋茲本人。

更重要的是,窮人當中最窮的那些人從未要求比爾‧蓋茲成為他們的倡導者。他們不曾審視他的候選資格或政策立場,

破解蓋茲迷思

然後經由選舉選他出任某個職位。大眾從未公開辯論他的領導能力、優先事項或議程。富裕國家的情況也是這樣：納稅人為蓋茲的公私合夥事業投入了以十億美元計的巨資，但這些支出沒有經過認真的公開辯論審視，也沒有受到嚴格監督。蓋茲自作主張在一些不受歡迎和困難的工作領域（為窮人提供糧食、藥物和教育）占據領導地位，藉此掌握了權力。

慈善與政治影響的界線

讀到這裡，很多人可能會想問：像比爾・蓋茲這樣的人應該如何使用他的慈善資金？但是，這種思考方式忽略了一些關於權力的根本問題。我們容許一個人——任何一個人，無論他多仁慈或好心——取得驚人的巨額財富，就賦予了這個人極大的權力。因此，問題不在於蓋茲的錢怎麼使用比較好，而是在於我們為什麼容許任何人擁有這麼多錢和權力。

事實上，我們也應該想想這問題：蓋茲真的有資格控制他的巨額財富嗎？他的財富來自人類史上最廣受批評的其中一家壟斷企業，該公司利用它極強的市場力量，將它極其平庸和經常出現惱人故障的軟體硬塞給我們。微軟的避稅行為也廣受詬病。既然他的生意如此有問題，我們可以說蓋茲的巨額財富是他掙得的嗎？他值得獲得這種財富嗎？他自由地利用這些財富推進他的政治世界觀是合理的嗎？事情如此運作對社會有利嗎？

我們還必須思考這個根本問題：億萬富翁——任何億萬翁——真的有能力藉由慈善事業推動社會進步嗎？蓋茲的慈善事業似乎仰賴仁慈暴君的神話，有賴我們相信成就一些重要的

Chapter 16 結論

事（例如為窮人接種疫苗）必須付出將不民主的權力交給一個人這種代價。但正如我們已經看到，蓋茲的慈善事業產出並不特別厲害、有效或高效；他的努力也沒有實現他聲稱極其重要的「公平」。蓋茲的做法使窮國必須為了提供公共衛生服務給國民，努力爭奪有限的捐贈資金。它視獲得醫療照護為一種特權或禮物，而不是一項人權。它還花了無數金錢在儀式、排場和公關宣傳上，目的是令世人相信這是最好或甚至唯一的解決方案。

話雖如此，比爾·蓋茲控制的財富——他1,000億美元的私人財產和蓋茲基金會540億美元的捐贈基金——無疑可以帶給社會巨大的利益。是的，世界需要比爾·蓋茲的錢，但不需要比爾·蓋茲。

因此，解決比爾·蓋茲的問題意味著將蓋茲與他的錢分開。比較溫和的做法是設法改革蓋茲基金會，使它真的成為一家把錢捐出去的慈善機構，而不是充當比爾·蓋茲的政治工具以及節稅和公關宣傳的機器。蓋茲基金會目前基本上是一家自我監理的機構，但它的這種特權來自國會，而國會大可決定實施嚴格的新規定，迫使它變得比較像真正的慈善機構。歸根結柢，慈善事業應該如何監理（或是否需要監理），是由我們選出的立法者和我們這些選民來決定。

美國國會在1960年代曾對慈善事業進行「痛苦的檢討」，現在其實也早就應該制定新法規來規管億萬富翁慈善家。我們也可以要求美國國稅局和華盛頓州檢察總長有所作為：他們都可以直接監督蓋茲基金會，但因為缺乏資源或政治意志，選擇不行使相關權力。我們還可以要求美國司法部調查蓋茲基金會

433

在醫藥開發領域面臨的反競爭指控。

改革派已經針對私人基金會提出一些溫和的新規則，如果事成可以使蓋茲基金會受到一定的約束。稅務學者希望規定私人基金會每年捐出較大比例的捐贈基金（目前的規定是每年至少捐出5%），這可以使基金會快一點耗盡資金，從而限制蓋茲基金會之類的機構享有長期政治影響力。

富豪慈善的真正影響

我們或許也可以堅持要求慈善機構真的將錢捐出去。正如琳賽・麥高伊在她的著作《No Such Thing as a Free Gift》（書名暫譯：沒有免費的饋贈）中指出：「真正的饋贈意味著捐贈者真的交出所贈送的東西，對那些東西再無權利，因此也無權參與處理那些東西。[13]」如果蓋茲基金會投入巨資支持它控制的團體，也就是將錢交給它的代理人，這種支出不應該被視為慈善捐贈，在計算其年度捐贈比例時不應計入。蓋茲基金會耗費在自身臃腫組織上的巨額資金，例如每年花在麥肯錫顧問、行政費用和西雅圖豪華總部維護上的十來億美元，也不應該被視為慈善捐贈。

我們也應該質疑蓋茲基金會的一些贈款本質上是不是慈善捐贈，因為蓋茲家族看來因此獲得重要利益，例如蓋茲基金會對蓋茲子女就讀的精英私立學校的1億美元捐贈以及對新聞機構的慷慨捐贈，就對蓋茲基金會和蓋茲家族的名聲大有好處。一如蓋茲基金會對私營公司的捐贈，它對新聞機構的捐贈應被視為商業合約（而不是慈善捐贈），而它不應該因此獲得任何租稅利益。

Chapter 16　結論

　　主張改革大型慈善事業的人也提出了新時代的資訊揭露要求，付諸實行將迫使蓋茲基金會清楚說明它的工作。這應該包括清楚揭露資金流向，以及結束它熱衷於利用匿名捐獻的文化。此外也可以規定它接受索取公開資料的要求，並公布它所有贈款協議和其他合約。

　　我們還可以考慮改變蓋茲基金會的治理結構，引入一個強大和獨立的董事會，確保比爾・蓋茲無法一手控制基金會的資金使用方式。我個人認為，蓋茲基金會若要繼續運作，就不應該容許比爾・蓋茲在當中扮演任何機構角色。蓋茲將他的私人財富移轉到他控制的私人基金會並不是在做慈善，而我們應該制定規則，使這一點變得明確。

　　那麼，如果不是比爾・蓋茲，應該由誰來管理蓋茲基金會？比爾・蓋茲任命的一群傀儡嗎？當然不是。掌管蓋茲基金會財富的人，應該從基金會的預期受益人——教師、學生、農民、醫師和基金會所服務的貧困地區的病人——中挑選出來。他們可以接管蓋茲基金會，每年根據其宗旨花掉巨額資金，使其捐贈基金的規模迅速縮小。事實上，達成這個目標最公正的方法可說是蓋茲基金會一次性支付現金給世界上最窮的那些人。這種慈善行為實際上授權窮人自己決定如何使用蓋茲的錢。雖然這不會改變世界，但它成就的事將遠遠超過比爾・蓋茲那種「爸爸最懂」的慈善模式。

　　有些讀者可能會覺得這些方案不切實際，質疑這究竟可以如何實現。我們真的相信比爾・蓋茲將溫和地放棄權力，交出他建立的慈善帝國嗎？當然不是。蓋茲基金會已經藉由慈善捐贈，花費巨資建立成一個龐大的特殊利益集團來捍衛比爾・蓋

破解蓋茲迷思

茲不受規管的「捐贈自由」——這是蓋茲資助之慈善圓桌會議（Philanthropy Roundtable）的用詞。蓋茲基金會已經捐出約5億美元給「慈善產業複合體」，資助由白領慈善事業擁護者、辯護者和從業者構成的專業階層，他們對改革努力構成巨大的障礙。

企業利益集團，例如製藥、農業和教育方面的大公司，甚至是美國國務院，都非常樂見比爾．蓋茲的慈善事業綿延不絕，因為他表現得像一個強大的政治家，聲稱要幫助全球的窮人，但實際上非常積極地幫助有錢人和促進美國的經濟利益（以及普遍的企業利益）。一如美國政府致力為美國的技術和其他商品創造出口市場，蓋茲基金會也在做這種事，無論它想推銷的是輝瑞的疫苗還是孟山都（現拜耳）的GMO技術。

面對這種改革障礙，我們可以經由現行政治管道挑戰比爾．蓋茲嗎？更重要的是，如果我們真的能夠集結必要的政治力量，制定約束蓋茲基金會的新法規，蓋茲難道不會乾脆結束他的基金會，開始以普通公民的身分從事慈善捐贈嗎？

Meta（臉書）創始人馬克．祖克柏及其妻子Priscilla Chan正是在慈善捐贈方面發揮創新精神，以有限責任公司的形式運作他們的慈善事業，而非設立非營利的私人基金會。這意味著他們放棄了一些租稅利益，但可以顯著降低透明度，使他們的慈善事業具體安排可以不受公眾監督。規管私人基金會的現行法規雖然相當薄弱，但至少可以使我們對蓋茲基金會的工作有所了解，例如我們可以從它的年度報稅資料看到部分資金流向。

在某些方面，比爾和梅琳達．蓋茲似乎已經在仿效祖克柏的做法，將越來越多時間和金錢花在蓋茲基金會以外的項目，如突破能源、樞紐創投、蓋茲創投,以及以公司而非私人基金會的形式運作的其他準慈善事業上。

由此可以清楚看到,要真正解決比爾‧蓋茲的問題,我們不能只是借助國會改革蓋茲基金會。只要比爾‧蓋茲保有他的巨額財富,他就將繼續侵蝕民主。他將設法利用他的巨額財富來取得和行使不民主的權力——可能是利用他的私人基金會,也可能透過其他管道。

要找到解決方案,我們還需要擴大視野審視眼前的問題。蓋茲基金會聲稱其工作以「所有生命價值平等」為指導原則,致力幫助「所有人過健康有益的生活」。這個使命和願景很有價值,但它們必然要求我們想像一個人人享有基本權利、而且能夠滿足基本需求的世界——這些基本需求包括體面的住所、基本的醫療照護、乾淨的水和足夠的食物、接受教育的機會、找到有報酬工作的能力、免受歧視的法律保障,以及其他基本民主權利。

我們可以自信地說蓋茲基金會正推動世界往這個方向前進嗎?在蓋茲的模式下,全球貧困人口將永遠無法獲得乾淨的水,但有一些窮人將可以接種輪狀病毒疫苗和小兒麻痺症疫苗,因此可以在某種程度上預防髒水和衛生條件不佳導致的疾病。窮人將永遠不會有基本的醫療系統為他們提供常規癌症篩查,但有一些窮人將可以接種人類乳突病毒疫苗,因此可以在某種程度上預防子宮頸癌。貧困婦女將永遠無法完全自主掌握自己的生殖健康,但有一些婦女將可以獲得蓋茲補貼的有限避孕選擇。許多非洲農民將有機會獲得蓋茲基金會偏好的解決方案(大量使用化學肥料,最終可能還將使用GMO種子),但他

破解蓋茲迷思

們可能被迫承擔毀滅性的沉重債務，或眼睜睜地看著他們的農地因為大量使用化學品而退化。美國最窮的學區將接受蓋茲認為它們必須採用的新考試和監督機制，但那裡的學生永遠不會像蓋茲自己孩子那樣得到鼓勵或享有自由去發展和探索他們的智性興趣。

我們不能指望比爾‧蓋茲和蓋茲基金會解決世界上所有問題，也不能指望蓋茲一手解決全球貧困問題，但這不是真正的問題所在。我們必須思考的問題是：蓋茲的慈善捐贈模式是在推動我們往正確的方向前進，還是在妨礙我們實現真正需要的系統性變革？我們真的可以仰賴億萬富翁寡頭去實現平等嗎？我們真的能夠克服這些寡頭製造的障礙去實現平等嗎？難道我們看不到，在某個基本層面上，蓋茲模式其實就是賦予權力給地球上最有錢的人去為最窮的人做決定嗎？

這些問題在未來一段時間將會越來越重要，因為比爾‧蓋茲已經哄誘全球近250名頂級富豪簽下「捐贈誓言」，承諾捐出他們的大部分財富[14]。我們被要求讚頌這種慷慨行為，並為即將出現的數千億乃至數兆美元慈善資金改變人類生活的潛力，驚歎不已。但是，比較冷靜的分析會想到，這種慈善捐贈將導致數千億美元的稅收損失，此外也將質疑慈善事業能否抵銷創造這些巨額財富過程中，對社會造成的巨大傷害。

慈善家馬克‧祖克柏的財富來自一家被指控造成巨大傷害的公司，它被指控的不端行為包括積極避稅、劍橋分析醜聞、侵犯隱私和傳播錯誤資訊。2022年末，傑夫‧貝佐斯因為宣布將把他的大部分財富用在慈善事業上而登上新聞版面，但就在同一天，使他極其富有的亞馬遜公司宣布將裁員1萬人[15]。貝

Chapter 16　結論

佐斯的前妻麥肯琪・史考特因為她顛覆性的慈善方式而獲得許多稱讚和榮譽（她為支持弱勢群體提供了許多不附帶任何條件的捐款），但我們也必須考慮到她的財富來源亞馬遜公司對社會的持續傷害——亞馬遜在市場上享有壟斷權力，納稅極少，而且一直對抗員工為了糾正媒體廣泛報導的勞工受虐問題而組織工會之努力[16]。億萬富翁查克・菲尼（Chuck Feeney）值得稱讚，因為據報導，他兌現了捐出幾乎全部財產的承諾，其中大部分是匿名捐出的，但他精心組織他圍繞著避稅的財富創造活動，而且透過他經營的免稅店銷售損害人類健康的商品，例如香菸和酒[17]。

加密貨幣億萬富翁山姆・班克曼弗里德（Sam Bankman-Fried）曾承諾捐出他99%的財富做慈善，希望世人為他迅速致富歡呼慶祝，但他隨後面臨聯邦詐欺罪指控（截至2023年初）[18]。2022年底，班克曼弗里德的加密貨幣帝國崩潰，加拿大安大略省一個教師退休金計畫成為最大輸家之一，損失近1億美元[19]。班克曼弗里德慈善機構FTX未來基金的員工宣布辭職，並發表聲明表示：「FTX的領導層可能存在欺騙或不誠實的行為，我們對這種行為予以最強烈的譴責。[20]」

即使是我們最優秀的億萬富翁慈善家，我們也必須考慮其慈善捐贈背後的傷害、貪婪或避稅行為。我們必須考慮這個想法：如果我們真的在乎公平，而且希望世界變得比較公平，我們就應該以一種不容許極少數人積累如此巨額財富的方式，重新組織我們的經濟和社會。

破解蓋茲迷思

財富稅與公平社會

要做到這一點有許多方法,但最顯而易見的糾正措施是開創租稅新時代。這意味著終結富豪和富豪企業的避稅策略,迫使比爾‧蓋茲(以及大藥廠、大科技公司和其他所有人)公平地納稅。在我個人看來,對於像比爾‧蓋茲這種世界頂級富豪,目前提出的財富稅——或甚至是伯尼‧桑德斯提議的每年向頂級富豪課8%財富稅——並不足夠[21]。財富稅將限制比爾‧蓋茲變得更富有的能力,但無法改變他已擁有可憎的驚人財富這個事實。要解決我們的比爾‧蓋茲問題,我們必須考慮採取更積極的租稅措施,例如課徵更高的財富稅或採用一種不同的機制。有些讀者可能會懷疑是否應該要求華府的民選官員去重新分配比爾‧蓋茲的巨額財富,因為他們認為這當中有許多騙子、無賴和權貴親信,由他們去管理蓋茲的錢財未必好過由蓋茲基金會去管理。這種方式確實也將導致許多資金使用不當,但蓋茲基金會不是已經在亂花錢了嗎?看看它連續失敗的慈善工作,它的官僚泥沼和臃腫組織,它的裙帶式代理權力,它為建造豪華總部揮霍5億美元,以及它在自我宣傳、自我服務上的無止境公關支出。如果無論如何都會有一些錢被濫用,為什麼不把錢交給一個民主機構,至少它將受到一定的制衡,而我們對它將有某種程度的控制權?我們不能忽略這個基本原則問題:為什麼不要求比爾‧蓋茲像我們所有人一樣遵守同樣的規則,繳他應繳的稅?

我們如何管理比爾‧蓋茲的財富,歸根結柢取決於我們想生活在一個什麼樣的世界裡,以及我們有多在乎公平、正義、自由和民主。我們很容易對改變世界持一種犬儒或懷疑的態

Chapter 16　結論

度,但我們有必要認識到,我們其實別無選擇。鬥爭已經開始了,而世界也已經開始轉為反對比爾・蓋茲這種人。

看看流行文化,看看大量湧現的相關電影和電視劇,像是《矽谷群瞎傳》(Silicon Valley)、《繼承之戰》(Succession)、《金錢戰爭》(Billions)、《黑錢勝地》(Ozark)、《錢錢錢錢》(Loot)、《千萬別抬頭》(Don't Look Up)和《鋒迴路轉:抽絲剝繭》(Glass Onion)之類,你會發現億萬富翁被描繪成不在乎道德的惡棍,富豪慈善事業被描繪成自利的虛榮玩意或政治工具。看看我們的政治話語,你會發現主流候選人被問到有關頂層1%人的問題,以及是否應該容許億萬富翁出現的問題。在我們周遭,各種跡象清楚顯示,人們對寡頭政治和科技界富豪慈善家的虛假承諾越來越不信任和厭惡。

看看Covid-19大流行,你會發現它暴露了我們的經濟體系是多麼低效和不公平,總是將有錢人的需求放在窮人的需求之前,將大藥廠的專利權放在世界的公共衛生和經濟福祉之前。看看「占領華爾街」和「黑人的命也是命」之類的政治和社會運動(蓋茲基金會始終對此完全沉默),你會發現它們呼籲重新組織我們的社會,而其方式直接挑戰驅動比爾・蓋茲慈善工作過度集中的財富和「白人救世主」心態。再看看氣候變遷,你會發現比爾・蓋茲恬不知恥地嘗試在這個領域占得領導地位,荒謬地宣稱他未經檢驗的新技術有天將拯救地球,而他的主張已經廣受批評,甚至在一些主流媒體上也是這樣。在未來的歲月裡,氣候變遷將對我們所有人的生活造成難以想像的破壞,並將一次又一次地向我們證明,比爾・蓋茲聲稱扮演的公共角色是多麼錯誤和不正當。

破解蓋茲迷思

在蓋茲基金會2022年底的「目標守護者」年度派對上，關注氣候問題的行動者米凱拉・洛區（Mikaela Loach）獲邀成為演講者之一。她利用短暫的演講時間抨擊了蓋茲基金會的變革模式，指出建立在少數大贏家和大量輸家之上的經濟體系，不可能像蓋茲基金會所說的那樣實現公平。洛區說：「我認為億萬富翁不應該存在。[22]」

> 我們不能只是談論重新分配財富而不同時考慮重新分配權力⋯⋯因此，我們審視權力時，必須思考這些問題：這個房間裡誰掌握權力？這個世界裡誰掌握權力？誰在決定選擇哪些解決方案——例如基金會是以誰命名的？誰在做這些決定，因此誰在創造敘事，誰在控制這些敘事？這可能如何限制我們正採用的解決方案？也許我們沒有真的在改變世界；也許我們只是在延續現在的世界，只是令它看起來有點不同。我們可以如何要求更多？

這份抗議聲明告訴我們，蓋茲基金會即使在它自己精心策劃的貴賓活動中，也無法掩蓋它自身的正當性危機。比爾・蓋茲再也無法避開他的批評者，他們來到他家門口，跨過門檻，坐到他的餐桌上，毫不客氣地享用飲食——而且針對皇帝沒有穿衣服這個事實開起了玩笑。

在蓋茲帝國的每一個角落，我們都能看到被他視為臣民的人奮起反抗。我們看到家長、教師和行動者挑戰蓋茲的共同核心教學標準，成功阻止蓋茲基金會耗資上億美元在公立學校進行資料監控的計畫，並在蓋茲基金會位於西雅圖的總部遊行抗議。我們看到「全球衛生去殖民化」運動日益壯大，使蓋茲基金會在公共衛生和醫療方面的運作模式面臨嚴峻挑戰。我

Chapter 16　結論

們看到非洲各地農民和農民團體公開質疑蓋茲介入當地農業的行動，以及呼籲停止提供資金給非洲綠色革命聯盟。我們甚至看到越來越多像蓋茲那樣超級富有的人組成聯盟，例如「立即對我課稅」（TaxMeNow）和「愛國百萬富翁」（Patriotic Millionaires），呼籲政府針對有錢人加稅。

我們也看到新聞界出現非常重要的**轉變**，新聞媒體在2021年摘下了眼罩，終於看到比爾‧蓋茲並不是新聞界在過去十年大部分時間裡所描述的那個救世主。這是一個可喜的跡象，因為如果我們沒有強大和獨立的新聞機構，我們將很難建立起挑戰蓋茲基金會等不正當權力結構所需要的民主力量。要建立強大的新聞業，我們必須使新聞機構本身負起責任。我個人的看法是，如果新聞機構沒有比爾‧蓋茲的資助就無法正常運作，它們就應該被淘汰。我也認為我們必須考慮廣泛（或甚至是普遍）拒絕蓋茲的資助。

無論是關於什麼事，任何人會聽比爾‧蓋茲說話，唯一的原因是他非常有錢。他的金錢就是他的權力。如果我們開始拒絕蓋茲的錢，我們就能削弱他的權力。我們選出來的國會議員和國會工作人員（以及他們的家人）應該接受由蓋茲基金會買單的昂貴國際旅行嗎？不應該。我們的公立大學應該接受蓋茲基金會數十億美元的資助，然後容許它影響這些學校的研究嗎？不應該。既然美國國家公共廣播電臺（NPR）熱衷於向比爾‧蓋茲的私人基金會尋求以百萬美元計的資助，我們還應該認真對待它的募捐活動嗎？不應該。

比爾‧蓋茲要求我們動用稅款補貼他創立的公私合夥事業時，我們也應該開始予以拒絕。縮減對蓋茲基金會的公共支持

破解蓋茲迷思

將迅速削弱它的不民主權力，使它可動用的資金減少和道德權威減弱。

但是，我們著手瓦解蓋茲基金會時，必須以深思熟慮的方式進行。現在有太多人依賴蓋茲基金會（在許多地方，整個公共系統是圍繞著蓋茲基金會的資助和優先事項成立起來的），我們因此不可能一夜之間解散蓋茲基金會。各位讀者也應該記住這件事：幫助我撰寫這本書的許多關鍵知情人士是蓋茲基金會的受資助者或員工。對蓋茲基金會的挑戰不能變成一場獵巫行動，不分青紅皂白地抨擊身處蓋茲金錢勢力範圍內的每一個人為走狗或出賣原則的人。許多有思想的人，在蓋茲的慈善帝國裡努力工作，他們希望看到變革，但如果他們公開批評蓋茲基金會，大有可能自毀職涯或面臨法律訴訟。

我希望我們能為這些人創造空間，使他們能夠發表自己的意見，大聲說出他們看到的問題。而他們這麼做時，我希望記者和公眾能夠敞開耳朵、眼睛和心靈去接收訊息。我們早就應該針對蓋茲基金會展開一場公開、坦誠的辯論了，而它的慈善工作性質有太多問題需要解答了。

蓋茲基金會如此自由地參與商業活動，資助或甚至控告營利事業是否合適？它從受資助者那裡取得智慧財產權，甚至創辦自己的製藥企業是否合適？它面臨內容一致的若干反競爭行為指控，我們真的可以視之為出於指控者的酸葡萄心理嗎？針對蓋茲基金會的指控與針對微軟壟斷勢力的指控非常相似，我們可以忽視這一點嗎？蓋茲基金會大力支持專利權帶給微軟許多好處，我們可以對此視而不見嗎？為什麼沒有人去調查蓋茲基金會的這些活動？

Chapter **16** 結論

　　我們是否應該容許蓋茲基金會經手以十億美元計的流向不明資金（付給各種顧問、專業人士和「財政贊助者」的不明支出）？我們不是應該可以看到實際贈款用途和基金會簽訂的各種合約嗎？我們不是應該可以清楚描繪出蓋茲的影響力網絡嗎（例如知道蓋茲基金會參與的每一個管理委員會）？如果蓋茲基金會在使用大眾的錢，你不認為我們應該能夠輕鬆追蹤資金流向嗎？

　　作為納稅人，你認為比爾・蓋茲可以很好地管理你的錢嗎？你是否確信政府捐給他的公私合夥事業數百億美元，是公共資金公平、公正和有效的運用？納稅人投入蓋茲專案的巨額資金，如果用在沒有比爾・蓋茲參與的公共衛生工作上，應該可以拯救數百萬生命，這不是顯而易見的嗎？蓋茲是真的貢獻了價值，還是只是收割了成果？我們為比爾・蓋茲、梅琳達・法蘭琪・蓋茲和華倫・巴菲特之慈善捐贈提供以十億美元計的租稅減免又是怎麼回事？為什麼我們的稅制容許最富有的人避稅最多？富豪從事慈善事業真的可以代替納稅嗎？

　　蓋茲基金會的創始人面臨非同尋常的一連串不當行為指控，包括他與傑佛瑞・艾普斯坦長達多年、至今仍未解釋的關係，而蓋茲基金會對此毫無作為，你滿意它的現行管理方式嗎？蓋茲的基金會適合成為世界上婦女培力工作的主要資助者之一嗎？

　　比爾・蓋茲經常與國會議員見面，合適嗎？他的基金會資助國會議員的旅行，合適嗎？蓋茲基金會介入外國官方機構，為印度疫苗政策和衣索比亞農業發展提供技術建議，合適嗎？我們應該容許蓋茲基金會捐數億美元給政府機構嗎？我們根據

破解蓋茲迷思

什麼定義視這些活動為慈善事業？如果慈善事業是金錢介入政治的工具，我們為什麼不像規管政治遊說或競選捐款那樣規管它？

你不認為過去十年關於蓋茲基金會的公共論述嚴重失衡嗎？你相信蓋茲資助新聞媒體與這種同質化報導（pack journalism）毫無關係嗎？在什麼情況下我們才會承認，蓋茲基金會付錢給新聞媒體宣傳它關於人類進步的樂觀敘事形同散播錯誤資訊，同時也分散了人們對隨處可見有關於不公平和貧困之大量證據的注意？

比爾・蓋茲的私人基金會對科學事業有巨大的影響力，支配或甚至壟斷了一些研究領域，這種情況健康嗎？許多人指控蓋茲故意利用其資助歪曲科學，你不會對此感到不安嗎？一個機構因為可以影響大學、智庫和媒體而擁有如此巨大的知識權力（epistemic power），這對社會是好事嗎？

富豪慈善事業是不平等的解決方案，還是不平等的象徵？比爾・蓋茲真的是慈善家嗎？他的慈善捐贈是為了表達愛心，還是為了行使權力？他捐出他並不需要的小錢，值得因此不斷得到人們不加批判的讚頌嗎？抑或我們應該質疑為什麼在地球上那麼多人為生計苦苦掙扎的情況下，蓋茲仍囤積了上千億美元的財富？蓋茲是慷慨還是貪婪？

蓋茲基金會積極將其捐贈基金投資於那些傷害到它聲稱要服務之窮人的公司和產業，這樣我們怎麼還能視它為人道機構？或許有人會說「結果使手段變得合理」，這種投資產生的報酬有天將經由慈善事業幫助到窮人，這種髒錢因此是可以原諒的，但我們真的要接受這種做法嗎？蓋茲基金會每年的投資

Chapter **16** 結論

收益高達數十億美元,有時甚至超過它的慈善捐贈,這樣我們還能視它為慈善組織嗎?蓋茲基金會最終將變得更大、更有錢、更有影響力嗎?這對社會是好事嗎?

如果你是虔誠教徒,你能指出任何為這種財富和權力模式辯解或予以支持的經文、教義或聖經嗎?如果你是透過政治理解世界,那麼除了寡頭政治論,你能指出任何為比爾・蓋茲和蓋茲基金會的作為辯解的理論或意識形態嗎?

縱觀比爾・蓋茲的慈善帝國,你能夠清楚且自信地聲稱他的作為利大於弊嗎?你不認為我們有可能創造比較美好的另一個世界嗎?你是否認為人類註定要面對巨大的不平等,而我們只能希望我們的寡頭是好寡頭,我們的富豪是好富豪——希望他們利用他們的巨額財富去幫助世界而不是傷害世界?馬丁・路德・金恩曾說:「真正的悲憫並非只是丟個銅板給乞丐,而是還意識到製造出乞丐的結構需要改造。」你看到這句話,難道不會聽到一種撼動比爾・蓋茲建立的基金會、令人不安的深沉回聲?

我認為嚴肅之人看到現在的比爾・蓋茲和蓋茲基金會,一定不會說沒有什麼需要改變。我希望本書的讀者明白,你們的意見很重要——你們的意見應該和比爾・蓋茲的意見一樣重要,而我們應該嚮往一個並不是最有錢的人說話最大聲的世界。將你們的意見帶進公共辯論,有助我們建立必要的民主力量來對抗蓋茲以不民主手段攫取權力。

挑戰蓋茲基金會只是一場大戰爭中的一個小戰役(這場戰爭反對財富不平等;反對殖民主義;反對不公義;反對種族主義、性別歧視、不寬容和偏見;反對所有的反民主力量),但

破解蓋茲迷思

這是一個重要的戰役,因為蓋茲是非常強大的寡頭,也是一個非常重要的圖騰。蓋茲這種人從事的富豪慈善事業利用我們的文化偏見來掩蓋它的影響力。它使我們相信,富豪捐出其巨額財富是一種必須予以讚頌、無可指摘的慈善行為,而不是一種必須受到挑戰的權力和控制手段。

謝誌

自2018年以來，比爾‧蓋茲一直是我的報導工作的焦點，那一年我提出了一個著眼於蓋茲基金會的調查報導計畫，獲得艾麗西亞帕特森基金會（Alicia Patterson Foundation）提供報導資助。如果沒有這筆資助，我就不會在2019年展開對蓋茲基金會的第一次調查報導，也就不會寫出這本書，而且很可能不會成為一名作家。為此我非常感謝艾麗西亞帕特森基金會。

如果沒有Linda Jue的幫助，我不會得到這筆報導資助。Linda看了我最初的計畫書後告訴我，她無法支持這樣一個組織薄弱的計畫。這給了我當頭一棒，使我能夠重新聚焦並改善我的報導計畫。Linda後來還把我介紹給《國家》雜誌，其總編輯Don Guttenplan支持我對蓋茲的調查報導，當時多數新聞機構不會考慮以批判的眼光審視蓋茲基金會。

我要感謝Don把我介紹給Roam Agency，在那裡，我的著作經紀人Roisin Davis靈巧地與Metropolitan Books談好了合約，然後又監督這本書移轉到Henry Holt公司。Roisin還花時間看我的初稿，提出很有見地的意見。我的第一個編輯Grigory Tovbis大力支持我，深信我能寫出一本好書，他退出本書的工作使我深感遺憾。我感謝編輯Tim Duggan和他在Henry Holt的同事，他們勇敢地跳上這列行駛中的列車，並非常有效地引導這個計畫衝過終點線。

破解蓋茲迷思

　　Sachi McClendon、Paige Oamek和Finley Muratova為本書完成艱巨的事實查核工作，強化了本書的品質。Brian Mittendorf耐心地回答我提出有關於私人基金會報稅表內容的複雜問題。Ray Madoff不遺餘力地幫助我認識稅務問題，也為我指出正確的方向。James Love介紹我認識幾個重要的知情人士，並提供了關於智慧財產權的大量背景資料。在調查報導所謂的「衛生指標」看似不可能之際，Andrew Noymer為我提供有關衛生指標與評估研究所（IHME）的精闢概述，以及一份可以接觸的知情人士名單。針對我提出的經濟學相關問題，Rob Larson都提供非常有幫助、非常有見地的答案。還有一些人特別慷慨地抽出時間，回答我的問題或針對書中部分內容給予回饋意見，他們包括Anne Hendrixson、David McCoy、Monica Guerra、Nick Tampio、Manjari Mahajan、Lea Dougherty，以及Tim Wise。

　　至於本書的實際寫作，有許多人是我想感謝但不能說出名字的。我為本書採訪的許多知情人士是以匿名為受訪條件的。如果沒有這些揭弊者，本書的品質將大打折扣；他們從世界各地聯絡我，全都以某種方式講述了同一個故事：比爾‧蓋茲根本不是他宣稱的那樣。

　　我還想感謝許多其他消息來源，他們慷慨地抽出時間具名接受我的訪問，但他們的名字沒有出現在本書中。在為本書做採訪的過程中，我接觸了數百人，而我的初稿刪減了數萬字，許多消息來源的聲音因此從本書中消失了。

　　最後，我要感謝那些予我精神支持、使我得以走到今天的人。這包括我的父母親，他們對我的幫助很可能比我所感受到的還要多。我感謝我的兄弟，他給了我無盡的技術支援。我

謝誌

感謝Gigi和Som的許多友善行為，他們使我在Covid-19大流行期間有一點從事寫作事業的樣子。我感謝我的老朋友Shane Dillingham，他多年前在Oaxaca一趟顛簸的車程中清楚告訴我，只要我願意，我可以成為一名作家，而他隨後一直支持我，慷慨地針對本書幾個章節給予回饋意見。已故的Sheldon Krimsky在我職業生涯早期曾與我合作，後來一直是我重要的回饋和靈感來源。已故的Todd Fisk不遺餘力地支持我早期的寫作，甚至和他妻子Inga幫助我建立了一個網站。John Claborn在本書的寫作過程中為幾個章節提供重要的回饋意見，予我精神支持，並參與高層次的腦力激盪。作家Robert Fortner也大力支持本書，為我耐心解釋蓋茲基金會在小兒麻痺症方面的工作，並提出了他的看法。

很多人幫助我完成這本書，但寫書確實是非常孤獨的工作，同時也是相當自私的事。寫這本書耗費了我大量的時間、注意力和精力，使我疏忽我生命中最重要的一些人。我必須報答我的家人，感謝他們無盡的耐心和善意，感謝他們予我歡樂。

破解蓋茲迷思

註釋

序言

1. Sandi Doughton, "Not Many Speak Their Mind to Gates Foundation," *Seattle Times*, August 2, 2008, https://www.seattletimes.com/seattle-news/not-many-speak-their-mind-to-gates-foundation/.
2. "Bill & Melinda Gates Foundation CEO Mark Suzman Announces Initial Plans to Evolve Governance as Bill Gates and Melinda French Gates Commit $15 Billion in New Resources to Deepen and Accelerate the Foundation's Efforts to Address Inequity," Bill & Melinda Gates Foundation, July 7, 2021, https://www.gatesfoundation.org/ideas/media-center/press-releases/2021/07/bill-melinda-gates-foundation-mark-suzman-plans-evolve-governance.

引言

1. David Allison, "Transcript of a Video History Interview with Mr. William 'Bill' Gates," National Museum of American History, Smithsonian Institution, 1993, https://americanhistory.si.edu/comphist/gates.htm.
2. Paul Allen, *Idea Man: A Memoir by the Cofounder of Microsoft* (New York: Portfolio, 2011).
3. *Inside Bill's Brain: Decoding Bill Gates*, episode 2, at 9:30, directed by Davis Guggenheim, aired September 20, 2019, on Netflix.
4. Walter Isaacson, *The Innovators: How a Group of Hackers, Geniuses, and Geeks Created the Digital Revolution* (New York: Simon and Schuster, 2015).
5. Allen, *Idea Man*.
6. Allison, "Transcript of a Video History Interview with Mr. William 'Bill' Gates."
7. Allen, *Idea Man*.
8. 同上。
9. 同上。
10. 同上。
11. 同上。
12. 同上。
13. 同上。
14. 同上。
15. 同上。艾倫講了這個故事：他擁有的球隊波特蘭拓荒者當年進了NBA冠軍賽，面對麥可‧喬丹帶領的芝加哥公牛隊。觀看比賽時，喬丹的能力和欲望（不只是想贏，而是還想主宰比賽、打垮對手）震撼了艾倫，而且使他想到他認識的一個人。
16. David Rensin, "The Bill Gates Interview: A Candid Conversation with the Sultan of Software About Outsmarting His Rivals," *Playboy*, July 1994.
17. Allen, *Idea Man*.
18. John Seabrook, "E-mail from Bill," *New Yorker*, December 26, 1993, https://www.newyorker.com/magazine/1994/01/10/e-mail-from-bill-gates.
19. Jennifer Edstrom and Marlin Eller, *Barbarians Led by Bill Gates* (New York: Henry Holt, 1998), 30.
20. James Wallace and Jim Erickson, *Hard Drive: Bill Gates and the Making of Microsoft* (New York: John Wiley and Sons, 1992), 212.
21. Associated Press, "Mary Gates, 64; Helped Her Son Start Microsoft," *New York Times*, June 11, 1994, https://www.nytimes.com/1994/06/11/obituaries/mary-gates-64-helped-her-son-start-microsoft.html; Wallace and Erickson, Hard Drive, 189.
22. Rob Guth, "Raising Bill Gates," *Wall Street Journal*, April 25, 2009, https://www.wsj.com/articles/SB124061372413054653.
23. Allen, *Idea Man*; Wallace and Erickson, *Hard Drive*, 185.
24. Wallace and Erickson, *Hard Drive*, 202–4.
25. Todd Bishop, "Microsoft at 40: How the Company Has Changed, and Stayed the Same," GeekWire, April 4, 2015, https://www.geekwire.com/2015/microsoft-at-40-how-the-companys-goal-has-changed-and-stayed-the-same/.
26. Allen, *Idea Man*.
27. Josh Halliday, "Microsoft Sells MSNBC.com Stake," *Guardian*, July 16, 2012, https://www.theguardian.com/media/2012/jul/16/microsoft-msnbc; Michael Kinsley, "My History of Slate," *Slate*, June 18, 2006, https://slate.com/news-

and-politics/2006/06/michael-kinsley-s-history-of-slate.html.
28. David Bank, *Breaking Windows: How Bill Gates Fumbled the Future of Microsoft* (New York: Free Press, 2001), 14–15.
29. Steve Lohr, "Where Microsoft Wants to Go Today: Further Moves into Home and Office for the Software Giant," *New York Times*, January 5, 1998, https://www.nytimes.com/1998/01/05/business/outlook-98-media-technology-where-microsoft-wants-to-go-today.html.
30. Allen, *Idea Man*.
31. "Justice Department Files Antitrust Suit Against Microsoft for Unlawfully Monopolizing Computer Software Markets," Press Release, May 18, 1998, U.S. Department of Justice, Washington, DC, https://www.justice.gov/archive/atr/public/press_releases/1998/1764.htm.
32. Ted Bridis, "Judge Rules Microsoft Is a Monopoly," AP News, November 5, 1999, https://apnews.com/article/fffc2a3a5757f38b9ef47c1e862e80a2. Amy Harmon, "U.S. vs. Microsoft: The Overview: Judge Backs Terms of U.S. Settlement in Microsoft Case." *New York Times*, November 2, 2002, https://www.nytimes.com/2002/11/02/business/us-vs-microsoft-overview-judge-backs-terms-us-settlement-microsoft-case.html.
33. Charles Arthur, "Microsoft Loses EU Antitrust Fine Appeal," *Guardian*, June 27, 2012, https://www.theguardian.com/technology/2012/jun/27/microsoft-loses-eu-antitrust-fine-appeal; Steve Lohr and David D. Kirkpatrick, "Microsoft and AOL Time Warner Settle Antitrust Suit," *New York Times*, May 29, 2003, https://www.nytimes.com/2003/05/29/technology/microsoft-and-aol-time-warner-settle-antitrust-suit.html.
34. Katie Hafner, "Bill Gates and His Wife Give Away $3.3 Billion," *New York Times*, February 6, 1999, https://www.nytimes.com/1999/02/06/us/bill-gates-and-his-wife-give-away-3.3-billion.html.
35. Lisa Singhania, "Gates Stays Atop Billionaires Club," *Washington Post*, June 16, 2000, https://www.washingtonpost.com/archive/business/2000/06/16/gates-stays-atop-billionaires-club/453c7e6b-804b-4e90-acdf-8629a11f33e6/.
36. "The World's Real-Time Billionaires," *Forbes*, n.d., https://www.Forbes.com/real-time-billionaires/.
37. Tim Schwab, "US Opioid Prescribing: The Federal Government Advisers with Recent Ties to Big Pharma," *BMJ* 366 (August 22, 2019): I5167, https://doi.org/10.1136/bmj.I5167.
38. Corrie MacLaggan, "Exclusive: Livestrong Cancer Charity Drops Lance Armstrong Name from Title," Reuters, November 15, 2012, https://www.reuters.com/article/us-cycling-armstrong-livestrong-idUSBRE8AE00020121115.
39. Hannah Fraser-Chanpong, "Hillary Clinton Denies Donors Influenced Her as Secretary of State," CBS News, August 24, 2016, https://www.cbsnews.com/news/hillary-clinton-denies-donors-influenced-her-as-secretary-of-state/.
40. Brian Naylor, "Trump Foundation to Dissolve Amid New York Attorney General's Investigation," NPR, December 18, 2018, https://www.npr.org/2018/12/18/677778958/trump-foundation-to-dissolve-amid-new-york-ags-investigation.
41. Katie Hafner, "Gates's Library Gifts Arrive, but with Windows Attached," *New York Times*, February 2, 1999, https://www.nytimes.com/1999/02/21/us/gates-s-library-gifts-arrive-but-with-windows-attached.html.
42. Karl Taro Greenfeld, "Giving Billions Isn't Easy: Bill and Melinda Gates," *Time*, July 24, 2000, https://content.time.com/time/subscriber/article/0,33009,997529,00.html.
43. "Melinda Gates Joins Washington Post Co. as Director," *Washington Post*, September 10, 2004, https://www.washingtonpost.com/archive/business/2004/09/10/melinda-gates-joins-washington-post-co-as-director/1de38078-e749-4bb1-a4ce-430469a25070/.
44. Bill Shore, "Bush Recognizes Social Entrepreneurship," *Seattle Post-Intelligencer*, January 16, 2007, https://www.seattlepi.com/local/opinion/article/Bush-recognizes-social-entrepreneurship-1225470.php.
45. "The Presidential Medal of Freedom," The White House, 2016, https://obamawhitehouse.archives.gov/campaign/medal-of-freedom; Chris Young, "Bill Gates Receives Honorary Knighthood," March 2, 2005, https://www.nbcnews.com/id/wbna7065790; Shanoor Seervai, "Bill and Melinda Gates Receive Indian Civilian Award," *Wall Street Journal*,

破解蓋茲迷思

January 28, 2015, http://blogs.wsj.com/indiarealtime/2015/01/28/bill-and-melinda-gates-receive-indian-civilian-award/.
46. "H. Res. 638, 109th Congress (2005–2006), Congratulating Bill Gates, Melinda Gates and Bono for Being Named Time Magazine's 2005 Person of the Year," Congress.gov, December 18, 2005, https://www.congress.gov/bill/109th-congress/house-resolution/638?s=1&r=80.
47. "Bill Gates Talks Philanthropy, Microsoft and Taxes," *New York Times*, DealBook event, November 6, 2019.
48. 蓋茲基金會已承諾捐出800億美元,但大部分捐贈將在若干年內發放,因此這800億美元要數年之後才會全數捐出。
49. Dawn Fratangelo, "How Gates Changes Global Public Health," NBC News, June 27, 2006, https://www.nbcnews.com/id/wbna13580687.
50. Bill and Melinda Gates, "Why We Swing for the Fences," *GatesNotes*, February 10, 2020, https://www.gatesnotes.com/2020-Annual-Letter.
51. Ron Claiborne and Ben Forer, "Bill Gates Criticizes Long-Held Norms in America's Education System," ABC News, March 3, 2011, https://abcnews.go.com/US/bill-gates-education-microsoft-founder-schools-teaching-teachers/story?id=13051251; Rainer Zitelmann, "Bill Gates Was an Angry, Difficult Boss in Early Microsoft Days—Here's Why Employees Still Liked Him," CNBC, February 24, 2020, https://www.cnbc.com/2020/02/24/bill-gates-was-difficult-boss-in-early-microsoft-days-but-employees-still-liked-him.html.
52. Megan Twohey and Nicholas Kulish, "Bill Gates, the Virus and the Quest to Vaccinate the World," *New York Times*, November 23, 2020, https://www.nytimes.com/2020/11/23/world/bill-gates-vaccine-coronavirus.html.
53. 此詞源自Yogesh Rajkotia, "Beware of the Success Cartel: A Plea for Rational Progress in Global Health," *BMJ Global Health* 3, no. 6 (November 1, 2018): e001197, https://doi.org/10.1136/bmjgh-2018-001197.

Chapter 1　拯救生命

1. "Anand Giridharadas: It Is Immoral to Be a Billionaire," Oxford Union Debate, September 5, 2019, YouTube, 3:25, https://www.youtube.com/watch?v=axN8ppre-mU.
2. "Peter Singer: It Is NOT Immoral to Be a Billionaire," Oxford Union Debate, September 5, 2019, YouTube, 4:00, https://www.youtube.com/watch?v=SYgMtZODcVQ.
3. Kelsey Piper, "Bill Gates's Efforts to Fight Coronavirus, Explained," Vox, April 14, 2020, https://www.vox.com/future-perfect/2020/4/14/21215592/bill-gates-coronavirus-vaccines-treatments-billionaires; Kelsey Piper, Twitter, May 29, 2019, https://twitter.com/KelseyTuoc/status/1133761319646089217.
4. David Callahan, Twitter, March 17, 2020, https://twitter.com/DavidCallahanIP/status/1240101039837032448. 註:我的文章明確引用了蓋茲關於他拯救了數百萬人命的聲稱; Tim Schwab, "Bill Gates Gives to the Rich (Including Himself)," *Nation*, March 17, 2020, https://www.thenation.com/article/society/bill-gates-foundation-philanthropy/.
5. "From Poverty to Prosperity: A Conversation with Bill Gates," Interview by Arthur C. Brooks, American Enterprise Institute, March 13, 2014, https://www.aei.org/wp-content/uploads/2014/03/-bill-gates-event-transcript_082217994272.pdf?x91208.
6. Bill Gates, "Watch the Full Bill Gates Keynote from Microsoft Research Faculty Summit 2013," *Official Microsoft Blog*, July 15, 2013, https://web.archive.org/web/20210120012355/https://blogs.microsoft.com/blog/2013/07/15/watch-the-full-bill-gates-keynote-from-microsoft-research-faculty-summit-2013/.
7. Center for Global Development, "Millions Saved—FAQ," final question, http://millionssaved.cgdev.org/frequently-asked-questions;全球發展中心聲稱其工作獨立於其資助者,但也表示蓋茲基金會深入參與了《救命以百萬計》這本書:「蓋茲基金會的工作人員在這本書的製作中發揮了作用,他們參與審視與案例有關的證據(案例清單是全球發展中心的團隊整理的),並為整個專案提供建議和反饋。」
8. Tim Schwab, "Are Bill Gates's Billions Distorting Public Health Data?," *Nation*, December 3, 2020, https://www.thenation.com/article/society/gates-covid-data-ihme/; Christopher Murray and Ray Chambers, "Keeping Score: Fostering Accountability for Children's Lives," *The Lancet* 386, no. 9988 (July 4, 2015): 3–5, https://www.thelancet.

com/journals/lancet/article/PIIS0140-6736(15)61171-0/fulltext.
9. Bloomberg School of Public Health, "Lives Saved Tool (LiST)," Johns Hopkins, n.d., https://www.jhsph.edu/research/centers-and-institutes/institute-for-international-programs/current-projects/lives-saved-tool/; Jaspreet Toor et al., "Lives Saved with Vaccination for 10 Pathogens Across 112 Countries in a Pre-Covid-19 World," *eLife* 10 (July 13, 2021): e67635, https://doi.org/10.7554/eLife.67635.
10. Bill Gates and Melinda Gates, "Warren Buffett's Best Investment," *GatesNotes*, n.d., https://www.gatesnotes.com/2017-annual-letter.
11. Karen Makar, "An Overview of the Bill and Melinda Gates Foundation," Presentation at the Fourteenth H3Africa Consortium Meeting, Accra, Ghana, September 25, 2019, https://h3africa.org/index.php/forteenth-meeting/#1569927279633-30d6cced-5af7; FastCo Works, "Five Renowned Design-ers Illustrate Global Health Stories You Should Know About," Fast Company, February15,2017,https://www.fastcompany.com/3068156/five-renowned-designers-illustrate-global-health-stories-you-should-know-ab.
12. Sarah Boseley, "How Bill and Melinda Gates Helped Save 122M Lives—and What They Want to Solve Next," *Guardian*, February 14, 2017, https://www.theguardian.com/world/2017/feb/14/bill-gates-philanthropy-warren-buffett-vaccines-infant-mortality; Timothy Egan, "Bill Gates Is the Most Interesting Man in the World," *New York Times*, May 22, 2020, https://www.nytimes.com/2020/05/22/opinion/bill-gates-coronavirus.html.
13. "Melinda Gates: The Dallas Morning News Texan of the Year 2020," *Dallas Morning News*, January 2, 2021, https://www.dallasnews.com/opinion/editorials/2021/01/02/the-dallas-morning-news-texan-of-the-year-2020-melinda-gates/. 蓋茲宣布救了1.22億人的最初貼文向許多人（顯然包括《達拉斯晨報》）傳達了這個訊息：救這1.22億人是蓋茲一個人的功勞。如果你仔細看最初的公告，會發現比爾・蓋茲和梅琳達・蓋茲有向合作夥伴示意：「我們的目標也是致力拯救生命和改善人們生活的許多其他組織的目標。」
14. "The Causes of a Welcome Trend," *Economist*, September 27, 2014, https://www.economist.com/international/2014/09/27/the-causes-of-a-welcome-trend.
15. The Economist Intelligence Unit, "Solutions, Public Policy," https://web.archive.org/web/20210329121552/https://www.eiu.com/solutions/public-policy-consultancy/; "Healthy Partnerships: How Governments Can Engage the Private Sector to Improve Health in Africa," World Bank and International Finance Corporation, 2011, v, accessed at http://graphics.eiu.com/upload/eb/Healthy-Patnerships_ExecSummary_StandAlone.pdf.
16. John W. McArthur, "Seven Million Lives Saved: Under-5 Mortality Since the Launch of the Millennium Development Goals," *Brookings* (blog), Brookings Institution, September 25, 2014, https://www.brookings.edu/research/seven-million-lives-saved-under-5-mortality-since-the-launch-of-the-millennium-development-goals/.
17. Bill Gates, "By 2026, the Gates Foundation Aims to Spend $9 Billion a Year," *GatesNotes*, July 13, 2022, https://www.gatesnotes.com/About-Bill-Gates/Commitment-to-the-Gates-Foundation?WT.mc_id=2022071380100_Commitment_BG-TW_&WT.tsrc=BGTW.
18. Bernadeta Dadonaite, Hannah Ritchie, and Max Roser, "Diarrheal Diseases," Our World in Data, n.d., https://ourworldindata.org/diarrheal-diseases#rotavirus-vaccine-protects-children-from-diarrheal-disease; "WHO Recommends Rotavirus Vaccine for All Children," Reuters, June 5, 2009, https://www.reuters.com/article/health-us-vaccines-rotavirus/who-recommends-rotavirus-vaccine-for-all-children-idUKTRE5541U620090605.
19. Victoria Jiang et al., "Performance of Rotavirus Vaccines in Developed and Developing Countries," *Human Vaccines* 6, no. 7 (2010): 532–42, doi:10.4161/hv.6.7.11278.
20. David McCoy et al., "Methodological and Policy Limitations of Quantifying the Saving of Lives: A Case Study of the Global Fund's Approach," *PLOS Medicine* 10, no. 10 (October 1, 2013): e1001522, https://doi.org/10.1371/journal.pmed.1001522.
21. "The Epidemiology and Disease Burden of Rotavirus," RotaCouncil, 2019, https://preventrotavirus.org/wp-content/uploads/2019/05/ROTA-Brief3-Burden-SP-1.pdf.
22. "Number of Deaths per Year, World," Our World in Data, n.d., https://ourworldindata.org/

23. Gates, "Watch the Full Bill Gates Keynote," 26:20.
24. Marcia Angell, *The Truth About the Drug Companies: How They Deceive Us and What to Do About It* (New York: Random House, 2004). 註：除了行銷費用，製藥公司還花大錢在遊說和法律工作上，以保護或提高公司利潤，包括致力維持對藥廠有利的專利法規。
25. "Bill & Melinda Gates Foundation Hosts Panel Discussion on 'Making Markets Work for the Poor,'" BusinessWireIndia, June 21, 2018, https://www.businesswireindia.com/bill-melinda-gates-foundation-hosts-panel-discussion-on-making-markets-work-for-the-poor-58748.html.
26. "Le Monde Philanthropy Event," Paris, France, October 24, 2016, Transcript, Bill & Melinda Gates Foundation, https://www.gatesfoundation.org/ideas/speeches/2016/10/bill-gates-le-monde-philanthropy-event.
27. Bill Gates, "My Annual Letter: Vaccine Miracles," GatesNotes, February 16, 2011, https://www.gatesnotes.com/health/bills-annual-letter-vaccine-miracles.
28. Gavi, Annual Progress Report, 2020, https://www.gavi.org/sites/default/files/programmes-impact/our-impact/apr/Gavi-Progress-Report-2020.pdf. 註：Gavi使用「所防止的未來死亡」(future deaths prevented) 這個棘手的指標。
29. Sharon Lougher and Joel Taylor, "Bill Gates on Conquering Malaria, Curing Sick Kids. . . and Buying a Jet," *Metro News*, June 25, 2015, https://metro.co.uk/2015/06/25/bill-gates-conquering-malaria-curing-sick-kids-and-buying-a-jet-5266360/; Bill Gates, Interview by Walter Isaacson, CNN, February 22, 2021, http://edition.cnn.com/TRANSCRIPTS/2102/22/ampr.01.html.
30. Melinda French Gates, "The Daunting, Damning Number That Should Spur Us to Action," Pivotal Ventures, June 19, 2019, https://www.pivotalventures.org/articles/the-daunting-damning-number-that-should-spur-us-to-action.
31. Gavi, "Disbursements and Commitments," n.d., https://www.gavi.org/programmes-impact/our-impact/disbursements-and-commitments. 註：截至2022年底，Gavi的支付資料僅更新至2018年。
32. Gail Rodgers, "Time Well Spent: The Complex Journey of a Life-Saving Vaccine," Bill & Melinda Gates Foundation, April 22, 2022, https://www.gatesfoundation.org/ideas/articles/creating-life-saving-pcv-vaccine-for-pneumonia-india. 註：Gavi誇口稱，在它開展工作的73個國家，它已為其中60個國家引進肺炎疫苗，覆蓋2.55億名兒童。PCV是一種需要打超過一劑的疫苗，目前不清楚2.55億是已施打的劑數還是已完成接種的兒童人數。
33. Gail Rodgers, "Pneumococcal Vaccine Update," Presentation to International Congress on Infectious Diseases, 2018, https://isid.org/wp-content/uploads/2019/04/18thICID_Rodgers.pdf.
34. Gail Rodgers, "Creating a Life-Saving PCV Vaccine for Pneumonia in India," Bill & Melinda Gates Foundation, n.d., https://www.gatesfoundation.org/ideas/articles/creating-life-saving-pcv-vaccine-for-pneumonia-india?utm_source=to&utm_medium=em&utm_campaign=wc&utm_term=lgc. 註：本章討論的疫苗是結合型肺炎鏈球菌疫苗（PCV），它獲准用於兒童，可預防肺炎鏈球菌這種肺炎的主要病因。
35. Gavi, "Pneumococcal Vaccine Support," January 2023, https://www.gavi.org/types-support/vaccine-support/pneumococcal. 註：無國界醫生組織指出，Gavi的肺炎疫苗接種計畫供應短缺，導致「估計2,600萬名兒童出生時無法獲得PCV疫苗」。
36. Gavi, "Eligibility," n.d., https://www.gavi.org/types-support/sustainability/eligibility. 註：根據世界銀行的資料，Gavi的資格門檻為人均國民所得毛額（GNI）1,730美元。
37. Androulla Kyrillou, "Zero Dose PCV Children Dangerously Exposed to Pneumonia," *Stop Pneumonia/Every Breath Counts* (blog), April 23, 2020, https://stoppneumonia.org/zero-dose-pcv-children-dangerously-exposed-to-pneumonia; "Every Breath Counts Coalition Members," *Stop Pneumonia/Every Breath Counts* (blog), n.d., https://stoppneumonia.org/about-us/.
38. Mark R. Alderson et al., "Development Strategy and Lessons Learned for a 10-Valent Pneumococcal Conjugate Vaccine (PNEUMOSIL®)," *Human Vaccines & Immunotherapeutics* 17, no. 8 (August 3, 2021): 2670–77, https://doi.org/10.1080/21645515.2021.1874219.

39. Elisabeth Rosenthal, "The Price of Prevention: Vaccine Costs Are Soaring," *New York Times*, July 3, 2014, https://www.nytimes.com/2014/07/03/health/Vaccine-Costs-Soaring-Paying-Till-It-Hurts.html.
40. Michael Kinsley, *Creative Capitalism: A Conversation with Bill Gates, Warren Buffett, and Other Economic Leaders* (New York: Simon and Schuster, 2008).
41. Pfizer's 10-K Form for Year Ending December 31, 2021, U.S. Securities and Exchange Commission, PDF, 103, https://www.sec.gov/Archives/edgar/data/78003/000007800322000027/pfe-20211231.htm.
42. Gavi, Annual Progress Report, 2020. 註：在那15億美元中，蓋茲貢獻了5,000萬美元。大部分資金由義大利、英國和加拿大的納稅人提供。
43. Rodgers, "Time Well Spent."
44. Gavi, "The Pneumococcal AMC: The Process," https://www.gavi.org/sites/default/files/document/amc/AMC_ProcessSheet2009.pdf; Gavi, "How the Pneumococcal AMC Works," n.d., https://www.gavi.org/investing-gavi/innovative-financing/pneumococcal-amc/how-it-works; and Pfizer, "Proxy Statement for 2018 Annual Meeting of Shareholders: 2017 Financial Report," n.d., https://www.sec.gov/Archives/edgar/data/78003/000093041718000973/c90444_def14a.pdf. 註：Gavi的獎金適用於最早的20%疫苗接種。Gavi為肺炎疫苗支付的基本價格約為每劑3美元。
45. Andrew Pollack, "Deal Provides Vaccines to Poor Nations at Lower Cost," *New York Times*, March 23, 2010, https://www.nytimes.com/2010/03/24/business/global/24vaccine.html; Donald Light, "Saving the Pneumococcal AMC and Gavi," *Human Vaccines* 7, no. 2 (February 1, 2011), https://doi.org/10.4161/hv.7.2.14919.
46. Pollack, "Deal Provides Vaccines to Poor Nations at Lower Cost."
47. Pfizer, Forms 8-K, Ex-99, July 28, 2015, and DEF 14-A, March 15, 2018, U.S. Securities and Exchange Commission, https://www.sec.gov/Archives/edgar/data/78003/000007800315000031/pfe-06282015xex99.htm; Pfizer, "Proxy Statement for 2018 Annual Meeting of Shareholders."
48. Bill Gates, "From Poverty to Prosperity: A Conversation with Bill Gates."
49. Gavi, "Disbursements and Commitments."
50. 這並不是說無國界醫生組織完全不受蓋茲影響。它創立被忽視疾病藥物研發計畫（DNDi）時，接受了蓋茲基金會的資助。雖然可能是獨立於蓋茲的全球衛生領域最受矚目的參與者，無國界醫生組織並不經常直接與蓋茲基金會作對。"DNDi Receives $25.7M from the Bill & Melinda Gates Foundation to Develop New Medicines for Neglected Diseases," DNDi, December 11, 2007, https://dndi.org/press-releases/2007/dndi-receives-257m-from-the-bill-a-melinda-gates-foundation-to-develop-new-medicines-for-neglected-diseases/.
51. Daniel Berman and Rohit Malpani, "High Time for GAVI to Push for Lower Prices," *Human Vaccines* 7, no. 3 (March 2011): 290, https://doi.org/10.4161/hv.7.3.15218; *Global Health Watch, Global Health Watch 5: An Alternative World Health Report* (London: Zed Books, 2017), 302.
52. Gavi, "Funding," n.d., https://www.gavi.org/investing-gavi/funding.
53. Ann Danaiya Usher, "Dispute over Pneumococcal Vaccine Initiative," *The Lancet* 374, no. 9705 (December 5, 2009): 1879–80, https://doi.org/10.1016/S0140-6736(09)62078-X.
54. Light, "Saving the Pneumococcal AMC and Gavi."
55. Sarah Boseley, "Bill Gates Dismisses Criticism of High Prices for Vaccines," *Guardian*, January 27, 2015, https://www.theguardian.com/global-development/2015/jan/27/bill-gates-dismisses-criticism-of-high-prices-for-vaccines.
56. Boseley, "Bill Gates Dismisses Criticism of High Prices for Vaccines."
57. James Hamblin, "Doctors Refused a Million Free Vaccines—to Make a Statement About the Pharmaceutical Industry," *Atlantic*, October 14, 2016, https://www.theatlantic.com/health/archive/2016/10/doctors-with-borders/503786/.
58. Gavi, "Board Members," n.d., https://www.gavi.org/governance/gavi-board/members. 註：數名消息人士告訴我，蓋茲基金會對Gavi有獨特的強大影響力，雖然它只是擁有一個董事會席位。此外，奧斯陸大學Katerini Storeng的研究提供蓋茲影響力強大的一個具體例子。Storeng訪問

破解蓋茲迷思

Gavi一名前員工，對方講了這個故事：在比爾‧蓋茲前來開會之前，工作人員會撤下Gavi總部的一些海報，因為他們知道這些海報傳達的訊息——促進「強化衛生體系」——會激怒蓋茲（他希望Gavi專注於花錢分配疫苗，而不是致力於建立公共衛生基礎設施那種分散和往往無法測量的工作）。Storeng的研究也告訴我們，Gavi內部對其資源的最佳使用方式也可能有不同意見。蓋茲基金會一名前員工告訴我，比爾‧蓋茲對Gavi越來越關注衛生體系憤怒不已，一度似乎在策劃一場「政變」以便將Gavi的焦點轉回到疫苗工作上。Katerini T. Storeng, "The GAVI Alliance and the 'Gates Approach' to Health System Strengthening," *Global Public Health* 9, no. 8 (September 14, 2014): 865–79, https://doi.org/10.1080/17441692.2014.940362.

59. William Muraskin, "The Global Alliance for Vaccines and Immunization: Is It a New Model for Effective Public–Private Cooperation in International Public Health?," *American Journal of Public Health* 94, no. 11 (November 2004): 1922–25.

60. Gavi, "Funding"; Gavi, "Gavi Board," n.d., https://www.gavi.org/our-alliance/governance/gavi-board; Gavi, "Annual Contributions and Proceeds 30 June 2022," n.d., https://www.gavi.org/investing-gavi/funding. 註：捐助國和受援國各占五個董事會席位。350億美元的數字來自截至2025年的Gavi得到的捐款承諾。Gavi沒有回應我利用電子郵件提出的關於其經費的具體問題。我的計算是將2000-2010年、2011-2015年、2016-2020年和2021-2025年的「捐助政府和歐盟執委會」的「總計數」加起來。

61. Village Global, "Bill Gates on Startups, Investing and Solving the World's Hardest Problems," Interview by Julia Hartz, 2019, YouTube, 24:00, https://www.youtube.com/watch?v=W5g4sPi1wd4.

62. 蓋茲基金會公開報告其慈善撥款的方式，使外界很難確定它在特定議題上的準確支出。總計接近50億美元的撥款已用於蓋茲基金會歸類為與肺炎有關的專案，但這些專案有許多也被視為針對其他疾病或議題。

63. 蓋茲向Genocea、輝瑞和葛蘭素史克的捐款並未專門指定用於結合型肺炎鏈球菌疫苗的研究，但還是建立了財務關係，使蓋茲基金會獲得潛在的影響力。此外，蓋茲基金會也與美國生物醫學先進研究開發局（BARDA）共同資助了一個名為CARB-X的專案，以支持研發肺炎疫苗的其他公司如Vaxcyte和SutroVax，雖然蓋茲的資金並非針對肺炎方面的工作。"Vaxcyte Announces Expanded CARB-X Award to Advance Development of VAX-A1, a Vaccine to Prevent Group A Streptococcus Infections—Vaxcyte, Inc.," Press Release, August 5, 2021, https://investors.vaxcyte.com/news-releases/news-release-details/vaxcyte-announces-expanded-carb-x-award-advance-development-vax/; "CARB-X Funds SutroVax to Develop a New Vaccine to Prevent Group A Streptococcal Infections," News, CARB-X, September 3, 2019, https://carb-x.org/carb-x-news/carb-x-funds-sutrovax-to-develop-a-new-vaccine-to-prevent-group-a-streptococcal-infections/.

64. 值得注意的是，蓋茲基金會沒有公開揭露它提供資金支持這些公司從事肺炎相關研究。

65. GSK/Affinivax, "Affinivax Launches Novel Vaccine for Global Impact on Infectious Diseases—Affinivax," Press Release, October 30, 2014, https://web.archive.org/web/20210921135547/https://affinivax.com/affinivax-launches-novel-vaccine-for-global-impact-on-infectious-diseases/; Affinivax, "Board of Directors—Affinivax," Affinivax, n.d., https://web.archive.org/web/20150201121843/http://affinivax.com/about/board-of-directors/.

66. "GSK to Acquire Clinical-Stage Biopharmaceutical Company Affinivax, Inc.," Press Release, Affinivax, May 31, 2022, https://web.archive.org/web/20221002223521/https://affinivax.com/gsk-to-acquire-clinical-stage-biopharmaceutical-company-affinivax-inc/. 註：該交易設有里程碑付款（milestone payments），可能使總收購代價達到逾30億美元。

67. Bill & Melinda Gates Foundation, IRS 990 Filing, Addendum to Part VI-B, Line 5d, Expenditure Responsibility Statement.

68. "The Birth of Philanthrocapitalism," *Economist*, February 25, 2006, https://www.economist.com/special-report/2006/02/25/the-birth-of-philanthrocapitalism.

69. Schwab, "Bill Gates Gives to the Rich (Including Himself)."

70. 亦參見Linsey McGoey, *No Such Thing as a*

458

Free Gift: The Gates Foundation and the Price of Philanthropy (New York: Verso, 2015).
71. Lohr, "Where Microsoft Wants to Go Today." 註：該報導所附的一個圖表列出了微軟在之前三年裡投資或收購的一長串公司，包括 Hotmail、夢工廠（DreamWorks）、NBC、Vermeer Technologies 等數十家。
72. PATH, "Bridging the Gaps in Malaria R&D: An Analysis of Funding—From Basic Research and Product Development to Research for Implementation," PATH, 2018, 8–9, https://www.malariavaccine.org/resources/reports/investigating-second-valley-of-death-malaria-rd.
73. "Calibr and Bill & Melinda Gates Medical Research Institute Announce Licensing Agreement for Novel Candidate Tuberculosis Treatment Compound," Yahoo! Finance, February 15, 2023, https://finance.yahoo.com/news/calibr-bill-melinda-gates-medical-130000099.html; "Merck and the Bill & Melinda Gates Medical Research Institute Announce Licensing Agreement for Novel Tuberculosis Antibiotic Candidates," BusinessWire, October 18, 2022, https://www.businesswire.com/news/home/20221018005485/en/Merck-and-the-Bill-Melinda-Gates-Medical-Research-Institute-Announce-Licensing-Agreement-for-Novel-Tuberculosis-Antibiotic-Candidates.
74. "Tuberculosis Research Funding Trends," Treatment Action Group, December 2022, Figure 10, https://www.treatmentactiongroup.org/resources/tbrd-report/tbrd-report-2022/. 註：蓋茲基金會的撥款記錄顯示，它向美國國家衛生院和國家過敏與傳染病研究所捐了1,000萬美元，向國家衛生院的基金會捐了4,400萬美元，全部指定用於結核病相關工作。
75. Tim Schwab, "While the Poor Get Sick, Bill Gates Just Gets Richer," *Nation*, October 5, 2020, https://www.thenation.com/article/economy/bill-gates-investments-covid/.
76. Erin Banco, Ashleigh Furlong, and Lennart Pfahler, "How Bill Gates and Partners Used Their Clout to Control the Global Covid Response—with Little Oversight," Politico, September 14, 2022, https://www.politico.com/news/2022/09/14/global-covid-pandemic-response-bill-gates-partners-00053969.
77. Village Global, "Bill Gates on Startups, Investing and Solving the World's Hardest Problems," 26:55.
78. Bill & Melinda Gates Foundation, "Production Economics for Vaccines," 2016, https://docs.gatesfoundation.org/Documents/PE_Vaccines_Appendix_2016.xlsm.
79. Robyn Iqbal, LinkedIn profile, https://www.linkedin.com/in/robyniqbal/.
80. "WHO Official Criticizes Gates Foundation 'Cartel' on Malaria Research," *New York Times*, February 18, 2008, https://www.nytimes.com/2008/02/18/health/18iht-gates.1.10134837.html.
81. WHO Programme Budget Web Portal, n.d., https://open.who.int/2020–21/contributors/contributor.
82. Bill & Melinda Gates Foundation v. PnuVax, United States District Court, Western District of Washington at Seattle, March 12, 2019, IV, A.14 and B.15. 註：雖然蓋茲基金會承諾向Pnuvax提供近4,000萬美元，但撥款紀錄顯示它僅實際支付約1,200萬美元。
83. Bill & Melinda Gates Foundation v. PnuVax; "K&L Gates Mourns Passing of Longtime Partner and Humanitarian William H. Gates, Sr.," K&L Gates, September 15, 2020, https://www.klgates.com/KL-Gates-Mourns-Passing-of-Longtime-Partner-and-Humanitarian-William-H-Gates-Sr-9-15-2020.
84. Bill & Melinda Gates Foundation v. PnuVax, Exhibit 2, page 9.
85. 同上。
86. John Ivison, "Federal Agency Nearly Shut Down Single Largest Canadian Recipient of Gates Funding," *National Post*, November 28, 2017, https://nationalpost.com/news/politics/john-ivison-despite-gates-funding-canadian-startup-nearly-bankrupted-after-nrc-ignored-rent-leniency-pleas.
87. Bill & Melinda Gates Foundation v. PnuVax, VII.
88. Andrew Russell, "Gates Foundation Sues Canadian Company over 'Misuse' of $30M Grant to Develop Pneumonia Vaccine," *Global News*, November 28, 2017, https://globalnews.ca/news/5035009/gates-foundation-sues-canadian-company-over-misuse-of-30m-grant-to-develop-pneumonia-vaccine/.
89. Justin Ling, "Where Did Canada's Vaccine Effort Actually Go Wrong?," *Maclean's* (blog), May 31, 2021, https://www.macleans.ca/news/canada/where-did-canadas-vaccine-effort-actually-go-wrong/.

破解蓋茲迷思

90. Boer Deng, "Bill Gates Charity Sues Drug Firm," *Times*, March 8, 2019, https://www.thetimes.co.uk/article/bill-gates-charity-sues-drug-firm-rf8gnfxq3; Kayla Brantley, "Bill and Melinda Gates Sue Company That Was Awarded a Grant of Up to $30 Million to Develop a Pneumonia Vaccine for Children—But Allegedly Used the Money to Pay Off Its Back Rent and Other Debts It Racked Up," *Daily Mail Online*, March 7, 2019, https://www.dailymail.co.uk/news/article-6777959/Bills-Melinda-Gates-sue-company-paid-30million-develop-pneumonia-vaccine.html.
91. Marieke Walsh, "Ottawa Passed Over Private Sector Plans to Produce a Covid-19 Vaccine Domestically," *Globe and Mail*, December 7, 2020, https://www.theglobeandmail.com/canada/article-feds-passed-over-private-option-with-plans-to-produce-covid-19-vaccine/. 註：公共紀錄顯示，蓋茲基金會提起的訴訟相對較少，因此沒有證據顯示法律訴訟是它與受資助者合作關係的系統性組成部分。但我們也必須接受這個事實：絕大多數公司及其他受資助者絕不會與蓋茲基金會去到訴諸司法這一步；光是威脅提起訴訟就已經非常有力，往往可以使合作夥伴就範。
92. 蓋茲基金會的報告顯示，它大量撥款支持瘧疾疫苗研發，包括提供資金給企業、大學和非營利組織，受資助者包括Agenus、Antigen Discovery、博德研究所（Broad Institute）、CureVac、杜克大學、Fraunhofer USA、蓋茲醫學研究所、傳染病研究所（IDRI）、Kymab Limited、美國國家過敏與傳染病研究所、Sanaria、西雅圖生物醫學研究所、史丹佛大學，以及Tetragenetics等。蓋茲對葛蘭素史克瘧疾疫苗的財務支持顯然是經由PATH提供；"PATH Welcomes Landmark Financing Agreement for GSK's Malaria Vaccine," PATH, August 4, 2021, https://www.path.org/media-center/path-welcomes-landmark-financing-agreement-for-gsks-malaria-vaccine/.
93. Jennifer Rigby, Natalie Grover, and Maggie Fick, "Why World's First Malaria Shot Won't Reach Millions of Children Who Need It," Reuters, July 13, 2022, https://www.reuters.com/business/healthcare-pharmaceuticals/why-worlds-first-malaria-shot-wont-reach-millions-children-who-need-it-2022-07-13/.
94. "IAVI Acquires Aeras TB Vaccine Clinical Programs and Assets," Press Release, IAVI, October 1, 2018, https://www.iavi.org/news-resources/press-releases/2018/iavi-acquires-aeras-tb-vaccine-clinical-programs-and-assets. 註：Aeras的所有工作成果似乎都被歸入蓋茲資助的另一產品開發商IAVI，而奇怪的是後者專注於愛滋病研究。
95. PATH, "Lining Up for Hope—and a Meningitis Vaccine," PATH, June 15, 2018, https://www.path.org/articles/lining-up-for-hopeand-a-meningitis-vaccine/; PATH, "The Meningitis Vaccine Project: A Groundbreaking Partnership," June 15, 2015, https://www.path.org/articles/about-meningitis-vac cine-project/.
96. "Bill Gates Steps Down from Microsoft Board," Reuters, March 13, 2020, https://www.reuters.com/article/us-microsoft-bill-gates/bill-gates-steps-down-from-microsoft-board-idUSKBN2103BH; Daisuke Wakabayashi, "Bill Gates Bids a Teary Farewell to Microsoft," Reuters, June 27, 2008, https://www.reuters.com/article/us-microsoft-gates/bill-gates-bids-a-teary-farewell-to-microsoft-idUSN2630130120080628.
97. Anita Zaidi, "Geographically Distributed Manufacturing Capacity Is Needed for Improved Global Health Security," Bill & Melinda Gates Foundation, July 28, 2021, https://www.gatesfoundation.org/ideas/articles/covid19-vaccine-geographic-distribution.
98. Katya Fernandez et al., "Meningococcal Meningitis Outbreaks in the African Meningitis Belt After Meningococcal Serogroup A Conjugate Vaccine Introduction, 2011–2017," *Journal of Infectious Diseases* 220, no. S4 (October 31, 2019): S225–32, https://doi.org/10.1093/infdis/jiz355.
99. CDC, "About Meningococcal Vaccines," Centers for Disease Control and Prevention, October 18, 2022, https://www.cdc.gov/vaccines/vpd/mening/hcp/about-vaccine.html. 註：Gavi的2020年年度進展報告顯示，截至2020年，它付運了2,200萬劑ACWY型流行性腦脊髓膜炎疫苗，MenAfriVac則有3.32億劑。
100. "Pfizer's Patent Barrier Foils Korea's 1st Pneumococcal Conjugate Vaccine," *Korea Biomedical Review*, February 20, 2019, https://www.koreabiomed.com/news/articleView.html?idxno=5168.
101. "About Us," Serum Institute of India Pvt.

Ltd., n.d., https://www.seruminstitute.com/about_us.php; Gavi Staff, "New Collaboration Makes Further 100 Million Doses of Covid-19 Vaccine Available to Low- and Middle-Income Countries," Gavi, September 29, 2020, https://www.gavi.org/news/media-room/new-collaboration-makes-further-100-million-doses-covid-19-vaccine-available-low.
102. PATH, "Developing a More Affordable Pneumococcal Vaccine," PATH Case Study, n.d., https://www.path.org/case-studies/developing-more-affordable-pneumococcal-vaccine/.
103. Alderson et al., "Development Strategy and Lessons Learned for a 10-Valent Pneumococcal Conjugate Vaccine (PNEUMOSIL®)," 2670–77.
104. Gavi, "Supply Agreements," n.d., https://www.gavi.org/investing-gavi/innovative-financing/pneumococcal-amc/manufacturers/supply-agreements.
105. UNICEF, "Pneumococcal Conjugate Vaccine (PCV) Price Data," https://www.unicef.org/supply/documents/pneumococcal-conjugate-vaccine-pcv-price-data.
106. 值得注意的是，輝瑞Prevnar 13疫苗的保護範圍包括血清研究所Pneumosil疫苗可預防的全部10種肺炎（1、5、6A、6B、7F、9V、14、19A、19F，以及23F）。參 見https://pneumosil.com/和https://prevnar20.pfizerpro.com/。
107. "Pfizer Announces Positive Top-Line Results from Phase 3 Study of 20-Valent Pneumococcal Conjugate Vaccine in Infants," Press Release, Pfizer, August 12, 2022, https://www.pfizer.com/news/press-release/press-release-detail/pfizer-announces-positive-top-line-results-phase-3-study-20.
108. Merck, "U.S. FDA Approves Merck's VAXNEUVANCETM (Pneumococcal 15-Valent Conjugate Vaccine) for the Prevention of Invasive Pneumococcal Disease in Infants and Children," Merck.com, https://www.merck.com/news/u-s-fda-approves-mercks-vaxneuvance-pneumococcal-15-valent-conjugate-vaccine-for-the-prevention-of-invasive-pneumococcal-disease-in-infants-and-children/; Affinivax, "GSK to Acquire Clinical-Stage Biopharmaceutical Company Affinivax, Inc."
109. "India Completes National Introduction of Pneumococcal Conjugate Vaccine," Press Release, Gavi, November 12, 2021, https://www.gavi.org/news/media-room/india-completes-national-introduction-pneumococcal-conjugate-vaccine.
110. 根據世界衛生組織和聯合國兒童基金會的估計，2021年只有25%的印度兒童完成了肺炎疫苗接種，當中有多少用了血清研究所的疫苗並不清楚。"Pneumococcal Vaccination Coverage," World Health Organization, n.d., https://immunizationdata.who.int/pages/coverage/pcv.html?CODE=IND&ANTIGEN=&YEAR=.
111. "Inventprise Announces Investment of up to $90 Million to Advance Its 25 Valent Pneumococcal Conjugate Vaccine Candidate into Proof-of-Concept Clinical Trials," BusinessWire, November 10, 2021, https://www.businesswire.com/news/home/20211110005245/en/Inventprise-Announces-Investment-of-up-to-90-Million-to-Advance-its-25-Valent-Pneumococcal-Conjugate-Vaccine-Candidate-into-Proof-of-Concept-Clinical-Trials; "Meet Our Leadership Team," Inventprise, n.d., https://inventprise.com/?page_id=1576.
112. 蓋茲基金會的策略投資基金線上資料庫將它為Inventprise提供的融資歸類為「可轉債」，而這通常意味著債權將轉換為股權。例如蓋茲基金會此前與Zyomyx有一項可轉債融資，轉換之後取得該公司48%的股權。Bill & Melinda Gates Foundation, "Portfolio," SIF.gates, n.d., https://sif.gatesfoundation.org/portfolio/; "Inventprise Receives $30M, Appoints New CEO and Expands Corporate Board," Inventprise," April 27, 2022, https://webcache.googleusercontent.com/search?q=cache:j_e9JCOLzflJ:https://inventprise.com/%3Fpage_id%3D19092&cd=1&hl=en&ct=clnk&gl=us&client=firefox-b-1-d; Dennis Price, "Eyes Wide Open: Good Reasons for a Bad Investment in a Low-Cost HIV Test," in Stanford University with ImpactAlpha, *Making Markets Work for the Poor*, Supplement, *Stanford Social Innovation Review* (Summer 2016): 35.
113. 2023年1月31日詢問華盛頓州公司與慈善機構資料庫得到的答案，https://ccfs.sos.wa.gov/#/。註：董事會成員包括Donna Ambrosino，一名顧問，報稱在蓋茲基金會和蓋茲創立的CEPI擔任顧問職務（領英上的資料：https://www.linkedin.com/in/donna-ambrosino-m-d-a37b6037/details/experience/）；Niranjan Bose，蓋茲創投的董事（https://

破解蓋茲迷思

www.linkedin.com/in/niranjanbose/details/experience/）; Andrew Farnum，曾在蓋茲基金會和蓋茲醫學研究所擔任要職（https://www.linkedin.com/in/andrew-farnum-4b180a1）; Ralf Clemens，蓋茲基金會的科學顧問（https://www.linkedin.com/in/ralf-clemens-75578513/details/organizations/），以及 Stewart Parker，一名西雅圖顧問，曾管理蓋茲資助的傳染病研究所（IDRI）（https://www.linkedin.com/in/stewart-parker-4819975/details/experience/）。參見 Julie Emory, "Tech Moves: USAFacts Picks Microsoft and Amazon Vet as CTO; Zillow CMO Departs; and More," GeekWire, April 8, 2022, https://www.geekwire.com/2022/tech-moves-usafacts-picks-microsoft-and-amazon-vet-as-cto-inventprise-names-ceo-realnetworks-appoints-kontxt-president/.

114. 蓋茲創投也投資於其他公司，例如 Beyond Meat。U.S. Securities and Exchange Commission, Form S-1, 2018, Exhibit 4.2, https://www.sec.gov/Archives/edgar/data/1655210/000162828018014471/exhibit42bynd.htm.

115. U.S. Patent and Trademark Office, Patent application 17151445, January 18, 2021, https://assignment.uspto.gov/patent/index.html#/patent/search/resultAbstract?id=20210220461&type=publNum and https://legacy-assignments.uspto.gov/assignments/assignment-pat-55975-160.pdf. 註：截至 2023 年初，該專利看來仍處於申請階段，尚未獲批。

116. Seth Berkley, "COVAX Explained," Gavi, September 3, 2020, https://www.gavi.org/vaccineswork/covax-explained; Katerini Tagmatarchi Storeng, Antoine de Bengy Puyvallée, and Felix Stein, "COVAX and the Rise of the 'Super Public Private Partnership' for Global Health," *Global Public Health*, October 22, 2021: 1–17, https://doi.org/10.1080/17441692.2021.1987502.

Chapter 2 女性

1. "Jeffrey Epstein: Financier Found Dead in New York Prison Cell," BBC News, August 10, 2019, https://www.bbc.com/news/world-us-canada-49306032.
2. David Klepper and Jim Mustian, "Epstein: How He Died and What It Means for His Accusers," AP News, August 11, 2019, https://apnews.com/article/jeffrey-epstein-ap-top-news-florida-new-york-fl-state-wire-b76666895e674991a6782d77b726d085.
3. Julie K. Brown, "How a Future Trump Cabinet Member Gave a Serial Sex Abuser the Deal of a Lifetime," *Miami Herald*, July 2, 2020, https://www.miamiherald.com/news/local/article220097825.html.
4. Andrea Peyser, "Wait, He's Allowed to Have Kids?," *New York Post*, March 3, 2011, https://nypost.com/2011/03/03/wait-hes-allowed-to-have-kids/.
5. Emily Flitter and James B. Stewart, "Bill Gates Met with Jeffrey Epstein Many Times, Despite His Past," *New York Times*, October 12, 2019, https://www.nytimes.com/2019/10/12/business/jeffrey-epstein-bill-gates.html.
6. Bevan Hurley, "From Trump to Prince Andrew: All the Biggest Names Embroiled in the Maxwell Trial," *Independent*, January 23, 2023, https://www.independent.co.uk/news/world/americas/crime/ghislaine-maxwell-epstein-prince-andrew-prison-b2267523.html.
7. Vicky Ward, "How Jeffrey Epstein Used Philanthropy to Worm His Way into Powerful Circles," *Town and Country*, July 15, 2021, https://www.townandcountrymag.com/society/money-and-power/a37025814/chasing-ghislaine-maxwell-jeffrey-epstein-vicky-ward-new-podcast/.
8. Flitter and Stewart, "Bill Gates Met with Jeffrey Epstein Many Times, Despite His Past."
9. Brown, "How a Future Trump Cabinet Member Gave a Serial Sex Abuser the Deal of a Lifetime"; Paul Harris, "Prince Andrew's Link to Sex Offender Jeffrey Epstein Taints Royalty in US," *Observer*, March 13, 2011, https://www.theguardian.com/uk/2011/mar/13/prince-andrew-jeffrey-epstein; Conchita Sarnoff and Aitken Lee, "Jeffrey Epstein: How the Hedge Fund Mogul Pedophile Got Off Easy," *Daily Beast*, March 25, 2011, https://www.thedailybeast.com/articles/2011/03/25/jeffrey-epstein-how-the-billionaire-pedophile-got-off-easy; Landon Thomas Jr., "Financier Starts Sentence in Prostitution Case," *New York Times*, July 1, 2008, https://www.nytimes.com/2008/07/01/business/01epstein.html?_r=3&oref=slogin&dbk=&pagewanted=all.
10. Analisa Novak, "Melinda French Gates on Painful Divorce, Current Relationship with Bill Gates and Taking a 'Different Path,'" Interview

by Gayle King, *CBS Mornings*, March 3, 2022, at 2:30, https://www.cbsnews.com/news/melinda-french-gates-bill-gates/.
11. Flitter and Stewart, "Bill Gates Met with Jeffrey Epstein Many Times, Despite His Past."
12. 蓋茲長女出生於1996年，在2011年至2014年蓋茲與艾普斯坦會面的大部分時間裡，是個十幾歲的孩子。Maria Pasquini, "Bill and Melinda Gates Celebrate Daughter Jennifer's 26th Birthday: 'Incredibly Proud,'" April 27, 2022, https://people.com/human-interest/bill-gates-melinda-french-gates-celebrate-daughter-jennifer-gates-26th-birthday/.
13. "Bill Gates Opens Up About Divorce and Infidelity Accusations," Interview by Savannah Guthrie, NBC News, 1:45, https://www.youtube.com/watch?v=7T87-aGadwM.
14. Flitter and Stewart, "Bill Gates Met with Jeffrey Epstein Many Times, Despite His Past."
15. "Melinda French Gates on Painful Divorce, Current Relationship with Bill Gates and Taking a 'Different Path.'"
16. Nicholas Kulish, "Bill Gates Can Remove Melinda French Gates from Foundation in Two Years," *New York Times*, July 7, 2021, https://www.nytimes.com/2021/07/07/business/bill-gates-melinda-gates-divorce-foundation.html.
17. Edward Helmore, "Jeffrey Epstein Signed New Will to Shield $577M Fortune Days Before Death," *Guardian*, August 22, 2019, https://www.theguardian.com/us-news/2019/aug/22/jeffrey-epstein-trust-fund-will-damages.
18. Michael Gold, "Bill Clinton and Jeffrey Epstein: How Are They Connected?," *New York Times*, July 9, 2019, https://www.nytimes.com/2019/07/09/nyregion/bill-clinton-jeffrey-epstein.html; Jack Crowe, "Epstein's Lawyer Claimed the Alleged Pedophile Helped Devise the Clinton Global Initiative," Yahoo! Finance, July 8, 2019, https://finance.yahoo.com/news/epstein-lawyer-claimed-alleged-pedophile-223701676.html.
19. Flitter and Stewart, "Bill Gates Met with Jeffrey Epstein Many Times, Despite His Past."
20. Ronan Farrow, "How an Élite University Research Center Concealed Its Relationship with Jeffrey Epstein," *New Yorker*, September 6, 2019, https://www.newyorker.com/news/news-desk/how-an-elite-university-research-center-concealed-its-relationship-with-jeffrey-epstein.

21. "A Timeline of the Jeffrey Epstein, Ghislaine Maxwell Scandal," AP News, June 28, 2022, https://apnews.com/article/epstein-maxwell-timeline-b9f1710fabb72e8581c71e94acf513e.
22. John Jurgensen, "In Bill Gates's Mind, a Life of Processing," *Wall Street Journal*, September 10, 2019, https://www.wsj.com/articles/the-mind-of-bill-gates-revealed-on-netflix-11568107801.
23. Chris Sparo, "Bill Gates Flew with Jeffrey Epstein on the Lolita Express in 2013," *Daily Mail Online*, August 12, 2019, https://www.dailymail.co.uk/news/article-7350469/Bill-Gates-flew-Jeffrey-Epstein-Loliota-Express-2013-years-pedophile-prison-stay.html.
24. James Stewart, "NYT: Bill Gates Repeatedly Met with Jeffrey Epstein / Velshi & Ruhle / MSNBC," Interview by Stephanie Ruhle, MSNBC, YouTube, October 15, 2019, 0:50, https://www.youtube.com/watch?v=WnKQ4tzg7ow.
25. Stewart, "NYT: Bill Gates Repeatedly Met with Jeffrey Epstein," 2:25.
26. Lachlan Cartwright and Kate Briquelet, "Jeffrey Epstein Gave Bill Gates Advice on How to End 'Toxic' Marriage, Sources Say," *Daily Beast*, May 16, 2021, https://www.thedailybeast.com/jeffrey-epstein-gave-bill-gates-advice-on-how-to-end-toxic-marriage-sources-say.
27. Kate Briquelet and Lachlan Cartwright, "Bill Gates Thought Jeffrey Epstein Was His Ticket to a Nobel Prize, Ex-Staffer Says," *Daily Beast*, May 18, 2021, https://www.thedailybeast.com/bill-gates-thought-jeffrey-epstein-was-his-ticket-to-a-nobel-ex-staffer-says.
28. Tore Gjerstad and Gard Oterholm, "Bill Gates and Jeffrey Epstein Met with Nobel Committee Chair," *DN Magasinet*, October 2, 2020, https://www.dn.no/magasinet/dokumentar/jeffrey-epstein/thorbjorn-jagland/terje-rod-larsen/bill-gates-and-jeffrey-epstein-met-with-nobel-committee-chair/2-1-885834.
29. Gjerstad and Oterholm, "Bill Gates and Jeffrey Epstein Met with Nobel Committee Chair."
30. 同上。
31. Tore Gjerstad and Gard Oterholm, "Behind the Scenes: How Jeffrey Epstein Helped Billionaire Bill Gates Fund UN-Affiliated Think Tank Projects," *DN Magasinet*, October 4, 2020, https://www.dn.no/politikk/terje-rod-larsen/bill-gates/jeffrey-epstein/behind-the-scenes-how-jeffrey-epstein-helped-billionaire-

bill-gates-fund-un-affiliated-think-tank-projects/2-1-885697.
32. 同上。
33. Vicky Ward, "What Was the Real Relationship Between Jeffrey Epstein and Bill Gates?," *Rolling Stone* (blog), August 3, 2021, https://www.rollingstone.com/culture/culture-features/jeffrey-epstein-bill-gates-connection-1206453/; Flitter and Stewart, "Bill Gates Met with Jeffrey Epstein Many Times, Despite His Past."
34. Ward, "What Was the Real Relationship Between Jeffrey Epstein and Bill Gates?"
35. Gabriel Sherman, "The Mogul and the Monster: Inside Jeffrey Epstein's Decades-Long Relationship with His Biggest Client," *Vanity Fair*, June 8, 2021, https://www.vanityfair.com/news/2021/06/inside-jeffrey-epsteins-decades-long-relationship-with-his-biggest-client.
36. Ward, "What Was the Real Relationship Between Jeffrey Epstein and Bill Gates?"; Flitter and Stewart, "Bill Gates Met with Jeffrey Epstein Many Times, Despite His Past."
37. Melanie Walker, personal website, Wayback Machine, https://web.archive.org/web/20210713221706/https://www.melaniewalkermd.com/copy-of-connecting-information; Flitter and Stewart, "Bill Gates Met with Jeffrey Epstein Many Times, Despite His Past."
38. Flitter and Stewart, ""Bill Gates Met with Jeffrey Epstein Many Times, Despite His Past."
39. "Micromolded or 3-D Printed Pulsatile Release Vaccine Formulations," U.S. Patent US-20210205444-A1, July 8, 2021; "Fortified Micronutrient Salt Formulations," US-11541017-B2, January 3, 2023. 在SEC文件中，尼科里奇說他2009年4月至2014年4月期間在bgC3（即Gates Ventures）擔任「比爾．蓋茲的首席科學與技術顧問」。在Biomatics的簡歷中，尼科里奇說他幫助比爾．蓋茲領導「某些營利與非營利投資活動」。《紐約時報》和另一消息來源報導他曾擔任蓋茲基金會的科學顧問。參見Editas, Form S-1, U.S. Securities and Exchange Commission, January 4, 2016, https://www.sec.gov/Archives/edgar/data/1650664/000104746916009534/a2226902zs-1.htm; "Team," Biomatics Capital, https://biomaticscapital.com/team/; Flitter and Stewart, "Bill Gates Met with Jeffrey Epstein Many Times, Despite His Past"; "Bill & Melinda Gates Foundation, Crossovers Dump $120 Million into Editas Medicine to Advance Genome Editing," BioSpace, August 10, 2015, https://www.biospace.com/article/bill-and-melinda-gates-foundation-crossovers-dump-120-million-into-editas-medicine-to-advance-genome-editing-/.
40. "Schrödinger Receives Additional Equity Investment from Bill Gates," PRWeb, December 13, 2012, https://www.prweb.com/releases/2012/12/prweb10229213.htm.
41. Flitter and Stewart, "Bill Gates Met with Jeffrey Epstein Many Times, Despite His Past."
42. Tara Palmeri, "The Women Who Enabled Jeffrey Epstein," *Politico Magazine*, May 14, 2021, https://www.politico.com/news/magazine/2021/05/14/jeffrey-epstein-investigation-women-487157.
43. Neil Weinberg, "Jeffrey Epstein's Executor Is Ex-Science Adviser to Bill Gates," Bloomberg, August 19, 2019, https://www.bloomberg.com/news/articles/2019-08-19/epstein-s-11th-hour-executor-is-ex-science-adviser-to-bill-gates.
44. Ward, "What Was the Real Relationship Between Jeffrey Epstein and Bill Gates?"; Flitter and Stewart, "Bill Gates Met with Jeffrey Epstein Many Times, Despite His Past."
45. Flitter and Stewart, "Bill Gates Met with Jeffrey Epstein Many Times, Despite His Past."
46. 彭博的報導指尼科里奇和艾普斯坦都是摩根大通的高級客戶，而艾普斯坦在摩根大通被稱為「影響力中心」，因為他帶來了許多富有的客戶。在該報導中，一位不具名的知情人士表示，「尼科利奇對艾普斯坦的財務建議非常有興趣」，但尼科里奇對彭博表示，他與艾普斯坦沒有工作上的關係。Weinberg, "Jeffrey Epstein's Executor Is Ex-Science Adviser to Bill Gates."
47. Tim Schwab, "Will the Gates Foundation's Board Ever Hold Bill Accountable?," *Nation*, February 2, 2022, https://www.thenation.com/article/society/gates-foundation-board-accountability/.
48. Annie Karni, Eileen Sullivan, and Noam Scheiber, "Acosta to Resign as Labor Secretary over Jeffrey Epstein Plea Deal," *New York Times*, July 12, 2019, https://www.nytimes.com/2019/07/12/us/politics/acosta-resigns-trump.html. 註：川普也被迫解釋他自己與艾普斯坦的關係，因為他被發現在2002年某次受訪時這麼說：「我

註釋

認識傑夫〔艾普斯坦〕15年了。他是個很好的人……和他在一起很開心。甚至有人說，他和我一樣喜歡美女，而且很多是比較年輕的美女。」川普後來淡化他與艾普斯坦的關係，2019年表示：「很久以前我就和他鬧翻了。我想我已經有15年沒和他說過話了。我不是他的粉絲。」Natalie Colarossi, "20 People Who Trump Has Personally Known and Then Claimed He Didn't," *Business Insider*, January 28, 2020, https://www.businessinsider.com/people-trump-said-he-didnt-know-but-did-photos.

49. Emily Glazer, Justin Baer, Khadeeja Safdar, and Aaron Tilley, "Bill Gates Left Microsoft Board amid Probe into Prior Relationship with Staffer," *Wall Street Journal*, May 16, 2021, https://www.wsj.com/articles/microsoft-directors-decided-bill-gates-needed-to-leave-board-due-to-prior-relationship-with-staffer-11621205803.
50. Emily Glazer, "Microsoft Executives Told Bill Gates to Stop Emailing a Female Staffer Years Ago," *Wall Street Journal*, October 18, 2021, https://www.wsj.com/articles/microsoft-executives-told-bill-gates-to-stop-emailing-a-female-staffer-years-ago-11634559950.
51. Dan Levine, "Microsoft Women Filed 238 Discrimination and Harassment Complaints," Reuters, March 13, 2018, https://www.reuters.com/article/us-microsoft-women-idUSKCN1GP077.
52. Glazer et al., "Bill Gates Left Microsoft Board amid Probe into Prior Relationship with Staffer."
53. Sally Ho and Matt O'Brien, "Bill Gates' Leadership Roles Stay Intact Despite Allegations," AP News, May 18, 2021, https://apnews.com/article/bill-gates-philanthropy-business-208b2d1139e55517643e47a9edbce266. 註：隨後由ArentFox Schiff律師事務所負責的微軟調查證實是粉飾太平之舉，僅簡單處理了針對蓋茲的一項指控：一名員工聲稱蓋茲「使她面對不恰當的通訊和行為」。該員工在投訴中「提到了性騷擾和『MeToo』運動」。比爾．蓋茲聲稱他們之間的互動是兩廂情願的。ArentFox Schiff, Memorandum to Microsoft Board of Directors, "Transparency Report on Shareholder Resolution Project," November 11, 2022, https://blogs.microsoft.com/wp-content/uploads/prod/2022/11/Final-Microsoft-Transparency-Report.pdf.
54. Wallace and Erickson, *Hard Drive*, 240–41.
55. Wallace and Erickson, *Hard Drive*, 415–16.
56. Wallace and Erickson, *Hard Drive*, 162–63.
57. Wallace and Erickson, *Hard Drive*, 291.
58. Melkorka Licea, Ashley Stewart, Rob Price, and Becky Peterson, "Insiders Say Bill Gates Was an Office Bully Who Pursued Sexual Affairs, and That His Squeaky-Clean Image Was Merely Good PR," *Business Insider*, June 21, 2021, https://www.businessinsider.com/bill-gates-melinda-divorce-affairs-bully-womanizer-2021-6?r=AU&IR=T.
59. The Billionaires Who Made Our World, season 1, episode 2, directed by Storm Theunissen, aired February 14, 2023, on Channel 4, 25:50, https://www.channel4.com/programmes/the-billionaires-who-made-our-world.
60. The Billionaires Who Made Our World, 4:00.
61. Emily Flitter and Matthew Goldstein, "Long Before Divorce, Bill Gates Had Reputation for Questionable Behavior," *New York Times*, May 16, 2021, https://www.nytimes.com/2021/05/16/business/bill-melinda-gates-divorce-epstein.html.
62. Schwab, "Will the Gates Foundation's Board Ever Hold Bill Accountable?"
63. Anupreeta Das, Emily Flitter, and Nicholas Kulish, "A Culture of Fear at the Firm That Manages Bill Gates's Fortune," *New York Times*, May 26, 2021, https://www.nytimes.com/2021/05/26/business/bill-gates-cascade-michael-larson.html.
64. Flitter and Goldstein, "Long Before Divorce, Bill Gates Had Reputation for Questionable Behavior."
65. Daniel Bates, "EXCLUSIVE: Jeffrey Epstein Had Surveillance Cameras Hidden Throughout His Properties Worldwide in a 'Blackmail Scheme' to Extort His Powerful Friends, Victims Tell New Netflix Doc About the Pedophile," *Daily Mail*, May 27, 2020, https://www.dailymail.co.uk/news/article-8361607/Jeffrey-Epsteins-surveillance-cameras-blackmail-scheme-extort-powerful-friends.html.
66. Andrew Marra, "The Man Who Had Everything: Jeffrey Epstein Craved Big Homes, Elite Friends and, Investigators Say, Underage Girls," *Palm Beach Post*, July 11, 2019, https://www.palmbeachpost.com/story/

465

破解蓋茲迷思

news/2006/08/14/had-everything-jeffrey-epstein-craved-big-homes-elite-friends-and-investigators-say-underage-girls/4712721007/.
67. 亞當‧大衛森的推特貼文，可在這裡找到：https://web.archive.org/web/20220605234021/https://twitter.com/adamdavidson/status/1533082314321842179。
68. Maria Di Mento, "$15B from Gates, French Gates Tops 2021 Biggest Gift List," *Chronicle of Philanthropy*, republished in *Washington Post and Economic Times*, December 31, 2021, https://web.archive.org/web/20220101164421/https://www.washingtonpost.com/business/15b-from-gates-french-gates-tops-2021-biggest-gift-list/2021/12/31/b7e13146-6a64-11ec-9390-eae241f4c8b1_story.html and https://economictimes.indiatimes.com/magazines/panache/bill-gates-melinda-french-top-2021-biggest-gift-list-with-15-billion-donation-to-foundation/articleshow/88629051.cms?from=mdr. 註：蓋茲基金會在某個時候悄悄編輯了上述文章所依據的新聞稿，添加了一個星號，並以字體較小的附註揭露比爾‧蓋茲實際上並沒有在2021年捐出150億美元，而是打算在未來一段未確定的時間裡捐出這筆錢。第二年，比爾‧蓋茲又用了同一公關伎倆，宣布他將捐200億美元給蓋茲基金會。參見蓋茲新聞稿修改前後的版本；Mark Suzman, "Moving Forward," Bill & Melinda Gates Foundation, n.d., https://web.archive.org/web/20210707150517/https://www.gatesfoundation.org/ideas/articles/gates-foundation-trustees-commitment and https://web.archive.org/web/20220111192720/https://www.gatesfoundation.org/ideas/articles/gates-foundation-trustees-commitment.
69. "Waging Justice for Women," Clooney Foundation for Justice, https://cfj.org/project/waging-justice-for-women/.

Chapter 3　稅務

1. New York Times Best Seller List, May 26, 2019, https://www.nytimes.com/books/best-sellers/2019/05/26/.
2. Lily Meyer, "'The Moment of Lift' Is More of a Whisper than a Call to Action," NPR, April 23, 2019, https://www.npr.org/2019/04/23/716066240/the-moment-of-lift-is-more-of-a-whisper-than-a-call-to-action.
3. Michel Martin, "Melinda Gates on Marriage, Parenting, and Why She Made Bill Drive the Kids to School," *Goats and Soda* (blog), NPR, April 28, 2019, https://www.npr.org/sections/goatsandsoda/2019/04/28/717438397/melinda-gates-on-marriage-parenting-and-why-she-made-bill-drive-the-kids-to-scho; Tim Schwab, "Journalism's Gates Keepers," Columbia Journalism Review, August 21, 2020, https://www.cjr.org/criticism/gates-foundation-journalism-funding.php.
4. Devi Sridhar, "Holding a Mirror Up to Global Health," *The Lancet* 394, no. 10204 (September 28, 2019): 1136, https://doi.org/10.1016/S0140-6736(19)32170-1.
5. Mark David, "Inside Bill and Melinda Gates's Bonkers Portfolio of American Real Estate," *Robb Report* (blog), May 7, 2021, https://robbreport.com/shelter/celebrity-homes/bill-and-melinda-gates-houses-real-estate-1234611739/; "The Fabulous Life of Bill Gates, the Richest Man in the World," *Business Insider India*, July 26, 2021, https://www.businessinsider.in/tech/the-fabulous-life-of-bill-gates-the-richest-man-in-the-world/slidelist/.37361017.cms#slideid=37361018.
6. Tim Schwab, "Bill Gates, Climate Warrior. And Super Emitter," *Nation*, February 16, 2021, https://www.thenation.com/article/environment/bill-gates-climate-book/.
7. Isabel Vincent, "Bill Gates Shops for Climate-Saving Farm Aboard Polluting Yacht," *New York Post*, November 3, 2021, https://nypost.com/2021/11/02/bill-gates-shops-for-climate-saving-farm-aboard-polluting-yacht/; Danielle Haynes, "Bill Gates Renting Yacht for $5 Million," UPI, August 10, 2014, https://www.upi.com/Top_News/US/2014/08/10/Bill-Gates-takes-vacation-on-330M-yacht/8141407687450/.
8. Taylor Locke, "Bill and Melinda Gates Just Announced Their Divorce—Here's a Breakdown of the Billionaire's Wealth," CNBC, May 4, 2021, https://www.cnbc.com/2021/05/04/next-comes-the-divorce-settlement-breakdown-of-bill-gates-wealth.html; Kerry Hannon, "The Draw of a Spit of Land Surrounded by Blue," *New York Times*, February 10, 2015, https://www.nytimes.com/2015/02/10/business/the-draw-of-a-spit-of-land-surrounded-by-blue.html.
9. "Bill Gates Buys $1.25 Million Home Near

註釋

University of Chicago," April 30, 2018, CBS Chicago, https://www.cbsnews.com/chicago/news/bill-gates-buys-home-near-university-of-chicago/.

10. Evergate Stables, https://evergatestables.com; "Our Team Index," Evergate Stables, https://evergatestables.com/our-team; Brian Bandell, "Bill Gates, Jennifer Gates' Trust Sells Wellington Equestrian Property," *South Florida Business Journal*, March 24, 2022, https://www.bizjournals.com/southflorida/news/2022/03/24/bill-gates-jennifer-gates-21w1-trust.html.

11. Bandell, "Bill Gates, Jennifer Gates' Trust Sells Wellington Equestrian Property."

12. Alex Park, "Is the Gates Foundation Still Investing in Private Prisons?," *Mother Jones* (blog), December 8, 2014, https://www.motherjones.com/politics/2014/12/gates-foundation-still-investing-private-prisons; Laura Starita and Timothy Ogden, "A Conflict of Interests: When Foundations Invest in Arms and Tobacco," *Alliance Magazine* (blog), November 21, 2017, https://www.alliancemagazine.org/analysis/conflict-interests-foundations-invest-arms-tobacco/; Reed Abelson, "Charities' Investing: Left Hand, Meet Right," *New York Times*, June 11, 2000, https://www.nytimes.com/2000/06/11/business/charities-investing-left-hand-meet-right.html; Alan Rusbridger, "Dear Bill Gates: 'Will You Lead the Fight Against Climate Change?,'" *Guardian*, April 30, 2015, https://www.theguardian.com/environment/2015/apr/30/dear-bill-gates-will-you-lead-the-fight-against-climate-change; Charles Piller, "Money Clashes with Mission," *Los Angeles Times*, January 8, 2007, https://www.latimes.com/business/la-na-gates8jan8-story.html.

13. Sydney P. Freedberg, Nicole Sadek, and Brenda Medina, "How Uber Won Access to World Leaders, Deceived Investigators and Exploited Violence Against Its Drivers in Battle for Global Dominance," *ICIJ*, July 10, 2022, https://www.icij.org/investigations/uber-files/uber-global-rise-lobbying-violence-technology; Theo Wayt and Lydia Moynihan, "Scandal-Ridden Bill Gates Spotted at Sun Valley," *New York Post*, July 8, 2021, https://nypost.com/2021/07/08/scandal-ridden-bill-gates-spotted-at-sun-valley/.

14. Bloomberg Billionaire Index, Bloomberg, n.d., https://www.bloomberg.com/billionaires/profiles/melinda-f-gates/; Forbes real-time net worth, *Forbes*, https://www.forbes.com/profile/melinda-french-gates/?sh=75c3eedc2fcc.

15. Melinda French Gates, "The Giving Pledge," https://www.givingpledge.org/pledger?pledgerId=428.

16. Gallup, "Percentage of Americans Donating to Charity at New Low," Gallup.com, May 14, 2020, https://news.gallup.com/poll/310880/percentage-americans-donating-charity-new-low.aspx; Kelsey Piper, "The Charitable Deduction Is Mostly for the Rich. A New Study Argues That's by Design," *Vox*, September 3, 2019, https://www.vox.com/future-perfect/2019/9/3/20840955/charitable-deduction-tax-rich-billionaire-philanthropy.

17. Robert Reich, "Philanthropy of Wealthy Not Always Charitable," *SFGate*, December 20, 2013, https://www.sfgate.com/opinion/reich/article/Philanthropy-of-wealthy-not-always-charitable-5082580.ph.

18. Roger Colinvaux and Ray Madoff, "Charitable Tax Reform for the 21st Century," *Tax Notes*, September 16, 2019, https://scholarship.law.edu/cgi/viewcontent.cgi?article=2017&context=scholar.

19. "Foundation FAQ," Bill & Melinda Gates Foundation, Web archive found at https://web.archive.org/web/20221215081139/https://www.gatesfoundation.org/about/foundation-faq.

20. "Comments by Warren E. Buffett in Conjunction with His Annual Contribution of Berkshire Hathaway Shares to Five Foundations," News Release, Berkshire Hathaway, June 23, 2021, https://www.berkshirehathaway.com/news/jun2321.pdf.

21. Gates, "By 2026, the Gates Foundation Aims to Spend $9 Billion a Year." 註：比爾‧蓋茲2022年7月宣布，他打算在2022年額外捐200億美元給蓋茲基金會。在本書提交出版之前，這些數字無法在蓋茲的納稅紀錄中查核。

22. Bill & Melinda Gates Foundation Trust, U.S. Securities and Exchange Commission, Form 13-F, November 14, 2022. 註：比爾與梅琳達蓋茲基金會信託基金截至2021年12月的美國國稅局IRS 990申報資料。

23. Alan C. Heuberger, in "Our Leadership Team," John Deere, https://www.deere.com/en/our-company/leadership; "Board of Directors,"

467

破解蓋茲迷思

Ecolab, https://investor.ecolab.com/corporate-governance/board-of-directors/default.aspx.

24. 由於蓋茲基金會的財務報告相當複雜，而且不時改變，查找和計算這些數字一點也不容易。該基金會成立初期並不公布財務審計報告，只公布年度報稅資料。此外，其審計報告的部分網址已經失效或丟失。後來，蓋茲基金會將其捐贈基金歸入蓋茲基金會信託基金這個獨立實體，而該基金也提出自己的財務報告。為了計算蓋茲基金會的投資收益，我使用其年度財務審計報告中的「投資收益淨額」欄位，而這些審計報告要到2003年才開始公布。我使用蓋茲基金會每年向美國國稅局提交的 IRS 990 申報資料（第一部分，D欄）來計算它支付的慈善贈款，因為審計報告似乎沒有將慈善贈款與行政費用分開。有些讀者可能會注意到，我在書中其他地方提到蓋茲基金會承諾的慈善捐贈額為 800 億美元，而不是這裡提到的 590 億美元。兩者的差異源自兩方面。其一，我在這裡的分析僅限於 2003 至 2020 年。其二，我在這裡所講的是基金會實際支付的贈款，不包括它承諾將在未來支付的部分。基金會的許多贈款是分數年支付的，例如 2020 年一筆1億美元的贈款可能是在未來十年分期支付的。

25. "Health Center Program Award Recipients," Health Resources and Services Administration, n.d., https://www.hrsa.gov/opa/eligibility-and-registration/health-centers/fqhc 和 https://bphc.hrsa.gov/compliance/compliance-manual/chapter20.

26. 蓋茲夫婦離婚引發混亂之際，華倫‧巴菲特辭去了蓋茲基金會董事的職務，而該基金會迅速引入新的董事會成員，他們全都與蓋茲基金會有機構或財務關係；這意味著他們不是獨立的，不大可能質疑比爾‧蓋茲：新董事湯姆‧蒂爾尼（Tom Tierney）來自非營利顧問公司 Bridgespan，該公司從蓋茲基金會獲得至少 3,200 萬美元。米努切‧夏費克爵士（Minouche Shafik）是倫敦政經學院校長，該校從蓋茲基金會獲得 1,300 萬美元。同樣住在倫敦的辛巴威電信富豪斯特拉夫‧馬希依瓦（Strive Masiyiwa）曾擔任非洲綠色革命聯盟（AGRA）董事會主席，該組織由蓋茲創立和資助。後來蓋茲基金會又招攬斯貝爾曼學院（Spelman College）

校長海倫‧蓋爾醫生（Dr. Helene Gayle）和融合基金會（Convergence Foundation）創始人暨執行長阿希什‧德旺（Ashish Dhawan）為董事，並指「兩位新董事都曾受基金會資助者共事」。Schwab, "Will the Gates Foundation's Board Ever Hold Bill Accountable?"; "Bill & Melinda Gates Foundation Appoints Two New Members to Board of Trustees," Bill & Melinda Gates Foundation, August 18, 2022, https://www.gatesfoundation.org/ideas/media-center/press-releases/2022/08/gates-foundation-appoints-new-board-members-helene-gayle-ashish-dhawan.

27. Alex Friedman and Julie Sunderland, "How to Fix the Gates Foundation," Project Syndicate, May 28, 2021, https://www.project-syndicate.org/commentary/gates-foundation-future-after-divorce-reform-by-alex-friedman-1-and-julie-sunderland-2021-05?barrier=accesspaylog.

28. Tanza Loudenback, "Bill Gates' Kids May Not Inherit His Fortune, but He Is Setting Them Up for Success in Other Ways," Business Insider, November 28, 2017, https://www.businessinsider.com/bill-gates-private-high-school-lakeside-seattle-2017-11.

29. "Foundation FAQ," Bill & Melinda Gates Foundation, https://www.gatesfoundation.org/about/foundation-faq.

30. Stephen Moore, "George Soros's $18 Billion Tax Shelter," Wall Street Journal, November 23, 2017, https://www.wsj.com/articles/george-soross-18-billion-tax-shelter-1511465095?elqTrackId=2ccfb43fab6548bc84638c42d730c12c&elq=cfbcb0ddbe3d4f77827bd44cdd1f7fd8&elqaid=16835&elqat=1&elqCampaignId=7289.

31. 這是不準確的。蓋茲基金會2006年的捐贈基金有330億美元。當時的新聞稿指華倫‧巴菲特將捐300億美元給蓋茲基金會，但這只是巴菲特計畫捐贈的價值，實際上將分多年時間捐出（每年捐贈額不大），並不是一筆過捐出。

32. Sheldon Drobny, "The Gates and Buffett Foundation Shell Game," HuffPost, August 22, 2006, https://www.huffpost.com/entry/the-gates-and-buffett-fou_b_27780.

33. Robert Reich, "A Look Inside Just Giving," Princeton Press (blog), July 24, 2020, https://press.princeton.edu/ideas/a-look-inside-just-giving.

34. Eric John Abrahamson, "Control Stock: Corporate Power and the Tax Reform Act of

1969," *HistPhil* (blog), February 11, 2020, https://histphil.org/2020/02/11/control-stock-corporate-power-and-the-tax-reform-act-of-1969/.

35. Mark Potts, "New Trustees Weighing Fate of Hughes Aircraft," *Washington Post*, May 13, 1984, https://www.washingtonpost.com/archive/business/1984/05/13/new-trustees-weighing-fate-of-hughes-aircraft/ae2a094a-8a5f-496b-b77d-0c6e322328e9/; Richard L. Berke, "Hughes Institute Settles Tax Case," *New York Times*, March 3, 1987, https://www.nytimes.com/1987/03/03/us/hughes-institute-settles-tax-case.html.

36. Congressional Record 16999 (1962) (statement of Rep. Wright Patman).

37. Ray D. Madoff, "The Five Percent Fig Leaf," *Pittsburgh Tax Review* 17, no. 2 (2020): 341.

38. Marcus S. Owens, "Charity Oversight: An Alternative Approach," Working Paper No. 33.4 (note 1), Hauser Center for Nonprofit Organizations, Harvard University, October 2006, https://cpl.hks.harvard.edu/files/cpl/files/workingpaper_33.4.pdf.

39. IRS, Statistics of Income, Returns of Tax-Exempt Organizations, Employee Retirement Plans, Government Entities, and Tax-Exempt Bonds Examined by Type of Return (Table 21) and Type of Foundation and Size of End-of-Year Fair Market Value of Total Assets, 2018 (most recent data available), https://www.irs.gov/statistics/soi-tax-stats-domestic-private-foundation-and-charitable-trust-statistics.

40. 這個數字是指對報稅表而不是組織的稽核。如果國稅局稽核了一個基金會過去三年的報稅資料，它會算作完成三次稽核。因此，國稅局每年稽核的不同基金會數量很可能遠少於兩百。

41. 政策研究所（Institute for Policy Studies）提議將慈善事業的監理職責從國稅局轉移出去，設立慈善監督局（Office of Charity Oversight）這個新機構，經費來自對私人基金會的投資收益課稅。Chuck Collins and Helen Flannery, "Gilded Giving 2022," Institute for Policy Studies, July 2022, https://ips-dc.org/wp-content/uploads/2022/07/Report-Gilded-Giving-2022.pdf.

42. 蓋茲基金會設在西雅圖，華盛頓州因此有權監督其慈善活動。華盛頓州檢察總長辦公室告訴我，該辦公室要到2014年，也就是蓋茲基金會成為世界上最大的慈善機構十年之後，才有專職工作人員負責調查慈善活動。該辦公室表示：「我們通常不會評論未完成的調查，也不會確認是否有做某項調查。如果我們收到有關私人基金會的投訴，我們會進行調查，並在發現有必要時採取執法行動。」藉由索取公開資料，我發現華盛頓州檢察總長辦公室確實曾收到有關蓋茲基金會的投訴，包括2020年有關財務利益衝突的一波投訴。但我也發現，2019年的內部通訊明確指出，該辦公室從未調查過蓋茲基金會。該辦公室資深律師大衛・霍恩（David Horn）在一封內部電子郵件中表示：「我們從來沒有任何理由調查蓋茲。」

華盛頓州另一單位——州務卿辦公室——也對蓋茲基金會有一些次要的監督權。值得注意的是，蓋茲基金會捐了超過200萬美元給州務卿辦公室，用於支持該辦公室管理的一個圖書館。州務卿辦公室沒有回應關於這筆捐贈的詢問。華盛頓州檢察總長鮑勃・弗格森（Bob Ferguson）也拒絕接受訪問。從我們所能看到的一切看來，華盛頓州和華盛頓特區一樣，並沒有關注蓋茲基金會的活動。

43. Paul Kiel, "The IRS Decided to Get Tough Against Microsoft. Microsoft Got Tougher," ProPublica, January 22, 2020, https://www.propublica.org/article/the-irs-decided-to-get-tough-against-microsoft-microsoft-got-tougher; Jacob Kastrenakes, "Bill Gates to 'Substantially Increase Time' at Microsoft After Stepping Down as Chairman," The Verge, February 4, 2014, https://www.theverge.com/2014/2/4/5377226/bill-gates-steps-down-microsoft-chairman-named-tech-advisor.

44. 蓋茲基金會是否與美國國稅局走得太近也是一個問題。蓋茲基金會的一名律師在2015至2018年間擔任國稅局免稅與政府實體諮詢委員會（Advisory Committee on Tax Exempt and Government Entities）的成員，蓋茲基金會因此理應可以利用一個公開的論壇討論它關注的問題，並參與有關「制定創新和合作的問題解決策略」的腦力激盪——那是該委員會明言的目的。在蓋茲基金會有代表參與該委員會期間，國稅局敲定了新規則，幫助蓋茲基金會和其他大型慈善機構透過一個名為「專案相關投資」（Program-Related

破解蓋茲迷思

Investments）的計畫，擴大與私營部門的財務合作。

整體而言，國稅局在我調查相關問題期間沒有提供很多協助。它拒絕接受訪問，也拒絕我根據《資訊自由法》查詢它收到的關於蓋茲基金會的投訴，理由是那些投訴是「機密」。Federal Advisory Committee Database, Advisory Committee on Tax Exempt and Government Entities, Committee Detail, https://www.facadatabase.gov/FACA/apex/FACAPublicCommittee?id=a10t0000002ondOAAQ; "Steps to Catalyze Private Foundation Impact Investing," The White House, April 21, 2016, https://obamawhitehouse.archives.gov/blog/2016/04/21/steps-catalyze-private-foundation-impact-investing.

45. Jennifer Liberto, "Offshore Tax Havens Saved Microsoft $7 Billion in Taxes—Senate Panel," CNN Business, September 20, 2012, https://money.cnn.com/2012/09/20/technology/offshore-tax-havens/index.html; "Subcommittee Hearing to Examine Billions of Dollars in U.S. Tax Avoidance by Multinational Corporations," Press Release, website of Senator Carl Levin, September 20, 2012, https://web.archive.org/web/20121212035753/http://www.levin.senate.gov/newsroom/press/release/subcommittee-hearing-to-examine-billions-of-dollars-in-us-tax-avoidance-by-multinational-corporations/.
46. Bill Gates, Interview by Jeremy Paxman, *BBC Newsnight*, January 23, 2014, https://www.youtube.com/watch?v=baUmdtrZp90.
47. Schwab, "Bill Gates Gives to the Rich (Including Himself)."
48. Mark Curtis, "Gated Development: Is the Gates Foundation Always a Force for Good?" Global Justice Now, June 2016, https://www.globaljustice.org.uk/sites/default/files/files/resources/gjn_gates_report_june_2016_web_final_version_2.pdf.
49. 智庫政策研究所建議對「由捐獻者密切控制的」大型慈善基金會的資產課徵2%的財富稅。也就是說，蓋茲基金會的資產可以視為比爾・蓋茲個人財富重要的一部分，因為他實際上控制這些財富的使用方式，所以有理由認為基金會的捐贈基金應該被課徵財富稅。一些經濟學家也表示，像蓋茲基金會這種受嚴格控制的富豪慈善事業或許應該被課徵財富稅。Collins and Flannery, "Gilded Giving 2022"; Emmanuel Saez and Gabriel Zucman, "Progressive Wealth Taxation," BPEA Conference Drafts, September 5, 2019, https://www.brookings.edu/wp-content/uploads/2019/09/Saez-Zucman_conference-draft.pdf.
50. 解釋一下這當中的數學：如果蓋茲今年的1,000億美元投資獲得10%的報酬，他的財富將增加100億美元，達到1,100億美元。但如果國會立法，在年初對他原有的1,000億美元課徵3%的財富稅，他可用來投資的財富將只有970億美元。在這種情況下，他10%的投資報酬（97億美元）將使他的淨資產達到1,067億美元。因此，3%的財富稅將帶給美國財政部30億美元的收入，但會導致蓋茲的個人財富減少更多——減少33億美元，從1,100億美元減至1,067億美元。在過去二十年裡，持續課徵3%的財富稅將會放大這種影響——產生300億美元的稅收，但導致蓋茲的財富減少600億美元。我是根據《富比世》富豪榜估算的蓋茲每年財富做以上計算的。

加州大學經濟學家加柏列・祖克曼（Gabriel Zucman）幫助我做這些計算，他告訴我taxjusticenow.com這個網站，它模擬不同的財富稅提案如何改變超級富豪的個人財富，假設這種稅從1982年開始實施。根據這些模型，參議員伊莉莎白・華倫（Elizabeth Warren）的財富稅方案將使比爾・蓋茲在2020年的財富從1,170億美元縮減至210億美元。伯尼・桑德斯（Bernie Sanders）的方案將使蓋茲的財富縮減少至150億美元。
51. Bill Gates, "Why Inequality Matters," *GatesNotes*, October 13, 2014, https://www.gatesnotes.com/Books/Why-Inequality-Matters-Capital-in-21st-Century-Review.
52. 蓋茲夫婦的孩子們享受著超級富裕的生活，每個人幾乎肯定會繼承一大筆錢。聲稱他們將必須「自己在世界上闖出一片天」是可笑的。
53. Aimee Picchi, "Thomas Piketty: Bill Gates Doesn't Want to Pay More Tax," CBS News, January 5, 2015, https://www.cbsnews.com/news/thomas-piketty-bill-gates-doesnt-want-to-pay-more-tax/.
54. Bill Gates, "What I'm Thinking About This New Year's Eve," *GatesNotes*, December 30, 2019, https://www.gatesnotes.com/About-Bill-Gates/

註釋

Year-in-Review-2019.

55. 我能找到的關於蓋茲在租稅改革方面投入資金的唯一紀錄，是他在2006年捐出25萬美元，以反對旨在廢除華盛頓州遺產稅的公民表決提案（ballot initiative）。

56. 歐巴馬白宮甚至一度提出旨在對有錢人課稅的所謂巴菲特規則（Buffett Rule）。該計畫最終不了了之，但即使付諸實行，也不清楚是否會使巴菲特的財富被課比較重的稅（或加稅多少）。白宮曾強調，巴菲特規則對超級富豪課稅的方式將是「公平的，包括不會使那些做大量慈善捐獻的個人處於不利地位。」Office of the President, Fiscal Year 2013, Budget of the U.S. Government, Office of Management and Budget, 39, https://obamawhitehouse.archives.gov/sites/default/files/omb/budget/fy2013/assets/budget.pdf.

57. "U.S. Treasury Blocks over $1 Billion in Suleiman Kerimov Trust," U.S. Department of the Treasury, June 30, 2022, https://home.treasury.gov/news/press-releases/jy0841.

58. Mike McIntire and Michael Forsythe, "Putin Faces Sanctions, but His Assets Remain an Enigma," New York Times, February 26, 2022, https://www.nytimes.com/2022/02/26/world/europe/putin-sanctions-money-assets.html?campaign_id=249&emc=edit_ruwb_20220406&instance_id=57801&nl=russia-ukraine-war-briefing&regi_id=94181639&segment_id=87708&te=1&user_id=5affd5c339e726b5205a2a069c754d1b.

59. "Episode 138: Thought-Terminating Enemy Epithets (Part II)," Citations Needed, June 9, 2021; https://citationsneeded.medium.com/episode-138-thought-terminating-enemy-epithets-part-ii-dea4bfcda8c7.

60. Anupretta Das and Craig Karmin, "This Man's Job: Make Bill Gates Richer," Wall Street Journal, September 19, 2014, https://www.wsj.com/articles/this-mans-job-make-bill-gates-richer-1411093811.

61. Craig Torres, "Convicted Felons Handle Gates Fortune," Wall Street Journal, March 7, 1993, https://archive.seattletimes.com/archive/?date=19930307&slug=1689167.

62. Das, Flitter, and Kulish, "A Culture of Fear at the Firm That Manages Bill Gates's Fortune."

63. 蓋茲個人財富的保密工作有時嚴密到令人難以置信。比爾與梅琳達2021年離婚後，《紐約郵報》和其他媒體的報導指出，比爾夷平了他不久之前在聖地牙哥買下的一棟豪宅。這個決定除了造成巨大的浪費和對氣候有害，還製造出一個非常困擾鄰居和海灘遊客的工地。雖然《紐約郵報》的報導引述了鄰居的話，說他們親眼看到蓋茲出現在正在建造新豪宅的工地，而且《華爾街日報》之前報導了蓋茲購買該房產的消息，但比爾·蓋茲的公關人員告訴《紐約郵報》，蓋茲事實上並不擁有該房產。那麼，我們可以如何證實或反駁這一點呢？聖地牙哥郡的房產紀錄沒有告訴我們誰擁有這棟房子。相關紀錄顯示，擁有房子的是一個名為「2808 of Trust」的金融工具，由西雅圖的北方信託公司（Northern Trust）負責管理。聖地牙哥郡和北方信託公司都無法說明誰是房子真正的主人。參見Mary K. Jacob, "Bill Gates Turns $43M Mansion into 'Bachelor Pad' Nuisance," New York Post, March 23, 2022, https://nypost.com/2022/03/23/bill-gates-is-turning-43m-mansion-into-bachelor-pad-nuisance; Katherine Clarke, "Bill and Melinda Gates Buy Oceanfront Home Near San Diego for $43 Million," Wall Street Journal, April 21, 2020, https://www.wsj.com/articles/bill-and-melinda-gates-buy-oceanfront-home-near-san-diego-for-43-million-11587509127.

64. "America's Top 15 Earners and What They Reveal About the U.S. Tax System," ProPublica, April 13, 2022, https://www.propublica.org/article/americas-top-15-earners-and-what-they-reveal-about-the-us-tax-system. 註：據ProPublica報導，蓋茲報稅時，年均28.5億美元的收入享有22%的扣除額，估計是部分（或全部）拜他的慈善捐獻所賜。如ProPublica所述，美國國稅局應用「一條慷慨的稅法規則，容許億萬富翁以股票全部的現行市值作為扣除額，不必出售股票並繳納資本利得稅。」ProPublica拒絕提供比爾·蓋茲的稅務資料給我。參見Paul Kiel, Ash Ngu, Jesse Eisinger, and Jeff Ernsthausen, "America's Highest Earners and Their Taxes Revealed," ProPublica, April 13, 2022, https://projects.propublica.org/americas-highest-incomes-and-taxes-revealed/.

65. Jesse Eisinger, Jeff Ernsthausen, and Paul Kiel, "The Secret IRS Files: Trove of Never-Before-Seen Records Reveal How the

破解蓋茲迷思

Wealthiest Avoid Income Tax," ProPublica, June 8, 2021, https://www.propublica.org/article/the-secret-irs-files-trove-of-never-before-seen-records-reveal-how-the-wealthiest-avoid-income-tax.

66. David Cay Johnston, "Questions Raised on New Bush Plan to End Estate Tax," *New York Times*, January 29, 2001, https://www.nytimes.com/2001/01/29/business/questions-raised-on-new-bush-plan-to-end-estate-tax.html.
67. "Bill Moyers Interviews Bill Gates, Sr. and Chuck Collins," PBS NOW, January 17, 2003, https://billmoyers.com/content/toolbooths-digital-highway-bill-gates-sr-chuck-collins-inheritance-tax-scientist-devra-davis-killer-smog-jumpstarted-clean-air-act/#inheritance-tax.
68. "Remembering Bill Gates Sr.," *Inequality.org* (blog), https://inequality.org/great-divide/remembering-bill-gates-sr/.
69. Dean Baker, "The Conservative Nanny State," Center for Economic and Policy Research, 2006, https://web.archive.org/web/20061002021111/http://www.conservativenannystate.org/cnswebbook.pdf.

Chapter 4　快速失敗

1. Mark Suzman, "2022 Gates Foundation Annual Letter: Board of Trustees, What's Next," Bill & Melinda Gates Foundation, n.d., https://www.gatesfoundation.org/ideas/articles/2022-gates-foundation-annual-letter-trustees.
2. "Strategic Investment FAQs," Gates Strategic Investment Fund, n.d., https://sif.gatesfoundation.org/faq/.
3. 蓋茲基金會的稅務紀錄顯示，它向GlaxoSmithKline I+D, S.L.以及GlaxoSmithKline Biologicals提供了慈善贈款。
4. CureVac, Draft Registration Statement, Ex. 10.7, U.S. Securities and Exchange Commission, June 22, 2020. 註：如蓋茲基金會所述，「全球使用要求（a）迅速和廣泛地傳播從計畫投資（Programmatic Investment）獲得的知識和資料；以及（b）以可負擔的價格向我們的目標受益人提供受資助開發專案的成果，並使他們能夠獲得這些成果。在全球衛生和全球發展計畫中，我們的目標受益人是生活在開發中國家最需要幫助的人；在美國計畫中，目標受益人包括低收入學生、有色人種學生和第一代大學生，以及為這些群體服務的教育系統。」 "Global Access Statement," Bill & Melinda Gates Foundation, n.d., https://www.gatesfoundation.org/about/policies-and-resources/global-access-statement.
5. "CureVac Collaboration," Bill & Melinda Gates Foundation, n.d., https://www.gatesfoundation.org/ideas/media-center/press-releases/2015/03/curevac-collaboration.
6. Tim Schwab, "Is the Shine Starting to Come Off Bill Gates's Halo?," *Nation*, May 7, 2021, https://www.thenation.com/article/society/bill-gates-foundation-covid-vaccines/.
7. 注意，CureVac的疫苗最終失敗了，我們因此一直無法看到該公司對蓋茲基金會的使用許可承諾如何完全兌現。不過，從表面看來，該公司的商業模式是圍繞著服務富裕國家而不是全球窮人來規劃的，例如它有一項協議是向歐盟執委會供應4.05億劑疫苗。Schwab, "Is the Shine Starting to Come Off Bill Gates's Halo?"; Jon Cohen, "What Went Wrong with CureVac's Highly Anticipated New MRNA Vaccine for COVID-19?," *Science*, June 18, 2021, https://www.science.org/content/article/what-went-wrong-curevac-s-highly-anticipated-new-mrna-vaccine-covid-19.
8. David Bank and Dennis Price, "Linchpin of Gates Foundation's Health Strategies, 'Global Access Agreements' Fail Their Covid-19 Test," ImpactAlpha, June 10, 2021, https://impactalpha.com/the-linchpin-of-gates-foundations-health-strategies-global-access-agreements-fail-their-covid-19-test/; "BioNTech Announces New Collaboration to Develop HIV and Tuberculosis Programs," Press Release, BioNTech, September 4, 2019, https://investors.biontech.de/news-releases/news-release-details/biontech-announces-new-collaboration-develop-hiv-and/.
9. Cepheid並非只是未能在Covid-19大流行期間為窮國提供服務。在此之前，該公司曾因為涉嫌利用其結核病診斷技術牟取暴利而受到批評，而它曾表示該技術是在蓋茲基金會支持下開發出來的。2017年，全球衛生機構國際藥品採購機制（Unitaid）贊助的一份報告指出，Cepheid在結核病診斷領域的市場主導地位存在「潛在的壟斷安排」，可能影響價格。蓋茲基金會的全球使用協議看來又一次未能使窮人以合理、可負擔的價格獲得基金會資助的企業產品。Cepheid, Form 8-K, Ex. 99.01, U.S. Securities and Exchange Commission, 2006; David Lewis and Allison Martell, "Donors Bet on a US Firm to Fix Testing in Africa. Then Covid-19 Hit," Reuters, March 1, 2021, https://www.reuters.com/investigates/special-report/health-coronavirus-africa-cepheid/.

10. Lewis and Martell, "Donors Bet on a US Firm to Fix Testing in Africa. Then Covid-19 Hit."

11. "Enteric and Diarrheal Diseases," Gates Foundation Strategic Overview, November 2009, https://docs.gatesfoundation.org/Documents/enteric-and-diarrheal-diseases-strategy.pdf. 註：我們不清楚這些「投資」是什麼，也不清楚蓋茲基金會發揮了多大的作用，因為沒有紀錄顯示蓋茲基金會提供慈善贈款支持默克的輪狀病毒研發。

12. Robert Fortner, "Why you might think like Bill Gates about global health," (blog), February 13, 2016, https://robertfortner.posthaven.com/why-you-might-think-like-bill-gates-about-global-health.

13. Michaeleen Doucleff, "Merck Pulls Out of Agreement to Supply Life-Saving Vaccine to Millions of Kids," *Goats and Soda* (blog), NPR, November 1, 2018, https://www.npr.org/sections/goatsandsoda/2018/11/01/658844287/merck-pulls-out-of-agreement-to-supply-life-saving-vaccine-to-millions-of-kids.

14. NPR後來發表另一篇重點報導，再次抨擊默克，同時讚揚葛蘭素史克填補了默克留下的輪狀病毒疫苗空白。這種報導感覺像是蓋茲略為處理過的公關宣傳，輕輕打了默克一下手心之餘，大力讚美葛蘭素史克。Michaeleen Doucleff, "It Looked as Though Millions of Babies Would Miss Out on a Lifesaving Vaccine," NPR, May 31, 2019, https://www.npr.org/sections/goatsandsoda/2019/05/31/726863111/it-looked-as-though-millions-of-babies-would-miss-out-on-a-lifesaving-vaccine.

15. 受資助者可以針對全球使用協議的條款和條件要求談判，或拒絕接受這種要求，但我們不可能知道這種情況發生的頻率或談判採取的形式，因為蓋茲的贈款協議通常不公開。

16. Ira Glass, Alex Blumberg, and Laura Sydell, "When Patents Attack!" Episode 441, *This American Life*, NPR, July 22, 2011, https://www.thisamericanlife.org/441/transcript.

17. Malcolm Gladwell, "In the Air," *New Yorker*, May 5, 2008, https://www.newyorker.com/magazine/2008/05/12/in-the-air.

18. "Spinouts," Intellectual Ventures, n.d., https://www.intellectualventures.com/spinouts.

19. Catherine Clifford, "Bill Gates-Backed Nuclear Demonstration Project in Wyoming Delayed Because Russia Was the Only Fuel Source," CNBC, December 16, 2022, https://www.cnbc.com/2022/12/16/bill-gates-backed-nuclear-demonstration-delayed-by-at-least-2-years.html; Alan Boyle, "Echodyne Radar Venture Flies Higher with $135M Funding Round Led by Bill Gates and Baillie Gifford," GeekWire, June 13, 2022, https://www.geekwire.com/2022/echodyne-radar-venture-flies-higher-with-135m-funding-round-led-by-bill-gates-and-baillie-gifford/; Alan Boyle, "Bill Gates leads $84M Funding Round to Boost Kymeta Antenna Venture's Push into New Markets," GeekWire, March 15, 2022, https://www.geekwire.com/2022/bill-gates-leads-84m-funding-round-to-boost-kymeta-antenna-ventures-push-into-new-markets/; Paul La Monica, "Crowd-Safety Firm Backed by Bill Gates and Peyton Manning Makes Wall Street Debut," CNN, July 19, 2021; Lisa Stiffler, "Intellectual Ventures Spinoff Modern Electron Raising Cash for Heat-to-Electricity tech," GeekWire, December 27, 2021, https://www.geekwire.com/2021/intellectual-ventures-spinoff-modern-electron-raising-cash-for-heat-to-electricity-tech/; Alan Boyle, "With Backing from Bill Gates, Pivotal Commware Raises $50M for 5G products," GeekWire, February 11, 2021; Devin Coldewey, "Gates-Backed Lumotive Upends Lidar Conventions Using Metamaterials," *TechCrunch*, March 22, 2019, https://techcrunch.com/2019/03/22/gates-backed-lumotive-upends-lidar-conventions-using-metamaterials/.

20. Microsoft, DEF 14A, U.S. Securities and Exchange Commission, October 4, 2006. 註：根據SEC的文件，微軟「擁有發明科學基金44.9%的已發行A類單位，蓋茲先生的投資公司擁有發明科學基金18.7%的已發行A類單位和1個D類單位。」比爾・蓋茲和微軟都可能對高智發明有其他投資。《富比世》2018年報導稱，微軟的一家愛爾蘭子公司減記了對高智發明一支相關

破解蓋茲迷思

基金逾1.3億美元的投資。Nathan Vardi, "After 10 Years, Nathan Myhrvold's $3 Billion of Private Equity Funds Show Big Losses," Forbes, June 1, 2018, https://www.forbes.com/sites/nathanvardi/2018/06/01/after-10-years-nathan-myhrvolds-3-billion-of-private-equity-funds-show-big-losses/.

21. 《60分鐘》節目2013年曾簡要報導比爾・蓋茲與高智發明的合作,指他在該公司「既是投資人也是發明家」。"Bill Gates, 2.0," 60 Minutes, CBS, aired July 28, 2013, 4:00, https://www.youtube.com/watch?v=cPy0nWYYCFg.

22. Taylor Soper, "Bill Gates and Intellectual Ventures Attempt to Patent a High-Tech Football Helmet," GeekWire, January 11, 2017, https://www.geekwire.com/2017/bill-gates-intellectual-ventures-attempt-patent-high-tech-football-helmet/.

23. 比爾・蓋茲的名字出現在範圍廣泛的一系列專利上,當中很多專利由微軟擁有,顯然是為了從人們的數位身分獲取資料,涉及「個人資料探勘」、「確定影響者」和「獎勵獨立的影響者」。另有一項專利就像是科幻電影《關鍵報告》(Minority Report)裡面的東西,「利用感測器蒐集身處一家商店裡的一名或一群顧客資料」,藉由「臉部辨識、姿勢辨識、交易辨識和生物特徵感測」,達到「在零售場所即時提供廣告」的目的。U.S. Patents 20170053190-A1, 7930197-B2, 8290973-B2, 9135657-B2, and 20080004950-A1.

24. Ira Glass and Zoe Chace, "When Patents Attack. . . Part Two!" Episode 496, This American Life, NPR, May 31, 2013, https://www.thisamericanlife.org/496/when-patents-attack-part-two.

25. Glass and Chace, "When Patents Attack. . . Part Two!"

26. Glass, Blumberg, and Sydell, "When Patents Attack!"

27. Intellectual Ventures, "What We Do," https://web.archive.org/web/20190605202401/https://www.intellectualventures.com/what-we-do/global-good-fund/our-work.

28. 值得注意的是,這5億美元不是來自蓋茲基金會的慈善贈款,而是來自蓋茲基金會的捐贈基金。Bill & Melinda Gates Foundation Trust, 990-PF, Statement 12, Transfers to Controlled Entities, 2010–2020. 註:2010年,比爾與梅琳達蓋茲基金會信託基金的年度報稅資料顯示,它收到了價值估計為11,084,733美元的智慧財產權捐贈,顯然是比爾・蓋茲捐出的。資料還顯示,它向全球公益移轉了價值超過1,600萬美元的資產,是「現金和智慧財產權的資本投入」。目前不清楚這兩筆智慧財產權交易是否相關。

29. Todd Bishop, "A Feisty Nathan Myhrvold Defends His Quest for 'Global Good,'" GeekWire, August 10, 2012, https://www.geekwire.com/2012/feisty-nathan-myhrvold-defends-quest-global-good/.

30. Bishop, "A Feisty Nathan Myhrvold."

31. "IV's Global Good Fund: A Legacy of Impact Invention," September 2, 2020, https://www.intellectualventures.com/buzz/insights/ivs-global-good-fund-a-legacy-of-impact-invention.

32. "Cleaner, More Efficient Cooking: Global Good Embeds Technology into Jet Flame Cookstove," Intellectual Ventures, October 30, 2019, https://www.intellectualventures.com/buzz/insights/helping-families-with-cleaner-efficient-cooking; "Jet-Flame—Turn Your Fire into a Jet!" Jet-Flame, n.d., https://www.jet-flame.com/.

33. "IV's Global Good Fund: A Legacy of Impact Invention."

34. "Global Good Fund, Element to Develop Biometric ID Tool for Infants and Children—Biometric Update," n.d., https://www.biometricupdate.com/201711/global-good-fund-element-to-develop-biometric-id-tool-for-infants-and-children. 註:蓋茲基金會也資助了類似的其他專案,例如加州大學聖地牙哥分校的嬰兒生物辨識計畫。參見 "Researchers Receive $2.4 Million from Gates Foundation for Infant Vaccination Identification," UC San Diego Today, November 8, 2016, https://today.ucsd.edu/story/researchers_receive_2.4_million_from_gates_foundation_for_infant_vaccinatio.

35. Price, "Eyes Wide Open," 35.

36. Price, "Eyes Wide Open," 32.

37. Price, "Eyes Wide Open," 33.

38. Price, "Eyes Wide Open," 33.

39. "Reflecting on the Evolution of the Foundation: A Q&A with Mark Suzman," Bill & Melinda Gates Foundation, February 4, 2022, https://www.gatesfoundation.org/ideas/articles/evolution-of-the-foundation-qa-mark-suzman.

40. Price, "Eyes Wide Open," 34.
41. Price, "Eyes Wide Open," 34.
42. U.S. Patent Reel, Frame 040775/0094, December 30, 2015, Assignment of Patents from Zyomyx to Bill and Melinda Gates Foundation.
43. U.S. Patents 7998696, 8304203, and 8765391, Assignment of Patents from Bill and Melinda Gates Foundation to Stemcell Technologies Canada, Reel/Frame 040405/0749, May 31, 2016.
44. 蓋茲基金會的贈款紀錄顯示，它捐了290萬美元給幹細胞技術公司，用於「開發好方法，從幹細胞中生成產生抗體的B細胞，用於在開發中國家對抗傳染病。」
45. David Bank and Dennis Price, "Returns on Investment: How a Broad Bet on a Biotech Company Paid Off in Promising Drugs for Neglected Diseases," *Making Markets Work for the Poor*, Supplement, Stanford Social Innovation Review (Summer 2016): 35–36.
46. Amrutha Penumudi, "Pfizer to Buy Anacor in $5.2 Billion Deal for Access to Eczema Gel," Reuters, May 16, 2016, https://www.reuters.com/article/us-anacor-pharmam-a-pfizer-analysis-idUSKCN0Y7143; U.S. Patents, Reel/Frame 050856/0936, 050867/0447, 050856/0921, 050863/0578, 052454/0630, 052454/0582, 052456/0805, and 052456/0761, Assignment of Patents from Anacor to Bill & Melinda Gates Foundation.
47. 追蹤專利所有權是很困難的，因為專利持有人利用空殼公司和控股公司來降低所有權的透明度是出了名的事。這是《美國生活》調查報導的重要部分，它報導了圍繞著高智發明的專利經濟利益的層層掩飾。
48. SEC的申報資料顯示，蓋茲創投取得了Exicure等公司的股份；參見Exicure, Inc., Schedule 13G, U.S. Securities and Exchange Commission, October 5, 2017, https://www.sec.gov/Archives/edgar/data/1580115/000110465917061162/a17-22926_1sc13g.htm.
49. "Research Priorities," Bill & Melinda Gates Medical Research Institute, n.d., https://www.gatesmri.org/research-priorities/.
50. Charles Wells, "What Does the Future Look Like for TB Care?," Interview by Emily Henderson, News-Medical.net, August 5, 2022, https://www.news-medical.net/news/20220805/What-does-the-future-look-like-for-TB-care.aspx; "Merck and the Bill & Melinda Gates Medical Research Institute Announce Licensing Agreement for Novel Tuberculosis Antibiotic Candidates," Merck.
51. "About Us," Bill & Melinda Gates Medical Research Institute, https://www.gatesmri.org/about-us/. 參見Emilio Emini、Manfred Lauchart和Taryn Rogalski-Salter的簡介。
52. 在我們可以看到的一個案例中，蓋茲醫學研究所接管了一種瘧疾藥物的開發，該藥始於蓋茲基金會與私營公司愛萃科（Atreca）的一次慈善合作。SEC的申報資料顯示，根據雙方的協議，蓋茲醫學研究所獲得了該藥「位於瘧疾流行地區、符合Gavi援助資格的國家的商業權利」，愛萃科則保留在美國、歐洲和亞洲部分地區的商業權利。」目前並不清楚這是否蓋茲執行全球使用協議的一個例子。參見Atreca, Form 8-K, Ex.99.1, U.S. Securities and Exchange Commission, November 2, 2021, https://www.sec.gov/Archives/edgar/data/1532346/000117184321007383/exh_991.htm.
53. "DeFazio, Doggett Lead Members in Urging HHS to Lower Cost of Prostate Cancer Drug," Press Release, February 8, 2022, website of United States Congressman Peter DeFazio, https://web.archive.org/web/20220211152659/https://defazio.house.gov/media-center/press-releases/defazio-doggett-lead-members-in-urging-hhs-to-lower-cost-of-prostate.
54. Madeline Stone and Matt Weinberger, "19 Crazy Facts About Bill Gates' $127 Million Mansion," *Business Insider*, December 7, 2018, https://www.businessinsider.com/crazy-facts-about-bill-gates-house-2016-11.
55. "Appraising Microsoft I: Real Audio of the November 13–14 1997 Appraising Microsoft Presentations," November 13–14, 1997, http://www.appraising-microsoft.org/1st.html; "Nader Responds to Microsoft Letter," November 13, 1997, http://www.appraising-microsoft.org/rnstatemt.html.
56. Brian Till, "How Drug Companies Keep Medicine out of Reach," *Atlantic*, May 15, 2013, https://www.theatlantic.com/health/archive/2013/05/how-drug-companies-keep-medicine-out-of-reach/275853/.
57. Katherine Eban, "How an Indian Tycoon Fought Big Pharma to Sell AIDS Drugs for $1

破解蓋茲迷思

a Day," *Quartz*, July 15, 2019, https://qz.com/india/1666032/how-indian-pharma-giant-cipla-made-aids-drugs-affordable/.
58. "Microsoft, Gates Foundation Timeline," *Knowledge Ecology International* (blog), November 29, 2010, https://www.keionline.org/microsoft-timeline.
59. World Health Organization, Intergovernmental Working Group on Public Health, Innovation and Intellectual Property, List of Participants, April 28, 2008, https://apps.who.int/gb/PHI/pdf/igwg2/PHI_IGWG2_DIV2_REV2.pdf.
60. David Muoio, "Nationwide Drug Spending Grew 7.7% in 2021, Will Increase Another 4%-6% in 2022," FierceHealthcare, April 12, 2022, https://www.fiercehealthcare.com/finance/nationwide-drug-spending-grew-77-2021-will-increase-another-4-6-2022.
61. Martin Enserink, "Another Global Health Fund? Here's Why," *Science*, May 19, 2010, https://www.science.org/content/article/another-global-health-fund-heres-why.
62. Soumya Swaminathan et al., "Reboot Biomedical R&D in the Global Public Interest," *Nature* 602, no. 7896 (February 2022): 207–10, https://doi.org/10.1038/d41586-022-00324-y.

Chapter 5　透明度

1. "Bill and Melinda Gates Foundation," NBBJ, https://www.nbbj.com/work/bill-and-melinda-gates-foundation.
2. Kristi Helm, "The New Gates Foundation Headquarters Reflects Charity's Roots—and Reach," *Seattle Times*, May 21, 2011.
3. 奇怪的是,《紐約時報》評論建議建築時提到,蓋茲基金會還禁止在總部竊竊私語。Lawrence W. Cheek, "New Office Designs Offer Room to Roam and to Think," *New York Times*, March 17, 2012, https://www.nytimes.com/2012/03/18/business/new-office-designs-offer-room-to-roam-and-to-think.html?ref=business.
4. Bill and Melinda Gates, "10 Tough Questions We Get Asked," *GatesNotes*, n.d., https://www.gatesnotes.com/2018-Annual-Letter.
5. 經營媒體網站ImpactAlpha的David Bank表示,他與蓋茲基金會合作進行一項報導工作時,簽了一份保密協議。David Bank, "What Went Wrong in Gates Foundation Investment in $1 Billion Healthcare Fund for 21st-Century Megacities?," *Medium* (blog),

June 16, 2018, https://medium.com/@davidmbank/abraaj-group-liquidation-tests-champions-of-sustainable-development-goal-3-73ea53728669.
6. Gabriel Sherman, Nick Bilton, and Emily Jane Fox, "Bill and Melinda Gates's Epic Divorce Saga Enters Its Next Phase," *Vanity Fair*, June 7, 2021, https://www.vanityfair.com/news/2021/06/bill-and-melinda-gates-divorce-saga-next-phase.
7. Das, Flitter, and Kulish, "A Culture of Fear at the Firm That Manages Bill Gates's Fortune."
8. O. Casey Corr, "Melinda French Gates: A Microsoft Mystery—She Married High-Profile Bill Gates, but Wants Her Life Kept Private," *Seattle Times*, June 4, 1995, https://archive.seattletimes.com/archive/?date=19950604&slug=2124492. 註:華盛頓州2022年頒布了新規則,限制在工作場所使用保密協議,以保護揭弊者以及員工公開談論浪費、詐欺和弊端的能力。幾名蓋茲基金會前員工和我提到這些規則,但不確定它們對蓋茲基金會使用的保密協議有什麼影響。Amy Rolph, "Most NDAs Are Now Outlawed in Washington State. Will Whistleblowers Speak Up?," GeekWire, July 19, 2022, https://www.geekwire.com/2022/most-ndas-are-now-outlawed-in-washington-state-will-whistleblowers-speak-up/.
9. Friedman and Sunderland, "How to Fix the Gates Foundation."
10. 在我對蓋茲基金會展開第一次調查之前,我聯絡他們,詢問是否可以給我一個包含基金會所有慈善贈款的Excel試算表,免得我要用他們設計拙劣的贈款線上資料庫。如果所有贈款資料都在一個試算表上,我就可以做比較精細的分析,例如排列最重要的捐贈人和最主要的資助對象之類。我糾纏了基金會好幾個月,明確表示如果他們不給我試算表,我將根據既有紀錄自己做一個。基金會終於答應,以電子郵件發了試算表給我,並命令我不得與任何人分享。在我開始發表我的調查報導之後,基金會將那個試算表放到他們的網站上,提供給所有用戶。基金會並且終止了和我的通訊。
11. Scott Jaschik, "A Tool to Compare Colleges," *Inside Higher Ed*, November 4, 2021. 註:我與作者聯絡後,該媒體更正了文章,添加關於它與蓋茨關係的財務揭露。

網頁檔案見https://web.archive.org/web/20211104085628/https://www.insidehighered.com/news/2021/11/04/gates-foundation-effort-releases-new-tool-compare-colleges.

12. "Our Process," *Centre for Analytics and Behavioural Change* (blog), n.d., https://cabc.org.za/our-process/.

13. 在CABC的網站揭露相關資料期間，蓋茲資助的專案被簡短描述為致力於「中和策略，以贏得對疫苗猶豫不決者的支持。」這聽起來似乎沒有爭議，但如果沒有詳細的資料，我們就無法了解該專案的範圍、意義、影響或後果。也許更重要的是，透明度不足意味著我們無法核實蓋茲的資金是否真的用於這個目的，還是可能被用在其他事情上以推進蓋茲基金會的議程。

14. Bill & Melinda Gates Foundation, Statement 5, 706, IRS 990 filing for period ending December 2019.

15. Bill & Melinda Gates Foundation, Line 16c, column d, Part I; also Part VII, IRS 990, 2013.

16. Bill & Melinda Gates Foundation, Line 26, column d, Part I, IRS 990, 2013.

17. Bill & Melinda Gates Foundation, Part VII, IRS 990, 2013.

18. "The Chronicle of Higher Education and the Gates Foundation," *Chronicle of Higher Education*, July 14, 2013, https://www.chronicle.com/article/the-chronicle-of-higher-education-and-the-gates-foundation/.

19. Julia Belluz and Marine Buissonniere, "McKinsey Infiltrated the World of Global Public Health. Here's How," Vox, December 13, 2019, https://www.vox.com/science-and-health/2019/12/13/21004456/bill-gates-mckinsey-global-public-health-bcg. 註：蓋茲資助的一個麥肯錫專案，是評估國際藥品採購機制（Unitaid）的一個籌款方案——在消費者購買機票時請求他們作小額捐款。麥肯錫預計該方案每年可以貢獻10億美元的新收入。Unitaid為執行該計畫預留了數千萬美元，但該計畫在啟動後的頭幾個月裡，僅籌得1.4萬美元。

20. 例如，蓋茲是聯合國基金會歷來第二大捐助者，總共提供了3.8億美元，而聯合國基金會捐錢給各種團體。聯合國基金會公布的年度報稅資料揭露了部分受贈者——但不是全部，而且我們也無法看到哪些資金來自蓋茲基金會。蓋茲基金會總共捐了近70億美元給名字中有基金會一詞的組織。

21. 一如我之前提到，在我投入調查報導的早期，蓋茲基金會偶爾會以電子郵件答覆我提出的一些問題。

22. Sally Ho, "AP Analysis Shows How Bill Gates Influences Education Policy," AP News, May 16, 2018, https://apnews.com/article/melinda-gates-north-america-bill-and-melinda-gates-foundation-us-news-ap-top-news-a4042e82ffaa4a34b50ceac464761957.

23. "How We Work," New Venture Fund, n.d., https://newventurefund.org/how-we-work/.

24. Anna Massoglia and Karl Evers-Hillstrom, "Liberal 'Dark Money' Operation Behind Ads Urging Republicans to Support Impeachment," OpenSecrets News, November 20, 2019, https://www.opensecrets.org/news/2019/11/liberal-dark-money-op-impeachment/.

25. Kenneth P. Vogel and Katie Robertson, "Top Bidder for Tribune Newspapers Is an Influential Liberal Donor," *New York Times*, April 13, 2021, https://www.nytimes.com/2021/04/13/business/media/wyss-tribune-company-buyer.html.

26. "Our Governance," Co-Impact, Web archive from May 6, 2022, https://web.archive.org/web/20220506211132/https://co-impact.org/our-governance. 註：Co-Impact揭露的資料顯示，截至2023年，蓋茲的現職員工和員工占它七個董事會席位的三席。參見https://co-impact.org/our-governance/.

27. "Olivia Leland," Co-Impact, n.d., https://www.co-impact.org/our-team/olivia-leland/.

28. "What We Fund," Co-Impact, n.d., https://www.co-impact.org/gender-fund-what-we-fund/; Madeline Brancel, Margaret Andersen, Samuel Wolf, and Demitria Wack, "The Next Generation of Rigorous Education Research: J-PAL Launches the Learning for All Initiative," Abdul Latif Jameel Poverty Action Lab (J-PAL), January 25, 2023, https://www.povertyactionlab.org/blog/1-25-23/next-generation-rigorous-education-research-j-pal-launches-learning-all-initiative.

29. 在另一個例子中，蓋茲基金會一名高層誇耀自己幫忙創建了一個名為WomenLift Health的組織，WomenLift Health的全球顧問委員會有一名蓋茲基金會高層，而該組織的使命（「擴大女性在全球衛生領域的權力和影響力，促進系統性變革，以實現領導層的性別平等」）與蓋茲基金會自己在

破解蓋茲迷思

性別平等方面的高調工作毫無差別。該組織的網站將蓋茲基金會和新事業基金列為合作夥伴，但蓋茲基金會沒有捐款給該組織的紀錄。蓋茲可能是經由捐款給新事業基金來提供資金給 WomenLift。WomenLift沒有回應我提出的媒體詢問。"Poverty Is Sexist: A Q&A with New Gender Equality Division President Anita Zaidi," Bill & Melinda Gates Foundation, n.d., https://www.gatesfoundation.org/ideas/articles/gender-equality-president-anita-zaidi; "Global Advisory Board," *WomenLift Health* (blog), n.d., https://www.womenlifthealth.org/global-advisory-board/; "Partners and Collaborators," *WomenLift Health* (blog), n.d., https://www.womenlifthealth.org/partners-affiliates/; "About Us," *WomenLift Health*, https://web.archive.org/web/20201117075245/https://www.womenlifthealth.org/our-mission.

30. 蓋茲資助的其他「財政贊助者」包括洛克菲勒慈善顧問（Rockefeller Philanthropy Advisors）、全球婦女基金會（Global Fund for Women）、NEO Philanthropy，以及ThinkWell Institute。這些組織沒有義務揭露它們用蓋茲的錢做了什麼——即使它們可能建立專案、中心、計畫和活動來幫助推進蓋茲基金會的議程。我曾請求洛克菲勒慈善顧問幫助我了解他們用基金的資金具體做了什麼，但該組織不願意提供相關資料，聲稱他們的組織「以向我們的資助者報告為優先」。

31. "Members," Global Fund, n.d., https://www.theglobalfund.org/en/board/members/; "Board of Directors," Medicines for Malaria Venture, n.d., https://www.mmv.org/about-us/people-governance/board-directors; "Rodger Voorhies," AGRA (blog), March 2, 2021, https://agra.org/ourpeople/rodger-voorhies/; "Leadership," CEPI, https://cepi.net/about/whoweare/.

32. The Bill & Melinda Gates Foundation, Board Service Policy and Guidelines, https://docs.gatesfoundation.org/documents/board-service-policy.docx. 註：要全面了解蓋茲在其資助組織中的管理角色幾乎是不可能的，原因包括蓋茲未必會揭露相關資料；蓋茲基金會並不公開揭露它的所有資助對象；以及蓋茲基金會資助的組織數以千計。我只是粗略搜尋，就發現許多例子：蓋茲基金會全球內容和活動總監Dan Green是全球公民（Global Citizen）的董事會成員，而全球公民是全球扶貧計畫（Global Poverty Project）的一部分，蓋茲基金會捐了5,400萬美元給該計畫（"Board of Directors," Global Citizen, n.d., https://www.globalcitizen.org/en/about/who-we-are/board-directors/）；蓋茲基金會的策略長Ankur Voram是創新扶貧行動（Innovations for Poverty Action）的董事會成員，蓋茲基金會捐了超過4,500萬美元給該組織（"Board of Directors—IPA," n.d., https://www.poverty-action.org/people/directors）；蓋茲基金會瘧疾專案主任Philip Welkhoff是赫茲基金會（Hertz Foundation）董事會成員，蓋茲捐了500萬美元給該基金會（"Our People," Fannie and John Hertz Foundation, n.d., https://www.hertzfoundation.org/about-us/our-people/）；AVAC（蓋茲捐了超過9,000萬美元給該組織）的董事會和顧問團中有許多蓋茲基金會現職員工和前員工（"Board," AVAC, July 24, 2013, https://www.avac.org/board）。

33. Gwen Walden, Lauren Marra, and Katrina Briddell, "Going Beyond Grantmaking: Using External Help to Extend a Foundation's Core Competencies and Increase Its Impact," *Foundation Review* 7, no. 1 (March 31, 2015): 116.

34. David McCoy, Gayatri Kembhavi, Jinesh Patel, and Akish Luintel, "The Bill & Melinda Gates Foundation's Grant-Making Programme for Global Health," *The Lancet* 373, no. 9675 (May 9, 2009): 1645–53, https://doi.org/10.1016/S0140-6736(09)60571-7.

35. Katri Bertram, "Astroturfing in Global Health—Why This Is a Serious Problem (for Me)," *Katri Bertram* (blog), September 16, 2022, https://katribertram.wordpress.com/2022/09/16/astroturfing-in-global-health-why-this-is-a-serious-problem-for-me/.

36. Carmen Paun, "A World Without America," Politico, August 4, 2022, https://www.politico.com/newsletters/global-pulse/2020/10/22/a-world-without-america-490668.

37. 必須告訴大家：Politico提供了一些文章的連結，其中一篇是我寫的。

38. 其中包括Kate Kelland在2021年發表的一篇同情蓋茲的路透社報導：Kate Kelland, "'Crazy and Evil': Bill Gates Surprised by Pandemic Conspiracies," Reuters, January 27, 2021, https://www.reuters.com/article/us-health-coronavirus-gates-conspiracies-

註釋

idUSKBN29W0Q3. 同年稍後，Kelland 成為蓋茲創立的流行病預防創新聯盟的首席科學撰稿人（https://www.linkedin.com/in/kate-kelland-b5995618/）；Kate Kelland, LinkedIn, n.d., https://www.linkedin.com/in/kate-kelland-b5995618/?originalSubdomain=uk.

39. 例子包括捐10萬美元給國際記者中心（International Center for Journalists）、96萬美元給BBC媒體行動（BBC Media Action），以及150萬美元給媒體生態系統分析小組（Media Ecosystems Analysis Group）。
40. Schwab, "While the Poor Get Sick, Bill Gates Just Gets Richer."
41. 也有其他推特用戶告訴我，他們也因分享有關蓋茲基金會的資訊而被暫停使用。我也使用推特，但從未被取消帳號或暫停使用。

Chapter 6　遊說

1. Chris Cole, LinkedIn," n.d., https://www.linkedin.com/in/chris-cole-1158ba96/; Licea et al., "Insiders Say Bill Gates Was an Office Bully Who Pursued Sexual Affairs."
2. James Fontanella-Khan, Mark Vandevelde, and Simeon Kerr, "Bill Gates Vehicle Buys $2.2Bn Stake in Four Seasons from Saudi Royal," *Financial Times*, September 8, 2021; "Ben Affleck, Bill Gates Urge Foreign Aid for Congo," *Washington Post*, March 26, 2015, https://www.washingtonpost.com/video/politics/ben-affleck-bill-gates-urge-foreign-aid-for-congo/2015/03/26/dcf4f7b0-d3df-11e4-8b1e-274d670aa9c9_video.html.
3. Bill Gates, Written Testimony Presented Before the Appropriations Committee of the United States Senate, Subcommittee on State, Foreign Operations, and Related Programs, March 26, 2015, https://www.appropriations.senate.gov/imo/media/doc/hearings/032615%20Gates%20Testimony%20-%20SFOPS.pdf.
4. "Partnerships" and "About," Eastern Congo Initiative, n.d., https://www.easterncongo.org/about/partners/ and https://www.easterncongo.org/about-drc/.
5. 行程表顯示，蓋茲的許多會議是邁可‧戴奇（Michael Deich）安排的。他是一名華府內部人士，在OpenSecrets有自己的「旋轉門」檔案。在為蓋茲工作之前，戴奇受僱於遊說公司Van Scoyoc和聯邦政府，後者是在白宮管理與預算局和總統經濟顧問委員會工作。"Revolving Door: Michael Deich Employment Summary," OpenSecrets, n.d., https://www.opensecrets.org/revolving/rev_summary.php?id=26121.
6. Ezra Klein, "The Most Predictable Disaster in the History of the Human Race," Vox, May 27, 2015, https://www.vox.com/2015/5/27/8660249/bill-gates-spanish-flu-pandemic.
7. Ron Klain, biography at Harvard Law School, n.d., https://web.archive.org/web/20190109011819/https://hls.harvard.edu/faculty/directory/11755/Klain; Oliver Milman, "Ron Klain to Reportedly Step Down as Biden Chief of Staff," *Guardian*, January 21, 2023, https://www.theguardian.com/us-news/2023/jan/21/ron-klain-biden-chief-of-staff-white-house.
8. Anna Palmer, "The Playbook Interview: Bill Gates," Politico, February 14, 2017, https://www.politico.com/story/2017/02/bill-gates-playbook-interview-234987.
9. Akshat Rathi and Jennifer A Dlouhy, "Bill Gates and the Secret Push to Save Biden's Climate Bill," Bloomberg, August 16, 2022, https://www.bloomberg.com/news/features/2022-08-16/how-bill-gates-lobbied-to-save-the-climate-tax-bill-biden-just-signed#xj4y7vzkg.
10. Katy Daigle, "Bill Gates Upbeat on Climate Innovation Even if 1.5C Goal Out of Reach," Reuters, December 20, 2022, https://www.reuters.com/business/environment/bill-gates-upbeat-climate-innovation-even-if-15c-goal-out-reach-2022-12-20/.
11. 這是分析opensecrets.org和followthemoney.org的競選捐款紀錄的結果。
12. "Bill & Melinda Gates Foundation" and "Government and Public Donors," n.d., https://www.theglobalfund.org/en/private-ngo-partners/resource-mobilization/bill-melinda-gates-foundation/ and https://www.theglobalfund.org/en/government/.
13. "Annual Contributions and Proceeds 30 June 2022," Gavi, the Vaccine Alliance, n.d., https://www.gavi.org/news/document-library/annual-contributions-and-proceeds-30-june-2022.
14. Bill & Melinda Gates Foundation, Annual Report 2020, https://www.gatesfoundation.org/about/financials/annual-reports/annual-report-2020.
15. Gates, "Watch the Full Bill Gates Keynote,"

479

破解蓋茲迷思

39:00.

16. David Rogers, "Bill Gates, Time Traveler," Politico, May 8, 2013, https://www.politico.com/story/2013/05/bill-gates-congress-091090.
17. "Client Profile: One Action," 2013 lobby spending, OpenSecrets, n.d., https://www.opensecrets.org/federal-lobbying/clients/summary?cycle=2013&id=D000055001; Mark Tran, "US Congress Votes Down Bill to Unshackle 'Tied' Food Aid," *Guardian*, June 20, 2013, https://www.theguardian.com/global-development/2013/jun/20/us-congress-bill-food-aid.
18. Data Action, IRS 990 tax filing, 2004; "David Lane to Head ONE Campaign," Bill & Melinda Gates Foundation, n.d., https://www.gatesfoundation.org/ideas/media-center/press-releases/2007/10/david-lane-to-head-one-campaign. 註：Data Action 2008年更名為 One Action。參見 IRS 900 tax filing, 2008, 29。
19. David Rogers, "A Food Fight over Aid Program," Politico, April 24, 2013, https://www.politico.com/story/2013/04/a-food-fight-over-aid-program-090607; "Statement on Dr. Rajiv Shah, USAID Administrator-Designate," Bill & Melinda Gates Foundation, n.d., https://www.gatesfoundation.org/ideas/media-center/press-releases/2009/11/statement-on-dr-rajiv-shah-usaid-administratordesignate.
20. 根據LegiStorm的資料，蓋茲基金會有28名現職員工或前員工曾在政府工作或擔任政治說客。
21. "Contact Gavi," Gavi, n.d., https://www.gavi.org/contact-us; "Client Profile: Gavi Alliance," OpenSecrets, n.d., https://www.opensecrets.org/federal-lobbying/clients/summary?id=D000051207; "Bill Profile: H.R.2471," OpenSecrets, n.d., https://www.opensecrets.org/federal-lobbying/bills/summary?id=hr2471-117.
22. 這是分析OpenSecrets資料庫的結果。
23. Banco, Furlong, and Pfahler, "How Bill Gates and Partners Used Their Clout to Control the Global Covid Response—with Little Oversight."
24. Bill & Melinda Gates Foundation, "U.S. Private Foundation Funds and Advocacy," n.d., https://docs.gatesfoundation.org/documents/advocacy-guidelines.pdf.
25. 我們可以粗略估計蓋茲在這方面的支出。在蓋茲基金會的贈款資料庫中搜尋「立法者」、「國會」、「政策」和「議會」等字眼，結果得出超過30億美元的贈款。例子之一是捐1,000萬美元給全球扶貧計畫，目的是「培養政治意願和公民參與，以推動公共政策，並爭取政治、議會和國會方面的支持者以促成全球衛生和發展優先事項。」
26. 不過，凱爾豪斯確實明確地為蓋茲慈善帝國中的無數團體進行遊說，包括CEPI、PATH和Gavi。參見"Lobbying Firm Profile: Kyle House," OpenSecrets, n.d., https://www.opensecrets.org/federal-lobbying/firms/summary?id=D000074887.
27. "Is Aid Killing Africa? Dambisa Moyo Talks About Dead Aid on ABC," Interview by Australian Broadcasting Corporation News, March 17, 2009, YouTube, 1:25, https://www.youtube.com/watch?v=HIPvIQOCfAQ.
28. "About Dambisa," Dambisa Moyo, n.d., https://dambisamoyo.com/about/.
29. "Bill Gates' Shocking Personal Attacks on Dr. Dambisa Moya and Dead Aid," video of Q&A session at the University of New South Wales, May 28, 2013, YouTube, 1:00, https://www.youtube.com/watch?v=5utDdxveaJc.
30. Jordan Dickinson，員工出差後揭露表，美國眾議院倫理委員會，2016年9月8日。
31. Jordan Dickinson，員工出差後揭露表。
32. "Scaling Seeds and Technologies Partnership Will Accelerate Progress to Reduce Hunger, Poverty in Africa," U.S. Agency for International Development, n.d., https://2012–2017.usaid.gov/news-information/press-releases/scaling-seeds-and-technologies-partnership-will-accelerate-progress. 非洲綠色革命聯盟一度將塞內加爾從其重點國家名單中剔除，但在這次訪問期間，它在塞內加爾與保障未來糧食供給計畫有合作；USAID, Feed the Future, "Mid-term Performance Evaluation of the Scaling Seeds and Technologies Partnership (SSTP) in Africa: Wave Two Survey Report Smallholder Farmers' Adoption of Improved Seeds in Program Areas," July 2, 2019, i, https://agra.org/wp-content/uploads/2020/07/SSTP-WAVE-2-mid-term-evaluation-USAID.
33. 分析USAspending.gov資料的結果，Cooperative Agreement FAIN AIDOAAA1700029, September 30, 2017, https://www.usaspending.gov/award/ASST_NON_AIDOAAA1700029_7200.

註釋

34. 克莉絲汀・席納瑪，員工出差後揭露表，美國眾議院倫理委員會，2016年3月17日。
35. 艾瑞克・鮑森與安迪・哈里斯，員工出差後揭露表，美國眾議院倫理委員會，2016年3月17日。註：WorldVision沒有回應關於鮑森和哈里斯報稱的行程費用不同的媒體詢問。
36. 邁克・奎格利，員工出差後揭露表，美國眾議院倫理委員會，2014年12月8日。
37. 亞倫・肖克，員工出差後揭露表，美國眾議院倫理委員會，2010年9月24日。
38. 約翰・加勒曼帝，員工出差後揭露表，美國眾議院倫理委員會，2015年8月21日。
39. 安・華格納、蘇珊・布魯克斯、卡蘿・米勒，員工出差後揭露表，美國眾議院倫理委員會，2019年5月14日。
40. 芭芭拉・李，員工出差後揭露表，美國眾議院倫理委員會，2012年4月18日。
41. 蓋茲基金會似乎也自由地資助州層級議員的類似旅行。紐約州的公開資料顯示，蓋茲基金會與亞斯本研究院（Aspen Institute）合作，向該州教育部門提議資助「最多七人」前往華盛頓特區，以討論蓋茲基金會的一個教育計畫。蓋茲的工作人員亞當・塔克（Adam Tucker）在邀請函中說：「蓋茲基金會將承擔與會議有關的所有旅行和住宿費用。」追蹤蓋茲基金會在全美50個州的此類支出幾乎是不可能的，而州層級的總支出可能超過聯邦層級的支出。蓋茲也有可能資助外國議會成員的旅行，但這問題超出了我的調查範圍。
42. "CSIS to Launch Center for Global Health Policy," Press Release, CSIS, August 18, 2008, https://www.csis.org/news/csis-launch-center-global-health-policy.
43. Heidi Ross，員工出差後揭露表，美國眾議院倫理委員會，2013年1月31日。
44. Theresa Vawter，員工出差後揭露表，美國眾議院倫理委員會，2013年4月9日；Kristin Dini Hernandez，員工出差後揭露表，美國眾議院倫理委員會，2014年3月7日；Janice Kaguyutan，員工出差後揭露表，美國眾議院倫理委員會，2014年9月4日。
45. "Learning Tours," CARE, n.d., https://www.care.org/our-work/advocacy/learning-tours/.
46. "CARE Learning Tours Alumni," CARE, n.d., https://www.care.org/our-work/advocacy/learning-tours/alumni/.
47. Jess Gross與Lindsay A. L. Hunsicker，員工出差後揭露表，美國眾議院倫理委員會，2008年10月24日。
48. 一些（但不是全部）國會工作人員提交的揭露表含有他們從亞斯本研究院收到的原始邀請函，信中寫道：「只有受邀請者可以參加，不會有外部觀察員或說客。費用完全由既有基金會提供的贈款支付，不接受政府、個人、外國、企業或特殊利益集團的資助。支持本計畫的基金會是比爾與梅琳達蓋茲基金會和卡內基金會。」但是，實際提交的揭露表並未將蓋茲基金會和卡內基金會列為贊助者。參見Catherine Brown，員工出差後揭露表，美國眾議院倫理委員會，2008年10月30日。
49. 這是分析opensecrets.org的競選捐資資料的結果。
50. Bill & Melinda Gates Foundation, "U.S. Private Foundation Funds and Advocacy."
51. "Washington Charter School Initiative, Initiative 1240 (2012)," Ballotpedia, n.d., https://ballotpedia.org/Washington_Charter_School_Initiative,_Initiative_1240_(2012).
52. Washington Charter School Initiative, Initiative 1240, 2012.
53. Washington Charter School Initiative, Initiative 1240, 2012.
54. Sally Ho, "Bill Gates Among Billionaires Fueling Charter-School Movement Across U.S. and Here in Washington," Union-Bulletin.com, July 15, 2018, https://www.union-bulletin.com/news/local/education/bill-gates-among-billionaires-fueling-charter-school-movement-across-u-s-and-here-in-washington/article_48d1a97c-f6c2-593e-81f9-904b40bb416b.html.
55. "Bill Gates Interview on Oprah Farewell 2010.09.20," YouTube, 6:00, https://www.youtube.com/watch?v=Z5lmBCnVALQ.
56. Lyndsey Layton, "Charters Not Outperforming Nation's Traditional Public Schools, Report Says," *Washington Post*, June 25, 2013, https://www.washingtonpost.com/local/education/charters-not-outperforming-nations-traditional-public-schools-report-says/2013/06/24/23f19bb8-dd0c-11e2-bd83-e99e43c336ed_story.html; Eve L. Ewing, "Can We Stop Fighting About Charter Schools?,"

57. Kate Zernike, "Condemnation of Charter Schools Exposes a Rift over Black Students," *New York Times*, August 21, 2016, https://www.nytimes.com/2016/08/21/us/blacks-charter-schools.html.
58. Yvonne Wingett Sanchez and Rob O'Dell, "What Is ALEC? 'The Most Effective Organization' for Conservatives, Says Newt Gingrich," *USA Today*, April 3, 2019, https://www.usatoday.com/story/news/investigations/2019/04/03/alec-american-legislative-exchange-council-model-bills-republican-conservative-devos-gingrich/3162357002/.
59. "Gates Won't Pull ALEC Grant," BuzzFeed News, April 10, 2012, https://www.buzzfeednews.com/article/buzzfeedpolitics/gates-wont-pull-alec-grant.
60. 2019年，比爾與梅琳達‧蓋茲真的著手建立一個與蓋茲基金會相鄰的新遊說部門，名為蓋茲政策倡議（Gates Policy Initiative）。在最初的新聞報導提出質疑後，蓋茲基金會似乎基本上放棄了該計畫，也許是意識到它會構成沉重的政治負擔，以及它還有許多其他管道可以私下影響政治。Rosalie Chan, "Bill and Melinda Gates Are Launching a Lobbying Group," *Business Insider*, June 13, 2019, https://www.businessinsider.com/bill-gates-melinda-gates-lobbying-group-2019-6.
61. David Marchese, "Melinda Gates on Tech Innovation, Global Health and Her Own Privilege," *New York Times Magazine*, April 15, 2019, https://www.nytimes.com/interactive/2019/04/15/magazine/melinda-gates-foundation-interview.html.
62. Adam Moe Fejerskov, *The Gates Foundation's Rise to Power: Private Authority in Global Politics* (New York: Routledge, 2018), 20–21.
63. Alex Thompson, "A Google Billionaire's Fingerprints Are All Over Biden's Science Office," Politico, March 28, 2022, https://www.politico.com/news/2022/03/28/google-billionaire-joe-biden-science-office-00020712. 註：《聯邦諮詢委員會法》總務署資料庫（https://www.facadatabase.gov/FACA/apex/FACAPublicSearch#）的資料顯示，蓋茲基金會的工作人員曾擔任數十個聯邦委員會的諮詢委員。
64. Alexander Burns and Nicholas Kulish, "Bloomberg's Billions: How the Candidate Built an Empire of Influence," *New York Times*, February 15, 2020, https://www.nytimes.com/interactive/2020/02/15/us/politics/michael-bloomberg-spending.html. 註：該報導講述了彭博慈善捐贈接受者被指審查（或自我審查）的一些具體例子，情況與籠罩蓋茲基金會的指控驚人地相似：「在接受《紐約時報》訪問時，沒有人說他們受到彭博先生（或他的錢）威脅或脅迫。但許多人表示，他的財富是一個無法避免的考慮因素——一種強大到足以使脅迫變得不必要的引力。」
65. Jane Mayer, *Dark Money: The Hidden History of the Billionaires Behind the Rise of the Radical Right* (New York: Anchor, 2016); Center for Public Integrity, "Why the Koch Brothers Find Higher Education Worth Their Money," Center for Public Integrity, May 3, 2018, http://publicintegrity.org/politics/why-the-koch-brothers-find-higher-education-worth-their-money/.

Chapter 7　家庭計畫

1. "The Gates Foundation: Giving Away a Fortune," *60 Minutes*, CBS, aired September 30, 2010, https://www.cbsnews.com/news/the-gates-foundation-giving-away-a-fortune/. 註：《60分鐘》似乎報導了蓋茲基金會五次，每次都是正面的；Charlie Rose, "Bill Gates 2.0," *60 Minutes*, CBS, May 21, 2013, https://www.cbsnews.com/news/bill-gates-climate-change-disaster-60-minutes-2021-02-14/; Charlie Rose, "The Giving Pledge," *60 Minutes*, CBS, March 27, 2016, https://www.cbsnews.com/news/60-minutes-giving-pledge/; Scott Pelley, "Why Bill and Melinda Gates Put 20,000 Students Through College," *60 Minutes*, CBS, September 2, 2018; Anderson Cooper, "Bill Gates: How the World Can Avoid a Climate Disaster," *60 Minutes*, CBS, February 15, 2021, https://www.cbsnews.com/news/bill-gates-climate-change-disaster-60-minutes-2021-02-14/.
2. "The Gates Foundation: Giving Away a Fortune," 0:10.
3. "The Gates Foundation: Giving Away a Fortune," 2:20.

4. Melinda Gates, *The Moment of Lift: How Empowering Women Changes the World* (New York: Flatiron Books, 2019). 註：蓋茲基金會面向公眾的稅務紀錄並不完全支持這一點，那些紀錄含有基金會某些員工的工作時數。在基金會成立後的頭幾年裡，比爾和梅琳達報稱的工作時數相同——每週5至8小時。值得注意的是，當年比爾的頭銜是「受託人」，而梅琳達的頭銜是聽起來比較次要的「經理」。參見Bill & Melinda Gates Foundation, Part VII, IRS 990 filing, 2001.
5. "The Gates Foundation: Giving Away a Fortune," 2:30.
6. "The Gates Foundation: Giving Away a Fortune," 3:25.
7. "The Gates Foundation: Giving Away a Fortune," 0:55.
8. "Extra: Gates on Population Rates," from "The Gates Foundation: Giving Away a Fortune," https://web.archive.org/web/20200531121459/https://www.youtube.com/watch?v=7_xEn5mudP8.
9. 有些避孕藥／器的使用者並不認為自己是女性，但蓋茲基金會似乎將它的家庭計畫工作狹隘地集中在女性身上，而這也是本章關注此一重點的原因。總而言之，蓋茲基金會似乎並不關心它在「性別平等」或任何其他議題上的工作如何與非二元或跨性別群體交集。在蓋茲基金會已承諾的近800億美元的慈善捐贈中，只有兩筆捐贈（約35萬美元）提到跨性別群體。
10. Candid, "Gates Foundation Announces $2.6 Billion in 'Family Planning' Commitments," *Philanthropy News Digest*, July 12, 2012, https://philanthropynewsdigest.org/news/gates-foundation-announces-2.6-billion-in-family-planning-commitments.
11. Seabrook, "E-Mail from Bill."
12. Bill Gates, Excerpt from *The Road Ahead*, published in *Newsweek*, November 26, 1995, https://www.newsweek.com/road-ahead-181290.
13. Bill Moyers, "A Conversation with Bill Gates: Making a Healthier World for Children and Future Generations," Transcript, BillMoyers.com, May 9, 2003, https://billmoyers.com/content/conversation-bill-gates-making-healthier-world-children-future-generations-transcript/. 註：著名記者比爾·莫耶斯的這場友好訪談似乎是蓋茲基金會贊助的，因為該基金會的贈款紀錄顯示，它在2003年提供了一筆50萬美元的贈款，「用於支持比爾·蓋茲與比爾·莫耶斯在哥倫比亞大學梅爾曼公共衛生學院舉行的全球衛生對話論壇和廣播節目。」
14. 老蓋茲已經去世，因此不可能就他對家庭計畫問題的興趣接受訪問。新聞媒體報導，老蓋茲曾是家庭計畫組織的地方和全國董事會的成員。全國層面的家庭計畫組織沒有證實或否認這一點。參見Lisa Stiffler and Todd Bishop, "Bill Gates Sr., 1925–2020: Microsoft Co-Founder's Father Made His Own Mark on Seattle and the World," GeekWire, September 15, 2020, https://www.geekwire.com/2020/bill-gates-sr-1925-2020-microsoft-co-founders-father-made-mark-seattle-world/.
15. "Bill Gates' Q&A with Chris Anderson: Video Unveiled," *TED Blog*, February 6, 2009, https://blog.ted.com/bill_gates_qa_w/.
16. Robert Frank, "Billionaires Try to Shrink World's Population, Report Says," *Wall Street Journal*, May 16, 2009, https://www.wsj.com/articles/BL-WHB-1322.
17. "About Us," Population Resource Center, https://web.archive.org/web/20080605202028/http://www.prcdc.org/about/.
18. Bill Gates, "2012 Annual Letter," *GatesNotes*, January 24, 2012, https://www.gatesnotes.com/About-Bill-Gates/2012-Annual-Letter.
19. 包括伊隆·馬斯克（特斯拉）和馬雲（阿里巴巴）在內的新一代億萬富翁直言不諱地表達了他們對人口成長問題的擔憂。「20年後最大的問題將是人口崩潰。不是人口爆炸，而是崩潰,」馬斯克在2019年的一次公開演講中指出。「我絕對同意這一點,」馬雲說。「人口問題將面臨巨大挑戰。中國14億人口聽起來很多，但我認為未來20年，我們將看到這件事帶給中國很大的麻煩。」Catherine Clifford, "Elon Musk and Jack Ma Agree: The Biggest Problem the World Will Face Is Population Collapse," CNBC, August 30, 2019, https://www.cnbc.com/2019/08/30/elon-musk-jack-ma-biggest-problem-world-will-face-is-population-drop.html.
20. Jacob Levich, "Bill Gates and the Myth of Overpopulation," *Medium* (blog), April 26, 2019, https://medium.com/@jacob.levich/bill-gates-and-the-myth-of-overpopulation-

21. Alexis McGill Johnson, "I'm the Head of Planned Parenthood. We're Done Making Excuses for Our Founder," *New York Times*, April 17, 2021, https://www.nytimes.com/2021/04/17/opinion/planned-parenthood-margaret-sanger.html.
22. Stephanie Beasley, "Top Global Foundations Mount Effort to Confront Legacies of Eugenics," Devex, October 1, 2021, https://www.devex.com/news/sponsored/top-global-foundations-mount-effort-to-confront-legacies-of-eugenics-101745.
23. "Statement by Dr. Rajiv J. Shah on the Anti-Eugenics Project's Dismantling Eugenics Convening," *Rockefeller Foundation* (blog), September 28, 2021, https://www.rockefellerfoundation.org/news/statement-by-dr-rajiv-j-shah-on-the-anti-eugenics-projects-dismantling-eugenics-convening/.
24. Gates, *Moment of Lift*.
25. Gates, *Moment of Lift*.
26. Leigh Senderowicz, "'I Was Obligated to Accept': A Qualitative Exploration of Contraceptive Coercion," *Social Science and Medicine* 239 (October 1, 2019): 112531, https://doi.org/10.1016/j.socscimed.2019.112531.
27. 亦參見Matthew Connelly, *Fatal Misconception: The Struggle to Control World Population* (Cambridge, MA: Belknap Press of Harvard University Press, 2008).
28. Gates, *Moment of Lift*.
29. Gates, *Moment of Lift*.
30. Sabrina Tavernise, "Study Says Meeting Contraception Needs Could Cut Maternal Deaths by a Third," *New York Times*, July 9, 2012, https://www.nytimes.com/2012/07/10/health/meeting-contraception-needs-could-sink-maternal-death-rate.html.
31. Mark Tran, "Rich Countries Pledge $2.6bn for Family Planning in Global South," *Guardian*, July 11, 2012, https://www.theguardian.com/global-development/2012/jul/11/rich-countries-pledge-family-planning-women.
32. "The transition to FP2030, Measurement Report 2021," FP2030, 2021, 7, https://fp2030.org/sites/default/files/Data-Hub/FP2030_DataReport_v5.pdf.
33. "New Financial Commitments by Donors and Private Sector at the London Summit on Family Planning," London Summit on Family Planning, n.d., https://web.archive.org/web/20120912152550/http://www.londonfamilyplanningsummit.co.uk/1530%20CommitmentSummary_Final_.pdf.
34. Gates, *Moment of Lift*.
35. Gates, *Moment of Lift*.
36. Gates, *Moment of Lift*.
37. Lisa Peters and Marlies Pilon, "What Happens When Bill and Melinda Gates Don't Focus on Software, but IUDs," *De Correspondent*, March 9, 2020, https://decorrespondent.nl/11010/wat-er-gebeurt-als-bill-en-melinda-gates-zich-niet-op-software-maar-spiraaltjes-storten/2436819793650-cd5e4602.
38. Win Brown et al., "Developing the '120 by 20' Goal for the Global FP2020 Initiative," *Studies in Family Planning* 45, no. 1 (March 2014): 73–84, doi:10.1111/j.1728-4465.2014.00377.x; Anne Hendrixson, "Population Control in the Troubled Present: The '120 by 20' Target and Implant Access Program," *Development and Change* 50, no. 3 (2019): 786–804, https://doi.org/10.1111/dech.12423.
39. Gates, *Moment of Lift*.
40. 請願書見https://reproductiverights.org/wp-content/uploads/2020/12/Civil-Society-Declaration_06_19_2012.pdf.
41. Melinda Gates, "Change the Big Picture," Transcript, TEDx, April 12, 2012, https://www.gatesfoundation.org/ideas/speeches/2012/04/melinda-gates-tedxchange-the-big-picture.
42. David Bank, "Guaranteed Impact: Increasing Supplies and Cutting Prices for Contraceptives Without Spending a Dime," in Stanford University with ImpactAlpha, *Making Markets Work for the Poor*, Supplement, Stanford Social Innovation Review (Summer 2016): 17.
43. Bank, "Guaranteed Impact," 18.
44. Bank, "Guaranteed Impact," 18.
45. Dorothy Roberts, *Killing the Black Body: Race, Reproduction, and the Meaning of Liberty* (New York: Vintage Books, 1997).
46. Roberts, *Killing the Black Body*.
47. Gates, "Change the Big Picture."
48. Bank, "Guaranteed Impact," 18.
49. Bank, "Guaranteed Impact," 18.
50. Hendrixson, "Population Control in the Troubled Present," 797.
51. Government of Malawi, "Malawi Costed Implementation Plan for Family Planning, 2016–2020," FP2030, September 2015, 19, https://fp2030.org/sites/default/files/Malawi-CIP-for-FP-2016-2020.pdf.

註釋

52. "Pfizer's Sayana® Press Becomes First Injectable Contraceptive in the United Kingdom Available for Administration by Self-Injection," Pfizer, September 23, 2015, https://www.pfizer.com/news/press-release/press-release-detail/pfizer_s_sayana_press_becomes_first_injectable_contraceptive_in_the_united_kingdom_available_for_administration_by_self_injection.
53. Senderowicz, "I Was Obligated to Accept."
54. Lisa Peters and Marlies Pilon, "On the Road with the Racing Doctors Who Want to Provide an Entire Country with Contraception," De Correspondent, March 5, 2020, https://decorrespondent.nl/11005/op-pad-met-de-racende-dokters-die-een-heel-land-van-anticonceptie-willen-voorzien/2435713154325-f40d79f1.
55. 這並不意味著植入劑是危險的。幾乎所有的醫療介入都可能產生副作用。但是，如果蓋茲基金會致力於在窮國推廣植入劑，道義上是否也應該確保有需要的人可以很方便地移除植入劑？蓋茲基金會知道移除植入劑是有困難的（它資助了這方面的研究），但它似乎沒有像追求新增1.2億名婦女使用避孕藥／器那樣重視解決這個問題。Megan Christofield and Maryjane Lacoste, "Accessible Contraceptive Implant Removal Services: An Essential Element of Quality Service Delivery and Scale-Up," Global Health: Science and Practice 4, no. 3 (September 28, 2016): 366–72, http://dx.doi.org/10.9745/GHSP-D-16-00096.
56. "Uganda, FP2020 Core Indicator Summary Sheet, 2017," Track20, n.d., https://track20.org/download/pdf/2017%20FP2020%20CI%20Handouts/english/Uganda%202017%20FP2020%20CoreIndicators.pdf; "Uganda, FP 2030 Indicator Summary Sheet: 2022 Measurement Report," Track20, n.d., https://track20.org/download/pdf/2022%20Country%20Briefs/English/Uganda%202022%20Indicator%20Summary%20Sheet.pdf.
57. Peters and Pilon, "On the Road with the Racing Doctors Who Want to Provide an Entire Country with Contraception."
58. "Measurement," FP2020, n.d., http://progress.familyplanning2020.org/measurement.
59. "Gates Foundation, UNFPA Pledge US$3.1 Billion to Increase Access to Family Planning at Global Launch of FP2030 Partnership," Press Release, FP2030, November 18, 2021, https://fp2030.org/news/gates-foundation-unfpa-pledge-us31-billion-increase-access-family-planning-global-launch-fp2030.
60. "Launching FP2030," https://commitments.fp2030.org/launching-fp2030.
61. Bill & Melinda Gates Foundation, FP2030 Commitment, August 1, 2018, https://fp2030.org/bill-and-melinda-gates-foundation.
62. Adam Liptak, "In 6-to-3 Ruling, Supreme Court Ends Nearly 50 Years of Abortion Rights," New York Times, June 24, 2022, https://www.nytimes.com/2022/06/24/us/roe-wade-overturned-supreme-court.html.
63. Melinda Gates, "Reflections on My Recent Travels," Impatient Optimists (blog), June 2, 2014, https://web.archive.org/web/20140606215305/http://www.impatientoptimists.org/Posts/2014/06/Reflections-on-My-Trip-to-Toronto.
64. Luisa Blanchfield, "Abortion and Family Planning–Related Provisions in U.S. Foreign Assistance Law and Policy," Congressional Research Service, July 15, 2022, https://sgp.fas.org/crs/row/R41360.pdf.
65. "What Is the Global Gag Rule?," Planned Parenthood, n.d., https://www.plannedparenthoodaction.org/communities/planned-parenthood-global/end-global-gag-rule. 另一個例子：《提亞赫特修正案》（Tiahrt Amendment）規管美國國際開發署的對外援助支出，確保對外援助不會用於非自願的家庭計畫工作，包括廣泛禁止量化目標（或配額）、激勵安排、賄賂、賞金或財務獎勵。
66. Justin Goldberg, "Biden Administration Rescinds Global Gag Rule," Center for Reproductive Rights, February 1, 2021, https://reproductiverights.org/biden-administration-rescinds-global-gag-rule/.
67. "Country Support-FP2020 Partnership—FP2020 Momentum at the Midpoint 2015–2016," http://2015-2016progress.familyplanning2020.org/page/fp2020-partnership/country-support. 美國國際開發署每年在家庭計畫和生育衛生方面的支出超過5億美元，並聲稱它是FP2020和FP2030的「核心合作夥伴」；USAID, Family Planning and Reproductive Health Program Overview," n.d., https://web.archive.org/web/20210324212510/https://www.usaid.

gov/sites/default/files/documents/FPRH-factsheet_OCT2020.pdf; "Partnerships and Projects," USAID, n.d., https://www.usaid.gov/global-health/health-areas/family-planning/partnerships-projects.
68. 2023年初，森德羅維奇寄來電子郵件，告訴我蓋茲基金會已重新聯絡她，討論與她合作的可能。蓋茲基金會早在2018年就知道她在避孕自主方面的研究。

Chapter 8　新聞工作

1. Bank, *Breaking Windows*, 8.
2. Bank, *Breaking Windows*, 8.
3. Bank, *Breaking Windows*, 16.
4. Edstrom and Eller, *Barbarians Led by Bill Gates*, 196.
5. Licea et al., "Insiders Say Bill Gates Was an Office Bully Who Pursued Sexual Affairs."
6. Brit Hume, "PC Magazine Demonstrates a Classic Conflict of Interest," *Washington Post*, July 9, 1990, https://www.washingtonpost.com/archive/business/1990/07/09/pc-magazine-demonstrates-a-classic-conflict-of-interest/d6d563a1-bbc0-4639-874f-58a81442dfc8/.
7. Howard Kurtz, "Columnist Severs PC Connection," *Washington Post*, July 7, 1992, https://www.washingtonpost.com/archive/lifestyle/1992/07/07/columnist-severs-pc-connection/1e955be9-264e-4e68-868e-c19a2d7eb059/.
8. David Armstrong, "Ziff Happens," *Wired*, May 1, 1994, https://www.wired.com/1994/05/ziff/.
9. Andrew Estrada, LinkedIn, n.d., https://www.linkedin.com/in/andrew-estrada28/. 註： 在我報導蓋茲基金會的早期日子裡，艾斯特拉達有時會以電子郵件回應我的一些問題，通常是一些高度概括的標準回應。從某個時候起，蓋茲基金會不再回應我的任何問題。
10. 媒體影響力資助者的媒體定義很寬泛，例如它的媒體支出統計包含蓋茲基金會用於「電信基礎設施」的8.5億美元，其中有一筆600萬美元的贈款給了瑪麗斯特普國際組織（Marie Stopes International），目的是「利用創新的行動技術來提高諮詢品質和轉介制度的有效性，藉此增加馬利、塞內加爾、布吉納法索和尼日的婦女和女孩獲得避孕藥／器的機會，並提高避孕藥／器的使用率。」另一方面，媒體影響力資助者的數據並不包括蓋茲家族在蓋茲基金會以外的支出，例如不包括梅琳達・法蘭琪・蓋茲2021年創立她自己的圖書出版公司 Moment of Lift Books 的支出；Annie Goldsmith, "Melinda French Launches Women-Focused Book Imprint," *Town & Country*, October 7, 2021, https://www.townandcountrymag.com/society/money-and-power/a37896307/melinda-french-moment-of-lift-book-imprint/. Media Impact Funders, Foundation Maps for Media Funding, n.d., https://maps.foundationcenter.org/#/list/?subjects=all&popgroups=all&years=all&location=6295630&excludeLocation=0&geoScale=ADM0&layer=recip&boundingBox=-139.219,-31.354,135,66.513&gmOrgs=all&recipOrgs=all&tags=all&keywords=&pathwaysOrg=&pathwaysType=&acct=media&typesOfSupport=all&transactionTypes=all&amtRanges=all&minGrantAmt=0&maxGrantAmt=0&gmTypes=all&minAssetsAmt=0&maxAssetsAmt=0&minGivingAmt=0&maxGivingAmt=0&andOr=0&includeGov=1&custom=all&customArea=all&indicator=&dataSource=oecd&chartType=trends&multiSubject=1&listType=gm&windRoseAnd=undefined&zoom=2.
11. 稍早我提到蓋茲捐了超過3.25億美元給新聞業，該金額不包括蓋茲基金會捐給科學聯盟或新美國基金會的錢，因為這些團體為蓋茲所做的大部分工作本質上是非新聞性的。
12. Michael Gerson, "A Shot at Hope," *Washington Post*, January 18, 2011, https://www.washingtonpost.com/amphtml/opinions/a-shot-at-hope/2011/01/17/ABYpLkD_story.html; Michael Gerson, "Bill Gates and 'the Last Ebola Epidemic,'" *Washington Post*, October 30, 2014, https://www.washingtonpost.com/opinions/michael-gerson-global-attention-on-disease-gives-bill-gates-his-moment/2014/10/30/54073af6-6064-11e4-9f3a-7e28799e0549_story.html; Michael Gerson, "Bill Gates and the Golden Age of Global Aid," *Washington Post*, September 28, 2015, https://www.washingtonpost.com/opinions/wiping-out-malaria-in-a-generation/2015/09/28/7e281310-6607-11e5-8325-a42b5a459b1e_story.html; Michael Gerson, "Bill Gates's New Pandemic Book Presents a Plea and a Plan," *Washington Post*, May 10, 2022, https://www.washingtonpost.

註釋

com/opinions/2022/05/10/bill-gates-covid-how-to-prevent-next-pandemic/; "Leadership: Board of Directors," The ONE Campaign, n.d., https://www.one.org/us/about/leadership/.
13. Schwab, "Journalism's Gates Keepers."
14. "About Us," Reveal, n.d., http://revealnews.org/about-us/.
15. Bill Carter, "Gates Foundation Backs ABC News Project," New York Times, October 6, 2010, https://archive.nytimes.com/mediadecoder.blogs.nytimes.com/2010/10/06/gates-foundation-backs-abc-news-project/; "Philanthropists Bill and Melinda Gates Tout Success of Global Health Initiatives," ABC News, https://web.archive.org/web/20091028172510/http://abcnews.go.com/WN/GlobalHealth/.
16. Carter, "Gates Foundation Backs ABC News Project."
17. Tom Paulson, "The Gates Foundation Conspiracy to Take Over the Media," Humanosphere, December 21, 2010, https://www.humanosphere.org/basics/2010/12/the-gates-foundation-conspiracy-to-take-over-the-media/.
18. Ho, "AP Analysis Shows How Bill Gates Influences Education Policy."
19. 在歷史上這種說法的另一個版本中，「第四權」是指神職人員、貴族和平民之外的第四個實體。
20. Robert Fortner and Alex Park, "Bill Gates Won't Save You from the Next Ebola," HuffPost, April 30, 2017, https://www.huffpost.com/entry/ebola-gates-foundation-public-health_n_5900a8c5e4b0026db1dd15e6.
21. Schwab, "Journalism's Gates Keepers."
22. Candid, "Gates Foundation Funds HuffPost Project to Fight Neglected Diseases," Philanthropy News Digest, November 27, 2016, https://philanthropynewsdigest.org/news/gates-foundation-funds-huffpost-project-to-fight-neglected-diseases; Gregory Beyer and Catharine Smith, "How You Can Help Stamp Out a Deadly Disease," HuffPost, November 22, 2016, https://www.huffpost.com/entry/project-zero-neglected-tropical-diseases_n_582f10ebe4b099512f825994.
23. 據我們所知，蓋茲基金會此後沒有再資助《赫芬頓郵報》。停止資助特定組織是蓋茲掌握的最有力的手段之一。受資助者通常希望持續獲得資助，而這意味著必須努力取悅提供資助的金主。
24. Schwab, "Journalism's Gates Keepers."
25. Schwab, "Journalism's Gates Keepers."
26. Schwab, "Journalism's Gates Keepers."
27. 蓋茲基金會的大部分回應不是提供給我，而是在報導即將刊出前提供給《哥倫比亞新聞評論》的事實查核人員。這與福特納和派克的經歷沒有很不同——面對他們時，蓋茲基金會同樣試圖繞過正常的編輯程序，直接接觸記者的上司或新聞機構的其他人員。
28. Mia Malan, "The Balancing Act of Donor-Funded Journalism: A Case Study from South Africa," Global Investigative Journalism Network, February 14, 2018, https://gijn.org/2018/02/14/bhekisisa/; "What Is Bhekisisa?," Bhekisisa, n.d., https://bhekisisa.org/what-is-bhekisisa/.
29. "The Guardian Launches Global Development Website with Gates Foundation," Guardian, September 14, 2010, https://www.theguardian.com/gnm-press-office/guardian-launches-global-development-site.
30. Bill Gates, "Why I Decided to Edit an Issue of TIME," Time, January 4, 2018, https://time.com/5086870/bill-gates-guest-editor-time/.
31. Bill Gates, "How I Became the Editor of WIRED (for One Issue)," GatesNotes, November 12, 2013, https://www.gatesnotes.com/about-bill-gates/how-i-became-editor-of-wired; Bill Gates, "Bill Gates Signs Off as Guest Editor of The Verge," The Verge, February 27, 2015, https://www.theverge.com/2015/2/27/8118215/bill-gates-melinda-interview-life-in-2030; Gideon Lichfield, "Bill Gates Explains Why We Should All Be Optimists," MIT Technology Review, February 27, 2019, https://www.technologyreview.com/2019/02/27/1267/bill-gates-explains-why-we-should-all-be-optimists/; Bill Gates, "Japan Can Lead the World in Ending Infectious Diseases," Asahi Shimbun, May 9, 2016, https://web.archive.org/web/20160509232353/https://www.asahi.com/ajw/articles/AJ201605090001.html; "The Epidemic You Don't Know About," Times of India, November 17, 2017, https://timesofindia.indiatimes.com/india/the-epidemic-you-dont-know-about/articleshow/61680295.cms; Clifton Leaf, "Why We Asked Bill Gates to Be Fortune's Guest Editor Today," Fortune, February 16, 2021, https://fortune.com/2021/02/16/bill-gates-

guest-editor-fortune-climate-change-new-book-how-to-avoid-a-climate-disaster/.
32. "Impatient Optimist," U.S. Trademark registration 5639253, Bill & Melinda Gates Foundation, October 12, 2017.
33. Gates, "Why I Decided to Edit an Issue of TIME."
34. 例如，比爾．蓋茲2019年1月19日的推文提供了6張圖表，顯示從貧困率到兒童死亡率的各方面進步。@Bill Gates, Twitter, https://twitter.com/BillGates/status/1086662632587907072?ref_src=twsrc%5Etfw%7Ctwcamp%5Etweetembed%7Ctwterm%5E1086662632587907072%7Ctwgr%5E%7Ctwcon%5Es1_&ref_url=https://www.vox.com/future-perfect/2019/2/12/18215534/bill-gates-global-poverty-chart.
35. Jason Hickel, "The True Extent of Global Poverty and Hunger: Questioning the Good News Narrative of the Millennium Development Goals," *Third World Quarterly* 37, no. 5 (May 3, 2016): 749–67, https://doi.org/10.1080/01436597.2015.1109439.
36. Yacob Abrehe Zereyesus and Lila Cardell, "Global Food Insecurity Grows in 2022 amid Backdrop of Higher Prices, Black Sea Conflict," USDA Economic Research Service, November 28, 2022, https://www.ers.usda.gov/amber-waves/2022/november/global-food-insecurity-grows-in-2022-amid-backdrop-of-higher-prices-black-sea-conflict/.
37. Gates, "Why I Decided to Edit an Issue of TIME."
38. 2010年，蓋茲基金會將該專案移交給蓋茲資助的一運動（ONE Campaign）；"Foundation Transitions the Living Proof Project to ONE," Bill & Melinda Gates Foundation, n.d., https://www.gatesfoundation.org/ideas/media-center/press-releases/2010/08/foundation-transitions-the-living-proof-project-to-one; "Bill Gates Urges More Spending on Health," *Sydney Morning Herald*, October 28, 2009, https://www.smh.com.au/world/bill-gates-urges-more-spending-on-health-20091028-hjhk.html.
39. "What Is the Living Proof Project?," Bill & Melinda Gates Foundation, April 20, 2010, https://web.archive.org/web/20100420020651/http://www.gatesfoundation.org/livingproofproject/Pages/what-is-living-proof-project.aspx; "About," Living Proof Project, October 4, 2011, https://web.archive.org/web/20111004010529/http://one.org/livingproof/en/about/.
40. 解方型新聞網絡聲稱獲得許多慈善機構資助，包括福特基金會、休利特基金會和奈特基金會；"Major Funders," Solutions Journalism Network, n.d., https://www.solutionsjournalism.org/about/funders.
41. David Bornstein, "A Journalist's Brief but Spectacular Take on Telling the Whole Story," *PBS NewsHour*, PBS, August 16, 2022, https://www.pbs.org/newshour/brief/420423/david-bornstein.
42. "Democracy Initiative manager," job posting on Solutions Journalism Network, https://web.archive.org/web/20220414135304/https://jobs.lever.co/solutionsjournalism/613ca01b-b480-46a4-94bf-3cdaf1f29777.
43. Tina Rosenberg, "A By-the-E-Book Education, for $5 a Month," *New York Times*, May 22, 2013, https://archive.nytimes.com/opinionator.blogs.nytimes.com/2013/05/22/a-by-the-e-book-education-for-5-a-month/; Tina Rosenberg, "Liberia, Desperate to Educate, Turns to Charter Schools," *New York Times*, June 14, 2016, https://www.nytimes.com/2016/06/14/opinion/liberia-desperate-to-educate-turns-to-charter-schools.html.
44. Jason Beaubien, "Do For-Profit Schools Give Poor Kenyans a Real Choice?," NPR, November 12, 2013, https://www.npr.org/sections/parallels/2013/11/12/243730652/do-for-profit-schools-give-poor-kenyans-a-real-choice.
45. Peg Tyre, "Can a Tech Start-Up Successfully Educate Children in Africa?," Pulitzer Center, June 27, 2017, https://pulitzercenter.org/stories/can-tech-start-successfully-educate-children-africa.
46. Leonie Haimson, "NYC Public School Parents: NY Times and 'Solutions Journalism' Ignore Their Own Conflict of Interest Guide- lines in Promoting Gates Investments in Privatization," *NYC Public School Parents* (blog), August 30, 2016, https://nycpublicschoolparents.blogspot.com/2016/08/ny-times-and-solutions-journalism.html.
47. 羅森堡也沒有提到這件事：主要以非洲為根據地的100多個組織呼籲世界銀行停止支持橋梁國際學校。它們的聯署信寫道：「由於向窮人收取學費對窮人非常不利，國際社會過去二十年裡特別努力地廢除這種做法。令人震

註釋

驚的是，這種做法現在被宣傳為消除貧困的一種方法。」2022年3月，世界銀行真的決定停止支持橋梁國際學校（現已更名為NewGlobe Schools）。"'Just' $6 a Month? The World Bank Will Not End Poverty by Promoting Fee-Charging, For-Profit Schools in Kenya and Uganda," sign-on letter available at https://web.archive.org/web/20151231074556/http://globalinitiative-escr.org/wp-content/uploads/2015/05/May-2015-Join-statement-reaction-to-WB-statement-on-Bridge-14.05.2015.pdf; "Civil Society Groups Celebrate IFC's Divestment from Profit-Driven School Chain Bridge International Academies," Oxfam International, March 16, 2022, https://www.oxfam.org/en/press-releases/civil-society-groups-celebrate-ifcs-divestment-profit-driven-school-chain-bridge.

48. Schwab, "Journalism's Gates Keepers."
49. Tim Schwab, "The Conflict over Conflicts of Interest," *Columbia Journalism Review*, August 18, 2021, https://www.cjr.org/analysis/conflict-of-interests-new-york-times.php. 註：許多專欄文章還是沒有更正。例如，羅森堡關於橋梁國際學校的文章還是沒有揭露作者的相關財務關係。羅森堡和柏恩斯坦認為，解方型新聞網絡是與蓋茲基金會而不是與比爾·蓋茲本人有關係，因此報導蓋茲個人資助的專案不需要揭露他們與蓋茲基金會的關係。
50. "Seattle Times' Gates-Funded Education Lab Blog Experiment," *Deutsch29: Mercedes Schneider's Blog* (blog), August 25, 2014, see comments, https://deutsch29.wordpress.com/2014/08/24/seattle-times-gates-funded-education-lab-blog-experiment/.
51. Solutions Journalism Network, IRS 990 filing, 2020.
52. Pam Fessler, "In Seattle, a Move Across Town Could Be a Path out of Poverty," NPR, August 5, 2019, https://www.npr.org/2019/08/05/747610085/in-seattle-a-move-across-town-could-be-a-path-out-of-poverty.
53. Paulson, "The Gates Foundation Conspiracy to Take over the Media."
54. Malaka Gharib, "Gates Foundation's Humanitarian Award to India's Modi Is Sparking Outrage," NPR, September 17, 2019, https://www.npr.org/sections/goatsandsoda/2019/09/17/761664492/gates-foundations-humanitarian-award-to-indias-modi-is-sparking-outrage.
55. Nurith Aizenman, "Gates Foundation Says World Not on Track to Meet Goal of Ending Poverty by 2030," NPR, September 17, 2019, https://www.npr.org/sections/goatsandsoda/2019/09/17/761548939/gates-foundation-says-world-not-on-track-to-meet-goal-of-ending-poverty-by-2030; Schwab, "Journalism's Gates Keepers."
56. Ari Shapiro, "Bill Gates Addresses 'Tough Questions' on Poverty and Power," NPR, February 13, 2018, https://www.npr.org/sections/goatsandsoda/2018/02/13/585346426/bill-gates-addresses-tough-questions-on-poverty-and-power/.
57. Bill Gates, "Where Can I Get Unbiased News?," *GatesNotes*, March 8, 2010, https://www.gatesnotes.com/where-can-i-get-unbiased-news.
58. Economist Intelligence Unit, "Solutions" and "Public Policy"; *Healthy Partnerships: How Governments Can Engage the Private Sector to Improve Health in Africa*, World Bank and International Finance Corporation, 2011, v, http://graphics.eiu.com/upload/eb/Healthy-Partnerships_ExecSummary_StandAlone.pdf.
59. Economist Intelligence Unit, "Solutions."
60. 在其中一些例子中，蓋茲資助的是新聞以外的內容，例如廣告，但它們有時看起來和感覺上都像新聞："Human Capital and the Benefits, Explained," *Vox*, September 11, 2018, https://www.vox.com/ad/17846116/human-capital-africa-education-world-population; FastCo Works, "Five Renowned Designers Illustrate Global Health Stories You Should Know About"; Candid, "Gates Foundation Funds HuffPost Project to Fight Neglected Diseases"; Paul Raeburn, "Do Industry Partnerships Undermine Journalistic Credibility?," *Undark*, April 22, 2016, https://undark.org/2016/04/22/do-industry-partnerships-undermine-journalistic-credibility/; "The Chronicle of Higher Education and the Gates Foundation."
61. Mike Janssen, "Gates Funding Spurs Doubts over Pubmedia's Impartiality in Education Reporting," September 9, 2014, https://current.org/2014/09/gates-funding-spurs-doubts-over-pubmedias-impartiality-in-education-reporting/. 在這個例子中，蓋茲是以贈款的形式提供資金給APM，但這筆資助也難以追

破解蓋茲迷思

蹤。它似乎是給了 APM 旗下的明尼蘇達公共廣播電臺,而不是 APM 本身,並且贈款說明沒有提到它是用於一個名為 LearningCurve 的專案。
62. 2021 年底,在收到蓋茲的捐款後,Slate 發表了一個播客節目,對我關於蓋茲的批判性報導有正面評價。這再次顯示,蓋茲資助的新聞機構並非永遠不會對蓋茲有批判性報道,只是這並不容易,事實上也很少出現;Mary Harris, "How Did a Billionaire in Seattle Gain So Much Power Over Global Public Health," *Slate*, October 27, 2021, https://slate.com/technology/2021/10/bill-gates-foundation-covax-botched-global-vaccine-rollout.html.
63. Laura Rosbrow-Telem, "What Melinda French Gates and Esther Duflo Think Women Need Right Now," *Foreign Policy* (blog), February 10, 2023, https://foreignpolicy.com/podcasts/hidden-economics-of-remarkable-women-hero/melinda-french-gates-esther-duflo/.
64. "In 10 Years: Philanthropy Funds Journalism," Philanthropy Northwest, March 8, 2016, https://philanthropynw.org/news/10-years-philanthropy-funds-journalism.

Chapter 9　教育

1. "Q&A with Ken Auletta," C-SPAN, October 29, 2009, 38:30, https://www.c-span.org/video/?289705-1/qa-ken-auletta.
2. Jurgensen, "In Bill Gates's Mind, a Life of Processing."
3. Michael Q. McShane, "Bill Gates at AEI on the Common Core," *American Enterprise Institute-AEI* (blog), March 14, 2014, https://www.aei.org/education/bill-gates-at-aei-on-the-common-core.
4. Valerie Strauss, "Bill Gates Calls on Teachers to Defend Common Core," *Washington Post*, March 14, 2014, https://www.washingtonpost.com/local/education/bill-gates-calls-on-teachers-to-defend-common-core/2014/03/14/395b130a-aafa-11e3-98f6-8e3c562f9996_story.html.
5. Bill Gates, speech at the National Conference of State Legislatures, July 21, 2009, prepared remarks available through Web archive at https://web.archive.org/web/20090725061207/https://www.gatesfoundation.org/speeches-commentary/Pages/bill-gates-2009-conference-state-legislatures.aspx.
6. Kevin Chappell, "One-on-One with Bill Gates: 'Why Aren't There Protests Every Day?,'" *Ebony*, October 2011, https://web.archive.org/web/20111104123826/http://www.ebonyjet.com/CurrentIssue/Oct2011_BillGates.aspx; Alan Hughes, "Bill Gates Talks Innovation," *Black Enterprise* (blog), October 10, 2011, https://www.blackenterprise.com/bill-gates-talks-innovation/.
7. "Education Nation 2011: Summit," NBC News, February 12, 2014, https://www.nbcnews.com/feature/education-nation/education-nation-2011-summit-n11681.
8. "The State of Education: Rebuilding a More Equitable System," *Atlantic*, October 27, 2022, https://www.theatlantic.com/live/state-of-edu-2021/; "Rebuilding the American Dream," *Atlantic*, 2017, https://www.theatlantic.com/sponsored/gates-foundation-2017/rebuilding-the-american-dream/1458/.
9. David M. Herszenhorn, "Billionaires Start $60 Million Schools Effort," *New York Times*, April 25, 2007, https://www.nytimes.com/2007/04/25/education/25schools.html; Bill & Melinda Gates Foundation, "Strong American Schools Campaign Launches to Promote Education Reform in 2008 Presidential Election," April 25, 2007, https://web.archive.org/web/200705281 82916/http://www.gatesfoundation.org/UnitedStates/Education/Announcements/Announce-070425a.htm.
10. Lyndsey Layton, "How Bill Gates Pulled Off the Swift Common Core Revolution," *Washington Post*, June 7, 2014, https://www.washingtonpost.com/politics/how-bill-gates-pulled-off-the-swift-common-core-revolution/2014/06/07/a830e32e-ec34-11e3-9f5c-9075d5508f0a_story.html; Matthew Bishop and Michael Green, "Billionaires Learn Giving Is Only a Start," *New York Times*, November 12, 2009, https://www.nytimes.com/2009/11/12/giving/12ESSAY.html. 註:其中一些旋轉門人士獲得利益衝突豁免,使他們得以在任職於聯邦政府時直接與蓋茲合作。參見 Stephanie Simon and Erin Mershon, "Gates Masters D.C.—and the World," *Politico*, February 4, 2014, https://www.politico.com/story/2014/02/bill-gates-microsoft-policy-washington-103136.
11. Andrew Ross Sorkin, "So Bill Gates Has This Idea for a History Class. . . ," *New York Times*, September 5, 2014, https://www.nytimes.com/2014/09/07/magazine/so-

註釋

bill-gates-has-this-idea-for-a-history-class.html; Caitlin Emma, "Exclusive: AFT Shuns Gates Funding—Success Academy Lawsuit Simmering—Defenders of the Common Core—Feds Grant California a Testing Pass," Politico, March 10, 2014, https://www.politico.com/tipsheets/morning-education/2014/03/exclusive-aft-shuns-gates-funding-success-academy-lawsuit-simmering-defenders-of-the-common-core-feds-grant-california-a-testing-pass-212543.

12. Daniel Katz, "How to Spot a Fake Grassroots Education Reform Group," *Daniel Katz*, Ph.D. (blog), September 5, 2014, https://danielskatz.net/2014/09/05/how-to-spot-a-fake-grassroots-education-reform-group/.

13. "The Campaign for High School Equity Launch and Press Briefing," Campaign for High School Equity, June 19, 2007, https://web.archive.org/web/20070627101507/http://www.highschoolequity.org/ and https://web.archive.org/web/20071214220115/http://www.highschoolequity.org/about; Campaign for High School Equity, "Campaign for High School Equity Calls for ESEA That Ensures Success for All Students," PR Newswire, March 18, 2010, https://www.prnewswire.com/news-releases/campaign-for-high-school-equity-calls-for-esea-that-ensures-success-for-all-students-88403092.html.

14. Jessica E. Gross，員工出差後揭露表，美國眾議院倫理委員會，2009年11月23日；Kaitlyn Montan，員工出差後揭露表，美國眾議院倫理委員會，2019年6月10日。註：2015年，蓋茲基金會專案主任Danielle Gonzales離開蓋茲基金會，前往亞斯本研究院幫忙管理由蓋茲基金會資助的教育與社會計畫（Education and Society Program）——這是當事人的領英資料揭露的（https://www.linkedin.com/in/danielle-gonzales-0505/）。在它發給國會人士的邀請函中，亞斯本研究院宣揚其獨立性，聲稱「相關費用完全由既有基金會提供的贈款支付，不接受政府、個人、外國、企業或特殊利益集團的資助。本計畫得到比爾與梅琳達蓋茲基金會支持。」Wendell Primes，員工出差後揭露表，美國眾議院倫理委員會，2019年11月25日。

15. Layton, "How Bill Gates Pulled Off the Swift Common Core Revolution."

16. 林頓對蓋茲基金會的調查報導出現在2014年，當時華倫・巴菲特和梅琳達・法蘭琪・蓋茲已分別於2011年和2010年離開華盛頓郵報董事會。如此嚴厲和高調地調查報導蓋茲可能發生在2010年嗎？ "Warren Buffett to Retire from the Board of the Washington Post Company," Press Release, Graham Holdings Company, January 20, 2011, https://www.ghco.com/news-releases/news-release-details/warren-buffett-retire-board-washington-post-company/; "Melinda French Gates Leaves the Board of the Washington Post Company," Press Release, Graham Holdings Company, November 12, 2010, https://www.ghco.com/news-releases/news-release-details/melinda-french-gates-leaves-board-washington-post-company.

17. 我要感謝Mercedes Schneider整理出該影片的逐字稿並發表在她的部落格上，見https://deutsch29.wordpress.com/2014/06/21/transcript-of-gates-march-2014-washington-post-interview/.

18. Sarah Reckhow and Megan Tompkins-Stange, "'Singing from the Same Hymnbook': Education Policy Advocacy at Gates and Broad," American Enterprise Institute, February 5, 2015, https://www.aei.org/wp-content/uploads/2015/01/Reckhow-Tompkins-Stange.pdf?x91208.

19. Layton, "How Bill Gates Pulled Off the Swift Common Core Revolution."

20. Layton, "How Bill Gates Pulled Off the Swift Common Core Revolution."

21. Peter Elkind, "How Business Got Schooled in the War over Common Core," *Fortune*, December 23, 2015, https://fortune.com/longform/common-core-standards/.

22. Diane Ravitch, "Gates Foundation Funds 'Consumer Reports' for Common Core Resources," *Diane Ravitch's Blog*, August 15, 2014, https://dianeravitch.net/2014/08/15/gates-foundation-funds-consumer-reports-for-common-core-resources/.

23. Caitlin Emma, "A 'Consumer Reports' for the Common Core—Another Louisiana Lawsuit Due in Court Today—New App Designed by Obama Administration Targets Bullying," Politico, August 15, 2014, https://www.politico.com/tipsheets/morning-education/2014/08/a-consumer-reports-for-the-common-core-another-louisiana-lawsuit-due-in-court-today-

破解蓋茲迷思

24. new-app-designed-by-obama-administration-targets-bullying-212543.
24. Valerie Strauss, "Ravitch: Time for Congress to Investigate Bill Gates' Role in Common Core," *Washington Post*, June 9, 2014, https://www.washingtonpost.com/news/answer-sheet/wp/2014/06/09/ravitch-time-for-congress-to-investigate-bill-gates-role-in-common-core/.
25. Valerie Strauss, "Why the Common Core Standards Failed—and What It Means for School Reform," *Washington Post*, April 5, 2021, https://www.washingtonpost.com/education/2021/04/05/common-core-failed-school-reform/; Matt Barnum, "Nearly a Decade Later, Did the Common Core Work?," Chalkbeat, April 29, 2019, https://www.chalkbeat.org/2019/4/29/21121004/nearly-a-decade-later-did-the-common-core-work-new-research-offers-clues.
26. Valerie Strauss, "How Much Bill Gates's Disappointing Small-Schools Effort Really Cost," *Washington Post*, November 30, 2021, https://www.washingtonpost.com/news/answer-sheet/wp/2014/06/09/how-much-bill-gatess-disappointing-small-schools-effort-really-cost/.
27. Village Global, "Bill Gates on Startups, Investing and Solving the World's Hardest Problems," 31:00.
28. Village Global, "Bill Gates on Startups, Investing and Solving the World's Hardest Problems," 34:00.
29. 這是分析蓋茲基金會贈款紀錄的結果。該基金會記錄贈款的方式導致這種數據並不清楚明確。例如，它給予蓋茲孩子就讀的私立學校湖濱中學的大部分（但不是全部）贈款並非記錄在「教育」類別，而是記錄在「社區參與」類別。我的分析發現，蓋茲基金會的贈款資料庫記錄了108億美元與教育專案有關的贈款。
30. Gates and Gates, "Why We Swing for the Fences."
31. Wallace and Erickson, *Hard Drive*, 57.
32. *Inside Bill's Brain*, episode 2, at 22:45.
33. Catherine Clifford, "Bill Gates Took Solo 'Think Weeks' in a Cabin in the Woods—Why It's a Great Strategy," CNBC, July 28, 2019, https://www.cnbc.com/2019/07/26/bill-gates-took-solo-think-weeks-in-a-cabin-in-the-woods.html; Julian Hayes II, "In the 1980s, Bill Gates Would Escape to a Secret Cabin in the Woods to Protect Himself from Burnout. Here's the Modern-Day, Easier Version of His Approach," *Business Insider*, August 2, 2019, https://www.businessinsider.com/bill-gates-took-think-weeks-the-1980s-launched-internet-explorer-2019-8.
34. Schwab, "Bill Gates Gives to the Rich (Including Himself)."
35. *Inside Bill's Brain*, episode 2 at 2:00.
36. "She Advocated for Women, Then Microsoft Pushed Her Off Its Board—with Maria Klawe," *Big Technology Podcast*, July 8, 2021, 33:00, https://podcasts.apple.com/us/podcast/she-advocated-for-women-then-microsoft-pushed-her-off/id1522960417?i=1000528138094.
37. Anthony Cody, *The Educator and the Oligarch: A Teacher Challenges the Gates Foundation* (New York: Garn Press, 2014).
38. Rich Karlgaard, "Talent Wars," *Forbes*, October 31, 2005, https://www.forbes.com/forbes/2005/1031/045.html?sh=5e9677c775dd.
39. "K-12 Education," Bill & Melinda Gates Foundation, n.d., https://www.gatesfoundation.org/our-work/programs/us-program/k-12-education.
40. Allison, "Transcript of a Video History Interview with Mr. William 'Bill' Gates."
41. Loudenback, "Bill Gates' Kids May Not Inherit His Fortune, but He Is Setting Them Up for Success in Other Ways."
42. Allison Ragland, "Sustaining Black Captivity: A Critical Analysis of Corporate Philanthropic Discourse on Education" (PhD diss., Ohio State University, 2019), https://etd.ohiolink.edu/apexprod/rws_etd/send_file/send?accession=osu1555411670630373&disposition=inline.
43. "Bill Gates Interview on Oprah Farewell 2010.09.20."
44. Tony Wan, "The Gates Foundation Spent $200M+ Trying to Improve Teacher Performance, and All It Got Was This Report," EdSurge, June 29, 2018, https://www.edsurge.com/news/2018-06-29-the-gates-foundation-spent-200m-trying-to-improve-teacher-performance-and-all-it-got-was-this-report; Brian M. Stecher et al., *Improving Teaching Effectiveness: Final Report: The Intensive Partnerships for Effective Teaching Through 2015–2016*, RAND Corporation, June 21, 2018, 333, https://www.rand.org/pubs/research_reports/RR2242.html.

45. Gates, speech at the National Conference of State Legislatures.
46. Marlene Sokol, "Sticker Shock: How Hillsborough County's Gates Grant Became a Budget Buster," *Tampa Bay Times*, December 15, 2015, https://www.tampabay.com/news/education/k12/sticker-shock-how-hillsborough-countys-gates-grant-became-a-budget-buster/2250988/.
47. Bill Gates, "For Teachers, Shame Is No Solution," *New York Times*, February 22, 2012, https://www.nytimes.com/2012/02/23/opinion/for-teachers-shame-is-no-solution.html.
48. Sokol, "Sticker Shock"; Marlene Sokol, "Hillsborough Schools to Dismantle Gates-Funded System That Cost Millions to Develop," *Tampa Bay Times*, October 30, 2015, https://www.tampabay.com/news/education/k12/eakins-panel-will-help-hillsborough-schools-move-on-from-the-gates-grant/2251811/.
49. 高中數學教師加里・魯賓斯坦（Gary Rubinstein）發現蓋茲的評價方式存在嚴重的矛盾：小學教師同時教同一群學生數學和英文，兩科得到的評價分數往往相差很多。魯賓斯坦在他的部落格上寫道：「檢視資料，我注意到一些教師的異常情況，例如 P.S. 196 這間學校的一名五年級教師，他在語文課得到97分（滿分100分），數學課卻僅得2分（滿分100分）。這是在同一年教同一群學生的結果！一名教師怎麼可能同時這麼好又這麼差呢？任何可能出現這種情況的評價系統當然都存在極大的缺陷，但我想探究一下這是否只是一個重要的異常案例，還是這種情況相當普遍。我算了一下，結果震撼了我（要震撼我是很難的）。以下是我發現的情況……在5,675名小學教師中，那兩個分數的平均差距高達22分。」Gary Rubinstein, "Analyzing Released NYC Value-Added Data Part 2," *TeachForUs* (blog), February 28, 2012, https://web.archive.org/web/20120305214412/https://garyrubinstein.teachforus.org/2012/02/28/analyzing-released-nyc-value-added-data-part-2/.
50. Ian Lovett, "Teacher's Death Exposes Tensions in Los Angeles," *New York Times*, November 9, 2010, https://www.nytimes.com/2010/11/10/education/10teacher.html.
51. Taylor Soper, "Teachers Protest in Downtown Seattle, Say Bill Gates Is Ruining Education," *GeekWire*, June 27, 2014, https://www.geekwire.com/2014/teachers-protest-gates-foundation/; Jesse Hagopian, "Debating the Gates Foundation," *Socialist Worker*, March 13, 2012, https://socialistworker.org/2012/03/13/debating-the-gates-foundation.
52. Gates, "For Teachers, Shame Is No Solution."
53. Anthony Cody, "Teachers Face Good Cops or Bad Cops in Push for Evaluations," *EdWeek*, February 29, 2012, https://www.edweek.org/policy-politics/opinion-teachers-face-good-cops-or-bad-cops-in-push-for-evaluations/2012/02.
54. Stecher et al., Improving Teaching Effectiveness.
55. "Better Connected, Future Vision," inBloom, video available at https://vimeo.com/60661666.
56. Tricia Duryee, "Gates-Backed InBloom Winding Down After Non-Profit Faces Concerns over Privacy," video (at 53:40 and 56:00), GeekWire, April 21, 2014, https://www.geekwire.com/2014/gates-backed-inbloom-winding-non-profit-faces-concerns-privacy/. 註：該組織成立後不久就將其名字從 Shared Learning Collaborative (SLC) 更名為 inBloom。2011年，SLC以有限責任公司的形式在華盛頓州註冊成立。同年，蓋茲基金會的年度報稅資料顯示，SLC是它的一個「受控實體」，而根據美國國稅局的規定，這意味著蓋茲擁有SLC超過50%的股份。蓋茲和inBloom的文件普遍聲稱這是一個「非營利」專案。我們不清楚它是否享有501c3地位（豁免聯邦所得稅）。參見 "Shared Learning Collaborative Blossoms into 'inBloom Inc.,'" EdSurge, February 5, 2013, https://www.edsurge.com/news/2013-02-05-the-shared-learning-collaborative-gets-a-new-name-inbloom-inc; Query of Washington State Corporations and Charities Filing System; "Exempt Organizations Annual Report- ing Requirements—Form 990, Schedule R: 'Related Organization' and 'Controlled Entity' Reporting Differences," Internal Revenue Service, n.d., https://www.irs.gov/charities-non-profits/exempt-organizations-annual-reporting-requirements-form-990-schedule-r-related-organization-and-controlled-entity-reporting-differences.
57. Monica Bulger, Patrick McCormick, and Mikaela Pitcan, "The Legacy of InBloom," Data and Society, February 2, 2017, 11, https://

破解蓋茲迷思

datasociety.net/pubs/ecl/InBloom_feb_2017.pdf.

58. Lyndsey Layton, "Common Standards for Nation's Schools a Longtime Goal," *Washington Post*, June 9, 2014, https://www.washingtonpost.com/local/education/common-standards-for-nations-schools-a-longtime-goal/2014/06/09/cbe7e9ec-edb1-11e3-92b8-52344c12e8a1_story.html.

59. Stephanie Simon, "K–12 Student Database Jazzes Tech Startups, Spooks Parents," Reuters, March 3, 2013, https://web.archive.org/web/20130304030215/https://www.reuters.com/article/2013/03/03/us-education-database-idUSBRE92204W20130303.

60. Ruth McCambridge, "NY Parents Pro- test Foundation-Funded inBloom Educaiton Data Portal," *Non-Profit Quarterly*, May 2, 2013, https://nonprofitquarterly.org/ny-parents-protest-foundation-funded-inbloom-education-data-portal/.

61. Jim Watterson, "News of the World: 10 Years Since Phone-Hacking Scandal Brought Down Tabloid," *Guardian*, July 10, 2021, https://www.theguardian.com/media/2021/jul/10/news-of-the-world-10-years-since-phone-hacking-scandal-brought-down-tabloid.

62. Molly Hensley-Clancy, "How Rupert Murdoch Suffered a Rare Defeat in American Classrooms," BuzzFeed News, August 24, 2015, https://www.buzzfeednews.com/article/mollyhensleyclancy/how-rupert-murdoch-suffered-a-rare-defeat-in-american-classr; Natasha Singer, "inBloom Student Data Repository to Close," *New York Times*, April 21, 2014, https://archive.nytimes.com/bits.blogs.nytimes.com/2014/04/21/inbloom-student-data-repository-to-close/.

63. 梅琳達・法蘭琪・蓋茲的創投公司樞紐創設2018年才開始資助數據與社會，而那份inBloom報告發表於2017年。數據與社會在其網站上聲稱，「我們不接受那種會妨礙我們不受外部干擾投入工作的資助，而且我們極力保護我們的研究人員在其知識活動和個人資助關係方面的獨立性。」"Data and Society Funder List," Data and Society Research Institute, n.d., https://datasociety.net/wp-content/uploads/2022/02/Funders-List-2021-Feb-2022.pdf; "About," Data and Society Research Institute, n.d., https://datasociety.net/about/.

64. Bulger, McCormick, and Pitcan, "The Legacy of InBloom."

65. "Report Offers Recommendations for How Systems Can Access and Use Postsecondary Outcomes Data to Support Students' Success," *Chiefs for Change* (blog), December 1, 2021, https://www.chiefsforchange.org/2021/12/01/report-offers-recommendations-for-how-systems-can-access-and-use-postsecondary-outcomes-data-to-support-students-success/.
註：除了在教育領域致力蒐集資料，蓋茲基金會還有越來越多專案致力於它所說的「數位包容」（digital inclusion）。這包括旨在促進公平的新數位銀行系統和數位識別計畫，例如將弱勢群體納入某些平臺，使他們能夠更充分地參與現代經濟。2022年，紐約大學的人權與全球正義中心發表了一份長篇報告，剖析了這種工作的潛在危險，特別提到蓋茲基金會對從事相關工作的團體的重要資助；這些團體包括G2Px、MOSIP、Digital Impact Alliance、ID4D、ID4Africa，以及GSMA Foundation。「支持者以人權和包容的話語掩護這種新範式，」該報告指出。「帶有生物識別元素的國家數位識別系統（數位身分系統）被說成是數位未來的公共基礎設施，就像實體道路那樣。但是，這些特別的基礎設施已被證明是危險的，在世界各地許多國家涉及嚴重和大規模的侵犯人權問題，影響社會、公民和政治權利。與此同時，其好處仍不明確，而且缺乏紀錄。事實上，受益最多的可能不是那些『落後者』，而是一小群公司和重視自身安全的政府。」*Paving a Digital Road to Hell: A Primer on the Role of the World Bank and Global Networks in Promoting Digital ID*, Center for Human Rights and Global Justice, NYU School of Law, June 2022, https://chrgj.org/wp-content/uploads/2022/06/Report_Paving-a-Digital-Road-to-Hell.pdf.

66. Natasha Singer, "Federal Regulators Seek to Stop Sale of Students' Data," *New York Times*, https://archive.nytimes.com/bits.blogs.nytimes.com/2014/05/23/federal-regulators-seek-to-stop-sale-of-students-data/.

67. Jeff Bryant and Velislava Hillman, "How Big Businesses Are Colonizing the Classroom," Progressive.org, February 16, 2022, https://progressive.org/api/content/45cc4ab4-89c7-11ec-80f6-12f1225286c6/.

68. Mercedes K. Schneider, *Common Core Dilemma: Who Owns Our Schools?* (New York: Teachers College Press, 2015), 20–22, 27.
69. 蓋茲基金會在1999年10月公布它著眼於中小學教育的頭四筆贈款，受助者為成就、學習夥伴（Partnership for Learning）、公共議程（Public Agenda）和西西雅圖高中（West Seattle High School）。該基金會的贈款紀錄顯示，明確描述為用於「共同核心」或「各州共同核心標準」的贈款共有3.5億美元，但幾乎可以肯定的是，實際數字高得多。喬治亞州立大學榮休教授Jack Hassard 2014年估計蓋茲已經花了23億美元來推動共同核心標準。Jack Hassard, "Why Bill Gates Defends the Common Core," *Art of Teaching Science* (blog), March 15, 2014, https://jackhassard.org/why-bill-gates-defends-the-common-core/.
70. Erin Kourkounis, "CEOs Tout Benefits of Common Core Standards," *Tampa Tribune*, October 28, 2013.
71. Glenn Britt, "Investing in Innovation," *Forbes*, March 1, 2010, https://www.forbes.com/2010/03/01/science-technology-education-thought-leaders-britt.html?sh=60dc6d571eee.
72. McShane, "Bill Gates at AEI on the Common Core."
73. "Is Bill Gates a Closet Liberal?," Salon, January 29, 1998, https://web.archive.org/web/20120607021236/https://www.salon.com/1998/01/29/feature_349/.
74. Daniel Costa, "STEM Labor Shortages? Microsoft Report Distorts Reality About Computing Occupations," Economic Policy Institute, November 19, 2012, https://www.epi.org/publication/pm195-stem-labor-shortages-microsoft-report-distorts/; Daniel Costa and Ron Hira, "H-1B Visas and Prevailing Wage Levels," Economic Policy Institute, May 4, 2020, https://www.epi.org/publication/h-1b-visas-and-prevailing-wage-levels/.
75. Neil Krauss, "Support the Page Amendment, but Let's Not Pretend We Can Educate Ourselves out of Inequality," *MinnPost*, November 1, 2021, https://www.minnpost.com/community-voices/2021/11/support-the-page-amendment-but-lets-not-pretend-we-can-educate-ourselves-out-of-inequality/?hilite=neil+kraus.
76. 蓋茲基金會似乎明確地表達了它對相關研究的偏好，聲稱「我們將支持那些強調獲得高等教育證書的年輕人增加一倍非常重要的研究、傳播和政策分析工作。」也就是説，蓋茲資助研究似乎是為了支持他預先得出的這個結論：美國勞動市場需要教育程度大幅提高的勞動力。Bill & Melinda Gates Foundation, Postsecondary Success, 2009, https://docs.gatesfoundation.org/documents/postsecondary-education-success-plan-brochure.pdf.
77. Sara Rimer, "Gates Grants Aim to Help Low-Income Students Finish College," *New York Times*, December 9, 2008, https://www.nytimes.com/2008/12/09/education/09gates.html; "Measuring Up 2008," National Center for Public Policy and Higher Education, 2008, 2, https://files.eric.ed.gov/fulltext/ED503494.pdfhttps://web.archive.org/web/20090613023059/http://cew.georgetown.edu/mission.htmlhttps://web.archive.org/web/20201203174944/https://cew.georgetown.edu/about-us/ https://web.archive.org/web/20201203165447/https://cew.georgetown.edu/about-us/faqs/ https://cew.georgetown.edu/about-us/.
78. Jacques Steinberg, "More Employers to Require Some College, Report Says," *New York Times*, June 14, 2010, https://www.nytimes.com/2010/06/15/education/15degree.html.
79. Anthony Carnevale, Nicole Smith, and Jeff Strohl, *Help Wanted: Projections of Jobs and Education Requirements Through 2018*, Center on Education and the Workforce at Georgetown University, June 2010, https://cewgeorgetown.wpenginepowered.com/wp-content/uploads/2014/12/fullreport.pdf.
80. Goldie Blumenstyk, "By 2020, They Said, 2 out of 3 Jobs Would Need More than a High-School Diploma. Were They Right?," *Chronicle of Higher Education*, January 22, 2020, https://www.chronicle.com/newsletter/the-edge/2020-01-22.
81. U.S. Bureau of Labor Statistics, Employment Projections, Data, "Occupations That Need More Education for Entry Are Projected to Grow Faster than Average," Table 5.2: "Employment, Wages, and Projected Change in Employment by Typical Entry-Level Education," n.d., https://www.bls.gov/emp/tables/education-summary.htm.
82. Federal Reserve Bank of New York, Economic

破解蓋茲迷思

Research, "Underemployment Rates for College Graduates," table, n.d., https://www.newyorkfed.org/research/college-labor-market/index.html#/underemployment.
83. Bill & Melinda Gates Foundation, Postsecondary Success.
84. Bill & Melinda Gates Foundation, "Road Map Project," May 2013, https://docs.gatesfoundation.org/documents/BMGF_RoadmapProject_SIO_062413_r4_onln.pdf.
85. Elkind, "How Business Got Schooled in the War over Common Core."
86. Simon and Mershon, "Gates Masters D.C.—and the World."
87. Elizabeth Warren, "The College Transparency Act of 2017," May 15, 2017, https://www.warren.senate.gov/files/documents/2017_05_15_College_Transparency_One_Pager.pdf. 註：這種措辭與蓋茲基金會至少可追溯到2009年的說辭幾乎沒有差別：「許多大學幾乎完全無法即時了解其學生是否以及何時開始輟學。管理人員獲取資料的管道不穩定，無法確保他們的課程與勞動市場的需求契合。學生們在作出上哪一間大學和主修什麼科目的關鍵選擇時，幾乎完全不掌握關於課程品質或畢業生成功程度的資料。如果沒有更好的數據，教育工作者、學生和政策制定者就會缺乏作出正確決定所需要的資料，而我們需要這些決定來支持和加強完成學業的承諾。」Bill & Melinda Gates Foundation, Postsecondary Success.
88. Valerie Strauss, "Congress May Create Massive Program to Collect College Student Data," *Washington Post*, April 4, 2022, https://www.washingtonpost.com/education/2022/04/04/congress-student-data-collect-privacy/; Scott Jaschik, "House Approves College Transparency Act," *Inside Higher Ed*, February 7, 2022, https://www.insidehighered.com/news/2022/02/07/house-passes-college-transparency-act.

Chapter 10　白人的責任

1. National Portrait Gallery, *Portrait of Bill and Melinda Gates*, Object no. NPG.2010.83, https://www.si.edu/newsdesk/photos/bill-and-melinda-gates-portrait.
2. Robin Pogrebin, "New Chairwoman Poised to Reform Smithsonian," *New York Times*, September 21, 2008, https://www.nytimes.com/2008/09/22/arts/22muse.html; "Patty Stonesifer Elected Chair of Smithsonian Board of Regents," Smithsonian Institution, September 22, 2008, https://www.si.edu/newsdesk/releases/patty-stonesifer-elected-chair-smithsonian-board-regents. 註：我根據《資訊自由法》請求史密森尼學會提供相關資料，結果對方提供的文件遮掩了許多內容，因此未能得知國家肖像館為蓋茲夫婦的肖像畫付了多少錢，以及為他們畫肖像的主意是誰先提出的。文件未遮掩的部分沒有提到史東塞弗在此決定中扮演任何角色。國家肖像館表示，委託創作該畫是2008年5月決定的，當時史東塞弗是史密森尼學會的董事會成員。幾個月後，她成了董事會主席。同樣值得注意的是，她在卸下蓋茲基金會執行長一職後，仍是該基金會的高級顧問。
3. Melinda Gates, "The Story of How Melinda Gates Met Bill Gates," Interview, Salesforce, December 1, 2016, https://www.youtube.com/watch?v=VqsFbzTcpdc.
4. Joss Kent (as told to Charlotte Metcalf), "Travel Safaris," *Spectator*, July 18, 2009, https://webcache.googleusercontent.com/search?q=cache:tx14f54M4J4J:https://reader.exacteditions.com/issues/5493/page/44&cd=3&hl=en&ct=clnk&gl=us&client=firefox-b-1-d.
5. Gates, "The Story of How Melinda Gates Met Bill Gates," 2:50.
6. Melinda French Gates, Interview by Becky Quick, CNBC, April 24, 2019, https://www.youtube.com/watch?v=J9Xs5RF7qBk. 註：民主聯盟基金會（AoD）2021年一項調查顯示，來自53個不同國家的44％受訪者表示，他們認為美國對他們的民主制度構成威脅。對美國最強烈的一些意見來自最窮的國家。"Global Poll: Despite Grim Views of Democracies' Covid Response, People Around the World Want More Democracy," Press Release, Alliance of Democracies, 2021, n.d., https://www.allianceofdemocracies.org/initiatives/the-copenhagen-democracy-summit/dpi-2021.
7. "Administrator Samantha Power at Global Child Care Infrastructure Event," USAID, April 28, 2022, https://www.usaid.gov/news-information/press-releases/apr-28-2022-administrator-samantha-power-global-child-care-infrastructure-event.
8. Geneva Health Files (@filesgeneva), Twitter,

註釋

April 29, 2022, https://twitter.com/FilesGeneva/status/1520154341264572416; Themrise Khan (@themrise), Twitter, April 30, 2022, https://twitter.com/themrise/status/1520308825303179266.

9. 這是分析蓋茲基金會慈善贈款資料的結果，分析採用了世界銀行的高收入國家分類。"World Bank Country and Lending Groups—World Bank Data Help Desk," n.d., https://datahelpdesk.worldbank.org/knowledgebase/articles/906519-world-bank-country-and-lending-groups.

10. "Phantom Aid: Money Allocated to Countries That Ends Up Funding INGOs," *Global Health Justice* (blog), n.d., https://depts.washington.edu/globalhealthjustice/category/phantom-aid/.

11. John Aglionby, "EthioChicken: Ethiopia's Well-Hatched Idea," *Financial Times*, March 15, 2018; "Joseph Shields," LinkedIn, n.d., https://www.linkedin.com/in/joseph-shields-5338009/. 註：蓋茲捐了1,200萬美元給衣索雞及其投資者Flow Equity，但奇怪的是，這些錢沒有流向衣索比亞，而是去了著名的避稅天堂模里西斯。該公司沒有回應媒體詢問。

12. Peter Buffett, "The Charitable-Industrial Complex," *New York Times*, July 26, 2013, https://www.nytimes.com/2013/07/27/opinion/the-charitable-industrial-complex.html?_r=0.

13. Sean Cooper, "What Happens When a Buffett Buys Your Town?," *Tablet*, July 13, 2021, https://www.tabletmag.com/sections/news/articles/buffett-kingston-sean-cooper.

14. Gates, "Watch the Full Bill Gates Keynote," 30:52.

15. Gates, "Watch the Full Bill Gates Keynote," 31:30.

16. Gates, "Watch the Full Bill Gates Keynote," 3:10.

17. McCoy et al., "The Bill & Melinda Gates Foundation's Grant-Making Programme for Global Health," 1645–53.

18. Daniel Kamanga, "I've Had Racism's Weight of Knee on My Neck; Will George Floyd's Death Give Me a Chance to Breath?," LinkedIn, June 5, 2020, https://web.archive.org/web/20220410010414/https://www.linkedin.com/pulse/ive-had-racisms-weight-knee-my-neck-george-floyds-death-kamanga/.

19. Das, Flitter, and Kulish, "A Culture of Fear at the Firm That Manages Bill Gates's Fortune."

20. Apoorva Mandavilli, "A Global Health Star Under Fire," *New York Times*, September 12, 2020, https://www.nytimes.com/2020/09/12/health/ditiu-stoptb-united-nations.html.

21. "United Nations Office for Project Services, Geneva," Bill & Melinda Gates Foundation, June 2021, https://www.gatesfoundation.org/about/committed-grants/2021/06/opp1216273.

22. "Members of the Board," Stop TB Partnership, n.d., https://www.stoptb.org/board/members-of-board.

23. Julia Feliz, "Response to Cornell SA Meeting," *Medium* (blog), October 25, 2019, https://medium.com/@jd.feliz/response-to-cornell-sa-meeting-69b7ca9e288e.

24. Meghna Maharishi, "S.A. Passes Statement in Support of Julia Feliz as Some Fellows Push Back," *Cornell Daily Sun*, October 25, 2019, https://cornellsun.com/2019/10/25/s-a-passes-statement-in-support-of-julia-feliz-as-some-fellows-pushback/.

25. "Homepage," Generation Africa Voices, n.d., https://www.generationafricavoices.org/.

26. Generation Africa, storyteller profiles of Louis Lakor, Aisha Nabukeera, and Rachael Ouko, n.d., https://www.generationafricavoices.org/#glide-cohort.

27. The Moth, Board & Committees, n.d., http://themoth.org/board-committees; "International Women's Day: Stories of Redefining Motherhood," Gates Discovery Center, March 8, 2023, https://www.discovergates.org/international-womens-day-stories-of-redefining-motherhood/.

28. Diane Cardoso, "A Look at Global Stories of Women and Girls," The Moth, March 27, 2018, https://themoth.org/dispatches/a-look-at-global-stories.

29. "Locally Rooted, Globally Networked," New Voices Fellowship, https://web.archive.org/web/20220512094414/https://newvoicesfellows.aspeninstitute.org/.

30. "Our Board," Speak Up Africa, n.d., https://www.speakupafrica.org/our-board/. 註：蓋茲基金會聲稱曾捐款給紐約的非洲疾呼和塞內加爾的非洲疾呼，而它的資料顯示，這兩個組織共用同一個網站。我寄了一封電子郵件到非洲疾呼的紐約辦事處，請求對方提供其組織結構、最近的報稅資料以及接受訪問，但沒有得到答覆。我利用電子郵件詢問塞內加爾的非洲疾呼一些問

497

破解蓋茲迷思

題，同樣沒有得到答覆。
31. Speak Up Africa, IRS filing 990, 2015. 註：該組織2015年列出的地址為紐約華爾街40號，也就是俗稱川普大樓（以唐納‧川普命名）的辦公大樓；"40 Wall Street: New York, NY," The Trump Organization, n.d., https://www.trump.com/commercial-real-estate-portfolio/40-wall-street.
32. "The Gates Foundation's Approach Has Both Advantages and Limits," *Economist*, September 30, 2021, https://www.economist.com/international/2021/09/16/the-gates-foundations-approach-has-both-advantages-and-limits.
33. Bill & Melinda Gates Foundation, "DEI Progress Report," 2021, https://docs.gatesfoundation.org/documents/bill_and_melinda_gates_foundation_2021_dei_progress_report.pdf; "U.S. Census Bureau QuickFacts: United States," n.d., https://www.census.gov/quickfacts/fact/table/US/PST045221.
34. "Anita Zaidi," Profile, Bill & Melinda Gates Foundation, March 16, 2022, https://web.archive.org/web/20220316055452/https://www.gatesfoundation.org/about/leadership/anita-zaidi.
35. "The Key to Development," Project Syndicate, June 30, 2021, https://www.project-syndicate.org/onpoint/gender-equality-the-key-to-sustainable-development-public-health-by-anita-zaidi-2021-06.
36. Sana Syed, "A Conversation with Anita Zaidi—A Discussion of Global Child Health, Empowering Women and . . . ," *Medium*, n.d., https://medium.com/@syedsana/a-conversation-with-anita-zaidi-a-discussion-of-global-child-health-af47699f070b.
37. "Anita Zaidi," Profile.
38. "Anita Zaidi," Faculty Profile, Aga Khan University, n.d., https://www.aku.edu/mcpk/faculty/pages/profile.aspx?ProfileID=295&Name=Anita Kaniz Mehdi Zaidi. 註：2022年，薩伊迪在《刺胳針全球衛生》發表了一份與人合寫的研究報告（該研究由蓋茲基金會資助），個人資訊揭露提到的是她與阿迦汗大學的關係，而不是與蓋茲的關係。在我聯絡該期刊之後，它發了更正，澄清了薩伊迪受僱於蓋茲基金會。"Correction to Lancet Glob Health 2022; 10: E1289–97," *The Lancet Global Health* 10, no. 10 (October 1, 2022): e1394, https://doi.org/10.1016/S2214-109X(22)00385-0.
39. The Aga Khan University, "Generous Gift from Alumni to Advance Paediatric Research," n.d., https://www.aku.edu/news/Pages/News_Details.aspx?nid=NEWS-002428; Bill & Melinda Gates Foundation, IRS 990 filing, 2021, Statement 10.
40. "Our Profile," Vital Pakistan Trust, July 5, 2017, https://web.archive.org/web/20170705114023/http://www.vitalpakistantrust.org/about-us.php; "Board of Trustees," Vital Pakistan, June 13, 2022, https://web.archive.org/web/20220613170907/https://www.vitalpakistantrust.org/trustees.
41. The Aga Khan University, "New MRI Technology to Power Insights into Newborn Health," n.d., https://www.aku.edu/news/Pages/News_Details.aspx?nid=NEWS-002526. 註：巴基斯坦生命信託的財務審計報告顯示，該組織2016年收入約為4,000萬巴基斯坦盧比，2017年為3,000萬，2018年為7,000萬，總計約合130萬美元。蓋茲基金會的資料顯示，它在2016和2017年捐了超過800萬美元給巴基斯坦生命信託，分數年支付。蓋茲基金會記錄的資助，看來比巴基斯坦生命信託經審計的收入還要多。
42. "Our Profile," Vital Pakistan Trust. 註：2023年初，我對巴基斯坦生命信託的網站做了一次後端搜尋（back-end search），發現唯一提到她名字的內容是一份可供下載的科學研究報告。
43. "Reported Cases of Paralytic Polio, 2021," Our World in Data, n.d., https://ourworldindata.org/grapher/the-number-of-reported-paralytic-polio-cases.
44. "Number of People Requiring Interventions for Neglected Tropical Diseases," Our World in Data, n.d., https://ourworldindata.org/grapher/number-of-people-requiring-interventions-for-neglected-tropical-diseases; "Number of People Who Are Undernourished," Our World in Data, n.d., https://ourworldindata.org/grapher/number-undernourished.
45. "Saving Children from Stunting," UNICEF, n.d., https://www.unicef.org/pakistan/stories/saving-children-stunting.
46. "Bill Gates Meets Prime Minister Imran Khan to Discuss Progress Against Polio, Steps to Overcome Final Challenges to Eradication," Bill & Melinda Gates Foundation, n.d., https://www.gatesfoundation.org/ideas/media-center/press-releases/2022/02/bill-gates-

meets-prime-minister-imran-khan-on-polio-eradication-in-pakistan; "Bill Gates Make His First-Ever Visit to Pakistan; Discusses Health Issues with Imran Khan," *Times of India*, February 17, 2022, https://timesofindia.indiatimes.com/world/pakistan/bill-gates-make-his-first-ever-visit-to-pakistan-discusses-health-issues-with-imran-khan/articleshow/89641568.cms.

47. "Bill Gates Meets Prime Minister Imran Khan to Discuss Progress Against Polio, Steps to Overcome Final Challenges to Eradication."

48. Fyezah Jehan and Kheezran Ahmed, "When Will Pakistan Stand on Two Legs? A Polio Story," *Speaking of Medicine and Health* (blog), June 8, 2022, https://speakingofmedicine.plos.org/2022/06/08/when-will-pakistan-stand-on-two-legs-a-polio-story/.

49. Fyezah Jehan, Twitter, June 12, 2020 (https://twitter.com/FyezahJehan/status/1271418835082543104), and February 18, 2022 (https://twitter.com/fyezahjehan/status/1494512529116119042?s=12); "AKU Pneumonia Study Published in the New England Journal of Medicine," Aga Khan University, July 2, 2020, https://www.aku.edu/news/Pages/News_Details.aspx?nid=NEWS-002240.

50. Amy Sarah Ginsburg et al., "Randomized Controlled Trial of Early, Small-Volume Formula Supplementation Among Newborns: A Study Protocol," *PLOS ONE* 17, no. 2 (February 4, 2022): e0263129, https://doi.org/10.1371/journal.pone.0263129.

51. Tanya Doherty et al., "Questioning the Ethics of Inter-national Research on Formula Milk Supplementation in Low-Income African Countries," *BMJ Global Health* 7, no. 5 (May 6, 2022): e009181, doi:10.1136/bmjgh-2022-009181. 另請參閱讀者對該文章的評論，見 Ginsburg et al., "Randomized Controlled Trial of Early," Small-Volume Formula Supplementation Among Newborns。

52. John Cook, "These Bill Gates-Funded 'Super Bananas' Could Have a Huge Impact on Global Health," GeekWire, June 16, 2014, https://www.geekwire.com/2014/bill-gates-funded-super-bananas-huge-impact-global-health/; Rachel Zimmerman, "Gates Fights Malnutrition with Cheese, Ketchup and Other Fortified Food Items," *Wall Street Journal*, May 9, 2002, https://www.wsj.com/articles/SB1020886090206568560. Arun Gupta and Navdeep Khaira, "Food for Thought: Deficiencies," *Telegraph India*, October 21, 2021, https://www.telegraphindia.com/opinion/food-for-thought-deficiencies/cid/1835254.

53. Jeremy D. Keenan et al., "Azithromycin to Reduce Childhood Mortality in Sub-Saharan Africa," *New England Journal of Medicine* 378, no. 17 (April 26, 2018): 1583–92, https://doi.org/10.1056/NEJMoa1715474.

54. Rodgers, "Pneumococcal Vaccine Update"; David Goldblatt et al., "Pneumococcal Conjugate Vaccine 13 Delivered as One Primary and One Booster Dose (1+1) Compared with Two Primary Doses and a Booster (2+1) in UK Infants: A Multicentre, Parallel Group Randomised Controlled Trial," *Lancet Infectious Diseases* 18, no. 2 (February 1, 2018): 171–79, http://dx.doi.org/10.1016/S1473-3099(17)30654-0; National Cancer Institute (NCI), "Comparing One or Two Doses of the Human Papillomavirus Vaccine for the Prevention of Human Papillomavirus Infection: ESCUDDO Study," Clinical trial registration (clinicaltrials.gov, September 22, 2022), https://clinicaltrials.gov/ct2/show/NCT03180034.

55. "Historical Study of LSHTM from Its Origins to 1960 Details Extent of Colonial Roots," London School of Hygiene and Tropical Medicine, August 11, 2022, https://www.lshtm.ac.uk/newsevents/news/2022/historical-study-lshtm-its-origins-1960-details-extent-colonial-roots.

56. Caesar A. Atuire and Olivia U. Rutazibwa, "An African Reading of the Covid-19 Pandemic and the Stakes of Decolonization," Yale Law School, July 29, 2021, https://law.yale.edu/yls-today/news/african-reading-covid-19-pandemic-and-stakes-decolonization.

57. Olusoji Adeyi, "Global Health, Narcissistic Charity, and Neo-Dependency," *Development Today*, December 31, 2021, https://www.development-today.com/archive/dt-2021/dt-9--2021/global-health-narcissistic-charity-and-neo-dependency.

58. Tim Schwab, "The Gates Foundation Avoids a Reckoning on Race and Power," *Nation*, October 6, 2021, https://www.thenation.com/article/society/gates-foundation-colonialism/.

59. Muneera A Rasheed, "Navigating the Violent Process of Decolonisation in Global Health Research: A Guideline," *Lancet Global*

破解蓋茲迷思

Health 9, no. 12 (December 1, 2021): e1640–41, https://doi.org/10.1016/S2214-109X(21)00440-X.

Chapter 11　臃腫

1. Nat Levy, "Judge: Former Bill & Melinda Gates Tech Leader Entitled to $4.9M in Dispute with Foundation," GeekWire, October 9, 2018, https://www.geekwire.com/2018/judge-former-bill-melinda-gates-tech-leader-entitled-4-9m-damages-dispute-foundation/#:~:text=A%20King%20County%20judge%20has,as%20a%20%E2%80%9Cbroken%20promise.%E2%80%9D.
2. Patrick Dorrian, "Gates Foundation Breached Contract of 'Chief Digital Officer,'" *Bloomberg Law*, November 17, 2020, https://news.bloomberglaw.com/daily-labor-report/gates-foundation-breached-contract-of-chief-digital-officer; John O'Brien, "Gates Foundation Successfully Argues Against $4.6M Verdict for Fired Employee, but Recalculation Ordered," *Legal Newsline*, November 19, 2020, https://legalnewsline.com/stories/565415071-gates-foundation-successfully-argues-against-4-6m-verdict-for-fired-employee-but-recalculation-ordered.
3. "Bill Gates," Interview, *Playboy*, July 1994, https://web.archive.org/web/20100801071952/http://www.playboy.com/articles/bill-gates-playboy-interview/index.html?page=2.
4. Bill & Melinda Gates Foundation, Part I, Lines 25–26, IRS 990 filing, 2000.
5. Greenfeld, "Giving Billions Isn't Easy."
6. Cheryl Scott, "Announcements—Bill & Melinda Gates Foundation," n.d., https://web.archive.org/web/20070118220207/https://www.gatesfoundation.org/AboutUs/Announcements/Announce-070109.htm. 註：一名知情人士告訴我，2000年代末，比爾・蓋茲在蓋茲基金會寫了一份臭名昭著的內部備忘錄，猛烈抨擊他所看到的臃腫和浪費現象，尤其是痛斥基金會在專業會議等方面花了很多錢，而這些錢用在幫助窮人的專案工作上會更好。我無法取得這份備忘錄，但作家亞當・費耶斯科夫提到可能同一份備忘錄，並提出截然不同的說法：「蓋茲本人做過一件廣為人知的事，就是發出一份措辭激烈的備忘錄，大意是『一切都搞砸了』，指出基金會需要的重大變革，並否決了先前的領導層決定。結果這導致一種癱瘓狀態，專案主任不敢採取行動，害怕一旦做了蓋茲或基金會領導層認為不對的事，將面臨嚴重後果。」Fejerskov, *The Gates Foundation's Rise to Power*, 72.
7. Home page, Bill & Melinda Gates Foundation website, n.d., https://www.gatesfoundation.org/. 註：蓋茲基金會的網站指出，截至2021年底，其員工人數為1,736人，而它2021年的美國國稅局 IRS 990 申報資料顯示員工人數為1,843人。
8. Bill & Melinda Gates Foundation, IRS 990 filing, 2021. 註：2009年，在記者問到基金會在顧問方面的支出有多少時，蓋茲基金會財務長表示，答案是難以得知：「基金會在顧問方面的總支出無法立即得知……這是因為合約很多、範圍很廣，而且基金會的工作遍及全球。」Clay Holtzman, "Gates Foundation Spends Big on Consulting," *Puget Sound Business Journal*, June 14, 2009, https://www.bizjournals.com/seattle/stories/2009/06/15/story7.html.
9. Gates, "Watch the Full Bill Gates Keynote," Gates, 37:30.
10. "Gates Foundation Names Dr. Trevor Mundel to Lead Global Health Program," Bill & Melinda Gates Foundation, September 2011, https://www.gatesfoundation.org/ideas/media-center/press-releases/2011/09/foundation-names-dr-trevor-mundel-to-lead-global-health-program.
11. Nathaniel Lee, "Warren Buffett Lives in a Modest House That's Worth .001% of His Total Wealth," Business Insider, November 10, 2020, https://www.businessinsider.com/warren-buffett-modest-home-bought-31500-looks-2017-6. 註：巴菲特的房子比多數美國人的房子好得多，也貴得多，但相對於這名富豪負擔得起的房子，它確實堪稱普通。說巴菲特節儉的另一問題，是他擁有一架私人飛機。參見 Theron Mohamed, "Warren Buffett Nicknamed His Private Jet 'The Indefensible'—Then Renamed It 'The Indispensable' After Realizing Its Value," Markets Insider, December 30, 2022, https://markets.businessinsider.com/news/stocks/warren-buffett-berkshire-hathaway-private-jet-plane-purchase-indefensible-indispensable-2021-10.
12. 巴菲特2006年6月26日寫給蓋茲夫婦的信，公布於波克夏・海瑟威公司的網站，https://www.berkshirehathaway.com/donate/bmgfltr.pdf。註：巴菲特實際上這麼說：「我每年捐贈的價值必須完全附加於基金會淨資產至少5%的支出之上。」

13. 這是分析蓋茲基金會贈款紀錄的結果。註：各機構所收贈款額納入了其附屬組織所收的贈款。例如蓋茲基金會對美國國家衛生院的捐贈包括它對國家衛生院不同辦事處和國家衛生院基金會的所有捐贈；對聯合國兒童基金會的捐贈包括它對聯合國兒童基金會美國基金會的捐贈；對華盛頓大學的捐贈包括它對華盛頓大學基金會的捐贈；對PATH的捐贈包括它對PATH疫苗解決方案、PATH藥物解決方案和PATH上海代表處的捐贈；對世界銀行的捐贈包括它對國際復興開發銀行、國際開發協會和國際金融公司的捐贈。這次計算並不涵蓋國際農業研究諮商組織（CGIAR）的所有旗下機構。
14. 對蓋茲基金會贈款紀錄的分析涵蓋它對Family Health International和FHI Solutions的捐贈。
15. KPMG, "Bill & Melinda Gates Foundation, Consolidated Financial Statements, December 31, 2020 and 2019," April 26, 2021, 15, https://docs.gatesfoundation.org/documents/F_15100 2C-1B_Bill&MelindaGatesFoundation_FS.pdf; "Foundation Celebrates Groundbreaking for New Headquarters," Bill & Melinda Gates Foundation, n.d., https://www.gatesfoundation.org/ideas/media-center/press-releases/2008/07/foundatio-celebrates-groundbreaking-for-new-headquarters.
16. Bill Gates, "Yes, I Get Furious When Foreign Aid Is Wasted. But Britons Are Saving Lives. . . and Are Leading the World, Says Bill Gates," Daily Mail Online, March 17, 2013, https://www.dailymail.co.uk/debate/article-2294674/Bill-Gates-Yes-I-furious-foreign-aid-wasted-But-Britons-saving-lives—leading-world.html.
17. David Wallace-Wells, "Bill Gates: 'We're in a Worse Place than I Expected,'" New York Times, September 13, 2022, https://www.nytimes.com/2022/09/13/opinion/environment/bill-gates-climate-change-report.html.
18. Emily Glazer, Khadeeja Safdar, and Theo Francis, "Warren Buffett's Estate Planning Sends Charities Scrambling," Wall Street Journal, June 21, 2022, https://www.wsj.com/articles/warren-buffetts-estate-planning-bill-and-melinda-gates-foundation-sends-charities-scrambling-11655811074; Bill & Melinda Gates Foundation, Part VII, 2, IRS 990 Filings, 2014, 2015, 2016.
19. Mark Suzman, "Warren Buffett's Generous Philanthropy," Bill & Melinda Gates Foundation, n.d., https://www.gatesfoundation.org/ideas/articles/warren-buffett-philanthropy.
20. 巴菲特2006年6月26日寫給蓋茲夫婦的信。註：巴菲特的原話是：「在此我不可撤銷地承諾，餘生我將每年捐出波克夏·海瑟威的B股給蓋茲基金會。蓋茲基金會可以根據我的這個承諾，立即和永久地擴張其活動。我的醫生告訴我，我的健康狀況極好，而我當然也認為是這樣。但是，如果我喪失行為能力，無法管理我的事務，我在此指示負責管理我事務的人履行我在這封信中所作的承諾。此外，我很快就會寫一份新的遺囑，指明在我死後，藉由分配剩餘的指定股份或以其他方式，繼續履行這項承諾。」
21. Glazer, Safdar, and Francis, "Warren Buffett's Estate Planning Sends Charities Scrambling."
22. Tim Schwab, "Warren Buffett Moves to Distance Himself from Bill Gates," Nation, June 25, 2021, https://www.thenation.com/article/society/warren-buffett-bill-gates/.
23. Lisa Stiffler, "Melinda French Gates Counters Bill Gates' Prediction That Their Foundation Will End in 25 Years," GeekWire, October 12, 2022, https://www.geekwire.com/2022/melinda-french-gates-refutes-bill-gates-prediction-that-their-foundation-will-end-in-25-years/.
24. Glazer, Safdar, and Francis, "Warren Buffett's Estate Planning Sends Charities Scrambling."
25. Sam Dillon, "Gates Urges School Budget Overhauls," New York Times, November 19, 2010, https://www.nytimes.com/2010/11/19/us/19gates.html.
26. "Bill Gates: End-of-Life Care vs. Saving Teachers' Jobs," Interview by Walter Isaacson, June 8, 2010, Aspen Ideas Festival, YouTube, https://www.youtube.com/watch?v=03MZG9vK0W8.
27. Robert A. Guth and Michael Corkery, "Gates Says Benefits Costs Hit Schools," Wall Street Journal, March 3, 2011, https://www.wsj.com/articles/SB100014240527487047280045761768020 77647470.
28. Agnes Walton and Nic Pollock, "Empty Classrooms, Abandoned Kids: Inside

破解蓋茲迷思

America's Great Teacher Resignation," *New York Times* opinion video, November 18, 2022, https://www.nytimes.com/2022/11/18/opinion/teachers-quitting-education-crisis.html.

29. Bill & Melinda Gates Foundation, "Participant & Candidate Travel & Expense Policy," Effective 9/28/2022, n.d., https://docs.gatesfoundation.org/Documents/Travel%20and%20Expense%20-%20Participant%20&%20Candidate.pdf; Benefits, Bill & Melinda Gates Foundation, n.d., https://www.gatesfoundation.org/about/careers/benefits.

30. Catherine Clifford, "Bill Gates' Foundation Says 52-Week Paid Leave Isn't Doable After All, but Will Give New Parents $20,000," CNBC, February 6, 2019, https://www.cnbc.com/2019/02/06/bill--melinda-gates-foundation-cancels-52-week-paid-parental-leave.html.

31. Bill & Melinda Gates Foundation, "2013 Benefit Plan Summary," n.d., https://web.archive.org/web/20211201154022/https://docs.gatesfoundation.org/documents/benefits-summary-us.pdf.

32. Bill & Melinda Gates Foundation, Part VII, 2, and Statement 20, IRS 990, 2021.

33. Jeff Goodell, "Bill Gates: The Rolling Stone Interview," *Rolling Stone* (blog), March 13, 2014, https://www.rollingstone.com/culture/culture-news/bill-gates-the-rolling-stone-interview-111915/.

34. "Next-Gen Nuclear Plant and Jobs Are Coming to Wyoming," Energy.gov, November 16, 2021, https://www.energy.gov/ne/articles/next-gen-nuclear-plant-and-jobs-are-coming-wyoming; Cooper, "Bill Gates: How the World Can Avoid a Climate Disaster," *60 Minutes*; Lisa Stiffler, "TerraPower Warns of 2-Year Minimum Delay for Launch of Demo Reactor Due to Russia-Ukraine War," GeekWire, December 19, 2022, https://www.geekwire.com/2022/bill-gates-backed-terrapower-warns-of-2-year-minimum-delay-for-launch-of-demo-reactor/; Catherine Clifford, "Bill Gates' TerraPower Aims to Build Its First Advanced Nuclear Reactor in a Coal Town in Wyoming," CNBC, November 17, 2021, https://www.cnbc.com/2021/11/17/bill-gates-terrapower-builds-its-first-nuclear-reactor-in-a-coal-town.html.

35. Edstrom and Eller, *Barbarians Led by Bill Gates*, 119–30 and 168–75; Kurt Eichenwald, "Microsoft's Lost Decade," *Vanity Fair*, August 2012, https://archive.vanityfair.com/article/2012/8/microsofts-lost-decade.

36. Edstrom and Eller, *Barbarians Led by Bill Gates*, 207.

37. Edstrom and Eller, *Barbarians Led by Bill Gates*, 176.

38. 舉個例子，蓋茲耗資5億美元的結核病疫苗計畫Aeras在多年開發產品失敗後於2018年結束。蓋茲醫學研究所似乎已經接管了疫苗開發工作。"IAVI Acquires Aeras TB Vaccine Clinical Programs and Assets"; "Research Priorities," Bill & Melinda Gates Medical Research Institute.

39. "Bill & Melinda Gates Foundation Reviews," Glassdoor, July 1, 2022, https://www.glassdoor.com/Reviews/Bill-and-Melinda-Gates-Foundation-Reviews-E9097.htm.

40. "Bill & Melinda Gates Foundation Reviews," Glassdoor, May 29, 2022, https://www.glassdoor.com/Reviews/Bill-and-Melinda-Gates-Foundation-Reviews-E9097.htm.

41. Eichenwald, "Microsoft's Lost Decade."

42. Rachel Schurman, "Micro(soft) Managing a 'Green Revolution' for Africa: The New Donor Culture and International Agricultural Development," World Development 112 (December 1, 2018): 180–92, https://doi.org/10.1016/j.worlddev.2018.08.003.

43. Rob Larson, *Bit Tyrants: The Political Economy of Silicon Valley* (Chicago: Haymarket Books, 2020), 570.

44. Gates, *Moment of Lift*, 205.

Chapter 12　科學

1. Joseph E. Stiglitz, "Are We Overreacting on Climate Change?," *New York Times*, July 16, 2020, https://www.nytimes.com/2020/07/16/books/review/bjorn-lomborg-false-alarm-joseph-stiglitz.html.

2. Bill Gates, "The Best Investment I've Ever Made," *Wall Street Journal*, January 16, 2019, https://www.wsj.com/articles/bill-gates-the-best-investment-ive-ever-made-11547683309.

3. "Measuring the Value of Health," Bill & Melinda Gates Foundation, January 23, 2019, https://www.gatesfoundation.org/ideas/articles/health-economist-global-health-financing.

4. 蓋茲對大學的捐贈金額是以蓋茲基金會的贈款紀錄為基礎。蓋茲對科學期刊論文的資助是以科學網學術資料庫的資料為基礎。註：我們很難追蹤從蓋茲基金會流入科學事業的所有資

註釋

金,因為其中一部分看來是由蓋茲的代理人網絡經手(可能是頗大一部分,但不確定有多少)。例如,蓋茲基金會捐了超過7億美元給瘧疾藥物事業(MMV),似乎占該組織歷來經費總額超過一半,而科學網的資料顯示,MMV資助了超過500篇研究論文。"Medicines for Malaria Venture," Financial View, Financial Year to December 31, 2018, https://www.mmv.org/sites/default/files/uploads/docs/publications/2018/MMV_AR2018_Chapter8_.pdf.
5. Editorial Board, Vaccine, n.d., https://www.journals.elsevier.com/vaccine/journals.elsevier.com/vaccine/editorial-board; Editorial Board, Journal of Global Antimicrobial Resistance, n.d., https://www.journals.elsevier.com/journal-of-global-antimicrobial-resistance/journals.elsevier.com/journal-of-global-antimicrobial-resistance/editorial-board.
6. 我以非系統性的方式搜尋資料,發現蓋茲基金會工作人員擔任期刊編輯委員和顧問委員會成員的例子非常多。Editorial Board, American Journal of Clinical Nutrition, https://web.archive.org/web/20190401111630/https://academic.oup.com/ajcn/pages/Editorial_Board; Editorial Board, Journal of Adolescent Health, https://www.journals.elsevier.com/journal-of-adolescent-health/editorial-board; Editorial Board, Journal of Cost Effectiveness and Resource Allocation, https://resource-allocation.biomedcentral.com/about/editorial-board; Editorial Board, Clinical and Translational Science, Pharmacometrics & Systems Pharmacology, https://ascpt.onlinelibrary.wiley.com/hub/journal/17528062/editorial-board/editorial-leadership.
7. "Members," Postsecondary Value Commission, April 24, 2019, https://postsecondaryvalue.org/members/; "Factsheet," Postsecondary Value Commission, https://www.postsecondaryvalue.org/wp-content/uploads/2020/02/Value-Commission-Factsheet.pdf; "Our Global Advisory Board: Leadership, Vision, Integrity," WomenLift Health (blog), n.d., https://www.womenlifthealth.org/global-advisory-board/; "Sponsors," WomenLift Health (blog), n.d., https://www.womenlifthealth.org/donors/.
8. 分析科學網學術資料庫的結果。
9. Bill Gates, "Responding to Covid-19—A Once-in-a-Century Pandemic?," New England Journal of Medicine 382, no. 18 (April 30, 2020): 1677–79, https://doi.org/10.1056/NEJMp2003762.
10. Robert Fortner, "How Bill Gates Underestimated the Pandemic He Predicted—and Got Away with It," Medium (blog), February 14, 2021, https://robertfortner-93061.medium.com/how-bill-gates-underestimated-the-pandemic-he-predicted-and-got-away-with-it-bef13c228a78.
11. Schwab, "While the Poor Get Sick, Bill Gates Just Gets Richer"; Bill Gates, ICMJE Form for Disclosure of Potential Conflicts of Interest, New England Journal of Medicine, February 27, 2020, https://www.nejm.org/doi/suppl/10.1056/NEJMp2003762/suppl_file/nejmp2003762_disclosures.pdf.
12. Melissa Barber, Twitter, September 20, 2021, https://web.archive.org/web/20210921144810/https://twitter.com/mellabarb/status/1440004465839456263.
13. Sophie Harman, "The Bill and Melinda Gates Foundation and Legitimacy in Global Health Governance," Global Governance 22, no. 3 (2016): 350, https://www.jstor.org/stable/44860965.
14. Harman, "The Bill and Melinda Gates Foundation and Legitimacy in Global Health Governance."
15. 蓋茲基金會的影響力看來並非總是按照相關倫理規則揭露,那些規則旨在提高科學研究的透明度,提醒讀者注意研究中可能存在的偏頗。蓋茲基金會的公開揭露有時幾乎是無法理解的:例如在科學網資料庫搜尋,可以找到數十項由蓋茲基金會資助、由蓋茲基金會工作人員撰寫報告的研究,但它們向讀者聲稱蓋茲基金會在研究中沒有任何角色。
16. Sheldon Krimsky and Tim Schwab, "Conflicts of Interest Among Committee Members in the National Academies' Genetically Engineered Crop Study," PLOS ONE 12, no. 2 (February 28, 2017): e0172317, https://doi.org/10.1371/journal.pone.0172317.
17. Anne-Emanuelle Birn, "Gates's Grandest Challenge: Transcending Technology as Public Health Ideology," The Lancet 366, no. 9484 (August 2005): 514–19, https://doi.org/10.1016/S0140-6736(05)66479-3.
18. "State Staffing: State Employee Salaries," Washington State Fiscal Information, database queried February 12, 2023, https://fiscal.

破解蓋茲迷思

wa.gov/Staffing/Salaries.

19. Jeremy N. Smith, *Epic Measures: One Doctor. Seven Billion Patients* (New York: HarperCollins, 2015).

20. Smith, Epic Measures. 註：藉由向華盛頓大學索取公開資料，我發現IHME在《全球生死大數據》出版前花了超過1萬美元預購該書。接受我訪問的在職和已離職員工表示，那些書多年來一直堆在IHME的辦公室裡，被送給所有訪客。該書作者傑瑞米．史密斯告訴我，IHME和蓋茲在這本書的製作中沒有任何財務或編輯方面的角色。

21. Smith, *Epic Measures*.

22. Tim Schwab, "Playing Games with Public Health Data," *Nation*, December 14, 2020.

23. W. Wayt Gibbs, "Bill Gates Views Good Data as Key to Global Health," *Scientific American*, August 1, 2016, https://www.scientificamerican.com/article/bill-gates-interview-good-data-key-to-global-health/.

24. IHME自成立以來的絕大多數資金看來是蓋茲基金會提供的。IHME聲稱其「核心資金」來自蓋茲，但也有許多其他資助者，例如美國國家衛生院。但公開資料顯示，國家衛生院僅向IHME提供了約1,000萬美元；Institute for Health Metrics and Evaluation, Client Services Unit, n.d., https://web.archive.org/web/20230219010654/https://www.ihmeclientservices.org/.

25. Smith, *Epic Measures*.

26. Christopher J. L. Murray, Alan D. Lopez, and Suwit Wibulpolprasert, "Monitoring Global Health: Time for New Solutions," *British Medical Journal* 329, no. 7474 (November 6, 2004): 1096–100.

27. Javier C. Hernandez and Brittney L. Moraski, "Ellison Pulls Plug on $115M Gift—News," Harvard Crimson, June 30, 2006, https://www.thecrimson.com/article/2006/6/30/ellison-pulls-plug-on-115-m/.

28. Tina Mankowski, "University of Washington Launches New Institute to Evaluate International Health Programs," Bill & Melinda Gates Foundation, n.d., https://www.gatesfoundation.org/ideas/media-center/press-releases/2007/06/globalhealthpr070604.

29. Gibbs, "Bill Gates Views Good Data as Key to Global Health."

30. 馬哈詹指出，「比爾寒蟬」正阻止一些潛在批評者揭發IHME的問題。「我們從蓋茲基金會獲得以百萬美元計的資金，用於阿富汗和巴基斯坦的小兒麻痺症計畫。我們不能破壞那些工作。公開批評IHME的工作可能導致蓋茲基金會疏遠我們，」一名要求匿名的聯合國兒童基金會主管在馬哈詹2019年發表的一項研究中承認。Manjari Mahajan, "The IHME in the Shifting Landscape of Global Health Metrics," *Global Policy* 10, no. S1 (January 28, 2019): 110–20, https://onlinelibrary.wiley.com/doi/full/10.1111/1758-5899.12605.

31. 這名知情人士告訴我，蓋茲基金會的媒體總監Gabriella Stern離開基金會、轉任世界衛生組織媒體總監之後，引進了一種蓋茲式世界觀，試圖抬高IHME的工作。

32. Bill Gates, "The Brilliant Doctor Behind My Favorite Obscure Website," *GatesNotes*, n.d., https://www.gatesnotes.com/Epic-Measures; "Five Insights from the Global Burden of Disease Study 2019," Institute for Health Metrics and Evaluation, October 14, 2020, https://www.healthdata.org/research-article/five-insights-global-burden-disease-study-2019.

33. "Donald Trump Warns of Up to 240,000 Coronavirus Deaths in US," *Financial Times*, April 1, 2020.

34. Ariel Karlinsky與Ilya Kashnitsky之間2022年1月18日的對話是一個例子，https://twitter.com/ArielKarlinsky/status/1483480661482684422.

35. Christopher Murray, "Op-Ed: My Research Team Makes Covid-19 Death Projections. Here's Why Our Forecasts Often Change," *Los Angeles Times*, July 10, 2020, https://www.latimes.com/opinion/story/2020-07-10/covid-forecast-deaths-ihme-washington. 註：IHME一直享有無與倫比的新聞媒體置入，部分原因是在蓋茲的資助下，它建立了一個專責媒體部門來宣傳其工作，這在學術研究機構中是不尋常的。IHME甚至有一名員工兩度入圍普立茲獎決選，他曾任職於南加州大學的衛生新聞中心；Schwab, "The Conflict over Conflicts of Interest."

36. "IHME Global Public Goods," OPP1152504, Grant proposal narrative to the Gates Foundation, IHME, September 20, 2015.

37. Schwab, "Playing Games with Public Health Data"; Institute for Health Metrics and Evaluation, Client Services Unit, n.d., https://

web.archive.org/web/20230219010654/https://www.ihmeclientservices.org/.

38. 我剛開始調查IHME時，知情人士提醒我，雖然因為IHME是一家公立機構，我可以向它索取公開資料，但我會難以取得想要的資料。後來我確實取得數百頁的文件，但華盛頓大學提供資料的方式卻有難以解釋的不一致之處。有一次，我索取一份針對IHME的外部評估報告；我知道有這份報告，而消息來源告訴我，該報告對IHME的評價並不好。即使我詳細描述了這份報告，華盛頓大學仍堅稱不存在相關文件——也就是說，它找不到這項評估存在的任何紀錄。我從其他管道獲得該報告的副本並向校方出示之後，華盛頓大學就突然找到了它自己的內部副本。這份2012年的評估報告大致確認了長期以來的批評，它指IHME「在何時及與誰分享方法、數據來源、作者身分方面做法不一致，而這被視為不透明」，而且「相對於其他機構，IHME的豐富資源在該領域造成了不健康的失衡狀況。」評估者呼籲蓋茲基金會發揮它作為IHME主要資助者的作用，改進其問責和透明度。

39. Schwab, "Playing Games with Public Health Data."

40. "Goalkeepers," Supplemental Narrative to Grant proposal narrative to the Gates Foundation, OPP1152504, IHME, March 29, 2018.

41. "Tamer H. Farag," LinkedIn, n.d., https://www.linkedin.com/in/tamer-h-farag-2a596531; "IHME Global Public Goods."

42. American Association of University Professors, ed., *Recommended Principles to Guide Academy-Industry Relationships* (Washington, DC: American Association of University Professors, 2014).

43. Erica L. Green and Stephanie Saul, "What Charles Koch and Other Donors to George Mason University Got for Their Money," *New York Times*, May 5, 2018, https://www.nytimes.com/2018/05/05/us/koch-donors-george-mason.html; Ed Pilkington, "Koch Brothers Sought Say in Academic Hiring in Return for University Donation," *Guardian*, September 12, 2014, https://www.theguardian.com/world/2014/sep/12/koch-brothers-sought-say-academic-hiring-university-donation.

44. Sarah Larimer, "George Mason University Foundation Is Not Subject to Public Records Laws, Judge Rules," *Washington Post*, October 27, 2021, https://www.washingtonpost.com/news/grade-point/wp/2018/07/06/george-mason-university-foundation-is-not-a-public-body-judge-rules-in-records-case/.

45. "William H. Gates Public Service Law Program," UW School of Law, July 13, 2022, https://www.law.uw.edu/careers/gates/; "About the Program," Mary Gates Scholarships, n.d., https://www.uwb.edu/financial-aid/scholarships/merit-scholarships/upcoming-opps/mary-gates-scholarships; "Mary Gates Hall," *Undergraduate Academic Affairs* (blog), n.d., https://www.washington.edu/uaa/about/mary-gates-hall/.

46. "About the Gates Family," *Give to the UW* (blog), n.d., https://www.washington.edu/giving/recognition/gates-volunteer-service-award/about-the-gates-family/.

47. Schwab, "Playing Games with Public Health Data."

48. Schwab, "Playing Games with Public Health Data."

49. "'Activist Editor' Richard Horton of The Lancet Receives $100,000 Roux Prize for Lifetime Achievement in Population Health," Institute for Health Metrics and Evaluation, April 22, 2019, https://www.healthdata.org/news-release/%E2%80%98activist-editor%E2%80%99-richard-horton-lancet-receives-100000-roux-prize-lifetime-achievement.

Chapter 13　農業

1. 拜耳2018年收購了孟山都，並且不再使用「孟山都」一名。為了避免混淆，也因為我的報導重點是蓋茲在孟山都被收購前與該公司的合作，所以我在本章中只用「孟山都」稱呼該公司。Jeff Daniels, "Germany's Bayer Closes $63 Billion Monsanto Takeover, Plans to Drop US Company's Name," CNBC, June 7, 2018, https://www.cnbc.com/2018/06/07/germanys-bayer-closes-monsanto-deal-plans-to-drop-us-companys-name.html.

2. William Neuman, "Rapid Rise in Seed Prices Draws U.S. Scrutiny," *New York Times*, March 12, 2010, https://www.nytimes.com/2010/03/12/business/12seed.html; Bart Elmore, "It Could Soon Be Harder to

破解蓋茲迷思

Find Produce Untouched by Chemicals," *Washington Post*, June 8, 2021, https://www.washingtonpost.com/outlook/2021/06/09/it-could-soon-be-harder-find-produce-untouched-by-chemicals/.

3. Bill Chappell, "Bayer to Pay More than $10 Billion to Resolve Cancer Lawsuits over Weedkiller Roundup," NPR, June 24, 2020, https://www.npr.org/2020/06/24/882949098/bayer-to-pay-more-than-10-billion-to-resolve-roundup-cancer-lawsuits. 註：GMO（基因改造生物）在此是個不完全準確的縮寫，但我在本書中使用它，因為它是公共話語中常用的。GMO涉及各種基於實驗室的操作，例如將一種生物的基因構築（gene construct）轉殖到另一種生物，也就是所謂的異源基因轉殖（transgenesis）。

4. Danica Jefferies, "A Potentially Cancer-Causing Chemical Is Sprayed on Much of America's Farmland. Here Is Where It Is Used the Most," NBC News, October 28, 2022, https://www.nbcnews.com/data-graphics/toxic-herbicides-map-showing-high-use-state-rcna50052.

5. Monsanto v. U.S. Farmers, Center for Food Safety, 2005, https://www.centerforfoodsafety.org/files/cfsmonsantovsfarmerreport11305.pdf.

6. Donald L. Barlett and James B. Steele, "Monsanto's Harvest of Fear," *Vanity Fair*, April 2, 2008, https://www.vanityfair.com/news/2008/05/monsanto200805.

7. University of California, San Francisco, Industry Documents Library, https://www.industrydocuments.ucsf.edu/results/#q=Monsanto&col=%5B%22bvhp%22%2C%22benzene%22%2C%22marketpr%22%2C%22nytepa%22%2C%22pfas%22%2C%22roundup%22%2C%22usrtk%22%2C%22sanjour%22%5D&h=%7B%22hideDuplicates%22%3Atrue%2C%22hideFolders%22%3Atrue%7D&cache=true&count=1615.

8. Laura Krantz, "Harvard Professor Failed to Disclose Connection," *Boston Globe*, October 1, 2015, https://www.bostonglobe.com/metro/2015/10/01/harvard-professor-failed-disclose-monsanto-connection-paper-touting-gmos/ILJipJQml5WKS6RAgQbnrN/story.html. 註：朱瑪所寫的報告雖然與孟山都建議他寫的報告非常相似，但他似乎為他的報告辯護，指它是獨立的；他對新聞媒體表示，他的報告是基於他之前發表的研究，而他沒有從孟山都那裡拿錢。

9. "Gates Foundation, Calestous Juma Bet on Huge Progress in African Agriculture," Belfer Center for Science and International Affairs, January 22, 2015, https://www.belfercenter.org/publication/gates-foundation-calestous-juma-bet-huge-progress-african-agriculture; "Calestous Juma Fellowship," n.d., https://gcgh.grandchallenges.org/challenge/calestous-juma-science-leadership-fellowship.

10. Calestous Juma, Public Comment to FDA, Docket No. FDA-2015- N-3403, November 18, 2015, https://www.regulations.gov/comment/FDA-2015-N-3403-0607.

11. "Altruism or PR? How Monsanto Plans to Snag a Foothold in African Seed Markets," St. Louis Public Radio, December 14, 2016, https://news.stlpublicradio.org/health-science-environment/2016-12-14/altruism-or-pr-how-monsanto-plans-to-snag-a-foothold-in-african-seed-markets.

12. Melissa Allison, "On Voters' Plates: Genetically Engineered Crops," *Seattle Times*, August 10, 2013, https://special.seattletimes.com/o/html/businesstechnology/2021586574_gmooverviewxml.html.

13. Bill Gates, Interview by Nilay Patel, The Verge, January 22, 2015, 4:30, n.d., https://www.youtube.com/watch?v=8RETFyDKcw0.

14. 在蓋茲基金會歸類為主要用於「農業發展」的贈款中，大部分資金捐給了非洲以外的組織，但它們似乎多數著眼於非洲農業。例如，蓋茲提供資金給哈佛，「以促進科學和技術對非洲農業的好處」，此外也捐款設在華盛頓特區的世界資源研究所，「以建立關於非洲土地和自然資源產權的線上教育資源。」

15. 非洲大陸由異質、多樣化的許多國家構成，不能視為單一實體——不能像我們將美國、加拿大和墨西哥視為具有單一的「北美」身分那樣。儘管如此，「非洲」是蓋茲基金會在其工作中經常使用的框架（其工作涵蓋非洲大陸大部分地區），而這也是該詞出現在本章的原因。

16. Winnie Nanteza, "WEMA Achieves Major Milestone in African Agriculture," Alliance for Science, May 29, 2018, https://allianceforscience.org/blog/2018/05/wema-achieves-major-milestone-african-agriculture/.

註：蓋茲基金會也找來產業界資深人士——例如曾任職於孟山都的Rob Horsch和Enock Chikava——主管它在農業方面的工作。參見Horsch和Chikava的領英簡歷：https://www.linkedin.com/in/rob-horsch/和https://www.linkedin.com/in/enock-chikava-4881b7b1/。

17. Bill Gates, "Growing Enough Food to Feed the World," *GatesNotes*, January 19, 2012, https://www.gatesnotes.com/Growing-Enough-Food-to-Feed-the-World.

18. 產業組織ISAAA提供GMO採用情況的統計數據，它公布的最新數據（2019年）顯示，全球超過兩百個國家只有約30個種植GMO作物，而且許多國家僅種植極小面積的非糧食GMO作物，例如史瓦帝尼王國和衣索比亞種植數百英畝的GMO棉花。全球90%的GMO作物由阿根廷、巴西、加拿大、印度和美國這五個國家種植，幾乎全都是大豆、玉米、芥花（canola）和棉花。（在GMO作物中，印度僅種植棉花。）"Brief 55, Executive Summary, Global Status of Commercialized Biotech/GM Crops in 2019," ISAAA, 2019, 4, https://www.isaaa.org/resources/publications/briefs/55/executivesummary/pdf/B55-ExecSum-English.pdf.

19. "AGRA Is Supporting the Government of Ethiopia in Designing Approaches to Attract Investments to Boost Wheat, Rice, Edible Oilseed, and Animal Feed Value Chains," AGRA, n.d., https://agra.org/news/agra-is-supporting-the-government-of-ethiopia-in-designing-approaches-to-attract-investments-to-boost-wheat-rice-edible-oilseed-and-animal-feed-value-chains/.

20. "Trust, Collaboration and Collective Learning: Synergos Experience in Namibia and Ethiopia," Synergos, 2016, 6, https://www.syngs.info/files/trust-collaboration-collective-learning-in-namibia-and-ethiopia-synergos.pdf.

21. "Origin & History," Ethiopian Agricultural Transformation Agency, n.d., https://www.ata.gov.et/about-ata/origin-history-2/; "Khalid Bomba," LinkedIn, n.d., https://www.linkedin.com/in/khalid-bomba-2a01352a/?originalSubdomain=it.

22. "Foundation Appoints Ethiopia Representative," Bill & Melinda Gates Foundation, n.d., https://www.gatesfoundation.org/ideas/media-center/press-releases/2012/02/foundation-appoints-ethiopia-representative.

23. 領英上的簡歷顯示，有多個人既在蓋茲基金會工作過，也在ATA工作過。例子包括Ross Lescano Lipstein (https://www.linkedin.com/in/ross-lescano-lipstein-a3a32015/)和Abeneazer Adam (https://www.linkedin.com/in/abeneazer-adam-419859a5/?)。

24. Joeva Rock and Alex Park, *Mapping Financial Flows of Industrial Agriculture in Africa* (San Francisco: Thousand Currents, 2019).

25. Rachel Percy, Ethel Sibanda, Daniel Ticehurst, and Gareth Davies, *Mid-Term Evaluation of AGRA's 2017–2021 Strategy Implementation*, ITAD, January 27, 2020, 115–36, https://usrtk.org/wp-content/uploads/2021/02/AGRA-MTE-report-final-27.01.20.pdf.

26. "Policy and Advocacy," AGRA, n.d., https://agra.org/policy-and-advocacy/.

27. Million Belay and Bridget Mugambe, "Bill Gates Should Stop Telling Africans What Kind of Agriculture Africans Need," *Scientific American*, July 6, 2021, https://www.scientificamerican.com/article/bill-gates-should-stop-telling-africans-what-kind-of-agriculture-africans-need1/.

28. "Call to End Support for Green Revolution Programs in Africa," Oakland Institute, September 8, 2021, https://www.oaklandinstitute.org/call-end-support-green-revolution-programs-africa. 註：隨著時間的推移，AGRA的目標國家有所改變。截至2022年9月，AGRA報稱在布吉納法索、衣索比亞、迦納、肯亞、馬拉威、馬利、莫三比克、奈及利亞、盧安達、坦尚尼亞和烏干達工作。2014年時，AGRA報稱還在賴比瑞亞、尼日、塞內加爾、獅子山、南蘇丹和尚比亞工作（總共17個不同的國家）。"Focus Countries," AGRA, n.d., https://agra.org/focus-countries/; AGRA, *Progress Report, 2007–2014*, 2015, 4, https://agra.org/wp-content/uploads/2021/05/agra-progress-report-2007-2014.pdf.

29. "Call to Revoke AGRA's Agnes Kalibata as Special Envoy to 2021 UN Food Systems Summit," February 10, 2020, https://www.oaklandinstitute.org/sites/oaklandinstitute.org/files/letter_antonio_guterresenglish.pdf.

30. "Press Release: African Faith Communities Tell Gates Foundation, 'Big Farming Is No Solution for Africa,'" Southern African Faith Communities' Institute, August 4, 2021, https://safcei.org/press-release-african-

破解蓋茲迷思

31. Nina Shapiro, "Gates-Funded 'Green Revolution' in Africa Has Failed, Critics Say," *Seattle Times*, September 8, 2022, https://www.seattletimes.com/seattle-news/gates-funded-green-revolution-in-africa-has-failed-critics-say. 註：蓋茲基金會似乎告訴《西雅圖時報》，它決定再提供2億美元給AGRA，但它的贈款資料庫從未出現這筆贈款。一如它的許多專案，蓋茲基金會投入AGRA的資金很可能超過它所報稱的，因為它可能透過代理人、第三方或未報告的合約提供贈款。

32. 梅耶提到的事有許多例子，例如蓋茲基金會員工Prabhu Pingali在《美國國家科學院院刊》發表關於蓋茲農業工作的評論時，發現「同儕評審建議人選全都是受蓋茲基金會資助的人，很難找到不是受資助者的評審。」Prabhu L. Pingali, "Green Revolution: Impacts, Limits, and the Path Ahead," *Proceedings of the National Academy of Sciences* 109, no. 31 (July 31, 2012): 12302–8, https://doi.org/10.1073/pnas.0912953109.

33. "Our Partners," AGRA, n.d., https://agra.org/our-partners/; "Microsoft Reaffirms Its Commitment to the Alliance for a Green Revolution in Africa to Support Digital Transformation in Agriculture," New Center Middle East & Africa, Microsoft, September 22, 2020, https://news.microsoft.com/en-xm/2020/09/22/microsoft-reaffirms-its-commitment-to-the-alliance-for-a-green-revolution-in-africa-to-support-digital-transformation-in-agriculture/.

34. "Our Partners—Civil Society and Farmer Organization Partners," AGRA, n.d., https://agra.org/our-partners/.

35. "African Farmer and World Agricultural Leader Announced as President of the Alliance for a Green Revolution in Africa (AGRA)," Alliance for a Green Revolution in Africa, November 22, 2007, https://web.archive.org/web/20071122234420/http://www.agra-alliance.org/news/pr111407.html; "Gates, Rockefeller Foundation Turn to Feeding Africa," *Talk of the Nation*, NPR, September 13, 2006, https://www.npr.org/templates/story/story.php?storyId=6068582.

36. 這是分析AGRA的美國國稅局IRS 990申報資料和蓋茲基金會慈善贈款紀錄的結果。

37. AGRA, Board of Directors, Board and Staff, January 20, 2014, https://web.archive.org/web/20140120075220/http://www.agra.org/who-we-are/board--staff/board-of-directors.

38. "Our People," AGRA, n.d., https://agra.org/our-people. 註：法律上AGRA是美國註冊的一家非營利組織，每年向美國國稅局報稅。它花了數萬美元遊說美國國會，請了高蓋茲法律事務所（名字中的「蓋茲」是指比爾・蓋茲的已故父親）幫忙遊說。Alliance for a Green Revolution in Africa, LD-2 Disclosure Form, Quarter 4, 2009, Lobbyist K&L Gates LLP, n.d., https://lda.senate.gov/filings/public/filing/007a9908-797c-4c95-83c7-891a2f422d54/print/.

39. Bill & Melinda Gates Foundation, Board Service Policy and Guidelines, n.d., https://docs.gatesfoundation.org/documents/board-service-policy.docx.

40. *AGRA Institutional Evaluation, Final Report*, DAI, February 15, 2016, xi, xiii, https://agra.org/wp-content/uploads/2021/05/AGRA-Institutional-Evaluation-2016_2.pdf. 註：該評估報告也提到「過於頻繁、由上而下的策略更新導致員工疲勞」——這是員工和受資助者對蓋茲基金會的一項主要抱怨，也是AGRA系出蓋茲的另一標誌。

41. Percy et al., *Mid-Term Evaluation of AGRA's 2017– 2021 Strategy Implementation*.

42. "Bill & Melinda Gates, Rockefeller Foundations Form Alliance to Help Spur 'Green Revolution' in Africa," Bill & Melinda Gates Foundation, n.d., https://www.gatesfoundation.org/ideas/media-center/press-releases/2006/09/foundations-form-alliance-to-help-pur-green-revolution-in-africa.

43. Daniel Zwerdling, "'Green Revolution' Trapping India's Farmers in Debt," *Morning Edition*, NPR, April 14, 2009, https://www.npr.org/2009/04/14/102944731/green-revolution-trapping-indias-farmers-in-debt; Salimah Shivji, "Burdened by Debt and Unable to Eke Out a Living, Many Farmers in India Turn to Suicide," CBC News, March 30, 2021, https://www.cbc.ca/news/world/india-farmers-suicide-1.5968086.

44. Goodell, "Bill Gates: The Rolling Stone Interview."

45. Mark Dowie, *American Foundations: An Investigative History* (Cambridge, MA: MIT Press, 2001), 105.

46. Dowie, *American Foundations*, 117.

47. "Bill & Melinda Gates, Rockefeller Foundations Form Alliance to Help Spur 'Green Revolution' in Africa." 註：AGRA煞費苦心地與GMO技術保持距離，但該組織明確地與銷售GMO產品的公司合作。和我談過的消息人士認為，AGRA正組織工作以創造有利的環境（促進農業產業化），以便最終將GMO引入非洲。
48. AGRA, *Progress Report, 2007–2014*, front matter; AGRA, *AGRA in 2008: Building on the New Momentum in African Agriculture*, 2009, 7, https://agra.org/wp-content/uploads/2021/05/agra-annual-report-2008.pdf.
49. Percy et al., *Mid-Term Evaluation of AGRA's 2017–2021 Strategy Implementation*. 註：由於AGRA拒絕回應所有媒體詢問，各國納稅人的資助額難以全面確認。我詢問歐洲的國際開發機構得出以下結果：德國納稅人捐了2,500萬歐元；英國經由國際農業發展基金（IFAD）為與AGRA合作的計畫提供了900萬美元，而UKAID沒有回應媒體詢問；荷蘭表示捐了1,520萬歐元給AGRA；瑞典（SIDA）表示2012年捐了650萬美元給「非洲企業挑戰基金（AECF）的非洲農企業之窗」，當時該基金由AGRA託管。盧森堡捐了1,303,110美元；加拿大（IDRC）捐了740萬加元；挪威（NORAD）捐了30萬美元；我聯絡的其他政府機構沒有迅速回覆詢問。
50. Timothy A. Wise, "Failing Africa's Farmers: An Impact Assessment of the Alliance for a Green Revolution in Africa," Global Development and Environment Institute, Tufts University, Working Paper No. 20-01, July 2020, https://sites.tufts.edu/gdae/files/2020/07/20-01_Wise_FailureToYield.pdf.
51. Percy et al., *Mid-Term Evaluation of AGRA's 2017–2021 Strategy Implementation*. 註：AGRA將自己描述成像麥肯錫那樣的顧問公司：「AGRA因為其組織設計，吸引了非洲大陸最大規模的農業技術專家群體，專長領域涵蓋整條農業價值鏈，包括開發和提供種子、肥料和良好農業規範，以及連結農民與市場。"Our People" and "Experts," AGRA, n.d., https://agra.org/our-people/.
52. Wise, "Failing Africa's Farmers."
53. Rosa Luxemburg Foundation, *False Promises: The Alliance for a Green Revolution in Africa*, July 2020, https://www.rosalux.de/fileadmin/rls_uploads/pdfs/Studien/False_Promises_AGRA_en.pdf.
54. 洛克菲勒基金會自己發表的AGRA歷史介紹指出，洛克菲勒和蓋茲基金會創建了這個組織，然後才為它招募非洲領導層：「兩個基金會的主席和主要副主席舉行會議之後，決定合作建立一個更全面的組織來支持非洲的農業發展，而這個組織將以洛克菲勒基金會對種子、土壤和市場的既有支持工作為基礎；將擴大工作範圍至農業推廣、水資源、政策和其他必要的介入措施；以及在國家和國際層級爭取各方的財政支持。為了執行這個對非洲農業的綜合資助計畫，2006年成立了AGRA。在初始階段，來自洛克菲勒基金會的四名專案主任擔任AGRA的主管，同時為AGRA招募以非洲人為主的長期員工。」
55. "Revisiting the Gates Foundation's program to feed Africa," Al Jazeera, *The Take*, March 11, 2022, 2:00, https://www.aljazeera.com/podcasts/2022/3/11/revisiting-the-gates-foundations-program-to-feed-africa.
56. "Public Disclosure and Availability of Exempt Organizations Returns and Applications: Public Disclosure Requirements in General," Internal Revenue Service, n.d., https://www.irs.gov/charities-non-profits/public-disclosure-and-availability-of-exempt-organizations-returns-and-applications-public-disclosure-requirements-in-general.
57. Hailemariam Dessalegn, "A Food-Secure Africa Needs Contribution from All," *African Arguments* (blog), October 4, 2021, https://africanarguments.org/2021/10/a-food-secure-africa-needs-contribution-from-all/.
58. "USAID and Congress: Stop Funding Industrial Agriculture in Africa," Community Alliance for Global Justice, August 30, 2022, https://cagj.org/2022/08/14064/; Ilhan Omar, Tom Malinowski, and Sara Jacobs, Letter to Representatives Hal Rogers and Barbara Lee, April 27, 2022, https://www.iatp.org/sites/default/files/2022-05/Quill%20-%20Letter%20%23L3613%20-%20AGRA%20appropriations%20letter%20-%20Version%20%231%20-%2004-26-2022%20%40%2011-20%20AM.pdf.
59. "Development Minister Schulze Questions the Gates Project," *Der Spiegel*, February 25, 2022, https://www.spiegel.de/wirtschaft/afrika-svenja-schulze-stellt-agrarprojekt-der-gates-

破解蓋茲迷思

stiftung-infrage-a-2042de13-6006-4339-907e-dc84ec321b24.
60. Randall Blair et al., "Partnership for Inclusive Agricultural Transformation in Africa, Final Evaluation," *Mathematica Policy Research Reports*, December 8, 2021, https://ideas.repec.org/p/mpr/mprres/a9b7d53d020844b0bd006dd372d4de14.html.
61. Timothy Wise, "Donors Must Rethink Africa's Flagging Green Revolution, New Evaluation Shows (Commentary)," *Mongabay Environmental News*, March 22, 2022, https://news.mongabay.com/2022/03/donors-must-rethink-africas-flagging-green-revolution-new-evaluation-shows-commentary/.
62. Eric O'Keefe, "Farmer Bill," Land Report 100, *Land Report*, January 11, 2021, https://landreport.com/2021/01/farmer-bill/.
63. Christopher Burbach, "Bill Gates' 20,000 Acres in Nebraska Help Make Him the Top Farmland Owner in the U.S.," *Lincoln Journal Star*, January 25, 2021, https://journalstar.com/agriculture/bill-gates-20-000-acres-in-nebraska-help-make-him-the-top-farmland-owner-in/article_ce5560f6-f14b-5a5a-86ae-f3fba47cf1f4.html.
64. Stefano Menegat, Alicia Ledo, and Reyes Tirado, "Greenhouse Gas Emissions from Global Production and Use of Nitrogen Synthetic Fertilisers in Agriculture," *Scientific Reports* 12, no. 1 (August 25, 2022): 14490, https://doi.org/10.1038/s41598-022-18773-w.
65. Anne Maina, "Bold Action for Resilient Food Systems? End the Failing Green Revolution," *Nation* (blog), August 27, 2022, https://nation.africa/kenya/blogs-opinion/blogs/bold-action-for-resilient-food-systems-end-the-failing-green-revolution-3928148.
66. "About," Rodale Institute, n.d., https://rodaleinstitute.org/about/.
67. "Agroecology Undergraduate Programs," North Carolina State University, n.d., https://agroecology.wordpress.ncsu.edu; "Agroecology," University of Wisconsin, n.d., https://agroecology.wisc.edu/.
68. *Agriculture at a Crossroads—Global Report*, International Assessment of Agricultural Knowledge, Science and Technology for Development, 2009, 8, https://wedocs.unep.org/20.500.11822/8590.
69. *Agroecological and Other Innovative Approaches for Sustainable Agriculture and*

Food Systems That Enhance Food Security and Nutrition, High-Level Panel of Experts on Food Security and Nutrition of the Committee on World Food Security, Rome, 2019, 17–18, https://www.fao.org/3/ca5602en/ca5602en.pdf.
70. Torie Bosch, "Leading Environmental Activist's Blunt Confession: I Was Completely Wrong to Oppose GMOs," *Slate*, January 3, 2013, https://slate.com/technology/2013/01/mark-lynas-environmentalist-who-opposed-gmos-admits-he-was-wrong.html.
71. Michael Specter, "An Environmentalist's Conversion," *New Yorker*, January 7, 2013, https://www.newyorker.com/news/daily-comment/an-environmentalists-conversion; Bosch, "Leading Environmental Activist's Blunt Confession."
72. 牛津農業會議網站的網頁存檔顯示，在 2012 年底和 2013 年初，該會議聲稱獲得拜耳和雅苒（Yara）等企業贊助。參見 https://web.archive.org/web/20120925023716/http://www.ofc.org.uk/patrons 以 及 https://web.archive.org/web/20130122033732/http://www.ofc.org.uk/patrons.
73. John Vidal and Hanna Gersmann, "Biotech Group Bids to Recruit High-Profile GM 'Ambassadors,'" *Guardian*, October 20, 2011, https://www.theguardian.com/environment/2011/oct/20/europabio-gm-ambassadors-europe.
74. "Draft Letter from EuropaBio to Potential GM Ambassadors," *Guardian*, October 20, 2011, https://www.theguardian.com/environment/interactive/2011/oct/20/gm-food.
75. Will Storr, "Mark Lynas: Truth, Treachery and GM Food," *Observer*, March 9, 2013, https://www.theguardian.com/environment/2013/mar/09/mark-lynas-truth-treachery-gm.
76. Robert Fraley, "Why Science Denialism Is Costing Us a Fortune," *Forbes*, February 18, 2016, https://www.Forbes.com/sites/gmoanswers/2016/02/18/why-science-denialism-costing-fortune/.
77. Rogers, "Bill Gates, Time Traveler." 註：2021 年，康乃爾科學聯盟從康乃爾大學轉移陣地至博伊斯湯普森研究所（Boyce Thompson Institute），現在被稱為「科學聯盟」；AJ Bouchie, "Sarah Evanega Joins BTI Faculty," Boyce Thompson Institute News, August 3, 2021, https://btiscience.org/explore-bti/news/post/sarah-evanega-joins-bti-faculty/.
78. Angelika Hilbeck et al., "No Scientific

註釋

Consensus on GMO Safety," *Environmental Sciences Europe* 27, no. 4 (2015), https://enveurope.springeropen.com/articles/10.1186/s12302-014-0034-1. 註：2015年針對美國科學促進會（AAAS）成員的一項調查發現，88%的受訪者認為GMO是安全的，但值得注意的是，11%的受訪者認為GMO不安全。這項調查反映的是一種美國觀點，而不是國際科學界的意見。而且它也不是調查具有GMO相關專業知識或曾受相關訓練的科學家。因此，該調查結果並不意味著國際科學界對GMO是否安全的問題已有像對氣候變遷問題那樣的共識。儘管如此，GMO的推動者還是基於這項調查結果和其他的狹隘證據，聲稱GMO安全問題已存在全球科學共識。Cary Funk, "5 Key Findings on What Americans and Scientists Think About Science," *Pew Research Center* (blog), January 29, 2015, https://www.pewresearch.org/fact-tank/2015/01/29/5-key-findings-science/.

79. Joan Conrow, "Alliance for Science Expands Mission with $10 Million Reinvestment," Alliance for Science, n.d., https://allianceforscience.org/blog/2020/09/alliance-for-science-expands-mission-with-10-million-reinvestment/.

80. One of Cornell's first initiatives was to begin recruiting journalists, offering as much as $25,000 for reporting projects. "Cornell Alliance for Science Launches Global Ag Journalism Fellowship," Cornell Alliance for Science, June 10, 2015, https://web.archive.org/web/20150613005130/http://allianceforscience.cornell.edu/SJFellowship.

81. Belay and Mugambe, "Bill Gates Should Stop Telling Africans What Kind of Agriculture Africans Need."

82. Ayenat Mersie, "Gates Foundation Pledges $7 Billion for Africa as Ukraine War Diverts Donor Cash," Reuters, November 18, 2022, https://www.reuters.com/world/africa/gates-foundation-pledges-7-billion-africa-ukraine-war-diverts-donor-cash-2022-11-17/; Mercy Kahenda, "There Is Nothing Harmful About GMO—Bill Gates," *Standard*, November 18, 2022, https://www.standardmedia.co.ke/health/health-science/article/2001461011/there-is-nothing-harmful-about-gmo-bill-gates.

83. "What Are GMOS?," National Wheat Foundation, n.d., https://wheatfoundation.org/wheat-resources/gmos/.

84. "Monsanto Failure," *New Scientist*, February 7, 2004, https://www.newscientist.com/article/mg18124330-700-monsanto-failure/.

85. Bill Gates, "Building Better Bananas," *GatesNotes*, n.d., https://www.gatesnotes.com/Building-Better-Bananas.

86. Christopher Bendana, "Boosting Banana Nutrition for Ugandans," *Nature*, March 14, 2022, https://www.nature.com/articles/d41586-022-00749-5.

87. "Nutritious Rice and Cassava Aim to Help Millions Fight Malnutrition," Bill & Melinda Gates Foundation, n.d., https://www.gatesfoundation.org/ideas/media-center/press-releases/2011/04/nutritious-rice-and-cassava-aim-to-help-millions-fight-malnutrition; Luis Ventura, "Four Ways That GMOs Can Save Lives," Alliance for Science, April 28, 2022, https://allianceforscience.org/blog/2022/04/four-ways-that-gmos-can-save-lives/.

88. Peter Rüegg, "For the First Time, Farmers in the Philippines Cultivated Golden Rice on a Larger Scale and Harvested Almost 70 Tons," Phys.org, November 28, 2022, https://phys.org/news/2022-11-farmers-philippines-cultivated-golden-rice.html; Talia Ogliore, "No Clear Path for Golden Rice to Reach Consumers," *The Source*, Washington University, February 7, 2020, https://source.wustl.edu/2020/02/no-clear-path-for-golden-rice-to-reach-consumers/; Dominic Glover and Glenn Davis Stone, "The Philippines Has Rated 'Golden Rice' Safe, but Farmers Might Not Plant It," *The Conversation*, February 7, 2020, http://theconversation.com/the-philippines-has-rated-golden-rice-safe-but-farmers-might-not-plant-it-129956.

89. Doug Gurian-Sherman, "Failure to Yield," Union of Concerned Scientists, April 14, 2009, https://www.ucsusa.org/resources/failure-yield-evaluating-performance-genetically-engineered-crops; Doug Gurian-Sherman, "High and Dry," Union of Concerned Scientists, June 5, 2012, https://www.ucsusa.org/resources/high-and-dry#ucs-report-downloads.

90. "Bill Gates: GMOs Will End Starvation in Africa," Video, *Wall Street Journal*, January 22, 2016, https://www.wsj.com/video/bill-gates-gmos-will-end-starvation-in-africa/3085A8D1-BB58-4CAA-9394-E567033434A4.html.

91. Thalia Beaty, "Bill Gates: Technological Innovation Would Help Solve Hunger," AP News, September 13, 2022, https://apnews.com/article/russia-ukraine-science-technology-africa-e51baf120c03c206eceeb92f0634e87c?utm_source=Twitter&utm_campaign=SocialFlow&utm_medium=AP.
92. Bill Gates, "The Future of Progress," Goalkeepers, n.d., https://www.gatesfoundation.org/goalkeepers/report/2022-report/. 註：蓋茲提到「神奇種子」時，似乎是在講他的基金會開發出來的任何新種子，無論採用了什麼培植技術，無論種子是GMO還是雜交種子。
93. Wallace-Wells, "Bill Gates: 'We're in a Worse Place than I Expected.'"
94. Wallace-Wells, "Bill Gates: 'We're in a Worse Place than I Expected.'"

Chapter 14　印度

1. "Gates Foundation Announces $100 Million HIV/AIDS Prevention Effort in India," Bill & Melinda Gates Foundation, n.d., https://www.gatesfoundation.org/ideas/media-center/press-releases/2002/11/hivaids-prevention-effort-in-india.
2. Amy Waldman, "Gates Offers India $100 Million to Fight AIDS," *New York Times*, November 12, 2002, https://www.nytimes.com/2002/11/12/world/gates-offers-india-100-million-to-fight-aids.html.
3. Waldman, "Gates Offers India $100 Million to Fight AIDS."
4. "Philanthropist or Commercial Opportunist?," *The Lancet* 360, no. 9346 (November 23, 2002): 1617, https://www.thelancet.com/journals/lancet/article/PIIS0140-6736(02)11593-5/fulltext.
5. Jasmine N. M. Folz, "Free and Open Source Software in India: Mobilising Technology for the National Good" (PhD diss., University of Manchester, 2019), 55.
6. Kinsley, *Creative Capitalism*.
7. Daisuke Wakabayashi, "Microsoft Backs Cricket to Woo Indian Employees," Reuters, September 10, 2007, https://www.reuters.com/article/us-microsoft-cricket-idUSN3040653220070910; Brian Dudley, "From Redmond to India, High Tech's Global Families," *Seattle Times*, August 8, 2004, https://www.seattletimes.com/business/from-redmond-to-india-high-techs-global-families.
8. "Avahan—The India AIDS Initiative," Bill & Melinda Gates Foundation, n.d., https://docs.gatesfoundation.org/documents/avahan_factsheet.pdf.
9. Manjari Mahajan, "Philanthropy and the Nation-State in Global Health: The Gates Foundation in India," *Global Public Health* 13, no. 10 (October 2018): 1357–68, https://pubmed.ncbi.nlm.nih.gov/29243555/.
10. Elizabeth Flock, "How Bill Gates Blew $258 Million in India's HIV Corridor," *Forbes India*, June 5, 2009, https://www.forbesindia.com/article/cross-border/how-bill-gates-blew-$258-million-in-indias-hiv-corridor/852/1.
11. Bill & Melinda Gates Foundation, Part VIII, IRS 990 filing, 2007.
12. Mahajan, "Philanthropy and the Nation-State in Global Health."
13. Flock, "How Bill Gates Blew $258 Million in India's HIV Corridor."
14. Mahajan, "Philanthropy and the Nation-State in Global Health."
15. Bill Gates, "Why Our Foundation Invests in India," *HuffPost*, February 10, 2012, https://www.huffpost.com/entry/why-our-foundation-invest_b_1269014.
16. 隨後幾年，一些研究顯示，印度政府的相關工作實際上比蓋茲基金會的工作更有效，而且成本低得多。馬哈詹引用一些研究結果指出：「雖然阿瓦漢為感染率最高的邦的高風險社區的愛滋病預防工作作出了貢獻，但印度政府自己的計畫更加周到，而且根據某些研究，在阿瓦漢產生貢獻之前，政府的努力就幫助扭轉了愛滋病流行趨勢。」Mahajan, "Philanthropy and the Nation-State in Global Health."
17. Flock, "How Bill Gates Blew $258 Million in India's HIV Corridor."
18. Mahajan, "Philanthropy and the Nation-State in Global Health."
19. 蓋茲基金會2009年自豪地公開宣稱已經捐了3.38億美元支持阿瓦漢，並與超過一百家非政府組織合作，但沒有清楚說明資金的去向。"Avahan—The India AIDS Initiative," Bill & Melinda Gates Foundation.
20. "India," Bill & Melinda Gates Foundation, n.d., https://www.gatesfoundation.org/our-work/places/india; Michael Pickles et al., "Assessment of the Population-Level

21. Lalit Dandona, Vemu Lakshmi, Anil Kumar, and Rakhi Dandona, "Is the HIV Burden in India Being Overestimated?," *BMC Public Health* 6 (December 20, 2006): 308, https://www.ncbi.nlm.nih.gov/pmc/articles/PMC1774574/; Donald G. McNeil Jr., "U.N. to Say It Overstated H.I.V. Cases by Millions," *New York Times*, November 20, 2007, https://www.nytimes.com/2007/11/20/world/20aids.html.
22. "Bihar" and "Uttar Pradesh," Bill & Melinda Gates Foundation, n.d., https://www.gatesfoundation.org/our-work/places/india/bihar and https://www.gatesfoundation.org/our-work/places/india/uttar-pradesh.
23. "Interview with Gates Foundation CEO & India Country Office Director: 'We Don't Have an Agenda. . . We Work with the Govt,'" *Indian Express*, September 2, 2016, https://indianexpress.com/article/india/india-news-india/bill-and-melinda-gates-foundation-nachiket-sue-hiv-aids-avahan-nachiket-mor-3008992/.
24. 例如有一筆贈款的描述是：「從改進的測量系統和整個組織的流程中學習和應用它們產生的證據，以助大規模提升影響力。」我們完全無法從中得知這筆錢去了哪裡，不知道它是用在印度還是其他地方。CARE在印度設有辦事處，但根據贈款紀錄，蓋茲基金會幾乎所有贈款是給了CARE的亞特蘭大辦事處。CARE不僅從蓋茲基金會獲得了數億美元，還有許多員工是來自蓋茲基金會。CARE印度辦事處的營運長此前在蓋茲基金會工作了10年，負責管理它與比哈爾邦政府的關係。與此同時，在CARE的亞特蘭大總部，執行長一職從2006到2015年由蓋茲基金會的一名前高層擔任。"Debarshi Bhattacharya," CARE India, n.d., https://www.careindia.org/our-member/debarshi-bhattacharya/; Debarshi Bhattacharya, LinkedIn, n.d., https://www.linkedin.com/in/debarshi-bhattacharya-deb/?trk=org-employees&originalSubdomain=in; "Dr.

Helene Gayle to Head CARE USA," Bill & Melinda Gates Foundation, n.d., https://www.gatesfoundation.org/ideas/media-center/press-releases/2005/12/dr-helene-gayle-to-head-care-usa.
25. Homepage, CARE Bihar, n.d., 1:20, https://bihar.care.org/.
26. "Uttar Pradesh," Bill & Melinda Gates Foundation.
27. Homepage, CARE Bihar, 5:30.
28. 蓋茲基金會的贈款紀錄首次提到HPV相關工作是2004年對哈佛大學的一筆捐贈，當時默克的HPV疫苗嘉喜（Gardasil）正迅速通過臨床試驗。Merck Sharp & Dohme LLC, "A Safety and Immunogenicity Study of Quadrivalent HPV (Types 6, 11, 16, 18) L1 Virus-Like Particle (VLP) Vaccine in Preadolescents and Adolescents (Base Study). A Long Term Immunogenicity, Safety, and Effectiveness Study of GARDASIL (Human Papillomavirus [Types 6, 11, 16, 18] Recombinant Vaccine) Among Adolescents Who Received GARDASIL at 9–18 Years of Age (Extension Study)," Clinical Trial Registration (clinicaltrials.gov, January 22, 2018), https://clinicaltrials.gov/ct2/show/NCT00092547.
29. "Bill Gates Explains the Importance of the HPV Vaccine to Women in Developing Countries," Gavi, n.d., https://www.gavi.org/bill-gates-explains-importance-hpv-vaccine-women-developing-countries.
30. Alex Adjagba et al., "Supporting Countries in Establishing and Strengthening NITAGs: Lessons Learned from 5 Years of the SIVAC Initiative," *Vaccine* 33, no. 5 (January 29, 2015): 588–95, https://doi.org/10.1016/j.vaccine.2014.12.026; Kamel Senouci et al., "The Supporting Independent Immunization and Vaccine Advisory Committees (SIVAC) Initiative: A Country-Driven, Multi-Partner Program to Support Evidence-Based Decision Making," *Vaccine* 28 (April 19, 2010): A26–30, https://doi.org/10.1016/j.vaccine.2010.02.028.
31. Anubhuti Vishnoi, "Melinda Gates: Centre Shuts Health Mission Gate on Bill & Melinda Gates Foundation," *Economic Times*, February 9, 2017, https://economictimes.indiatimes.com/news/politics-and-nation/centre-shuts-gate-on-bill-melinda-gates-foundation/articleshow/57028697.cms?from=mdr; Ministry of Health and Family Welfare, "Press Note,"

破解蓋茲迷思

32. Ministry of Health and Family Welfare, "Press Note."
33. Vishnoi, "Melinda Gates: Centre Shuts Health Mission Gate on Bill & Melinda Gates Foundation." 註：PHFI剛成立時，其網站顯示其管理委員會有許多成員是蓋茲基金會的員工和顧問。2006年，蓋茲提供1,500萬美元的種子資金，支持成立PHFI，以便「為印度建立公共衛生機構作出貢獻」。除了這筆錢，政府和私營部門也有出資支持成立PHFI。PHFI隨後在蓋茲的資助下成立了「疫苗接種技術支援小組」。"About Us, Governing Board," Public Health Foundation of India, n.d., https://web.archive.org/web/20070203004624/http://www.phfi.org/about/gboard.html; "Our Supporters," Public Health Foundation of India, July 19, 2017, https://phfi.org/our-supporters/.
34. "Our Supporters," Public Health Foundation of India.
35. Aarti Dhar, "PHFI Rejected HPV Vaccine Project Proposal," *Hindu*, February 17, 2011, https://www.thehindu.com/news/national/PHFI-rejected-HPV-vaccine-project-proposal/article15448274.ece.
36. Sanjay Kumar and Declan Butler, "Calls in India for Legal Action Against US Charity," *Nature*, September 9, 2013, https://www.nature.com/articles/nature.2013.13700.
37. Kaushik Sunder Rajan, *Pharmocracy: Value, Politics, and Knowledge in Global Biomedicine* (Durham, NC: Duke University Press, 2017).
38. "Memorandum on Concerns Around HPV Vaccines," to Shri Ghulam Nabi Azad, Union Minister for Health and Family Welfare, Ministry of Health and Family Welfare," Sama, October 1, 2009, https://samawomenshealth.in/memorandum-on-concerns-around-hpv-vaccines/.
39. Marium Salwa and Tarek Abdullah Al-Munim, "Ethical Issues Related to Human Papillomavirus Vaccination Programs: An Example from Bangladesh," *BMC Medical Ethics* 19, No. 39 (2018): 86.
40. Rodgers, "Creating a Life-Saving PCV Vaccine for Pneumonia in India."
41. Rodgers所講的專家委員會是疫苗接種國家技術諮詢小組（NTAGI），其祕書處長期以來設在毗鄰的蓋茲資助的疫苗接種技術支援小組；亦見Ministry of Health and Family Welfare, "Press Note."
42. 2022年底，新聞媒體甚至報導，蓋茲基金會有意聘請印度疫苗接種國家技術諮詢小組的董事會成員Gagandeep Kang成為其員工。Kang當時已經與蓋茲基金會建立了密切的機構關係，是它的「科學諮詢委員會」的十幾名成員之一。"India's Ace Virologist Dr Gagandeep Kang to Join Gates Foundation as Director, Global Health," *Financial Express*, November 15, 2022, https://www.financialexpress.com/healthcare/indias-ace-virologist-dr-gagandeep-kang-to-join-gates-foundation-as-director-global-health/2815918/; "Scientific Advisory Committee," Bill & Melinda Gates Foundation, n.d., https://www.gatesfoundation.org/about/leadership/scientific-advisory-committee.
43. Pallava Bagla, "Indian Parliament Comes Down Hard on Cervical Cancer Trial," *Science*, September 9, 2013, https://www.science.org/content/article/indian-parliament-comes-down-hard-cervical-cancer-trial.
44. Rajya Sabha Secretariat, "Alleged Irregularities in the Conduct of Studies Using Human Papilloma Virus (HPV) Vaccine by PATH in India," Report No. 72, Department of Health Research, Ministry of Health and Family Welfare, Related Parliamentary Standing Committee on Health and Family Welfare, August 2013, Parliament of India, New Delhi, 164.100.47.5/newcommittee/reports/EnglishCommittees/Committee on Health and Family Welfare/72.pdf.
45. Schwab, "While the Poor Get Sick, Bill Gates Just Gets Richer"; and Schwab, "Bill Gates Gives to the Rich (Including Himself)."
46. Kumar and Butler, "Calls in India for Legal Action Against US Charity"; McGoey, *No Such Thing as a Free Gift*.
47. 這包括對PATH的直接捐贈以及對相關組織如PATH Vaccine Solutions的捐贈。
48. Bagla, "Indian Parliament Comes Down Hard on Cervical Cancer Trial."
49. "HPV Vaccination in South Asia: New Progress, Old Challenges" (editorial), *Lancet Oncology* 23, no. 10 (October 1, 2022): 1233, https://pubmed.ncbi.nlm.nih.gov/36174615/; "Serum Institute of India launches the First Made-in-India qHPV Vaccine 'CERVAVAC,'" Serum Institute of India, January 24, 2023, https://www.seruminstitute.com/news_sii_

cervavac_launch_240123.php.

50. Vijaita Singh and Vidya Krishnan, "Gates Foundation on Centre's Radar," *Hindu*, February 9, 2016, https://www.thehindu.com/news/national/gates-foundation-on-centres-radar/article8215060.ece.
51. Nachiket Mor, LinkedIn, n.d., https://www.linkedin.com/in/nachiketmor/details/experience/; Joel Rebello, "Nachiket Mor's 2nd Tenure on RBI Board Cut Short," *Economic Times*, October 1, 2018, https://m.economictimes.com/banking/nachiket-mors-2nd-tenure-on-rbi-board-cut-short/amp_articleshow/66022164.cms.
52. "India, Nepal, and Sri Lanka," Ford Foundation, n.d., https://www.fordfoundation.org/our-work-around-the-world/india-nepal-and-sri-lanka/.
53. Vidya Krishnan and Vijaita Singh, "PHFI Loses FCRA Licence for Lobbying," *Hindu*, April 19, 2017, https://www.thehindu.com/news/national/phfi-loses-fcra-licence-for-lobbying/article18149292.ece.
54. "FCRA Registration of MoC, PHFI Restored: Govt to Lok Sabha," *Indian Express*, February 8, 2022, https://indianexpress.com/article/india/fcra-registration-of-moc-phfi-restored-govt-to-lok-sabha-7763372/.
55. Vishnoi, "Melinda Gates: Centre Shuts Health Mission Gate on Bill & Melinda Gates Foundation."
56. "Has India's Kashmir Policy Under Modi Failed?," Al Jazeera, June 15, 2022, https://www.aljazeera.com/news/2022/6/15/has-india-kashmir-policy-under-modi-failed.
57. Gharib, "Gates Foundation's Humanitarian Award to India's Modi Is Sparking Outrage."
58. Sabah Hamid, "Why I Resigned from the Gates Foundation," *New York Times*, September 26, 2019, https://www.nytimes.com/2019/09/26/opinion/modi-gates-award.html.
59. "Strategy Consultant—SDGs & International Development Specialist," Job Posting, Flexing It, May 19, 2022, https://web.archive.org/web/20230215155230/https://www.flexingit.com/project/an-american-private-foundation/bdd003/.

Chapter 15　Covid-19

1. David D. Kirkpatrick, "In Race for a Coronavirus Vaccine, an Oxford Group Leaps Ahead," *New York Times*, April 27, 2020, https://www.nytimes.com/2020/04/27/world/europe/coronavirus-vaccine-update-oxford.html.
2. Stephanie Baker, "Oxford's Covid-19 Vaccine Is the Coronavirus Front-Runner," Bloomberg, July 15, 2020, https://www.bloomberg.com/news/features/2020-07-15/oxford-s-covid-19-vaccine-is-the-coronavirus-front-runner.
3. Kirkpatrick, "In Race for a Coronavirus Vaccine, an Oxford Group Leaps Ahead."
4. "Investment Overview, as of December 13, 2022," CEPI, https://100days.cepi.net/wp-content/uploads/2022/12/2022_12_13-CEPI-Investment-Overview.pdf; Katie Thomas and Megan Twohey, "How a Struggling Company Won $1.6 Billion to Make a Coronavirus Vaccine," *New York Times*, July 16, 2020, https://www.nytimes.com/2020/07/16/health/coronavirus-vaccine-novavax.html.
5. 根據CEPI 2022年的一封電子郵件，蓋茲基金會是CEPI的理事會、科學諮詢委員會、工作組合策略和管理委員的成員，而這些委員在CEPI的「工作組合管理流程」中全都有決策權。
6. Twohey and Kulish, "Bill Gates, the Virus and the Quest to Vaccinate the World."
7. Twohey and Kulish, "Bill Gates, the Virus and the Quest to Vaccinate the World."
8. Richard Horton, "Offline: Bill Gates and the Fate of WHO," *The Lancet*, May 14, 2022, https://www.thelancet.com/journals/lancet/article/PIIS0140-6736(22)00874-1/fulltext?dgcid=raven_jbs_etoc_email.
9. "Bill Gates Predicted Pandemic. Hear His Advice Now," CNN, June 26, 2020, https://edition.cnn.com/videos/health/2020/06/26/bill-gates-virus-prediction-advice-town-hall-vpx.cnn; Joseph Guzman, "Bill Gates, Who Predicted the Pandemic, Names the Next Two Monster Disasters That Could Shake Our World," Text, *The Hill* (blog), February 11, 2021, https://thehill.com/changing-america/well-being/538426-bill-gates-who-predicted-the-pandemic-names-the-next-two-monster/.
10. Jennifer Calfas, "Bill Gates to Help Fund Coronavirus-Vaccine Development," *Wall Street Journal*, April 5, 2020, uncorrected version available at https://web.archive.org/web/20200405224915/https://www.wsj.com/articles/bill-gates-to-spend-billions-on-coronavirus-vaccine-development-11586124716; Isobel Asher Hamilton, "Bill Gates Is Helping Fund

破解蓋茲迷思

New Factories for 7 Potential Coronavirus Vaccines, Even Though It Will Waste Billions of Dollars," *Business Insider*, April 3, 2020, https://www.businessinsider.com/bill-gates-factories-7-different-vaccines-to-fight-coronavirus-2020-4.

11. Jay Hancock, "They Pledged to Donate Rights to Their Covid Vaccine, Then Sold Them to Pharma," *Kaiser Health News*, August 25, 2020, https://khn.org/news/rather-than-give-away-its-covid-vaccine-oxford-makes-a-deal-with-drugmaker/.
12. Erin Banco, "How Bill Gates and His Partners Took Over the Global Covid Pandemic Response," Politico, September 14, 2022, https://www.politico.com/news/2022/09/14/global-covid-pandemic-response-bill-gates-partners-00053969.
13. Hancock, "They Pledged to Donate Rights to Their Covid Vaccine, Then Sold Them to Pharma."
14. Kirkpatrick, "In Race for a Coronavirus Vaccine, an Oxford Group Leaps Ahead."
15. Rebecca Robbins et al., "Blunders Eroded U.S. Confidence in Early Vaccine Front-Runner," *New York Times*, December 8, 2020, https://www.nytimes.com/2020/12/08/business/covid-vaccine-oxford-astrazeneca.html.
16. David M. Cutler and Lawrence H. Summers, "The Covid-19 Pandemic and the $16 Trillion Virus," *JAMA* 324, no. 15 (October 20, 2020): 1495–96, https://doi.org/10.1001/jama.2020.19759.
17. 但是，我們無法斷言牛津大學與阿斯特捷利康合作是比爾・蓋茲一手改變疫情應對方向的一個例子。研發Covid-19疫苗的兩名牛津大學科學家有自己的經濟利益要考慮，因為據報導，他們在後來分拆出來的公司Vaccitech的持股使他們變得非常富有。無論蓋茲基金會扮演了什麼角色，牛津大學的決定告訴我們，蓋茲基金會有能力為牛津大學提供建議，而它的建議無疑傾向支持重視專利權、以大藥廠為中心的模式。Rupert Neate, "AstraZeneca Vaccine Scientists Set for £22M Payday in New York Float," *Guardian*, April 7, 2021, https://www.theguardian.com/business/2021/apr/07/astrazeneca-vaccine-scientists-set-for-22m-payday-in-new-york-float.
18. Adele Peters, "Inside the Gates Foundation's Epic Fight Against Covid-19," Fast Company, December 14, 2020, https://www.fastcompany.com/90579390/inside-the-gates-foundations-epic-fight-against-covid-19.
19. "Funders & Partners," Jenner Institute, n.d., https://web.archive.org/web/20190517085723/https:/www.jenner.ac.uk/fun ders-partners.
20. "CEPI Expands Investment in Covid-19 Vaccine Development," CEPI, March 10, 2020, https://cepi.net/news_cepi/cepi-expands-investment-in-covid-19-vaccine-development/.
21. "Oxford University Announces Landmark Partnership with AstraZeneca for the Development and Potential Large-Scale Distribution of Covid-19 Vaccine Candidate," University of Oxford, April 30, 2020, https://www.ox.ac.uk/news/2020-04-30-oxford-university-announces-landmark-partnership-astrazeneca-development-and; "Epidemic Response Group to Invest Up to $384 Mln in Novavax's Covid-19 Vaccine," Reuters, May 11, 2020, https://www.reuters.com/article/us-health-coronavirus-vaccines-cepi-idUKKBN22N2RP.
22. "AstraZeneca Takes Next Steps Towards Broad and Equitable Access to Oxford University's Covid-19 Vaccine," AstraZeneca, June 4, 2020, https://www.astrazeneca.com/media-centre/press-releases/2020/astrazeneca-takes-next-steps-towards-broad-and-equitable-access-to-oxford-universitys-covid-19-vaccine.html.
23. Schwab, "While the Poor Get Sick, Bill Gates Just Gets Richer."
24. Bill Gates, "These Breakthroughs Will Make 2021 Better than 2020," *GatesNotes*, December 22, 2020, https://www.gatesnotes.com/Year-in-Review-2020.
25. "About Us," Serum Institute of India.
26. "Up to 100 Million Covid-19 Vaccine Doses to Be Made Available for Low- and Middle-Income Countries as Early as 2021," Gavi, August 7, 2020, https://www.gavi.org/news/media-room/100-million-covid-19-vaccine-doses-available-low-and-middle-income-countries-2021; Gavi Staff, "New Collaboration Makes Further 100 Million Doses of Covid-19 Vaccine Available to Low-and Middle-Income Countries."
27. Gates, "These Breakthroughs Will Make 2021 Better than 2020."
28. Twohey and Kulish, "Bill Gates, the Virus and

the Quest to Vaccinate the World."

29. Helen Sullivan, "South Africa Paying More than Double EU Price for Oxford Vaccine," *Guardian*, January 22, 2021, https://www.theguardian.com/world/2021/jan/22/south-africa-paying-more-than-double-eu-price-for-oxford-astrazeneca-vaccine.
30. Samanth Subramanian, "Why Is India, the World's Largest Vaccine Producer, Running Short of Vaccines?," Quartz, May 6, 2021, https://qz.com/2004650/why-does-india-have-a-covid-19-vaccine-shortage/.
31. "Serum Institute of India Gets Nod to Export Covid-19 Vaccines Under the COVAX Programme, Says Source," *Business Insider*, November 22, https://www.businessinsider.in/science/health/news/serum-institute-of-india-gets-nod-to-export-covid-19-vaccines-under-the-covax-programme-says-source/articleshow/87852389.cms.
32. "Indian Vaccine Maker Extends Freeze on Export of Covid Jabs," *Financial Times*, May 18, 2021, https://www.ft.com/content/63fbbb79-f657-4e6c-b190-cffd0d630593.
33. Schwab, "Will the Gates Foundation's Board Ever Hold Bill Accountable?"
34. Jon Cohen, "AstraZeneca Lowers Efficacy Claim for Covid-19 Vaccine, a Bit, After Board's Rebuke," *Science*, March 25, 2021, https://www.science.org/content/article/astrazeneca-lowers-efficacy-claim-covid-19-vaccine-bit-after-boards-rebuke.
35. Francesco Guarascio, "Poorer Nations Shun AstraZeneca Covid Vaccine—Document," Reuters, April 14, 2022, https://www.reuters.com/business/healthcare-pharmaceuticals/poorer-nations-shun-astrazeneca-covid-vaccine-document-2022-04-14/.
36. Angus Liu, "With 200M Unused Doses, AstraZeneca's Covid Vaccine Partner Serum Institute Halts Production," Fierce Pharma, April 22, 2022, https://www.fiercepharma.com/pharma/200m-unused-doses-astrazenecas-covid-vaccine-partner-serum-institute-halts-production.
37. Cohen, "AstraZeneca Lowers Efficacy Claim for Covid-19 Vaccine, a Bit, After Board's Rebuke."
38. "Oxford Vaccine Saved Most Lives in Its First Year of Rollout," University of Oxford, July 15, 2022, https://www.ox.ac.uk/news/2022-07-15-oxford-vaccine-saved-most-lives-its-first-year-rollout; "Global Vaccine Market Report: A Shared Understanding for Equitable Access to Vaccines," World Health Organization, 2022, https://www.who.int/publications/m/item/global-vaccine-market-report-2022.
39. Sarah Owermohle, Erin Banco, and Adam Cancryn, "'They Rushed the Process': Vaccine Maker's Woes Hamper Global Inoculation Campaign," Politico, October 19, 2021, https://www.politico.com/news/2021/10/19/novavax-vaccine-rush-process-global-campaign-516298; Carolyn Y. Johnson, "Maker of Latest Experimental Vaccine Will Not Seek Authorization Until July at the Earliest," *Washington Post*, May 10, 2021, https://www.washingtonpost.com/health/2021/05/10/novavax-coronavirus-vaccine/.
40. Thomas and Twohey, "How a Struggling Company Won $1.6 Billion to Make a Coronavirus Vaccine"; "Our Portfolio," CEPI, n.d., https://cepi.net/research_dev/our-portfolio/.
41. Rita Rubin, "Despite Its Fan Base, Newly Authorized 'Traditional' Novavax Covid-19 Vaccine Is Having Trouble Gaining a Foothold in the US," *JAMA* 328, no. 11 (September 20, 2022): 1026–28, https://doi.org/10.1001/jama.2022.13661; Rebecca Robbins and Carl Zimmer, "F.D.A. Authorizes Novavax's Covid-19 Vaccine, a Latecomer," *New York Times*, July 13, 2022, https://www.nytimes.com/2022/07/13/health/novavax-covid-vaccine-fda-authorization.html.
42. "COVAX Explained," Gavi, September 3, 2020, https://www.gavi.org/vaccineswork/covax-explained.
43. "COVAX: The Vaccines Pillar of the Access to Covid-19 Tools (ACT) Accelerator, Structures and Principles," Gavi, November 9, 2020, https://www.who.int/publications/m/item/covax-the-vaccines-pillar-of-the-access-to-covid-19-tools-(act)-accelerator.
44. Alexander Zaitchik, "How Bill Gates Impeded Global Access to Covid Vaccines," *New Republic*, April 12, 2021, https://newrepublic.com/article/162000/bill-gates-impeded-global-access-covid-vaccines.
45. Kai Kupferschmidt, "'Vaccine Nationalism' Threatens Global Plan to Distribute Covid-19 Shots Fairly," *Science*, July 28, 2020, https://www.science.org/content/article/vaccine-nationalism-threatens-global-plan-distribute-

破解蓋茲迷思

covid-19-shots-fairly.
46. Twohey and Kulish, "Bill Gates, the Virus and the Quest to Vaccinate the World."
47. Ashley Kirk, Finbarr Sheehy, and Cath Levett, "Canada and UK Among Countries with Most Vaccine Doses Ordered per Person," *Guardian*, January 29, 2021, https://www.theguardian.com/world/2021/jan/29/canada-and-uk-among-countries-with-most-vaccine-doses-ordered-per-person.
48. Peters, "Inside the Gates Foundation's Epic Fight Against Covid-19."
49. Andrew Gregory, "Only 14% of Promised Covid Vaccine Doses Reach Poorest Nations," *Guardian*, October 21, 2021, https://www.theguardian.com/society/2021/oct/21/only-14-of-promised-covid-vaccine-doses-reach-poorest-nations.
50. Maria Cheng and Lori Hinnant, "Rich Nations Dip into COVAX Supply While Poor Wait for Shots," AP News, August 14, 2021, https://apnews.com/article/joe-biden-middle-east-africa-europe-coronavirus-pandemic-5e57879c6cb22d96b942cbc973b9296c.
51. Lori Hinnant and Maria Cheng, "Stalled at First Jab: Vaccine Shortages Hit Poor Countries," AP News, April 20, 2021, https://apnews.com/article/middle-east-coronavirus-pandemic-united-nations-b52bf58e35031e71a5ff85f7a59244f8; Maria Cheng and Aniruddha Ghosal, "Unwilling to Wait, Poorer Countries Seek Their Own Vaccines," AP News, April 20, 2021, https://apnews.com/article/business-honduras-coronavirus-vaccine-coronavirus-pandemic-central-america-16d7d06f031c89aaf37a4306747b9128.
52. Gabriel Scally, "The World Needs a Patent Waiver on Covid Vaccines. Why Is the UK Blocking It?," *Guardian*, April 18, 2021, https://www.theguardian.com/commentisfree/2021/apr/18/patent-waiver-covid-vaccines-uk-variants.
53. Bill Gates, "Bill Gates: How We Can Close the Vaccine Gap Much Faster Next Time," CNN, October 13, 2021, https://www.cnn.com/2021/10/13/opinions/closing-vaccine-gap-faster-bill-gates/index.html.
54. "Covid-19: Bill Gates Hopeful World 'Completely Back to Normal' by End of 2022—and Vaccine Sharing to Ramp Up," Video, Sky News, 2:45, April 25, 2021, https://news.sky.com/story/covid-19-bill-gates-hopeful-world-completely-back-to-normal-by-end-of-2022-and-vaccine-sharing-to-ramp-up-12285840.
55. "Covid-19: Bill Gates Hopeful World 'Completely Back to Normal' by End of 2022," 8:15.
56. Stephen Buranyi, "The World Is Desperate for More Covid Vaccines—Patents Shouldn't Get in the Way," *Guardian*, April 24, 2021, https://www.theguardian.com/commentisfree/2021/apr/24/covid-vaccines-patents-pharmaceutical-companies-secrecy.
57. Maria Cheng and Lori Hinnant, "Countries Urge Drug Companies to Share Vaccine Know-How," AP News, March 1, 2021, https://apnews.com/article/drug-companies-called-share-vaccine-info-22d92afbc3ea9ed519be07f8887bcf6; Sharon Lerner, "Factory Owners Around the World Stand Ready to Manufacture Covid-19 Vaccines," *The Intercept*, April 29, 2021, https://theintercept.com/2021/04/29/covid-vaccine-factory-production-ip/; Stephanie Nolen, "Here's Why Developing Countries Can Make mRNA Covid Vaccines," *New York Times*, October 22, 2021, https://www.nytimes.com/interactive/2021/10/22/science/developing-country-covid-vaccines.html.
58. Human Rights Watch, "Experts Identify 100-Plus Firms to Make Covid-19 mRNA Vaccines," December 15, 2021, https://www.hrw.org/news/2021/12/15/experts-identify-100-plus-firms-make-covid-19-mrna-vaccines.
59. Joseph E. Stiglitz and Lori Wallach, "Preserving Intellectual Property Barriers to Covid-19 Vaccines Is Morally Wrong and Foolish," *Washington Post*, April 26, 2021, https://www.washingtonpost.com/opinions/2021/04/26/preserving-intellectual-property-barriers-covid-19-vaccines-is-morally-wrong-foolish/.
60. Chelsea Clinton and Achal Prabhala, "The Vaccine Donations Aren't Enough," *Atlantic*, June 20, 2021, https://www.theatlantic.com/ideas/archive/2021/06/the-vaccine-donations-arent-enough-chelsea-clinton-achal-prabhala/619152/.
61. Kai Kupferschmidt, "Bill Gates: 'That's the Dumbest Thing I've Ever Heard,'" *Die Zeit*, October 27, 2021, https://www.zeit.de/gesundheit/2021-10/bill-gates-corona-impfung-patente-patentrecht-stiftung-verteilung?utm_referrer=https%3A%2F%2Fwww.google.

註釋

com%2F.

62. 疫情開始很久之後，蓋茲在CNN上表示：「我們正支持非洲在2040年之前建立疫苗生產能力的努力。」這種支持也來得太晚了。Gates, "How We Can Close the Vaccine Gap Much Faster Next Time."

63. Kurt Schlosser, "Gates Foundation Reverses Position on COVID Vaccine Patent Protections After Mounting Pressure," GeekWire, May 7, 2021, https://www.geekwire.com/2021/gates-foundation-reverses-position-covid-vaccine-patent-protections-mounting-pressure/.

64. Zaitchik, "How Bill Gates Impeded Global Access to Covid Vaccines."

65. Stephanie Nolen and Rebecca Robbins, "Covid Vaccine Makers Kept $1.4 Billion in Prepayments for Canceled Shots for the World's Poor," New York Times, February 1, 2023, https://www.nytimes.com/2023/02/01/health/covid-vaccines-covax-gavi-prepayments.html.

66. Rosa Furneaux, Olivia Goldhill, and Madlen Davies, "How COVAX Failed on Its Promise to Vaccinate the World," Bureau of Investigative Journalism, October 8, 2021, https://www.thebureauinvestigates.com/stories/2021-10-08/how-covax-failed-on-its-promise-to-vaccinate-the-world.

67. Oliver J. Watson et al., "Global Impact of the First Year of Covid-19 Vaccination: A Mathematical Modelling Study," Lancet Infectious Diseases 22, no. 9 (September 1, 2022): 1293–302, https://www.thelancet.com/journals/laninf/article/PIIS1473-3099(22)00320-6/fulltext; "Covid-19 Vaccines Have Saved 20 Million Lives So Far, Study Estimates," Gavi, n.d., https://www.gavi.org/vaccineswork/covid-19-vaccines-have-saved-20-million-lives-so-far-study-estimates; Storeng, Puyvallée, and Stein, "COVAX and the Rise of the 'Super Public Private Partnership' for Global Health."

68. Peters, "Inside the Gates Foundation's Epic Fight Against Covid-19." 註：理論上而言，蓋茲基金會針對特定疾病和介入措施的工作也可以產生有益的外溢效應，進而惠及公共衛生。例如，蓋茲支持的一些針對愛滋病、小兒麻痺症和結核病的計畫曾被重組來協助回應伊波拉病毒和Covid-19的爆發。但是，這些計畫通常不是為這種跨領域目的設計的，因此產生的作用有限；研究人員視它們為平行系統，並非總是與政府組織的公共衛生系統有交集。Chikwe Ihekweazu, "Lessons from Nigeria's Adaptation of Global Health Initiatives During the Covid-19 Pandemic," Emerging Infectious Diseases 28, Suppl. 1 (December 2022): S299–301, https://www.ncbi.nlm.nih.gov/pmc/articles/PMC9745227/.

69. Sam Meredith, "Why Cuba's Extraordinary Covid Vaccine Success Could Provide the Best Hope for Low-Income Countries," CNBC, January 13, 2022, https://www.cnbc.com/2022/01/13/why-cubas-extraordinary-covid-vaccine-success-could-provide-the-best-hope-for-the-global-south.html; Mary Beth Sheridan, "How Cuba Became a Pioneer in Covid-19 Vaccines for Kids," Washington Post, June 18, 2022, https://www.washingtonpost.com/world/2022/06/18/cuba-coronavirus-vaccine-abdala-soberana/.

70. Bill & Melinda Gates Foundation, "Sample Terms & Conditions, Project Support Grant Agreement," n.d., https://docs.gatesfoundation.org/documents/sample-terms-and-conditions.pdf.

71. "Doctor on Developing Global Covid-19 Vaccine: 'We Got Zero Help from the U.S. Government,'" Yahoo! News, February 8, 2022, https://news.yahoo.com/covid-vaccines-policymakers-never-really-211439188.html. 註：聯合國兒童基金會的資料顯示，Corbevax是價格最低的疫苗，每劑售價不到2美元，而牛津-阿斯特捷利康-血清研究所疫苗的最低售價為每劑3美元。Covid-19 Market Dashboard, UNICEF, n.d., https://www.unicef.org/supply/covid-19-market-dashboard.

72. "Indonesia's Bio Farma Ready to Produce IndoVac Covid-19 Vaccines," Bloomberg, September 11, 2022, https://www.bloomberg.com/press-releases/2022-09-11/indonesia-s-bio-farma-ready-to-produce-indovac-covid-19-vaccines.

73. Thomas and Twohey, "How a Struggling Company Won $1.6 Billion to Make a Coronavirus Vaccine"; "Our Portfolio," CEPI.

74. Peter J. Hotez and Maria Elena Bottazzi, "A Covid Vaccine for All," Scientific American, December 30, 2021, https://www.scientificamerican.com/article/a-covid-vaccine-for-all/.

75. 疫情期間，隨著窮國和公共衛生專家普遍呼籲Covid-19疫苗的生產在地化和區域化，蓋茲基金會開始標榜自己是與「開發中國家疫苗製造商」（DCVM）合作的倡導者。它吹噓道：「過去二十年間，我們的基金會向DCVM和相關受贈者提供了10億美元的支持，並與11個國家的19家DCVM合作，將17種疫苗推出市場。這些合作對世界有重大意義。」值得注意的是，蓋茲基金會沒有列出這17種疫苗的全部名稱。它給出的「開發中國家」合作夥伴的幾個例子包括在韓國的專案，而韓國是高度開發的經濟體。蓋茲基金會也提到它與印度血清研究所的合作，而血清研究所是世界上最大的疫苗製造商，可說是大藥廠的一部分。Zaidi, "Geographically Distributed Manufacturing Capacity Is Needed for Improved Global Health Security."
76. "Gates Foundation Commits Nearly $70 Million to Help Fight Neglected Tropical Diseases," Bill & Melinda Gates Foundation, n.d., https://www.gatesfoundation.org/ideas/media-center/press-releases/2006/09/$70-million-to-help-fight-neglected-tropical-diseases; "Albert B. Sabin Vaccine Institute Signs Agreement with GW Medical Center for Collaboration on $18 Million Bill & Melinda Gates Foundation Research Grant," Bill & Melinda Gates Foundation, n.d., https://www.gatesfoundation.org/ideas/media-center/press-releases/2000/08/hookworm-vaccine-research.
77. "Albert B. Sabin Vaccine Institute Signs Agreement with GW Medical Center for Collaboration on $18 Million Bill & Melinda Gates Foundation Research Grant."
78. Fratangelo, "How Gates Changes Global Public Health."
79. Peter J. Hotez, *Preventing the Next Pandemic: Vaccine Diplomacy in a Time of Anti-Science* (Baltimore: Johns Hopkins University Press, 2021); Bill Gates, *How to Prevent the Next Pandemic* (New York: Alfred A. Knopf, 2022).
80. By this, Hotez means 10 to the seventh power, or $10,000,000 in this case, vs. 10 to the fifth power, which is $100,000.
81. Abdi Latif Dahir, "Africans Welcome New Malaria Vaccine. But Is It a 'Game Changer'?," *New York Times*, October 7, 2021, https://www.nytimes.com/2021/10/07/world/africa/malaria-vaccine-africa.html; Amy Maxmen, "Scientists Hail Historic Malaria Vaccine Approval—but Point to Challenges Ahead," *Nature*, October 8, 2021, https://www.nature.com/articles/d41586-021-02755-5.
82. Carmen Paun and Daniel Payne, "How the Gates Foundation Plans to Beat Malaria Without the Vaccine," Politico, August 4, 2022, https://www.politico.com/newsletters/global-pulse/2022/07/07/moving-on-from-malaria-vaccine-00044349. 註：值得注意的是，據Politico報導，蓋茲資助的Gavi投入了1.55億美元在該瘧疾疫苗的推廣上，而蓋茲基金會公開支持這個決定。
83. Gates, "My Annual Letter: Vaccine Miracles."
84. "Malaria Forum," Bill & Melinda Gates Foundation, October 7, 2007, https://www.gatesfoundation.org/ideas/speeches/2007/10/melinda-french-gates-malaria-forum.
85. Moyers, "A Conversation with Bill Gates: Making a Healthier World for Children and Future Generations."
86. Nicholas Kristof, "A Conversation with Bill Gates," *New York Times*, January 24, 2009, https://www.nytimes.com/video/opinion/1231546145505/a-conversation-with-bill-gates.html.
87. Andy Beckett, "Inside the Bill and Melinda Gates Foundation," *Guardian*, July 12, 2010, https://www.theguardian.com/world/2010/jul/12/bill-and-melinda-gates-foundation.
88. S. Bhatt et al., "The Effect of Malaria Control on *Plasmodium falciparum* in Africa Between 2000 and 2015," *Nature* 526, no. 7572 (October 2015): 207–11, https://doi.org/10.1038/nature15535; The Global Fund, Annex 1, *Results Report 2022*, September 7, 2022, https://www.theglobalfund.org/media/12261/corporate_2022resultsreport_annex_en.pdf.
89. World Health Organization, *World Malaria Report 2020: 20 Years of Global Progress and Challenges*, 2020, vii.
90. World Health Organization, *World Malaria Report 2020*, 18–20.

Chapter 16　結論

1. *Inside Bill's Brain*, episode 2 at 16:00 and 40:00.
2. Donald G. McNeil Jr., "Gates Calls for a Final Push to Eradicate Polio," *New York Times*,

註釋

January 31, 2011, https://www.nytimes.com/2011/02/01/health/01polio.html.
3. McGoey, *No Such Thing as a Free Gift*.
4. Robert Fortner, "Has the Billion Dollar Crusade to Eradicate Polio Come to an End?," *BMJ* 374, no. 1818 (July 29, 2021), https://www.bmj.com/content/374/bmj.n1818.
5. Goodell, "Bill Gates: The Rolling Stone Interview."
6. GPEI, "Historical Contributions 1988–2021," Global Polio Eradication Initiative, n.d., https://polioeradication.org/financing/donors/historical-contributions/; William A. Muraskin, *Polio Eradication and Its Discontents: A Historian's Journey Through an International Public Health (Un)Civil War* (Hyderabad: Orient Blackswan, 2012), 1177; McGoey, *No Such Thing as a Free Gift*.
7. Fortner and Park, "Bill Gates Won't Save You from the Next Ebola."
8. "Bill Gates: 'We Can Eradicate Polio,'" BBC News, January 29, 2013, https://www.bbc.co.uk/news/av/health-21241946.
9. Fortner, "Has the Billion Dollar Crusade to Eradicate Polio Come to an End?"
10. "Why Has Polio Been Found in New York, London and Jerusalem?," CBS News, August 22, 2022, https://www.cbsnews.com/news/polio-in-new-york-london-jerusalem-reveals-rare-risk-of-oral-vaccine/.
11. Muraskin, *Polio Eradication and Its Discontents*.
12. Muraskin, *Polio Eradication and Its Discontents*.
13. McGoey, *No Such Thing as a Free Gift*.
14. "About the Giving Pledge," n.d., https://givingpledge.org/about.
15. Tiffany Ap, "Jeff Bezos's Plan to Give Away His Fortune Won't Help the 10,000 Workers Amazon Is Planning to Lay Off," Quartz, November 14, 2022, https://qz.com/jeff-bezos-philanthropy-amazon-layoffs-1849781304.
16. Tim Schwab, "Meet MacKenzie Scott, Our New Good Billionaire," *Nation*, July 9, 2021, https://www.thenation.com/article/economy/mackenzie-scott-billionaire-philanthropy/. 註：麥肯琪・史考特的其中一名主要慈善顧問Tom Tierney 2021年加入蓋茲基金會董事會，由此可見大型慈善事業的世界多麼小。Theodore Schleifer, "MacKenzie Scott, the Amazon Billionaire, Is Giving Away $1 Billion a Month to Charity," Vox, December 15, 2020, https://www.vox.com/recode/2020/12/15/22176710/mackenzie-scott-bezos-philanthropy-speed-four-billion; and "Tom Tierney," Bill & Melinda Gates Foundation, n.d., https://www.gatesfoundation.org/about/leadership/tom-tierney.
17. "Chuck Feeney: The Billionaire Who Is Trying to Go Broke," *Forbes*, September 18, 2012, https://www.forbes.com/sites/stevenbertoni/2012/09/18/chuck-feeney-the-billionaire-who-is-trying-to-go-broke/?sh=3a9b8ea9291c.
18. Sam Reynolds, "Team Behind Sam Bankman-Fried's Charity FTX Future Fund Have Quit over Possible 'Deception or Dishonesty,'" *Fortune*, November 11, 2022, https://fortune.com/2022/11/11/team-behind-sam-bankman-fried-charity-ftx-future-fund-have-quit-over-possible-deception-or-dishonesty/; Zeke Faux, "A 30-Year-Old Crypto Billionaire Wants to Give His Fortune Away," Bloomberg, April 3, 2022, https://www.bloomberg.com/news/features/2022-04-03/sam-bankman-fried-ftx-s-crypto-billionaire-who-wants-to-give-his-fortune-away.
19. David Yaffe-Bellany, Matthew Goldstein, Lauren Hirsch, and Erin Griffith, "FTX Crypto Exchange Boss Says He Is Trying to Raise More Money," *New York Times*, November 10, 2022, https://www.nytimes.com/2022/11/10/technology/ftx-crypto-exchange.html.
20. Reynolds, "Team Behind Sam Bankman-Fried's Charity FTX Future Fund Have Quit over Possible 'Deception or Dishonesty"; Tracy Wang, "Sam Bankman-Fried's Crypto Empire 'Was Run by a Gang of Kids in the Bahamas,'" *Fortune*, November 11, 2022, https://fortune.com/2022/11/11/sam-bankman-fried-crypto-empire-ftx-alameda-run-gang-kids-bahamas-who-all-dated-each-other/.
21. Thomas Kaplan, "Bernie Sanders Proposes a Wealth Tax: 'I Don't Think That Billionaires Should Exist,'" *New York Times*, September 24, 2019, https://www.nytimes.com/2019/09/24/us/politics/bernie-sanders-wealth-tax.html.
22. Mikaela Loach, Twitter, September 22, 2022, https://twitter.com/mikaelaloach/status/1572854129684541440?lang=en.

視野 100

破解蓋茲迷思
誰給他的權力,揭穿慈善大富豪的神話
The Bill Gates Problem: Reckoning with the Myth of the Good Billionaire

作　　者：蒂姆・施瓦布（Tim Schwab）
譯　　者：許瑞宋

責任編輯：王彥萍
協力編輯：唐維信
校　　對：王彥萍、唐維信
封面設計：許晉維
排　　版：王惠葶
寶鼎行銷顧問：劉邦寧

發 行 人：洪祺祥
副總經理：洪偉傑
副總編輯：王彥萍
法律顧問：建大法律事務所
財務顧問：高威會計師事務所
出　　版：日月文化出版股份有限公司
製　　作：寶鼎出版
地　　址：台北市信義路三段151號8樓
電　　話：(02)2708-5509 / 傳　　真：(02)2708-6157
客服信箱：service@heliopolis.com.tw
網　　址：www.heliopolis.com.tw
郵撥帳號：19716071 日月文化出版股份有限公司

總 經 銷：聯合發行股份有限公司
電　　話：(02)2917-8022 / 傳　　真：(02)2915-7212
製版印刷：中原造像股份有限公司
初　　版：2025年04月
定　　價：580元
I S B N：978-626-7641-25-5

The Bill Gates Problem
Copyright © 2023 by Tim Schwab
Published by arrangement with Metropolitan Books, an imprint of Henry Holt and Company, New York.
Copyright © 2025 by Heliopolis Culture Group Co., Ltd
All rights reserved.

國家圖書館出版品預行編目資料

破解蓋茲迷思：誰給他的權力,揭穿慈善大富豪的神話 / 蒂姆・施瓦布（Tim Schwab）著. -- 初版. -- 臺北市：日月文化出版股份有限公司, 2025.04
528面；14.7×21公分. -- (視野；100)
譯自：The Bill Gates Problem: Reckoning with the Myth of the Good Billionaire
ISBN 978-626-7641-25-5（平裝）

1. CST：蓋茲（Gates, Bill, 1955-）　2. CST：傳記
3. CST：基金會　4. CST：公益事業　5. CST：美國

785.28　　　　　　　　　　　114001421

◎版權所有・翻印必究
◎本書如有缺頁、破損、裝訂錯誤,請寄回本公司更換

日月文化集團
HELIOPOLIS
CULTURE GROUP

感謝您購買 破解蓋茲迷思 誰給他的權力，揭穿慈善大富豪的神話

為提供完整服務與快速資訊，請詳細填寫以下資料，傳真至02-2708-6157或免貼郵票寄回，我們將不定期提供您最新資訊及最新優惠。

1. 姓名：＿＿＿＿＿＿＿＿＿＿＿＿＿ 性別：□男 □女
2. 生日：＿＿＿＿年＿＿＿＿月＿＿＿＿日 職業：＿＿＿＿
3. 電話：（請務必填寫一種聯絡方式）
   （日）＿＿＿＿＿＿＿＿＿（夜）＿＿＿＿＿＿＿＿＿（手機）＿＿＿＿＿＿＿＿＿
4. 地址：□□□
5. 電子信箱：＿＿＿＿＿＿＿＿＿＿＿＿＿＿＿＿＿＿＿
6. 您從何處購買此書？□＿＿＿＿＿＿＿＿縣/市＿＿＿＿＿＿＿＿書店/量販超商
   □＿＿＿＿＿＿＿＿網路書店 □書展 □郵購 □其他
7. 您何時購買此書？ ＿＿＿年＿＿＿月＿＿＿日
8. 您購買此書的原因：（可複選）
   □對書的主題有興趣 □作者 □出版社 □工作所需 □生活所需
   □資訊豐富 □價格合理（若不合理，您覺得合理價格應為＿＿＿＿＿＿）
   □封面/版面編排 □其他＿＿＿＿＿＿＿＿＿＿＿＿＿＿＿＿
9. 您從何處得知這本書的消息：□書店 □網路／電子報 □量販超商 □報紙
   □雜誌 □廣播 □電視 □他人推薦 □其他
10. 您對本書的評價：（1.非常滿意 2.滿意 3.普通 4.不滿意 5.非常不滿意）
    書名＿＿＿ 內容＿＿＿ 封面設計＿＿＿ 版面編排＿＿＿ 文/譯筆＿＿＿
11. 您通常以何種方式購書？□書店 □網路 □傳真訂購 □郵政劃撥 □其他
12. 您最喜歡在何處買書？
    □＿＿＿＿＿＿＿縣/市＿＿＿＿＿＿＿＿書店/量販超商 □網路書店
13. 您希望我們未來出版何種主題的書？＿＿＿＿＿＿＿＿＿＿＿＿＿＿＿
14. 您認為本書還須改進的地方？提供我們的建議？
    ＿＿＿＿＿＿＿＿＿＿＿＿＿＿＿＿＿＿＿＿＿＿＿＿＿
    ＿＿＿＿＿＿＿＿＿＿＿＿＿＿＿＿＿＿＿＿＿＿＿＿＿
    ＿＿＿＿＿＿＿＿＿＿＿＿＿＿＿＿＿＿＿＿＿＿＿＿＿
    ＿＿＿＿＿＿＿＿＿＿＿＿＿＿＿＿＿＿＿＿＿＿＿＿＿

日月文化集團

客服專線 02-2708-5509
客服傳真 02-2708-6157
客服信箱 service@heliopolis.com.tw

廣告回函
台灣北區郵政管理局登記證
北台字第 000370 號
免貼郵票

日月文化集團 讀者服務部 收

10658 台北市信義路三段151號8樓

對折黏貼後,即可直接郵寄

日月文化網址:www.heliopolis.com.tw

最新消息、活動,請參考 FB 粉絲團

大量訂購,另有折扣優惠,請洽客服中心(詳見本頁上方所示連絡方式)。

大好書屋	寶鼎出版	山岳文化
EZ TALK	EZ Japan	EZ Korea

大好書屋・寶鼎出版・山岳文化・洪圖出版　EZ叢書館　EZ Korea　EZ TALK　EZ Japan

視

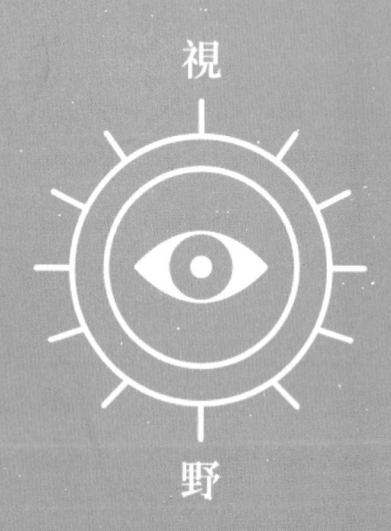

野

寶鼎出版